Auf dem Wege zum Wissensmanagement

Schriftenreihe
Psychologie für das Personalmanagement
herausgegeben von
Prof. Dr. Werner Sarges
Universität der Bundeswehr Hamburg

Auf dem Wege zum Wissensmanagement

Personalentwicklung in lernenden Organisationen

herausgegeben von

**Prof. Dr. Joachim Freimuth, Dr. Jürgen Haritz
und Dipl.-Päd. Bernd-Uwe Kiefer**

Redaktion:
Dr. Bernhard H. Sowarka

**Verlag für Angewandte Psychologie
Göttingen**

Auf dem Wege zum Wissensmanagement

Personalentwicklung in lernenden Organisationen

herausgegeben von
Joachim Freimuth, Jürgen Haritz
und Bernd-Uwe Kiefer

Verlag für Angewandte Psychologie
Göttingen

Prof. Dr. Joachim Freimuth, geb.1951. Studium der Betriebs- und Volkswirtschaftslehre und der Betriebspädagogik. 1981 Promotion. Mehrjährige Erfahrungen im Personalmanagement bei der Standard Elektrik Lorenz AG, als Berater für Organisationsentwicklung bei der Metaplan GmbH und als Geschäftsführer einer Personalberatung. Seit 1995 Professor für Personalwesen, Personal- und Organisationsentwicklung an der Hochschule Bremen.

Dr. Jürgen Haritz, geb. 1942, Studium der Sozialwissenschaften an der Universität Bielefeld, 1974 Promotion. Seit 1972 verschiedene Funktionen im Personalmanagement, seit 1987 bei der Bertelsmann AG. Zur Zeit Executive Vice President für Human Resources bei der Bertelsmann Buch AG in Gütersloh.

Dipl.-Päd. Bernd-Uwe Kiefer, geb. 1953. Studium der Erziehungswissenschaften an der Universität der Bundeswehr in Hamburg. 1972-1984 Offizier der Bundeswehr, 1984-1991 Pädagogischer Leiter des gewerblich technischen Bildungszentrums der Handwerkskammer in Hamburg. Seit 1991 zunächst Personal-, dann Unternehmensberater.

Die Deutsche Bibliothek - CIP-Einheitsaufnahme
Auf dem Wege zum Wissensmanagement:
Personalentwicklung in lernenden Organisationen / hrsg. von Joachim Freimuth, Jürgen Haritz und Bernd-Uwe Kiefer. - Göttingen : Verl. für Angewandte Psychologie, 1997
(Schriftenreihe Psychologie für das Personalmanagement)
ISBN 3-8017-0904-3
NE: Freimuth, Joachim [Hrsg.]

© by Hogrefe-Verlag, Göttingen · Bern · Toronto · Seattle 1997
Rohnsweg 25, D-37085 Göttingen

Das Werk einschließlich aller seiner Teile ist urheberrechtlich geschützt. Jede Verwertung außerhalb der engen Grenzen des Urheberrechtsgesetzes ist ohne Zustimmung des Verlages unzulässig und strafbar. Das gilt insbesondere für Vervielfältigungen, Übersetzungen, Mikroverfilmungen und die Einspeicherung und Verarbeitung in elektronischen Systemen.

Satz: dtp-design Hermann Güldner, 20355 Hamburg
Gesamtherstellung: Dieterichsche Universitätsbuchdruckerei
W. Fr. Kaestner GmbH & Co. KG, D-37124 Göttingen-Rosdorf
Printed in Germany
Auf säurefreiem Papier gedruckt

ISBN 3-8017-0904-3

Inhalt

Einleitung

Personalentwicklung auf dem Wege zum Wissensmanagement?
Joachim Freimuth und *Jürgen Haritz* 9

I Leitbilder und Leitgedanken zur Rollendefinition der Personalentwicklung

Organisatorische Schlankheitskuren und ihre Auswirkungen
auf Personalentwicklungskonzepte
Artur Friedrich 25

Versuch einer Standortbestimmung zum Selbst- und
Rollenverständnis der Personalentwicklung –
von Dinos, Darwinismus und Derniers cris
Hans Jürgen Kurtz, *Anke Lutter*,
Gottfried Kretschmer und *Thorsten Meifert* 39

Die Praxis der Personalentwicklung – zwischen Dichtung
und Wahrheit, zwischen Anspruch und Realität
Werner Leippold und *Nicole Schweizer* 55

II Anforderungen an Diagnostik und Auswahlprozeduren

Show is over, truth begins – das integrative Entwicklungs-
Assessment als neuer Weg einer individualisierten
Managementdiagnostik
Fritz Westermann 65

Entwicklung eines internen Auswahlverfahrens für
internationale Führungskräfte in der Industrie
Christiane E. Haase 77

Personalmarketing und Personalentwicklung
als integrierte Konzepte
Jürgen Bock und *Christiane Mackeprang* 97

III Neue Anforderungen an die Führungskräfteentwicklung, Gestaltung von Karrierepfaden und Erfolgssteuerung von Personalentwicklung

„Mein Körper und ich sind nicht mehr per Du".
Die Angst der Manager – auf der Suche nach einer neuen Identität
und Professionalität in sich selbststeuernden Organisationen
Joachim Freimuth und *Maria Stoltefaut* 111

Soziale Kompetenz und Führungshandeln – ein Paradigma
der Managementbildung in lernenden Organisationen?
Anna Meyer 125

Wo, bitte, geht's denn jetzt nach oben?
Karriereplanung in turbulenten Zeiten
Wolfgang Looss und *Sabine Stadelmann* 139

Projektmanagement –
unterschätzte Chance für Personalentwicklung und
Wissensmanagement
Joachim Freimuth 145

Der Fernunterricht – eine unterschätzte Methode betrieblicher
Personalentwicklung für das mittlere Management
Volker Hedderich 157

Evaluation und Personalentwicklungscontrolling –
ein Eiertanz zwischen Legitimation, Wissenschaftlichkeit
und Pragmatismus
Joachim Freimuth und *Anna Meyer* 179

IV Neue Themenfelder und Trends

Querdenker und Querschnittsqualifikationen
„Ich denke, also spinn' ich!"
Joachim Freimuth 191

Babel und kein Ende? – Multikulturelle Kompetenz als Leitbild
von internationaler Personal- und Organisationsentwicklung
Joachim Freimuth und *Michael Thiel* 205

Innovationskompetenz – konzeptioneller Rahmen
und praktische Erfahrungen
Helmut Dreesmann 235

Ökologieorientierte Personalentwicklung?! Möglichkeiten und
Grenzen der Sensibilisierung für ökologische Fragestellungen
durch Personalentwicklungsmaßnahmen
Peter Krüssel 251

V Der Einfluß der Informationstechnologie auf Organisationsstrukturen und Personalentwicklung

Die Stadt des Wissens als Stätte der Begegnung: die Inszenierung
von Wissen und Auswirkungen auf die moderne Organisation
Helmut Volkmann 275

Neue Medien in der Personalentwicklung – Bausteine für das
lernende Unternehmen
Thomas Hartge 295

SAP-Tools für das betriebliche Personalmanagement
Ina Fliegen und *Steffen Wester-Ebbinghaus* 307

VI Kommunikationsarchitektur

Kommunikative Architektur, Wissensdiffusion
und Selbststeuerungskompetenz
Joachim Freimuth, Eberhard Schnelle und *Axel Winkler* 323

VII Branchenbeispiele

Wissensmanagement in einem Fertigungsbetrieb –
Gedanken zu einem Praxisversuch in der Falke Gruppe
Jürgen Glaser 335

Personalentwicklung in einem Direktvertriebsunternehmen
Horst Ramsenthaler 341

Wandel im Handel – Kundenorientierung durch Personalentwicklung oder
Personalentwicklung durch Kundenorientierung?
Ein Praxisbericht
Wilhelm Friedmann 359

Personalentwicklung in der öffentlichen Verwaltung –
zwei Fliegen mit einer Klappe
Renate Engel 371

Kosten-Nutzen-Kompaß für zukunftsorientierte
Personalentwicklungsarbeit in mittelständischen Industrie- und
Energieversorgungsunternehmen – Ergebnisse einer vergleichenden
Untersuchung der CONSULECTRA-Unternehmensberatung
Bernd-Uwe Kiefer 385

Erfahrungen mit Qualifizierungskonzepten in den neuen
Bundesländern am Beispiel einer Ferienhotelkette
Michael Kossakowski und *Karin Winkler* 403

VIII Fazit und Ausblick

Noch einmal: Personalentwicklung – quo vadis?
Bernd-Uwe Kiefer 413

Autoren 437

Joachim Freimuth und Jürgen Haritz

Personalentwicklung auf dem Wege zum Wissensmanagement?

Vom Hamburger zum Knowledgeburger – lernende, lehrende und wissensbasierte Organisationen

Schon seit Jahren wird immer wieder von verschiedenen Autoren darauf hingewiesen, daß der entscheidende „Produktionsfaktor" der Zukunft weniger in Anlagen, Maschinen o.ä. liegen wird, sondern im einmaligen und schwer kopierbaren Wissen und den Fertigkeiten der Organisationsmitglieder. Bereits zu Beginn der 90er Jahre waren nur noch rund ein Fünftel der Arbeitskräfte mit unmittelbar materieller Produktion beschäftigt, in 15 Jahren wird sich diese Zahl nach einer Prognose von Drucker (1994, S. 40) noch einmal halbieren. Gleichwohl haben wir nach wie vor Bilder von Fabriken oder Maschinen vor Augen, wenn wir an Wirtschaft denken, ebenso die Vorstellung einer mehr oder weniger arbeitsteilig und hierarchisch gegliederten Organisation, in der die Beschäftigten ihren Tätigkeiten ohne größere Veränderungen nachgehen. Das sind im Grunde auch die Leitbilder, die hinter den klassischen Vorgehenskonzepten und dem Selbstverständnis betrieblicher Personalentwicklung stecken. Insbesondere setzen sie alle gegenüber den Nichtwissenden einen Expertenstatus voraus, der aber angesichts der sich radikal abzeichnenden Strukturveränderungen in den Unternehmungen gründlich überdacht werden muß. Da Personalarbeit und Personalentwicklung natürlich auf das engste mit dem gesamten Führungsprozeß verbunden ist, dieser Führungsprozeß jedoch etwa im Rahmen von teamorientierten Selbststeuerungskonzepten oder zunehmender Projektarbeit eine ganz neue Dimension erhält, muß notwendig auch die Rolle der Personalentwicklung auf den Prüfstand.

Ein historischer Rückblick zeigt, daß die Institutionalisierung von Expertenverantwortung für Wissens- und damit für Einflußverteilung in der Historie immer mal wieder hinterfragt und neu definiert worden ist, und das war oftmals verbunden mit einem größeren Selbstbewußtsein der „Laien":

In agrarorientierten Ökonomien waren Kirchen gegenüber den „Laien" in der Regel die entscheidende wissensbewahrende Instanz, die wichtigen Lernprozesse waren bei den Kindern, beginnend mit 7 Jahren, mit dem 14. Lebensjahr abgeschlossen. In industriellen Gesellschaften entwickelte sich die Ausbildung zu einer staatlichen Funktion durch die allgemeinbildenden Schulen und später Hochschulen, die Lernprozesse enden dort mit ca. 16, bei Hochschulausbildung mit ca. 25 Jahren. In den modernen wissensbasierten Ökonomien ist auch dieser Zusammenhang aufgehoben. Lernen dauert ein ganzes Leben lang, große Teile dieser Lernprozesse werden von den Betrieben übernommen und bestimmen dort Einkommen und Position. Es existieren heute sogar bereits erste Ansätze einer wissens- und qualifikationsorientierten Vergütungspolitik, um die Bildung von Wissen und die Diffusion von Erfahrungen anzuregen.

Das Management von Wissen war lange Zeit die unbestrittene professionelle Domäne des betrieblichen Bildungsmanagements. Heute stehen wir jedoch an einer Stelle, wo die Rollen neu definiert werden müssen. Dies nicht, weil die Unternehmen hier eher sparen oder durch Controlling Wirkungsnachweise verlangen, sondern weil sich im Kern die Bedeutung von Lern- und damit Wissensprozessen verändert hat. So wie sich Entscheidungskompetenz im Rahmen von schlanken Strukturen auf die exekutiven organisatorischen Ebenen verlagern, wird dort auch konsequenterweise die Kompetenz für die Qualifizierung verstärkt angesiedelt werden müssen.

Dabei spielen die Möglichkeiten, die sich mittlerweile durch Informationstechnologie innerhalb und außerhalb der Organisation ergeben, eine herausragende Rolle, da sich mit ihr die Möglichkeiten der dezentralen Datenverarbeitung und der beschleunigten Verarbeitung von Feedback vervielfältigen.

Die so vor Ort induzierbaren Lernprozesse umfassen mit der zunehmenden Entwicklung sog. intelligenter Produkte im übrigen auch den Konsumenten, indem sie ihn etwa mit Informationen versorgen, die sein Entscheidungsverhalten beeinflussen. Ein Knowledgeburger (Davis & Botkin, 1994) würde beispielsweise ernährungsphysiologische Daten mitliefern, mit deren Hilfe ein optimales Tagesernährungsprogramm zusammengestellt werden könnte. Kreditkartenunternehmen könnten ihre jährlichen Abrechnungen etwa mit der Aufbereitung der Unterlagen für die Steuererklärung verbinden o.ä. Diese Entwicklung wird die wachsende Integration der Funktionen, Produktion und Konsum vor allem im Bereich der Dienstleistungen noch verstärken. Die Grenzen zwischen Dienstleistungsunternehmen und Kunden verwischen sich, der Kunde wird Teil des Wertschöpfungsprozesses und übernimmt die Rolle des „prosumer", wie Toffler es einmal ausdrückte.

Die lernende Organisation wird so zur lehrenden Organisation und natürlich auch vice versa. Diese Entwicklungspotentiale verlangen mehr denn je, daß sich die Unternehmen auf ihre Kernkompetenzen, ihre Wissensbasis besinnen und die dort enthaltenen Möglichkeiten konsequent ausnutzen. Die Gefahr, vom Wettbewerb überholt zu werden, ist ebenso groß, wie sich angesichts der vielen innovativ nutzbaren Möglichkeiten zu verzetteln. Die Evolutionsfähigkeit eines Unternehmens ist damit unzertrennbar mit der Lernintensität und -geschwindigkeit seiner Teilsysteme und der Organisationsteilnehmer selbst verbunden. Evolution und Lernen unterliegen ja, wie Bateson (1987) verdeutlicht hat, als stochastische Prozesse denselben formalen Regelmäßigkeiten.

Charles Handy (1996) hat in diesem Zusammenhang die moderne Organisation etwa als einen umgekehrten Donut beschrieben, das Innere ist der Kern, das Loch bildet den Rand. Das heißt, Organisationen konzentrieren sich immer mehr auf ihre Kernkompetenzen und gruppieren um sich herum ein weitläufiges Netzwerk von Partnern und Zulieferern, mit denen sie nach Bedarf und punktuell kooperieren. Die Definition dieser Kernkompetenzen ist eine strategische Managementaufgabe.

Nichts ist so sicher, wie dieses zentrale Wissen, das sich als Kernkompetenz kristallisiert, aber nichts ist auch so unsicher. Die Entwertung alten Wissens durch neue Erkenntnisse vollzieht sich in immer kürzeren Zeiträumen. Jene Unternehmen werden am erfolgreichsten sein, denen es gelingt, die entscheidenden Trends und Impulse aus dem organisatorischen Umfeld aufzugreifen und die sich darbietenden Chancen zu nutzen, indem sie sie in neue Technologien, Produkte und Dienstleistungen umsetzen. Die Basis dafür sind souveräne und handlungsfähige Mitarbeiter und Teams, die mit zunehmender Mündigkeit auf Belehrungen durch selbsternannte Experten verzichten werden. Es wird nicht einfach sein, in diesem emanzipierten Kontext die professionelle Rolle der Personalentwicklung neu zu definieren.

Ebenen des Wissensmanagements

Die Positionierung der Personalentwicklungsfunktion im Rahmenkonzept eines lernenden Unternehmens, das wiederum auf der breiten Verfügbarkeit und Anwendung von Wissen beruht, muß natürlich mit diesen modernen Konzepten von Organisation verbunden werden. Wir gehen davon aus, daß man idealtypisch künftig drei Ebenen organisatorischer Prozesse (vgl. Abb. 1) unterscheiden kann:

- Die strategische Führung und Orientierung des Unternehmens durch das Topmanagement,
- die Umsetzung dieser Rahmenvorstellungen in der Organisation und die Initiierung von Prozessen der Selbststeuerung auf der mittleren (vermittelnden) Ebene und schließlich
- die Ebene der Selbststeuerung auf der organisatorischen Mikroebene, im wesentlichen im Rahmen von Gruppen in den exekutiven Funktionen, Entwicklung, Fertigung, Vertrieb etc.

Dementsprechend lassen sich drei wesentliche Ebenen von Wissensmanagement unterscheiden:

- Strategische Wissensprozesse, in denen das Top-Management Trends und langfristige Entwicklungsperspektiven im Unternehmensumfeld aufgreift und das Unternehmen daraufhin mit seinem Leistungsangebot positioniert. Dies ist ein Prozeß des Abgleichens und Entwickelns von Kernkompetenzen mit den Potentialen des Marktes.
- Katalysatorische und vermittelnde Wissensprozesse, in denen mittlere Führungsfunktionen, Projektleiter etc. diese Botschaften ausdeuten, operationalisieren und insbesondere als Kontext für die Initiierung von Selbststeuerungsprozessen auf der exekutiven Organisationsebene nutzen und letztlich

- **Wissensprozesse im Rahmen von Selbstorganisation,** in denen unterschiedlichste Gruppen und Individuen vor Ort in den ausführenden Funktionen Probleme von internen und externen Kunden selbständig und in weitestgehender Autonomie und Eigenverantwortung lösen

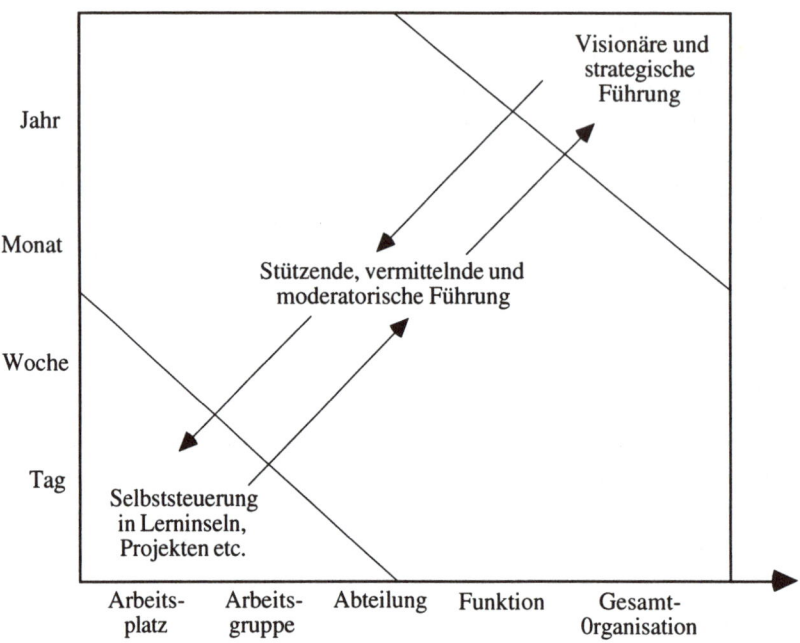

Abbildung 1
Ebenen der Steuerung in schlanken Organisationen

Die Definition und Entwicklung der zentralen Wissensbasis einer Organisation, um die herum sich die Kernkompetenzen kristallisieren, ist eine strategische Managementaufgabe. Diese läßt sich nicht ausschließlich reduzieren auf die Verarbeitung von objektiven Markt- oder Technikinformationen. Sie hängt darüber hinaus zu einem sehr großen Teil ab von der Fähigkeit, intuitiv und phantasievoll Wissenskontexte zu formulieren, die einerseits Orientierungen klar vorgeben, andererseits aber Spielräume aufreißen, in die bisher latente, stillschweigende Wissenspotentiale hineinfließen und in ihnen neue Anwendungsfelder finden können:

> Um diese dynamische Interaktion in Gang setzen zu können, ist ein stetiger und übermäßiger (redundanter) Informations- und Wissensfluß unabdingbar. Die kognitive Fähigkeit der Organisationsmitglieder hinsichtlich gemeinsamer Vorstellungen zu erweitern, läßt sich eher dadurch erreichen, daß man einen konzeptionellen Schirm sehr universeller und abstrakter Begriffe aufspannt, und weniger dadurch, daß man eigens einen Bereich spezifischer, konkreter Produkte vorgibt. (Nonaka, 1994, S. 260)

Solche „konzeptionellen Schirme" sind nicht bloße Worte, sondern Metaphern oder Symbole, die die Schlüsselkonzepte des Unternehmens verkörpern, sein Selbstverständnis bezeichnen und verdeutlichen, wie es sich mit seinen Mitarbeitern insgesamt im Vergleich zum Wettbewerb begreift. Es umreißt sein kollektives Verständnis von der eigenen Kompetenz und Identität.

... eine von allen geteilte Auffassung davon, wofür das Unternehmen steht, wohin es sich bewegt, in was für einer Welt es leben will und wie diese Welt zu verwirklichen ist. (Nonaka, 1992, S. 96).

Solche Wissensgrundlagen von Organisationen umfassen etwa Schlüsseltechnologien, technologische Kerne oder spezifische Dienstleistungskompetenzen, auf deren Grundlagen angewandte Technologien und Pruktdiversifikationen konzipiert werden können.

Diese Ausdeutungen, Ausdifferenzierung, Konkretisierung und Operationalisierung der organisatorischen Wissensbasis ist eine der wichtigsten und kreativen Aufgaben in mittleren Management- und Projektleitungsfunktionen. Die Erfahrung zeigt immer wieder, daß die klassischen organisatorischen Strukturen hier über Jahrzehnte zu einer Lehm- und Lähmschicht geführt haben, die durch die aktuellen Entwicklungen der Reduktion von Führungsfunktionen ohne neue und interessante Perspektiven sich noch weiter potenzieren werden. Dabei wäre es zur Herausbildung einer wissensbasierten Organisation von essentieller Wichtigkeit, hier Kompetenzen zu entwickeln, die einmal die globalen Vorstellungen der organisatorischen Wissensbasis erfassen und kommunizieren können, anderseits aber fähig sind, die betrieblichen Experten in den exekutiven Funktionen so miteinander in Kontakt zu bringen, daß die dortigen Wissens- und Erfahrungspotentiale offenkundig, synthetisiert und in kreative Vorhaben aufgehoben werden. Ihr Wissen und ihre Kompetenz muß sich darauf konzentrieren, Wissensprozesse zu gestalten. Diese neue Rollendefinition von Management ist insofern schwierig, weil man in dieser mehr mittelbaren und mediären Rolle nicht so „glänzen" kann, sondern die Gruppe und ihre Mitglieder zum glänzen bringen muß. Von daher kontrastiert sie etwas mit der landläufigen Vorstellung von einer Führungsrolle, die im allgemeinen deutlicher sichtbar inszeniert ist (vgl. hierzu neuerdings: Floyd & Wooldridge, 1996).

Aus der Perspektive einer wissensbasierten Organisation befindet sich das mittlere Management und insbesondere Projektleiter im Schnittbereich zwischen den aus strategischer Sicht formulierten Kernkompetenzen des Unternehmens und den einerseits die Marktrealität erfassenden, anderseits die konkreten Produkttechnologien beherrschenden Potentialen der exekutiv tätigen Organisationsmitglieder. Um zu neuen Ideen zu gelangen, sind im Rahmen kollektiver Lernprozesse schöpferische Dialoge und Face-to-face-Interaktionen notwendig, in denen mannigfaltige Informationen zusammengetragen, Anregungen aufgenommen, Perspektiven geschaffen und Hypothesen formuliert und verworfen werden. Dabei wird bewußt Redundanz in Kauf genommen, indem vielfältige Überlappungen und Überschneidungen interner und externer geschäftlicher Aktivitäten initiiert werden. Redundanz als Organisationsprinzip einer wissensbasierten Unternehmung

- schafft so auf Dauer eine gemeinsame kognitive Bezugsbasis zwischen allen Beteiligten,
- sie ermuntert zu häufigen Dialogen und gibt dem kreativen Zufall durch cross fertilization eine Chance,
- sie hilft, gemeinsame kreative Suchgebiete zu konturieren und auszufüllen,
- und schließlich entsteht auf der Metaebene eine Kommunikationskultur, in der sich Regelwerke für den Diskurs in komplexen und konfliktären Situationen der Wissensentwicklung bilden, die eine gemeinsame Bezugsbasis für diese Ebene der betrieblichen Wertschöpfung darstellen.

Hier liegt die zentrale Rolle des mittleren Managements. Diese verlagert sich auf eine katalysatorische Funktion, in der schöpferische Gespräche initiiert und Kontexte für Kreativität geschaffen werden. Auf diese Weise entsteht ein spezifisches neues Wissen in Organisationen, das auf der elementarsten Wertschöpfungsstufe der gemeinsamen Willensbildung angesiedelt ist. Es erstreckt sich darauf,

- Wissenspotentiale, Ahnungen, Vermutungen, die bisher unausgesprochen geblieben sind, in den Diskurs der Gruppe zu bringen,
- individuelles Wissen und Erfahrungen zu aktivieren, es mit anderen Sichten zu konfrontieren und so zu einem kollektiven Erkenntnisprozeß zu gelangen,
- Querdenker zu ermutigen, Ideen und Gedanken aus dem Organisationskontext einzubringen, an dem der herrschende Diskurs sich reiben kann,
- und schließlich selber gleichsam als Modell oder Medium für eine Lernkultur zu fungieren, die mit zunehmender gemeinsamer Erfahrung auf Diskursregeln zurückgreifen kann, die immer mehr Bedingung für den kollektiven Erkenntnisfortschritt in der Organisation sind.

Das gesamte Unternehmen kann auf diese Weise gleichsam zu einem Ort des Fertigens und des Forschens werden, indem die uralte Trennung zwischen Arbeiten und Lernen aufgehoben ist. Es entsteht so auf der einen Seite eine ungeheure Menge an Kenntnissen, Fertigkeiten und Erfahrungen, eingebettet in den technischen Anlagen und Produktivfaktoren, ...

... noch wichtiger aber sind die nichttechnischen Bezüge, die Führungsmethoden und grundlegenden Werte, die Wissensbasis ständig zu erneuern und zu erweitern. (Leonard-Barton, 1994, S. 88; ausführlich hierzu: Leonard-Barton, 1995)

Diese Verwobenheit zwischen Technologien, Erfahrungen und Werten macht ein solches System so effektiv und so schwer durch den Wettbewerb kopierbar. Es ist gleichsam inkorporiertes Wissen, Wissen in actu, das in konkreten Handlungen wie selbstverständlich aufgehoben ist (vgl. auch Schmitz & Zucker, 1996). Es bedarf aber professionellen Wissens und Könnens, um eine solche Wissensbasis in Organisationen zu ermöglichen.

Kommen wir nun zur dritten Ebene der Wissensprozesse, die auf der exekutiven Ebene von Organisationen angesiedelt sind. In gleichem Maße wie sich das mittlere Management nicht mehr über seine fachliche Kompetenz profilieren und definieren muß, sondern sich auf die Metarolle der Initiierung von Wissensprozessen verlagert, entstehen für die zugeordneten Mitarbeiter jene Freiräume, die es ihnen ermöglichen, systematisch und in eigener Verantwortung Erfahrungen einzubringen und kreative Potentiale auszureizen. Das ist ein organisatorischer Entwicklungstrend, der in den 80er Jahren mit dem Konstatieren des „Endes der Arbeitsteilung" begann und in den 90er Jahren mit dem Lean Management, Reengineering und fraktalen Strukturen seine radikalen Ausformungen erhalten hat. Der Kerngedanke dieser Konzepte liegt im Aufbau einer Vielzahl von – wiederum vernetzten – organisatorischen Subeinheiten, die auf der Grundlage eines intensiven Wissens- und Erfahrungsaustausches schneller und besser zu Entscheidungen kommen und diese auch konsequent ausführen (Servatius, 1994, S. 95 f.). Letztlich sind es selbstgesteuerte und selbstverantwortliche Teams, die diese organisatorische Intelligenz repräsentieren. Auch hier entsteht durch die gemeinsame Arbeits- und Kooperationserfahrung redundantes Wissen bei allen Beteiligten, das die Problemlösungskapazität und -kreativität vervielfacht.

Wir wissen mehr als wir wissen! Die Emergenz von Wissensnetzen

Wenn wir von Wissen sprechen, entsteht sehr leicht die Gefahr, von einer eher verkürzten Kategorisierung auszugehen, die sich auf die unmittelbar sinnfällige Oberfläche von Wissen bezieht, etwa auf der Ebene von technischen Dokumentationen oder Datenbanken. Wissen wird dabei tendenziell reduziert auf

- explizites Wissen,
- individuelles Wissen und schließlich
- sachbezogenes Wissen.

Diese Seiten organisatorischen Wissens bilden lediglich die Spitze des Eisberges, keine Organisation könnte überleben, wenn das schon alles wäre. Ein neuer Mitarbeiter in einem Unternehmen, der sich im Rahmen seines Integrationsprozesses lediglich auf seine Arbeitsplatzbeschreibung und einem „ABC für Neue" verlassen müßte, wäre zur Kooperation in einer Organisation nicht fähig (vgl. auch Schüppel, 1996). Der größte und wichtigste Teil seines Lernprozesses läuft gleichsam „subkutan" in variablen und anpassungsfähigen organisatorischen Netzwerken.

Tatsächlich existiert in allen sozialen Systemen ein äußerst vielschichtiges, vernetztes und mehrdimensionales Gewebe von Kenntnissen und Erfahrungen, auf das Organisationsmitglieder – wissend oder nichtwissend – zurückgreifen, um situativ, temporäre und lokale Problemlösungen auf der organisatorischen Feinsteuerungsebene zu generieren (vgl. hierzu neuerdings: Sydow & v. Well, 1996). Es ist inkorporiertes Wissen, das in Entscheidungen oder Handlungen von Organisationsmitgliedern unreflektiert, aber dennoch mit schlafwandlerischer Sicherheit angezogen wird. Michael Polanyi (1985, S. 37) vergleicht diese Zusammenhänge mit einem Schachspiel. Es existieren genaue formale Regeln für das Spiel, dennoch können die Prinzipien, denen eine einzelne Partie folgt, nicht aus diesen Regeln vollständig verstanden werden, in Szene gesetzt bildet sie eine Entität sui generis. Das Entstehen einer solchen höheren Ebene sozialer Realität, basierend auf der Logik einer niedrigeren Ebene, aber nicht auf diese reduzierbar, läßt sich als Emergenz bezeichnen (Polanyi, 1985, S. 46). Emergenz ist für uns der Kern der Selbstgenerierungsfähigkeit oder Selbststeuerungsfähigkeit sozialer Systeme. Sie beruht auf nicht unmittelbar sinnfälligen Tiefenstrukturen, die sich etwa einem neuen Systemmitglied erst im Verlaufe seiner Zugehörigkeit erschließen.

Ergänzend zu den o.g. organisatorischen Wissenskategorien sind daher zu nennen:

- implizites Wissen,
- kollektives Wissen und schließlich
- Beziehungswissen.

In ihrer Gesamtheit bilden diese Bausteine die Grundlage organisatorischer Wissensnetzwerke, die essentielle Basis organisatorischer Flexibilität und Kreativität. Diese sind es, die uns in diesem Buch besonders interessieren, weniger die strategischen Lernprozesse auf der Ebene des Topmanagements. Wir wollen sie im folgenden im Detail erläutern:

Der Begriff des **impliziten Wissens** stammt von Michael Polanyi (1985). Er versteht darunter personen- und gruppengebundenes Wissen, das unmittelbar mit Handlungen und Kontexten verbunden ist, vergleichbar mit dem intuitiven Wissen und Erfahrungen von alten Handwerksmeistern. Es besteht aus kognitiven Komponenten, die letztlich Urteilsfähigkeit konstituieren, aus Fertigkeiten, die Handlungsfähigkeit begründen, und nicht zuletzt auch aus Normen, die Identität ermöglichen. Im Gegensatz zum expliziten Wissen ist implizites Wissen nicht ohne weiteres formulierbar, dokumentierbar oder kodifizierbar. Im allgemeinen wird es durch Kopieren und Nachahmen gelernt. Es entfaltet seine gesamten Potentiale erst in actu oder im Dialog mit anderen, wenn es im Spiegelungsprozeß bewußt wird.

Ein *erstes Schlüsselproblem* des betrieblichen Wissensmanagements besteht darin, dieses implizite Wissen gleichsam zu externalisieren, also beispielsweise die intuitiven Ahnungen eines Querdenkers in den Fabrikationsprozeß von Wissen einzulassen oder die impliziten Kooperationserfahrungen von Projektgruppen zu dokumentieren und der Allgemeinheit zur Verfügung zu stellen (Schmitz & Zucker, 1996, S. 46 ff.). Ein *zweites Schlüsselproblem* des Wissensmanagements in Organisationen besteht darin, individuelle Erfahrungen und Einzelwissen zu kollektivieren, um die organisatorische Handlungsfähigkeit zu verbreiten. Jeder organisatorische Lernprozeß geht zunächst von Individuen aus, sie sind z.B. die „gatekeeper" zur organisatorischen Außenwelt o.ä. Eines der immanenten Probleme westlicher Unternehmenskulturen liegt darin, daß Impulse zur Kollektivierung dieses individuellen Wissens sich primär aus individuellen Motivationen speisen. Es muß daher unser Ziel sein, Anreize und Kontexte zu schaffen, in denen die Bereitschaft, individuelles Wissen allgemein zur Verfügung zu stellen, erhöht wird, damit wiederum andere sich darauf beziehen können und so eine allgemeine und zugleich verbesserte kollektive Wissensbasis entsteht. Das ist ein diskursiver Prozeß der Akkreditierung von neuem Wissen, in dem wie gesagt mittlere Manager oder Projektleiter eine wichtige vermittelnde Rolle spielen.

Zwischen der Externalisierung und Kollektivierung von Wissen existieren enge Zusammenhänge, da häufig kreative Individuen mit vielen Außenkontakten oder erfahrene Mitarbeiter über diese basalen Kenntnisse verfügen, freilich ohne sich dessen bewußt zu sein. Ein kollektiver Wissensprozeß hätte dann die folgenden drei Stufen (vgl. auch Abb. 2):

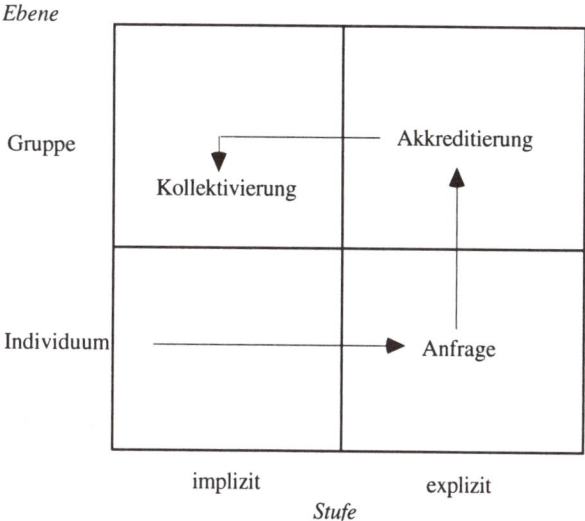

Abbildung 2
Kollektivierung von Wissen in Gruppenprozessen

- Einem einzelnen Gruppenmitglied wird im dialogischen Suchprozeß einer Gruppe die Relevanz seines Wissens oder einer Idee plötzlich bewußt.
- Es äußert den Gedanken und läßt die Gruppe daran teilhaben, diese akzeptiert ihn, konturiert andere Entwürfe daran oder verwirft ihn möglicherweise auch.
- Die Gruppe nimmt den Gedanken – positiv oder negativ – auf, und er sickert so gleichsam in den kollektiven Wissensbestand, um bei Bedarf wieder abgerufen zu werden.

Die zwanglos fließende und stetige Kollektivierung von Wissen und die damit verbundene Erweiterung der organisatorischen Handlungsbasis wird von einzelnen Organisationsmitgliedern jedoch nur dann betrieben, wenn sie sich emotional integriert fühlen und sie die Sinnhaftigkeit ihres Tuns einordnen können. Kollektive Wissensprozesse lassen sich daher nicht reduzieren auf eine ausschließlich sachbezogene Akkumulation von Erkenntnis, zugleich wächst auch eine spezifische Kontextorientierung heran, die wir hier im weitesten Sinne als **Beziehungswissen** bezeichnen, das *dritte Schlüsselproblem* des Wissensmanagements in Organisationen. Dazu gehört etwa das Wissen, wen man in Gruppen beim Auftreten einer Fragestellung zu Rate ziehen kann, das Vertrauen, eine ungewöhnliche Vermutung äußern zu können, oder auch die Gewißheit, erbrachte soziale Unterstützung bei eigener Bedürftigkeit zurückzubekommen. Die Entwicklung und die Verantwortung für derartiges Beziehungswissen liegt natürlich bei jedem einzelnen Gruppenmitglied und die Geltung der Reziprozitätsnorm stellt sicher, daß sich derartiges Beziehungswissen nach und nach durchsetzt. Es ist aber auch und gerade vor dem Hintergrund der Notwendigkeit einer veränderten Rollendefinition von Führung in schlanken Organisationen eine neue Aufgabenstellung des mittleren Managements, auf die Entwicklung und Kultivierung solchen Wissens um eine gemeinsame Diskursbasis in der Organisation zu achten.

Um das „Geheimnis der Weisheit von Gruppen" noch aus etwas anderer Perspektive auszuleuchten, möchten wir eine weitere Differenzierung vorschlagen: Das Pendant des emotionalen Wissens, das sachbezogene Wissen, bezieht sich natürlich auf die fachlichen Qualifikationen und Fertigkeiten der Gruppenmitglieder, die sich um die Kernkompetenzen gruppieren. Einer der wesentliche Effekte in sich selbststeuernden Gruppen und Projekten besteht darin, daß sich dieses Wissen durch Kopieren, Abschauen und informelle Weitergabe, aber auch durch Führungsprozesse gezielt und anreizgestützt kollektiv verbreitet. Organisationsmitglieder in sich selbststeuernden Kontexten verfügen aber auch über Kenntnisse darüber, welchen Stellenwert der eigene Arbeitsauftrag im Rahmen der betrieblichen Wertschöpfung hat, mit welchen Prioritäten daher unterschiedliche Arbeitsaufträge zu bewältigen sind, welche Kundenwünsche besonders zu beachten sind, bzw. wo auf Ressourcenengpässe zu achten ist oder wo noch Ressourcen aktiviert werden können. Wir unterscheiden hier neben dem reinen fachlichen Wissen zusätzlich **Kontextwissen** und **Prozeßwissen**. Kontextwissen weist der Gruppe strategische Prioritäten für ihr Tun zu, Prozeßwissen ordnet das Tun in den Wertschöpfungsprozeß und erlaubt ihr hier, flexibel auf Engpässe zu reagieren. Prozeßwissen entsteht insbesondere durch die bewußte Spiegelung der eigenen Leistungsbeiträge innerhalb der Wertschöpfungskette. Kille (1995, S. 407 ff.) berichtet etwa von einem Unternehmen, wo zwischen den Fertigungsstufen sog. „Nahtstellenvereinbarungen" getroffen werden, deren Einhaltung „heilig" ist und deren Gefährdung sofort bei den betroffenen Gruppen Lernprozesse auslösen, um den kontinuierlichen Fluß der Fertigung sicherzustellen:

> Die Nahtstellen haben eine wichtige Funktion im betrieblichen Ablauf, denn hier wird Leistung sichtbar. Der Erlebnisbereich der Mitarbeiter wird angesprochen, sie sehen ständig, daß ihre Arbeit Sinn macht. (Kille, 1995, S. 418)

Kontextwissen entsteht etwa in Projektgruppen, wenn der Projektleiter in Konfliktfällen Prioritätenentscheidungen aus strategischer Perspektive begründet. Dieses Hintergrundwissen bleibt in der Gruppe und ist ggf. die Folie oder der Bezugspunkt für spätere selbstverantwortliche Entscheidungen im Team bei ähnlich gelagerten Problemen.

Insgesamt stellt sich damit die Wissensgrundlage von Organisationen als ein verwobenes und komplexes Netz von Wissensbausteinen dar, die sich wechselseitig bedingen und in ihrer spezifischen Kombination die Grundlage für Produktivität, Qualität und Innovation bilden. Es ist ein komplexes Puzzle aus vielen kleinen Teilen.

Wenn es gelingt, solche Puzzles von Wissensfragmenten zu einem Gesamtbild zusammenzufügen, entsteht ein Wettbewerbsvorteil, der kaum zu kopieren sein dürfte. Die spezifische Wirkung erklärt sich nicht aus der Addition der einzelnen Komponenten, sondern in ihrer multiplikativen Verknüpfung. Es existieren durch das entfaltete Ensemble unterschiedlichster Bezüge eine Vielzahl von Anknüpfungspunkten für die Verknüpfung von Wissensebenen und Wissensfragmenten, die von den einzelnen Akteuren ins „Spiel" gebracht werden.

Dezentralisierung vs. Zentralisierung von Wissen

Von Henry Ford wird überliefert, daß er in der Lage war, seine Autos vollständig auseinander- und wieder zusammenbauen zu können. Seine betriebliche Organisation war so konzipiert, daß jeder einzelne Akteur einen exakt definierten Platz innehatte und dort auf einen gleichermaßen exakt definierten Teil von Wissen und Erfahrung zurückgreifen mußte, mehr wurde eher als störend begriffen.

Das tayloristische Prinzip beruht gleichermaßen auf einer konsequenten Enteignung von Erfahrungswissen der Mitarbeiter in der Werkstatt und seiner Zentralisierung in den Köpfen der Werkstattführungskräfte. Auf dem konsequenten Auf- und Ausbau von Wissens- und Informationsvorsprüngen gegenüber den Mitarbeitern beruhte seitdem nicht zuletzt die Macht von Führungskräften. Der Lernprozeß der exekutiven Funktionen wurde systematisch reduziert auf die Einübung der bekannten eindimensionalen Lernkurven. Das Ziel organisatorischer Stellenbildung bestand im wesentlichen darin, diese Tätigkeiten soweit wie möglich auf routinierte Virtuosität zu reduzieren. Kritisch resümierend schreibt Garvin (1994) hierzu:

> Für Unternehmen, die lernende Organisationen werden wollen, sind diese Maßstäbe unzureichend. Sie heben auf ein einziges Ergebnis (Kosten oder Preis) ab und ignorieren jene Seiten des Lernens, die andere wettbewerbsrelevante Variablen beeinflussen wie etwa Qualität, Lieferpünktlichkeit oder Einführung neuer Produkte. Sie beziehen sich nur auf einen einzigen Lernantrieb (höhere Ausstoßzahlen) und berücksichtigen nicht die Möglichkeit des Lernens in reifen Industrien mit stagnierendem Ausstoß oder die Tatsache, daß Lernen aus weiteren Quellen gespeist werden kann, etwa aus neuen Technolo-

gien oder den Herausforderungen durch Konkurrenzprodukte. Vielleicht am allerwichtigsten: Sie nehmen keinen Bezug auf die Quellen des Lernens oder die Hebel, mit denen sich Veränderungen erreichen lassen. (Garvin, 1994, S. 83)

Heute reicht es bei weitem nicht mehr, wenn lediglich Experten, Stabsfunktionen oder Führungskräfte gleichsam stellvertretend für die Organisation lernen und große Teile der übrigen Mitarbeiter in Unmündigkeit und Abhängigkeit belassen:

> Es wird in Zukunft nicht mehr möglich sein, daß man „die Dinge oben ausknobelt" und dafür sorgt, daß alle anderen den Anweisungen des „großen Strategen" folgen. Die Spitzenorganisationen der Zukunft werden sich dadurch auszeichnen, daß sie wissen, wie man das Engagement und das Lernpotential auf allen Ebenen einer Organisation erschließt. (Senge, 1996, S. 12)

Eine lernende Organisation, so wie sie Senge in seinem Buch beschreibt, ist weitgehend identisch mit dem freien Fluß und Verbreitung von Wissen, bzw. mit dem Abbau aller hierarchischen Wissensbarrieren und Tendenzen, neue Ideen im Keime zu ersticken. Die Verfügbarkeit von Wissen und die Erweiterung von Erfahrungshorizonten wirkt zurück auf die Urteils- und Handlungsfähigkeit der Mitarbeiter, erweitert ihre Souveränität und Entscheidungskompetenz. Es reduzieren sich so die vielfältigen zeit- und kostenintensiven Abstimmungsprozeduren einer hierarchischen Organisation. Man kann darüber hinaus eine Verbesserung der Entscheidungs- und damit auch der Produktqualität erwarten.

Eine ergänzende Dynamik erhält dieser Dezentralisierungsprozeß von Wissen durch die Möglichkeiten der Informationstechnologie. Dezentrale Konfigurationen und die Vernetzung von Rechnern machen es heute ohne weiteres möglich, daß Daten und Informationen nahezu überall schnell verfügbar sind, in Wissensprozesse einfließen und Entscheidungen beschleunigen können. Da Personalentwickler im allgemeinen eher aus einer sozialwissenschaftlich orientierten Sozialisation stammen, gibt es hinsichtlich dieses Themas leider einige Berührungsängste.

Konsequenzen für die Personalentwicklung – das Ende der Systeme?

Wenn der skizzierte Trend der Dezentralisierung von Wissensprozessen anhält, dann müssen naturgemäß die spezifischen Techniken, tools und Instrumente, die bisher zur professionellen Ausstattung betrieblicher Personalentwicklung gehörten, überdacht und angepaßt werden. Ganze Bände wurden gefüllt mit der Beschreibung von verschiedenen Konzepten der Bildungsbedarfsanalyse, der Diagnostik, elaborierten Konzepten der Seminargestaltung, der Transfersicherung, der Evaluation und des Erfolgscontrolling. Sie bildeten die Grundlage für die professionelle Sozialisation mindestens einer Generation von Personalentwicklern und die Beherrschung dieser Werkzeuge bildete die Grundlage für ihre betriebliche Akzeptanz.

Schon seit einem Jahrzehnt läßt sich der Trend ausmachen, die synthetische Trennung zwischen Problemanalyse, pädagogischen „Maßnahmen" (!) und Evaluation aufzuheben und betriebliche Personalentwicklungskonzepte realitätsnäher zu gestalten. In vielen Unternehmen, deren Personalentwicklung sich am state of the art sieht, sind klassische Seminare außerhalb des Unternehmens schon lange verpönt, Lernen am Arbeitsplatz, in family groups oder im Kontext von Prozessen der Organisationsentwicklung rücken an ihre Stelle.

Dieser Trend drückt nur konsequent die Entwicklung aus, die durch die Rückdelegation der Kompetenz und Verantwortung für die eigene Qualifikation an die Organisationsmitglieder vorgezeichnet ist. Im gleichen Maße, wie sich im Rahmen von organisatorischer Selbststeuerung der Einfluß von Teams auf den Wertschöpfungsprozeß erhöht, wird auch die Verantwortung für klassische Terrains der Personalentwicklung auf sie übergehen. Es wird von vielen Beispielen berichtet, wo Teams an der Auswahl von Mitarbeitern beteiligt werden und Verantwortung für ihre Integration und Qualifikation übernehmen. Nicht nur aus systemischer Perspektive darf man erwarten, daß der Erfolg solcher Strategien vermutlich garantiert ist, weil die Identifikation des Teams mit der Entscheidung a priori höher sein wird als eine fremdbestimmte Auswahl. Ebenso ist zu erwarten, daß hier auch sehr gut beurteilt werden kann, welche Qualifikationen im Team noch benötigt werden und ob mögliche Kandidaten diese mitbringen bzw. ob sie entwickelt werden können. Ein solchermaßen gemeinsam ausgewähltes Teammitglied wird auch nicht so sehr als potentieller Konkurrent gesehen, die Bereitschaft, Wissen weiterzugeben und ihn möglichst nahtlos zu integrieren, ist deutlich ausgeprägt. Was sollen dann noch klassische Assessment-Center, was kann dann eine expertengestützte Evaluation leisten, wenn die betroffene Gruppe die Erfolgsfaktoren aus ihrem Erleben selber bestens kennt und kontrolliert?

Konsequenzen für die Personalentwickler – das Ende der Herrschaft der Experten?

Nicht nur die Instrumente, auch die Rolle der betrieblichen Personalentwicklung muß vor diesem Hintergrund überdacht und neu formuliert werden. Diese Reflexion um die Definition ihrer Rolle kommt nur mühsam in Gang und ist noch lange nicht beendet. Sie wird zum Teil auch blockiert durch die Instrumentalisierung des Personalmanagements im Rahmen von Kostenreduktions- und Freisetzungsprogrammen, die die Szene in den Unternehmen im Moment weitgehend bestimmen.

Traditionell ist ja – wie gesagt – die organisatorische Rolle des Personalmanagements auf das engste verwoben mit der Vorgesetztenrolle. Personalmanagement ragt gleichsam in den Führungsprozeß hinein. Diese Schnittstelle ist aus vielfältigen Konflikten aus der betrieblichen Praxis bestens bekannt. So wie aber im Rahmen der Dezentralisierung organisatorischer Macht zur Durchsetzung von Selbststeuerungskonzepten die Vorgesetztenrolle verändert wird, ist gleichermaßen eine ähnliche Entwicklung für die Personal- und Personalentwicklungsfunktionen zu erwarten. So wie Führungsrollen künftig sich nicht mehr primär aus der formalen Zuweisung organisatorischer Macht legitimieren, sondern aus eher informellen Funktionen im Rahmen der organisatorischen Selbststeuerung, wird sich die Legitimität von Personalmanagement nicht mehr primär aus einem formal zugewiesenen Expertenstatus begründen lassen. Dieser Status wird doppelt hinterfragt, einmal im Hinblick auf mögliche alternative Angebote externer Dienstleister, die häufig über eine ausgewiesenere Professionalität verfügen, zum anderen natürlich daraufhin, ob interne Expertenfunktionen, ebenso wie gewisse Führungsfunktionen nicht auch von den sich selbststeuernden Einheiten selber wahrgenommen werden können. Ein Expertenstatus beruht ja immer auf einem Laienstatus als sein logisches Pendant. Wenn die Laien nun entdecken, daß die Experten auch nur mit Wasser kochen, dann nützen auch alle Geheimniskrämereien hinsichtlich der verwendeten Prozeduren oder der Nimbus eines unverständlichen Expertenkauderwelsch nicht mehr viel.

Die Widerstände gegen solche Entwicklungen liegen in erster Linie bei den Personalentwicklern selber. Die skizzierten Trends stehen im krassen Widerspruch zu typischen Berufsmotivationen und Attitüden in dieser Berufsgruppe. Wie Argyris (1993, S. 49 ff.) zeigte, liegt im Überwinden defensiver und ineffektiver Lernprozesse, die von der Zeit überholt wurden, eine möglicherweise noch größere Schwierigkeit, als neues Wissen zu adaptieren. Hier liegt möglicherweise ein *viertes Schlüsselproblem* für die Entwicklung einer wissensbasierten Organisation. „Erkenne Dich selbst", so lautet die Inschrift über dem Orakel von Delphi. Wer glaubwürdig, kompetent und mit Akzeptanz an den aktuellen betrieblichen Transformationsprozessen gestaltend teilnehmen will, muß erst selber erfahren, was sie für die Mitarbeiter bedeuten. Schon 1983 hat Holger Samson auf dem ersten deutschen Qualitätszirkelkongreß im Rahmen seiner Darstellung der Lernstatt vor der „Arroganz des Wissens" gewarnt und kritisiert, dieses in Stabs- oder Führungsfunktionen zentralisieren zu wollen (Samson, 1983, S. 54). Die Lernstatt war so gesehen gleichsam ein Frühindikator für das, was im Hinblick auf die Dezentralisierung von Qualifizierungskompetenz heute und morgen auf uns zukommt.

Zum Aufbau des Buches

Wir haben versucht, im vorliegenden Band die hier einleitend aufgerissenen Problemstellungen aufzugreifen. Im ersten Teil geht es gleich um die Problematisierung der gegenwärtigen Rolle und die Entwicklung von Vorstellungen für eine künftige Rolle der betrieblichen Personalentwicklung.

Im zweiten Teil wenden wir uns Auswahl- und diagnostischen Konzepten zu. Hier steht besonders der Gedanke im Vordergrund, diese Verfahren zu prozessualisieren und sie zum Gegenstand eines gemeinsamen Erfahrungsfeldes zwischen den Beteiligten zu machen.

Der dritte Abschnitt vertieft die Frage, welche Instrumente und Systeme im Rahmen einer wissensbasierten Organisation für die Personalentwicklung in Betracht zu ziehen sind. Hier dominiert gleichermaßen der Leitgedanke, sie immer im Kontext der Initiierung von Wissensdiffusion zu begreifen. Von großer Wichtigkeit ist hier auch das Bemühen, insbesondere für das mittlere Management, Perspektiven für ihre berufliche Entwicklung zu weisen.

Der vierte Teil des Werkes greift neue Trends und Themen auf, die sich im organisatorischen Umfeld stellen und Antworten aus der Sicht von Wissensmanagement verlangen. Hierzu gehört etwa die Frage, wie man Querdenker integriert und das innovative Potential von Organisationen nutzt. Auch die internationalen Kooperationserfordernisse erfordern kollektive Lernprozesse, denen sich Unternehmen stellen müssen, ebenso wie die öffentliche Sensibilität für ökologische Fragen nicht spurlos an den organisatorischen Wissensbasen vorbeigegangen ist.

Im fünften Teil des Bandes wollen wir dann der Bedeutung der Informationstechnologie für die Entwicklung moderner Organisationsgestalten und den damit zusammenhängenden Einflüssen auf die Wissensentwicklung nachgehen. Das ist ein gleichermaßen unterschätztes Thema wie die im sechsten Teil dargestellte Bedeutung der Kommunikationsarchitektur, die nachweislich auf die Entstehung und Verbreitung von Wissen einen großen Einfluß hat.

Im siebenten Teil wollen wir an einigen Branchenbeispielen zeigen, wie dort unter den Bedingungen einer flexiblen kundenorientierten, wissensbasierten Organisation Personalentwicklung aus der Perspektive von Wissensmanagement konkret gestaltet werden kann, bevor im achten Teil noch einmal ein visionärer Ausblick auf das künftige Geschäft der Personalentwicklung versucht wird.

Wissensmanagement als möglicher interessanter Bezugsrahmen für Personalentwicklung ist nicht nur ein neues Trendthema, das ebenso schnell wieder geht, wie es gekommen ist. Seine Bedeutung besteht für uns insbesondere darin, daß damit eine Verbindung möglich ist, zwischen der im strategischen Management thematisierten Entwicklung von Kernkompetenzen und den in der Organisationstheorie laufenden Überlegungen zur lernenden Organisation. Das Wissen, das in Kernkompetenzen letztlich kristalliert und für Wettbewerber so schwer zu kopieren ist, besteht nicht nur aus fachlichen oder dokumentierten Know-how, sondern ist wesentlich in Individuen, Gruppen und Subkulturen inkorporiertes Wissen, das in vielfältigen spontanen und selbstgesteuerten Prozessen organisatorischen Lernens vor Ort, nicht auf Seminaren oder sonstigen Schulbänken, gebildet wurde. Wissensmanagement kann damit Antworten liefern auf die Frage, wie eine lernende Organisation Kernkompetenzen ausbildet und stabilisiert.

Im Vordergrund stehen in diesem Band daher eher die dezentralen Wissensprozesse auf der mittleren Führungsebene und in den exekutiven Funktionen. Den Problemkreis der strategischen Wissensprozesse, also das, was wir einführend als das erste

Schlüsselproblem des Wissensmanagements bezeichneten, haben wir hier bewußt etwas ausgeblendet, weil dazu bereits neben den zitierten Quellen einschlägige Literatur existiert (vgl. hierzu insbesondere: McGill & Slocum, 1996; Sattelberger, 1996; Simon & Schwuchow, 1994). Wir hoffen damit, eine Lücke in der Diskussion mit zu schließen.

Literatur

Argyris, C. (1993). *Knowledge for action.* San Francisco: Jossey Bass. – **Bateson, G. (1987).** *Geist und Natur.* Frankfurt/M.: Suhrkamp. – **Davis, S. & Botkin, J. (1994).** The Coming of knowledge-based business. *Harvard Business Review,* Sept./Okt. 1994, S. 165-170. – **Drucker, P. (1994).** *The postcapitalist society.* New York: Harper Business. – **Floyd, S.W. & Wooldridge, B. (1996).** *The strategic middle manager.* San Francisco: Jossey Bass. – **Garvin, D. A. (1994).** Das Lernende Unternehmen: Nicht schöne Worte – Taten zählen. *Harvard Businessmanager, 16* (1), 74-86. – **Handy, C. (1996).** *Die Fortschrittsfalle.* Wiesbaden: Gabler. – **Leonard-Barton, D. (1994).** Das lernende Unternehmen: Die Fabrik als Ort der Forschung. *Harvard Businessmanager, 16* (1), 87-99. – **Leonard-Barton, D. (1995).** *Wellsprings of knowledge.* Boston: Harvard Business Press. – **Kille, K. (1995).** Lieferzeit als konstante Größe. In H.J. Warnecke (Hrsg.), *Aufbruch zum fraktalen Unternehmen* (S. 407-431). Berlin: Springer. – **McGill, M.E. & Slocum, J.W. (1996).** *Das intelligente Unternehmen.* Stuttgart: Schäffer-Poeschel. – **Nonaka, I. (1992).** Wie japanische Konzerne Wissen erzeugen. *Harvardmanager, 14* (2), 95-103. – **Nonaka, I. (1994).** Innovationsmanagement als ein Prozeß der Wissensschöpfung. In M. Esser & K. Kobayashi (Hrsg.), *Kaishain. Personalmanagement in Japan* (S. 248-277). Göttingen: Verlag für Angewandte Psychologie. – **Polanyi, M. (1985).** *Implizites Wissen.* Frankfurt/M.: Suhrkamp. – **Samson, H. (1983).** Die Lernstatt – eine deutsche Antwort. In Deutsche Gesellschaft für Personalwesen (Hrsg.), *Dokumentation: Erster Deutscher Qualitätszirkelkongreß* (S. 43-57). Düsseldorf: Kongreßband. – **Sattelberger, T. (1996).** *Human Resource Management im Umbruch.* Wiesbaden: Gabler. – **Schmitz, C. & Zucker, B. (1996).** *Wissen gewinnt. Knowledge Flow Management.* Düsseldorf: Metropolitan. – **Schüppel, J. (1996).** Wissensmanagement gestalten. *Jahrbuch Weiterbildung 1996, 6,* 44-47. – **Senge, P.M. (1996).** *Die fünfte Disziplin.* Stuttgart: Klett-Cotta. – **Servatius, H.G. (1994).** *Reengineering-Programme umsetzen.* Stuttgart: Schäffer-Poeschel. – **Simon, H. & Schwuchow, K. (1994).** *Management-Lernen und Strategie.* Schäffer-Poeschel. – **Sydow, J. & v. Well, B. (1996).** Wissensintensiv durch Netzwerkorganisation. In G. Schreyögg & P. Conrad (Hrsg.), *Wissensmanagement. Managementforschung Bd. 6* (S. 191-234). Berlin: de Gruyter.

Artur Friedrich

Organisatorische Schlankheitskuren und ihre Auswirkungen auf Personalentwicklungskonzepte

Zur Lage

Die Klagen der Personalentwickler sind Legende: „Die Personalarbeit im allgemeinen und die Personalentwicklung im besonderen ist reaktiv, nicht vorausschauend, kurzfristig angelegt, zu wenig an strategischen Zielen orientiert, leider nur punktuell und selten eingebunden in die jeweilige unternehmenspolitische Konzeption."

Die 80er Jahre waren geprägt durch Bemühungen, diese Mängel zu überwinden. Die Ergebnisse zeigten nach den Schönwetterjahren mit Beginn der Rezession jedoch nur geringe Erfolge. Es ist müßig darüber zu rätseln, welche Entwicklung die deutsche Wirtschaft unter den veränderten weltwirtschaftlichen Bedingungen in den letzten Jahren genommen hätte, wären Personalentwicklungskonzepte rechtzeitig aufgenommen und umgesetzt worden.

Die Betonung der Personalressource durch die Lean-Debatte in Deutschland gab der Personalentwicklung Anfang 1991 nochmals die Chance, die Personalarbeit zu prägen. Ein Blick in den Unternehmensalltag zeigt allerdings immer wieder den nach wie vor nachgeordneten Stellenwert der Personalentwicklung im Betrieb.

„Immer wenn ich an das Personalwesen eine Frage stellte, erhielt ich ein Formular zurück." Dieser Satz eines Fertigungsleiters in einem mittelgroßen und traditionsreichen Industriebetrieb ist kennzeichnend für das bürokratische Selbstverständnis mancher Personalverantwortlicher. Die Ursachen liegen nicht allein in der häufig einseitigen Ausrichtung der Unternehmensleitungen auf finanzpolitische Aspekte, sondern auch im Aufgabenverständnis der Personalfachleute. Nach wie vor krankt die Personalentwicklung an der Abwertung als „Sozialklimbim" und macht zu wenig deutlich, welchen Stellenwert Mitarbeiterentwicklung für den Markterfolg eines Unternehmens hat.

Im Zuge des härteren internationalen Wettbewerbs gerieten immer mehr hiesige Betriebe in den letzten Jahren unter den Konkurrenzdruck international agierender Unternehmen aus Fernost und den USA. Marktsättigung, hohe Ansprüche an die Produktvielfalt, kurze Produktzyklen, permanente Überkapazitäten und zunehmende Qualitätsangleichung sind Bedrohung wie auch Herausforderung für jedes Unternehmen.

Für viele Betriebe ist es zu einer Überlebensfrage geworden, die Herausforderungen anzunehmen. Schnellere Reaktion auf Marktentwicklungen, höhere Produktivität, Reduzierung der Entwicklungszeiten, weniger Fehler, größere Vielfalt von Produkten und Dienstleistungen zeigen den Weg. Maßnahmen zur Erreichung dieser Ziele werden seit der Veröffentlichung der MIT-Studie über die Automobilbranche (Womack, Jones & Roos, 1991) unter dem Begriff Lean-Management[1] zusammengefaßt. Japanischen Unternehmen insbesondere der Automobilbranche gelang es durch ein umfassendes Unternehmenskonzept, die gesamte Wertschöpfungskette effektiver und effizienter zu gestalten. Vom Zulieferer des Zulieferers über das eigene Unternehmen bis zum Kunden des Kunden wird der Markt als Wertschöpfungs-Netzwerk gesehen. Nicht die herkömmlichen Optimierungskriterien wie größtmöglicher Gewinn oder Absatzmaximierung bestimmen die Zusammenarbeit, sondern Qualität, Geschwindigkeit und Flexibilität. Mit einem Satz: Das Management sucht nach neuen Konzeptionen, um mit den Betrieben in der immer komplexeren und turbulenteren Wirtschaftswelt bestehen zu können.

> Die MIT-Studie beschreibt wichtige Unterschiede zwischen Japan und dem Rest der Welt. Durch die wirtschaftlich schlechte Situation in Japan nach dem zweiten Weltkrieg mußte sich die japanische Wirtschaft Stärken aneignen, um auf den Märkten bestehen zu können, und: Not macht erfinderisch. Der kleine japanische Binnenmarkt bot kaum Chancen, ausreichende Investitionsmittel zu erarbeiten. Unter dem Schutz der Regierung gelang es zuerst Toyota, dann auch anderen Produzenten, eine wettbewerbsfähige Alternative zur westlichen Massenproduktion zu entwickeln, bei der organisatorische und personelle Ressourcen in den Vordergrund der Unternehmensführung gerieten.
>
> Auch im westlichen Kulturraum gab es immer wieder die Versuche, demotivierende Arbeitsstrukturen zu überwinden. Bekannt wurden unter dem Schlagwort „soziotechnische Systeme" in den 70er Jahren die Versuche bei Volvo, Job Rotation einzuführen. Job Enlargement und Job Enrichment gehören heute zu den Grundbegriffen moderner Unternehmensführung. Aber immer wieder scheiterten Modellversuche am ideologischen Ballast.

Abbildung 1
Die MIT-Studie

Dies alles ist nur zu erreichen, wenn neben technologischen auch organisatorische Innovationen zum Durchbruch kommen – ohne Fokus auf die Mitarbeiter und personalentwicklerische Konzepte ein zum Scheitern verurteiltes Unterfangen. Personalentwicklungsprogramme, eingebunden in Organisationsentwicklungskonzepte, unterstützen in entscheidendem Maße Anpassungsprozesse, wenn sie denn rechtzeitig gestartet werden. Damit ist auch eine erste Antwort auf die Frage nach dem Stellenwert der Personalentwicklung im Kontext organisatorischer Reformen gegeben.

---

[1] Begriffe wie Reengineering, dezentrale Organisation, fraktale Fabrik, Lean Enterprise, schlanke Fertigung usw. subsumieren gleiche, zumindest ähnliche Vorgehensweisen.

Organisatorische Schlankheitskuren wirken sich nicht nur erheblich auf die betrieblichen Strukturen und Prozesse aus, sondern bieten die Möglichkeit eines überfälligen Re-Designs der gesamten Personalarbeit.

Was kennzeichnet die Fitness-Programme der letzten Jahre? Wie läßt sich die Betriebsorganisation fit machen für individuelle Kundenwünsche ohne die Vorteile rationeller Produktion zu verlieren? Mit der tayloristischen Fertigungsweise geht unseren Betrieben offensichtlich die Luft aus. Weder überlebenssichernde Änderungsgeschwindigkeiten noch angemessene Qualitätsstandards sind kostenvertretbar zu erreichen.

Organisatorische Schlankheitskuren: Lean-Management als Impuls für organisatorische Fitness-Programme

Größere Produktvielfalt bei niedrigeren Kosten ist das Ergebnis organisatorischer Schlankheitskuren – verbunden mit dem Vorteil für die Mitarbeiter, anspruchsvollere und befriedigendere Arbeit zu leisten. Organisation und Technik werden so optimal aufeinander abgestimmt, daß bei größerer Qualität ein höherer Output erreicht wird.

Die richtigen Dinge richtig tun – auf diesen Nenner läßt sich das Lean-Denken bringen.

Die Kostenminimierung durch Nutzenmaximierung in der Arbeit zu ersetzen, ist die eine Forderung. Ein Beispiel: Die extreme Arbeitsteilung war Ausfluß des Wunsches nach Kostenminimierung. Qualitätssicherung wurde zur Spezialistenfunktion. Je besser die Qualität sein sollte, desto stärker stiegen jedoch die Kosten. Bei integrierter Fertigung in der Lean-Fabrik ist Qualitätssicherung dagegen nicht Aufgabe einer Fachabteilung, sondern präventive Aufgabe der produzierenden Abteilung. Damit werden nachträgliche Änderungskosten gesenkt.

Die Schwächen tayloristischer Massenfertigung sind seit langem bekannt. Monotonie der Fließbandarbeit, Qualitätsprobleme und unbefriedigende Produktivität zwangen zur größten Aufmerksamkeit gegenüber der Endmontage, während die Lean-Konkurrenten Verbesserungen bei allen Stufen der Entwicklung, der Produktion und der Vermarktung erreichten. Dem Over-Engineering steht die Simultanentwicklung der Lean-Betriebe gegenüber. In der Massenfertigung werden Denken, Entscheiden und Handeln getrennt – Lean will zusammenführen, was zusammengehört (vgl. Abb. 2).

Kostendenken heißt bei Lean-Management: marktbezogene Kosten werden bei der Projektzielsetzung bereits festgesetzt. Der betriebswirtschaftliche Rahmen bestimmt somit auch die Detailziele für die Fach- und Funktionskonzepte. Angebotskriterien für die Zulieferer werden daraus abgeleitet. Permanent erfolgt während des gesamten Arbeitsprozesses ein Vergleich der Arbeitsergebnisse mit den Kostenzielen.

> Das Konzept zielt ab auf die
> - Optimierung organisatorischer Abläufe,
> - Erweiterung des Blickwinkels auf die gesamte Wertschöpfungskette inklusive Zulieferbetriebe und Abnehmer,
> - gleichzeitige und verzahnte Entwicklung von Produkt und Produktionsprozeß und betont
> - Management und Personal als zentrale Ressourcen.

Abbildung 2
Lean-Management

Das Humanvermögen eines Betriebes wird bei Lean-Management zur dominierenden Größe. Der Blick konzentriert sich darauf, die Arbeitskraft nicht als Kostenfaktor zu minimieren, sondern als Ressource zu maximieren. Das ist ohne motivierte Mitarbeiter mit breiter Qualifikation nicht zu verwirklichen. Die zweite Antwort auf die Frage nach dem Stellenwert der Personalentwicklung in schlanken Organisationen ergibt sich daraus.

Beispielhafte Ansatzpunkte für Schlankheitskuren in Organisationen

Fitness-Programme zeigen Auswirkungen auf Bereiche, die traditionell Gestaltungsfelder der Personalentwicklung sind:
- Visionäre Führung mit Abbau des „Feindbildes" Arbeit,
- Hierarchieabbau und dezentrale Entscheidungsfindung,
- Gruppenarbeit,
- Qualitätskultur,
- Prozeßdenken,
- Qualifizierungsprogramme,
- weitere Aspekte schlanker Organisationsreformen.

Visionäre Führung mit Abbau des „Feindbildes" Arbeit

Die innere Organisation ist ein Schlüssel für den Markterfolg. Grundlagen sind gemeinsame Überzeugungen, Unternehmensziele und Führungsgrundsätze. Zusammenarbeit nach bestimmten Regeln kann nur funktionieren, wenn sie getragen wird von Unternehmensleitung, Management und Mitarbeitern. Sichtbares Zeichen dieses Konsens ist die Unternehmensphilosophie mit ihrer Identifikationswirkung auf Lieferanten, Unternehmensangehörige, Kunden und Öffentlichkeit.

Umstrittene Entscheidungen können vor dem Hintergrund dieser Aussagen konfliktarm geprüft werden. Glaubwürdig wird eine Philosophie jedoch erst durch gelebte Unternehmenskultur, wobei die Gleichwertigkeit wirtschaftlicher Ziele mit sozialer Verantwortung Voraussetzung für Identifikation mit den betrieblichen Zielen ist.

Dies gilt vermehrt nicht nur innerbetrieblich, die ethische Sensibilisierung wird in den nächsten Jahren auf den Märkten immer mehr Bedeutung gewinnen. Die heutige Zweckgemeinschaft Unternehmen wandelt sich zur Sinngemeinschaft. Gesellschaftliches Verantwortungsbewußtsein baut zudem opportunistische Grundhaltungen – häufig Ursache für fehlendes Engagement im Betrieb – ab.

Diese Thesen zu vertreten, wirkt bei der gegenwärtigen „Schlachthof-Strategie" einiger Großunternehmen geradezu paradox. Gleichzeitig erleben wir insbesondere mittelständische Unternehmen, die durch Technologieeinsatz, hierarchiearme Organisationen und Mitarbeiterorientierung erstaunliche Markterfolge erzielen.

In diesen Unternehmen ist z.B. das Motto „Freizeit ist gut, Arbeitszeit ist schlecht" in den Hintergrund getreten. Dieses Motto entsteht, wenn eine kooperative und anregende Arbeitsatmosphäre fehlt. Die gegenseitige Wertschätzung ist in der Lean-Organisation wichtige Voraussetzung für das Wohlbefinden am Arbeitsplatz. Arbeit ist kein notwendiges Übel zum Gelderwerb, sondern gewinnt neuen Sinn.

Die alte gewerkschaftliche Forderung nach „Befreiung von der Arbeit" wurde ersetzt durch das Ziel von der „Befreiung in der Arbeit". Ein Zeichen für vor wenigen Jahren noch nicht vorstellbare Wandlungen. Die Beweglichkeit bei Arbeitszeitflexibilisierung und auftragsbezogenen Entgeltfindungs-Systemen ermutigt zu weiteren Schritten und kann sich zum Alleinstellungsmerkmal unserer Wirtschaft entwickeln.

Hierarchieabbau und dezentrale Entscheidungsfindung

Generell verstehen Führungskräfte ihre Aufgabe darin, ihren Mitarbeitern die Bedingungen zur optimalen Leistungserbringung zu schaffen. Der Mitarbeiter muß „wollen" und „können", der Vorgesetzte ist für das „Dürfen" da. Dazu gehört vor allem folgerichtiges Delegieren von Verantwortung auf die operative Ebene, den Ort der direkten Wertschöpfung. Überflüssiges vermeiden und ständiges Verbessern von Arbeitsprodukten und -abläufen zeichnet engagierte und qualifizierte Mitarbeiter aus. Dies gelingt in der Arbeitsgruppe mit hoher Selbstorganisation am besten. Trennendes „Schnittstellen"-Denken zwischen verschiedenen Ressorts wird zugunsten integrierenden „Verbindungs"-Denkens aufgelöst. Ständige Schulung sorgt nicht nur für aktuelles Know-how, sondern vor allem für gegenseitiges Verständnis.

Blindleistungen durch Verschwendung von Arbeit, Zeit und Material werden abgebaut durch kurze Entscheidungswege, flache Hierarchien, Kompetenzen und Aufgaben für die Mitarbeiter an der Basis.

Für initiative, einsatzfreudige Mitarbeiter gilt die Umkehrung des Satzes „Vertrauen ist gut, Kontrolle ist besser", denn verantwortliche Mitarbeiter kontrollieren sich selbst. Nach Jahrzehnten der Fremdkontrolle müssen Manager Vertrauen in sich und ihre Mitarbeiter entwickeln.

Manager
Meister (Bereichsingenieur)
Teamsprecher
Teammitglied

Abbildung 3
Beispielhafte Hierarchie eines Fertigungsbetriebes

Gruppenarbeit

Die Gruppenarbeit gehört spätestens seit dem Aufleben der Lean-Diskussion zum guten Ton zeitgemäßer Unternehmensführung. Die Einführung von Gruppenarbeit verspricht zwei Sieger. Das Unternehmen erwartet mehr Effektivität und Effizienz, die Mitarbeiter gewinnen mehr Arbeitszufriedenheit und Motivation. Unterschiedliche Meinungen müssen in allen Gruppen auf ein Ziel hin kanalisiert werden. Den gemeinsamen Nenner zu finden, gemeinsam zu vertreten und daran weiterzuarbeiten, ist das Erfolgsrezept der Gruppenarbeit.

Merkmale	schlanke Organisation	klassische Organisation
Beteiligung des Top-Managements am Projekt während der Startphase	intensiv	gering
Anzahl der Teammitglieder während der Startphase	hoch	gering
Anzahl der Teammitglieder am Ende der Entwicklung	gering	groß
Abzug von Teammitgliedern aufgrund von Anforderungen der Linienabteilungen	kaum	häufig

Abbildung 4
Ausgewählte Unterschiede zwischen klassisch organisierter und schlanker Projektorganisation (nach Pfeiffer, 1991, S. 61)

Das Team als unterste Steuerungseinheit besteht jedoch nach wie vor aus Individualisten. Die unterschiedlichen Stärken der Einzelmitglieder machen die Gruppe unschlagbar. Die Einsicht jedes einzelnen, persönliche Entwicklung ist nur mit dem Team, nicht zu seinen Lasten möglich, schafft den erforderlichen Zusammenhalt. Die Teamorganisation mit sich weitgehend selbststeuernden Teams bilden das Rückgrat im Lean-Management. Am Beispiel der Projektorganisation ist erkennbar, welchen Entwicklungsstand ein Unternehmen erreicht hat.

Die Einbindung von Zulieferern und Kunden in die Projektarbeit „erweitert" zudem die Gruppe. Die „Anreicherung" der Problemlösung durch fremde Kompetenz und eine engere Anbindung an Lieferer und Abnehmer führen zu nicht zu unterschätzenden Effekten. Zulieferer und Kunden werden deshalb sehr früh in Entwicklungsprozesse eingebunden und sind Teil der Vermarktungsstrategie. Ihrem Urteil über die Realisierbarkeit von Ideen wird hohe Bedeutung zugemessen. Ebenso wird die Bereitschaft vorausgesetzt, Entwicklungsleistungen auf den eigenen Systemlieferanten zu übertragen. Produktvielfalt, Erlös- und Kostenvorteile sind die Folge.

Qualitätskultur

Langfristige Qualität resultiert aus permanenten Verbesserungen, die bei Lean-Management zum kulturellen Wert werden. Aus Fehlern entstehen keine bedrohlichen Schuldzuweisungsaktionen, sondern sie bieten Ansätze für Lernprozesse. Die „learning organization" vermeidet das wiederholte Auftreten von Fehlern und sorgt bei Mitarbeitern wie bei Kunden für die Sicherheit selbstorganisierter Verbesserungen.

Wie kann die Verbesserungs-„Kultur" gefördert werden?

Übereinstimmend berichten Unternehmen davon, daß es in der Anfangsphase auf die Vielzahl von Verbesserungsvorschlägen ankommt. Nach der Devise „Übung macht den Meister" konzentrieren sich die Vorgesetzten auf die Anerkennung kleiner Ver-

Traditionelle Qualitätssicherung	Qualitätssicherung nach Lean
Die extreme Arbeitsteilung ist Ausfluß des Wunsches nach Kostenminimierung.	Die Qualitätsüberwachung erfolgt nicht mehr an zentraler Stelle, sondern durch die Gruppe.
Qualitätssicherung wird zur Spezialistenfunktion. Je besser die Qualität sein soll, desto stärker steigen jedoch die Kosten.	Die Teams stehen untereinander in einem Kunden-Lieferer-Verhältnis. Das Produkt wird weitergegeben, als ob das Endprodukt an den Kunden ausgeliefert wird.
Fehler potenzieren sich, weil das mangelhafte Produkt weitergereicht wird. „Die Reparaturabteilung muß ja auch für etwas gut sein."	Jeder entdeckte Mangel wird sofort behoben. Im japanischen „Andon-System" kann jeder Mitarbeiter den Produktionsprozeß der Gruppe stoppen, wenn er einen Fehler nicht sofort und selbst beheben kann. Die Störung hat Vorrang. Der Teamsprecher kümmert sich mit der gesamten Gruppe um die Beseitigung des Fehlers. Gelingt es dem Team nicht, das Problem zu lösen, wird die ganze Linie stillgelegt – was allerdings kaum vorkommt.

Abbildung 5
Qualitätsicherung im Vergleich

besserungen. Die schnelle Entscheidung über den Wert der Verbesserung steht im Vordergrund (1 Tag reicht). Entscheidend für den Erfolg ist die Chance für den Ideengeber, seine Verbesserung zu realisieren. In der Produktion steht hierfür die Kaizen-Werkstatt zur Verfügung. Im Management kommt es zu Wettbewerben, in welchem Bereich die meisten und besten Verbesserungen geschaffen werden.

Prozeßdenken

Eine weitere Forderung des Lean-Konzepts zwingt zum Prozeßdenken und damit zum Prozeßmanagement. Die Optimierung der eigenen wie der relevanten externen Wertschöpfungsketten bringt die Marktvorteile.

Wie war das bisher?

Jeder Mitarbeiter, jede Gruppe, übernimmt ausgewählte Aufgaben in der betrieblichen Arbeitsteilung. Stellen- und Organisationsbeschreibungen schaffen dabei Klarheit, gleichzeitig aber auch Grenzen gegenüber anderen Mitarbeitern und Gruppen. Sich um andere zu kümmern, einzumischen, wird tunlichst vermieden. Soweit das Ergebnis klassischer Arbeitsstrukturierung. Die negativen Folgen kennen wir alle.

Simultanes Engineering wendet sich von dieser Tradition ab. Alle an einem Produkt Beteiligten werden in die Entwicklung eingebunden. Schlechte Zeiten für „Rechthaber" unter den Mitarbeitern. Die Pflicht zur Zusammenarbeit ist oberstes Gebot. Die Teamentwicklung dient deshalb dem Ziel, Prozeßverantwortung zu etablieren und das geht weit über den eigenen Aufgabenbereich hinaus. Jeder Mitarbeiter, jedes Team, trägt die Verantwortung für den gesamten Leistungsprozeß vom Lieferer zum Kunden. Die Verantwortungskreise überlappen einander. Je größer die Schnittmenge, desto größer ist die Erfolgswahrscheinlichkeit.

Qualifizierungsprogramme

Permanente Qualifizierung ist seit der Begriffsschöpfung „lebenslanges Lernen" nichts Neues für unsere Betriebe. Aber wofür qualifizieren? Wissen auf Vorrat? Nur lebendiges Wissen ist einsetzbares Know-how. Dies führt zu Konsequenzen für die Personalentwicklungsarbeit.

Qualifizierung und Job Rotation gehören in der Lean-Organisation zusammen. Ein intensiv genutzter interner Arbeitsmarkt zeigt die geforderte Flexibilität von Unternehmen und Mitarbeiter und sorgt für automatischen Wissenstransfer im Betrieb. Besser als durch Rationalisierungsschutzabkommen Besitzstände zu verteidigen, über die der technische Fortschritt längst hinweggegangen ist und für die jeder einzelne Mitarbeiter zu einem späteren Zeitpunkt im trügerischen Gefühl der Sicherheit mit dem Arbeitsplatzverlust bezahlt, schützen permanente Qualifizierung und Übernahme neuer Aufgaben.

Weitere Aspekte schlanker Organisationsreformen

Auf eine Reihe weiterer Gesichtspunkte für Schlankheitskonzepte kann nur hingewiesen werden. So werden sich Personalentwickler u.a. einzumischen haben in die Schaffung neuer Entlohnungskonzepte und flexibler Arbeitszeitmodelle.

Aufgabenerweiterung und Aufgabenbereicherung fordern eine hohe Flexibilität. Gestiegene Anforderungen stellen traditionelle Entlohnungsformen wie den Akkordlohn seit langem in Frage. Abkehr vom Incentive-Management hin zum Identifikationsmanagement heißt die Devise.

Durchaus verwunderlich für Personalmanager, die seit vielen Jahren Motivations-Schnickschnack hinter der Entgeltfrage versteckten. Das tayloristische Prinzip „Teile und herrsche!" ließ viele Tarifgruppen selbst in Kleingruppen entstehen, die Ursache für Eifersüchteleien wurden. Jeder mußte ja doch für den anderen einspringen, Flexibilität und Qualifikation waren vergleichbar.

Flexible Arbeitszeitmodelle sind nicht nur aus beschäftigungspolitischer Sicht notwendig. Das Ziel auftragsbezogener Beschäftigung wird jene Unternehmen Vorteile erbringen, die bereits heute auf die Interessen ihrer Mitarbeiter eingehen.

Eigenverantwortliche Mitarbeiter, eingebunden in Gruppen, können nicht mehr mit starren Arbeitszeiten geknebelt werden. Souveränität ist nicht mit Geld aufzuwiegen.

Auswirkungen organisatorischer Fitness-Programme auf die Personalentwicklungsarbeit

Die vorgestellten Beispiele haben gezeigt, daß die Personalentwicklungsarbeit dringender denn je gebraucht wird. In drei Thesen soll vorgestellt werden, welche Auswirkungen sich auf die Personalentwicklung bereits zeigen.

These 1: Entwicklungsprogramme sind nicht mehr punktuell angelegt, weil sich die Anforderungen zu schnell ändern.

Viele Unternehmen suchten und suchen Markterfolg durch Segmentierung und Nischenpolitik. Die dazu notwendige Differenzierungsstrategie hat zum Ziel, attraktive Produkte bzw. Dienstleistungen zu erbringen.

In schwierigen Zeiten kommen diese Unternehmen erfahrungsgemäß stark unter Druck. Der erste Grund dafür liegt im Wettbewerb. Die Kunden schätzen zwar die Vorteile der Produkte von Hochpreisanbietern. Geraten sie jedoch selbst unter Kostendruck, sind sie nicht mehr bereit, die hohen Preise zu zahlen. Sie versuchen, über harte Preisverhandlungen ihre Probleme abzuwälzen, ohne auf den gewohnten Zusatznutzen verzichten zu wollen. Eine scheinbar ausweglose Situation für den Nischenanbieter. Spart er, laufen ihm die Kunden weg, behält er sein Produktniveau, laufen ihm die Kosten weg.

Die Lösung? Das Unternehmen braucht Mitarbeiter, die bereit und in der Lage sind, zu niedrigen Kosten beste Qualität zu produzieren. Dies stößt jedoch auf die zweite Ursache für die gegenwärtig desolate Situation vieler Betriebe. Die Mitarbeiter bei Nischenanbietern haben verlernt, auf Kosten zu achten. Sie wurden für ihr kostentreibendes Verhalten durch den Kunden ja geradezu belohnt. Speck setzte an, Aktivitäten blieben erhalten, die lange Zeit nicht mehr auf ihre Notwendigkeit hin untersucht wurden.

Die Personalentwicklung hat in dieser Phase mit den Beteiligten für die Unternehmensleitung Konzepte vorzulegen, die Mut für eine Krisenbewältigung machen. Das lange Warten mit der Hoffnung: „Die Märkte werden's schon richten" hat das Image der Personalentwickler gerade in den letzten Jahren nicht gefördert. Solche Konzepte sollten nicht weitere Spezialisten hervorbringen, sondern Problemlöser und Kümmerer entwickeln helfen. Leitziel ist, daß ein Mitarbeiter alle Arbeiten in einer Gruppe erledigen können muß. Job Rotation als klassisches Personalentwicklungsinstrument bietet sich geradezu als Lernprogramm an. Damit kann auch der Verschulung der Weiterbildung entgegengewirkt werden.

Als Mutmacher Nr. 1 bei Qualifizierungskampagnen ist der offensive Umgang mit Fehlern anzusehen. Personalentwickler wissen das und sollten durch ein 1x1 ständiger Verbesserungen dazu beitragen, Verhaltenssicherheit auf diesem Feld zu schaffen.

These 2: Personalentwicklung muß mit Reformen bei sich selbst ansetzen.

Gerät die Personalentwicklung seit Beginn der Lean-Diskussion innerbetrieblich nicht immer mehr in das gleiche Dilemma wie die Nischenanbieter? Die wichtigsten Abnehmer von Personalentwicklungsleistungen wie F&E, Produktion und Vertrieb sind selbst unter Druck geraten und suchen nach schnell kostenwirksamen Verbesserungen. Die Aufgaben einschränken und auch hier auf bessere Zeiten warten? Das kann wohl nicht die Lösung sein. Besser erscheint eine kritische Nabelschau mit dem Ziel, überall dort Aufgaben in Frage zu stellen, wo der betriebsinterne Kunde keine Qualitätseinschränkung feststellen kann. Dies wird immer dort der Fall sein, wo Personalentwicklung die Fitness-Programme nicht unterstützen kann.

Erster Schritt bei der Verfolgung der Lean-Ziele im eigenen Personalentwicklungsbereich ist die Wertschöpfungsketten-Analyse – und hier muß sich Personalentwicklung als Teil des Personalwesens verstehen.

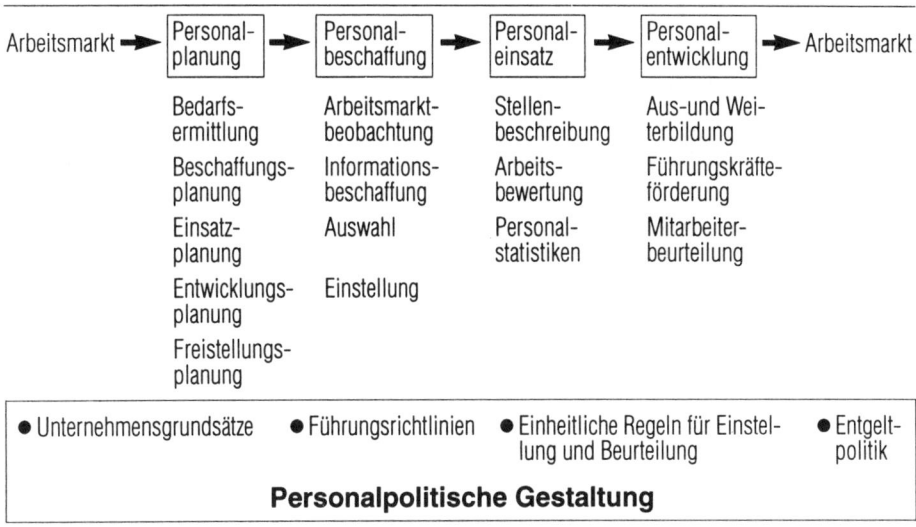

Abbildung 6
Wertschöpfungskette Personal

Die Qualität der Lieferanten-Kunden-Beziehung ist Leitschiene für den internen Umgang. Per Befragung oder in Workshops sind zu allen Personal-Aktivitäten drei Fragen zu beantworten:

a) Wer sind die Abnehmer meiner Arbeit?
   Bekommen die Abnehmer genau das, was sie von der Personalentwicklung erwarten? Sind die Abnehmer zufrieden?
b) Wer sind die Zulieferer für meine Arbeit?
   Wissen die Zulieferer, was die Personalentwickler benötigen, um gute Leistungen zu erbringen?
c) Wie kann die Personalarbeit reibungslos verlaufen?
   Wo sind Störungen in der Zusammenarbeit? Was kann die Personalentwicklung selbst verbessern, was müssen andere Bereiche tun?

Die ersten Ergebnisse sind bereits frappierend. Die Antworten zeigen eine Reihe von Verbesserungsvorschlägen, die im zweiten Schritt systematisch ergänzt werden. Hinweise auf die wunden Punkte erlauben in der gegenwärtigen Lage die Entwicklung und Vorlage von Vorschlägen selbst bei bisherigen Tabu-Themen. Die Personalentwicklung gerät damit aus der „Stabsfunktion" heraus in die „Produktionsfunktion".

Die heute dominierende Referentenorganisation hat in der Vergangenheit ihre Vorteile für eine effiziente Umsetzung der Personalsysteme gehabt. Führungskräfte und

Mitarbeiter werden intensiv „betreut". Negative Folgen: Die Konsumhaltung der Mitarbeiter wird bestärkt, die Führungskräfte weiter entmündigt. Wollen wir das? Die Lean-Philosophie legt auch im Personalwesen die modulare Organisation nahe. Jede Modulgruppe übernimmt dabei die Betreuung bestimmter Mitarbeitergruppen von A- Z.

Nach den Erfahrungen in Entwicklungs- und Produktionsbereichen kann ein Änderungsprogramm im Personalbereich wie folgt aussehen:
1 Arbeitsabläufe untersuchen,
2 simultane Ideenentwicklung,
3 Modul-Teams aufbauen,
4 Hierarchien abspecken,
5 Einführung eines konsequenten Kostenverfolgungssystems,
6 pragmatische Automation zur Unterstützung der Leistungserstellung,
7 permanente Weiterbildung der Personalmitarbeiter.

Konsequenz: Die Personalentwickler werden in die Personalarbeit integriert. Dem ganzheitlichen Mitarbeiter steht die ganzheitliche Personalarbeit gegenüber. Die Personalentwicklung ist Teil des Service-Centers Personal.

These 3: Die Personalentwicklung sorgt für Informationsfluß und Kommunikation

Alle personalentwicklungsrelevanten Begleiterscheinungen von Arbeit wie innere Kündigung, Fehlzeiten, Fluktuation, Über- und Unterforderung, Streitigkeiten, Qualifikationsdefizite usw. führen zur Verschwendung von Ressourcen und zur Ineffizienz. Verstärker dieser Probleme sind in der Qualität der betrieblichen Kommunikation zu finden. In unseren Betrieben legen wir viel Wert auf die Information über das Unternehmensgeschehen. Gut. Über das unmittelbare Geschehen des Arbeitsprozesses lassen wir die Mitarbeiter jedoch immer wieder im Unklaren. Diese Aufgabe haben wir dem unmittelbaren Vorgesetzten zugewiesen. Erfüllte er seine Aufgabe, so kann reibungslos zusammengearbeitet werden. Grenzt er sich jedoch von seinen Kollegen ab, beginnt ein Kriegsspiel. Informationen werden zurückgehalten oder manipuliert. Von Zusammenarbeit kann nicht mehr gesprochen werden.

Konfliktmanagement wird erforderlich – eine Aufgabe für Personalentwickler. Ein Bruchteil des Aufwandes, der in Hochglanzbroschüren steckt, genügt für die Einführung von Ritualen, die einen aktuellen Informationsstand der Mitarbeiter sicherstellen würden. Hierzu ist Machtausübung zurückzudrängen zu Gunsten offener Kommunikation. Organisationen mit wenigen Hierarchiestufen schaffen von sich aus die Notwendigkeit dazu. Instanzenwege mit hohem Kontrollaufwand kosten zuviel Flexibilität, eine Todsünde bei lebendigen Märkten.

Kommunikation kann nur zwischen Menschen gelingen, die zueinander Vertrauen haben. Deshalb ist die Konsequenz für die Personalentwicklung: Aufbau und Unterstützung von Vertrauensbeziehungen. Ein Beispiel können Bereichspartnerschaften sein. Hierbei werden wechselseitige Verpflichtungen zwischen den Unternehmensbereichen eingegangen.

Chancen und Kritik

Immer dann, wenn wichtige betriebswirtschaftliche Kennzahlen nach unten zeigen, erleben „neue" Managementphilosophien einen Aufschwung. Aktuell versprechen organisatorische Schlankheitskuren die schlagartige Lösung vieler Probleme, verschärfen gleichzeitig jedoch das Beschäftigungsproblem. Herausforderung für Personalentwickler, durch das Aufzeigen von Wirkungen bereits im Vorfeld Ideen anzubieten, um Nachteile zu begrenzen.

Die 1:1-Übertragung von Lean-Prinzipien auf hiesige Verhältnisse kann gar nicht das Ziel sein. Im organisatorisch-sozialen wie im kulturellen Bereich liegen eine Reihe von Hindernissen, jahrzehntelang gültige Formen der industriellen Fertigung und Organisation sind zu überwinden. So passen gewachsene Hierarchien mit ihren traditionellen Karriereleitern nicht ohne weiteres in die aktuellen Schlankheitskonzepte. Verlustängste erzeugen Widerstände. An „Säuberungen" erinnernde Entlassungsaktionen verdichten insbesondere im Mittelmanagement die Vorbehalte gegen Fitneß-Programme. Lehmschicht und Betondecke werden zementiert.

Um die „Standortvorteile" des eigenen Unternehmens auszubauen, sind Schlankheitskuren jedoch von entscheidender Bedeutung: Gruppenarbeit, hohes Qualifikationsniveau, Verantwortung und Selbstorganisation, humane Leistungsbedingungen, leistungsbezogene Entgeltmodelle, flexible Arbeitszeitmodelle sind einige der zentralen Gestaltungsfelder. Die Personalentwicklung kann in dieser Situation Erfahrungen beitragen, deren Nichtbeachtung zu schwerwiegenden Nachteilen führt.

Mit Bildungsfunktionären ist dieser Weg nicht zu gehen. Fitneß-Programme sind keine Organisationsweise, in der Veränderungen von der Unternehmensleitung vorgegeben werden, sondern ein dynamischer Entwicklungsprozeß. Die erforderlichen Potentiale für diese Entwicklung werden freigesetzt durch mitarbeiterorientiertes Führungsverhalten. Meßbar wird dies u.a. an der Arbeitsstrukturierung, an planvoller Organisationsentwicklung, vor allem aber an der höheren Selbstmotivation der Mitarbeiter. Erfolge auch für Personalentwickler.

Literatur

Bayerisches Staatsministerium für Wirtschaft und Verkehr (**Hrsg.**). (**1993**). *Standort Bayern, Management in der Bewährung* (Reihe Tagungsberichte, Bd. 14). München. – **Friedrich, A.** (**1993**). Personalarbeit als Erfolgsfaktor im Lean-Management. *Personal, 45* (3), 104-106. – **Friedrich, A.** (**1993**). Veränderungen des Personalwesens durch Lean–Management. *Personal, 45* (6), 276-278. –

Milberg, J. (Hrsg.). (1988). *Wettbewerbsvorteile durch Integration in Produktionsunternehmen.* Referate des Münchener Kolloquiums '88, Institut für Werkzeugmaschinen und Betriebswirtschaften, Technische Universität München, 24./25. März 1988, Berlin. – **Pfeiffer, W. (1991).** *Lean-Management – Zur Übertragbarkeit eines neuen japanischen Erfolgsrezepts auf hiesige Verhältnisse.* Forschungs- und Arbeitsbericht Nr. 18, Nürnberg. – **Risch, S. (1994).** Bitte nicht stören. *Manager Magazin,* 1/1994, S. 124-130. – **Simon, H. (Hrsg.). (1988).** *Wettbewerbsvorteile und Wettbewerbsfähigkeit.* Stuttgart: Pöschel. – WiSo-Führungskräfte-Akademie Nürnberg **(Hrsg.). (1992).** *Lean-Management. Ideen für die Praxis.* Erlangen: Mayer. – **Womack, J.P., Jones D.T. & Roos, D. (1991).** *Die zweite Revolution in der Automobilindustrie.* Frankfurt/M: Campus.

Hans Jürgen Kurtz, Anke Lutter, Gottfried Kretschmer und Thorsten Meifert

Versuch einer Standortbestimmung zum Selbst- und Rollenverständnis der Personalentwicklung – von Dinos, Darwinismus und Derniers cris

Unter Personalentwicklern wird immer wieder und häufig über ihre Rolle und das damit verbundene Selbstverständnis diskutiert. Vermutlich ist das ein Indiz dafür, daß der Beruf des Personalentwicklers („PE-ler") noch recht jung ist, Berufseintretende aus den unterschiedlichsten Studiengängen kommen (z.B. Psychologie, Soziologie, Theologie, Betriebswirtschaftslehre, Germanistik, Pädagogik), es keinen gefestigten, tradierten Ausbildungsgang gibt, und Personalentwicklung (PE) weiterhin als zu entdeckendes, spannendes Betätigungsfeld wahrgenommen wird. Hinzu kommt natürlich, daß im Kontext der seit einigen Jahren anhaltenden Tendenzen zur Verschlankung von Organisationen weitere Impulse für eine neue Definition der Rolle dieses Berufsstandes entstehen. Das erzeugt auch Unsicherheiten.

In den Rollen – verstanden als Erwartungsset aus Sicht von Personalentwicklern und der vermuteten Sicht der Organisation – drücken sich unterschiedliche Motive zur Ausübung des Berufs aus. Wir wollen in diesem Beitrag eine Standortbestimmung vornehmen, um zur Reflexion des eigenen Selbstverständnisses, des Umfeldes und zur kritischen Prüfung einer weiteren Entwicklung anzuregen, also die Koordinaten des Systems Personalentwicklung aus der „PE-ler"-Perspektive prüfen. Dazu gehört unseres Erachtens, sich zu fragen, welche Rollen dem „Dinosaurier-Zeitalter" – trotz der jungen Existenz der Personalentwicklung – angehören, welche „Darwinsche Auslese" betrieben wurde bzw. zu betreiben ist und was der „dernier cri" der Zukunft sein wird. So wie der Dinosaurier, der sich veränderten Umweltbedingungen letztlich nicht anpassen konnte und ausstarb, werden Personalentwickler, die sich einseitig auf Rollen festgelegt haben, vermutlich auch nicht überleben können.

Betrachten wir zunächst anhand eines Falles, welche Rollen die Personalentwickler wahrnahmen. Danach wollen wir unterschiedliche Rollen plakativ beschreiben, anschließend Tendenzen mit ihren Auswirkungen auf PE beleuchten, um letztlich Entwicklungstendenzen für Personalentwickler abzuleiten.

Der Fall A: Darstellung und Reflexion bezüglich der Rolle des Personalentwicklers

Im Rahmen der Bedarfserhebungsgespräche für Qualifizierungs- und Entwicklungsmaßnahmen meldete Herr A., Hauptabteilungsleiter, Bedarf für ein Teamtraining für Sekretärinnen und Sachbearbeiterinnen. Beteiligt war Abteilungsleiter B.

Die von ihm genannten Ziele wurden zu einem Qualifizierungskonzept entwickelt. Das Konzept wurde Herrn A. vorgelegt und kommentarlos von ihm akzeptiert.

Im ersten Schritt, dem Vorbereitungstreffen, wollten wir die Teilnehmer kennenlernen, sie in die Gesamtthematik einführen und ihre Wünsche, Fragen und Sichtweisen aufnehmen. Um nicht Gefahr zu laufen, daß sich die Teilnehmer dieser von „oben geplanten" Maßnahme zu dem Training geschickt fühlen und damit meist „schnell aussteigen", haben wir nach der Präsentation der Ziele Spielregeln vereinbart, dann eine Kartenabfrage als Methode der weiteren Themenfindung gewählt. Die offen gestellte Frage nach Wünschen, Problemen, Bedürfnissen, die im Workshop behandelt werden sollten, bezog die Teilnehmer stärker in den Auftrag ein. Der Themenspeicher ergab weitere Themen; für uns interessant waren Aussagen zum „Verhältnis zum Hauptabteilungsleiter A.". Mit Fertigstellung des Themenspeichers signalisierten uns die Teilnehmer mangelndes Vertrauen, Skepsis und ihren Eindruck nach einem „abgemachten und geplanten Ablauf zwischen uns und dem Hauptabteilungsleiter". Wir vereinbarten mit den Teilnehmern, welche Informationen „veröffentlicht" werden sollten. Durch Fotoprotokolle sollte der Hauptabteilungsleiter Einblick in die Ergebnisse erhalten; die sich aus dem Gruppenprozeß ergebenden Informationen sollten „im Kreis der Teilnehmer" bleiben.

Das Thema „Verhältnis zum Hauptabteilungsleiter" wurde als Thema in das Workshop-Konzept eingebunden. Die erweiterte Fassung des Konzeptes wurde Herrn A. zugeschickt und den Herren A. und B. erläutert. Herr A. nahm sich des Themas nicht an; wir vermuteten mangelndes Problembewußtsein gerade für diesen sensiblen Bereich.

Der Workshop wurde extern durchgeführt. Die offizielle Begrüßung sowie einige einleitende Worte zur Entstehung des Workshop-Themas wurde von Herrn A. vorgenommen. Seine kurze „Rede" war gespickt mit rhetorisch gefeilten Spitzen gegen anwesende Mitarbeiter. Vermutungen und Informationen aus zweiter Hand über das in der Funktion herrschende Klima hatten wir schon in der Anfangsphase der Erhebungsgespräche; es wurde aber zu diesem Zeitpunkt zunehmend schwieriger, die Gesamtsituation einzuschätzen. Die Teilnehmer arbeiteten motiviert an den Themen. Die Offenheit uns gegenüber war deutlich spürbar, so daß die Teilnehmer über ihre zum Teil jahrelangen, vielfach negativen Erfahrungen mit Herrn A. berichteten. Das Thema „Verhältnis zum Hauptabteilungsleiter" nahm im weiteren Verlauf des Workshops großen Raum ein, den wir zubilligten. Am Schluß des Workshops wurden die bearbeiteten Themen und die daraus entwickelten Maßnahmenpläne Herrn A. und dem Abteilungsleiter B. präsentiert.

In einem Gespräch nach dem Workshop mit dem Abteilungsleiter B. sagte er uns, wie unzufrieden er mit dem Workshop-Ergebnis sei. Er habe sich etwas „anderes" vorgestellt; vor allem aber bei Äußerung von Kritik habe er konkrete Namensnennung der kritisierten Personen erwartet. Aus unserer Erfahrung der Workshop-Arbeit wäre dies für die Teilnehmer ein zu großer Schritt gewesen. Die Forderung des Abteilungsleiters nach namentlicher Nennung der Personen war verständlich, da Kritik sich vorrangig an Herrn A. richtete.

Die im Workshop erarbeiteten Ergebnisse sollten in den folgenden Abteilungsbesprechungen vorgestellt werden. Wir wurden zu den Besprechungen eingeladen. Unsere Rolle sollte die des neutralen Mittlers sein.

Zwischen dem Abteilungsleiter und uns wurden diverse Gespräche geführt, um die Ergebnisse noch einmal zu reflektieren und um ihn davon zu überzeugen, daß die geäußerte Kritik nicht gegen seine Person gerichtet war. Durch die Pauschalkritik befürchtete er einen deutlichen Klimaumschwung zwischen ihm und Herrn A. Wir boten an, mit Herrn A. dieses Thema zu besprechen, um anhand des Protokolls die Problematik erneut aufzugreifen und ihm zu erläutern, daß die Kritik sich an ihn richtete.

Das Nachfolgetreffen stellte den Abschluß der Maßnahme dar. Wir haben die Teilnehmer aufgefordert, aber auch ermuntert, an den Themen selbständig weiter zu arbeiten. Es bestand der Wunsch der Teilnehmer nach weiterer Unterstützung.

Was war geschehen?

Im Rückblick auf die Situation waren die von Herrn A. formulierten Ziele insofern berechtigt, als sie die ständig wachsenden Anforderungen der Arbeitsbereiche widerspiegelten. Problematisch und nicht ausreichend zu erkennen war, daß wir PE-ler als Mittel zum Zweck die Konflikte von A. lösen sollten. Zudem erkannten wir nicht das verwobene Netz von Abhängigkeiten und die damit verbundenen Rollenanforderungen sowie die Widersprüchlichkeiten von A. Einerseits sollten die Mitarbeiter sich zu eigenständigen, flexibel und engagiert arbeitenden, neue Ideen hervorbringende Personen entwickeln, andererseits verhielt A. sich autoritär und kontraproduktiv. Der Fall sprach uns dennoch zunächst in der Rolle des Helfers an. Herr A. übergab uns allerdings die Rolle des Beraters, der für die Durchführung und die Ergebnisse – seine gewünschten Ergebnisse – verantwortlich ist.

Doch es war auch noch eine andere Rolle im Spiel: Mit der Offenlegung der Probleme der Mitarbeiter mit ihrem Hauptabteilungsleiter zeigte sich das Verhältnis von Macht und Ohnmacht. Wir bewegten uns zwischen dem Mächtigen und den Ohnmächtigen – benutzt als Spielball von beiden Seiten oder um selber unsere Macht auszuprobieren? Die Situation ließ unsere Rolle verschwimmen. Wir waren Machtbesitzer, glaubten es wenigstens, fühlten uns zeitweilig jedoch durch den Hauptabteilungsleiter benutzt, weil wir ihm sein Problem lösen sollten. Es gab keine eindeutige Rollenzuweisung – es war wohl eher das „Hineinschlüpfen" in verschiedene Rollen, sei es aufgrund der Wut gegen die mächtigen Strukturen, die als ungerecht empfunden wurden, oder aufgrund des Wunsches, anderen Hilfestellung zu geben.

Je nach unserer persönlichen Kompetenz als Anfänger nahmen wir Rollen mehr oder weniger ausgeprägt wahr.

Die Rolle, die am vielversprechendsten war, war auch am schwersten durchzuhalten: die des Prozeßbegleiters. Er steht immer in der Gefahr, in den Prozeß hineingezogen zu werden. Supervision kann eine Möglichkeit sein, dieser Gefahr vorzubeugen.

Im nachhinein wird uns bewußt, daß wir mit dem Auftraggeber einen klaren Rollenkontrakt hätten schließen sollen. Er hätte den Handlungsrahmen für alle Beteiligten definiert und die Bedingungen des Lern- und Veränderungsprozesses geklärt. Dabei geht es nicht um die Ablehnung von Verantwortung, wohl aber um die Klärung von Verantwortlichkeiten. Uns ist deutlich geworden, daß wir eigentlich als Systemveränderer hätten wirken müssen, um das Problem lösen zu helfen. Dazu wäre die Teilnahme der Vorgesetzten als Problemanteilseigner notwendig gewesen. Denn das Problemfeld bewegte sich im Spannungsfeld Vorgesetzter-Mitarbeiter, das durch die Unterstützung der PE-ler gelöst werden sollte.

Die Fallreflexion hat uns dazu geführt, weitere Rollen des PE-lers zu beschreiben, so daß der Leser vor dem Hintergrund seiner beruflichen Erfahrung sie für sich prüfen kann.

Klassische und gegenwärtige Rollen des Personalentwicklers

In der Praxis erleben wir in der Funktion des Personalentwicklers unterschiedliche Rollenauffassungen bzw. Rollenzuweisungen. Folgende Beschreibungen sollen ein Schlaglicht auf vorhandene Rollenverständnisse werfen und zu weiteren Gedanken anregen, wohl wissend, daß diese Beschreibungen nur grobe Umrisse darstellen können und keinen Anspruch auf Vollständigkeit erheben. Auch Überschneidungen kommen vor.

Lehrer

Er arbeitet nach einem von außen vorgegebenen Lehrplan (Curriculum). Hieraus definiert er Lernziele und überprüft, ob sie erreicht wurden, nachdem er unterrichtet und trainiert hat. Er übernimmt die Verantwortung nur für diesen Vorgang. Seine Aufträge bekommt er von anderen. Wohlverhalten seiner Schüler belohnt er mit Lob bzw. guten Noten. Am Abschluß einer Lernperiode wird das Ergebnis durch ein Zeugnis testiert. In der Personalentwicklung könnte das ein Typ sein, der die notwendigen Zertifikate nach ISO 9000/9001 ... besorgt, nicht aber für strategische Arbeit taugt.

Zugeschriebene Eigenschaften: manchmal kleinkariert, müht sich redlich; kritikempfindlich, Hang zum Moralisieren, besserwisserisch.

Helfer (Schwester)

In Notfällen wird er zu Rate gezogen, um erste Hilfe zu leisten. Ihm kommt die Rolle des Schadensbegrenzers zu, der dem Patienten auf dem Weg zur Genesung hilft, mit den Problemen des Alltags zurechtzukommen. Kleine „Wehwehchen" kann er selbst diagnostizieren, bei größeren Problemen muß der Arzt kommen.

Zugeschriebene Eigenschaften: hilfsbereit, aufopferungsvoll, zupackend.

Arzt

Er ist an sein besonderes Berufsethos gebunden, jedoch bröckelt das Image des „Halbgott in weiß". Er wird in der Regel nur bei vorliegender Erkrankung konsultiert. Es besteht ein besonderes Vertrauensverhältnis (z.B. Schweigepflicht). Es gibt sowohl Spezialisten als auch Generalisten. Durch seine Kompetenz werden Leben gerettet bzw. verlängert. Manche „doktern" eben auch nur herum. Fehler können tödliche Folgen haben. Grundsätzlich ist er auf Erhalt des Organismus verpflichtet. Er kennt Aufbau, Funktion und Zusammenwirken der Organe und ist in der Lage, Fehlfunktionen zu erkennen und deren Ursachen aufzudecken. Er bedient sich dabei diagnostischer Methoden. Er entscheidet zwischen „krank" und „gesund". Damit er sich nicht durch Patienten infiziert, muß er Vorsorge treffen. Er allein entscheidet über die anzuwendende Therapie (mehr oder weniger im Einverständnis mit dem Patienten). Mitunter müssen schwerwiegende Eingriffe getan werden (z.B. Transplantation, Amputation). Zum Heilungserfolg bedarf es Zeit (der Patient muß geduldig sein). Da das System Mensch komplexer ist, als der menschliche Verstand zu begreifen in der Lage ist, ist die ärztliche Kunst begrenzt.

Zugeschriebene Eigenschaften: konservativ, praktisch denkend, reagiert und handelt nicht proaktiv, Kompetenz-Macht; besteht auf seinem Handlungsmonopol, indem er potentiellen Konkurrenten anderer Profession deren Qualifikation abspricht.

Therapeut

Die diagnostizierten Leiden versucht er, durch geeignete Maßnahmen zu heilen oder zu lindern. Er ist auf die Mithilfe der Patienten angewiesen, ohne die jede Therapie scheitern muß. Neben Langzeit-Therapieformen wendet er auch kurzfristig wirksame Maßnahmen (z.B. Schocktherapie) an.

Zugeschriebene Eigenschaften: vorsichtig, behutsam, einfühlsam, konsequent, „einsäuselnd". Therapeuten sind häufig einer oder wenigen Therapieformen verbunden, damit eher für Spezialprobleme kompetent.

Humanist

Er glaubt an das Gute im Menschen und lebt nach diesem Leitbild. Er liebt die Menschen, hat zunächst erst einmal viel Vertrauen. Wesentliche Werte sind: gegenseitiger Respekt, Beachten der Menschenrechte; um friedliche Existenz bemüht. Er setzt sich für die freie Entfaltung der Menschen ein.

Zugeschriebene Eigenschaften: ruhender Pol, höflich, zuverlässig. Der Humanist kann einer Firma als „soziales Gewissen", aber auch als „Feigenblatt" dienen, wenn die Unternehmensrealität deutlich anders ist.

Feuerwehr

Sie hat einige (wenige) Methoden drauf und hält mit „vollem Strahl" auf alles, was brennt. Es wird nicht lange diskutiert, sondern entschieden gehandelt. Da sie sich erst in zweiter Linie für Bedürfnisse des Kunden interessiert, kann es zu ungewolltem Wasserschaden kommen. Sie steht auch manchmal auf dem Schlauch, wenn die Probleme komplexer werden, da zur Problemanalyse zu wenig Zeit bleibt.

Zugeschriebene Eigenschaften: mutig, handfest, Machertyp; denkt, nachdem er gehandelt hat.

Entertainer

Er tut alles, was einen gewissen Unterhaltungswert hat und meidet Konflikte mit dem Publikum. Ernsthafte Problemlösung ist nicht seine Sache. Dagegen hat er sein Ziel erreicht, wenn strahlende Gesichter und applaudierende Hände zu sehen sind. Er liebt die Show, das exklusive Hotelambiente. Er paßt zu Unternehmenskulturen, in denen Seminare vor allem zur Motivation und Belohnung von Mitarbeitern gestaltet werden.

Zugeschriebene Eigenschaften: Frohnatur, konfliktscheu, gesellig, kurzfristig orientiert, oberflächlich.

Weltveränderer (im eher subversiven Sinn)

Er möchte die bestehenden (Macht-)Strukturen verändern, weil sie als störend bzw. ungerecht empfunden werden, bzw. auch den eigenen Interessen oder Karrierewünschen entgegenstehen. Je nach Möglichkeit bedient er sich der Medien, um Aufmerksamkeit zu erzielen. Im Gegensatz zum Missionar ersetzt er je nach Zweckmäßigkeit das nach außen zur Schau gestellte Leitbild. Im Extremfall sind seine Aktionen für Außenstehende nicht mehr nachvollziehbar. Er wird vom bestehenden System in aller Regel nicht akzeptiert und daher nach Entdeckung ausgeschlossen.

Zugeschriebene Eigenschaften: machtstrebend, skrupellos, taktierend, zielorientiert, läßt sich nicht in die Karten schauen. Seine Wirksamkeit ist eher auf Einzelpersonen bezogen, auch wenn er das Gesamtsystem verändern will.

Systemveränderer

Er lebt nach dem Motto „der Weg ist das Ziel" und gibt sich mit dem, was ist, nicht zufrieden. Veränderungen zu initiieren und zu gestalten, ist seine Lebensaufgabe. Er mischt sich aktiv in laufende Prozesse ein, von denen er glaubt, daß sie nicht optimal sind. Er ist der Garant für eine Organisation, die nicht in verkrusteten Strukturen erstarrt. Er irritiert die Organisationsmitglieder mit starken Sicherheitsbedürfnissen. Er kann nur effizient arbeiten und überleben, wenn er über eine genügend große Vertrauensbasis verfügt. Seine Kreativität ermöglicht ihm, flexibel auf Bedürfnisse der Organisation zu reagieren bzw. diese zu antizipieren.

Zugeschriebene Eigenschaften: dynamisch, initiativ, offen, engagiert, systemisch.

Missionar /Weltverbesserer

Er wird in seinen Aktionen von einem Ideal bzw. einer inneren Überzeugung gesteuert. Diesem „Über-Wert" ordnen sich die übrigen Werte unter. Da er weniger die Bedürfnisse seines Umfeldes im Blick hat, sondern in erster Linie sein Ideal anstrebt, kann er von außen gestellte Ziele/Anforderungen, die diesem Ideal nicht ganz entsprechen, weniger effizient erreichen. Er ist im Sinne eines Philosophen nicht transferorientiert, als Missionierer vor Ort sehr wohl (z.B. als „Kirchenerbauer").

Zugeschriebene Eigenschaften: prinzipientreu, sendungsbewußt, weniger kundenorientiert, wenig handlungsorientiert, hartnäckig bis stur.

Machtbesitzer

Er übt Einfluß durch Machtquellen aus, die ihm zur Verfügung stehen (Informationsmacht, Entscheidungsmacht, Belohnungsmacht, Beförderungsmacht, Bestrafungsmacht, Beratungsmacht). Die Ausübung von Macht kann als (situations-) gerecht und ungerecht empfunden werden. In modernen Organisationen gibt es mehrere Machtsysteme, die sich gegenseitig kontrollieren und damit etwaiger Willkür entgegentreten (z.B. Vorstand–Aufsichtsrat–Betriebsrat).

Dem PE-ler kommt aus diesen Quellen Beratungsmacht, (Mit-)Entscheidungsmacht, Informationsmacht, vielleicht auch etwas Beförderungsmacht zu. Durch qualifizierte Beratung steuert er den Entscheidungsprozeß, bei Entscheidungen über PE-Maßnahmen ist er direkt am Prozeß beteiligt. Vor, während und nach PE-Maßnahmen wird er mannigfaltigster Informationen habhaft, die – vom Auftraggeber gewollt oder unbeabsichtigt – er steuernd für weitere Aktionen nutzen kann. Hierbei kommt ihm eine besondere Verantwortung zu. Schließlich kann es sein, daß der PE-Mitarbeiter bei Beförderungsentscheidungen gutachterlich hinzugezogen wird bzw. in Assessment-Centern tätig wird, aus denen beförderungsrelevante Informationen entzogen werden sollen.

Zugeschriebene Eigenschaften: narzißtisch, läßt sich ungern in die Karten schauen und genießt seinen Ruf der „grauen Eminenz".

Berater

Er schaut genau auf die Bedürfnisse des Kunden und dessen Stärken/Schwächen unter Beachtung des Systemumfeldes. Er arbeitet als „Problemlösungsingenieur". Er bietet aufgrund seines Sachverstandes und seiner Erfahrung als „klassischer" Berater vorgefertigte Lösungen, als moderner Vertreter dieser Zunft maßgeschneiderte Lösungskonzepte, die mit den Beteiligten umgesetzt werden. Dabei liefert der Kunde die meisten Daten, die er verdichtet, präsentiert und aus denen er Schlußfolgerungen ableitet. Er wirkt eher als Katalysator, weniger als Motor.

Ein guter Berater kennt auch seine Grenzen und entscheidet verantwortungsvoll, welchen Auftrag er annimmt und welchen nicht. Der Kunde entscheidet über die vom Berater offerierten Alternativlösungen. Er ist bemüht, neueste Konzepte dem Auftraggeber zu liefern.

Zugeschriebene Eigenschaften: sachorientiert, distanziert im Sinne von „von außen betrachtend", konsequent, interessiert, kundenorientiert, kommunikativ, engagiert, überzeugungsstark.

Navigator

Er ist für die Einhaltung des (vorgegebenen) Kurses verantwortlich, indem er ständig per Soll-Ist-Vergleich die Abweichung ermittelt und notfalls gegensteuert. Strömungen müssen berücksichtigt werden. Zur Orientierung braucht er Fixpunkte (Sterne, Leuchtfeuer, Landmarks etc.) von außen. Hat er diese Orientierung, wird er sein Ziel in aller Regel effizient und sicher erreichen. Ohne diese Fixpunkte ist er jedoch verloren.

Zugeschriebene Eigenschaften: weniger flexibel, genau, rational, naturwissenschaftlicher Typ.

Chaospilot (nach Elbaek, 1993)

Das Chaos besteht intern (unüberschaubare Zusammenhänge im sozio-ökonomischen System Unternehmung) und extern (nicht oder wenig zu beeinflussende Strömungen/Veränderungen des Systemumfeldes). Dieses besitzt zwar Strukturen, die sich aber ständig verändern. Zunehmende Veränderungsgeschwindigkeit und immer schwerer einschätzbare Tendenzen erschweren das Erkennen von Strukturen.

Der Chaospilot genießt das Vertrauen der „Mitreisenden", behält auch in kritischen Situationen einen kühlen Kopf. Er weiß, wie eine Reise verläuft oder auch nicht, versteht jedoch sein Handwerk und trägt dafür die volle Verantwortung. Er nimmt nur dann auf den Kurs wesentlichen Einfluß, wenn es nötig ist. Er hat sich an „Flugregeln" zu halten. Er muß selbst regelmäßig auf den Prüfstand. Er fliegt selten allein und braucht Hilfe von außen (Funkfeuer, Wetterlagen, Landehilfe etc.). Er setzt die ihm zur Verfügung stehenden Ressourcen ein und muß sich auf die Technik verlassen können. Er besitzt die Fähigkeit, Veränderungen im Chaos wahrzunehmen, erkennt Gefahren und Chancen aus der jeweiligen Situation und ändert gegebenenfalls den Kurs.

Zugeschriebene Eigenschaften: Mut, Risikobereitschaft, handlungsorientiert, prozeßorientiert und prozeßbewußt; er ist jemand, der Wissen nicht um seiner Selbst willen, sondern kontextbezogen erwirbt und einsetzt.

Rollen von PE-lern sind immer als eine Passung von Rollenerwartungen in einer spezifischen Unternehmenskultur und der Rollenaffinität des PE-lers zu sehen. Sie beschreibt den Handlungsrahmen für Lern- und Veränderungsprozesse. Da Unternehmenskulturen als „erlerntes System von Wertvorstellungen, Annahmen, Überzeugungen, Verhaltensnormen, Denk- und Handlungsweisen" (Reinhardt 1993, S. 172) aufgefaßt werden können, werden PE-ler sich mit multifunktionalen Rollenerwartungen konfrontieren lassen müssen. Es wird also nicht die eine Rolle geben, aber Rollen, die mehr oder weniger geeignet sind, den Veränderungsprozeß in spezifischen Situationen zu initiieren und mitzugestalten.

Die Rolle des Chaospiloten weist möglicherweise bereits einen von mehreren Wegen, der sich aufgrund zukünftiger Anforderungen aus dem Unternehmen, der Wirtschaft und der Gesellschaft ergibt.

Die hier beschriebene Rollenvielfalt veranschaulicht, welche Rollenzuschreibungen Personalentwicklern in Abhängigkeit von dem ihnen zugedachten Einwirkungsbereich vor dem Hintergrund ihrer professionellen Ausbildung zuteil werden können.

Beschreiben wir zunächst zur Öffnung des Horizonts vermutete zukünftige Tendenzen der Personalentwicklung, um später den „dernier cri" kennenzulernen.

Zur Zukunft der Personalentwicklung

> Wie Schiffer sind wir, die ihr Schiff auf offener See umbauen müssen, ohne es jemals in einem Dock zerlegen und aus besten Bestandteilen neu errichten zu können.
>
> *Otto Neurath*

> Man hat sich auf das Treiben im Meere dauerhaft einzurichten; von Fahrt und Kurs, von Landung und Hafen ist die Rede längst nicht mehr... Wir möchten gern die Welle kennen, auf welcher wir im Ozean treiben, allein wir sind diese Welle selbst.
>
> *Hans Blumenberg*

Die Strategien der Personalentwicklung waren und sind eng an den Wandel des Menschenbildes in der Gesellschaft geknüpft. Dem tayloristischen Bild vom Menschen entsprach die lehrorientierte Personalentwicklung der 50er und 60er Jahre. Ihr folgte die gruppendynamisch ausgerichtete Lernkultur der 70er und 80er Jahre, die Momente von Selbstverwirklichung und Selbsterfahrung in die Arbeitswelt „einschmuggeln" wollte. Gegenwärtig haben jene Beratungs- und Veränderungskonzepte Hochkonjunktur, die Anleihen beim Konstruktivismus und der Systemtheorie machen und die zwischen humanistischen Werten und ökonomischen Zielen keinen Gegensatz mehr sehen wollen. Diese Entwicklung ist durchaus plausibel: Zuerst stand der einzelne Mensch und Mitarbeiter im Fokus der fachlichen, betrieblichen Weiterbildung; dann das Team, das es zu besseren Leistungen zu entwickeln galt und schließlich die gesamte Organisation mit ihrer hohen Struktur- und Prozeßkomplexität. Mit jedem Entwicklungsschritt hat die PE ihr Aufgabengebiet ausgeweitet, bis sie – zumindest ihrem Anspruch nach – Teil eines umfassenden Konzeptes von Organisationsentwicklung geworden ist. Die Frage ist nur, ob die Personalentwicklung diesem Anspruch auch gerecht werden kann. Das Wunschbild des Personalentwicklers heute – ist es nicht das des change agent, der strategieunterstützende Veränderungsprozesse in der schlanken, lernenden Organisation steuert und sich dabei jederzeit der Evaluierung durch ein betriebliches Bildungs-Controlling stellen kann? Gibt dieses Wunschbild auch wieder, was in Zukunft als Personalentwicklung in Unternehmen dringend notwendig sein wird? Was wird das sein? Wie sehen die Veränderungsmodelle, Visionen und Managementkonzepte aus, die heute gehandelt werden?

Es ist von „Kontinuierlicher Verbesserung", von „Kaizen" die Rede, von „Total Quality Management", „Just-in-Time" und „Kanban", von „Business Reengineering" und „Lean Production", von „Lernender Organisation", „Kundenorientierung" und „Innovationsmanagement" usw. Diese Liste könnte sicherlich noch verlängert werden. Für welche Probleme sollen die Konzepte, die hinter diesen Stichwörtern stehen, Lösungen bieten? Auch da werden eine ganze Menge Schlagworte gehandelt: Globalisierung der Märkte, rasanter technologischer Fortschritt, veränderte Verbrauchergewohnheiten, Verschärfung des internationalen Wettbewerbs, zunehmender Rationalisierungsdruck, ökologische Herausforderungen... Das alles hängt natürlich miteinander zusammen: Es wird von hochkomplexen vernetzten Systemen gesprochen, von Umfeldbedingungen und Synergieeffekten, von Nebenfolgen und Restrisiken, von konkurrierenden Zielsystemen und sich selbst organisierenden Veränderungsprozessen usw.

Welche Rolle spielt bei all dem die Personalentwicklung? Zwei Möglichkeiten stehen ihr offen: Sie kann zu „Schaufenster-PE" werden, also zu einer modischen Veranstaltung, die mit den Begriffen und Konzepten hantiert, die gerade en vogue sind. Und das im Rahmen eines sogenannten Veränderungsmanagements, das die hohe Veränderungsgeschwindigkeit in Wirtschaft und Gesellschaft als Rechtfertigung dafür nimmt, über Richtung und Ziel der Veränderungsprozesse keine genauen Auskünfte geben zu müssen. Sie kann aber auch den langwierigen und schwierigen Versuch unternehmen, komplexe Veränderungsprozesse in Unternehmen zu begleiten und zu steuern. Dabei muß sie nicht nur auf die Mikroebene (zwischen-) menschlichen Verhaltens und die Mesoebene der Organisationsstrukturen und -abläufe, sondern in zunehmendem Maße auch auf die Makroebene globaler gesellschaftlicher Veränderungen im Umfeld der Organisationen achten. Denn die komplexen Zusammenhänge dessen, was der Club of Rome (1991) die „Weltproblematik" nennt (Bevölkerungsexplosion in den südlichen Ländern, Klimaveränderung und Umweltverschmutzung, Nahrungsmittel- und Rohstoffknappheit, Überalterung der Bevölkerung in den reichen Industrieregionen etc.), werden immer deutlichere und direkt wahrnehmbare Auswirkungen auf die Märkte der Welt, auf die gesellschaftlichen Strukturen und Werte haben. Damit bestimmen sie die Veränderungen, auf die Unternehmen weltweit reagieren werden müssen, mögen die politischen Institutionen sich auch weiterhin davor scheuen, eine „Weltlösungsstrategie" (Club of Rome, 1991) zu entwickeln.

Vielleicht ist es ein wenig überzogen, diese komplexe „Weltproblematik" in einen direkten Zusammenhang mit der Zukunft der Personalentwicklung zu stellen. Doch zumindest die demographische Entwicklung wird ein konkretes und gravierendes Problem der nahen Zukunft. In zehn bis zwanzig Jahren werden Unternehmen und Gesellschaften der Industrieländer vor dem Problem stehen, daß ihre Bevölkerung vergreist: Der Anteil der Erwerbstätigen wird gegenüber dem der über 65-jährigen immer weiter schrumpfen. Nur zwei Möglichkeiten, mit dieser besorgniserregenden Entwicklung umzugehen, seien kurz angedeutet: Einwanderung von Menschen aus anderen Staaten und/oder Steigerung der Produktivität. Gleichgültig welche dieser Lösungen gewählt wird, beide stellen große Herausforderungen an eine betriebliche Personalentwicklung: Verschlankte Unternehmen mit einer hochspezialisierten und individualistischen Expertenkultur werden hinsichtlich der Entwicklung ihrer Kooperations- und Problemlösungsfähigkeit unterstützt werden müssen, um flexibel team- und projektorientiert arbeiten zu können. Auf der anderen Seite wird es notwendig werden, eine große Zahl ungenügend ausgebildeter Arbeitskräfte in eine Kultur zu integrieren, die diesen Menschen vermutlich mit einer Wagenburgmentalität begegnen wird.

Treiben wir die Zukunftspekulation noch ein wenig weiter. Angesichts der komplexen Weltproblematik wird die Frage dringender werden, wieviel Konkurrenz sich Wirtschaftsunternehmen und wieviel Wachstum sich die Weltgesellschaft noch wird leisten können? Gesellschaftlicher Fortschritt war bisher immer an Wachstum und Konkurrenz geknüpft. Es sind auch andere Kopplungen denkbar. Habermas (1981) beispielsweise betont die Verknüpfung des Fortschritts mit der Idee des Lernens, wobei er Lernen als „intelligente Überwindung von Hindernissen" versteht. Möglicherweise wird die Personalentwicklung der Zukunft sich auch daran messen lassen müssen, ob sie Organisationen bei der Überwindung von Hindernissen, von denen wir in zunehmendem Maße erkennen werden, daß wir sie uns selbst durch einseitige Konkurrenzmechanismen in den Weg gestellt haben, unterstützen kann. Deutet sich hier ein verändertes Verständnis vom Fortschritt an, also eine Abkehr vom Mehr des Gleichen?

Der einzelne, das Team und schließlich die gesamte Organisation rückten nacheinander in das Blickfeld der Personal- und Organisationsentwicklung und erweiterten es. Ihr Ziel dabei war, die Organisation, das Unternehmen in einem durch Wettbewerb geprägten Umfeld überlebens- und entwicklungsfähig zu erhalten. Die Prinzipien der Kooperation und Koevolution wurden dabei zuerst innerhalb der Organisation, aber dann auch in ihrem Umweltkontakt zunehmend wichtiger. Werden Kooperation und Koevolution auch im Marktgeschehen selbst an Bedeutung gewinnen? Zumindest werden viele jener „Hindernisse", die die Weltproblematik des Club of Rome ausmachen, nur durch Kooperation zu überwinden sein. Natürlich, eine kooperative, übergreifende Problemlösung würde sicherlich einen Quantensprung in ein neues Organisations- und Wertemuster der Gesellschaft bedeuten. Ansätze zu einer organisationsübergreifenden Entwicklung gibt es allerdings genügend. Im Rahmen des Qualitätsmanagements beispielsweise und der wachsenden Bedeutung von Qualitätsnormen und Zertifikaten wirken heute schon Unternehmen auf die Entwicklung anderer, nämlich zuliefernder Unternehmen ein, um gemeinsam einen Wettbewerbsvorteil zu erreichen. Diese bilaterale oder gar multilaterale Organisationsentwicklung (OE) wird ohne Zweifel weiter an Bedeutung gewinnen. Letztendlich betrifft die gemeinsame Entwicklung von Organisationen das gesamte soziale System der Gesellschaft – ist sie jenseits eines freien, ausschließlich auf Mechanismen der Konkurrenz beruhenden darwinistischen Spiels der Kräfte denkbar? Es wäre sicherlich vermessen, von der Personal- oder Organisationsentwicklung hierauf eine Antwort zu erwarten. Allerdings steckt auch diese Frage den Horizont ab, in dem PE/OE in Zukunft stattfinden wird. Interessant in diesem Zusammenhang ist die Frage nach den Entscheidungsprozessen. Je stärker dezentralisiert wird – und das ist bei intensiveren Kunden-Lieferanten-Austauschbeziehungen notwendig –, desto mehr Entscheidungsbefugnisse müssen an die Basis verlagert werden. Wie gehen die „Hierarchen" damit um? Wie begreifen PE-ler ihren Einfluß in Entscheidungsprozessen?

Veränderungsprozesse in Unternehmen, die die Mikroebene menschlichen Verhaltens, die Mesoebene der Organisation und die Makroebene gesellschaftlicher Zusammenhänge berücksichtigen wollen, werden aus aufeinander wohlabgestimmten

Personal-, Team- und Organisationsentwicklungsmaßnahmen bestehen müssen. Dabei wird noch stärker als bisher das Umfeld der Organisation, des Teams und des einzelnen berücksichtigt werden müssen, ganz der systemtheoretischen Idee entsprechend, daß nur in Koevolution mit der Umwelt sich Systeme entwickeln können. Diese Veränderungsprozesse werden sich verstetigen müssen, damit die Entwicklung der Organisation mit den Veränderungen in der gesellschaftlichen Umwelt Schritt halten kann. Ihre Steuerung wird nicht mehr die Aufgabe einer PE-Fachfunktion oder von externen Beratern sein, sondern vielmehr zu einer strategischen Managementaufgabe werden. Das heißt aber auch, daß Veränderungsprozesse großen Umfangs der Beteiligung der Betroffenen bedürfen, denn sonst gelingen sie nicht. Entscheidungsprozesse müssen dezentralisiert werden. Nur so kann sich die lernende „Just-in-Time"-Organisation herausbilden, die ohne Zeitverzögerung auf die lokalen wie globalen ökonomischen und gesellschaftlichen Veränderungen reagieren kann.

Die lernende Organisation (vgl. Garvin, 1994) wird das Ziel von Personal- und Organisationsentwicklung bleiben. Lernen zu lernen, lernen, Hindernisse intelligent und das heißt auch kooperativ zu überwinden, darin wird die an der Idee des Sustainable Development orientierten Aufgabe der Personal- und Organisationsentwicklung bestehen. Das wird keine einfache Aufgabe werden, denn sie erfordert, in der konkreten Trainings-, Beratungs-, und Entwicklungsarbeit den Blick für die großen Zusammenhänge nicht zu verlieren. Die komplexe Weltproblematik, so entfernt sie auf den ersten Blick auch von der betrieblichen Realität sein mag, wird in zunehmendem Maße Auswirkungen auf die Strategien, die Strukturen und die Kultur von Unternehmen haben. Und nur in diesem Zusammenhang haben die erwähnten Schlagworte und Modebegriffe aus den unterschiedlichsten Managementmodellen ihre Berechtigung. Sie beleuchten die Themenfelder, die die Arbeitsgebiete der Personal- und Organisationsentwicklung ausmachen werden: Abbau von Hierarchieebenen, Selbststeuerung dezentralisierter Funktionseinheiten, Unterstützung und Förderung von Innovationsprozessen, Schnittstellenmanagement zwischen Organisationen und Organisationseinheiten, zwischen Kunden und Unternehmen, Umgang mit widerstreitenden Zielen und Interessen im Unternehmen, aber auch zwischen Unternehmen und Gesellschaft.

Entwicklungstendenzen für den Personalentwickler

Nach der Analyse des Falls A., der plakativen Beschreibung von Personalentwicklerrollen und der kritischen Darstellung der Personalentwicklungszukunft wollen wir versuchen, daraus Entwicklungstendenzen für den Personalentwickler abzuleiten. Eines wird jetzt schon deutlich: Der Personalentwickler wird noch professioneller arbeiten müssen, um wirksam und akzeptiert zu werden. Dabei verstehen wir unter Professionalität:

> Tätigkeiten aus einem Berufsverständnis heraus kreativ verrichten. Professionell ist hier also nicht gegenüber unprofessionell im Sinne von „wenig gekonnt" abgegrenzt, sondern bezeichnet die Notwendigkeit, den Kontext, die je-

weils eingenommene Rolle und die Professionskultur des professionell Tätigen mit in die Betrachtung einzubeziehen. Professionalisierung meint professionelle Identitäten, aus denen heraus gehandelt wird, aufbauen. Als professionelle Qualifizierung wird die Weiterentwicklung der professionellen Kompetenzen durch Maßnahmen der Erwachsenen-Bildung bezeichnet. (Schmid, 1994, S. 41)

Der Personalentwickler wird sich immer den unterschiedlichsten Problemlagen von Organisationen stellen müssen, was er zwar in der Vergangenheit auch schon getan hat. Doch sehen wir eine andere Qualität der Anforderungen, denen er sich stellen muß. Die Erfahrungen der Vergangenheit zählen nicht mehr so sehr. Neue Erfahrungen müssen durch neues Hinzulernen gesammelt werden. Dies scheint uns durch die folgenden Tendenzen begründbar zu sein:

Der Personalentwickler wird vornehmlich anstelle von „Standardprodukten" neue, maßgeschneiderte Produkte zu entwickeln haben. Neue, ungewohnte, unbekannte Situationen oder Probleme erfordern einen mit den Betroffenen gemeinsam zu durchschreitenden Problemlöseprozeß. Detaillösungen werden zukünftig nicht mehr ausreichen, sondern systemisch reflektierte, möglicherweise zunehmend das ganze System betreffende Lösungen werden gefragt sein. Die Kostenorientierung wird der Ergebnis-/Transferorientierung nachrangig gewertet werden, weil die Veränderung im Sinne einer Neugestaltung von (Teil-) Systemen zur Bewältigung der Problemlagen gefordert ist. Dazu gehört die besondere Berücksichtigung des Kundennutzens, also von der Produkt(ions)orientierung hin zur Serviceorientierung. Dies bedingt auch, eine Suche nach Konzepten zur Steigerung der Flexibilität und nicht vornehmlich die Suche nach Stabilität zu betreiben. All diese Tendenzen haben aus unserer Sicht etwas zu tun mit der massiv wirkenden Tendenz der abnehmenden Planbarkeit und Vorhersagbarkeit von Ereignissen. Einfache, lineare Trendextrapolationen helfen nicht weiter, Zukünfte zu beschreiben. Wir beobachten viel eher Turbulenzen, widerstreitende Entwicklungen, Stagnation, Zusammenbrüche. Schmidt (1993, S. 41 f.) sieht zwei Ausgänge: Entweder Kollaps durch übergroßen Druck, Hektik, Konzeptionslosigkeit und Machtkämpfe – oder „Sprung" in ein gänzlich anderes Organisationsmuster. Das ist für ihn ein selbststeuerndes System, das dem heutigen Wissen, den Fähigkeiten und der Intelligenz der Mitarbeiter gerecht wird und es dem Unternehmen ermöglicht, die immer komplexeren Aufgaben zu bewältigen.

Aus den Tendenzen läßt sich folgern, daß der Personalentwickler ein Manager von komplexen Veränderungsprozessen sein muß, der Prozesse steuern, Widerstände abbauen, Ängste reflektieren, ermutigen, innovieren, vernetzt denken und sich am Beitrag zur Erreichung von Zielen/Problemlösungen messen lassen kann. Er muß auf turbulenter werdende Ereignisverläufe schneller reagieren, möglichst durch Früherkennungssignale schneller intervenieren. Stärker ausschlagende „Amplituden" erfordern ein Ertragen von Unplanbarkeit und Ambiguitätstoleranz. Tektonische Verschiebungen erfordern Mut zum Sprung in ein „unbekanntes Land". Man kann den Prozeß in toto nicht genau überblicken, doch es muß etwas Angemessenes getan werden. Dazu bedarf es der Initiierung häufiger Rückkopplungen. Der Personalentwickler muß sich mit seinen Kunden entwickeln, helfen, gemeinsam den koevolutionären Prozeß zu gestalten. Die Dichotomie von richtig/falsch verabschiedet sich zugunsten von „es ist denkbar, machbar, wir versuchen es, wir prüfen es im Prozeß, wir finden neue Plateaus kurzfristiger Reichweite mit einer noch nicht präzis beschreibbaren Zukunft im Visier". Auch das Mißlingen ist eine Alternative, die nicht außer acht gelassen werden darf. Es werden situative, adäquate Lösungen in der instabilen Umwelt ergriffen. Der Personalentwickler braucht den Managerkollegen als Personalentwickler und wechselt in diesen Lösungsprozessen seine Rolle prozeßadäquat. Und dafür ist die Rolle des Chaospiloten besonders geeignet. Einige Rollen (Dinos) verlieren ihre Bedeutung wie die des Lehrers, der Feuerwehr oder des Entertainers, andere behalten ihre Bedeutung als situative oder ergänzende Rolle. Ob sie per Darwinscher Auslese zum Dino werden, bedarf der Beobachtung.

Die Unsicherheiten der Situation, aber auch die Unsicherheiten, denen der Manager durch das Ende seiner „Selbstherrlichkeit" und die Demontage seines „Narzißmus" sich gegenübersieht, erfordern einen PE-Profi, der den Manager in der Findung seiner neuen Rolle unterstützt. Der PE-ler muß den Beweis erbringen, daß er Konflikte aushält, flexibel ist, sich selber nicht verliert, sich nicht unzulässig solidarisiert, nicht neutral andere „über die Klinge" springen läßt und doch aus einer Distanz heraus Reflexion, Hilfestellung und Wissen zum Nutzen der Betroffenen einsetzt. Er ist nicht der Besserwisser (z.B. in puncto Führung, zumal er häufig keine Führungserfahrung vorweisen kann), sondern sein Kapital ist, daß er als Teil des Systems bzw. Prozesses das System bzw. den Prozeß klarmacht, hinterfragt, spiegelt, Konsequenzen aufzeigt, um notwendige Veränderungen zu unterstützen und Fehlentwicklungen zu vermeiden. Er arbeitet problem- und objektorientiert, er initiiert Lernen für das System und nicht für die Person. Dennoch hilft er, einen Wandel „ohne Gesichtsverlust" zu bestehen. Denn auch Manager – und bestimmt auch PE-ler – haben Angst vor Veränderung.

Um diesen neuen Anforderungen sich stellen zu können, benötigt er einen Bezugsrahmen. Wir sehen einen wesentlichen Ansatz in den Überlegungen von Bateson (1983, S. 366 ff.) zum Lernen: „Lernen bezeichnet zweifellos eine Veränderung irgendeiner Art . . . Die einfachste und bekannteste Form der Veränderung ist die Bewegung . . . Veränderung bedeutet Prozeß, . . . der selbst der Veränderung unterworfen ist." Lernen ist also ein Schlüsselfaktor für PE-ler, um den Anforderungen der Organisation sich stellen, ihre Weiterentwicklung fördern zu können. Vor welchem normativen Hintergrund soll dies geschehen? Wir meinen mit Sohm (1994, S. 50 f.): „Der Mensch ist mitverantwortlich. Wir orientieren uns an einem multizentrischen Weltbild. Systemische Beratung will anstoßen. Respekt und Liebe sind notwendig. Neugier als Grundhaltung bringt voran." Uns scheint gerade die letztgenannte Einstellung bedeutsam für die Bewältigung der Anforderungen zu sein. Ohne Neugier entdecken wir keine Neuerungen, ohne Neugier überwinden wir keine Systemgrenzen. Dies scheint aber notwendiger denn je, wenn wir die Lebensfähigkeit der Organisation sichern wollen. „Von der Erschließung der wichtigen Ressource Talent" – so

Adams (1993, S. 11) – „wird abhängen, ob wir es schaffen, den schleichenden Verfall des gemeinsamen ökonomischen Hauses aufzuhalten. An Talenten fehlt es wahrlich nicht."

Halten wir abschließend unseren Standpunkt wie folgt fest: Der Personalentwickler wird ein Spektrum an Rollenerwartungen zu erfüllen haben. Je stärker der Veränderungsdruck wird, desto geeigneter werden die Rollen sein, die systemisches und prozeßhaftes Denken und situatives Handeln beinhalten. Die Rolle des Chaospiloten wird wesentlich für den PE-ler sein, um einen Beitrag zur Veränderung zu leisten. Diese Beiträge werden strategischer (Innovationsförderung, Flexibilisierung), struktureller (Hierarchieverflachung, Dezentralisierung, Entscheidungsverlagerung) und kultureller (Selbststeuerung, Ethik) Natur sein. Daraus ergeben sich Themenfelder wie Macht- und Kontrollverlust von Managern, Managernarzißmus als Problem und Finden einer neuen Rolle, neue Anforderungen an Mitarbeiter, neue Abhängigkeit von Kunden und Märkten, Veränderung als immer wiederkehrende Thematik usw. Der Personalentwickler wird je nach Problem(re)definition die Wirklichkeitsbetrachtung so wahrnehmen müssen, daß der Klient durch die Komplexität des In- und Umsystems gesteuert wird. Dazu wird der professionelle Personalentwickler bestimmte Rollen(kompetenzen) bewußt einsetzen müssen.

Literatur

Adams, M. (1993). Zeitenwende. *gdi-impuls,* Heft 4/1993, S. 3-11. – **Bateson, G. (1983).** *Ökologie des Geistes.* Frankfurt/M.: Suhrkamp. – **Blumenberg, H. (1979).** *Schiffbruch mit Zuschauer.* Frankfurt/M.: Suhrkamp. – Club of Rome **(1991).** *Die Globale Revolution* (Der Spiegel Spezial Nr. 2). Hamburg: Der Spiegel. – **Elbaek, U. (1993).** Chaospiloten. *gdi-impuls,* Heft 2/1993, S. 56-64. – **Garvin, D.A. (1994).** Das Lernende Unternehmen: Nicht schöne Worte – Taten zählen. *Harvard Businessmanager, 16* (1), 74-86. – **Habermas, J. (1981).** *Theorie des kommunikativen Handelns. Band 1: Handlungsrationalität und gesellschaftliche Rationalisierung.* Frankfurt/M.: Suhrkamp. – **Reinhardt, R. (1993).** *Das Modell organisationaler Lernfähigkeit und die Gestaltung lernfähiger Organisationen.* Frankfurt/M.: Junfermann. – **Schmid, B. (1994).** *Wo ist der Wind, wenn er nicht weht? Professionalität und Transaktionsanalyse aus systemischer Sicht.* Paderborn: Junfermann. – **Schmidt, J. (1993).** *Die sanfte Organisationsrevolution.* Frankfurt/M.: Suhrkamp. – **Sohm, K. (1994).** *Das Menschenbild in der systemischen Beratung. 132 Seitenstimmen.* Management Center Vorarlberg.

Werner Leippold und Nicole Schweizer

Die Praxis der Personalentwicklung – zwischen Dichtung und Wahrheit, zwischen Anspruch und Realität

„Die" Personalentwicklung gibt es nicht, weder in der Praxis noch in der Theorie. Sie ist immer ein Konstrukt ihrer jeweilgen Mikro- bzw. Makroumwelt. Um einen intensiven Einblick in die Praxis der Personalentwicklung zu bekommen, ist es nicht ausreichend, die Personalentwicklung (PE) zu fokussieren. Diese eingeengte Sichtweise würde nur Symptome betrachten, nicht jedoch die zugrundeliegenden Kausalzusammenhänge. Deshalb werden wir kurz das Umfeld der PE beleuchten (vgl. Abb. 1).

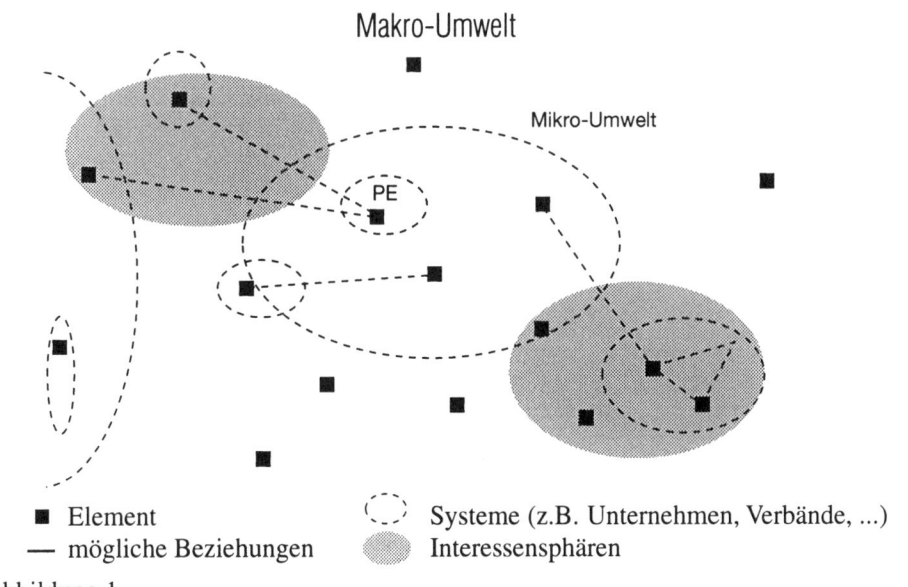

■ Element ⌒⌒ Systeme (z.B. Unternehmen, Verbände, ...)
— mögliche Beziehungen ▓ Interessensphären

Abbildung 1
Makro- und Mikroumwelt der Personalentwicklung

Der Anspruch der Makroumwelt

Vor fünf Jahren wären in einer Beschreibung unserer Umwelt bestimmt folgende Begriffe aufgetaucht: Industriegesellschaft, Wertewandel, Technisierung der Arbeitswelt, zunehmende Internationalisierung, „kollektiver Freizeitpark" oder FCKW. Heute dagegen prägen Begriffe wie Datenhighway, „Multimedia" (das Wort des Jahres 1995, von dem keiner genau weiß, was es bedeutet), Infotainment oder globale Verantwortung das Geschehen.

Dies weist nicht nur darauf hin, daß unsere Umwelt noch dynamischer, komplexer und widersprüchlicher geworden ist. Es zeigt auch, daß der Grad und die Intensität der Veränderungen stetig zunehmen. Aus inkrementalen Veränderungen innerhalb langer Zeitperioden wurde ein stetiger, einzelne Subsysteme häufig übergreifender Wandel.

Das Zeitalter der Information ist angebrochen und es sind die Informationstechnologien, die in den nächsten Jahren (nicht wie früher in den nächsten Jahrzehnten) unsere Umwelten bestimmen. Der Grad der weltweiten Vernetzung und damit der weltweiten Verfügbarkeit von Informationen bestimmt die Veränderungsgeschwindigkeit und wird unsere Umwelten entscheidend umwandeln.

Gleichzeitig werden Unternehmen mit einer Vielzahl von Anforderungen und Ansprüchen konfrontiert. Neben die „traditionellen" stakeholder treten „neue" gesellschaftliche Gruppierungen und gesellschaftliche Werte. Ein gutes Beispiel dafür, wie der Einfluß von Gesellschaft und einzelnen Gruppen unterschätzt wird bzw. wurde, bietet Shell. Das Mißachten des gewachsenen Umweltbewußtseins auf dem deutschen Markt sowie die unterschätzten Einflußmöglichkeiten einer „Gruppierung" (hier Greenpeace) werden Shell auf ewig im Gedächtnis bleiben. Denn neben einem empfindlichen Umsatzrückgang wird das Unternehmen auf Jahre mit der Imagepflege beschäftigt sein. Dritte können nicht nur Ansprüche an Unternehmen stellen, sie haben heute zum Teil auch die Macht, diese durchzusetzen. Von diesem Wandel ist natürlich auch die PE betroffen. Auch sie muß heute sowohl den Ansprüchen aus dem Unternehmen gerecht werden als auch Forderungen Dritter.

Der Anspruch der Mikroumwelt

Die einzelnen Unternehmensbereiche reagieren, entsprechend ihrer Umweltsensibilität, mit differierender Intensität auf ihre turbulenten Umwelten. Unter Effizienzgesichtspunkten setzt man ganz pragmatisch in den Bereichen an, wo sich eindeutige monetäre Vorteile erzielen lassen (so zum Beispiel in den Bereichen Produktion oder Marketing) bzw. die veränderten Zustände ein schnelles Reagieren erforderlich machen.

Auch wenn Reformen vordergründig „nur" in Teilbereichen ansetzen, bleiben natürlich Konsequenzen für das jeweilige Gesamtunternehmen nicht aus. Dies ist alleine durch die Tatsache bedingt, daß Unternehmen soziale Systeme sind, die Vernetzungen und Abhängigkeiten aufweisen. Durch Reformen verändern sich aber auch die „Ordnungen" innerhalb des Systems Unternehmen. Unternehmen sind heute gezwungen, immer schneller neue Voraussetzungen und Bedingungen zu „absorbieren", ihr Vorgehen entsprechend abzustimmen und Widerspruchsmanagement zu betreiben. Dabei muß immer mehr Komplexität durch das System selbst aufgefangen und verarbeitet werden (Komplexitätsreduktion) bei gleichzeitigem Aufbau einer Eigenkomplexität (zum Beispiel durch Subsysteme), um die Umweltkomplexität selektiv abarbeiten zu können (zum Beispiel Dezentralisation). Elementare Voraussetzung hierfür ist die Fähigkeit und die Bereitschaft der einzelnen Systemmitglieder, sich aktiv an diesem Prozeß zu beteiligen, daß sich dieser also systemimmanent vollzieht. Diesem Anspruch wird die traditionelle Weiterbildung immer weniger gerecht. Ging es bisher um den fokussierten Aufbau von Fähig- und Fertigkeiten, werden jetzt allgemeine Grundvoraussetzungen auf hohem Niveau gefordert.

Die zunehmende Internationalisierung gibt dieser Entwicklung zusätzliche Schubkraft. Heute haben sehr viele Firmen, abhängig von ihren finanziellen Ressourcen, die Möglichkeit, die unterschiedlichen Standortvorteile für sich auszunutzen. Gemeinsame Märkte und Bedingungen (Europa 2000) sowie die Aufholung des Entwicklungsniveaus werden langfristig eine Angleichung der meisten Standortfaktoren bringen. Das Humankapital eines Unternehmens ist aber nicht beliebig austauschbar. Man kann zwar Wissen als solches (ob nun gebunden an einen neuen Mitarbeiter oder in Form von Seminaren) einkaufen, aber die Mentalität eines Unternehmens, die „cultural identity" nicht. Unter gleichen Rahmenbedingungen bringt die eine Mitarbeitergruppe hervorragende Leistungen, während die andere nur Mittelmäßiges leistet. Es ist selbstverständlich, daß Unternehmen dies nicht dem Zufall überlassen wollen. Die Tatsache, daß das Personal mit Abstand der teuerste „Produktionsfaktor" geworden ist, impliziert eine effiziente und effektive „Nutzung" dieser wertvollen Ressource zum Wohl aller. Zufriedene Mitarbeiter, die Entwicklungsmöglichkeiten im Rahmen ihrer Fähigkeiten bekommen und eine Unternehmermentalität aufbauen, bringen mehr Leistung für das Unternehmen und erlangen mehr für sich selbst. Die Personalentwicklung hat zur Aufgabe für das Unternehmen und die Mitarbeiter das geeignete Umfeld zu schaffen, beide in die Lage zu versetzen, den an sie gestellten Anforderungen gerecht zu werden. Dies unterstreicht das veränderte Umfeld und die neuen Gebiete der Personalentwicklung.

Aus den oben stehenden Ausführungen läßt sich der neue Anspruch der Unternehmen an die Personalentwicklung wie folgt zusammenfassen:
– Informationsverarbeitung und Wissensmanagement,
– Schaffung einer konstruktiven geistigen Haltung, als Grundvoraussetzung für Veränderungs- und Lernmentalität sowie Träger der Unternehmenskultur,
– Unterstützung von Interaktionsprozessen zwischen Organisation und Mensch,
– Triebkraft und Motor für Veränderungen im Unternehmen und damit auch kritische Auseinandersetzung mit sich selbst,
– Katalysator und Schnittstelle zwischen Unternehmen und Umwelten sowie innerhalb des Unternehmens.

Selbstbild der Personalentwicklung

Durch den Einblick in die Makro- und Mikroumwelten der Personalentwicklung wurde die strategische Bedeutung der PE herausgearbeitet. Die Personalentwicklung sieht sich heute als gleichwertiges Element im Kreis der Unternehmensführung (vgl. Abb. 2).

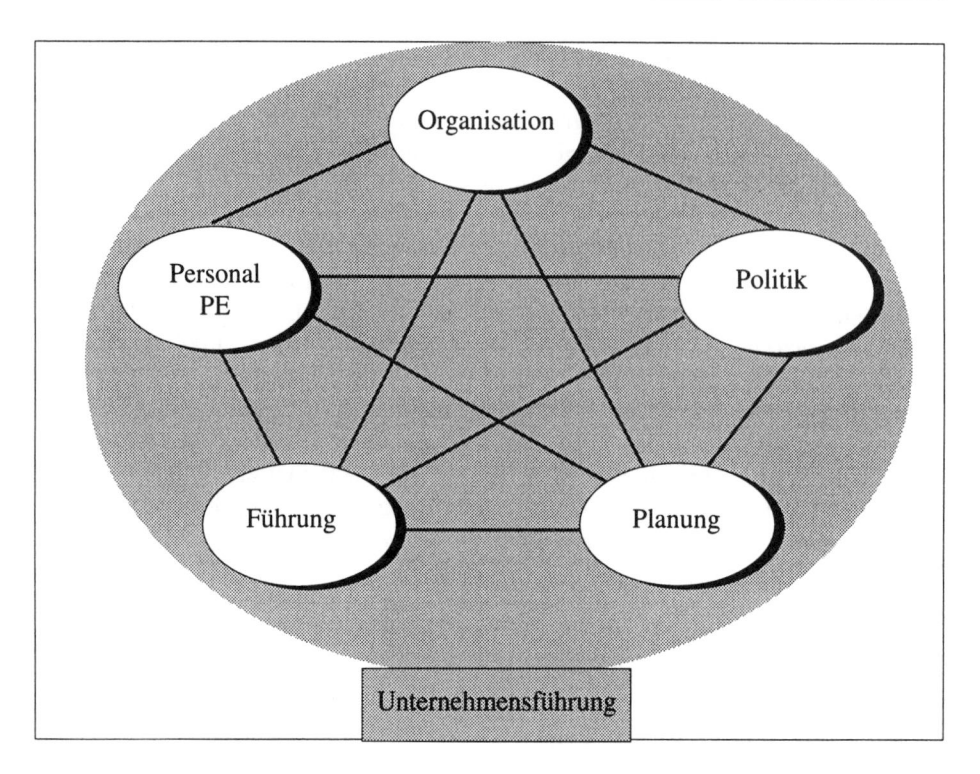

Abbildung 2
Die Stellung der Personalentwicklung im Unternehmen

Aus dem „grauen Entlein" Weiterbildung mit dem Schwerpunkt der Wissensverteilung soll ein „schöner Schwan" werden, der für die langfristige Sicherung des Überlebens des Unternehmens eine strategische Rolle spielt. Nicht mehr der Transfer von Wissen, sondern dessen sinnvolle „Haushaltung", das Management von Wissen, ist der Angelpunkt des Geschehens. Kenntnisse, gleichgültig aus welchen Bereichen, können nicht mehr ohne weiteres übernommen, sondern sie müssen auf die jeweilige Situation zugeschnitten werden. Die Personalentwicklung ist Katalysator für den Austausch und Aufbau von Wissen, ist Schnittstelle zwischen Umwelt und Unternehmen. Dies wird um so wichtiger, als die Grenzen immer fließender werden und sich Systeme nur durch eine Stabilisierung einer Innen-Außen-Differenz als System behaupten können. Durch die Öffnung nach außen erwächst der Bedarf nach der Schließung des Systems nach innen – z.B. durch Kultur oder Mentalität.

Diese neue Stellung der PE findet ihren Niederschlag in vielen Hochglanzbroschüren, Publikationen, Büchern und Vorträgen. Durch zum Teil düstere Szenarien werden die drohenden Konsequenzen dargelegt, wenn, ja wenn dieser neuen Situation nicht Rechnung getragen wird. Die Rolle, die die Personalentwicklung für die Überlebensfähigkeit von Unternehmen spielen könnte, scheint unstrittig. Hält diese Aussage einem näheren Hinsehen stand? Oder handelt es sich hier mehr um Sonntagsreden, die turnusgemäß gehalten werden? Wir überlassen das Urteil dem Leser und betrachten einige Beispiele aus der Praxis.

Die Realität in der Personalentwicklung

Die Diskrepanz zwischen Reden und Tun ist nach unserer Erfahrung, vielleicht abgesehen vom Umweltschutz, in keinem anderen Bereich so groß wie in der Personalentwicklung. Vergleichen wir einmal die Stellung der Personalentwicklung, wie sie sich im alltäglichen Unternehmensgeschehen zeigt, sieht das in den meisten Unternehmen etwa so wie in Abbildung 3 dargestellt aus:

		Unternehmensführung			
Finanzen Steuern	Produktion	Vertrieb/ Marketing	Personal	Organisation
					PE

Abbildung 3
Ansiedlung der Personalentwicklung

Ketzerisch formuliert könnte man sagen, die strategische Stellung der Personalentwicklung manifestiert sich in einem „Wurmfortsatz". Sie wird gerne und häufig dargelegt und analysiert, doch abgesehen von Absichtserklärungen und Lippenbekenntnissen eifriger Personalentwickler bleibt oft bei näherem Hinsehen nicht mehr viel übrig.

Anhand der Beispiele „Traineeprogramm" und „Institution Personalentwicklung" stellen wir Theorie und Praxis gegenüber und zeigen, welche Chancen in der Praxis oft leichtfertig vergeben werden.

Beispiel 1: Traineeprogramm

Nach gängiger Meinung kann ein Traineeprogramm nicht einfach auf ein Unternehmen aufgepfropft werden. Es muß auf das jeweilige Unternehmen und dessen Kultur und Identität zugeschnitten und in die Strategie des Unternehmens eingebunden sein. In der Praxis wird man häufig mit unspezifischen Vorstellungen bezüglich eines Traineeprogramms konfrontiert. Die strategische Einbettung in die Gesamtentwicklung des Unternehmens, wie zum Beispiel Synergieeffekte mit schon laufenden Prozessen geschaffen werden können, existieren vielfach nicht. Die Entscheidung für ein Traineeprogramm fällt meist, wenn der Handlungsdruck aufgrund äußerer Veränderungen sehr groß wurde, z.B. Strukturwandel in einer Branche, Überalterung der Führung, etc. Es kommt zu hektischen Reaktionen statt strategisch angelegter Aktionen, zu Reparaturdienstverhalten statt zukunftsweisender Ausrichtung. „Nachwachsende" Führungskräfte sind noch frei von eingefahrenen Prozessen und Abläufen. Sie könnten zu Trägern einer neuen Mentalität werden – wenn man ihnen die entsprechenden Möglichkeiten bietet und die Chancen, die in einem Traineeprogramm liegen, auch konsequent nutzen würde. Statt dessen werden die Trainees unter kurzfristigen Aspekten auf der Aufgabenebene angesiedelt und von altgedienten Führungskräften „entwickelt".

Für die Konzeption des „Traineeprogramms" ist die Personalentwicklung zuständig. Das Anforderungsprofil für die Bewerber wird aus Sicht der Personalentwickler erstellt. Es wird genau überlegt was der Trainee nach Abschluß des Programms können muß, welche Qualifikationen aufzubauen sind und welchen Platz die zukünftige Fach- bzw. Führungskraft einmal einnehmen wird. Entsprechend werden Aufgaben für die Trainees entwickelt und hieraus wird der benötigte interne Aufwand für die einzelnen Abteilungen „heruntergebrochen". Diese freuen sich jetzt schon alle auf den Mehraufwand. Es fließen ein paar Anmerkungen aus dem Topmanagement ein, soweit es sich überhaupt mit diesem Thema beschäftigt. Am Ende steht das Konzept.

Entspricht das einem strategischen und langfristigen Vorgehen? Die Antwort ist einfach: nein. Abgesehen davon werden bei dieser Vorgehensweise von Anfang an Lern- und Entwicklungsprozesse kanalisiert und vorgegeben. Es bleibt wenig Raum für flexible und kreative Prozesse. Eigeninitiative und Motivation zum selbständigen Lernen werden nicht gefordert und es wird ihnen auch gar kein Platz zur Entfaltung eingeräumt.

Schon in der Phase der Konzeption müßten andere Unternehmensbereiche eingebunden werden. Als sehr produktiv hat sich die Workshop-Technik erwiesen. Durch die Einbeziehung der späteren Einsatzstationen werden diese integriert. Die interne Akzeptanz wird gefördert und Raum geschaffen, Erwartungen oder etwaige Ängste zu diskutieren und schon im Vorfeld gemeinsam auszuräumen. So können die Möglichkeiten der internen Kommunikation effektiv genutzt werden. Für die Erhebung des Anforderungsprofils ist der Einbezug unterschiedlicher Ebenen und von Funktionsinhabern sehr wichtig. Es stellt sicher, daß nicht unrealistische oder falsche Qualifikationen gefordert werden, die ja auch entsprechende Erwartungen bei den Trainees wecken würden! Zusätzlich werden die Anforderungen nicht nur an den Fachpositionen festgemacht, sondern im Kontext mit der Unternehmensentwicklung gesehen und erhoben.

Beispiel 2: Die Institution Personalentwicklung

Wenn man Defizite anspricht oder Probleme, auf die die Personalentwicklung in ihrer Arbeit stößt, kommt man nicht umhin, auch die Personalentwicklung selbst einmal kritisch zu hinterfragen.

In vielen Unternehmen findet man heute fest verankerte Strukturen und Abläufe. Auch wenn sich die Inhalte im Laufe der Zeit verändern, so bleiben doch die Strukturen die gleichen. Doch was wird aus neuen Inhalten in alten „Gußformen"? Sie verlieren ihre eigenen Konturen und werden langsam aber stetig an das Bestehende angepaßt. Die Rahmenbedingungen sind auf die alten Inhalte zugeschnitten und bieten so denkbar schlechte Voraussetzungen für das Neue. Unverrückbare oder gar bürokratische Strukturen, die sich heute in fast jedem (Groß-) Unternehmen finden, zementieren Ist-Zustände. Verharrungstendenzen werden gefördert und im Gegenzug wird Wandel unterdrückt, unter Umständen sogar sanktioniert. Statt in einen stetigen Verbesserungs- und Anpassungsprozeß wird sehr viel Energie in die Selbsterhaltung gesteckt. Energien, die so auch der Personalentwicklung entzogen werden, ja sogar ihre Bemühungen konterkarieren!

Doch wie sieht es mit der Personalentwicklung selbst aus? Ist sie nicht genauso auf ihrem Entwicklungsstand als Gruppe, als Abteilung bzw. Hauptabteilung stehengeblieben? Die Personalentwicklung ist in vielen Unternehmen zur Institution geworden, zur Dauereinrichtung. Dauer und Einrichtung für eine Sache, die wie keine andere der Dynamik und dem Wandel Rechnung tragen sollte. Ist dies heute noch adäquat? Der Ruf nach Veränderungsmentalität, Learning Companies und Flexibilität auf der einen und eine Institution auf der anderen Seite?

Welche Alternativen gibt es? Die Organisationsform als reines Projektmanagement wäre eine mögliche Alternative. Dies läßt sich aber in und mit herkömmlichen PE-Strukturen nicht so einfach umsetzen. Denn das würde bei vielen Personalentwicklern z.B. einen anderen Erfahrungshorizont sowie eine hohe Eigenverantwortlichkeit voraussetzen. Und auch die Unternehmensleitungen müßten bereit sein, auf gewohnte Steuerungsmöglichkeiten zu verzichten und sich auf teilweise ungewisse Entwicklungsprozesse einzulassen.

PE als reines Projektmanagement bietet die Möglichkeit, die Vorteile einer aus dem System kommenden PE zu nutzen, ohne die bekannten Nachteile der Institution PE in Kauf nehmen zu müssen. Wie könnte die PE aussehen, wenn es keine Abteilung PE mehr gibt? Projektgruppen werden im Sinne von Change Agents themenbezogen initiiert und zwar dort, wo die Veränderung bzw. Umwandlung stattfinden soll. Dabei sind drei elementare Rahmenbedingungen zu beachten:
1. Das Top-Management ist Initiator und Mentor für gewünschte Veränderungen.
2. Teammitglieder sind Mitarbeiter, die Veränderungen wünschen.
3. Die Projektgruppen kommunizieren direkt mit dem Topmanagement.

Allein durch den temporären Charakter entstehen vielfältige motivationale Effekte. Durchsetzungskraft und Akzeptanz erhöhen sich, da die Mitarbeiter aktiv in Veränderungsprozesse eingebunden sind und zu echten Trägern von Veränderungen werden. Außerdem wird zusätzliches Wissen erschlossen und fließt in das jeweilige Projekt mit ein. Nur wenn sich im Topmanagement Einstellungen verändern, kann die PE zu einem strategischen Erfolgsfaktor werden. Projektmanagement ist sicher eine Antwort auf neue Herausforderungen und eine interessante Form von Führung auf Zeit.

Was nun?

Im Arbeitsfeld einer unternehmerisch orientierten Personalentwicklung sind die entscheidenden Fragen von heute:
- Wie verbessern wir unsere Performance?
- Wie lassen sich die Anforderungen unserer Kunden erspüren?
- Wie kommen wir von einer funktionalen zu einer prozessualen Organisation?
- Wie optimieren wir unser Qualitätsmanagement?
- Wie fördern wir unsere Innovationsfähigkeit?

Dieser Anspruch der Personalentwicklung muß energisch eingefordert werden, nicht zuletzt von der Personalentwicklung selbst. Die aufwendigsten Publikationen auf Hochglanz werden matt verpuffen, wenn nicht auch entsprechend gehandelt wird.

Eine Veränderungsmentalität muß eingebettet sein in eine veränderungsfreundliche Kultur. Ohne ein entsprechendes Umfeld kann sie weder aufgebaut werden noch Früchte tragen. Dies erfordert andere Organisationsformen, zum Beispiel die Verlagerungen von der Struktur- auf die Prozeßebene, Veränderungen in den Bereichen Kultur und Klima. Aber auch von den einzelnen Individuen und Funktionsträgern werden zusätzliche und modifizierte Qualifikationen verlangt. Fehlen einige dieser Voraussetzungen, so wird die Fähigkeit und die Motivation zum Wandel behindert oder sogar sanktioniert statt gefördert.

Ein lernendes Unternehmen muß das Lernen an sich institutionalisieren. Dies wird um so wichtiger, als die Aneignung von neuem Wissen immer mehr mit Qualifikation gleichgesetzt wird. Gleichzeitig wird die „Halbwertzeit" von Wissen immer kürzer und somit der Zeitraum, der zur „Amortisation" verbleibt, immer geringer. Beides, institutionalisiertes Lernen und Veränderungsmentalität, ist eng miteinander verknüpft. Denn nur wer lernfähig ist, ist bereit und fähig zu Veränderungen und hat die Kreativität, neue Wege einzuschlagen und alte Strukturen aufzubrechen. Neue Konzepte können aber nur umgesetzt werden, wenn Verhaltensmodifikationen der Mitarbeiter mit veränderten Ablaufstrukturen einhergehen.

Daß Veränderungs- und Lernmentalität zur Zeit als beliebte Schlagwörter in fast jeder Managementzeitschrift auftauchen, zeigt, daß die Zeichen der Zeit erkannt werden. Die geistige Auseinandersetzung alleine genügt aber nicht, sondern die richtige und konsequente Umsetzung ist entscheidend. Es werden eben diese Fähigkeiten sein, die zukünftig über das Überleben bzw. Nicht-Überleben von Unternehmen entscheiden. Die Anpassungsfähigkeit wird zum strategischen Wettbewerbsfaktor, zur nicht einkaufbaren und kurzfristig auch nicht beschaffbaren Ressource. Eine Mentalitätsveränderung muß an den Menschen ansetzen, verbunden mit entsprechenden Veränderungen in den Bereichen Organisation, Politik und Führung. Der grundsätzliche Charakter der Mentalitätsveränderung impliziert, daß alle Bereiche des Unternehmens involviert werden, und somit der Prozeß von allen getragen und unterstützt wird. Dies gilt insbesondere für das Topmanagement. Nur mit dessen voller Unterstützung kann die Personalentwicklung aus ihrem eigenen Schatten heraustreten und ihrem Anspruch wirklich gerecht werden.

Fritz Westermann

Show is over, truth begins – das integrative Entwicklungs-Assessment als neuer Weg einer individualisierten Managementdiagnostik

Kritische Anmerkungen zur Ausgangssituation

Entwicklungspotentiale von Führungskräften innerhalb eines Unternehmens zu erschließen, ist immer ein schwieriges und recht heikles Unterfangen. Das innerbetriebliche Handlungsfeld wird in der Regel geprägt von „Schwellenproblemen" und „Kommunikationsbarrieren", denn es gibt:
- Fürstentümer und Kronprinzen, die sich ungern „in die Karten schauen" lassen; (so mancher „Kaiser trägt halt keine Kleider");
- Widerstände und regelrechte Machtdemonstrationen der Linie, die sich (oft zu Recht) nicht in wichtige Personalentscheidungen hineinregieren lassen will;
- erhebliche Ängste der Betroffenen vor Willkürakten und daraus resultierende Vorsichtshaltungen. Wer möchte sich schon in einer erweiterten Öffentlichkeit eine Blöße geben, drückt sich doch der eigene Vorgesetzte nicht selten um ein offenes Wort herum.

Bedauerlicherweise hat eine weit verbreitete Assessment-Unkultur bei vielen Erfahrungsträgern „Narben" hinterlassen. Als Fehlentwicklungen bzw. regelrechte Kunstfehler sind besonders hervorzuheben:
- Es werden Gewinner und Verlierer „produziert". Folge: Die Verlierer bleiben in der Regel stumm und entwickeln ihr vorhandenes Potential suboptimal.
- Den Teilnehmern wird dysfunktionaler Streß zugemutet, der sich nicht selten regelrecht potentialblockierend auswirkt. Sie müssen sich in beklemmender Weise vorkommen wie „Testkaninchen", die sich verhalten sollen wie Topmanager.
- Die Beurteilungen sind letztlich nicht objektiv. Der Anspruch dazu führt zu Scheinobjektivität. Scheinwissenschaftlichkeit verstellt den Blick für offenkundige und wesentliche subjektive Eindrücke.
- Ist das Assessment-Ritual erst einmal richtig eingerostet, ähnelt der Beobachterkreis eher einem „Elefantenfriedhof, der sich selbst wohlgefällig beäugt" und innovative Hoffnungsträger ausbremst.

Eine kritische wissenschaftliche Bilanz zur traditionellen AC-Methode zeigt, daß hier eine Desillusionierung eingetreten ist. Der Vorhersagewert zu erfolgreich verlaufenden Karrieren ist wesentlich geringer als ursprünglich angenommen (Neuberger, 1989; Veil, 1995). Mindestens genauso groß wie diese Widerstände sind aber auch Interesse, Bedarf und Einsicht in die Notwendigkeit wirksamer Instrumente zur Führungskräfte-Entwicklung. Schließlich entscheidet die Qualität des Managements über Erfolg und Zukunft eines Unternehmens. Darüber hinaus gibt es einen regelrechten „Hunger" nach ehrlichem Feedback, denn je höher Führungskräfte aufsteigen, desto „dünner" wird bekanntlich die Luft.

Der hier vorgestellte neue Weg eines integrativen Entwicklungs-Assessments vollzieht deshalb einen längst fälligen Paradigmenwechsel in der Managementdiagnostik. Im Vordergrund stehen dabei Persönlichkeit und soziale Kompetenzen der Kandidaten, d.h. ihre Grundausstattung zu Menschenführung, Innovation und unternehmerischer Problembewältigung. Hauptaugenmerk wird dabei auf die Entwicklung dieser Fähigkeiten gelegt. Die Teilnehmer erhalten Gelegenheit zu einer differenzierten Standortbestimmung.

Neue Wegweiser des integrativen Entwicklungs-Assessments – Mosaiksteine eines Paradigmenwechsels

Führen im Spannungsfeld widersprüchlicher Anforderungen

Von Managern wird nicht selten die „Quadratur des Kreises" erwartet. Je nach konkreter Situation ist unterschiedliches, ja oft völlig gegenteiliges Verhalten erforderlich. Wir haben uns deshalb von eindimensionalen Skalierungen verabschiedet, denn vermeintliche Stärken können je nach Situation immer auch Schwächen sein (und umgekehrt). Die deshalb notwendige mehrperspektivische Betrachtung ist kontextbezogen und auf kontinuierliche widersprüchliche Anforderungen ausgelegt (Konzept der Mehrperspektivität und Kontext/Kontinuum-Prinzip; vgl. Petzold, 1993).

„Türöffner" für neues Denken und kognitiver Schlüssel zur Potentialerkundung – das Entwicklungsquadrat

Das sogenannte Entwicklungsquadrat nach Helwig (1967) ermöglicht eine Betrachtungsweise, die dieser Vielfältigkeit Rechnung trägt. Jede Stärke oder „Führungstugend" braucht ihr positives Gegenstück oder ihre „Geschwistertugend", sonst droht sie in ihre negative Übertreibung zu „kippen". So kippt die Tugend der Umsichtigkeit dann in ängstlichen Machtverzicht um, wenn jemand „zuviel des Guten" tut, das heißt in zögerlichen, ängstlichen Machtverzicht verfällt (vgl. Abb. 1). Die gesunde Gegentugend Draufgängertum ist erforderlich, um eine dynamische Balance wiederherzustellen. Ebenso verkommt wiederum die Tugend Draufgängertum zu Größenwahn, wenn die Geschwistertugend Umsichtigkeit fehlt. Jede Stärke oder Führungstugend braucht ihr positives Gegenstück oder Geschwistertugend, sonst droht ihre negative Überspitzung.

```
                    Entwicklungsquadrat

          Umsicht ─────── Draufgängertum
                         ↗
                   ichtung
              ngsr
          klu
        wic
      Ent
          ängstlicher  ─────── Größenwahn
          Machtverzicht
```

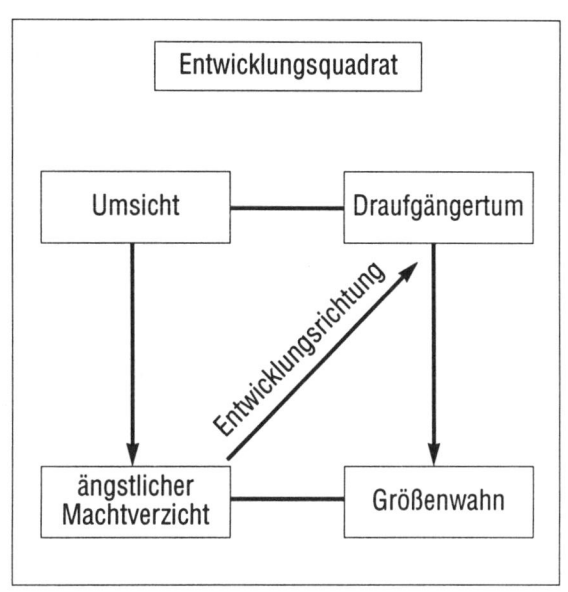

Abbildung 1
Entwicklungsquadrat-Beispiel

Ist man unten bei einer negativen Überkippung gelandet, so zeigen die schräg darüber liegenden Tugenden eine Entwicklungsrichtung auf. Stärke/Schwäche-Dimensionen werden also nicht einseitig gesehen, sondern in erweiterten Polaritätenprofilen (Helwig, 1967; Schulz von Thun, 1989).

Beobachtungsschwerpunkte im Polaritätenprofil – eine Betrachtungsbrille

Eine Reihe von Schlüsselfaktoren erfolgreichen Führungshandelns dienen dazu, die jeweiligen Stärken, Schwächen, Potentiale und den Entwicklungsbedarf der Kandidaten wahrzunehmen und aufzuzeigen. Sie sind sozusagen die Grundlage für eine „Beobachtungsbrille", mit der genau hingeschaut wird (vgl. Abb. 2).

Diese Schlüsselfaktoren werden durch entsprechende Entwicklungsquadrate anschaulich gemacht (vgl. Abb. 3). Dabei werden die jeweiligen Tugendpaare in der Mitte einander gegenübergestellt. Die dazugehörigen negativen Übertreibungen liegen rechts und links in den Randbereichen (vgl. Gloor, 1993).

Auf diese Weise entsteht das sogenannte Polaritätenprofil (vgl. Abb. 4). Der Grundgedanke dieses Entwicklungsquadrates hat eine Signalwirkung für Beobachter und Teilnehmer. Die Beobachter reagieren auf dieses Instrument mit einer gewissen Erleichterung. Sie empfinden es als Befreiung, keine „Noten" geben bzw. ihre Beobachtungen nicht in recht eindimensionale Kästchen zwängen zu müssen.

Schlüsselfaktoren erfolgreichen Führungshandelns

Management →
- Innovationsvermögen
- Verantwortungsbereitschaft
- Wahrnehmungshorizont
- Handlungsorientierung
- Realitätssinn

Führung/ Zusammenarbeit →
- Ausgeglichenheit (Fordern/Fördern)
- Begeisterungsfähigkeit
- Integrationsvermögen
- Teamfähigkeit

Kommunikation →
- Kontaktstil
- Kommunikationsverhalten
- Konfliktbewältigung
- Vortragsstil
- Präsentation

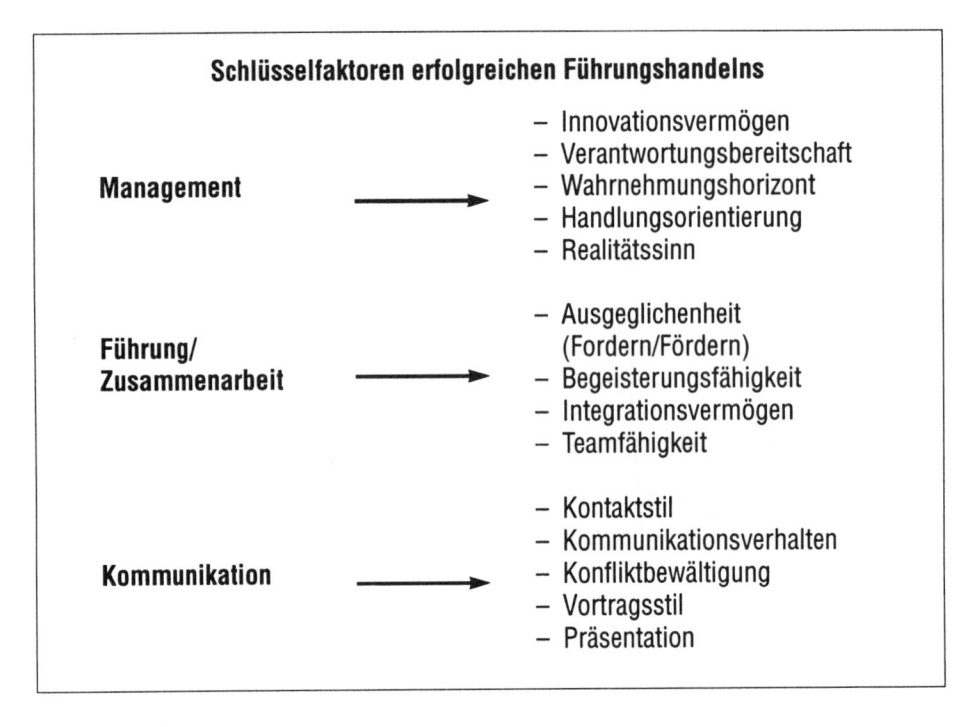

Abbildung 2
Schlüsselfaktoren

negative Übertreibung ← Tugend A | Tugend B → negative Übertreibung

dynamische Balance
dialektische Ergänzung

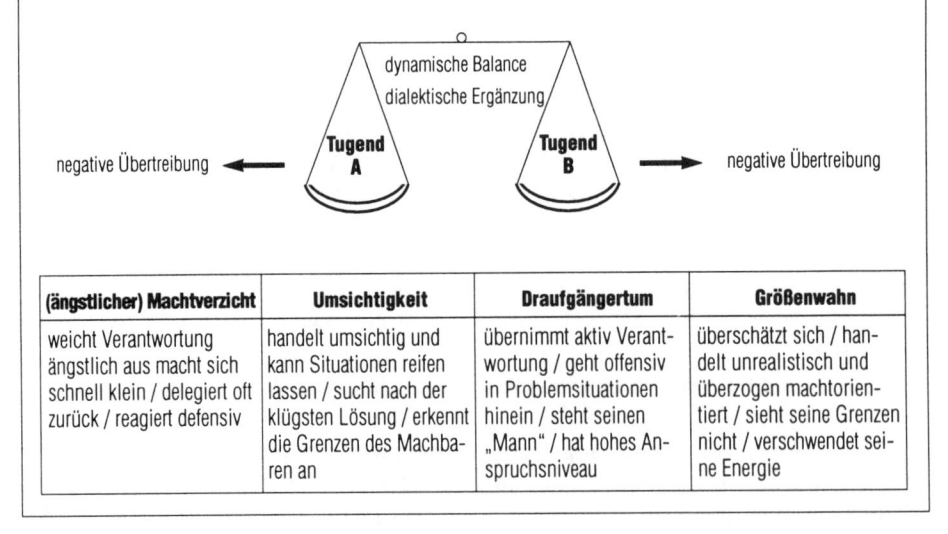

(ängstlicher) Machtverzicht	Umsichtigkeit	Draufgängertum	Größenwahn
weicht Verantwortung ängstlich aus macht sich schnell klein / delegiert oft zurück / reagiert defensiv	handelt umsichtig und kann Situationen reifen lassen / sucht nach der klügsten Lösung / erkennt die Grenzen des Machbaren an	übernimmt aktiv Verantwortung / geht offensiv in Problemsituationen hinein / steht seinen „Mann" / hat hohes Anspruchsniveau	überschätzt sich / handelt unrealistisch und überzogen machtorientiert / sieht seine Grenzen nicht / verschwendet seine Energie

Abbildung 3
Veranschaulichung von Verantwortungsbereitschaft (nach Gloor, 1993)

Show is over, truth begins – das integrative Entwicklungs-Assessment als neuer Weg

	negative Übertreibung ←	Tugend A	dynamische Balance dialektische Ergänzung	Tugend B	→ negative Übertreibung

1. Management

1.1	Innovationsvermögen	Aussitzer	Bewahrer/ Traditionalist	Erneuerer	Feuerteufel
1.2	Verantwortungsbereitschaft	ängstl. Machtverzicht	Umsichtigkeit	Draufgängertum	Größenwahn
1.3	Wahrnehmungshorizont	Oberflächlichkeit	Helicopter View	Detailorientierung	Erbsenzählerei
1.4	Handlungsorientierung	Luftikus	Visionär	Pragmatiker	Schnellschießer
1.5	Realitätssinn	Abwehr	Skepsis	Vertrauensbereitschaft	Naivität

2. Führung /Zusammenarbeit

2.1	Führungsverhalten	Autokratische Führung	Fordernde Führung	Fördernde Führung	Führungsschwäche
2.2	Begeisterungsfähigkeit	Der Verführer	Der Charismatiker	Der Gärtner	Der Ohnmächtige
2.3	Integrationsvermögen	Gruppe als Schutz	Prozeßorientierung	Sachorientierung	Gruppe als Arbeitskolonne
2.4	Teamverhalten	Selbstverlust in Gruppe	Mannschaftsspieler	Einzelspieler	Eigenbrötler

3. Kommunikation

3.1	Kontaktstil	aufdringlich	informell	formell	sich entziehend
3.2	Kommunikationsverhalten	destruktiv dominierend	äußert sich	hört aktiv zu	untergehend
3.3	Konfliktbewältigung	Verstrickung	Kämpfer	Diplomat	Leugner
3.4	Vortragsstil	show-artig	empfängerorientiert	themenorientiert	staubtrocken
3.5	Präsentation	chaotisch	assoziativ	systematisch	überstrukturiert

Abbildung 4
Polaritätenprofil

Den Teilnehmern wird unrealistischer Streß genommen. Der zentrale Gedanke, daß vermeintliche Schwächen auch Stärken sein können, hilft dabei. Niemand erwartet von ihnen, perfekte Supermänner sein zu müssen. Immerhin geht es darum, Entwicklungsbereiche aufzuzeigen und rückzumelden. Insofern ist das Wertequadrat als

Arbeitshilfe und Potentialdiagnoseinstrument ein wichtiger Kunstgriff. Es fördert eine neue entwicklungsbezogene Denkweise, nimmt Ängste und überwindet einseitige Beurteilungsschemata. Den sich schnell wandelnden komplexen Anforderungswirklichkeiten, denen Führungspersönlichkeiten sich stellen müssen, kann man auf diese Weise qualitativ am wirkungsvollsten gerecht zu werden.

Bewußte Subjektivität (systematisiert und kontrolliert)

Es ist eine Erfahrungstatsache, daß man nach relativ kurzer, i.d.R. sekundenschneller Wahrnehmungszeit ein prägnantes Gefühl und Bild davon hat, wer vor einem steht. Dabei spielen die wahrgenommenen persönlichen Atmosphären eine wichtige Rolle. Menschen sind keine glatten, sondern widersprüchliche Wesen und müssen auch als solche in ihrer Ganzheit gesehen werden. In diesem Sinne kann man von „begreifender Sensibilität" sprechen (Schmitz, 1992). Das blitzschnelle Aufnehmen und Erfassen von Einzelfaktoren und Mikroeindrücken sollte also möglichst antireduktionistisch (unzensiert) verlaufen. Dies geschieht auf der Grundlage des unmittelbar Sichtbaren und Verstehbaren, das nicht vorschnell gedanklich umkonstruiert werden darf. Die Verhaltensphänomene, die in den verschiedenen Übungen vor den Augen der Beobachter in Klarheit und Deutlichkeit hervortreten, werden unmittelbar und z.T. intuitiv verstehend ernstgenommen. Die Beobachter vertrauen der eigenen subjektiven Wahrnehmung und persönlichen Resonanzfähigkeit als diagnostischem Instrument. Aufgrund ihrer Menschenkenntnis und Erfahrung sind sie sehr wohl in der Lage, die wesentlichen Merkmale und Verhaltenstendenzen der Kandidaten in ihren situativen Zuspitzungen zu erkennen. Verhalten wird nie isoliert, sondern immer im Kontext der Übungssituation betrachtet. Insofern wird ein szenisches oder holographisches Verstehen angewandt, bei dem Beobachter aufgrund ihrer natürlichen Talente und Begabungen nicht selten Beeindruckendes leisten (szenisches Verstehen; Petzold, 1993).

Als Systematisierungshilfen dienen die vorgestellten „Beobachtungsbrillen" im Polaritätenprofil. Die so gewonnenen vielfältigen Eindrucksbildungen werden im Beobachterkreis gesammelt und in den unterschiedlichen Sichtweisen nebeneinandergestellt. Auf diese Weise findet in der Gesamtschau eine sorgfältige Kontrolle der subjektiven Wahrnehmungen statt.

Prozessuale Vorgehensweise

Es wird deshalb betont, daß im Entwicklungs-Assessment keine „absoluten Wahrheiten" verkündet werden, sondern Hypothesen, die sich auf subjektiven Eindrücken der Beobachter begründen. Diese „realistische Bescheidenheit" ermutigt Teilnehmer dazu, eine kritische Selbstüberprüfung (soziale Validierung) ihrerseits vorzunehmen.

Den Teilnehmern wird keine „Erfahrung eigener Wirkungslosigkeit" zugemutet. Im Gegenteil, sie werden aktiv in den diagnostischen Prozeß miteinbezogen, das heißt gefordert und ermutigt, eigene Sichtweisen miteinzubringen. Insofern wird eine prozessuale Diagnostik praktiziert, deren Ergebnisse direkt mit den Kandidaten in gemeinsamen Ko-Respondenz Prozessen auf Stimmigkeit und Akzeptanz überprüft werden (Korrespondenzmodell; vgl. Petzold, 1993).

Ihre Perspektiven werden in folgenden Schritten ausdrücklich mitberücksichtigt:
- *Selbsteinschätzung* (Vergleich von Selbst- und Fremdbild). Zu Beginn des Entwicklungs-Assessments nehmen die Teilnehmer eine Selbsteinschätzung anhand des Polaritätenprofils vor, die am Ende mit den Ergebnissen der Fremdeinschätzungen durch die Beobachter verglichen wird.
- *Lernjournal.* Nach jeder Übung bilanzieren die Teilnehmer ihre gemachten Erfahrungen im Lernjournal.
- *Veranstaltungs-Feedback.* Am Ende der Assessment Tages werden kritische Anregungen in Form eines Veranstaltungs-Feedbacks in einer offenen Runde mit allen Teilnehmern eingeholt.
- *Vier-Augen-Nachgespräch.* In ausführlichen Nachgesprächen werden die Ergebnisse aufgezeigt. Jeder Teilnehmer hat die Gelegenheit, eigene Sichtweisen und seine möglicherweise von den Ergebnissen des Assessments abweichenden Perspektiven miteinzubringen. Diese werden in den Report, der anschließend schriftlich verfaßt wird, mit aufgenommen. Der Integritätsschutz der Teilnehmer hat auf diese Weise oberste Priorität.

Innovationsorientierung und Lerngewinn

In den Übungen werden für das jeweilige Unternehmen aktuelle Innovationsthemen bzw. -aufgaben gestellt. Anhand eines Lernjournals nehmen die Teilnehmer nach jeder Übung eine kritische eigene Bilanz vor (vgl. Abb. 5).

Das Design des integrativen Entwicklungs-Assessments

Das Entwicklungs-Assessment beginnt für die Teilnehmer und Beobachter am Nachmittag des Vortages. Die Beobachter erhalten eine ca. dreistündige Einführung über Instrumente und Ablauf der Veranstaltung. Den Teilnehmern wird parallel dazu Methode, Philosophie und Programm des Entwicklungs-Assessments in einer Informationsrunde transparent gemacht, soweit dies eben möglich ist. Anschließend erfolgt als Warming-up eine Kennenlernrunde mit allen Beteiligten.

Am eigentlichen AC-Tag finden vier grundlegende Übungen statt (Gruppendiskussion, Präsentation/Fallsituation, Arbeitsgruppe, Mitarbeitergespräch). Die Eindrücke, Wahrnehmungen und Entwicklungsempfehlungen der Beobachter werden danach in der Beobachterkonferenz erarbeitet und zusammengefaßt. Im Nachgespräch erhalten

1. Was waren die 3 wichtigsten Erfahrungen für mich in der letzten Übung?

2. Welche besonderen Stärken sind mir (soeben) bei mir deutlich geworden?

3. Welche besonderen Schwächen sind mir (soeben) bei mir deutlich geworden?

4. Wo sehe ich meinen konkreten Lernbedarf?

5. Was habe ich bislang hierzu getan?

6. Was können geeignete Maßnahmen / Schritte hierzu sein?

Abbildung 5
Lernjournal

die Teilnehmer eine individuelle Rückmeldung hierzu an den darauffolgenden Tagen (vgl. Abb. 6).

Institutionelle Einbettung

Die gelungene Einbettung sind für den dauerhafte Erfolg eines Entwicklungs-Assessments von entscheidender Bedeutung. Deshalb werden im folgenden die vier Bausteine der Führungskräfte-Entwicklung der Hamburgischen Electricitätswerke (HEW) exemplarisch vorgestellt (vgl. Abb. 7).

Baustein 1: Orientierungsgespräch

Das Orientierungsgespäch wird dann geführt, wenn ein Mitarbeiter sich eigeninitiativ für das Führungskräfte-Entwicklungsprogramm bewirbt (vorausgesetzt, er erfüllt

Zeitlicher Ablauf des Entwicklungs-Assessments

Vorbereitung am Vortag

13.30 / 17.00	Beobachtungstraining
15.30 / 17.00	Einweisung der Teilnehmer (parallel)
17.00 / 19.00	Gemeinsame Vorstellungsrunde

Tagesprogramm

8.30 / 9.30	Gruppendiskussion (60 Min.)
9.30 / 10.00	Beobachternachlese/Vorbereitung (30 Min.)
10.00 / 11.20	Präsentation (insgesamt 80 Min., jew. 15 Min.)
11.30 / 12.10	Arbeitsgruppe (40 Min.)
12.10 / 13.10	Mittagessen
13.10 / 14.30	Mitarbeitergespräch (80 Min., jew. 15 Min.)
14.30 / 14.50	Pause
14.50 / 15.20	AC – Feedback von Kandidaten
15.20 / open end	Beobachterkonferenz

Nachgespräche

Zweistündige Nachgespräche unter vier Augen
(an den folgenden Tagen)

Abbildung 6
Zeitlicher Ablauf

die Vorbedingungen) oder ein Vorgesetzter ihn vorschlägt. Es findet zwischen dem potentiellem Kandidaten und seinem Vorgesetzten statt. Eine Selbstbeurteilung des Kandidaten wird mit der Fremdbeurteilung durch den Vorgesetzten im Gespräch verglichen.

Baustein 2: Klärungsworkshop

Bei einer positiven Empfehlung des Vorgesetzten nimmt der Kandidat an einem zweitägigen obligatorischen Klärungsworkshop teil. Dabei werden die verschiedenen Aspekte von Führung, Führungskarriere und -alltag aufgearbeitet. Alle Teilnehmer werden in Rollenspielen mit schwierigen Führungssituationen konfrontiert. Dabei wird ein realistisches Bild vom Werdegang einer Führungspersönlichkeit vermittelt. Die Kandidaten haben ausführlich Gelegenheit zu klären, ob sie diesen Weg einschlagen wollen.

Bausteine der HEW-Führungskräfte-Entwicklung:

1. Orientierungsgespräch → Ziel: differenzierte Selbst- + Fremdeinschätzung
2. Klärungsworkshop → Ziel: realistische Entscheidung für Führungskarriere
3. Entwicklungs-Assessment → Ziel: Diagnose + Entwicklung sozialer Kompetenzen
4. Entwicklungsgespräch → Ziel: Vereinbaren konkreter Entwicklungsmaßnahmen

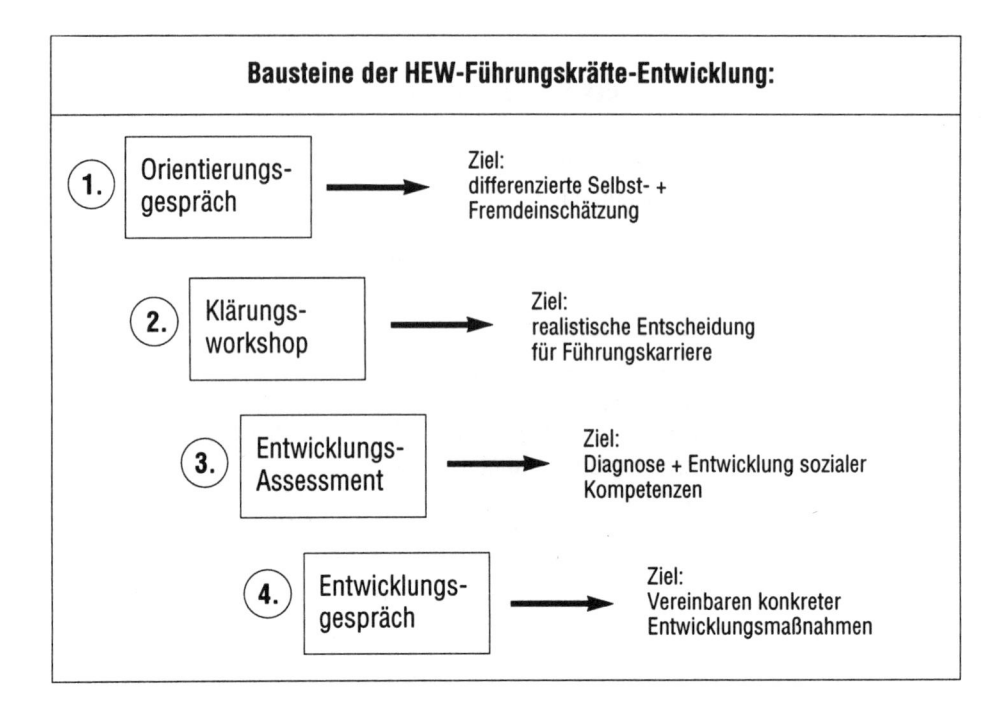

Abbildung 7
Bausteine der HEW-Führungskräfte-Entwicklung

Sie bearbeiten folgende Kernfragen:
– Welche Erwartungen an Karriere habe ich?
– Was erwartet mich im Verlaufe einer Karriere?
– Welchen Preis muß ich ggf. zahlen?
– Bin ich bereit dazu?
– Wie bin ich persönlich dafür gerüstet?
– Wo möchte ich in 5 Jahren sein (Zukunftsreise)?
– Was erwartet das Unternehmen von den zukünftigen Führungskräften?

Danach kann jeder Bewerber ohne Begründung zurücktreten und sich gegen eine Führungskarriere entscheiden. Von Unternehmensseite ist beabsichtigt, daß unsichere Kandidaten, die diesen Prozeß durchlaufen, möglichst gleich zu Beginn des Entwicklungsprogramms aussteigen, bevor das Unternehmen erhebliche Mittel investiert.

Baustein 3: Entwicklungs-Assessment

Als dritter Baustein wird das eintägige Entwicklungs-Assessment durchgeführt.

Baustein 4: Entwicklungsgespräch

Der vierte Schritt besteht in einem möglichst zeitnahen Entwicklungsgespräch zwischen dem Kandidaten, seinem direkten und nächsthöheren Vorgesetzten sowie einem Vertreter der Führungskräfte-Entwicklung, in dem verbindliche Maßnahmen vereinbart werden.

Vollständigkeitshalber sei hinzugefügt:
- Die Entscheidung zu Stellenbesetzungen bleibt allein der Linie vorbehalten. Die Führungskräfte-Entwicklung versteht sich hier als beratende Servicefunktion.
- Eine Aufnahme in das Führungskräfte-Entwicklungsprogramm stellt keine Zusage für spätere Beförderungen dar.
- Für eine Stelle sollten idealerweise drei Kandidaten zur Auswahl stehen. Damit wird ein drohender „Goldfischteich" von vornherein trockengelegt.

Literatur

Gloor, A. (1993). *AC-Methoden, Assessment Center. Führungskräfte beurteilen und fördern.* Zürich: Orell Füssli. – **Helwig, P. (1967).** *Charakterologie.* Freiburg: Teubner. – **Neuberger, O. (1989).** Assessment Center – Ein Handel mit Illusionen. In C. Lattmann (Hrsg.), *Das Assessment-Center-Verfahren der Eignungsbeurteilung. Sein Aufbau, seine Anwendung und sein Aussagegehalt* (S. 291-307). Heidelberg: Physica. – **Petzold, H. (1993a).** Das Ko-respondenzmodell in der integrativen Agogik. In H. Petzold, *Integrative Therapie* (Bd. 1, S. 97-107). Paderborn: Junfermann. – **Petzold, H. (1993b).** Integrative Therapie als intersubjektive Hermeneutik bewußter und unbewußter Lebenswirklichkeit. In H. Petzold, *Integrative Therapie* Bd. 2, S. 292-297). Paderborn: Junfermann.– **Petzold, H. (1993c).** Konzepte zu einer mehrperspektivischen Hermeneutik leiblicher Erfahrung und nicht-sprachlichen Ausdrucks in der integrativen Therapie. In H. Petzold, *Integrative Therapie* Bd.2, S. 91-150). Paderborn: Junfermann. – **Petzold, H. (1993d).** Gedächtnis, ko-respondierende Erinnerungsarbeit und Sinnerfassungskapazität. Überlegungen und Materialien zu einer „heuristischen Konzeption des Gedächtnisses". In H. Petzold, *Integrative Therapie* (Bd. 2, S. 701-722). Paderborn: Junfermann. – **Schulz von Thun, F. (1989).** *Miteinander reden 2. Stile, Werte und Persönlichkeitsentwicklung. Differentielle Psychologie der Kommunikation.* Reinbek: Rowohlt. – **Schmitz, H. (1992).** *Leib und Gefühl.* Paderborn: Junfermann. – **Veil, C. (1995).** Wohin geht die Assessment-Center-Entwicklung? *Zeitschrift für Personalforschung, 9* (4), 380-401.

Christiane E. Haase

Entwicklung eines internen Auswahlverfahrens für internationale Führungskräfte in der Industrie

Es gibt prinzipiell zwei mögliche Vorgehensweisen bei der Entwicklung eines internen Auswahlverfahrens für internationale Führungskräfte:

1. Es kann ein Verfahren konzipiert werden, das völlig losgelöst von dem im Unternehmen bereits existierenden ist. Dies hat den Vorteil, daß ein unternehmensunabhängiges funktional optimales Verfahren entstehen kann. Von Nachteil ist, daß dies einen großen Aufwand darstellt, zumal wenn dieser nicht gerechtfertigt erscheint, da aufgrund der Praxiserfahrung die Meinung herrscht, daß Bausteine des Verfahrens gut sind, andere lediglich überarbeitet und neue hinzugefügt werden sollten.

> Wichtig ist, daß die PE-Instrumente nicht zum formalistischen und bürokratischen Selbstzweck werden. Insbesondere dort, wo vorhandene Instrumente aus anderen Bereichen sinnvoll genutzt werden können, wie zum Beispiel Funktionsbeschreibungen, Anforderungsprofile, Unternehmens- und Investitionspläne, Führungsleitsätze, geschäftspolitische Aussagen, Projektbeschreibungen usw., können und müssen diese wichtigen Informationen für die PE genutzt werden. [...] Der größte Fehler, den die PE machen kann, ist, Instrumente isoliert voneinander zu entwickeln, einzelne Methoden und Verfahren aufzubauen, andere überhaupt nicht anzuwenden und insgesamt das Zusammenspiel zu vernachlässigen. (Hehl, 1991, S. 89 und S. 91)

2. Alternativ läßt sich ein Ansatz entwickeln, der versucht, die bereits existierenden Verfahren zu optimieren. Diese Vorgehensweise hat den Vorteil, daß Erfahrungswerte im Hinblick auf die einzelnen Verfahren mit eingebracht werden können und so das gesamte Procedere nach einem ersten Probedurchlauf nicht sehr stark verändert werden muß. Die Autorin hat sich für die zweite Variante entschieden, da sie sowohl in der Theorie als auch in der Praxis Auswahlverfahren vorgefunden hat, die sie für geeignet hält, auch wenn im einen oder anderen Fall eine Veränderung notwendig war.

Anforderungen an internationale Führungskräfte

Bei der Beschäftigung mit den Anforderungen an eine internationale Führungskraft ist die Autorin in ihrer Diplomarbeit (vgl. Haase, 1994) zu dem Ergebnis gekommen, daß nach der Überprüfung der Fach- und Führungskompetenz, der Bereitschaft, Fremdsprachen zu lernen, des Gesundheitszustandes der Führungskraft und der Unterstützung durch das persönliche Umfeld die Persönlichkeitskompetenz und die Allokationskompetenz ausschlaggebend für den Erfolg oder Mißerfolg einer Führungskraft im Ausland sind. Es gilt im folgenden ein Verfahren zu entwickeln, das u.a. untersucht, ob die Führungskraft an Menschen, neuen Kulturen und unbekannten Situationen interessiert ist. Grundlage hierfür ist, daß diese Person aufgeschlossen, neugierig, tolerant und einfühlsam ist, und bereit, Unbekanntes auszuprobieren und aus den Fehlern zu lernen. Die Erfahrungen mit Auslandsentsendungen haben gezeigt, daß eine Entsendung nur dann erfolgreich ist, wenn ein Projekt so abgeschlossen wird, daß sowohl die Führungskraft als auch die aufnehmende Gesellschaft die Durchführung als erfolgreich und angenehm empfinden. Nur Führungskräfte, die ein Gespür für den Umgang mit anderen Menschen haben, können auf lange Sicht erfolgreich sein. Meinen Überlegungen liegt das in Abbildung 1 gezeigte Anforderungsprofil zugrunde (Haase, 1994).

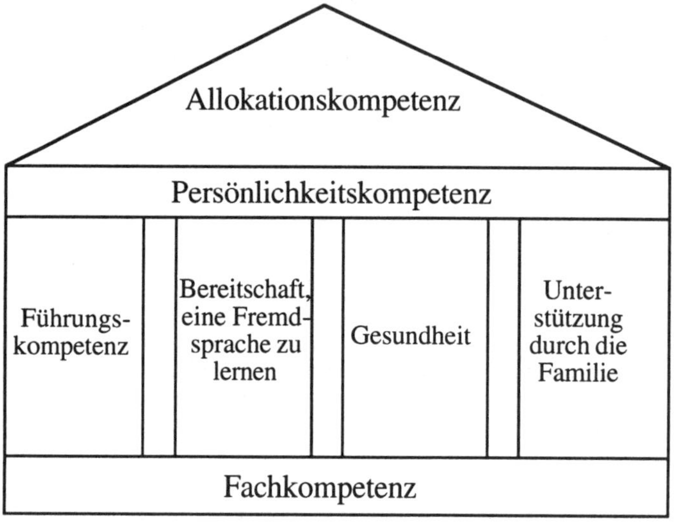

Abbildung 1
Anforderungen an internationale Führungskräfte

Internes Auswahlverfahren für internationale Führungskräfte in der Industrie

Aber wie kann herausgefunden werden, ob eine Führungskraft über diese Eigenschaften verfügt? Da diese, wie in Abbildung 1 dargestellt, komplex sind, reicht ein Instrument zur Ermittlung nicht aus. Hierzu sind verschiedene Verfahren nötig, die sich einerseits gegenseitig bestätigen und die andererseits neue Gesichtspunkte überprüfen. Bei der Auswahl von internen Mitarbeitern eignen sich die traditionellen Verfahren, in denen neue Mitarbeiter kennengelernt werden, weniger. Es geht vielmehr um differenziertere Einschätzungen.

Das Auswahlverfahren bringt keine Gewinner und Verlierer hervor, d.h. Frau X wird nach dem Auswahlverfahren ins Ausland geschickt und Herr Y nicht. Frau X hat gewonnen und Herr Y hat verloren. Vielmehr handelt es sich um ein Förderauswahlverfahren, in dem Stärken und Schwächen des einzelnen verdeutlicht werden. Nach Beendigung des Auswahlverfahrens erhält der Mitarbeiter dann Vorschläge zu seiner beruflichen und persönlichen Förderung. Nach der Verbesserung der Kenntnisse und Verhaltensweisen hat er erneut die Möglichkeit, am Auswahlverfahren teilzunehmen.

Das Ziel des Auswahlverfahrens ist, ausgehend von allen Führungskräften eines Unternehmens, ein Konzept zu entwickeln, durch das die geeigneten Bewerber ständig stärker fokussiert werden, so daß in einem vorletzten Schritt eine geringe Anzahl von Kandidaten zur Auswahl steht und am Ende der geeignete Kandidat für die Stelle gefunden wird. Außerdem ist das Modell so konzipiert, daß es sich nicht um ein einmaliges Verfahren handelt, sondern in Teilen immer wieder durchgeführt werden kann. Die Führungskraft, die den einen oder anderen Teil nicht erfolgreich absolviert hat oder momentan lieber nicht ins Ausland möchte, kann am Auswahlverfahren im nächsten Jahr teilnehmen. Das Konzept ist flexibel und unterstellt die Lern- und Entwicklungsfähigkeit der Kandidaten. Das Förderauswahlverfahren ermöglicht jedem, sich weiter zu entwickeln, um anschließend erfolgreich an dem Auswahlprozeß teilnehmen zu können. Es geht um ein gezieltes Lernen aus den eigenen Schwächen. Durch die jährliche Durchführung der Auswahl wird der Druck auf die Führungskräfte, daß sie entweder hier und jetzt ins Ausland gehen können oder nie, gemildert. Dies liegt im Interesse des Unternehmens, da es so eher davon ausgehen kann, daß nur die Führungskräfte, die wirklich an einem Auslandsaufenthalt interessiert sind, einem solchen Schritt zustimmen. Die Quote der abgebrochenen Auslandsaufenthalte wird sich hierdurch verkleinern.

Ein weiterer wichtiger Punkt für das Verfahren ist die Durchführung durch eine professionelle Einheit. Hierfür bietet sich die Abteilung an, die sich mit internationaler Personalentwicklung beschäftigt, da sie bereits über Erfahrungen mit Auslandseinsätzen verfügt und somit als Anlaufstelle für alle Beteiligten ideale Voraussetzungen hat.

Im folgenden soll das Verfahren näher erläutert werden. Zur Veranschaulichung wurde eine Pyramide entwickelt, die den Prozeß der Auswahl darstellt (vgl. Abb. 2). Von unten nach oben betrachtet, stellt sie die einzelnen Schritte des Auswahlverfahrens dar.

Zunächst stehen alle Führungskräfte zur Disposition, im nächsten Schritt nur diejenigen, die durch die Mitarbeiterbeurteilung als „high potentials" eingestuft werden, und davon nur diejenigen, die ins Ausland gehen wollen. Hierbei wird die Bereitschaft abgefragt, Fremdsprachen zu lernen. Auch der Gesundheitszustand der Führungskraft bedarf der Überprüfung. Die Selektierung erfolgt weiterhin durch einen Persönlichkeitstest, durch den abgefragt werden soll, ob die Führungskräfte eine bestimmte Persönlichkeitsstruktur (kommunikativ) aufweisen. Parallel dazu wird geprüft, ob sie von ihren Mitarbeitern positiv beurteilt werden. Ergänzend zu diesen beiden Einschätzungen findet ein Entwicklungsgespräch in der Abteilung statt, die für internationale Personalentwicklung zuständig ist. In diesem Gespräch wird die Persönlichkeitskompetenz noch im einzelnen überprüft. Hierbei soll auch nachgefragt werden, ob das persönliche Umfeld, wie z.B. Familie, Freund/in oder andere familiäre oder freundschaftliche Bindungen, einen Auslandseinsatz unterstützen würde.

```
              ┌─────────────────┐
              │  Auswahl bei    │
              │  aufnehmender   │
              │  Gesellschaft   │
         ┌────┴─────────────────┴────┐
         │   Gespräch mit einem      │
         │  Vertreter oder Kenner    │
         │  des fremden Kulturkreises│
    ┌────┴───────────────────────────┴────┐
    │              Pool                   │
    ├──────────┬──────────────┬───────────┤
    │Persönlich│  Aufwärts-   │ Entwick-  │
    │keitstests│ beurteilung  │lungsgespräch│
    ├──────────┼──────────────┼───────────┤
    │  20 %    │    35 %      │   45 %    │
┌───┴──────────┴──────────────┴───────────┴───┐
│     an einem Auslandsaufenthalt Interessierte│
├──────────────────────────────────────────────┤
│   Mitarbeiterbeurteilung: „high potentials"  │
├──────────────────────────────────────────────┤
│              Führungskräfte                  │
└──────────────────────────────────────────────┘
```

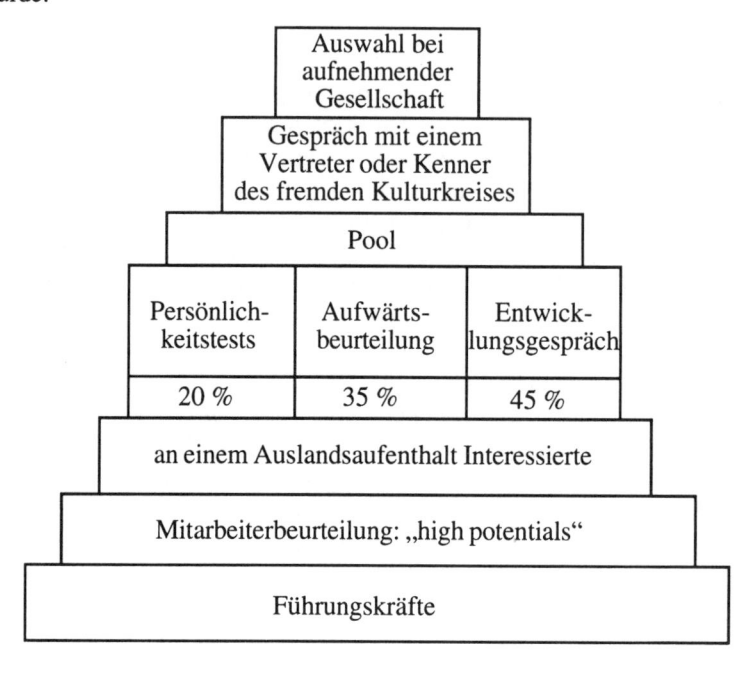

Abbildung 2
Internes Auswahlverfahren für internationale Führungskräfte in der Industrie

Die Kandidaten, die nach einer Gewichtung dieser drei Faktoren noch in Frage kommen, werden in einem Pool aufgelistet, der international von Personalverantwortlichen des Unternehmens einsehbar ist. Ist Bedarf vorhanden, werden die möglichen Kandidaten befragt, ob sie Interesse an der Stelle haben. Ist dies der Fall, werden sie zu einem Gespräch in die Abteilung, die für internationale Personalentwicklung verantwortlich ist, eingeladen. An diesem Gespräch nimmt auch ein Vertreter oder Kenner des fremden Kulturkreises teil. Kandidaten, die dieses Gespräch erfolgreich absolviert haben, werden dann zu einem Gespräch in die aufnehmende Gesellschaft eingeladen. Diese nimmt die Endauswahl vor, so daß im günstigsten Fall der Auswahlprozeß damit abgeschlossen wird, daß der geeignetste Kandidat übrig bleibt.

Überprüfung der Fach- und Führungskompetenz

Folgende Grundlagen zeichnen die internationale erfolgreiche Führungskraft aus: die Fach- und die Führungskompetenz, die Gesundheit der Führungskraft, die Bereitschaft eine Fremdsprache zu lernen, sowie die Unterstützung durch das persönliche Umfeld. Diese Grundlagen werden wie folgt überprüft.

Mitarbeiterbeurteilung

Die Firmen verwenden unterschiedliche Instrumente zur Ermittlung des Mitarbeiterpotentials. In diesem Artikel soll das Mitarbeiterportfolio, das innerhalb der BMW AG verwendet wird, als Beispiel dienen. Das Mitarbeiterportfolio wird im Rahmen der Überprüfung von Potential und Leistung verwendet (vgl. Haase, 1994, S. 94-96). Die Anforderungen an BMW-Führungskräfte sind: Persönlichkeit, unternehmerische Fähigkeit, Führungsfähigkeit, soziale Fähigkeit und funktionale Fähigkeit (vgl. BMW, 1992a, S. 1). An dieser Stelle soll nur auf die Fach- und Führungskompetenz näher eingegangen werden. Folgende Kriterien finden bei der Einschätzung der Fachkompetenz Berücksichtigung: Fachqualifikation, gesamthaftes Denken, Problemlösungsfähigkeit. Die Führungskompetenz wird anhand von Mitarbeitereinsatz, Mitarbeiterförderung, Kooperationsfähigkeit, Durchsetzungsfähigkeit, Überzeugungskraft bewertet (vgl. BMW, 1992a, S. 5).

Ein heuristisches Prinzip wie das Mitarbeiterportfolio kann den ersten Schritt des Auswahlverfahrens darstellen, da es die beiden grundlegenden Kompetenzen, Fach- und Führungskompetenz, ermittelt. Dieses findet u.a. darin seine Begründung, daß z.B. bei BMW firmenintern festgelegt ist, daß überwiegend Aufstiegs- und Potentialkandidaten ins Ausland entsendet werden sollen und diese durch das Mitarbeiterportfolio ermittelt werden (vgl. BMW, 1992b, S. 3). Die „high potentials", bei BMW Aufstiegs- und Potentialkandidaten, stellen folglich die erste ausgewählte Gruppe in diesem Verfahren dar.

Im jährlich stattfindenden Mitarbeitergespräch müßte dann die Bereitschaft der „high potentials" geklärt werden, ins Ausland zu gehen und wenn ja, in welchen Kulturkreis. In diesem Zusammenhang wird auch die Bereitschaft, eine Fremdsprache zu lernen, überprüft. Die Mitarbeiterbeurteilung kann folglich in den meisten Unternehmen, mit geringen Ergänzungen, in ihrer in dem jeweiligen Unternehmen gebräuchlichen Form verwendet werden, so daß sich der erste Schritt des Auswahlverfahrens nicht nur unter Kostengesichtspunkten als nützlich erweisen kann.

Hieran anschließend muß sich die Führungskraft, die an einem Auslandsaufenthalt interessiert ist, zunächst einem Gesundheitstest unterziehen. Dies erscheint aufgrund der unterschiedlichen Hygienestandards und Kulturgewohnheiten in vielen Ländern als vorbeugende Maßnahme sinnvoll.

Die Kandidaten, die a) „high potentials" sind und Bereitschaft zeigen, b) ins Ausland zu gehen und c) eine Fremdsprache zu lernen, und d) gesund sind, müssen nun auf ihre Persönlichkeitskompetenz hin überprüft werden:

Überprüfung der Persönlichkeitskompetenz

Zur Überprüfung der entscheidenden Persönlichkeitsmerkmale bieten sich vor allem Tests, situative Verfahren und Interviews an.

> Im Bereich der Tests kamen in Frage: Biographische Fragebögen zu sozialen Verhältnissen und Situationen; Selbsteinschätzungen der Kompetenzen; Persönlichkeitstests für Merkmale der sozialen Interaktion und Motivation, Projektive Tests für die Motivation; Lern-, Wissens- und Interessentests, Systemsimulationen, Planungsaufgaben für die kognitiven Merkmale. (Sarges & Weinert, 1991, S. 277-278.)

Zur Überprüfung der Persönlichkeitskompetenz reicht nach unserer Erfahrung ein einziges Verfahren nicht aus. Es geht vielmehr darum, Instrumente auszuwählen, die sich auf der einen Seite in gewissen Punkten überschneiden, so daß sie Übereinstimmungen aufzeigen, und die auf der anderen Seite weitere Aspekte der Persönlichkeitskompetenz untersuchen können.

Als grundlegendes Instrument zur Überprüfung der Persönlichkeitskompetenz bietet sich ein Persönlichkeitstest an. Ein Persönlichkeitstest weckt Neugierde verbunden mit Selbstreflexion. Die Auswertungen führen zu einer Selbstdistanziertheit, die auch im internationalen Kontakt von großer Bedeutung sein und bei einer positiven Umsetzung zu einer kulturellen Verständigung führen kann. Durch die Testergebnisse ist eine differenziertere Offenheit in der Wahrnehmung möglich. Durch den Test erhält der Kandidat die Einsicht, daß seine Denkweise und Wertemuster möglicherweise ganz anders funktionieren als die anderer Kulturkreise. Er muß lernen, daß flexibles Denken und situatives Verhalten zu einem offeneren Umgang mit Menschen führt und besonders die eigene Wahrnehmungsfähigkeit und Vorstellungskraft vergrößert.

Der Kandidat erhält eine Basis, um z.B. sein Fachwissen, seine Führungseigenschaft, seinen gesundheitlichen Zustand und seine Persönlichkeitskompetenz zu beurteilen. Er kann darüber reflektieren, ob er den Anforderungen eines fremden Kulturkreises im umfassenden Sinne gewachsen ist. Diese Reflexionsfähigkeit ist ein wichtiger Teil des individuellen Lernprozesses im Auswahlverfahren und stellt für das erfolgreiche Agieren in unsicheren, fremden kulturellen Kontexten eine persönliche Schlüsselqualifikation dar.

Der Persönlichkeitstest am Beispiel des H.D.I.

In der Literatur findet man, wie bereits erwähnt, die unterschiedlichsten Tests. Die Autorin hat sich für das Herrmann Dominanz Instrument (H.D.I.) entschieden, da hier gute praktische Erfahrungen vorliegen (International Personnel Management Workshop im Oktober 1993), die Ergebnisse dieses Instrumentes für die Teilnehmer sehr anschaulich darstellbar sind und eine Diskussion und Reflexion über die Ergebnisse viele weitere Aufschlüsse gibt.

Das Herrmann Dominanz Instrument baut auf der Annahme auf, daß jeder Mensch Denk- und Verhaltensweisen besitzt, die er bevorzugt und die für ihn typisch sind, so daß sie Ausdruck seiner Einmaligkeit und Voraussetzung seiner Autonomie sind. Entwickelt haben sich diese dominierenden Denkstile auf der Grundlage der angeborenen Eigenheiten durch das Elternhaus, die Schulerziehung und Ausbildung und durch die soziale Umgebung. Die Denkweise, die wir bevorzugen, kennzeichnet die Art und Weise, wie wir an eine Aufgabe herangehen, unsere Kreativität einsetzen oder mit anderen Menschen kommunizieren. Der eine z.B. analysiert eine Situation sorgfältig und trifft dann eine logische und rationale Entscheidung und ein anderer, der die gleiche Situation als Gesamtbild vor Augen hat, trifft seine Entscheidung intuitiv. Beide entscheiden sich aus ihrer Erfahrung heraus, die sie in der Vergangenheit mit der jeweiligen Methode gemacht haben (vgl. Spinola, 1993, S. 3; Spinola, 1995).

Das Herrmann Dominanz Instrument (H.D.I.), das Ned Herrmann (amerikanischer Managementtrainer) gegen Ende der 70er Jahre entwickelt hat, ist eine Methode, die die individuell unterschiedlichen Denkstile deutlich sichtbar und damit vergleichbar macht. Dazu steht ein Erhebungsbogen mit 120 Fragen zur Verfügung, der „Herrmann Participant Survey Form" (Herrmann Institut Deutschland GmbH, 1991). Hier erscheinen z.B. Fragen nach persönlichen Merkmalen, Merkmalen der Arbeit, Hobbys und auch, ob jemand ein Tag- oder Nachtmensch ist. An dieser Stelle sei vermerkt, daß das Dominanzprofil wertneutral ist, d.h. keinerlei Aussagen über „bessere" oder „schlechtere" Ergebnisse erlaubt, sondern nur die bevorzugten Denkmuster enthält.

Die Validität des Brain-Dominance-Instruments ist durch langjährige Testreihen gesichert. Inzwischen haben 100 000 Menschen aus den verschiedensten Ländern an dem Test teilgenommen (vgl. Van der Ploeg, 1992, S. 389-390).

Aus der Auswertung eines Fragebogens ergibt sich ein Profil, das zeigt, in welchem Maße unterschiedliche Denkstile bevorzugt, genutzt oder vermieden werden. [...] Medizinische Untersuchungen haben gezeigt, daß unser Großhirn ein symmetrisch angelegtes Organ ist, dessen beide Hemisphären weitgehend unterschiedliche Funktionen ausüben: Danach ist die linke Seite des Großhirns eher geeignet für logisch-analytische Vorgänge. Ihre Arbeitsweise ist sequentiell; Schritt für Schritt sicherndes Denken hat hier seinen Ursprung. Man weiß auch, daß die Sprachzentren bei den meisten Menschen im linken Teil des Großhirns liegen. Dagegen ist die rechte Hemisphäre im wahrsten Sinn des Wortes sprachlos. Sie arbeitet mit Bildern, Mustern und nonverbalen Ideen. Wenige Details genügen, um eine Vorstellung vom Gesamtbild entstehen zu lassen. In diesem Bereich unseres Großhirns entwickeln sich Konzepte und Visionen. (Spinola, 1993, S. 3-4)

Neben der hemisphärischen Lateralisierung wird auch eine an MacLean anlehnende Einteilung in einen oberen cerebralen (= großhirngesteuerten) und unteren limbischen (= zwischenhirngesteuerten) Bereich vorgenommen, so daß sich vier Kreissegmente ergeben:

– Die cerebrale (obere) linke Gehirnhälfte (blaues Segment) arbeitet logisch, rational, analytisch, quantitativ.

– Die cerebrale (obere) rechte Gehirnhälfte (gelb) bevorzugt intuitives, ganzheitliches, konzeptionelles Denken.

– Die limbische (untere) linke Gehirnhälfte (grün) unterstützt eine strukturierte, kontrollierte, organisierte Vorgehensweise.

– Die limbische (untere) rechte Gehirnhälfte (rot) ist mitfühlend, musikalisch, mitteilsam, emotional. (Spinola, 1993, S. 5)

Die Werte für die einzelnen Bereiche werden auf einer Skala zwischen 0 und 100 auf dem Farbkreis abgetragen. Bezogen auf das Verhalten des Testteilnehmers entspricht die innere Zone dem Vermeidungsbereich, ein mittlerer Ring symbolisiert den Nutzungsbereich und der äußere Ring stellt den Präferenzbereich dar. Durch die Verbindung der Skalenpunkte ergibt sich ein Viereck, das nach seiner Form einem von 25 Typen entspricht. Die Charakteristiken dieser Typen werden im Teilnehmermaterial beschrieben. Schließlich enthält das H.D.I.-Profil auch Angaben hinsichtlich der prozentualen Verteilung der Präferenz von linker und rechter Hemisphäre bzw. von cerebralem und limbischem Teil. (Knauer, 1993, o.S.)

Die Autorin ist sich dessen bewußt, daß das H.D.I., wie viele andere Persönlichkeitstests auch, umstritten ist. Die Bedeutung der Auswertungen darf nicht überbewertet werden und soll lediglich als Hilfestellung dienen, um über eigene und fremde Denk- und Verhaltensstrukturen nachzudenken. Bei der Überprüfung, ob sich ein Kandidat für einen internationalen Einsatz eignet, ist vor allem darauf zu achten, ob er sich, im Bereich C: zwischenmenschlich, ... mitteilsam, im Präferenzbereich befindet, da dies eine Grundvoraussetzung für die Offenheit im internationalen Umgang mit Menschen ist.

Aufwärtsbeurteilung – Mitarbeiterurteile – Vorgesetzten-Feedback

Da bei internationalen Einsätzen vor allem der Umgang mit Menschen entscheidend ist, halte ich eine Beurteilung der Führungskräfte durch ihre Mitarbeiter für sehr hilfreich. Durch den fast täglichen Kontakt miteinander können sie die zwischenmenschlichen Fähigkeiten ihres Vorgesetzten relativ gut einschätzen. Aufwärtsbeurteilungen, Mitarbeiterurteile bzw. Vorgesetzten-Feedback dienen dazu, folgende Fähigkeiten der Führungskraft näher zu untersuchen (vgl. hierzu auch Haase, 1994, S. 72 ff.):

- Das Auseinandersetzen mit und das Akzeptieren von Kritik,
- das Verhältnis zu eigenen Fehlern,
- den Mitarbeiter ernst nehmen, ihm Anerkennung und Feedback geben,
- eher auf Sicherheit bedacht zu sein, als etwas zu wagen.

Die übergeordneten Kriterien, wie Selbständigkeit und Führungsverantwortung zeigen, Eigeninitiative entwickeln, können folgendermaßen abgefragt werden:
– Wie zufrieden sind Sie mit der Art und Weise, wie diese Führungskraft ...
  – für eigene Entscheidungen einsteht?
  – vertretbare Risiken eingeht, um Ideen auszuprobieren?

Fragen bezüglich der positiven Selbstdarstellung als Führungskraft können folgende sein:
– Wie zufrieden sind Sie mit der Art und Weise, wie diese Führungskraft ...
  – im Umgang mit anderen aufrichtig ist?
  – sich die Führungsaufgabe zutraut, d.h. Selbstvertrauen zeigt?

Weitere Fragen zur Beurteilung der Führungskraft können die folgenden sein:
– Wie zufrieden sind Sie mit der Art und Weise, wie diese Führungskraft ...
  – positive Leistungen anerkennt?
  – sich Zeit nimmt, Fragen zu beantworten und Entscheidungen zu erläutern?
  – die Bedeutung der „Kunden" klar vermittelt?
  – es versteht, das Führungsverhalten an der Unternehmensphilosophie auszurichten? (vgl. Holtze, 1989, S. 557).

Folgende Antwortmöglichkeiten können zur Verfügung stehen: SU = Sehr unzufrieden, U = Unzufrieden, W = Weder zufrieden, noch unzufrieden, Z = Zufrieden, SZ = Sehr zufrieden.

Dieser Fragenkatalog sollte noch ergänzt werden durch die Überprüfung der sozialen Kompetenz der Führungskraft:

Im Umgang mit den Mitarbeitern bedeutet dies für sozial kompetente Führungskräfte, daß sie problemlos in der Lage sein sollten, ...
– klares und eindeutiges Feedback bezüglich der Leistungen der Mitarbeiter

zu geben, verdiente Anerkennung offen auszusprechen bzw. Kritik konstruktiv zu handhaben,
- sich gleichermaßen überzeugend für die Unternehmensziele und die Ziele der Mitarbeiter einzusetzen,
- Konflikte im zwischenmenschlichen Bereich nicht zu verdrängen, sondern sie konstruktiv und im Sinne aller Beteiligten zu lösen. (Brommer, 1992, S. 59)

Damit die Aufwärtsbeurteilung repräsentativ ist, soll sie von mindestens vier Mitarbeitern und dem Vorgesetzten durchgeführt werden.

Der Abteilung, die für internationale Personalentwicklung zuständig ist, dienen diese Urteile zur Einschätzung, ob die Führungskraft mit verschiedenen Menschen gleich gut umgehen kann oder ob sie Schwierigkeiten hat, sich auf die verschiedenen Menschentypen einzustellen. Für den Erfolg im Ausland ist es erforderlich, sich immer wieder nicht nur auf neue Situationen, sondern auch auf immer neue Menschen aus den verschiedensten Kulturen einstellen zu können.

Entwicklungsgespräch in der Abteilung für internationale Personalentwicklung

Im nächsten Schritt unterziehen sich die Kandidaten, die an einem Auslandsaufenthalt interessiert sind, einem Entwicklungsgespräch in der Abteilung, die für internationale Personalentwicklung zuständig ist. Im Gespräch wird verdeutlicht, daß der Auslandseinsatz eine Chance zur persönlichen und beruflichen Entwicklung ist. In einem ersten Schritt sollen Sprachkenntnisse und die spezifischen Ländererfahrungen (Menschen, Institutionen, Wirtschaft) überprüft werden. Sprachkenntnisse lassen sich zum Beispiel dadurch abklären, daß der Kandidat seine Präsentation oder Teile davon, in der Sprache des Landes hält, für das er sich interessiert.

Landesspezifische Kenntnisse lassen sich herausfinden, indem überprüft wird, „inwieweit der Kandidat über fundierte Kenntnisse beispielsweise hinsichtlich Kultur, Wirtschaft, Politik, Geschichte, Geographie, Sport verfügt. Insbesondere das ‚Breitenwissen' zeigt, inwieweit er sich mit dem jeweiligen Land inhaltlich und nicht nur oberflächlich auseinandersetzt" (BMW-internes Papier, o.J., o.S.). Es gilt auch herauszufinden, ob das Geschilderte nur angelesen und erlernt ist, oder ob es auf Erfahrungen beruht. Auch die Art der Erfahrungen ist hierbei wichtig. Ein Tourist erlebt ein Land sicher anders als zum Beispiel ein Austauschschüler in einer Familie. Daher sollten hier Rangreihen, die den Tiefgang der Erfahrungen reflektieren, entwickelt werden. Beispiele hierzu wären: im Ausland aufgewachsen, Auslandsstudium, Auslandspraktikum, -tätigkeiten, Freunde und Bekannte, Reiseerfahrungen (vgl. BMW, internes Papier, o.J., o.S.).

- Ein weiterer wichtiger Punkt ist in diesem Zusammenhang die Offenheit gegenüber anderen Kulturen, die Anpassungsfähigkeit und soziale Kompetenz. Ziel ist, abzuschätzen, inwieweit der Kandidat
  - über Gespür und Einfühlungsvermögen für andere Kulturen verfügt,
  - sich in anderen kulturellen Gegebenheiten (Gewohnheiten, Komfort, Sitten, Gebräuche etc.) zurechtfindet und anpassen kann,
  - in der Lage ist, mit Menschen (Vorgesetzten, Kollegen, Mitarbeitern) zusammenzuarbeiten.
- Geeignet wären Fragen wie z.B.:
  - Schildern Sie bitte eine für Sie schwierige Situation in dem Land, die Sie
    - meisterten,
    - weniger gut meistern konnten. „Können Sie sich an eine für Sie ungewohnte /unangenehme Situation erinnern, bei der Ihnen deutlich wurde, daß Ihre Maßstäbe/Werturteile nicht mit denen Ihres/Ihrer Partner übereinstimmten?" (BMW-internes Papier, o.J., o.S.).
- In dem Gespräch sollte auch auf generelle Fragestellungen bezüglich der Karriere der Führungskraft eingegangen werden. Hier wäre die Möglichkeit gegeben, die Führungskraft zu folgenden Aussagen Stellung beziehen zu lassen:
  - Ich bin an einer internationalen Karriere ernsthaft interessiert.
  - Wenn ich eine vergleichbare Position im In- und Ausland angeboten bekomme, würde ich lieber im Inland arbeiten.
- Folgende Fragen decken detaillierter Gründe für oder gegen eine internationale Entsendung auf:
  - Leben Sie sehr gern in Ihrer Heimat?
  - Hätten Sie Interesse daran, weitere Fremdsprachen zu lernen?
  - Halten Sie es für schwierig, nach einer längeren Zeit, die Sie im Ausland gelebt und gearbeitet haben, wieder nach Hause zurückzukehren?
  - Glauben Sie, daß Sie im Ausland sozial isolierter und alleine leben würden? (vgl. Haase, 1994, S. 112).
- Wie schätzen sie die verschiedenen Punkte bezüglich nationaler und internationaler Karriere ein?

    nationale Karriere   ungefähr gleich   internationale Karriere
  - Ich würde schneller aufsteigen ...
  - Ein interessanteres berufliches Leben hätte ich durch ... (vgl. Adler, 1991, S. 285-290).
- An dem Entwicklungsgespräch nehmen zwei Personen als Beobachter teil. Ein Psychologe/Pädagoge und ein Mitarbeiter aus der Abteilung, die für internationale Personalentwicklung zuständig ist. Diese beiden Beobachter stellen eine gute Ergänzung dar, da der Psychologe/Pädagoge Professionalität in der Beobachtung von Menschen einbringt, während der Mitarbeiter aus der internationalen Personalentwicklung gezielte Fragen im Hinblick auf einen Auslandseinsatz stellen kann, da er aus Erfahrungen ableiten kann, was sich in der Vergangenheit als eher förderlich oder hinderlich in bezug auf einen Auslandseinsatz erwiesen hat.

Während des Interviews ist es sehr wichtig, das persönliche Umfeld der Führungskraft nicht zu vernachlässigen. So hat z.B. der Ehepartner vielleicht Angst vor einer neuen Kultur und würde lieber am Heimatort bleiben. In welchem Lebensabschnitt befinden sich die Kinder? Ist es für die Kinder schwer, alle Freunde zu Hause zu verlassen? Gibt es sonstige private Gründe, die die Führungskraft momentan davon abhalten, ins Ausland zu gehen? Auch der Beruf des Ehepartners muß Berücksichtigung finden. Ist der Partner berufstätig? Hat er vielleicht gerade eine neue Aufgabe erhalten oder steht er vor einem Karrieresprung? Besteht für den Partner im Ausland eine Beschäftigungsmöglichkeit? Diese Punkte sind in der Vergangenheit leider oft nicht genügend berücksichtigt worden. Die Erfahrung hat aber gezeigt, daß der familiäre Hintergrund nicht unterschätzt werden darf. Viele Auslandsaufenthalte scheiterten daran, daß die Familie vor Beendigung des Projektes nach Hause wollte oder daß die Führungskraft, die ohne die Familie ins Ausland gegangen ist, die Trennung nicht verkraftet hat. Daher ist zu überlegen, ob der Ehepartner oder eine andere entscheidende Person aus dem persönlichen Umfeld am Interview teilnimmt. Dies sollte vor dem Interview mit der Führungskraft geklärt werden.

Wenn im Laufe des Interviews der Eindruck entsteht, daß es aufgrund des persönlichen Umfeldes momentan nicht förderlich wäre, wenn die Führungskraft ins Ausland gehen würde, sollte der Vorschlag gemacht werden, daß Vorhaben um ein oder zwei Jahre zu verschieben.

Die Ergebnisse des Persönlichkeitstests, der Aufwärtsbeurteilung und des Entwicklungsgespräches werden jetzt in einem nächsten Schritt gewichtet. Das Entwicklungsgespräch in der Abteilung, die für internationale Personalentwicklung zuständig ist, erhält hierbei die größte Bedeutung, da davon auszugehen ist, daß die geschulten Beobachter relativ objektiv urteilen. Da Persönlichkeitstests umstritten sind, soll ihnen die geringste Bedeutung zugemessen werden. Die Aufwärtsbeurteilung kann aufgrund von gewissen Rahmenbedingungen subjektiv ausfallen. Aufgrund dieser Annahmen, ist eine Gewichtung dahingehend vorgenommen worden, daß das Entwicklungsgespräch mit 45% die größte und das H.D.I. mit 20% die geringste Gewichtung erhält. Die Aufwärtsbeurteilung wird mit 35% gewichtet.

Bei mindestens zwei der Verfahren muß der Mitarbeiter positiv beurteilt werden, um anschließend in den Pool aufgenommen zu werden. Wenn diese beiden Verfahren der Persönlichkeitstest und die Aufwärtsbeurteilung sind, muß ein weiteres Interview in der Abteilung, die für internationale Personalentwicklung zuständig ist, geführt werden. Deren Einschätzung entscheidet dann darüber, ob die Führungskraft in den Pool aufgenommen wird.

Pool

Um internationale Personalentwicklung erfolgreich durchzuführen, muß die zuständige Abteilung regelmäßig die Geschäftsbereiche im In- und Ausland nach Fach-

und Führungskräften mit Potential befragen. Daraus können dann Besetzungs- und Fördervorschläge erarbeitet werden.

Selbstverständlich ist die Organisation der IPE (Internationale Personalentwicklung) im einzelnen stark von der spezifischen Situation des Unternehmens abhängig. Wichtig ist aber, daß die internationale Personalentwicklung nicht den Geschäftsbereichen allein überlassen wird, sondern von einer Stelle im Unternehmen weltweit koordiniert wird und daß das Management hinter den Maßnahmen steht. (Deutsche Gesellschaft für Personalwesen, 1990, S. 12)

Daher ist es nach der Ermittlung der geeigneten Kandidaten sinnvoll, ein Instrument zur Verfügung zu stellen, das diese international transparent macht. Zu diesem Zweck eignet sich ein Pool.

Die Mitarbeiter, die anhand der vorhergehenden Tests positiv einzuordnen sind, werden in einem Pool, der den Personalverantwortlichen international zugänglich ist, aufgelistet. Hier sollten folgende Fakten einsehbar sein:
– Name, Vorname
– Alter
– Ausbildung
– Stellung
– Spezialgebiet
– derzeitiger Aufgabenbereich
– Produkterfahrung
– bisherige Funktionsbereiche
– internationale Erfahrung
– Fremdsprachenkenntnisse
– bevorzugte Einsatzländer

Existiert jetzt eine Vakanz, kann international abgefragt werden, ob es geeignete Kandidaten für diese gibt. Die geeigneten Kandidaten unterziehen sich dann einem weiteren Auswahlprozeß, der hier näher erläutert werden soll.

Gespräch mit einem Vertreter oder Kenner des fremden Kulturkreises

Aus dem Pool ermittelte Kandidaten werden von der IPE-Organisation befragt, ob sie Interesse an dieser Stelle hätten. Wenn ja, werden jetzt die in Frage kommenden Kandidaten zu einem Auswahlgespräch dorthin eingeladen. Dieses Gespräch findet mit einem Vertreter oder Kenner des fremden Kulturkreises und einem PE-Mitarbeiter statt. Durch dieses Gespräch soll geklärt werden, ob a) die Vorstellungen, die sich die einzelnen Personen von dem Land gemacht haben, der Realität entsprechen und b) die einzelnen sich für dieses spezielle Land eignen.

Bedingungen	Handlungsschritte	Frage-/Problemstellungen
1. Situationsdefinition: Zwei unterschiedliche Kulturen	Definiere die Situation!	Worin besteht die eigenkulturelle Sichtweise?
2. Kulturelle Analyse	Erkenne die zentralen Elemente der kulturellen Orientierungssysteme!	– Welche Kulturstandards erklären das eigene Verhalten? – Welche Kulturstandards erklären das fremdkulturelle Verhalten?
3. Kulturelle Kreativität	Beschreibe kulturelle Überschneidungen!	Worin bestehen die kulturellen Ähnlichkeiten und Unterschiede?
	Entwerfe kultursynergetische Alternativen!	– Was kann die andere Kultur dazu beitragen, daß die eigene Organisationskultur effektiver und für die Mitglieder zufriedenstellender wird? – Wie läßt sich die andere Kultur innerhalb der eigenen Organisation weiterentwickeln?
	Wähle eine geeignete Alternative aus!	– Paßt die ausgewählte Alternative zum eigenen Orientierungssystem? – Paßt die ausgewählte Alternative in das fremde Orientierungssystem?
4. Implementierung der kulturellen Neuerungen	Führe kulturelle Synergiekonzepte ein!	– Führe die Konzepte ein und beobachte die Wirkungen von verschiedenen kulturellen Standpunkten aus! – Überprüfe die Entscheidung auf der Grundlage multikultureller Rückmeldung, z.B. der Reaktionen der betroffenen Mitarbeiter!
	Kulturelle Synergie	

Abbildung 3
Prozeß der Entwicklung kultureller Synergie

Um eine spezielle Eignung für ein Land herauszufinden, können u.a. die folgenden Fragen hinzugezogen werden:
– Wenn ich mich unterhalte, neige ich eher dazu, das Gesagte durch Gestik und Mimik zu unterstreichen, als es lediglich durch Worte auszudrücken.
– Ich bin lieber mit anderen zusammen, als daß ich meinen eigenen privaten Raum benötige.
– Ich arbeite lieber für jemanden, der Autorität und Funktionsbeschreibungen in der Gruppe genau vorgibt, als für jemanden, der Autonomie und das Treffen von eigenen Entscheidungen unterstützt.
– Ich ziehe es eher vor, genaue Anweisungen und Hinweise zu erhalten, als ein nicht genau definiertes Problem zu bearbeiten (vgl. Halverson, 1993, S. 140-142).

Die Antwort des Kandidaten kann dann mit den Antworten des Vertreters oder Kenner des fremden Kulturkreises verglichen werden, so daß abgeschätzt werden kann, ob der Kandidat sich in dem Land wohl fühlen würde, und ob er mit seinen Kollegen voraussichtlich gut zusammenarbeiten könnte.

Ergänzend dazu könnten jetzt verschiedene Situationen aus dem fremden Land geschildert werden, die dann von der Führungskraft erläutert werden. Als Hilfe zur Einschätzung dieses Aspektes kann der Prozeß der Entwicklung kultureller Synergie nach Adler (1980, S. 163-183) dienen (vgl. Abb. 3).

In diesem Gespräch wird geklärt werden, welche Erwartungen und Befürchtungen der Mitarbeiter in bezug auf einen Auslandsaufenthalt hat. Der Mitarbeiter soll darstellen, wie er sich die ersten Wochen im Ausland vorstellt und was er gedenkt, dort zu unternehmen. Der Interviewer achtet hier vor allem darauf, was der Kandidat im Hinblick auf Kontakte zu Arbeitskollegen bzw. Einheimischen erwähnt, da sich gezeigt hat, daß Personen, die viel Umgang mit Menschen aus der fremden Kultur haben, von diesen auch ehrliches Feedback auf ihr Verhalten bekommen. Aus diesen Fehlern kann gelernt und sich den Gegebenheiten des Landes angepaßt werden, was nicht heißen soll, daß die eigene Kultur aufgegeben werden soll.

> Two recent factor analytic studies (Abe & Wiseman, 1983; Hammer et al., 1978) the ability to communicate with host nationals is important to cross-cultural adjustment (for a review see Barrett & Bass, 1976). Major (1965) reported that the expatriate's confidence and willingness to use the host cultures's language had a greater influence on succesful adjustment than did actual level of fluency in the foreign language. (Mendenhall, Dunbar & Oddou, 1985, S. 42)

Auswahl bei der aufnehmenden Gesellschaft

Die Kandidaten, die jetzt noch übrig bleiben, werden zu einem Gespräch mit evtl. zukünftigen Vorgesetzten und Kollegen in die aufnehmende Gesellschaft eingeladen, die dann entscheidet, welcher Kandidat genommen wird.

Dieses Auswahlverfahren soll sowohl in der Zentrale als auch in den Tochtergesellschaften durchgeführt werden. In dem Pool befinden sich dann Mitarbeiter aus den verschiedenen Ländern, so daß die einseitige Versendung von Deutschland (Mutter) nach z.B. Südafrika (Tochter) oder von Südafrika nach Deutschland ausgeweitet werden kann in die Versendung von Südafrika nach z.B. Italien. Damit wird zugleich auch ein Beitrag zu einer gleichberechtigten internationalen Vernetzung geleistet.

Zusammenfassend können durch das hier vorgestellte Auswahlverfahren Grundlagen geschaffen werden, um folgende Fragen zu beantworten und Probleme zu lösen:

- Welche Positionen im Ausland sind für welchen Zeitraum durch Auslandseinsätze zu besetzen?
- Für welche inländische Positionen ist Auslandserfahrung nötig?
- Welche Mitarbeiter sollen bestimmte Auslandserfahrungen gewinnen?
- Zu welchem Zeitpunkt in der Laufbahn ist ein Auslandseinsatz zweckmäßig?

Eine systematische Personalplanung hat das Ziel, den richtigen Nachfolger zur richtigen Zeit für die richtige Stelle bereitzuhalten. Dazu werden alle potentiellen Kandidaten aus allen Bereichen weltweit erfaßt und nach bestimmten Kriterien geordnet im Pool aufgeführt.

Anregungen für die zukünftige Beschäftigung mit internationalen Personaleinsätzen

Internationalisierung kann nicht bedeuten, daß ein Mitarbeiter von Deutschland in die U.S.A. und zurück geschickt wird, sondern daß er z.B. im Anschluß an den U.S.A.-Aufenthalt eine Stellung in Spanien annimmt. Für solche Entwicklungen ist es notwendig, internationales Denken und Handeln aller Mitarbeiter zu forcieren.

Auch ist zu überlegen, wie internationale Personaleinsätze zu handhaben sind. Ist ein Austausch von Führungskräften geplant, so daß Frau M. oder Herr N. aus den U.S.A. nach Deutschland oder Spanien gehen und Herr Y. aus Deutschland oder Frau Z. aus Spanien in die U.S.A.? Oder sollen Entsendungen so erfolgen, daß Frau X. nach Deutschland geht und dann nicht zurück in die U.S.A., sondern von Deutschland aus nach Spanien? Soll das Ziel des internationalen Einsatzes sein, daß Herr X. durch seinen Auslandsaufenthalt, entweder während des Auslandaufenthaltes oder nach der Beendigung, einen Karrieresprung macht, oder sind Auslandseinsätze Voraussetzung für evtl. zukünftige Karrieresprünge?

In Zeiten von Lean Management ist der internationale Einsatz von mittleren und höheren Führungskräften aufgrund von Vakanzen häufig eingeschränkt. Auslandserfahrungen sind aber für Führungskräfte immer wichtiger geworden, da durch die internationale Zusammenarbeit entscheidende Kompetenzbereiche der Mitarbeiter gefördert werden. Neben der fachlichen Kompetenz werden auch die kommunikative Kompetenz und die Bereitschaft, bestehende Lösungen in Frage zu stellen und gemeinsam mit anderen neue Wege zu finden, gefördert. Ebenso verstärkt länderübergreifendes Arbeiten das Verständnis für die Komplexität und Vernetzung eines Unternehmens und fördert die Mitarbeit an den übergreifenden strategischen Zielen (vgl. Mager & Weiler, 1991, S. 15). Wenn der Einsatz aufgrund beschränkter Vakanzen aber immer unwahrscheinlicher wird, muß nach geeigneten Alternativen gesucht werden. Eine Chance ist der direkte Austausch von Positionen, d.h. Frau X. aus China tauscht ihren Arbeitsplatz mit Herrn Y. aus Frankreich, z.B. für ein Jahr.

Dieser cross culture exchange hätte die Vorteile, daß
- das immer größer werdende Problem der Reintegration wegfiele,
- die Kosten enorm eingespart werden könnten, indem die Führungskräfte nicht nur ihre Arbeitsplätze, sondern auch ihre Wohnungen bzw. Häuser tauschen, und – als wichtigster Faktor – daß
- die Erfahrungen, die im Ausland gesammelt werden können, in etwa die gleichen sind wie bei einem internationalen Einsatz aufgrund einer Stellenbesetzung. Auch verstärkt sich hierdurch die Kommunikation, zumindest zwischen den arbeitsplatztauschenden Führungskräften und den jeweiligen Mitarbeitern, so daß ein internationales Netzwerk aufgebaut werden könnte.

Hierbei ist zu beachten, daß z.B. die Firma Esso drei bis vier Jahre als optimale Einsatzdauer betrachtet. Esso machte die Erfahrung, daß das Veränderungspotential der Entsandten nach einer bestimmten Zeit im Ausland nicht mehr steigt, sondern wieder abnimmt. Dies hängt mit der sich im Laufe der Zeit verändernden Motivation des Expatriate zusammen. In den ersten eineinhalb Jahren motiviert primär der neue Arbeitsinhalt, im zweiten und dritten Jahr das soziale Umfeld, also die neue Kultur des Tochterunternehmens und des Landes. Ab dem vierten Jahr sind dies dann Faktoren, deren Vorhandensein für die Zufriedenheit vorausgesetzt wird, die aber keine neuen Leistungsimpulse geben (vgl. Wirth, 1992, S. 148).

Eine weitere Alternative ist der Ausbau von internationalen Projekten. Bei der Neueröffnung einer Vertriebsgesellschaft z.B. müßten alle Spezialisten zusammenarbeiten, um einen optimalen Start für ein neues Projekt zu gewährleisten.

Schluß

Die Untersuchung des Themas „Interne Auswahl von internationalen Führungskräften – Auswahlverfahren zur Ermittlung dieser Kompetenzen" unterstrich die Relevanz des Themas bezüglich des Erfolges oder Mißerfolges von Unternehmen. Die Auseinandersetzung mit den Anforderungen an internationale Führungskräfte verdeutlichte, daß die Fachkompetenz allein im internationalen Geschäftsleben nicht ausreicht. Neben der Führungskompetenz, der Bereitschaft, eine Fremdsprache zu lernen, der Gesundheit der Führungskraft und, falls vorhanden, der Unterstützung der Familie, ist die Persönlichkeitskompetenz der Führungskraft, neben der Allokationskompetenz, das entscheidende Kriterium für den Erfolg oder Mißerfolg im Ausland.

Da für die Ermittlung dieser Auswahlkriterien verschiedene Eigenschaften benötigt werden, wurde ein Auswahlverfahren entwickelt, daß zum einen verschiedene Kompetenzen analysiert und zum anderen ergänzende Verfahren verwendet, um sie zu untersuchen. Fachkompetenz kann z.B. durch das Mitarbeiterportfolio, Persönlichkeitskompetenz durch einen Persönlichkeitstest, ergänzt durch ein Interview, ermittelt werden. Durch dieses Auswahlverfahren ist eine Transparenz der Eigenschaften der Kandidaten für die unterschiedlichen Fachgebiete und Länder gewährleistet. Diese Transparenz ist notwendig, um einen internationalen Austausch in dem Sinne zu gewährleisten, daß Entsendungen nicht mehr fast ausschließlich von der Zentrale zu den Tochtergesellschaften stattfinden, sondern daß auch innerhalb der Tochtergesellschaften ein internationaler Austausch stattfindet. Dies stärkt die Innovationskraft des Unternehmens und fördert die Entwicklung hin zum internationalen Unternehmen.

Literatur

Abe, H. & Wiseman, R.L. (**1983**). A cross-cultural confirmation of the dimension of intercultural effectiveness. *International Journal of Intercultural Relations, 7,* 53-68. – **Adler, N.J.** (**1980**). Cultural synergy. The management of cross-culture organizations. In W.W. Burke & L.D. Goodstein (Eds.), *Trends and issues in organization development. Current theory and practice* (pp. 163-184). San Diego, CA. – **Adler, N.J.** (**1991**). *International dimension of organizational behavior* (2nd ed.). Boston, MA: Kent. – **Barrett, G.V. & Bass, B.M.** (**1976**). Cross-cultural issues in industrial and organizational psychology. In M.D. Dunnette (Ed.), *Handbook of industrial and organizational psychology* (pp. 1639-1689). Chicago: Rand-McNally. – BMW (**1992a**). *Kriterien für die Zuordnung eines Kandidaten im Portfolio* (Internationale Personalleiter-Konferenz in Paris vom 17.-22.5.1992). – BMW (**1992b**). *Leitlinien für den internationalen Personaleinsatz* (vom 01.07.1992). – **Knauer, S.** (**1993**). *Typologische Profilanalyse als Instrument für das BMW Personalwesen*. München: BMW. – BMW-internes Papier (**o.J.**). *Hinweise/Impulse zur „Internationalität"* (unveröff. Ms.). – **Brommer, U.** (**1992**). *Lehr- und Lernkompetenz erwerben. Ein Weg zur effizienten Persönlichkeitsentwicklung.* Wiesbaden: Gabler. – Deutsche Gesellschaft für Personalwesen e.V. (DGFP). (**1990**). *Von Erfahrung profitieren. Ein Ratgeber für den Auslandseinsatz von Fach- und Führungskräften* (Juni 1990). Hannover: DGFP. – **Halverson, C.B.** (**1993**). Cultural-Context Inventory: The effects of culture on behavior and work style. In J.W. Pfeiffer (Ed.), *The 1993 Annual: Developing Human Resources* (pp. 131-145). San Diego, CA. – **Haase, Ch.E.** (**1994**). *Interne Rekrutierung von Expatriates (Führungskräfte für internationale Einsätze)*. Unveröff. Dipl.Arbeit., Westfälische Wilhelms-Universität Münster. – **Hammer, M.R., Gudykunst, W.B. & Wiseman, R.L.** (**1978**). Dimensions of intercultural effectiveness: An exploratory study. *International Journal of Intercultural Relations, 2,* 382-393. – **Hehl, G.** (**1991**). Personalentwicklung. Neue Ziele und Strategien. In W.E. Feix (Hrsg.), *Personal 2000 – Visionen und Strategien erfolgreicher Personalarbeit* (S. 79-109). Frankfurt/M. & Wiesbaden: FAZ & Gabler. – Herrmann Institut Deutschland (**1991**). *Herrmann Dominanz Instrument (H.D.I.). Fragebogen*. Fulda: Herrmann Institut Deutschland GmbH. – **Holtze, H.** (**1989**). Vorgesetzten-Beurteilung. *Personalführung, 22* (6), 554-559. – **Mager, M. & Weiler, U.** (**1991**). Internationale Ausrichtung von Mitarbeitern. *Personalführung, 24* (1), 12-15. – **Major, R.T., Jr.** (**1965**). *A review of research on international exchange*. Unpublished manuscript. The Experiment on International Libing. Putney, VT. – **Mendenhall, M.E., Dunbar, E. & Oddou, G.R.** (**1985**). The dimensions of expariate acculturation: A review. *Academy of Management Review, 10* (1), 39-47. – **Sarges, W. & Weinert, A.B.** (**1991**). Früherkennung von Management-Potentialen. In W.E. Feix (Hrsg.), *Personal 2000 – Visionen und Strategien erfolgreicher Personalarbeit* (S. 267-301). Frankfurt/M. & Wiesbaden: FAZ & Gabler. – **Spinola, R.** (**1993**). *Herrmann Dominanz Instrument (H.D.I.). Das Herrmann Dominanz Modell*. Fulda: Herrmann Institut Deutschland GmbH. – **Spinola, R.** (**1995**). „Synergie im Team". Ein dreitägiger Workshop zur Teambildung. In B. Voß (Hrsg.), *Kommunikations- und Verhaltenstrainings* (S. 221-232). Göttingen: Verlag für Angewandte Psychologie. – **Van der Ploeg, S.** (**1992**). Warum denken wir „einseitig"? Der Brain-Dominance-Test als Instrument der Personalentwicklung. In H.-C. Riekhof (Hrsg.), Strategien der Personalentwicklung. Beiersdorf, Bertelsmann, BMW, Dräger, Esso,

Gore, Hewlett-Packard, IBM, Matsushita, Nixdorf, Opel, Otto Versand, Philips, VW (3. Aufl., S. 393-408). Wiesbaden: Gabler. – **Wirth, E. (1992)**. *Mitarbeiter im Auslandseinsatz: Planung und Gestaltung. A European salary scale for international mobility within Europe.* Wiesbaden: Gabler.

Jürgen Bock und Christiane Mackeprang

Personalmarketing und Personalentwicklung als integrierte Konzepte

Entstehung des Personalmarketing im Otto Versand

Der Otto Versand, 1949 in Hamburg als Familienunternehmen gegründet, hat sich innerhalb weniger Jahrzehnte zum größten Versandhandelskonzern der Welt entwickelt. Der Schritt über die Grenzen Europas hinaus erfolgte in den achtziger Jahren, zu einem Zeitpunkt, als sich auf dem Arbeitsmarkt für Hochschulabsolventen ein allgemeiner Wertewandel bemerkbar machte. Eine anspruchsvolle Tätigkeit mit weitreichender Entscheidungsfreiheit, vielfältige Qualifikationsmöglichkeiten, ein gutes Betriebsklima und private Freiräume, das waren die Anforderungen, die die Berufseinsteiger an ihre künftigen Arbeitgeber stellten. Gerade die besonders qualifizierten Absolventen konnten ihre Erwartungen um so nachdrücklicher formulieren, als ihnen die demographische Entwicklung zugute kam – Geburtenrückgang einerseits und sinkendes Qualifikationsniveau der Hochschulabsolventen aufgrund steigender Studentenzahlen andererseits. Es bestand ein verschärfter Wettbewerb der Unternehmen um die besten Absolventen eines Abschlußjahrganges, denn neue Technologien und eine zunehmende Internationalisierung und Globalisierung des Geschäftes erforderten eine höhere Qualifikation der Mitarbeiter, insbesondere der Führungs- und Nachwuchskräfte.

Nicht zuletzt aufgrund seiner rapiden Expansion war der Otto Versand in hohem Maße darauf angewiesen, qualifizierte Nachwuchsmitarbeiter einzustellen. In dieser Hinsicht erwies es sich als problematisch, daß der (Versand-) Handel auf dem Arbeitsmarkt für Hochschulabsolventen mit einem Imagenachteil behaftet war. Untersuchungen zeigten, daß Handelsunternehmen von Studenten in wesentlichen Punkten – z.B. Einkommensperspektiven, Karrierechancen, Auslandseinsätze, Entwicklung der eigenen Persönlichkeit durch Weiterbildung – negativ beurteilt wurden. Zwar traf dieses schlechte Branchenimage auf die im Otto Versand objektiv gegebenen Voraussetzungen nicht zu, gleichwohl nahm die Zielgruppe keine Differenzierung vor.

Aufgrund dieser Rahmenbedingungen wurde Ende der achtziger Jahre beim Otto Versand das Personalmarketing begründet, das von Beginn an zwei Funktionen erfüllte: Zum einen war es notwendig, den Otto Versand durch imagebildende Maßnahmen als attraktiven Arbeitgeber mit unverwechselbarem Profil auf dem Arbeitsmarkt für Fach- und Führungskräfte zu positionieren; zum anderen sollten gezielte Kontakte zu Studenten hergestellt werden, damit eine fundierte Grundlage für die Akquisition qualifizierter und motivierter Mitarbeiter geschaffen wurde.

Konzept

Zunächst stand der Aspekt der Imagebildung im Vordergrund der Aktivitäten, denn es galt, sich vom unattraktiven Image des Handels zu lösen. Man war bestrebt, einer möglichst großen Zahl von Studenten mitzuteilen, daß der Otto Versand ein innovatives, expandierendes und international ausgerichtetes Unternehmen darstellte. Auch die Eckpfeiler der Unternehmenskultur, wie z.b. der unkomplizierte, offene Umgang miteinander über Hierarchien hinweg, Flexibilität sowie frühe Übertragung von Verantwortung und Kompetenz sollten glaubhaft vermittelt werden. Nicht zuletzt kam es darauf an, die Hochschulabsolventen von den äußerst attraktiven Einstiegs- und Aufstiegsmöglichkeiten zu überzeugen. Deshalb wurden zu Beginn bevorzugt PR-gerichtete Maßnahmen eingesetzt. Heute werden imagebildende Maßnahmen und Akquisitionsaktivitäten gleichermaßen durchgeführt. In Anbetracht der gesamtwirtschaftlichen Entwicklung liegt der Akzent zunehmend auf den selektiven Instrumenten.

Imagebildende Maßnahmen

Zu den imagebildenden Maßnahmen zählt das Schalten von Führungsnachwuchsanzeigen in Publikationen, die sich bei der Zielgruppe einer besonders hohen Akzeptanz sowie eines hohen Bekanntheitsgrades erfreuen, z.B. Staufenbiehl, Akademiker, Karriereführer oder WISU Firmenguide. Bei der Konzeption der Anzeigen wird besonders darauf geachtet, positive Charakteristika des Otto Versand herauszustellen. Die Ausgestaltung der Anzeigen wird nach ca. einjähriger Laufzeit verändert, um die Aufmerksamkeit der Studenten stets neu zu gewinnen. Wie die große Zahl eingehender Initiativbewerbungen zeigt, die sich direkt auf diese Inserate beziehen, ist die Führungsnachwuchsanzeige nach wie vor ein sehr erfolgreiches Instrument.

Im Rahmen der Strategie zur Imageverbesserung werden auch zielgruppengerechte Broschüren an Interessenten verschickt und bei Veranstaltungen verteilt. Als Beispiel sei die Führungsnachwuchsbroschüre genannt, in der die Aufgabenfelder und die Einstiegsmöglichkeiten für Hochschulabsolventen im Otto Versand skizziert werden. Analog zur Führungsnachwuchsanzeige wird auch die Broschüre nach einigen Jahren erneuert, zum einen, um aktuelle Entwicklungen im Unternehmen zu kommunizieren, zum anderen, um das Interesse der Zielgruppe wachzuhalten. Zu den eigens für Studenten konzipierten Informationsmaterialien zählt auch eine Broschüre, in der das Angebot für ein Praktikum im Otto Versand beschrieben wird.

Neben den klassischen Printmedien gewinnen Online-Aktivitäten auf dem Bewerbermarkt zunehmend an Bedeutung. Dies liegt zum einen am kostenlosen Internet-Zugang der Studenten über die Universitäten, zum anderen an den umfassenden Suchmöglichkeiten vieler Jobbörsen im Internet. Der Otto Versand hat mit seinem Internet-Angebot Job@otto versucht, den Hauptmotiven der Internet-Benutzer Rechnung zu tragen. Die Informationstiefe, bei kurzen Ladezeiten der einzelnen Internet-Seiten, wird durch eine übersichtliche Gestaltung der Seiten gewährleistet. Außer den aktuell zu besetzenden Stellen enthält das Internet-Angebot alle aktuellen Diplomarbeitsthemen sowie umfassende Informationen zu Berufseinstieg, Berufsausbildung und Praktika. Darüber hinaus bietet die Jobbörse mit Rätseln zum Gehirnjogging und Informationen zur Otto Kultur sowie pfiffigen Bewerbungstips all denjenigen etwas, die auch Spaß und Unterhaltung im Netz suchen. Das Feedback zu den Seiten und die Resonanz bei den Bewerbern ist sehr positiv, so daß dieses Medium auch in Zukunft weiter an Bedeutung gewinnen wird.

Eine seit Bestehen des Personalmarketing im Otto Versand praktizierte Maßnahme ist die Teilnahme an Messen, insbesondere an den Firmenkontaktgesprächen, die von der Studenteninitiative AIESEC an den meisten deutschen Universitäten einmal pro Semester veranstaltet werden. Außerdem besucht der Otto Versand häufig den alljährlich stattfindenden Forum-Absolventenkongreß in Köln, den bedeutendsten Treffpunkt für Absolventen und Unternehmensrepräsentanten aus der gesamten Bundesrepublik. Studenten können sich bei den Unternehmensvertretern am Messestand nach Einstiegsmöglichkeiten, Praktika, Diplomarbeiten u.a. erkundigen und Informationsmaterial erhalten. Unter dem Aspekt der Imagebildung ist dem Auftreten des Unternehmens bei den Messen ein besonderes Gewicht beizumessen. Im Otto Versand wird deshalb die Gestaltung des Informationsstandes sorgfältig bedacht, denn es gilt, typische Elemente der Unternehmenskultur wie Mitarbeiterorientierung nicht nur im Gespräch und in den Broschüren, sondern auch durch die Aufmachung der Messestellwand und die Art der Kommunikation glaubhaft zu vermitteln.

Einen beträchtlichen Beitrag zur Imageverbesserung leisten Vorträge von Mitarbeitern des Unternehmens an Hochschulen. Häufig integrieren Professoren Erfahrungen von Praktikern in ihre Vorlesungen bzw. Seminare und sind daran interessiert, Fachvorträge verschiedener Unternehmensvertreter, z.B. aus den Bereichen Marketing oder Controlling, anzubieten. Das Personalmarketing unterstützt diese Bestrebungen und vermittelt den Professoren geeignete Referenten aus dem Unternehmen, z.B. Direktoren oder Bereichsleiter, aber auch Nachwuchskräfte, die selbst an der betreffenden Universität studiert haben und deshalb in engem Bezug zur Zielgruppe stehen. Begleitend zu den Fachvorträgen wird während dieser Veranstaltungen auch über den Otto Versand und die Einstiegsmöglichkeiten für Hochschulabsolventen informiert. Vorträge an Hochschulen kommen zum einen durch die Initiative der Professoren zustande, wobei sich die Lehrstuhlinhaber wirtschaftswissenschaftlicher Fakultäten besonders aktiv zeigen. Zum anderen baut das Personalmarketing auch selbst gezielt Kontakte zu Professoren und Fachbereichen auf, um die Aufmerksamkeit der Studenten durch Veranstaltungen auf bestimmte Unternehmensbereiche zu lenken. In dieser Hinsicht sind für den Otto Versand beispielsweise Fachhochschulen für Textil, Mode und Design zur Rekrutierung von Führungsnachwuchs für den Bereich Einkauf besonders interessant.

Im Spektrum der breitenwirksamen Maßnahmen stellen die Inhouse-Veranstaltungen einen weiteren Baustein dar. In Zusammenarbeit mit Studenteninitiativen, Lehrstuhlinhabern oder Weiterbildungsinstituten organisiert das Personalmarketing mehrfach im Semester eine Veranstaltung mit dem Titel „Ein Tag bei Otto", bei der einerseits das Unternehmen vorgestellt, andererseits die fachliche Kompetenz des Otto Versand demonstriert wird. Ca. zwanzig bis dreißig Studenten lernen den Otto Versand durch Filmvorführung, Betriebsbesichtigung, eine Firmenpräsentation sowie einen Fachvortrag mit anschließender Gelegenheit zur Diskussion kennen. Der Fachvortrag wird jeweils auf den Studienschwerpunkt und die Interessen der Teilnehmer abgestimmt. Idealerweise sind die Studenten im Studium bereits relativ weit fortgeschritten und werden von Professoren begleitet, die für das Unternehmen interessant sind.

Alle imagefördernden Aktivitäten haben zum Ziel, ein Bewerberpotential aufzubauen, aus dem der Otto Versand kontinuierlich seinen Nachwuchs zu rekrutieren vermag. Direkte Akquisition kann über die imagefördernden Maßnahmen nur in Ausnahmefällen betrieben werden, beispielsweise im Rahmen von Einzelgesprächen auf Firmenkontaktmessen. Für die Akquisition sind Maßnahmen besser geeignet, in denen vorrangig der Student und nicht das Unternehmen gefordert ist, sich zu engagieren.

Akquisitionsmaßnahmen

Was die Akquisition betrifft, ist an erster Stelle das Praktikum zu nennen. Im Rahmen eines Praktikums nimmt nicht nur der Student einen Einblick in das Unternehmen, sondern auch das Unternehmen erhält eine Arbeitsprobe vom Praktikanten und kann neben den rein fachlichen Qualitäten auch die Persönlichkeit des Studenten kennenlernen. Der Otto Versand mißt diesem Instrument große Bedeutung bei und vergibt Praktikantenplätze deshalb vornehmlich unter dem Gesichtspunkt der Akquisition zukünftiger Mitarbeiter. Das Personalmarketing leitet selektierte Unterlagen in die betreffenden Fachbereiche; dort wird geprüft, ob im gewünschten Zeitraum eine attraktive Aufgabenstellung für Praktikanten angeboten und eine umfassende fachliche Betreuung gewährleistet werden kann. Aus Sicht des Personalmarketing ist eine sorgfältige und einzelfallbezogene Prüfung der Voraussetzungen im Unternehmen besonders wichtig, weil Praktikumserfahrungen unter den Studenten rege diskutiert werden und eine mangelhafte Betreuung schnell zu negativer Imagebildung führt. Sofern gute Umfeldbedingungen gegeben sind, wird der Kandidat in den meisten Fällen vorab zum Gespräch eingeladen und erhält nach erfolgreichem Verlauf eine Zusage. Während seiner Tätigkeit beim Otto Versand ist der Praktikant durchgehend in einer Fachabteilung eingesetzt. Er bearbeitet ein Projekt und nimmt darüber hinaus am Tagesgeschäft teil. Damit die Praktikanten sich einen möglichst breitgefächerten Überblick über das Unternehmen verschaffen können, organisiert das Personalmarketing während der Semesterferien eine Vortragsreihe mit Referenten aus unterschiedlichen Unternehmensbereichen. Am Ende des Praktikums führt das Personalmarketing nach vorherigem Erfahrungsaustausch mit den Bereichen ein Abschlußgespräch mit dem jeweiligen Praktikanten. In diesem Gespräch werden u.a.

Eindrücke, Anregungen und Verbesserungsvorschläge der Studenten erfragt, die ggf. zur Optimierung des Praktikums im Otto Versand beitragen. Mit besonders vielversprechenden Praktikanten wird der Kontakt auch nach dem Praktikum gepflegt (siehe unten).

Ein ähnlich wertvolles Personalmarketing-Instrument wie das Praktikum ist das Angebot einer praxisbezogenen Diplomarbeit. Für ein Unternehmen ergeben sich zwei Vorteile. Zum einen läßt sich ein intensiver Kontakt zu angehenden Absolventen aufbauen; zum anderen können Fragestellungen und Probleme, die sich außerhalb des Tagesgeschäfts zur Projektarbeit eignen, gelöst werden. Die ersten Erfahrungen zeigten, daß sich im Unternehmen die Vermittlung von Themen, die Studenten dem Otto Versand anboten, schwierig gestaltete. Deshalb wurde der umgekehrte Weg beschritten: In Kooperation mit den Fachbereichen hat das Personalmarketing verschiedene Themen zusammengetragen und einen Diplomarbeitskatalog erstellt, der fortlaufend aktualisiert wird. Der Katalog wird an Interessenten verschickt und auf Messen verteilt. Das Personalmarketing prüft die eingehenden Bewerbungen und stellt den Kontakt zur Fachabteilung her. Wenn der gegenseitige Abstimmungsprozeß zwischen Student, Professor und Fachabteilung, koordiniert durch das Personalmarketing, erfolgreich verlaufen ist, wird eine Praxisphase, die der Student im Unternehmen verbringt, vereinbart. Die Dauer und Ausgestaltung der Praxisphase werden jeweils auf die individuellen Belange zugeschnitten. Die ausgewählten Diplomanden erfahren während ihrer Tätigkeit im Otto Versand nicht nur eine fachliche Beratung durch den Betreuer im Fachbereich, sondern auch Unterstützung durch das Personalmarketing, beispielsweise im Rahmen von Erfahrungsaustausch-Runden für Diplomanden oder durch die Vermittlung von bereichsübergreifenden Informationen. Diplomanden werden bis zum Ende ihres Studiums durch das Personalmarketing betreut (siehe unten). Häufig führt dieser enge Kontakt zu einer gezielten Akquisition und einer optimalen Besetzung von Führungsnachwuchspositionen.

Positive Erfahrungen hat der Otto Versand auch mit dem Einsatz von Fallstudien gesammelt, die das Personalmarketing mehrmals im Semester an unterschiedlichen Universitäten und Fachhochschulen durchführt. Das Fallstudienkonzept sieht vor, daß sich Studierende anhand konkreter Informationen für einige Stunden mit einem vorgegebenen Stoffgebiet auseinandersetzen und in Einzel- oder Gruppenarbeit versuchen, praxisnahe Lösungen für bestimmte Aufgabenstellungen zu finden. Das Personalmarketing des Otto Versand hat, mit Unterstützung der Fachbereiche, mehrere Fallstudien zu unterschiedlichen Themen entwickelt, die sich beispielsweise mit dem Eintritt in neue Märkte oder mit Marketing-Problemstellungen befassen. In Kooperation mit Studenteninitiativen wie AIESEC, MTP oder Market Team werden zur Bearbeitung einer Fallstudie ca. fünfzehn bis zwanzig Studenten ausgewählt. Vor Ort erfolgt zunächst eine Unternehmenspräsentation, anschließend erhalten die Studenten Informationen und Fragestellungen zum betreffenden Thema der Fallstudie. Die Teilnehmer konzipieren in Kleingruppen ihre Lösungsvorschläge, wobei die Unternehmensvertreter jederzeit für Fragen zur Verfügung stehen. Die Ergebnisse der einzelnen Gruppen werden vor dem Plenum präsentiert, und abschließend stellt der Otto Versand seine eigene Lösungsvariante zur Diskussion. Aufgrund des persönlichen Eindrucks, den die einzelnen Teilnehmer während der ganztägigen Veranstaltung hinterlassen, sowie durch die Arbeitsergebnisse werden die Unternehmensvertreter auf besonders interessante Kandidaten aufmerksam und können einen weiterreichenden Kontakt fördern, z.B. durch das Angebot von Praktika.

Eine weitere Maßnahme, um die Akquisition geeigneter Mitarbeiter wirkungsvoll zu stützen, ist das eintägige Bewerbertraining, das der Otto Versand in Zusammenarbeit mit Studenteninitiativen verschiedenen Universitäten anbietet. Für die Teilnahme werden ca. acht bis zwölf Studenten, die unmittelbar vor dem Examen stehen, ausgewählt. Die Interessenten schicken vorab eine vollständige Bewerbungsmappe an das Personalmarketing. Im ersten Teil der Veranstaltung vermitteln die Vertreter des Otto Versand Hinweise zur Gestaltung von Bewerbungsunterlagen sowie zu den Möglichkeiten, sich auf Bewerbungsgespräche vorzubereiten. Im zweiten Teil werden alle Teilnehmer einzeln interviewt und erhalten anschließend sowohl zum Gespräch als auch zu ihrer Unterlage ein individuelles Feedback. Parallel zu den Gesprächen bereiten alle Kandidaten eine kurze Selbstpräsentation vor, die dann im Plenum vorgestellt wird. Die intensiven Einzelkontakte, die im Laufe des Tages von den Unternehmensvertretern zu den Teilnehmern geknüpft wurden, werden bei interessanten Bewerbern fortgeführt.

Die Zusammenarbeit mit Studenteninitiativen und/oder Lehrstuhlinhabern kennt noch weitere Spielarten, z.B. die themenbezogene Projektarbeit. Oftmals gibt es in den Fachbereichen des Otto Versand Frage- oder Problemstellungen, die unter dem Gesichtspunkt der Ideenfindung bevorzugt von Externen bearbeitet werden sollten. Diese können, gerade aufgrund der Tatsache, daß sie von unternehmensinternen Restriktionen nicht berührt sind, wertvolle Anregungen liefern. In derartigen Fällen stellt das Personalmarketing den Kontakt zu geeigneten Professoren oder Studentenorganisationen her, um gemeinsam eine Gruppe von Studenten auszuwählen. Das Unternehmen macht diese Studenten zunächst mit der Aufgabe vertraut. Über einen frei vereinbarten Zeitraum hinweg arbeiten die Studenten am Thema und entwickeln Lösungsvorschläge. Meistens erweist sich eine Zwischenpräsentation als sinnvoll, bei der Kernaspekte noch einmal besonders abgestimmt werden können, bevor es zur Endpräsentation kommt. Während der gesamten Projektlaufzeit steht sowohl das Personalmarketing als auch ein Betreuer aus dem jeweiligen Fachbereich als Ansprechpartner zur Verfügung. Ein auf diese Art gewonnener intensiver Kontakt bereitet eine spätere Auswahlentscheidung vor, denn an diesen arbeitsintensiven Projekten beteiligen sich in der Regel nur sehr aufgeschlossene und engagierte Studenten.

Da die Mitarbeit in einer Studenteninitiative generell als Zeichen breitgefächerter Interessen und Aktivität gewertet werden kann, sind für den Otto Versand die betreffenden Studenten nicht nur als Mittler, sondern auch in persona gefragte Ansprechpartner. Der Kontakt zu Studenteninitiativen wird deshalb sowohl durch Fördermitgliedschaften als auch durch verschiedene Formen der Zusammenarbeit gehalten.

Erhaltung der Kontakte

Wenn im Rahmen von Personalmarketing-Aktivitäten zunächst Kontakte mit Studenten geknüpft wurden, geht es anschließend darum, das Interesse des Kandidaten am Otto Versand so lange aufrechtzuerhalten, bis der Student in die Bewerbungsphase eintritt. Der Otto Versand hat ein differenziertes Angebot verschiedener Maßnahmen entwickelt, die je nach Art und Intensität des Erstkontakts aufeinander abgestimmt eingesetzt werden. Beispielsweise werden aktuelle Informationen – Pressemitteilungen, Geschäftsbericht, Mitarbeiterzeitung – verschickt, handgeschriebene Grußkarten versandt, oder die Kandidaten erhalten Einladungen zu diversen Veranstaltungen, die entweder im Otto Versand oder am Studienort stattfinden. Unmittelbar vor ihrem Examen werden die Studenten dann um Übersendung ihrer aktuellen Bewerbungsunterlagen gebeten.

Eine Zielgruppe, die sehr intensiv betreut wird, sind die ehemaligen Auszubildenden, die ein Studium begonnen haben. Hier besteht von seiten des Otto Versand ein besonderes Interesse, den Kontakt zu pflegen und diese bereits mit dem Haus vertrauten Studenten in naher Zukunft wieder als Mitarbeiter zu gewinnen.

Der Otto Versand versucht, jeden Kontakt, einschließlich des Schriftverkehrs, so persönlich wie möglich zu gestalten. Auf das persönliche Element wird bewußt sehr viel Wert gelegt, denn ein wesentliches Kulturelement des Otto Versand ist die ausdrückliche Mitarbeiterorientierung. Dieser Eckpfeiler der Kultur läßt sich nach außen hin am besten durch spezielle Beachtung der Belange des einzelnen vermitteln.

Auswahl und Einsatz der Maßnahmen

Das Ziel, dem Unternehmen die „right potentials" zuzuführen, sowie die Kosten, die das Personalmarketing verursacht, erfordern einen überlegten und gezielten Einsatz der einzelnen Instrumente. Aus diesem Grund erfolgt anstelle von breitgestreuten Einzelmaßnahmen eine weitgehende Konzentration der Aktivitäten auf bestimmte Universitäten, deren Absolventen für das Unternehmen besonders interessant sind. Eine wichtige Entscheidungsgrundlage für die Auswahl dieser Hochschulen bieten die Erfahrungen, die im Otto Versand mit den Absolventen verschiedener Bildungseinrichtungen gesammelt werden. Jedes Unternehmen verfügt über seine eigene Kultur und sucht entsprechend nach „Bewerbertypen", die nicht nur den Leistungsanforderungen genügen, sondern aufgrund ihrer Persönlichkeit auch die jeweilige Firmenkultur mittragen.

Als weiteres Selektionskriterium ist die Qualität der Ausbildung zu nennen. Anhaltspunkte hierfür bieten u.a. der Ruf der Bildungsstätte sowie einschlägige Veröffentlichungen der Professoren. Darüber hinaus spielen bei der Hochschulauslese regionale Aspekte eine Rolle. Der Otto Versand ist einer der bedeutendsten Arbeitgeber in Norddeutschland und sieht sich großem Interesse und einer hohen Erwartungshaltung seitens der Studenten im norddeutschen Raum gegenüber. Um dieser Verantwortung nachzukommen, werden Fachhochschulen und Universitäten in diesem Teil Deutschlands nicht nur unter dem Gesichtspunkt der Qualität, sondern auch der Regionalität frequentiert.

Schließlich orientiert sich der Einsatz der Personalmarketing-Instrumente am Einstellungsbedarf. Ist beispielsweise der Bedarf an Controllern im Unternehmen besonders hoch, richten sich die Aktivitäten verstärkt an die Studenten mit den entsprechenden Studienschwerpunkten.

Wirkungsweise und Erfolg

Durch die aufeinander aufbauenden Personalmarketing-Maßnahmen werden potentielle Nachwuchsmitarbeiter sukzessive an den Otto Versand herangeführt. Der anfangs unverbindliche Kontakt mündet im optimalen Fall in der Einstellung eines neuen Mitarbeiters. Die Studenten werden zunächst durch breitenwirksame Aktivitäten wie Firmenkontaktmessen oder Imageanzeigen auf das Unternehmen aufmerksam. Der Kontakt vertieft sich, beispielsweise durch die Teilnahme an Fallstudien oder durch ein Praktikum im Otto Versand, und wird bis zur Bewerbung aufrechterhalten. Auf diese Weise wird eine Verbindung von Theorie und Praxis geschaffen, von der Student und Unternehmen in doppelter Hinsicht profitieren. Zum einen wird die Qualifikation der Studenten durch die Berührung mit der Praxis erhöht – eine Tatsache, die aus Sicht sowohl des Studenten als auch des späteren Arbeitgebers positiv zu bewerten ist, da praktische Erfahrungen eine zügigere Umstellung von der Universität auf den Berufsalltag gewährleisten. Zum anderen erleichtert der intensive Kontakt für beide Seiten die Entscheidung, ein Arbeitsverhältnis einzugehen. Erwähnt sei auch, daß es durch den persönlichen Kontakt, der schon während des Studiums aufgebaut wird, gelingt, Problembewerber rechtzeitig zu erkennen und Fehlbesetzungen zu vermeiden.

Jedes Unternehmen bevorzugt bestimmte Auswahlverfahren, durch die implizit oder explizit auch Elemente der Unternehmenskultur vermittelt werden. Beim Otto Versand wird vornehmlich das Interview eingesetzt, um dem Bewerber eine möglichst große Chance zu geben, Eigeninitiative zu entwickeln und das Stellenangebot auf seine Wünsche und Vorstellungen hin zu überprüfen. Im Vergleich mit anderen Verfahren ist die Validität des Interviews bekanntlich nicht besonders hoch. Ist der Kandidat jedoch im Rahmen von Personalmarketing-Aktivitäten bereits positiv aufgefallen, verfügt das Unternehmen sogar über Arbeitsproben, die beispielsweise während einer Fallstudie oder eines Praktikums entstanden sind, so daß die im Interview gewonnenen Daten in bezug auf Fachwissen und Persönlichkeit des Bewerbers sinnvoll ergänzt werden. Somit ist der diagnostische Prozeß insgesamt auf einen längeren Zeitraum ausgerichtet, und die Auswahlentscheidung stützt sich auf eine breitere Informationsbasis, was zu einer Verminderung des Risikos führt.

Der Bewerber stellt seinerseits gewisse Anforderungen an seinen zukünftigen Arbeitgeber. Bestimmte Aspekte bedürfen keiner weiteren Klärung oder werden im Verlauf des Bewerbungsverfahrens offengelegt, z.B. die Attraktivität des Standorts oder das Anfangsgehalt. Andere Faktoren, die auf die Bewerberentscheidung maßgeblich einwirken, z.B. das Betriebsklima, lassen sich nur durch intensiveren Kontakt zum Unternehmen prüfen. Gerade in diesem Fall bewähren sich Praktika, Diplom- oder Projektarbeiten, die den Studenten einen umfangreichen Einblick in den späteren Berufsalltag vermitteln.

Bewerber, die während des Studiums noch keinen intensiven Kontakt zum Otto Versand hatten, werden häufig im ersten Schritt zu einer sogenannten „Vorstellungsrunde" eingeladen, die das gegenseitige Kennenlernen unterstützt. Dabei lädt ein Fachbereich, der eine Vakanz für eine Nachwuchskraft hat, in Zusammenarbeit mit dem Personalmarketing sechs bis acht Bewerber zu einer halbtägigen Veranstaltung ein. Mit der Einladung erhalten die Kandidaten die Aufforderung, eine kurze Selbstpräsentation vorzubereiten, die zu Beginn der Veranstaltung steht. Es folgen eine Unternehmenspräsentation und die Vorstellung des jeweiligen Fachbereichs. Im weiteren Verlauf lösen die Teilnehmer gemeinsam eine vom Fachbereich konzipierte Fallstudie, die speziell auf die künftige Aufgabe bezogen ist. Beobachter aus dem Personalwesen sowie aus dem Fachbereich schätzen die Bewerber nach vorher festgelegten Kriterien ein. Während die Beobachter ihre Eindrücke zusammenführen, haben die Bewerber die Möglichkeit, potentielle Kollegen kennenzulernen. Am Ende der Veranstaltung erhält jeder Bewerber ein individuelles Feedback, aus dem hervorgeht, ob er noch einmal zu einem individuellen Bewerbungsgespräch eingeladen wird oder nicht. Die Bewerber schätzen bei diesem Verfahren insbesondere die ausführlichen Informationen zum Tätigkeitsfeld und die detaillierte Rückmeldung. Für das Unternehmen bietet die Vorstellungsrunde einen zusätzlichen Erkenntnisgewinn gegenüber dem Interview, insbesondere bei Kriterien wie Teamfähigkeit, analytisches Denkvermögen oder Kreativität, die sich im Gespräch nur schwer prüfen lassen.

Die Vielfalt, Intensität und Professionalität, mit der das Personalmarketing vom Otto Versand betrieben wird, birgt neben den bereits erwähnten Vorteilen ein Risiko. Es könnte sich möglicherweise nachteilig auswirken, daß bei den Studenten eine Erwartungshaltung hervorgerufen wird, die sich in der späteren Unternehmenszugehörigkeit nicht in vollem Umfang bestätigt findet. Um dem vorzubeugen, achten die Unternehmensvertreter gerade im persönlichen Kontakt mit Studenten in hohem Maße darauf, den Otto Versand realistisch zu schildern und alle Fragen offen zu beantworten.

Insgesamt hat der zielgerichtete Einsatz sowohl imagefördernder als auch akquisitionsunterstützender Aktivitäten im Otto Versand dazu geführt, daß der wesentliche Teil der jährlich eingestellten Nachwuchskräfte über Personalmarketing-Kontakte rekrutiert wird.

Controlling

Die Aktivitäten des Personalmarketing einem Controlling zu unterziehen, wird aus zwei Gründen für sinnvoll erachtet. Zum einen verursachen die Maßnahmen Kosten, die im Unternehmen gerechtfertigt werden müssen. Die Analysen des Controlling stellen in dieser Hinsicht eine Erfolgskontrolle dar. Zum anderen haben die Analysen steuernde Funktion, d.h., es lassen sich Empfehlungen für die Aktivitäten des Personalmarketing daraus ableiten. Beim Otto Versand werden deshalb kontinuierlich alle Daten fortgeschrieben, die für ein Controlling des Personalmarketing relevant sind. Dabei sind sowohl einzelne Aufstellungen als auch Korrelationen von Interesse. Einige Beispiele sollen diesen Aspekt verdeutlichen.

Im Otto Versand wird u.a. zeitraumbezogen ermittelt, mit welchem Veranstalter (Studenteninitiativen, Professoren usw.) zusammengearbeitet und welche Instrumente (Firmenkontaktgespräch, Fallstudie etc.) eingesetzt wurden. Auch die Kontakte zu unterschiedlichen Hochschulstandorten werden gelistet. Diese Informationen werden mit den Studien- und Bewerberdaten der neu eingestellten Nachwuchskräfte verglichen. Auf diese Weise kann nachvollzogen werden, wie erfolgreich die Personalmarketing-Maßnahmen im Vergleich zu anderen Personalbeschaffungswegen sind. Aus den Datenvergleichen lassen sich überdies Anhaltspunkte für die Verstärkung oder Verringerung bestimmter Aktivitäten ableiten. Stellt man beispielsweise fest, daß aus der Zusammenarbeit mit Professoren besonders viele Einstellungen resultieren, wird diese künftig intensiviert.

Wichtige Anhaltspunkte für Kontrolle und Effizienz des Personalmarketing liefern auch die Daten, die beim Einsatz von Praktikanten und Diplomanden erhoben werden. Hier kann exakt nachvollzogen werden, wie viele Kandidaten sich anschließend beim Otto Versand bewerben und tatsächlich eingestellt werden. Das Personalmarketing ist bestrebt, den Anteil der ehemaligen Praktikanten und Diplomanden an den Einstellungen stetig zu erhöhen.

Das Controlling von Personalmarketing-Maßnahmen ist zwar – ähnlich wie ein Bildungscontrolling – gewissen Einschränkungen unterworfen, da sich die zu untersuchenden Sachverhalte nur bedingt quantifizieren lassen. Dennoch erbringt es genügend Aussagen, um in seiner Funktion als Kontroll- und Steuerungsinstrument wirksam zu sein.

Die Verbindung von Personalmarketing und Personalentwicklung

Das Personalmarketing begleitet die Nachwuchskräfte von der Hochschule bis zum ersten Interview. Die Bewerbungsgespräche – mit jedem Kandidaten finden mindestens zwei Gespräche statt – werden gemeinsam von Personalreferenten und Fachvorgesetzten geführt. Mit Blick auf die Vakanz wird in diesen Unterredungen kooperativ ermittelt, ob Bedürfnisse und Interessen des Bewerbers zu den Erwartungen des

Unternehmens passen. Der Einstieg erfolgt immer on-the-job, d.h., die Absolventen besetzen eine feste Stelle und sind von Beginn an für das jeweilige Aufgabengebiet verantwortlich.

Die Attraktivitätsvorteile, die den Nachwuchskräften vom Personalmarketing geschildert wurden, müssen ihre Verwirklichung im Unternehmensalltag finden, da andernfalls die Motivation der Mitarbeiter nachlassen würde. Die Zuwendung, die das Personalmarketing den potentiellen Mitarbeitern widmet, findet ihre Fortsetzung nach dem Eintritt in das Unternehmen. Neben der individuellen Betreuung durch die Personalabteilung sorgt die Personalentwicklung mit gezielten Maßnahmen dafür, daß der „Praxisschock" minimiert wird. Sie unterstützt die Einarbeitung durch ein Integrationsprogramm, in das die Nachwuchsmitarbeiter parallel zu ihrer Tätigkeit eingebunden sind.

Das Integrationsprogramm für neue Mitarbeiter

Das Integrationsprogramm umfaßt eine Reihe von Veranstaltungen, die sich über das erste Jahr der Firmenzugehörigkeit erstrecken. Zunächst werden die neu eingestellten Nachwuchskräfte an einem ihrer ersten Arbeitstage zu einer Informationsveranstaltung eingeladen, bei der sie etwas zur Unternehmensgeschichte erfahren, eine Betriebsbesichtigung vornehmen und Basisinformationen zur Organisation, zum Personalbereich und zum Betriebsrat erhalten. Im nächsten Schritt fahren die Berufsanfänger in Gruppen von ca. fünfundzwanzig Personen für eine Woche in ein Seminarhotel und lernen dort – u.a. durch Vorträge von Führungskräften, Diskussionen, Gruppenarbeit und Fallstudien – die Aufgaben aller Unternehmensbereiche, die wichtigsten Zusammenhänge sowie die Unternehmensziele genauer kennen. Gleichzeitig knüpfen die neuen Mitarbeiter untereinander Kontakte, die ihnen später bei der bereichsübergreifenden Zusammenarbeit zugute kommen. Da die Kundenorientierung ein wichtiger strategischer Erfolgsfaktor des Otto Versand ist, sind Besuche der Otto-Kundenbetreuungen und beim Kunden selbst vorgesehen.

Das Controlling besitzt in einem Großunternehmen wie dem Otto Versand einen großen Stellenwert. Deshalb findet zum Thema „Steuerungsinstrumente" ein gesondertes Seminar statt. Außerdem werden den Nachwuchsmitarbeitern die Informationssysteme des Otto Versand vorgestellt. Weitere Bausteine der Einarbeitung sind mehrtägige Schulungen zu Arbeitsmethoden, Präsentationstechniken und Teamarbeit. Eine Besonderheit im Rahmen des Integrationsprogramms stellt die Abschlußveranstaltung „Bilanz der Einarbeitung" dar. Dabei erfolgt eine kritische Bestandsaufnahme der Einarbeitungsphase der neuen Mitarbeiter. Die Nachwuchskräfte sind ausdrücklich aufgefordert, sich zu äußern, inwieweit sich ihre Erwartungen an das Unternehmen erfüllt oder gerade nicht erfüllt haben. Diese Stellungnahmen sind ein wichtiger Seismograph für die Arbeitszufriedenheit des Nachwuchses und bieten wertvolle Anhaltspunkte für Änderungen, die gegebenenfalls vom Personalbereich initiiert werden müssen. Auch das Personalmarketing erhält regelmäßig Rückkoppelungen aus den Bilanzseminaren und kann seine Kommunikationsinhalte entsprechend überprüfen. So wird eine Stimmigkeit der externen und internen Maßnahmen des Personalmanagements gewährleistet.

Die Personalentwicklung unterstützt die Nachwuchsmitarbeiter auch nach Abschluß des Integrationsprogramms, sowohl durch breitgefächerte Bildungsangebote als auch durch gezielte Förderprogramme. Nachwuchskräfte, die das Potential für eine Führungs- oder Spezialistenfunktion haben, können beispielsweise am Aufbauprogramm teilnehmen.

Das Aufbauprogramm für qualifizierte Nachwuchsmitarbeiter

Es ist ein gelebtes Prinzip im Otto Versand, Führungskräfte aus den eigenen Reihen zu entwickeln. Das Aufbauprogramm unterstützt diesen Prozeß durch eine gezielte Förderung von Nachwuchsmitarbeitern. Die Teilnehmer haben die Möglichkeit, sich in mehrtägigen Seminaren und Trainings, die nach einer bedarfsorientierten Baukastenstruktur zusammengestellt werden können, auf ihren zukünftigen erweiterten Verantwortungsbereich vorzubereiten.

Die Auswahl der Teilnehmer für das Aufbauprogramm, das zweimal jährlich beginnt und sich über etwa ein Jahr erstreckt, erfolgt in mehreren Teilschritten. In der Regel schlägt der Vorgesetzte oder der Personalbereich den Teilnehmer vor. Der Mitarbeiter kann sich allerdings auch in Eigeninitiative anmelden. Danach wird ein Auswahlgespräch mit zwei Vertretern des Personalbereichs, dem Vorgesetzten und dem Kandidaten durchgeführt. Ziel des Gesprächs, das einheitlichen Kriterien folgt, ist es zu klären, über welches Entwicklungspotential der Mitarbeiter verfügt und wie konkrete Entwicklungsmöglichkeiten aussehen können. Nach dem Auswahlgespräch erfährt der Interessent in einem Feedback-Gespräch, ob er das Aufbauprogramm durchlaufen oder statt dessen an Einzelmaßnahmen teilnehmen wird.

Voraussetzung für eine gezielte und individuelle Förderung des Führungsnachwuchses ist die Entwicklung von Stärken- und Schwächenprofilen. Für Mitarbeiter, die am Aufbauprogramm teilnehmen, findet deshalb zunächst ein zweitägiges Lern-Assessment-Center, das sogenannte Mitarbeiter-Entwicklungsseminar, mit verschiedenen Einzel- und Gruppenübungen statt. Im Anschluß an das Seminar erhält jeder Kandidat Auskunft über Stärken und Schwächen seiner kognitiven, motivationalen und sozialen Fähigkeiten. Entsprechend seiner Stärken und Schwächen kann sich der Teilnehmer, unterstützt durch die Beobachter, dann innerhalb des Aufbauprogramms Seminare zusammenstellen, sich in Zwischen- und Entwicklungsgesprächen beraten lassen und Übungsfelder auf seine Belange ausrichten.

Nach dem Mitarbeiter-Entwicklungsseminar folgen zwei Seminarblöcke. Die Teilnahme an den Seminaren des ersten Blocks, „Zielorientierte Gesprächsführung" und „Synergien im Team", ist für alle Kandidaten verbindlich. An diesen Block schließt sich ein Zwischengespräch zwischen dem Teilnehmer und der Personalentwicklung an. In diesem Gespräch werden konkrete Maßnahmen zur Umsetzung des Gelernten in die Praxis abgestimmt. Bestandteil der nachfolgenden On-the-job-Phase ist – neben Gesprächsrunden mit Führungskräften – vor allem die Betreuung eines Auszubildenden oder eines Praktikanten im Rahmen einer Projektarbeit, die dieser durchführt und präsentiert. Die On-the-job-Phase schließt mit einem Beurteilungs- und Orientierungsgespräch zwischen dem Vorgesetzten und dem Teilnehmer, in dem der Schwerpunkt auf der Potentialeinschätzung des Teilnehmers liegt.

Der zweite Seminarblock bietet eine Auswahl von sieben Seminaren an, aus denen sich der Mitarbeiter – je nach Entwicklungsbedarf und Interesse – bis zu vier Seminare aussuchen kann. Im Seminar „Einstellungs- und Beurteilungsgespräche führen" erlernen die Kandidaten Grundlagen der Interviewtechnik und der Gesprächsführung. „Selbstmanagement und Selbstentwicklung" trägt zu einer Standortbestimmung der eigenen Persönlichkeit bei und vermittelt Basiskenntnisse über psychologische Gesetzmäßigkeiten im Umgang miteinander. Ein Führungsplanspiel, bei dem Führungsverhalten in praxisnahen Situationen geübt wird und eine realistische Einschätzung des eigenen Führungsstils erfolgt, ist ein weiterer variabler Bestandteil im zweiten Seminarblock. Da Projektarbeit im Otto Versand einen hohen Stellenwert hat, bietet das Seminar „Projektmanagement" den Teilnehmern ein umfassendes Instrumentarium für die Projektplanung und -durchführung an. Mit Hilfe von „Präsentationstechniken" können Informationen überzeugend vermittelt und der souveräne Umgang mit Streßsituationen und Einwänden trainiert werden. Das Thema wird in Selbstlerngruppen vermittelt, d.h. über ca. 12 Wochen treffen sich 4 bis 6 Gruppenmitglieder zu 9 Lernsitzungen à 3 Stunden, erarbeiten sich das Wissen eigenständig anhand von Lernunterlagen und wenden die erworbenen Kenntnisse in praxisnahen Übungen direkt an. Die Personalentwicklung begleitet die Gruppe als Lernberater. Im Rahmen des Seminars „Konfliktmanagement" lernen die Mitarbeiter verschiedene Konfliktlösungsmöglichkeiten kennen und werden ermutigt, Konflikte offensiv anzugehen.

Neben den sechs genannten übergreifenden Themen rundet die Möglichkeit, ein individuelles Seminar zur Weiterentwicklung spezifischer Fähigkeiten zu belegen, das Angebot des zweiten Seminarblocks ab. Das Aufbauprogramm endet mit einem Entwicklungsgespräch, an dem der Mitarbeiter, Vertreter aus dem Personalbereich sowie der Vorgesetzte teilnehmen. Neben der gemeinsamen Auswertung des Programms steht insbesondere die Abstimmung zukünftiger On- und Off-the-job-Maßnahmen im Mittelpunkt, mit denen der weitere Entwicklungsprozeß des Teilnehmers gefördert wird.

Der gesamte Weiterbildungsprozeß wird von der Personalentwicklung so praxisnah und individuell wie möglich gestaltet. Innerhalb der Seminare zeigt sich dies durch den Einbezug von Rollenspielen sowie durch einen intensiven Erfahrungsaustausch und praktische Übungen, die auf die persönliche Situation des einzelnen rekurrieren. Außerhalb der Seminare bieten Gesprächsrunden mit Führungskräften und Trainingsstrecken am Arbeitsplatz die Möglichkeit, Gelerntes in die Praxis umzusetzen. Jeder Teilnehmer hat überdies einen Ansprechpartner in der Personalentwicklung, an den er sich zusätzlich zu den im Programm vorgesehenen Gesprächsterminen wenden kann. Auf diese Weise ist eine individuelle Betreuung und Beratung jederzeit gesichert.

Neben den o.a. Programmen bietet die Personalentwicklung im Otto Versand weitere Förderprogramme an, die jedoch für den Führungsnachwuchs nicht von vorrangigem Interesse sind.

Resümee

Die Implementierung eines Personalmarketing hat sich im Otto Versand bewährt. Standen Ende der achtziger Jahre noch die imagebildenden Maßnahmen im Vordergrund der Aktivitäten, so werden heute verstärkt qualitativ ausgerichtete Instrumente, die sich am internen Bedarf orientieren, eingesetzt. Dieser Umstand ist nicht zuletzt auf die gesamtwirtschaftliche Entwicklung zurückzuführen. Gerade in Zeiten rückläufiger Konjunktur erhalten alle Unternehmen sehr viele Bewerbungen. Das Personalmarketing kann durch Vorabselektion entscheidend zur Erleichterung der Entscheidung beitragen. Wichtig ist es, Maßnahmen zu entwickeln, mit denen ganz gezielt nur die interessanten Bewerbergruppen angesprochen werden. Im Otto Versand wird deshalb kontinuierlich daran gearbeitet, das Instrumentarium zu verfeinern und individualisierte Konzepte für einzelne Funktionsbereiche, z.B. Marketing oder Interne Unternehmensberatung, zu erstellen.

Das Ziel, „right potentials" für bestimmte Bereiche zu akquirieren, erfordert einen engen Kontakt zu den potentiellen Nachwuchskräften. Je stärker der persönliche Kontakt schon vor der Einstellung ausgeprägt ist, desto höher sind die Erwartungen der Absolventen an die Betreuung nach dem Einstieg. Daher ist eine intensive Personalentwicklung, die sofort einsetzen muß, wenn der neue Mitarbeiter aus den „Fittichen" des Personalmarketing entlassen wird, sehr wichtig. Im Otto Versand sorgt die Personalentwicklung durch umfassende und gezielte Fördermaßnahmen – beispielsweise das Integrationsprogramm oder das Aufbauprogramm – dafür, daß die Attraktivität des Otto Versand für die Führungsnachwuchskräfte erhalten bleibt.

Von ganz entscheidender Bedeutung für den langfristigen und nachhaltigen Erfolg der Bemühungen ist aus Sicht des Otto Versand die Verknüpfung von Personalmarketing und Personalentwicklung zu einem integrierten Konzept.

Joachim Freimuth und Maria Stoltefaut

„Mein Körper und ich sind nicht mehr per Du." Die Angst der Manager – auf der Suche nach einer neuen Identität und Professionalität in sich selbststeuernden Organisationen

„Erster Grundsatz", sagte sich Lucien, „nicht versuchen, in sich hineinzusehen; es gibt keinen gefährlicheren Fehler." Den wahren Lucien – das wußte er jetzt – muß man in den Augen des anderen suchen, im furchtsamen Gehorsam von Pierrette und Guigard, in der hoffnungsvollen Erwartung all dieser Wesen, die für ihn heranwuchsen und reiften, die *seine* Arbeiter werden würden, ... Lucien hatte beinah Angst, er fühlte sich beinah zu groß für sich selbst.

Jean Paul Sartre
Die Kindheit eines Chefs

Das Märchen vom tapferen Schneiderlein

Angetan mit einem „blanken Harnisch", auf dem in „goldenen Buchstaben" das glänzende Resultat seiner Studien an einer damaligen Business School zu lesen war, machte er sich auf den Weg, um nun in einem Großkonzern die Karriereleiter zu erklimmen. Aufgrund seines geharnischten Auftretens begann er dort ein gut besoldetes Trainee-Programm, erregte aber bald den Neid der Ritter des Königs, die „nur eine karge Löhnung" hatten.

Sie brachten den König daher dazu, die Nachwuchskraft in ein Assessment-Center zu schicken, wo er ein Einhorn, einen wilden Eber und zwei schreckliche Riesen besiegen sollte, was ihm mit List gelang. Davon machte er dem Vorstandsvorsitzenden „demütiglich Meldung". Damit war der Weg frei für den nächsten Karriereschritt, er heiratete dessen Tochter, überstand eine weitere Intrige, in der neben Mitarbeitern auch seine eigene Frau verwickelt war, und übernahm zum guten Schluß schließlich selber die Konzernleitung. Niemand – so endet das Märchen – wagte sich mehr an ihn heran. „Und so war und blieb das tapfere Schneiderlein ein König all sein Lebetag und bis an sein Ende." Die letzten Zweifel am bloßen Schein seiner Omnipotenz verstummten in der Sprachlosigkeit der Unscheinbaren. In dieser nun spiegellosen Umgebung konnte die Selbstüberschätzung sich fortan ungetrübt entwickeln.

Problemstellung

Das Beispiel zeigt sehr schön, wie individuelle Dispositionen, wie etwa ein ausgeprägter Narzißmus, auf stützende Strukturen in Institutionen treffen bzw. sich erschaffen und reproduzieren. Das bezieht sich vor allem auf das kommunikative Umfeld, das aus Angst vor der sich zunehmend etablierenden Macht kritisches, spiegelndes Fragen zurückhält. Und umgekehrt stellt das institutionelle Arrangement die Anschlußpunkte bereit, die zur individuellen Verdrängung eigener Ängste vor Macht- bzw. An-Sehens-Verlust (!) beitragen. Niemand sieht ihn mehr wirklich an und damit bleibt auch der selbstkritische Blick auf das eigene Tun und dessen Begrenzungen immer häufiger aus.

Auch heute werden noch ähnlich vollmundig „Spielregeln für Sieger" angeboten, die unverdrossen am Bild des Managers als eines prometheischen Weltenzertrümmerers festhalten, der sich selbst optimierend, unbeirrt und durch einen „blanken Harnisch" vor Selbsteinsicht und Rücksicht geschützt, seinen Weg in der ihn kontrastreich umgebenden Welt des Mittelmaßes sucht oder besser: findet.

Der Beobachter der einschlägigen Publikationen bemerkt daneben aber auch Texte, die zum Märchenprinzen im strikten Kontrast stehen (Spielregeln für Verlierer?). Große Bucherfolge wie etwa „Nieten in Nadelstreifen" oder „Mythos Motivation" verweisen auf verbreitete Zweifel hinsichtlich der managerialen Omnipotenz. Die große Verbreitung dieser Bücher sagt jedoch nichts über ihre Qualität, noch ob sie für die Professionalisierung der Managementrolle hilfreich sein könnten.

Wie kann es zu solchen Kontrastprogrammen kommen? Sie finden ihren fruchtbaren Boden dann, wenn das Kolossale von Entwürfen mit der Sprödigkeit des Machbaren, das Ideale mit dem Realen, das Alles mit dem Nichts sichtbar divergiert (Stierlin, 1992, S. 65).

Kolossalische Grandiosität und verachtende Selbstabwertungen sind offenbar zwei Seiten einer Medaille, die breite Verunsicherungen im Hinblick auf die Rolle und Bedeutung dieses Berufsstandes reflektieren. Dabei handelt es sich nicht um die Zweifel von notorischen Nörglern oder Kritikern, es sind auch Selbstzweifel, wie einige beispielhaft ausgewählte Titelüberschriften von etablierten Management-Zeitschriften der letzten Jahre belegen:

- Gefahr des Rauswurfs (Wirtschaftswoche, Nr. 29, 1992, S. 72)
- Gefeuert – was tun? (Manager-Magazin, 2/1993)
- Sind die Manager überflüssig? (Manager-Magazin, 8/1994)
- Karriere – Die Kunst des Scheitern (Wirtschaftswoche, Nr. 22, 1995)
- Deutschlands Wirtschaftsführer – Die angepaßte Elite (Manager-Magazin, 3/1995)
- Die andere Karriere (Manager-Magazin, 6/1995)

Diese kleine Sammlung ließe sich ohne Problem verlängern. Was die o.g. Buchtitel und diese Überschriften verraten, ist offenbar die Auflösung von Dualitäten, die bisher unbezweifelbar zusammengehörten, nämlich „Management und Erfolg", bzw. „Management und Karriere". In der Tat hat einmal die ökonomische Krise zu einer Konkurs- und Mißerfolgswelle ohnegleichen seit Ende des zweiten Weltkrieges und viele Führungskräfte an die Grenzen ihrer Kompetenz geführt. Freilich häufig ohne eine entsprechende Selbsteinsicht, noch daß dieser Sachverhalt irgendwie nennenswert systematisch aufgearbeitet worden und im Hinblick auf neue Anforderungen an die professionelle Rolle dieses Berufsstandes reflektiert worden wäre.

Parallel dazu lösten die großen Transformationen in den Unternehmensstrukturen (Lean Management, Reengineering etc.) traditionelle Hierarchien und damit auch Karrierepfade auf, die bisher hoffnungsvolle Wege nach oben öffneten. Vertikaler Aufstieg muß aber nach wie vor als entscheidender Motivator und Motor von Managerhandeln gesehen werden. Die wenigsten Betriebe haben an diese Leerstelle perspektivenreiche Alternativen gesetzt.

So hat sich die Wahrscheinlichkeit des Scheiterns in einer auf Erfolg ausgerichteten Welt vervielfacht und hinterläßt ohne Zweifel ihre Spuren auch in den persönlichen Dispositionen. Da mit dem skizzierten Trend zu flachen Hierarchien erstmals auch Managementpositionen massiv betroffen sind, hat sich das Klima in den betroffenen Unternehmen deutlich verschlechtert. „Mit Klauen und Zähnen halten die Chefs an ihren Pfründen fest", so eine Zustandsbeschreibung (*Kalte Ritter,* 1994, S. 135).

Was wir zunehmend auf den etablierten Führungsetagen und ebenso bei Nachwuchskräften in Veränderungsprozessen erleben und insbesondere in der geschützten Atmosphäre von Einzelcoachings heraushören, ist Orientierungslosigkeit, Existenzangst, Zweifel, Zynismus. Es sind auch Gefühle von Leere und Vereinsamung, weil über solche Themen unter Kollegen äußerst selten gesprochen wird, nicht zuletzt damit nach außen hin der schöne Schein der Souveränität gewahrt bleibt. Die Aufrechterhaltung dieses Scheins erstreckt sich sehr häufig auch auf den privaten Bereich, wie unsere Fallbeispiele zeigen.

Damit ergibt sich ein verschlungenes Zusammenwirken von verschiedenen Einflußquellen, individueller Verdrängung, institutioneller Spiegellosigkeit und privater Sprachlosigkeit. Diese Aufrechterhaltung der Fassade vom „nicht irritierbaren Alleskönner" kostet immer mehr Energie, die Quellen dieser Energie beginnen aber zunehmend zu versiegen (Looss, 1991, S. 44).

In der Selbstisolation und dem kollektiven Schweigen sehen wir ein entscheidendes Problem, denn ein allgemeiner Dialog über die sich andeutenden Irritationen der Managementrolle und -kompetenz würde nicht nur für individuelle Entlastung sorgen, er könnte möglicherweise sogar der Ausgangspunkt für fruchtbare Veränderungen in der Führungskultur sein. Er könnte den fatalen Zirkel zwischen hohen äußeren und selbstgestellten Erwartungen und den eingeschränkten Möglichkeiten der Einflußnahme auf Geschehnisse in den komplexen Organisationen und den ebenso komplexen Umfeldern vielleicht unterbrechen. Wir haben es nicht in erster Linie mit individuellem Versagen, sondern mit einem systemischen Zusammenhang zu tun, der folglich einen generellen Diskurs verlangt. Die beobachtbare Individualisierung der Problemursache der aktuellen Führungskrise ist aus systemischer Sicht funktional. Solange sie – auch in der Literatur – vorhält, wird sich nichts am grundsätzlichen Problemkontext ändern.

Wir möchten im folgenden zunächst einmal an Beispielen etwas ausführlicher die Unsicherheit und Angst auslösenden Faktoren und ihre Wirkungen auf Managerverhalten darstellen. Dabei greifen wir insbesondere auf (natürlich absolut anonymisiertes) Material aus Coaching-Gesprächen zurück. Zum Schluß werden wir einige Impulse für eine Neudefinition der professionellen Rolle des Managements formulieren. Wir sehen einen ersten notwendigen Ansatzpunkt darin, das kollektive Schweigen und das darin begründete Potential zur Selbsttäuschung und zum Realitätsverlust zu überwinden.

Zunächst aber, wie gesagt, ein Versuch angstauslösende Faktoren exemplarisch einer genaueren Betrachtung zu unterziehen:

Wie beherrschbar ist die Wirklichkeit?

Zielsetzung, Planung, Organisation und Mitarbeiterführung, das sind im wesentlichen die Tätigkeitsfelder, die mit Managementarbeitsplätzen in Verbindung gebracht werden. Lehr- und Handbücher sind voll mit entsprechenden Techniken und Methoden, die Seminare und Business Schools hören nicht auf, diese erfolgreich zu verkaufen.

Schon die weit verbreiteten situativen Managementkonzepte haben aber deutlich gemacht, daß sich Entscheidungssituationen im allgemeinen nicht systematisieren und auf Kalküle zurückführen lassen, und Mintzbergs Studien über die Abläufe von Managerarbeitstagen zeigten, daß sie pausenlos eingebunden sind in die Abstimmungs- und Optimierungsprozesse der Organisation, als trouble shooter, Konfliktlöser, Antreiber, Mutmacher etc. Von rationaler Planung ist ebensowenig zu sehen, wie sich etwa mikropolitische Realitäten in säuberlichen Organigrammen ausdrücken.

Wir finden in den Unternehmen gleichsam „doppelte Wirklichkeiten" vor (hierzu etwa: Weltz, 1988 und 1991), die in friedlicher Koexistenz nebeneinander herleben. Die formale Welt der verordneten Dienstwege, angeordneten Verfahren oder abstrakten Berechnungen wird umgangen, interpretiert, korrigiert und modifiziert durch die naturwüchsigen Selbststeuerungspotentiale der exekutiven Basis, ohne die keine große Organisation überleben könnte. Die Welt des Managements ist aber die des Kalküls, der scheinbaren Kontrolle, eine Welt der „zweiten Hand" (Neuberger, 1994).

Was solche Konstrukte aber vorspiegeln, ist das Bild eines Managers, der die Realität mit seinem strukturierten Vorgehen und strategischen Konzepten gewissermaßen im Griff hat. Nur driftet diese Vorstellung immer weiter mit der tatsächlichen Beherrschbarkeit organisatorischer Komplexität auseinander.

Betrachten wir hierzu ein erstes Fallbeispiel:

Der Klient schildert sein Gefühl der Überforderung und des Überwältigtwerdens vom „täglichen Kleinkram", der ihn daran hindert „auch mal strategisch zu denken oder konzeptionell zu arbeiten." Das sei ja schließlich seine Aufgabe in der Führungsposition. Als Rettungsanker erscheint ihm ein bekanntes Zeitstrukturierungssystem, das sich aber als Lösung vom Muster „mehr vom selben" herausstellt. Zunächst beruhigt er sein Gewissen durch die scheinbare Kontrolle seiner Realität, gerät aber mehr und mehr in Panik angesichts der Berge von Übertragungen, die sich von Woche zu Woche anhäufen, nun auch noch sichtbar vor Augen, und ihn auf Schritt und Tritt begleiten, ja fast „verfolgen". Das beinahe rituelle tägliche und wöchentliche Übertragen des Nichtgeleisteten und Versäumten auf die folgenden Perioden gerät ihm mehr und mehr zu einer „kleinen Folter", die ihm perfekt systematisiert seine fehlende Systematik und mit hoher Effizienz seine eigene Insuffizienz unnachgiebig vor Augen führt.

Der bis auf die letzte Minute und darüber hinaus verplante Tag generiert einen teuflischen Kreislauf: „Ich schaffe es nicht, und weil ich es nicht schaffe, muß es an mir liegen, hoffentlich bemerkt es keiner, ..." Die – seit Jahren latenten – Versagensängste führen zu Symptomen, wie Schlaflosigkeit, allgemeiner Unruhe, erhöhtem Alkoholkonsum zur Beruhigung, insbesondere aber Gesprächsunlust („ich wünsche mir eine nörgelfreie Zone"), damit zur Selbstisolation und Abkopplung vom Feedback von jenen Menschen, die in dieser Phase am wichtigsten wären. Privat erlebt er sich völlig ausgelaugt und hilflos in bezug auf das plötzliche Ausziehen seiner Tochter in eine „asoziale Familie". Seine Tochter bricht zu ihm, der nie Zeit für sie hatte, den Kontakt ab und will mit ihm „nichts mehr zu schaffen haben". Ende Dreißig sieht er sich „vor einem Scherbenhaufen" stehend.

Das Beispiel macht insbesondere die Vernetzung und wechselseitige Bedingtheit zwischen individueller Disposition, organisatorischen Einflüssen und privater Einbettung sehr deutlich. Natürlich ist das Zeitstrukturierungssystem nicht die Ursache für die Entwicklung. Es steht hier nur stellvertretend für den Fehlschluß, durch Kalküle und Methoden eine Komplexität „in den Griff zu bekommen", die sich solchen Zugriffen entzieht. Es steht auch stellvertretend für die auch in den nachfolgenden Fällen immer wieder zum Ausdruck kommende tragische Verstrickung, daß sich individuelle Problemdynamiken institutioneller Lösungen bedienen, die geradezu problempotenzierend wirken. Solange Führungskräfte das aber als individuelles Versagen erleben, das öffentlich auch so thematisiert wird, und andere ja nur darauf warten, willig sich ins gleiche Joch zu begeben, wird dieser Zirkel sich immer wieder inszenieren. Betrachten wir nun aber einen weiteren Aspekt:

In der Zwischenwelt des Sandwich

Es gibt eine Vielzahl von Literatur, die sich mit der besonders belastenden Position des mittleren Managements befaßt. Sie ergibt sich aus seiner organisatorischen Zwischenexistenz, die verschiedene Facetten hat:

Zunächst sind sie in einer Doppelrolle als Führungskräfte, andererseits sind sie aber auch weisungsabhängig, also auch abhängig Beschäftigte. Zweitens sind sie häufig in der Pufferzone, in der die strategischen Weisungen des oberen Managements der Basis „verdolmetscht" und vertreten werden muß, oft genug mit halben Herzen. Drittens sind sie häufig aufgrund ihrer Fachkompetenz in die Führungsrolle hineingekommen, beziehen daher auch ihre eigene Identität und tun sich gerade in konfliktreichen Zeiten schwer, die Führungsrolle wahrzunehmen.

Hinzu kommt die häufige Schwierigkeit, die noch vorhandene Nähe zu den Mitarbeitern (oft hat man selber noch diesen Stallgeruch), die ja auch für deren Motivation sehr notwendig ist, schwer abgleichbar erscheint mit der ebenso notwendigen Distanz, gerade wenn es um Konfliktentscheidungen geht. Die Erfahrung zeigt immer wieder, wie unvorbereitet viele Führungskräfte ihre Aufgabe aufnehmen und welche Nöte ihnen dabei entstehen.

Diese spezifische Ver-*zwei*-flung vieler Führungskräfte in ihrer Sandwich-Position kommt sehr klar zum Ausdruck in einem Arbeitspanorama (vgl. zu dieser Methode: Freimuth & Friedmann, 1995; Heinl, Petzold & Fallenstein, 1985), in dem der Darsteller seine eigene Zerrissenheit zwischen Mitarbeitern und oberem Management als Januskopf darstellt (vgl. Abb. 1). Sie führte für ihn zu einer schwerwiegenden Erkrankung.

Abbildung 1
Januskopf als Bild der Zerrissenheit zwischen Mitarbeitern und oberem Management (verfremdetes Fotoprotokoll)

Die Angst vor dem freien Fall

In der amerikanischen Diskussion gibt es schon seit einigen Jahren Untersuchungen über die Angst von Managern, den Karrierezug zu verpassen und auf einem „Plateau" verharren zu müssen. Ausgangspunkt dieser Untersuchungen ist die Erkenntnis, daß sich das Selbstwertgefühl von Managern wesentlich durch möglichst reibungslosen vertikalen Aufstieg definiert. Auch umgekehrt drückt sich die Wertschätzung durch die Organisation in Form von Karriereschritten und der sie fördernden Maßnahmen aus. Entsprechend ist die Erwartungshaltung beim einzelnen Betroffenen und auch die Wahrnehmung im Unternehmen. So existieren implizit Annahmen in jeder Organisation, in welchem Zeitraum der nächste Schritt erfolgen muß, um nicht zu den Verlierern in diesem „Hindernislauf" zu zählen. Mitarbeiter, die dabei gleichsam auf der Strecke bleiben, bleiben mit ihren enttäuschten Hoffnungen allein und bilden ein unterschätztes Illoyalitätspotential in der Organisation (vgl. zusammenfassend: Freimuth, 1991). Auf der anderen Seite sitzt jenen, die gleichsam noch im Rennen sind, die Angst im Nacken, Fehler zu machen oder in Ungnade zu fallen. Es entsteht ein riesenhafter Anpassungsdruck (vgl. Földy & Hill, 1994, S. 100 ff.), der mit dem Assessment-Center anfängt (Freimuth & Elfers, 1994) und auch nicht aufhört, wenn man oben steht. Aber dann hat man es ja geschafft und kann stolz auf die Zurückgebliebenen hinabschauen.

Die in solchen Kulturen entstehenden psychischen Probleme sind teilweise süffisant ausgebreitet worden (Hesse & Schrader, 1994), aber auch wichtige Managementtheoretiker wie z.B. Kets de Vries (1990), beobachten schon länger diese Symptome, wie an seiner Beschreibung der narzißtischen Führungspersönlichkeit und ihrer Korrespondenz zu institutionellen Bedingungen deutlich wird:

> Wegen ihrer Begierde nach Macht, Prestige und Glanz darf man erwarten, daß viele narzißtische Persönlichkeiten schließlich in Führungspositionen landen. Ihre Fähigkeit, andere zu manipulieren, und ihr Vermögen, schnelle und flüchtige Beziehungen zu schaffen, hilft ihnen im Organisationsalltag besonders. Und sie können sehr erfolgreich sein, besonders auf Gebieten, die es ihnen erlauben, ihre eigenen Ambitionen nach Größe, Ruhm und Herrschaft zu erfüllen. In vielen Fällen neigen bedauerlicherweise Macht und Prestige dazu, für diese Menschen wichtiger zu werden als die Verpflichtung gegenüber Zielen und Leistung. Ihr Hauptanliegen bleibt normalerweise die Wahrung ihrer eigenen Größe und Besonderheit, mit einer verächtlichen Mißachtung der anderen. (Kets de Vries, 1990, S. 93 f.)

Was aber ist, wenn diese von der Organisation selber reproduzierten Mentalitäten plötzlich erkennen müssen, daß sie die Gunst zu verlieren drohen oder verloren haben, und nagt nicht zuweilen die Angst vor der zur Schau getragenen Selbstgewißheit?

Auch in diesem Zusammenhang wieder ein kurzes Fallbeispiel:

Ein 30jähriger Betriebswirt hat vor mehreren Monaten eine von ihm angestrebte Projektleitung in einem Bereich eines Industrieunternehmens übertragen bekommen. Dafür habe er auch „einiges in Bewegung" gesetzt. Er bezeichnet sich selber als erfolgsorientiert und ehrgeizig. Zugleich empfindet er sich aber als „Schaumschläger", der das nicht vorlebe, was er hinsichtlich strikter Zielorientierung und verantwortlichem Handeln verkünde und von anderen fordere. Sein Ehrgeiz führe ihn seiner Meinung nach dazu, viel zu viel alleine zu machen, er überlade sich, weil er letztlich anderen nicht vertraue und ihnen auch nichts zutraue. So versucht er, alles und jeden perfekt zu kontrollieren, und faßt sich dabei selber am härtesten an. „Mein Körper und ich sind nicht mehr per Du", so beschreibt er seine Gespaltenheit. Er möchte aus diesem Kreislauf heraus, „weil er sich zuweilen schon selber nicht mehr erträgt", weiß aber nicht wie. Alle seine gestarteten Eigenversuche sind an seinem Mißtrauen gescheitert, letztlich aus der tiefsitzenden Angst, daß sein ganzes „Kartengebäude vor allen anderen plötzlich in sich zusammenfällt".

Organisatorische Kahlschläge ohne Managementperspektive

Diese Urangst von Führungskräften, auf dem Weg nach oben plötzlich stecken zu bleiben, entfaltet heute ihre ganze Destruktivität. Marr (1996) bemerkt in diesem Zusammenhang:

> Weil wir aber wissen – oder glauben zu wissen –, daß andere durch unsere Schwäche gewinnen können, werden wir immer härter und mißtrauischer. Und ein immer größerer Teil unserer Energie wird durch Härte und Mißtrauen aufgezehrt. (Marr, 1996, S. 118)

Nach der MIT-Studie zur Revolution in der Automobilindustrie, die in Wirklichkeit eine Revolution in der Managementphilosophie einleitete, aber ohne einen kollektiven und hilfreichen Dialog über die Definition einer neuen professionellen Führungsrolle, sind viele Unternehmen aus einer Art Dornröschenschlaf erwacht und überbieten sich nun darin, in welchen Zeiträumen sie welche hierarchischen Ebenen und damit klassische Karrierepfade abgebaut haben wollen:

– Die Lufthansa hat 30 % ihrer Führungspositionen gestrichen,
– bei Daimler-Benz gab es einen Abbau von 20 % bei den Leitenden,
– Mercedes kündigt einen Abbau von 25 % der Führungspositionen an,
– bei VW ersetzen 3 Führungskreise die alten 8 Hierarchiestufen, und
– IBM baut versetzt weltweit rund ein Drittel der Manager auf Fachpositionen ab und trennt sich von ihnen etc., etc.

Das sei aber erst der Anfang, einige Spezialisten meinen, 60-80 % der Führungspositionen insbesondere im mittleren Management seien dort nicht mehr sinnvoll einsetzbar, wenn die Produktivitätspotentiale von sich selbststeuernden Teams voll ausgenutzt würden (Angaben aus: Fischer & Risch, 1994, S. 115).

War insbesondere das mittlere Management traditionellerweise immer schon in einer Position zwischen Baum und Borke, so haben das generelle wirtschaftliche Klima und die Entlassungswellen bzw. -drohungen zu der Tendenz geführt, mit allen Möglichkeiten die eigene „Festung" zu halten. Dieser Trend wird noch dadurch verstärkt, daß die Aufmerksamkeit der konzeptionellen Diskussionen und auch die Anstrengungen in den Betrieben sich primär auf die Entfaltung der Produktivkräfte an der wertschöpfenden Basis richtet, aber – wie gesagt – kaum auf die Definition der neuen professionellen Rolle des betroffenen Managements, das bisher die koordinierenden Funktionen inne hatte. „Am besten, wir rationalisieren uns gleich selber weg", so die Äußerung eines „TQM-Invaliden" in einem Gespräch. Von einer aktiven Unterstützung der Wandlungsprozesse kann daher dort nur sehr selten die Rede sein, im Gegenteil – es entsteht die Gefahr, daß sich eine „zynische Veränderungsfeindlichkeit" (Sattelberger, 1996, S. 111) ausbreitet:

Das Klima, so schon durch die Entlassungswellen angeheizt, kocht dabei oft über. „Der Hauptabteilungsleiter wehrt den Abteilungsleiter ab; der Gruppenleiter will unbedingt noch Abteilungsleiter werden, bevor seine Ebene gestrichen wird", berichtet ein Manager aus der Mitte. Und am meisten fürchteten alle den fähigen Sachbearbeiter: „Was wird, wenn der so gut ist, daß er keine Kontrolle braucht?" Nur ganz selten ... gebe es eine Solidarisierung im Leid. Einziger Gesprächspartner, bestätigt der um seine Führungsaufgabe gebrachte Manager einer Daimler-Tochter, sei der Ehepartner. Unter Kollegen werde das Thema ausgespart, ... So geht, wer nicht kämpfen kann oder mag, nach innen, wird resignativ, wartet, daß die Schlange zubeißt. Oder aber er flüchtet sich in Zynismus oder Schuldzuweisungen. (Fischer & Risch, 1994, S. 119)

Zu diesem Problemkontext auch wieder ein Fallbeispiel:

Ein Abteilungsleiter eines konservativen Hüttenunternehmens ist aufgrund seiner ausgezeichneten technischen Fachkenntnisse vor vier Jahren in diese Position gekommen und erwartet nun „den nächsten logischen Schritt". Er ist Vater von drei anspruchsvollen Kindern und pflegt auch selber im privaten Bereich ein sehr auf Außenwirkung orientiertes familiäres Dasein. Diesen „erarbeiteten Status" würde er in keinem Falle aufgeben, hier liege seine „größte Sorge".

Im Zusammenhang mit der ISO-Zertifizierung wird im Unternehmen ein TQM-Prozeß angestoßen, der mit dem Übergang zu einer verstärkten Teamorganisation auch hierarchische Strukturen auflösen soll. Die linearen Vorstellungen des Abteilungsleiters von beruflicher Entwicklung passen natürlich nicht zu diesen neuen Ansätzen. Er glaubt aber beharrlich, daß das Management sich in Wirklichkeit nicht an seine Aussagen halten werde, künftig „keine Posten mehr zu verteilen".

In den nächsten Monaten lädt er sich eine große Arbeitsmenge auf, „um bei der nächsten Aktion dabei zu sein". Er würde alles tun, damit man an ihm „nicht vorbei kann". Er bekommt aber keinerlei Rückmeldung auf seinen Einsatz, weil die innerorganisatorische Aufmerksamkeit in erster Linie mit dem Prozeß verbunden ist. Er verstärkt seine Anstrengungen und bringt sich so in eine Situation, in der er sich am Ende seiner Kräfte und seiner Ideen und vom Unternehmen „im Stich gelassen" fühlt. Für ihn wird TQM zu einem Prozeß, in dem die oberste Führungsebene „von unten alles fordere, nur nichts von sich selbst". Er bezeichnet den Prozeß als „Anpassungsmarathon aller darunter liegenden Führungsebenen" und als „Schlacht auf den niederen Rängen um die verbleibenden Pfründe".

Nachwuchskräfte ante portas! – Managemententwicklung zwischen Jugendwahn und Altersangst

Die deutschen Hochschulen haben in den letzten drei Jahrzehnten die Zahl ihrer Absolventen verdreifacht. Um die Jahrtausendwende wird sich diese Situation eher verschärfen. Der Wettbewerb von vielen Nachfragern um eine verringerte Anzahl von attraktiven Stellen nimmt vermutlich deutlich zu (Angaben aus: Lang & v. Rosenstiel, 1994, S. 4). Die Berufsmotivation von Hochschulabsolventen besteht nach wie vor noch darin, auch Karriere zu machen, wenn sicher auch nicht um jeden Preis. Die Ansprüche an sinnvolle Tätigkeiten und einem ausgewogenen Verhältnis von Arbeits- und Privatzeit werden nach wie vor artikuliert (vgl. Lang & v. Rosenstiel, 1994).

Aber nicht nur der Kampf auf dem externen Arbeitsmarkt, auch der innerbetriebliche Wettbewerb erhält zusätzliche Impulse, zunächst weil aufgrund der verflachten Hierarchien auch innerhalb der erfolgreichen Unternehmen weniger Aufstiegspositionen verfügbar sind. Da zudem nach wie vor innovative Ansätze und Leistungsfähigkeit eher bei jüngeren Mitarbeitern vermutet und ein Faktor wie Seniorität unterschätzt wird, entsteht hier ein weiteres Konfliktpotential.

Man darf vermuten, daß nicht nur die Entgelte sinken, Selbstprofilierungsmöglichkeiten werden rücksichtsloser genutzt, Leistungsvergleiche werden angestellt und die etablierten Mitarbeiter können sich dieser Dynamik immer weniger entziehen. Polarisierungen zwischen älteren und jüngeren Mitarbeitern dürften an Häufigkeit und Intensität zunehmen. Hinzu kommt, daß die etablierten Mitarbeiter in diesem Konfliktfeld im allgemeinen weniger aktive Reaktionsmöglichkeiten haben, einmal aufgrund eingeschränkter Mobilität etwa im Gefolge von Familienbindungen, insbesondere werden Mitarbeiter in der zweiten Lebenshälfte auch auf dem Arbeitsmarkt weniger nachgefragt, wie empirische Studien bestätigen (Straka, 1993).

Die Verarbeitung solcher Ängste bei den etablierten Führungskräften sind natürlich unterschiedlich und hängen von der individuellen Souveränität und der subjektiven Beurteilung des Bedrohungspotentials für die eigene Position ab. Die beobachtbaren destruktiven Reaktionen umfassen verschiedene Formen, wie etwa:

– Ausgrenzung und Vorenthalten von Informationen gegenüber den nachrückenden Mitarbeitern,
– eigene Überanpassung und Erhöhung der Anstrengungen, manchmal auf Kosten der Gesundheit,
– schrittweise Aufkündigung der inneren Bindung an das Unternehmen und Verringerung der Einsatzbereitschaft.

Hierzu wieder ein Fallbeispiel:

Im Forschungszentrum eines Automobilunternehmens arbeiten seit einigen Jahren sehr erfolgreich Konstrukteure und Entwicklungsingenieure. Im Gefolge des allgemeinen Trends, daß im Auto immer mehr elektronische Komponenten und Software eine Rolle spielen werden, wird im Verlauf eines Jahres eine Gruppe von entsprechend qualifizierten Technikern geworben, die sich in die vorhandenen Projekte einarbeiten und ihre Kenntnisse einbringen sollen. Die Erwartungen des Managements sind hoch, sie werden entsprechend hofiert und gut bezahlt, bekommen Zusagen für ihre Qualifizierung und berufliche Perspektiven. Schon nach wenigen Monaten kündigen zur großen Überraschung die ersten zwei der neuen Mitarbeiter. Aus Sorge vor „Signalwirkungen" werden ausführliche Austrittsinterviews geführt, in denen folgende Beschreibungen des Klimas gegeben werden: Die „Neuen" erlebten sich als „Fremdkörper", fühlten sich „ausgebremst" etc., konnten aber konkret keine offenkundigen Feindseligkeiten o.ä. benennen, „alle waren mehr oder weniger freundlich". Zufällig erhielt man aber etwa eine verspätete Einladung zu einem Projekttreffen oder hatte nicht die vollständigen Unterlagen etc. Es war „wie Spinnweben, stark genug, um sich zu verheddern, aber zu schwach, um aufgefangen zu werden". Die Angst des etablierten Mitarbeiterteams, von den Repräsentanten der neuen Technologien „überrollt" zu werden und ihnen dabei gleichsam noch „den Steigbügel zu halten", war allenthalben spürbar, doch nirgendwo ausgesprochen.

Die Angst vor der Angst

Der in diesen Beispielen zum Ausdruck kommende große Kontrast zwischen der nicht mehr zu verleugnenden Realität und dem Idealbild der Managementrolle läßt prinzipiell zwei Reaktionsmuster zu, Selbstzweifel oder die Projektion auf äußere Ursachen. „Externale Attribuierung" verstellt nach dem Muster des tapferen Schneiderleins die Reflexion der eigenen Rolle. „Internale Attribuierung" kann hingegen zu Selbstzweifeln führen. Das ist an sich noch kein Problem, im Gegenteil, weil hier auch der Ansatz für Selbstreflexion und Verhaltensveränderung liegt. Doch wenn sich labile individuelle Dispositionen mit der in unseren Institutionen aufgehobenen Tendenz zur Selbstisolation paaren, ist der Weg in die unheilige Allianz eines selbstzerstörerischen Zirkels vorgezeichnet.

Freud unterschied zwischen objektiver Angst (Furcht) und neurotischer Angst, letztere resultiere überwiegend aus der Eigenbewertung der Situation (Wolpe, 1993, Sp. 101). Der letzte Begriff hängt auch mit der Herkunft des Wortes „Angst" zusammen, „angustus", „Enge", bezeichnet das Gefühl der Selbtbeklemmung, der Einschränkung der Wahrnehmung und der Urteilsfähigkeit. Fehleinschätzungen der Situation führen zu unangemessenen Reaktionen, zu Fehlern, die ihrerseits wieder Angst auslösen, erneut Fehler zu machen und etwaigen Anforderungen nicht gewachsen zu sein. Diese Zirkularität liegt letztlich darin begründet, sich die Angst nicht eingestehen zu können, sie vor sich und der Umwelt zu verleugnen. Die Gefahr der Selbstisolierung entsteht naturgemäß insbesondere in einer Kultur, wo die Aufrechterhaltung des Scheins der souveränen Kontrolle ein integraler Teil der Eigendefinition ist. Institutionen stellen zur eigenen Reproduktion und zur Reproduktion solcher Dispositionen reichlich Möglichkeiten zur Verfügung, suggestiv Souveränität zur Schau zu stellen und Ängste abzuwehren (vgl. hierzu: Ortmann, 1996, S. 213 f.). Das sind vor allem Symbole der Macht:

Angst sucht deswegen auch Macht. Sie braucht Macht. Denn Macht kommt von „machen", und ohne Macht kann man nichts machen. (Rieckmann, 1996, S. 103)

Erst ganz allmählich entsteht etwa durch die geschützten Arrangements von Coachings eine erste bescheidene institutionelle Öffentlichkeit und individuelle Öffnung, in der sich dieses verfemte Wissen um sich selbst offenbaren kann. Dieses Wissen ist zu allererst ein Wissen um die eigenen Grenzen und ihrer bisherigen Mißachtung. Diese Ignoranz führt auf der einen Seite zu einem ungeheuren Verschleiß an Führungspotential mit den skizzierten menschlichen Folgeproblemen. Zugleich führt aber die Überschätzung der eigenen Potentiale zu einer Unterschätzung der Mitarbeiterpotentiale. Je dominanter oder scheinbar dominanter die Managementrolle interpretiert wird, um so weniger Dynamik kann sich tendenziell auf der Ebene der Mitarbeiter entwickeln, im Gegenteil fügen diese sich nicht selten gerne in diese weniger anstrengende und nicht so verantwortungsvolle Rolle hinein. Die Erfahrung zeigt, daß sich häufig solche symbiotischen Strukturen finden und verfestigen. „Schwache ziehen Schwache nach", so ein Gemeinplatz aus der Managementfolklore. Die Pointe ist aber, daß die vermeintliche Schwäche in zweifacher Hinsicht Stärke sein kann. Das Erkennen und Anerkennen der eigenen begrenzten Beeinflussungsmöglichkeiten in einer komplexen Ordnung ermöglicht das Ausloten der eigenen Mitte und die Bündelung der Energien. Zugleich läßt es Raum für das Einbinden der Mitarbeiter in die Entwicklung von Lösungen und in die Verantwortung.

Was diese befreiende Selbsterkenntnis im Moment behindert, ist die in unseren Kulturen institutionalisierte und zugleich internalisierte Sicht der Managementrolle mit ihrem Omnipotenzanspruch, und an ihrer Rückseite die Angst, sich die eigenen Ängste einzugestehen. Wissensmanagement, so wie wir es in diesem Band thematisieren wollen, bedeutet auch, derartige in unseren institutionellen Tiefenstrukturen aufbewahrten, verdrängten Teile unserer Selbst aufzugreifen und ihnen ihre destruktiven Wirkungen zu nehmen. Ein erster individueller Weg ist Coaching, der zunehmend auch als Teil der Prozeßbegleitung gewählt wird. Ein wichtigerer Ansatz besteht in einem breiten Diskurs über die neue Rolle professionellen Managements, der auch die institutionellen Bedingungen ihrer bisherigen Definition untersucht und neu interpretiert, um den Bedingungen in einer sich selbststeuernden, verschlankten Organisation gerecht zu werden.

Hans im Glück – früher Vertreter einer modernen Form von Ökonomie?

Wir wollen diesen Punkt mit Hilfe einer weiteren Märchenfigur erläutern. Das Pendant in der Märchenwelt zum eingangs mißtrauischen tapferen Schneiderlein ist in unserer Interpretation Hans im Glück. Auch er hat sich ein Diplom erworben, strebt aber keine klassische Karriere an. Sein Weg zurück nach Hause nach der beendeten Ausbildung läßt sich als Prozeß des sich selbstvergewissernden Erwachsenwerdens interpretieren, wobei es hier nicht auf die Anhäufung von Schein (Reichtum, Macht etc.) ankommt. Da er sich auch nicht selbst verstecken muß, kennzeichnen ihn auch nicht List und Tücke, wie seine Tauschgeschäfte auf dem Weg zurück hinlänglich beweisen. Aus der kühlen Perspektive der Ökonomie ist er sicher naiv, aber man könnte ihn auch in den Kategorien des Gebens, Loslassens und uneigennützigen Vertrauens begreifen. Das sind spezifische Austauschbeziehungen von teamorientierten modernen Organisationen. Pierre Bourdieu hat bereits vor Jahren nicht nur darauf hingewiesen, daß die Wissensbasis von modernen Institutionen nicht auf das „kulturelle Kapital", also auf fachliches Wissen und Qualifikationen reduziert werden darf, sondern hat auch auf die zunehmende Bedeutung des „sozialen Kapitals" verwiesen, das auf die Dauer stabile Beziehungsnetze konstituiert. Solche Beziehungsnetze beruhen auf der Bereitschaft, ohne unmittelbare Erwartung von Nutzen Vorleistungen zu erbringen und dabei auch ökonomisches Kapital einzusetzen:

> Gleichzeitig wird dadurch der Sinn der Austauschbeziehung selbst verändert, die aus einem engen „ökonomischen" Blickwinkel als reine Verschwendung erscheinen muß, während sie im Rahmen der umfassenden Logik des sozialen Austausches eine sichere Investition darstellt... (Bourdieu, 1983, S. 196)

Das ist also eine komplexere Form von Ökonomie, die sich von der engen (!) Sicht der unmittelbaren Nutzenorientierung, auch und gerade im Blick auf die eigenen beruflichen Perspektiven, verabschiedet. Wir können uns sehr gut vorstellen, daß die Verbrüderung des tapferen Schneiderleins in uns mit dem Hans im Glück in uns einiges dazu beitragen würde, die notwendige Souveränität und Gelassenheit der Führungsrolle gerade in diesen Zeiten des stetigen Wandels zu entwickeln.

Literatur

Bourdieu, P. (1983). Ökonomisches Kapital, kulturelles Kapital, soziales Kapital. In R. Kreckel (Hrsg.), *Soziale Ungleichheiten* (S. 17-24). Göttingen: Schwarz. – **Fischer, G. & Risch, S. (1994).** Unter Beschuß. *Manager Magazin, 24* (8), 112-130. – **Földy, R. & Hill, O. (1994).** *Das Mittelmäßigkeitskartell. Die Verschwörung der Kleinkarierten.* München: Langen Müller-Herbig. – **Freimuth, J. (1991).** Karriereplateaus und der interne Arbeitsmarkt. *Zeitschrift Führung+Organisation, 60* (1), 29-34. – **Freimuth, J. & Elfers, D. (1994).** Assessment Center in systematischer Perspektive. Die Beobachtung der Beobachtung. *Zeitschrift Führung+Organisation, 63* (4), 232-238. – **Freimuth, J. & Friedmann, W. (1995).** Zur Erfassung von Unternehmenskulturen durch imaginative Methoden der Befragung. In J. Freimuth & B.-U. Kiefer (Hrsg.), *Geschäftsberichte von unten. Konzepte für Mitarbeiterbefragungen* (S. 241-261). Göttingen: Hogrefe Verlag für Angewandte Psychologie. – **Heinl, H., Petzold, H. & Fallenstein, A. (1985).** Das Arbeitspanorama. In H. Petzold & H. Heinl, (Hrsg.), *Psychotherapie und Arbeitswelt* (S. 356-408). Paderborn: Junfermann. – **Hesse, J. & Schrader, H. C. (1994).** *Die Neurosen der Chefs. Die seelischen Kosten der Karriere.* Frankfurt/M.: Eichborn. – Kalte Ritter (1994). Die kalten Ritter. *Der Spiegel,* Heft Nr. 41, S. 128-136. – **Kets de Vries, M.F.R. (1990).** *Chef-Typen. Zwischen Charisma, Chaos, Erfolg und Versagen.* Wiesbaden: Gabler. – **Lang, T. & v. Rosenstiel, L. (1994).** Zur Karrieremotivation von Führungsnachwuchskräften. *Hernsteiner. Fachzeitschrift für Management-Entwicklung, 7* (4), 4-7. – **Looss, W. (1991).** *Coaching für Manager. Problembewältigung unter 4 Augen.* Landsberg/Lech: Moderne Industrie. – **Marr, R. (1996).** Lean Management: Über die Gefährlichkeit von Illusionen. In T. Sattelberger (Hrsg.), *Human Resource Management im Umbruch* (S. 114-126). Wiesbaden: Gabler. – **Neuberger, O. (1994).** Zur Ästhetisierung des Managements. In G. Schreyögg & P. Conrad (Hrsg.), *Managementforschung Band 4. Zur Dramaturgie des Managements. Laterale Steuerung* (S. 1-70). Berlin: de Gruyter. – **Ortmann, G. (1995).** Organisation und Psyche. In B. Volmerg, T. Leithäuser, O. Neuberger, G. Ortmann & B. Siever (Hrsg.), *Nach allen Regeln der Kunst* (S. 205-250). Freiburg i.Br.: Kore. – **Rieckmann, H. (1996).** Die Schallmauer in der Personal- und Organisationsentwicklung: Der Schweinehund und seine Spießgesellen. In T. Sattelberger (Hrsg.), *Human Resource Management im Umbruch* (S. 185-231). Wiesbaden: Gabler. – **Sattelberger, T. (1996).** Human Resource Management in der flachen Hierarchie. Zwischen blinder Anpassung und proaktivem Management of Change. In T. Sattelberger (Hrsg.), *Human Resource Management im Umbruch* (S. 80-113). Wiesbaden: Gabler. – **Stierlin, H. (1992).** *Nietzsche, Hölderlin und das Verrückte. Systemische Exkurse.* Heidelberg: Auer. – **Straka, G. A. (1993).** Ältere Erwerbspersonen in Stellenanzeigen regionaler und überregionaler Tageszeitungen. Ergebnisse einer Pilotstudie. *Zeitschrift für Gerontologie, 26,* 339-343. – **Weltz, F. (1988).** Die doppelte Wirklichkeit der Unternehmen und ihre Konsequenzen für die Industriesoziologie. *Soziale Welt, 39* (1), 97-103. – **Weltz, F. (1991).** Der Traum von der absoluten Ordnung und die doppelte Wirklichkeit der Unternehmen. In E. Hildebrandt (Hrsg.), *Betriebliche Sozialverfassung unter Veränderungsdruck* (S. 85-97). Berlin: Edition Sigma. – **Wolpe, J. (1993).** Angst. In W. Arnold, H.J. Eysenck & R. Meili (Hrsg.), *Lexikon der Psychologie* (Bd. 1, Sp. 101-106; 13. Aufl.) Freiburg: Herder.

Anna Meyer

Soziale Kompetenz und Führungshandeln – ein Paradigma der Managementbildung in lernenden Organisationen?

Die Ausgangssituation: Unternehmerisches Wachstum – aber wie?

Die aktuelle Situation großer wie auch mittlerer Unternehmen in Deutschland, läßt sich durch folgende Trends beschreiben:
- Eine tendenzielle Marktsättigung in den bisher angestammten Märkten zwingt zur Internationalisierung und Globalisierung der Geschäfte.
- Ein verschärfter internationaler Wettbewerb sowie der Markteintritt von bisherigen Schwellenländern mit günstigen Fertigungskosten erfordern teilweise die Verlagerung von Wertschöpfungsanteilen in Länder mit günstigen Kostenstrukturen.
- Wettbewerbsfaktor Zeit: Durch die Verkürzung der Lebenszyklen von Technologien und Produkten stellt die Schnelligkeit in der Entwicklung innovativer Produkte für die Unternehmen einen wesentlichen Erfolgsfaktor dar.
- Veränderungen des Marktes – vom Anbieter- zum Käufermarkt – erfordern eine durchgängige Orientierung am Kunden, beginnend bei der Produktentwicklung bis hin zum Service, einschließlich der Qualität der Produkte.
- Neue Informationstechnologien bieten Möglichkeiten zur quantitativen und qualitativen Optimierung der Arbeitsorganisation wie auch der Arbeitsabläufe. Sollen sie als (zusätzliches) „Werkzeug" von und für Menschen eingesetzt werden und nicht zum „Selbstzweck" degenerieren, dem sich Menschen anzupassen haben, müssen sie bewußt gestaltet und zielgerichtet eingesetzt werden. Hier sind insbesondere die mit dem Einsatz neuer Technologien verbundenen Veränderungen der Arbeitsorganisation und -abläufe, die Veränderungen im Umgang mit Information und Wissen sowie Veränderungen in Interaktion und Kommunikation wie auch der Mitarbeiterführung in Unternehmen zu thematisieren.

Um der skizzierten Wettbewerbsituation Stand halten zu können, reagierten zahlreiche Unternehmen in der Vergangenheit mit massiven Restrukturierungsmaßnahmen, die zunächst in erster Linie auf Kostenreduzierung zielten.

Ob nun von Kostensenkung, *Downsizing,* Restrukturierung oder *Reengineering* die Rede ist, – zahlreiche Unternehmen verfolgen gezielt Strategien zum organisatorischen „Abspecken": weniger Personal, weniger Betriebseinheiten, weniger Tochtergesellschaften. In vielen Fällen sind solche Strategien durch schwerwiegende, konkrete Ergebnisprobleme ausgelöst worden. In Anbetracht einer nur langsamen Ertragssteigerung, hoher Kosten und eng gesteckter Zeitrahmen für die Verbesserung der Ertragssituation bot sich Kostensenkung als die Lösung für die Ertragsmisere an. (Gertz & Baptista, 1996, S.11)

Durch die Erkenntnis, daß Restrukturierungsmaßnahmen nur begrenzten Wert haben, wenn sie sich einseitig an der Kostenminimierung orientieren, erheben sich gegenwärtig Stimmen, die „wider die Magersucht im Unternehmen" Wege suchen, um Unternehmen auf einem Weg in das Wachstum zu begleiten (vgl. Gertz & Baptista, 1996).

Als Folge der zu Beginn beschriebenen Trends ist auch die Organisationsform des virtuellen Unternehmens insbesondere in den Bereichen Dienstleistung und Handel ins Gespräch gekommen und findet dort zunehmend Anwendung. Die eingetretenen Veränderungen der Marktsituation, des Techikeinsatzes, der Produktionsprozesse, der Arbeitsorganisation und -abläufe in den Unternehmen führen zu veränderten Anforderungen an Kommunikation, Interaktion, Kooperation und Führung. „Wer virtuelle Unternehmen aufbaut, muß die Menschen berücksichtigen", so Gerhard Schulmeyer, Vorsitzender des Vorstandes von Siemens-Nixdorf.

An dieser Stelle zeigt sich jedoch eine Dualität: Organisatorische Veränderungen in den Unternehmen, die nicht nur formal Veränderungen herbei führen bzw. sich auf die kurzfristige Steigerung der Unternehmenseffizienz beschränken sollen, können nur auf Basis von *Einsicht* der beteiligten und handelnden Personen verbunden mit einem Wandel der mentalen Einstellungen und des Verhaltens vollzogen werden. Traditionelle, monokausal und monologisch orientierte Führungskonzepte müssen aus dieser Perspektive heraus grundsätzlich in Frage gestellt werden. Sie hemmen die Lernfähigkeit der Mitglieder eines Unternehmens und begrenzen damit zugleich die Steigerung von Wissenproduktivität (vgl. Geißler, 1995, S. 113 ff.).

Die Folgen für das Managementhandeln ...

Die veränderten Bedingungen stellen an das Management in den Unternehmen veränderte Anforderungen und Fähigkeiten,
- bezogen auf die Entwicklung des Unternehmens am Markt:
  - die Fähigkeit zur Entwicklung von Strategien, die Kundengruppen einen im Vergleich zur Konkurrenz überlegenen Kundennutzen bieten;
  - die Fähigkeit zur Entwicklung neuer Produkte und Dienstleistungen,
  - neben der Spezialisierung für bestimmte Aufgaben, die Fähigkeit eines generellen Verständnisses für Unternehmenszusammenhänge sowie strategische und operative Denkfähigkeit;
  - das Verständnis für internationale Marktzusammenhänge sowie die Fähigkeit, mit Wettbewerbern zu kooperieren (strategische Allianzen);
  - Entscheidungsfähigkeit und Handlungskompetenz,
  - die Bereitschaft, Verantwortung zu übernehmen und Risiko zu tragen;

- bezogen auf Management-, Personal- und Organisationsentwicklung innerhalb des Unternehmens:
  - die Fähigkeit zur kritischen Selbstreflexion des individuellen Managementhandelns als auch des Handelns von Führungsteams sowie die Orientierung der Entscheidungen an Sachargumenten und soweit möglich an berechenbaren Faktoren,
  - die Fähigkeit eines (selbst)kritischen Umgangs mit mikropolitischen Auseinandersetzungen innerhalb der Organisation,
  - die Einbeziehung ethischer Überlegungen in ökonomische Fragestellungen,
  - eine Mitarbeiterführung, die auf einem ziel- und verständigungsorientierten Dialog zwischen zwei oder mehreren selbstverantwortlich denkenden und handelnden Persönlichkeiten basiert;
  - eine Mitarbeiterentwicklung, die die Potentiale der Selbstkompetenz im Kontext unternehmerischen Handelns fördert und entwickelt;
  - ein Managementhandeln, das die organisationsweit vorhandenen bzw. zu entwickelnden Lern- und Wissenspotentiale mobilisiert, verarbeitet und integriert „mit dem Ziel der Maximierung der Lebensfähigkeit statt Maximierung des Gewinnes" (Malik, 1992, S.49 ff.).

Wissen und die mit dem Erwerb von Wissen verbundenen Lernprozesse sind neben Verhaltensroutinen und Emotionen konstitutiv für „die Organisation". Die organisatorischen Kernprozesse für die Produktion und den Absatz der eigenen Leistungen einerseits und der organisatorische Veränderungsprozeß andererseits, sind ohne kreative Kombination der individuellen und kollektiven Wissenspotentiale nicht möglich. Das Ziel jeder Managementintervention muß es demnach sein, die notwendigen Potentiale aufzubauen, die Nutzung vorhandener Potentiale möglichst optimal zu gewährleisten und damit möglicherweise bestehende Nutzungsbarrieren zu eliminieren. Management wird aus dieser Perspektive zu einem Wissensmanagement individueller und kollektiver Wissensbausteine, durch das die Weiterentwicklung der organisatorischen Wissensbasis sichergestellt werden soll. (Schüppel, 1995, S.185 f.)

Für die Initiierung, Durchführung sowie die Erfolgssicherung dieser Prozesse gewinnen soziale Kompetenzen – wie Kommunikations-, Kooperations-, Integrations- und Konfliktfähigkeit – eine elementare Bedeutung. Deshalb sollen diese zunächst präziser dargestellt und, auf den betrieblichen Kontext bezogen, kritisch beleuchtet werden.

Soziale Kompetenz – Schlüsselqualifikation oder Sozialtechnik?

Die gegenwärtige Tendenz, die Menschen in den Unternehmen in den „Mittelpunkt" unternehmerischen Interesses zu stellen und als „strategischen Erfolgsfaktor" zukünftigen Unternehmenserfolgs herauszustellen, ist im Zusammenhang der Erfahrungen mit dem Einsatz neuer Technologien und technischer Fertigungskonzepte in den siebziger Jahren zu sehen: Die Phantasie von der vollautomatisierten störungsfrei ablaufenden *Fabrik 2000* (Brödner, 1986) unabhängig von der letztlich doch „nur begrenzt berechenbaren Variablen Mensch" wurde durch die komplexe, widerspruchsvolle, „störanfällige" und eben nicht präskriptiv planbare und vorhersehbare Realität des Produktionsprozesses widerlegt und ad absurdum geführt (vgl. Brödner, 1986). Im Unterschied zur Human-Relations-Bewegung, die die „Pflege der zwischenmenschlichen Beziehungen" als eine Spezialaufgabe insbesondere der Führungskräfte ansah und von Arbeitsaufgabe und -prozeß trennte (vgl. Neuberger, 1991), geht es gegenwärtig um die Anwendung der Erkenntnis, „daß Zwischen-Menschen-Beziehungen durch die (veränderte) ‚Natur' der Arbeit gefordert werden und nicht kosmetisches Beiwerk sind, das jederzeit verweigert werden kann, wenn Verwertungsnotwendigkeiten entgegenstehen" (Neuberger, 1991, S. 202).

Soziale Kompetenzen und ihre Anwendung in der betrieblichen Zusammenarbeit erweisen sich im gegenwärtigen Prozeß der Restrukturierung der Unternehmen sowie der Entfaltung von Innovations- und Produktivitätspotentialen als ein unverzichtbares Erfordernis (vgl. Gaugler, 1987, S. 80; Stieger & Sattelberger, 1989, S.186 ff.), da die in der Vergangenheit praktizierte Beziehung Mensch-Maschine am Einzelarbeitsplatz zugunsten qualitativ neuer Beziehungen, wie Arbeitsgruppe-Maschine, abgelöst wurde. „Durch Gruppenprozesse soll die begrenzte Problemlösungsmöglichkeit des Individuums überwunden werden" (Oechsler, 1988, S. 322 f.). Da ein Arbeitnehmer die „zunehmende Komplexität seiner Aufgabenstellung allein nicht bewältigen kann, hängt sein Erfolg wesentlich von seiner Sozialkompetenz ab" (Harlander, Heidack, Köpfler & Müller, 1991, S. 481; vgl. auch Fürstenberg, 1987, S. 25).

> Der Erfolg einer Arbeitsgruppe hängt ganz wesentlich davon ab, wie gut beispielsweise der einzelne zuhören, von anderen lernen und andererseits eigenes Wissen weitergeben, d.h. lehren kann. Da Konflikte die Zusammenarbeit beeinträchtigen, wird es desweiteren darauf ankommen, daß jedes Gruppenmitglied sein eigenes Verhalten so steuern kann, daß eine offene vertrauensvolle Kommunikation möglich ist. Im Konfliktfall ist dazu die Bereitschaft zum Kompromiß gefragt. (Harlander et al., 1991, S. 481 f.)

Neue Formen der Arbeitsorganisation, von prozeßorientierten flachen Hierarchien bis hin zu virtuellen Organisationsformen, wie auch der Einsatz neuer Technologien zur qualitativen und quantitativen Optimierung der Arbeitsprozesse lassen Gestaltungsmöglichkeiten und sind gestaltungsbedürftig. Der in Unternehmen zu beobachtende Trend der Konzentration auf Kernkompetenzen sowie der Auslagerung von Unternehmensteilen mit der Perspektive des Erhalts einer „Kernmannschaft" innerhalb eines Unternehmens und der Zusammenarbeit mit einer großen Zahl selbständiger Subunternehmer führt in weiten Teilen zur Aufhebung des traditionellen sozialpsychologischen Arbeitskontraktes zwischen Arbeitnehmer und Arbeitgeber (vgl. Sattelberger, 1996, S. 39 ff.).

Diese Entwicklung führt zu neuen Anforderungen an die Führungskompetenz des Managements sowie an die berufliche Handlungskompetenz der Arbeitnehmer. Diese müssen sich zunehmend auf eine Verkürzung der Verweildauer im Betrieb einstellen und sich demzufolge für unternehmensinterne wie auch -externe Märkte qualifizieren.

Den geänderten Anforderungen wird durch neu geordnete Qualifikationsinhalte in der beruflichen Aus- und Fortbildung bereits seit Beginn der 90er Jahre Rechnung getragen. Grundlegende Zielsetzung ist die Befähigung zu beruflicher Handlungskompetenz: Arbeitnehmer sollen zum selbständigen Planen, Durchführen und Kontrollieren qualifizierter beruflicher Tätigkeiten befähigt werden (vgl. Bundesinstitut für Berufsbildung, 1992). Berufliche Handlungskompetenz soll durch die Vermittlung sogenannter Schlüsselqualifikationen realisiert werden (vgl. Freimuth & Hoets, 1996, S. 141 ff.). Unter diesem Begriff, 1974 von Mertens entwickelt und seitdem vielfach und kontrovers diskutiert (vgl. Gaugler, 1987, S. 75 ff.), modifiziert und praktisch erprobt, wird die integrative Vermittlung von Fach-, Methoden-, Lern- und Sozialkompetenz subsumiert (vgl. Gaugler, 1987, S. 69 ff.; Meyer-Dohm & Schneider, 1991, S. 175; Reetz, 1989).

Der im Konzept der Schlüsselqualifikationen eingeführte Qualifikationsbegriff reduziert Qualifikation auf „das vom Arbeitsmarkt nachgefragte Leistungspotential, das zur Bewältigung bestimmter beruflicher Situationen erforderlich ist", wobei „sich das Vorhandensein von Qualifikation [...] durch ‚Einsetzbarkeit' der Person und damit durch Verwertbarkeit ihres Leistungspotentials" (Reetz, 1989, S. 4) erweist. Diese Definition fixiert Qualifikation auf ihre Verwertbarkeit im betrieblichen Leistungsprozeß und unterscheidet nicht zwischen dem subjektiven Fähigkeits- und Leistungspotential einer Person, ihren subjektiven Qualifikationen und den von außen definierten Qualifikationsanforderungen. Die Bewertung von Qualifikation bleibt abhängig von den jeweiligen ökonomischen Gegebenheiten, Bedarfen und Anforderungen (vgl. Reetz, 1989). Für die Relevanz sozialer Kompetenz in betrieblichen Arbeitsbezügen lassen sich folgende Schlußfolgerungen ableiten: Kompetenz als individuell unterschiedliches Vermögen zur Aneignung von Qualifikationen beinhaltet die Fähigkeit der Person, innerhalb eines Arbeitszusammenhangs zielgerichtet zu handeln. „Dabei ist das in der Arbeitsaufgabe gebündelte zielgerichtete instrumentelle Handeln der explizite Bezugsrahmen auch für den Kompetenzbegriff" (Volmerg, 1990, S. 83). Bezogen auf den im Konzept der Schlüsselqualifikationen verwendeten Qualifikationsbegriff beinhaltet Sozialkompetenz die Aneignung eines zielgerichteten sozialen Handelns innerhalb eines Arbeitszusammenhangs, wobei die zu erbringende soziale Leistung durch den betrieblichen Bedarf definiert wird.

Um die unterschiedlichen Facetten des Begriffsinhalts von Sozialkompetenz aufzuzeigen, werden diese in einer Übersicht (vgl. Abb. 1) in ihren arbeitsrelevanten Kontext gestellt. Damit soll der Gesamtzusammenhang des Gebrauchs dieses Begriffes dargestellt werden, um so seine Bedeutung erfassen zu können und eine Reduzierung auf Details zu vermeiden:

Die Übersicht in Abbildung 1 weist Sozialkompetenz als Fähigkeit einer Person aus, sich innerhalb eines Arbeitszusammenhangs beziehungsorientiert zu verhalten, mit anderen Personen zu kommunizieren und zu (inter-) agieren (vgl. Staehle, 1991a, S. 275) und diesen Umgang aufgabenbezogen zu regulieren. Dabei orientiert und handelt sie auf Basis eigener oder auch internalisierter fremder Interessen und achtet und fördert die Interessen anderer bzw. sucht diese zu umgehen (vgl. u.a. auch: Asea Brown Boveri, 1989, S. 72; Brater & Büchele, 1991, S. 290; Bundesinstitut für Berufsbildung, 1992, S. 10; Decker, 1985, S. 177; Harlander et al., 1991; Litzenberg, 1987, S. 215; Meyer-Dohm & Schneider, 1991, S. 175; Schneider, 1988, S. 280; Stössel, 1986, S. 67).

Arbeitszusammenhang	Kerngedanken	Zielbereich/Anwendung
Interaktionen als Austauschprozesse	Umgang mit Menschen, Kompetenzbewußtsein, Kooperationsfähigkeit, Teamfähigkeit, Kontaktfähigkeit, Bereitschaft zur Dienstleistung gegen über Kunden	Umgang mit der eigenen Person, Umgang mit anderen (Vorgesetzten, Mitarbeitern; Team; Kunde)
verbale Kommunikation	Kommunikationsfähigkeit, Gesprächsfähigkeit, schriftliche u. mündliche Ausdrucksfähigkeit	Übermittlung von Informationen u. Nachrichten
auf das Selbst bezogene Verhaltensattributionen im Interaktionsprozeß	Aufgeschlossenheit, Freundlichkeit, partnerschaftliche Rücksicht, Anpassungsfähigkeit, Integrationsfähigkeit, sich einfügen, soziales Verständnis, Fähigkeit zur Selbstkritik	Selbsteingliederung in den Arbeitszusammenhang
auf andere bezogene Verhaltensattributionen im Interaktionsprozeß	Kollegialität, Fairneß, Kritikfähigkeit, Toleranz, Kompromißbereitschaft, Offenheit, Abbau von Vorurteilen, integrierend wirken, Hilfsbereitschaft, soziale Verantwortung, Sensitivität, Empathie, kundengerechtes Verhalten	Aufgaben- u. Problemlösung gemeinsam mit anderen (Vorgesetzten, Mitarbeitern; Team, Kunden, Geschäftspartnern) Konfliktbewältigung

Abbildung 1
Facetten des Begriffs Sozialkompetenz (vgl. Hoets, 1993, S. 119 f.)

Die Literaturanalyse ergibt eine Vielfalt homogener Katalogisierungen des Begriffs Sozialkompetenz, die jeweils in den Zusammenhang neuer Qualifikationserfordernisse gestellt werden, ohne sich jedoch auf konkrete betriebliche Situationen zu beziehen bzw. konkrete Konzepte zu entwickeln, wie diese Kompetenzen zu entwickeln seien (vgl. Calchera & Weber, 1990, S. 6).

Der in der Literatur verwendete Begriff der Sozialkompetenz umfaßt Eigenschaften, Verhaltensweisen und Tugenden, die einem Idealtypus Mensch entsprechen. Dabei wird abgesehen von den in der betrieblichen Wirklichkeit handelnden Personen, ihren persönlichen Motiven, Stärken *und* Schwächen. Abstrahiert von einem *konkreten* situativen Arbeits- und Unternehmenszusammenhang und ohne Offenlegung der dort praktizierten Werte- und Handlungsprämissen, lassen die genannten Facetten sozialer Kompetenz diverse und beliebig relativierbare Interpretationsmöglichkeiten zu. Je nach Bedarf und subjektiver Einstellung lassen sie sich aus dem Zusammenhang herauslösen und willkürlich mit unterschiedlichen Bedeutungsinhalten belegen. An welchen Voraussetzungen und Werten orientiert sich z.B. der Begriff der sozialen Verantwortung? Wem oder was gegenüber haben sich Arbeitnehmer „sozial verantwortungsbewußt" zu verhalten? Wie sollen Menschen „Sensitivität" und „Empathie" praktizieren, wenn hierarchisch-statusbezogene Strukturregeln, ritualisierte und an Konventionen orientierte formalisierte Verhaltensweisen dem entgegenwirken und eine offene und aufrichtige Kommunikation und Zusammenarbeit nur zu Teilen zulassen? Die jeweiligen Darstellungen lassen offen, wie soziale Kompetenzen in Arbeitsbezüge integriert werden sollen, insofern „kann sich ‚jeder' dafür einsetzen. Die positiven emotionalen Valenzen, mit denen diese Fähigkeiten von den meisten Menschen spontan und fast automatisch besetzt werden, bewirken ihre weitgehend unkritische Akzeptanz" (Laur-Ernst, 1990, S.159).

Soziale Kompetenzen werden benötigt, um nichtstandardisierbare Situationen zu bewältigen und soziale Beziehungen im Arbeitsleben sachorientiert und möglichst rational zu gestalten. Sie haben eine ausschlaggebende Bedeutung für die Qualität der Ausgestaltung der zwischenmenschlichen (Arbeits-) Beziehungen. Eine zielgerichtete Förderung und Entwicklung sozialer Kompetenzen beinhaltet die Möglichkeit einer bewußteren Gestaltung der sozialen Beziehungen insbesondere im Hinblick auf eine Steigerung der Lernfähigkeit und eine Freisetzung brachliegender Potentiale von Wissen. Gleichzeitig sei an dieser Stelle auch auf die Gefahr hingewiesen, daß unter dem Deckmantel der Förderung sozialer Kompetenz Organisationsmitglieder darauf verpflichtet werden können, sich spezifischen Formen von Interaktionsritualen anzupassen, sozusagen als Maßnahme innerbetrieblicher Sozialisation, und gleichzeitig bei Verweigerung das Risiko eingehen, als „sozial inkompetent" ausgegrenzt zu werden. Unabhängig davon ist jedes Mitglied einer Organisation in seinem Arbeitszusammenhang herausgefordert, Position zu beziehen. Dabei kann es sich als Subjekt erleben, das – seine Freiheitspotentiale wahrnehmend – berufliche Möglichkeiten aushandelt und gestaltet; es kann sich selbst jedoch auch auf ein Verhalten reduzieren, das sich darauf beschränkt, Anweisungen auszuführen und den Erwartungen, die aus der Umgebung z.B. von Vorgesetzten, Mitarbeitern, Kunden usw. herangetragen werden, zu entsprechen. Was als sozial kompetent zu verstehen ist – im Extrem „Anpassung" oder „Zivilcourage" – kann nur innerhalb eines verständigungs- und zielorientierten Diskurses in konkreten unternehmensbezogenen Arbeitszusammenhängen erfaßt werden und muß auf ihre Sinnfälligkeit hin befragt werden, soll der Begriff nicht als inhaltslose, beliebig form- und füllbare Worthülse dazu verwendet werden, Menschen zu funktionalisieren. Da es in Unternehmen keinen herrschaftsfreien Raum gibt und Unternehmenswirklichkeiten aufgrund widersprüchlicher Zielkonstellationen konfliktträchtig sind (vgl. Blickle, 1996, S. 113 ff.), müssen innerhalb eines derartigen Diskurses auch die jeweiligen Machtkonstellationen zur Diskussion und zur Disposition gestellt werden, um auf diese Weise einem möglichen Machtmißbrauch rechtzeitig begegnen zu können.

Führungswirklichkeit und Managementlernen

Viele Führungskräfte – insbesondere des mittleren Managements – befinden sich gegenwärtig in der ambivalenten Situation zu wissen, daß sie ihre bisherige Position und damit verbunden individuelle Privilegien aufgeben müssen und gleichzeitig vor die Aufgabe gestellt werden, als „Promotoren des Wandels" eine „Hochleistungsorganisation" zu schaffen. Aus subjektivem Erleben heraus werden radikale Veränderungen in den Unternehmen vielfach als „von oben übergestülpt" wahrgenommen. Nicht persönliche Einsicht in die Sinnfälligkeit der Veränderungen führt zu Änderungen des eigenen Führungshandelns, sondern der subjektiv erlebte Zwang. Dies kann zu Widerständen und zu subtilen oder auch offenen Verweigerungshaltungen führen. Während Handlungen aus persönlicher Einsicht heraus Ausdruck authentischen Verhaltens und eigener Motivationslage sind, stellen angepaßte Handlungen aus einem (wirklichen oder vermeintlichen) Zwang heraus, Scheinhandlungen dar, man „tut so als ob". Gleichzeitig wecken derartige Situationen bei den betroffenen Führungskräften Ängste. Neben der Angst vor Macht- und Statusverlust entsteht die Angst, den veränderten Anforderungen nicht gewachsen zu sein, bis hin zur Produktion von Existenzangst.

> Angst blockiert, bewirkt Sicherungstendenzen, macht manipulierbar und kann zu Verhaltensweisen führen, die mehr der Absicherung der eigenen Person als der Unternehmensentwicklung dienen. Da Angst nicht in das Bild vom erfolgreichen Manager paßt, muß sie getarnt werden. Manager können dadurch in eine Situation der inneren Isolation geraten. Verschärfend wirkt in dieser Situation auch die Erfahrung, daß Menschen in der Achtung und im Ansehen gesellschaftlich höher bewertet werden, wenn sie eine gehobene Position einnehmen. Der persönliche Wert wird in der Folge mit dem Rang der Position gleichgesetzt. Damit ist dann auch ein Zuwachs an persönlicher Bedeutung sowie an Zugangsmöglichkeiten zu Kreisen und Informationen, die sonst unerreichbar wären, verbunden. Dieser „Besitzstand" möchte natürlich gewahrt werden. (Meyer, 1995, S. 1013)

Die skizzierte Dualität, der sich Führungskräfte gegenwärtig ausgesetzt sehen, erfordert von diesen ein hohes Maß an Souveränität und insbesondere eine kritische Reflexion der Motive eigenen (Führungs-) Handelns. Betrachtet man jedoch den gängigen betrieblichen Führungsalltag, wie er von vielen Führungskräften beschrieben wird, und die Lernerfahrungen, die dabei gemacht werden, so lassen diese nur sehr eingeschränkt Lernprozesse zu, die ein souveränes, autonomes Führungshandeln unterstützen helfen. Hierzu ausschnitthaft einige Beispiele (vgl. Meyer, 1995, S. 1012 f.):

Führungskräfte geraten oftmals in die Situation, auf die Fülle der Ereignisse, Erwartungen, Anforderungen, Informationen, die von außen an sie herangetragen werden und in Form einer Reizflut auf sie einstürmen, routiniert und mechanisch zu reagieren. Dabei greifen sie auf bewährte internalisierte Denk- und Verhaltensrepertoires zurück. Hier kann formal betrachtet von einer Art Reiz-Reaktions-Lernen gesprochen werden: Impulse von außen rufen ein gleichartiges, routiniertes für die Menschen der Umgebung vorhersehbares und damit auch berechenbares Antwortverhalten hervor. Führungskräfte können so in die Situation geraten, von ihrer Umwelt gesteuert zu werden. Erst die selbstkritische Reflexion des persönlichen Umgangs mit routiniert praktizierten Denk- und Verhaltensmustern in spezifischen Streß- oder auch Alltagssituationen bietet hier Möglichkeiten eines neuen, unerwarteten und der beteiligten Personen wie auch der Situation angemesseneren Umgangs.

Führungskräfte werden am Erfolg gemessen, der Maßstab bzw. der Preis des Erfolges wird nur selten hinterfragt. Da Erfolge – ebenso wie Märkte – zunehmend kurzlebiger werden, geraten Führungskräfte in Erfolgszwänge. Erfolge machen eine Führungskraft wertvoll, Mißerfolge mindern ihren Wert. Der Erfolg kann dann auch zum Kriterium für den Einsatz von Verhaltensweisen führen, die aus ethischen Erwägungen heraus durchaus fragwürdig sind. So meint z.B. Sprenger (1996):

> Topmanager werden dafür bezahlt, Risiken zu übernehmen und dem Markt und Konkurrenten gegenüber skrupellos zu sein. Die gleiche Skrupellosigkeit wird plötzlich beklagt, wenn sie sich gegen die eigenen Reihen richtet. (Sprenger, 1996, S. 136)

Skrupellosigkeit als Bestandteil sozialer Kompetenz von Führungskräften? Verhalten dient dann als Mittel zum Zweck. Die Frage nach der Sinnfälligkeit gehört dann in den Bereich der „schönen Künste". Der Inhalt dessen, was Erfolg und Anerkennung ausmachen, wird dann (scheinbar) von den Gesetzen des Marktes oder von „Oberführern" bestimmt und nicht zur Diskussion geschweige denn in Frage gestellt.

Zur Praxis der Führungskräfte zählt es, positionsspezifische Rollen zu spielen. Rollen haben die Funktion, Einstellungen, Denk- und Verhaltensweisen zu nivellieren und einander anzugleichen, nach dem Motto: Eine Führungskraft verhält sich so und nicht anders. Dabei wird der Versuch unternommen, die Vielzahl individueller, personenspezifischer Handlungsvariationen zu reduzieren und in eine ritualisierte Kommunikation und Interaktion zu überführen (vgl. Staehle, 1991b; Wiendieck & Pütz, 1995). Führende und Geführte wissen so, welche Rolle ihnen zukommt, eine persönliche Stellungnahme tritt demgegenüber in den Hintergrund. Personen und Situationen werden so überschaubar, sie können kalkuliert, hochgerechnet, kontrolliert und in Schach gehalten werden – solange niemand „aus der Rolle fällt". Rollen stellen typisiertes, modellhaftes Verhalten dar. Indem Manager die ihren Positionen zugeschriebenen Rollen annehmen und praktizieren, lernen sie am Modell und imitieren Verhalten – wie im Theater spielen sie die „Rolle des Managers". Da hier jedoch die persönliche Beziehung zur eigenen Persönlichkeit und dem eigenen Handeln fehlt, lassen sich in der Folge Identitätsprobleme der eigenen Person gegenüber als auch „Glaubwürdigkeitsprobleme" in der Zusammenarbeit mit Kollegen und Mitarbeitern beobachten.

Die hier nur ausschnitthaft skizzierten Lernerfahrungen von Führungskräften machen deutlich,

... daß institutionalisiertes Managementhandeln Manager in die Situation eines Lernens bringen kann, das weitgehend auf Anpassung und Vermeidung ausgerichtet ist. Manager passen sich dadurch den äußeren Bedingungen an und begeben sich in Abhängigkeiten, um die eigene Position abzusichern bzw. zu erweitern. Darüber hinaus müssen sie Handlungen vermeiden, die ihre Position zur Disposition stellen könnte. Hier findet sich kaum mehr Raum für Innovationsfreudigkeit, das Ausprobieren eigener Ideen und Handlungen außerhalb bekannter Denk- und Handlungsmuster. (Meyer, 1995, S. 1013)

Förderung sozialer Kompetenz als Aufgabe der Managementbildung in lernenden Organisationen

Die Gestaltung offener und zukunftsweisender Lernprozesse innerhalb einer Organisation, in der Wissensproduktion und Anwendung von Wissen als elementare Bestandteile von Lernprozessen angesehen werden, bedürfen

– der Bereitschaft und des Interesses ihrer Mitglieder zur Offenheit gegenüber neuen Erfahrungen und der Anwendung neuen Wissens in Handlungspraxis (einem subjektiven Wollen),
– der Förderung und Entwicklung von Handlungskompetenz bei den beteiligten Personen zur Bewältigung neuer, unsicherer Situationen (Unterstützung des Könnens),
– der Etablierung organisationaler Strukturen und Abläufe, die diese Offenheit und Lernfähigkeit im Denken der Beteiligten unterstützen, Prozesse des Wissensmanagements ermöglichen und eine Umsetzung von Erkenntnissen in Handlung ermöglichen (Unterstützung des Dürfens).

Während in Organisationskonzepten der Vergangenheit eine monologisch kausalorientierte Ein-Weg-Kommunikation von oben nach unten im Mittelpunkt der Mitarbeiterführung stand, führen die eingangs skizzierten Veränderungen in der Arbeitsorganisation zu einer Dezentralisierung von Verantwortung und unternehmerischem Handeln. Kundenorientierung und Schnelligkeit in den unternehmerischen Prozessen bedürfen einer Führung und Steuerung aller am Prozeß Beteiligten. Erforderlich ist demzufolge eine Führung, die Mitarbeiterqualifikationen fördert, Mitarbeiterpotentiale erkennt und entwickelt, unternehmerisches Denken und das Prinzip der

Selbstverantwortung unterstützt und Prozesse der Selbstorganisation zuläßt und entwickeln hilft. Für eine effiziente ergebnisorientierte Zusammenarbeit sind verständliche Zielformulierungen und -vereinbarungen zwischen Führungskräften und Mitarbeitern erforderlich, damit diese die Möglichkeit selbstverantwortlichen Handelns erhalten. Gleichermaßen bedarf die Entwicklung innovativer Produkte und Dienstleistungen einer flexiblen Organisationsstruktur und eines Arbeitsklimas, in dem Organisationsmitglieder in funktionsübergreifenden Teams interdisziplinär zusammenarbeiten. Elementare Voraussetzung des Erfolgs einer derartigen Zusammenarbeit stellen die Bereitschaft und Fähigkeit zur Kooperation sowie Sachengagement dar. Führungskräfte, die ihren persönlichen Wert von der Demonstration der Macht ihrer Position ableiten und damit Macht mit Einflußnahme verwechseln, geraten in Arbeitsgruppen in Konflikte, weil erfolgreiche Teamarbeit mit der Vorstellung, als einzelner innerhalb eines Teams als Größter bzw. als Sieger hervorzustechen, unvereinbar ist.

Die veränderten Unternehmensbedingungen fordern von den Führenden die Bereitschaft, Macht und Verantwortung abzugeben, und von den Geführten die Bereitschaft und die Fähigkeit, Verantwortung zu übernehmen. Führende und Geführte sind dabei zu einer grundlegenden Umorientierung im Denken und Handeln herausgefordert. Da derartige Veränderungen mit Widerständen und Konflikten einhergehen, müssen sie durch individuelle und organisationale Lernprozesse initiiert und begleitet werden.

Zur Wahrnehmung ihrer Führungsaufgaben benötigen Führungskräfte neben Fach- und Methodenkompetenz insbesondere soziale Kompetenzen. Gleichzeitig zeigen Erfahrungen aus der betrieblichen Praxis, daß die meisten Führungskräfte Leitungsfunktionen mit Personalverantwortung übernehmen, ohne je dazu ausgebildet worden zu sein. Dennoch hat jede Führungskraft eine persönliche Meinung darüber, was „gutes" oder „schlechtes" Führungsverhalten ausmacht, und versucht in ihrer eigenen Führungspraxis auch, diesem Selbstverständnis zu entsprechen. Dabei tritt auch das Phänomen zutage, daß „Idee" und „Selbstverständnis" dem Handeln in der „Führungspraxis" widersprechen. Dieser Widerspruch, der auch als Umsetzungslücke beschrieben werden kann, ist den betroffenen Führungskräften vielfach selbst nicht bewußt. Wenn er als solcher wahrgenommen und erkannt wird, erscheint das eigene Verhalten den betroffenen Führungskräften selbst als „rätselhaft" und unverständlich. Das individuelle Führungsverhalten, wie die Art der Steuerung von Problemlösungsprozessen, die Art und Weise der Einbeziehung von Mitarbeitern in Arbeits- und Entscheidungsprozesse, die Zusammenarbeit im Team, Handlungsstrategien im Umgang mit Konflikten sowie die Handhabung von Verantwortung, Macht und Kontrolle steht jeweils konkret im Zusammenhang mit dem individuellen Selbstbild der Führungskraft sowie den situativen Gegebenheiten im Arbeitszusammenhang. Das Selbstbild der Führungskraft kann verstanden werden als Produkt vielfältiger persönlicher berufsbiographischer (Lern-) Erfahrungen, die – wie zuvor dargestellt – auch irrtümliche Lernerfahrungen beinhalten. Diese werden in bestimmten routinierten oder auch Streßsituationen subjektiv nicht als irrtümlich wahrgenommen. Hierzu fehlen die selbstkritische Distanz und entsprechende Außenimpulse (vielfach werden Führungskräfte desinformiert und damit per effectum „dumm gehalten"). Das Selbstbild ist der einzelnen Führungskraft zu Teilen bewußt und zu Teilen unbewußt. Die unterschiedliche Ausprägung sozialer Kompetenzen bei Führungskräften, wie z.B. Einfühlungsvermögen, Integrationsfähigkeit, Dialogfähigkeit, Sensitivität für die persönliche Motivations- und Gefühlslage wie auch die für andere Personen, werden durch biographische und berufliche Erfahrungen wesentlich beeinflußt. Da sie nicht „vererbt", sondern im Laufe der Sozialisation in der Herkunftsfamilie, im gesellschaftlichen und beruflichen Umfeld aktiv erworben und ausgestaltet werden und in Form routinierter „bewährter" Denk- und Handlungsmuster „in Fleisch und Blut übergehen", sind derartige Selbstbilder selten offen gegenüber Veränderungen. Sie zeigen sich eher veränderungsresistent, da sich aus der subjektiven Erfahrung heraus, bisheriges Denken und Handeln zumindest vordergründig bewährt hat.

Aufgabe von Managementbildung ist es deshalb, Führungskräfte in der Ausgestaltung ihrer sozialen Kompetenzen zu fördern und zwar bezogen auf die „Führung" der eigenen Person als auch bezogen auf die Führung von Mitarbeitern. Hier ist anzusetzen an der Prämisse „Führen kann nur, wer sich selbst führen kann". Das heißt jedoch nicht, einen äußeren Befehlsgeber (Antreiber) durch einen verinnerlichten zu ersetzen, sondern bedeutet, Führungskräfte darin zu unterstützen und zu ermutigen, das eigene „innere Selbstverständnis" von Führung verstehen zu lernen. Voraussetzung für eine authentische Entwicklung der eigenen Führungskompetenz ist die kritische Reflexion der eigenen inneren Einstellungen und der persönlichen Handlungen. Dabei ist nicht die „gute Absicht" zur Diskussion zu stellen, sondern die konkreten Handlungen inkl. ihrer Handlungsfolgen. Aus ihnen können logische Schlußfolgerungen abgeleitet und in eine neue Handlungspraxis überführt werden. Durch eine Analyse der persönlichen Fähigkeiten und Talente wie auch der Schwächen lassen sich wiederum Konsequenzen ableiten, die sowohl der jeweiligen Führungskraft als auch der Unternehmenssituation Rechnung tragen.

Darüber hinaus können ritualisierte Formen der Kommunikation und Interaktion, Routinehandlungen, geschriebene und ungeschriebene Regeln der Zusammenarbeit, Werte und Normen, die in den einzelnen Unternehmen jeweils unterschiedlich sind, konkret dargestellt und in Hinblick auf den Erhalt und die Entwicklung der Lebensfähigkeit des Unternehmens beurteilt werden. Daraus lassen sich Erkenntnisse für neue Sicht- und Handlungsweisen ableiten.

Die Entwicklung und Förderung sozialer Kompetenzen im Rahmen der Managementbildung muß die unterschiedlichen Aspekte personenbezogener Handlungsstrategien, das soziale Umfeld in den spezifischen Situationen im Unternehmen sowie den jeweils individuellen bzw. gruppenbezogenen Umgang damit beschreiben und thematisieren. Aus der Beschreibung und Analyse dieser (mehrdimensionalen) Faktoren lassen sich neue bzw. alternative Perspektiven von Handlungsmöglichkeiten ableiten. Diese können in der Praxis erprobt und einem offenen und wechselseitigen Lernprozeß zugeführt werden. Die Umsetzung bzw. Nichtumsetzung von Wissen und Erkenntnissen in die betriebliche Praxis zeigt dann wiederum auf, welche Lernprozesse Führungskräfte und Mitarbeiter – einzeln oder als Gruppen – tatsächlich selbst wollen, was sie lernen dürfen und was sie aus ihren Fähigkeiten heraus sowie den Bedingungen, die die Organisation zur Verfügung stellt, lernen können.

Für die Förderung sozialer Kompetenzen im Führungshandeln von Führungskräften bedeutet dies zugleich die Notwendigkeit, nicht nur das „offizielle" lehrbuchmäßige Führungsverhalten des „erfolgreichen" Vorgesetzten zu thematisieren, sondern auch die „doppelte Wirklichkeit" (Weltz, 1991) in den Unternehmen zur Diskussion zu stellen. Kommunikations-, Kooperations-, Konfliktfähigkeit z.B. beziehen sich auf soziale Interaktionsprozesse (vgl. Sarges, 1995, S. 353 ff.). Diese werden von Personen (mit spezifischen, individuellen Handlungsstrategien) in jeweils spezifischen Unternehmenssituationen aktiv gestaltet und finden in mikropolitischen Kontexten statt: Die handelnden Akteure fühlen sich nicht allein den Geschäftszielen verpflichtet, sondern verfolgen immer auch persönliche Interessen. Diese werden in der Regel jedoch nur zu Teilen bzw. gar nicht offengelegt. In der Kommunikation hat dies Doppeldeutigkeiten sowie offene und verdeckte Formen der Kommunikation zur Folge. Vielfach führt dies dazu, daß Kommunikation nicht mehr aus Interesse heraus praktiziert wird, sondern auf den Austausch nichtssagender Höflichkeiten beschränkt bleibt. Handlungen erfolgen dann auf Basis ungeschriebener Gesetze, an die Stelle arbeitsbezogener Kooperationen, tritt die Bildung von Koalitionen. Diese werden dazu verwendet, personen- bzw. gruppenbezogene Vorteile zu erlangen, und wirken sich auf die Unternehmensentwicklung eher hemmend aus.

Die Unterstützung selbstreflexiver Lernprozesse von Führungskräften stellt demgegenüber eine elementare Voraussetzung für organisationale Lernprozesse dar: Implizites und explizites Wissen der Organisationsmitglieder kann so freigesetzt, zusammengeführt und innerhalb eines evolutionären Prozesses zur Anwendung und Weiterentwicklung gebracht werden (vgl. Geißler, 1996; Greif & Kurz, 1996; Malik, 1996; Wagner & Nolte, 1996).

Literatur

Asea Brown Boveri (Hrsg.). (1989). *Integrierte Vermittlung von Fach- und Schlüsselqualifikationen durch Leittexte in der Berufsausbildung.* Mannheim, ABB. – **Blickle, G. (1996).** Argumentationsintegrität: Anstöße für eine reflexive Managementethik. In D. Wagner & H. Nolte (Hrsg.), *Managementbildung* (S. 151-162). München: Hampp. – **Brater, M. & Büchele, U. (1991).** *Persönlichkeitsorientierte Ausbildung am Arbeitsplatz.* München: Langen. – **Brödner, P. (1986).** *Fabrik 2000: Alternative Entwicklungspfade in der Zukunft der Fabrik* (3. Aufl.). Berlin: Edition Sigma. – **Bundesinstitut für Berufsbildung (Hrsg.). (1992).** *Kaufmann/-frau für Bürokommunikation. Erläuterungen zur Verordnung über die Berufsausbildung.* Berlin: BIBB. – **Calchera, F. & Weber, J.C. (1990).** Entwicklung und Förderung von Basiskompetenzen/Schlüsselqualifikationen. In Bundesinstitut für Berufsbildung (Hrsg.), *Berichte zur beruflichen Bildung,* Heft 116, S. 6-11. – **Decker, F. (1985).** *Aus- und Weiterbildung am Arbeitsplatz: Neue Ansätze und erprobte berufspädagogische Programme.* München: Lexika. – **Freimuth, J. & Hoets, A. (1996).** Schlüsselqualifikation. In S. Greif & H.-J. Kurtz (Hrsg.),

Handbuch Selbstorganisiertes Lernen (S. 141-148). Göttingen: Hogrefe. – **Fürstenberg, F. (1987).** Die Lücke zwischen dem Erwerb und der Nutzung von Qualifikation. In P. Meyer-Dohm & H.G. Schütze (Hrsg.), *Technischer Wandel und Qualifizierung* (S. 137-155). Frankfurt/M.: Campus. – **Gaugler, E. (1987).** Zur Vermittlung von Schlüsselqualifikationen. In E. Gaugler (Hrsg.), *Betriebliche Weiterbildung als Führungsaufgabe* (S. 69-84). Wiesbaden: Gabler. – **Geißler, H. (Hrsg.). (1995).** *Organisationslernen und Weiterbildung. Die strategische Antwort auf die Herausforderungen der Zukunft.* Neuwied: Luchterhand. – **Geißler, H. (1996).** Sinnmodelle des Managements: Vom „Handwerker"- über das „Gärtner"- zum „Mitverantwortungs"-Modell. In H. Geißler, B. Krahmann-Baumann & A. Lehnhoff (Hrsg.), *Umdenken im Management – Management des Umdenkens* (S. 113-128). Berlin: Lang. – **Gertz, D.L. & Baptista, J.P.A. (1996).** *Grow to be Great.* Landsberg/Lech: Moderne Industrie. – **Greif, S. & Kurtz, H.-J. (Hrsg.). (1996).** *Handbuch Selbstorganisiertes Lernen.* Göttingen: Hogrefe. – **Harlander, N., Heidack, C., Köpfler, F., & Müller, K.-D. (1991).** *Praktisches Lehrbuch Personalwirtschaft* (2., völlig überarb. u. erw. Aufl.). Landsberg/Lech: Moderne Industrie. – **Hoets, A. (1993).** Soziale Kompetenz als Aufgabe der Personalentwicklung. *Zeitschrift für Personalforschung, 7* (1), 115-133. – **Laur-Ernst, U. (Hrsg.). (1990).** *Neue Fabrikstrukturen – veränderte Qualifikationen.* Berlin: Bundesinstitut für Berufsbildung. – **Litzenberg, G. (1987).** Entwicklungen in der beruflichen Erstausbildung. In P. Meyer-Dohm & H.G. Schütze (Hrsg.), *Technischer Wandel und Qualifizierung* (S. 214-219). Frankfurt/M.: Campus. – **Malik, F. (1992).** *Strategie des Managements komplexer Systeme* (4. Aufl.). Bern: Haupt. – **Malik, F. (1996).** Von Beruf Manager. *Manager Magazin,* Juni 1996, S. 245-253. – **Mertens, D. (1974).** Schlüsselqualifikationen: Thesen zur Schulung für eine moderne Gesellschaft. *Mitteilungen aus Arbeitsmarkt und Berufsforschung,* Heft 7. – **Meyer, A. (1995).** Lernen, ein Thema des Top-Managements? *Personalführung, 28* (12), 1011. – **Meyer-Dohm, P. & Schneider, P. (1991).** *Berufliche Bildung im lernenden Unternehmen. Neue Wege zur beruflichen Qualifizierung.* Stuttgart: Klett. – **Neuberger, O. (1991).** *Personalentwicklung.* Stuttgart: Enke. – **Oechsler, W.A. (1988).** *Personal und Arbeit* (3., überarb. u. erw. Aufl.). München: Oldenbourg. – **Reetz, L. (1989).** Zum Konzept der Schlüsselqualifikationen in der Berufsbildung. Teil I. *Bildung, Wissenschaft und Praxis, 5,* 3-10. – **Sarges, W. (Hrsg.). (1995).** *Management-Diagnostik* (2., vollst. überarb. u. erw. Aufl.). Göttingen: Hogrefe. – **Sattelberger, T. (1996).** Personalarbeit im Umbruch: Blick nach vorne. *Gablers Magazin,* (2), 39-45. – **Schneider, P. (1988).** Neuorientierung der Berufsausbildung in der Industrie. In P. Meyer-Dohm (Hrsg.), *Der Mensch im Unternehmen* (S. 273-286). Bern: Haupt – **Schüppel, J. (1995).** Organisationslernen und Wissensmanagement. In H. Geißler (Hrsg.), *Organisationslernen und Weiterbildung. Die strategische Antwort auf die Herausforderungen der Zukunft* (S. 185-219). Neuwied: Luchterhand. – **Sprenger, R. (1996).** Pointierter Narzismus. *Wirtschaftswoche,* Nr. 20, S. 136. – **Staehle, W.H. (1991a).** *Management. Eine verhaltenswissenschaftliche Perspektive* (6., überarb. Aufl.). München: Vahlen. – **Staehle, W.H. (Hrsg.). (1991b).** *Handbuch Management: die 24 Rollen der exzellenten Führungskraft.* Wiesbaden: Gabler. – **Stieger, P. & Sattelberger, T. (1989).** Ansätze eines integrativen Qualifizierungskonzeptes in der CIM-Fabrik. In T. Sattelberger (Hrsg.), *Innovative Personalentwicklung* (S. 186-200). Wiesbaden: Gabler. – **Volmerg, B. (1990).** Arbeit als erlebte Wirklichkeit. *Psychosozial, 13* (3), 80-91. – **Wagner, D. & Nolte, H. (Hrsg.). (1996).** *Managementbildung.* München: Hampp. – **Weltz, F. (1991).** Der Traum von der absoluten Ordnung und die doppelte Wirklichkeit der Unternehmen. In E. Hildebrandt (Hrsg.), *Betriebliche Sozialverfassung unter Veränderungsdruck* (S. 85-97). Berlin: Edition Sigma.– **Wiendieck, G. & Pütz, B. (1995).** Rollenflexibilität. In W. Sarges (Hrsg.), *Management-Diagnostik* (2., vollst. überarb. u. erw. Aufl.; S. 425-432). Göttingen: Hogrefe.

Wolfgang Looss und Sabine Stadelmann

Wo, bitte, geht's denn jetzt nach oben?
Karriereplanung in turbulenten Zeiten[1]

Eine „Karriere" – was ist das eigentlich?

Das Wort hat im deutschsprachigen Raum immer noch einen unangenehmen Beigeschmack, weckt Assoziationen von rücksichtslosen Aufsteigern „mit den Sporen an den Ellenbogen". Gehen wir dem Begriff sprachlich auf den Grund, treffen wir auf das französische „carrière" = „Rennbahn" und stoßen im Ursprung schließlich auf das lateinische „carrus", das soviel wie „Wagen" bedeutet und in unserem Begriff „Karre" noch erhalten ist.

Es geht etymologisch offenbar um Fortbewegung entlang definierter und markierter Verläufe oder – moderner formuliert – um die Entwicklung von Berufsrollen in vorgedachten Bahnen. Der Entwicklungsverlauf solcher Rollen wird beschrieben mit Hilfe von aussagekräftigen Prozeßvariablen: Fähigkeiten und Fertigkeiten, Einkommen, Vermögen, Macht über andere, Entscheidungsbefugnisse, Ansehen, Bekanntheit, Autonomie und andere Größen.

Karrieren sind damit gesellschaftlich geläufige Bedeutungszusammenhänge und im Unternehmen hinreichend konfigurierte Interpretationsmuster, die einzelnen Personen oder Personengruppen zugeschrieben werden: Es gibt Karrieren von Trinkern, Managern, Kriminellen, Künstlern oder Politikern. Karrieren setzen mithin definierte und bekannte Felder voraus, in denen sich ihre Entwicklung vollzieht: Nur dann können durch gesellschaftliche Konventionen die Maßgrößen festgelegt werden, um die jeweiligen Karriereverläufe auch begrifflich fassen zu können. Es ist schwer, in einem neuen Arbeitsgebiet oder einer neuen Branche eine „Karriere zu machen", weil die beschreibenden Größen, die „Deskriptoren", noch nicht herausdefiniert wurden und demnach zunächst die Interpretationszusammenhänge fehlen.

Wohldefinierte Karriereverläufe haben einen unschätzbaren Vorteil: Sie formatieren Erwartungsstrukturen sowohl für diejenigen Führungskräfte, die eine solche Karriere durchlaufen, als auch für jene, die – als Personalentwickler und/oder Vorgesetzte – entsprechende Karrieremöglichkeiten bereitstellen. Im Bereich des Managements haben klassische Karriereverläufe Generationen von Nachwuchskräften und ihren jeweiligen Vorgesetzten oder Personalchefs hinreichende Handlungssicherheit gegeben. Man konnte – insbesondere in Großunternehmen – miteinander einen komple-

---

[1] Erstmals erschienen in *Hernsteiner: Fachzeitschrift für Management-Entwicklung,* 7 (4),1994; Nachdruck mit Genehmigung der Verfasser.

xen Handel eingehen: Die junge Führungskraft war bereit, ihr Potential und ihre Handlungsenergie in den Dienst des Unternehmens zu stellen, und konnte im Gegenzug damit rechnen, eine Karriere zu machen, deren Gestalt langfristig vorauszudenken war. Damit wurden einerseits Lebenspläne ermöglicht, andererseits konnten Programmatiken zur Ausfüllung der vorgedachten Entwicklungsschritte aufgestellt werden.

Klassische Karrieremuster verblassen

Klassische Karrieren im Management zeichneten sich lange Zeit dadurch aus, daß im jeweils nächsten Entwicklungsschritt insgesamt nur wenige Karriereparameter verändert wurden, die grundlegenden, kennzeichnenden Deskriptoren jedoch gleich oder ähnlich blieben. So blieben etwa im „Kaminaufstieg" Arbeitsgebiet und Untergebenengruppen für eine aufsteigende Führungskraft weitgehend konstant, es veränderten sich Gehalt, Einfluß und Privilegien. Die Karriere des klassischen „General Managers" mag zwar verschiedene Arbeitsgebiete in Stab und Linie streifen, die grundsätzlichen Arbeitsmuster der Problemlösung bleiben jedoch weitgehend erhalten. Und auch die vor wenigen Jahren erst eingeführte Spezialistenlaufbahn setzt naturgemäß im Aufstieg konstant bleibende Arbeitsfelder und -beziehungen voraus.

In manchen, sehr beständigen und veränderungsarmen Unternehmen war es sogar üblich, zusätzliche parallele Ranghierarchien aufzubauen, um überhaupt eine „Aufstiegsgrammatik" zur Verfügung zu haben, die allen Beteiligten eine geordnete Bedeutungszuschreibung nach Positionshöhen ermöglichte und die soziale Ordnung wahrnehmbar machte. Überall, wo Karrieren nicht hinreichend beschrieben waren, entstanden spekulative und phantasierte informelle Zuschreibungsmuster hinsichtlich der Kriterien, die beim Aufstieg „zählen".

Nun sind bekanntlich im Management seit einigen Jahren ausgesprochen turbulente Zeiten angebrochen, auf die man in den Unternehmen mit einer Fülle von Anpassungsmanövern und Innovationen reagiert hat. Neben den vielfältigen Auswirkungen dieses intensiven Wandels auf Technologien, Märkte, Organisationsstrukturen, Wertschöpfungsprozesse etc. werden nun auch die gesellschaftlich geprägten Rollenbilder der Managementkarrieren in Mitleidenschaft gezogen. Daß „Kaminaufstiege" heute nicht mehr en vogue sind, hat sich inzwischen ebenso herumgesprochen wie die Notwendigkeit von Intrapreneurship, örtlicher Mobilität, lebenslangem Lernen, Outsourcing, Fachlaufbahnen, flexibilisiertem Zeitverhalten und vieler anderer modischer Managementkonzepte. Die gewohnten Aufstiegsmuster, viele Jahre Grundlage von Erwartungen, Motivationsstrukturen, Belohnungssystemen und Personalentwicklungen, werden zunehmend durch die neu entstehenden Handlungsformen durchlöchert, lassen sich angesichts dauernder Umbesetzungen in verflüssigten organisatorischen Architekturen nicht mehr aufrechterhalten (vgl. Lanzenberger, 1990).

Neue, restabilisierte Konfigurationen für die Gestaltung von künftigen Karrieren sind derzeit noch nicht deutlich in Sicht. Personalentwicklungsanstrengungen werden damit zunehmend doppelbödig oder führen sich im Extrem selbst ad absurdum: Die Aufstiegsversprechen werden nicht mehr geglaubt und dann bald auch nicht mehr gemacht. Personalchefs und Vorgesetzte sind in großer Verlegenheit. Außer den um sich greifenden Programmen zur Erzeugung von „Unternehmern im Unternehmen" im Rahmen von Dezentralisierungskonzepten ist wenig in der praktischen Erprobung. Die angelegte Widersprüchlichkeit zwischen zentralistischer Bindung und teilweise autonomem Handeln in Profit Centern wird allerdings in solchen Programmen seit einiger Zeit zunehmend deutlich. Gleiches gilt für die um sich greifenden Versuche, Führungskräfte zu „Coaches" ihrer Mitarbeiter heranzubilden. Die bloße Zumutung immer neuer Rollenfunktionen in der Führungsarbeit stiftet oft Verwirrung und stößt auf Widerstand.

Hier zeigt sich einstweilen ein Bedeutungsschwund der Personalentwicklungsfunktionen, die bisher vorwiegend für die Formulierung und Realisierung von beruflichen Entwicklungsverläufen zuständig waren. Wenn die Zeit der großen programmatischen Entwürfe einstweilen vorbei ist, befinden sich deren Autoren – wie vermehrt zu beobachten ist – vorübergehend in einer funktionalen Leere.

Verlagerung auf das Individuum

In dieser Situation lag und liegt es nahe, die karrieremachenden Individuen stärker nach ihren Lebensplänen und Wünschen, nach ihren Orientierungen und Zielen zu befragen und sie individuell zur Neuproduktion einer zu entwerfenden Aufstiegsgrammatik heranzuziehen. Man interessiert sich dann unter dem Schlagwort von der Unternehmenskultur mit Recht für den „Wertewandel" unter Mitarbeitern, greift zu vielfältigen Formen von Potentialanalysen und Managementdiagnostik, spendiert den jungen Führungskräften verstärkt rollenbezogene Einzelberatungen (vgl. Looss, 1991) und hofft, daß sie dann mit einer „Lebensplanung" ausgestattet sind, die zu den künftig zu erwartenden Aufgabenfeldern und Rollenkonfigurationen von Managern hoffentlich irgendwie passen wird. Ungeklärt bleibt dabei, in welcher Form die Abstimmung solcher Lebenspläne mit den sich wandelnden betrieblichen Aufgaben und Rollenanforderungen erfolgen wird.

Die Einzelperson allerdings ist ihrerseits überfordert und desorientiert, weil nunmehr die ernstzunehmenden und glaubhaften Karrierepläne von der Personalentwicklung her ausbleiben. Irritation und Mißtrauen ist die Folge, der Vertrauensverlust greift um sich. Man studiert im privaten Umfeld Trendaussagen zu Lebensstilen (Horx, 1991; Popcorn, 1993), greift zur reichlich vorhandenen Selbsthilfe- und Ratgeberliteratur, besucht Life-style-Seminare und bindet sich im übrigen als Person an das an, was noch sicher und überschaubar erscheint: Der Rückzug ins Private hat Hochkonjunktur, die Frage nach der „Vereinbarkeit von Beruf und Privatleben" ist das gängige Thema unter jungen Führungskräften. Gleichzeitig suchen die Personalentwickler nach Rechtfertigungen ihrer Existenz, indem sie wieder verstärkt Eignungsdiagnostik betreiben, um den richtigen Menschen an den richtigen Platz zu befördern. Dabei wird übersehen, daß diese „Passungsfrage" in der klassischen Form nicht mehr gestellt werden kann, weil die Arbeitsanforderungen und die Berufsrollen sich viel zu schnell verändern.

Instrumente zum intelligenten Durchwursteln

Wer in neuartigen Situationen Orientierung (wieder)erlangen will, ist auf heuristische Instrumente angewiesen. Es geht um das „Gewahrwerden" der vielfältigen Aspekte einer unbekannten Situation, es geht um die Entstehungsgeschichte, es geht um zu enträtselnde Wirkungsgefüge, es geht um Abschätzungen und Intuition, um Meinungsvielfalt und Diskurs. Instrumente zur Produktion „neuer", erst noch entstehender Karriereverläufe stellen die Unternehmen als „Anbieter" der künftigen personalen Rangbedeutungen und der Entwicklungsmuster von Berufsrollen vor ebenso große Probleme wie die Führungskräfte, die solche bedeutungsgebenden Entfaltungsprozesse nachfragen.

Die Orientierungen können in diesen Zeiten erst gedacht werden, indem sie entstehen. Man konstruiert auch hier die Welt, indem man sie lebt. Das einzige, was helfen kann, sind aussichtsreiche Anleitungen zu solchem ungewohnten Tun. Die Personalentwickler müssen die Einzelentscheidungen bezüglich der wertschöpfenden Verwendung von Talenten vor Ort in die Linie verweisen und sich dieser Linie nützlich machen, indem sie eine Fülle von temporären Orten und Klärungshilfen bereitstellen, die situativ helfen mögen, wieder Orientierung zu gewinnen. Dies gilt für personale Abbauprozesse ebenso wie für die dann nötigen Umbesetzungen und Neuzuordnungen von Qualifikationen auf anstehende Aufgaben.

Die gleiche Entwicklung hin zu kurzfristigen, unscharfen und schnell revidierbaren Handlungsmustern gibt es auch in anderen betrieblichen Funktionsbereichen. Die inzwischen weit verbreitete Szenario-Technik ist z.B. ein solches Hilfsmittel, um in der strategischen Planung begründete Abschätzungen für Zukunftsentwicklungen zu gewinnen. Im Personalbereich sind es alle jene Instrumente, die – phänomenologisch orientiert – den Einzelfall untersuchen und dem Betroffenen abverlangen, nun in der Tat „seine Geschichte zu erzählen". Aus vielen einzelnen Geschichten ergeben sich für das Unternehmen je eigene Fragestellungen, Problemlagen und Hinweise für den nächsten Schritt. Geschichten lassen sich ordnen, es entstehen Übersichten wie z.B. die Scheinschen Karriereanker (Schein, 1978; 1992). Sie helfen dem Individuum und dem Unternehmen, einigermaßen „informierte Entscheidungen" auch dann noch zu treffen, wenn künftig jeder berufliche Schritt von vornherein als ein vorübergehender anzusehen ist.

In unsicheren Zeiten wird die Beobachtung intensiviert. Aus Langfristkonzepten werden kurzfristige Verfahren zur Erkennung sich ständig ändernder Muster in den

Verwendungen und Entlohnungen menschlicher Qualifikation. Eine in kurzen Abständen im Sinne eines Monitoring durchgeführte, gemeinsame qualitative Analyse der individuellen Arbeitssituation, insbesondere der jeweiligen Rollenerwartungen aus dem Umfeld, wird der Führungskraft wieder zu mehr Orientierung verhelfen und dem Unternehmen verdeutlichen, wie die derzeitige Zuordnung von Qualifikation und Funktion in der Organisation aussieht, wo sie ggf. verändert werden muß. Intersubjektiv erarbeitete Trendaussagen geben Signale für organisatorische und personale Anpassungsmanöver, lassen Qualifizierungsbedarf erkennbar werden. Welche Art von „Karriere" dann im Zeitablauf entsteht, muß einstweilen offen bleiben. Die alte Stellenbeschreibung hat jedenfalls als Orientierungsmittel inzwischen ausgedient, sie setzte eine Kontinuität der Verhältnisse voraus, die heute kaum mehr gegeben ist. Aufgabenbeschreibungen nehmen ihren Platz ein.

Inzwischen liegen die ersten Erfahrungen auch mit solchen Instrumenten vor (Schein, 1994), sie sind gleichzeitig ermutigend und belastend. Sie ermöglichen einigermaßen deutliche Orientierung, leiten Selbstreflexionsprozesse ein und fordern zu vielfältigen Anpassungsentscheidungen auf individueller und organisatorischer Ebene heraus. Ihr Einsatz verlangt jedoch von allen Beteiligten eine ungewohnte Toleranz für unsichere und vorläufige Aussagen und Zustandsbeschreibungen.

Gleichzeitig sind alle, die mit solchen heuristischen Instrumenten arbeiten, dem Risiko ausgesetzt, durch die erweiterte Aufmerksamkeit für die jeweilige Situation nun auch Unangenehmes zur Kenntnis nehmen zu müssen:

- Hergebrachte Besitzstände an Qualifikation und Potential werden häufig als durch die Veränderung entwertet erlebt.
- Die Notwendigkeit zur regelmäßigen und häufigeren Anpassungsqualifikation wird unmittelbar deutlich.
- Bildungsarbeit wird weniger programmatisch, gefragt ist ein kurzfristig aktivierbares und vielfältiges Instrumentarium zur Lösung von Qualifikationsproblemen.
- Es wird die Notwendigkeit deutlich, nun permanent und verstärkt fallbezogene „Beziehungsarbeit" leisten zu müssen, um die gesamte Organisation bei fortwährender Veränderung dennoch über das Personensystem einigermaßen kohäsiv zu halten. Bisher konnte man es sich sehr wohl leisten, bei Versetzungen, Entlassungen, Beförderungen, Zusammenlegungen etwas nachlässig mit den dabei Schaden nehmenden Beziehungsqualitäten umzugehen. Meist hat sich in der täglichen Arbeitspraxis rasch ein neues Beziehungsgefüge aufgebaut. Inzwischen werden die Störungen im Kommunikationsgebälk häufiger und intensiver, kontaktgespeiste informelle Netzwerke gewinnen an Bedeutung. Die Informationskanäle stellen sich nicht mehr selbsttätig her, weil alle Beteiligten in der vergrößerten Unsicherheit auch skeptischer im Kontakt geworden sind.
- Es entsteht eine schärfere Aufmerksamkeit für das Spannungsfeld zwischen Einzelinteresse und Vergemeinschaftung. Es kooperiert sich nicht mehr so leicht, wenn angesichts erhöhter Lebensrisiken der Fokus ganz stark auf dem eigenen, wohlbedachten, nächsten beruflichen Entwicklungsschritt liegt.

Karriere als ein gesellschaftliches, organisationsbezogenes und individuelles Konstrukt muß also auf all diesen drei Ebenen von allen Beteiligten interaktiv neu erfunden werden. Dabei ist es wahrscheinlich hilfreich, sich in kurzen Abständen mit Hilfe geeigneter halbstrukturierter Raster wechselseitig der kürzlich gemachten Erfahrungen zu versichern und diese im Gespräch auszuwerten. Die derzeit im Sinne von Schnellschüssen vorgetragenen „Lösungen" aus dem Vorrat neuer Management-Heilslehren (vgl. z.B. Peters, 1994) sind demgegenüber eher mit großer Behutsamkeit auf ihre reale Anwendbarkeit zu prüfen.

Literatur

Horx, M. (1991). *Das Wörterbuch der 90er Jahre.* Hamburg: Hoffmann & Campe. – **Lanzenberger, M. (1990).** Von den Hürden, Personalentwicklung zu betreiben. *Hernsteiner: Fachzeitschrift für Management-Entwicklung,* 3 (1), 3-5. – **Looss, W. (1991).** *Coaching für Manager. Problembewältigung unter 4 Augen.* Landsberg/Lech: Moderne Industrie. – **Peters, T. (1994).** *The Tom Peters Seminar.* New York: Vintage Books – **Popcorn, F. (1993).** *Der Popcorn-Report. Trends für die Zukunft.* München: Heyne. – **Schein, E. (1978).** *Career dynamics: Matching individual and social needs.* Reading, MA: Addison-Wesley. – **Schein, E. (1992).** *Karriereanker.* Darmstadt: Dr. Looss. – **Schein, E. (1994).** *Überleben im Wandel.* Darmstadt: Dr. Looss.

Joachim Freimuth

Projektmanagement – unterschätzte Chance für Personalentwicklung und Wissensmanagement

Projektmanagement ist den folgenden Gründen nach eine bislang unterschätzte Chance für Personalentwicklung und Wissensmanagement: Zunächst gibt sie die Möglichkeit für einen zur Führungslaufbahn alternativen beruflichen Entwicklungspfad. Das ist ein Aspekt von großer Aktualität, denn die Möglichkeiten des vertikalen Aufstiegs sind in schlanken Organisationen deutlich eingeschränkt. Andererseits warten viele ambitionierte Kräfte auf Möglichkeiten innerhalb des Unternehmens, um sich zu bewähren. Diese Motivationen werden zunehmend enttäuscht, weil die meisten Unternehmen keine Alternativen für berufliche Entwicklungspfade anbieten.

Zweitens ist Projektmanagement ein effektives On-the-job-Training für künftiges Führungspersonal. Es bietet allen hier tätigen Akteuren Möglichkeiten für Selbsterfahrungen, die ihnen die Grundlage für eine fundierte Entscheidung in Sachen beruflicher Entwicklung geben. Auch die Unternehmen erhalten damit eine Gelegenheit, Potentiale für Managementfunktionen zu erkennen und zu fördern. Projekte sind Lernfelder, die man als Übergangsräume für künftige Führungsfunktionen bezeichnen kann. Gleichwohl bieten sie die Chance für arbeitsplatznahes und problembezogenes Lernen. Die typische Transferproblematik synthetischer Lernarrangements entfällt weitgehend.

Drittens sind Projekte äußerst effektive Formen der organisatorischen Wissensproduktion, in denen die beteiligten Akteure neue Erfahrungen machen und Erkenntnisse gewinnen, die gleichsam Teil des institutionellen Gedächtnisses werden. Wesentlich dabei ist, daß wir es im allgemeinen mit interdisziplinären oder interfunktionalen Kooperationen zu tun haben, in denen individuelles Expertenwissen kombiniert, synthetisiert und auf das Niveau kollektiven Wissens gebracht wird. Von ausschlaggebender Bedeutung ist dabei die katalysatorische Steuerungsfunktion des Projektleiters, die darauf zielt, die Expertendiskurse wechselseitig anschlußfähig zu machen. Der Prozeß der Emergenz kollektiven Wissens in Projekten verlangt also seinerseits ein spezifisches Wissen, das die Voraussetzung für das wechselseitige Verstehen, die Akzeptanz und Synthesefähigkeit der im Projekt repräsentierten Spezialistenperspektiven liefert. Dies ist das Arbeits- und Lernfeld des Projektleiters.

Eine wichtige Komponente dieser kollektiven Wissensproduktion ist die Entstehung von vertrauensvollen Beziehungen und Netzwerken, die über das Projekt hinaus Impulse für eine tragfähige Kooperations- und Kommunikationsstruktur im gesamten Unternehmen geben können. Diesen vier Aspekten soll im folgenden etwas detaillierter nachgegangen werden.

Projektmanagement als beruflicher Entwicklungspfad

Berufliche Entwicklung im Rahmen von verschiedenen Tätigkeiten im Projektmanagement sind immer schon als Alternative zur hierarchischen Karriere und zur sog. Fachlaufbahn propagiert worden. Die Projektlaufbahn stellt im Vergleich dazu eine mittlere Lösung dar. Im Rahmen von Projektfunktionen bleibt die fachliche Kompetenz wichtig, weil ein Projektleiter im Team oder mit den Fachfunktionen sonst kaum gesprächsfähig wäre. Es spielen aber auch Führungsfunktionen eine Rolle, etwa in der zielorientierten fachlichen Leitung eines Projektteams. In aller Regel erstreckt sich diese Rolle nicht auf die disziplinarische Verantwortung.

Formal unterscheidet man zwischen einer horizontalen und einer vertikalen Projektlaufbahn. Die horizontale Variante sieht vor, daß ein Projektbeauftragter seinen Verantwortungsbereich gleichsam „von der Wiege bis zur Bahre" betreut, also z.B. ein Produkt in der Forschung und Entwicklung gestaltet und dann etwa als Produktmanager auch die Verantwortung für die Vermarktung übernimmt. Dieses Laufbahnmodell verläuft quer zu den betrieblichen Funktionen. Der große Vorteil eines solchen Ansatzes aus der Perspektive des Wissensmanagements besteht darin, daß niemand mehr Know-how und auch innere Bindung zu diesem Produkt hat wie der betreuende Manager. Er wird immer nicht nur ein kenntnisreicher, sondern auch ein engagierter Promotor „seines Babys" bleiben, und das ist eine wichtige Erfolgsbedingung. In diesem Vorteil liegt zugleich auch das Problem. Aus der unternehmerischen Sicht ist die extreme Individualisierung von Know-how natürlich ein Risiko, denn dieses Wissen geht verloren, wenn solches Schlüsselpersonal aus welchen Gründen auch immer das Unternehmen verläßt. Es müssen daher Vorkehrungen getroffen werden, die nachhaltig in Richtung auf eine Kollektivierung von Wissen zielen. Hier bietet vor allem eine ausgeprägte kommunikative Projektkultur Ansatzmöglichkeiten, wenn sie einlädt, Erfahrungen und Wissen weiterzugeben. Eine zentrale Aufgabe strategisch orientierten Personalmanagements besteht in diesem Zusammenhang darin, im Rahmen von Risk-Management zunächst wisssenrepräsentierendes Schlüsselpersonal zu identifizieren und die „Attraktivität des Bleibens" für diese Zielgruppe zu erhöhen (Speck, 1990).

Die vertikale Projektlaufbahn läuft auf einen beruflichen Entwicklungspfad innerhalb von Projekten hinaus, in der zunehmend anspruchsvollere Aufgaben in der Projektleitung übernommen werden. Denkbar wäre etwa zunächst die Mitarbeit in einem Projektteam, dann eine erste kleinere Projektleitungsfunktion, schließlich ein umfangreicheres Projekt mit entsprechender Personal- und Mittelausstattung etc. Die Attraktivität dieses Laufbahnmodells kann durch zusätzliche Herausforderungen erhöht werden, etwa im Rahmen von Auslandsprojekten. Denkbar wäre auch – bei hinreichender Erfahrung – ein Aufstieg in das Multiprojektmanagement oder die gesamte Projektkoordination einer Organisation.

Ein Unternehmen würde sich auf diese Weise eine Gruppe von spezialisierten Projektmanagern herausbilden, die mit der Zeit über ein professionelles Erfahrungswissen im Projektmanagement verfügten. Allerdings geht das immer etwas auf Kosten der inneren Bindung zur Sachaufgabe, an der die Projektleiter jeweils arbeiten. Sie werden selten echte Promotoren sein. Dafür laufen sie andererseits aber nicht Gefahr, sich zu sehr zu identifizieren und können auch einmal ein Projekt reduzieren oder gar abbrechen, wenn aus ihrer distanzierten Beurteilung die Risiken zu groß werden. Ein Unternehmen kann sich naturgemäß nur dann eine Gruppe von professionellen Projektmanagern entwickeln, wenn die Projektarbeit ein Kernteil seines Wertschöpfungsprozesses ist. Der Trend geht dorthin, wenngleich auch viele das nicht verstanden haben.

Äußeres „Markenzeichen" einer professionellen Projektlaufbahn sind entsprechende Funktionsbezeichnungen: Projektmanager, Senior-Projektmanager, Projektleiter o.ä. Überflüssig zu betonen, daß sich diese Bezeichnungen auch in der wachsenden Substanz der Tätigkeitsfelder, der Kompetenz und der Verantwortung, nicht zuletzt auch der Bezahlung ausdrücken müssen.

Projektfunktionen und die Entwicklung von Managementkompetenz

Man kann und sollte die beiden Laufbahnkonzepte natürlich auch kombinieren, um institutionelle Monokulturen zu vermeiden, die durch einseitige berufliche Entwicklungen entstehen. Projektlaufbahnen lassen sich zudem wunderbar verbinden mit hierarchischen Berufspfaden. Gerade in dieser neuen Vielfältigkeit beruflicher Entwicklungspfade liegt die Chance, mannigfaltige individuelle und kollektive Erfahrungen zu machen, die Managementbegabungen entwickeln und fördern. Abgehobenes Stabsspezialistentum, stromlinienförmiger Karrierismus oder auch eine idealisierte Projektverklärung verengen die Blicke und verhindern Perspektivenbreite.

Das systematische Einarbeiten von Projektfunktionen in Karrierepfade für Mitarbeiter, die Führungsverantwortung übernehmen wollen, ist dringend zu empfehlen, denn die selbständige Arbeit in Projekten, in komplexen und schnittstellenübergreifenden Problemen und mit einer Projektgruppe, die immer wieder gewonnen werden muß, ist eine ausgezeichnete Managementerfahrung, die jedes Seminarwissen in den Schatten stellt. In der Tat verfügen Projektfunktionen über viele Attribute, die unternehmerische Tätigkeiten im sachlichen wie im verhaltensorientierten Bereich charakterisieren. Im einzelnen könnte man in diesem Kontext aufzählen:

- strukturieren und steuern komplexer Aufgaben,
- beurteilen und Abwägen von strategischen Optionen,
- gezieltes Beurteilen und Eingehen von Risiken,
- formulieren und Durchsetzen von Zielen,
- Entscheidungen treffen und verantworten,
- austragen von Konflikten mit der Linie und mit dem Management,

– Motivation einer Projektgruppe, jedoch ohne größere disziplinarische Möglichkeiten zu haben.

Dieser Erfahrungsraum Projektmanagement sollte für die individuelle Entwicklung und für die Entfaltung unternehmerischen Managementpotentials systematisch aufgebaut und schrittweise entfaltet werden. Mit einem solchen Konzept kann Führungskompetenz sukzessive und unter realen Bedingungen wachsen, d.h. seine Grenzen erfahren, diese hinausschieben oder dort innehalten. Die Erfahrung und Selbsterfahrung von Managementkompetenz in Projektarbeiten gehört damit zu den Lernprozessen in Übergangswelten oder intermediären Welten, die Menschen helfen, an realitätsnahen Beispielobjekten die Transformation zwischen unterschiedlichen Entwicklungsphasen mit ihren unterschiedlichen Anforderungen zu bewältigen (vgl. de Geus, 1996; Freimuth, 1994; Trebesch, 1996).

Man kann diese Synthese von Projektmanagement und Personalentwicklung so gleichsam als ein zeitlich gedehntes und ungleich valideres Assessment-Center begreifen, wo unter Feldbedingungen erlebbar ist, ob entsprechendes Managementpotential vorhanden ist. Es ist zugleich ein Stück Selbsterfahrung und Selbstselektion, nach der auch eigene Entscheidungen im Hinblick auf berufliche Entwicklungen fundierter getroffen werden können.

Damit lassen sich zunächst zwei wesentliche Ziele für die Personalentwicklung realisieren:

- Durch systematisch geförderte Projektarbeit kann Managementkompetenz im Unternehmen realitätsnah und gleichsam auf Vorrat entwickelt werden und ist bei entsprechenden Vakanzen abrufbar.

- Auf diese Weise läßt sich eher verhindern, daß Mitarbeiter in wichtige Führungspositionen gelangen und erst dort die Grenzen ihrer Kompetenz sichtbar werden. Der motivationale Schaden, der bei den betroffenen Mitarbeitern entsteht, ist immens. Diese Erfahrung als gescheiterte Führungskraft in der vollen Verantwortung einer Linienfunktion machen zu müssen, ist auch individuell mehr als bitter und kostet viel Loyalität. Diese immateriellen Schäden werden allerdings nirgendwo bilanziert.

Darüber hinaus darf man auch positive Rückwirkungen auf die Führungskultur erwarten. Wer in Projekten arbeitet, geht immer Risiken ein, die sich im Rahmen einer gradlinigen vertikalen Laufbahn nicht stellen. Diese resultieren aus der skizzierten Komplexität der Aufgabe und den mit ihr verbundenen Konflikten. Die Übernahme der Verantwortung für ein schwieriges Projekt anstelle einer vorstandsnahen, elitären Stabsfunktion ist nicht der leichtere Weg, aber er hilft, um der Stromlinienorientierung einer linear auf Führungskarriere ausgerichteten Managementkultur vorzubeugen. Wer es hier allzu eilig hat, sollte einen Umweg machen (müssen). Man erlebt immer wieder, daß gerade „Kaminaufstiege" auch auf Kosten der persönlichen Reife gehen und Tendenzen zur narzißtischen Selbstüberschätzung in sich bergen, mit Anspruchshaltungen, die früher oder später vom Unternehmen auch nicht mehr befriedigt werden können (Freimuth, 1991). Das persönliche Lernziel heißt nicht zuletzt auch Demut!

Schließlich erwachsen durch Projekttätigkeiten auch vielfältige Netze hilfreicher Beziehungen im Unternehmen, quer zu Funktionen und Hierarchien. Diese erweisen sich immer wieder als die vermeintlich schwachen, aber doch starken Erfolgsfaktoren für berufliche Entwicklungspfade. Eine solche Kultur erreicht man, wenn Entscheidungen für die Übernahme einer Führungsfunktion auch mit der Organisation rückgekoppelt werden, wie es in japanischen Unternehmenskulturen eher üblich zu sein scheint:

> Führungsleistung unterliegt sehr langfristiger Beurteilung; Meinungen von Vorgesetzten, gleichrangigen Kollegen und auch Untergebenen werden gehört, wobei wieder und wieder die Beziehung zu den Mitarbeitern einen wichtigen Maßstab abgibt. . . . Statt auf rasche Aufsteiger abzustellen, denen das Gefühl für die tieferen Probleme eines Arbeitsbereiches fehlt und die daher Menschen und Leistungen formal und distanziert bewerten, sollten wir Talente und Teamfähigkeit fördern. (Griepenkerl, 1990, S. 16)

Projektmanagement bietet – zusammengefaßt – nicht nur eine weitere Alternative für attraktive Laufbahnen, sondern liefert darüber hinaus Möglichkeiten für Lernprozesse zur Entfaltung von Managementkompetenz. Personalentwicklung und Personalpolitik müssen nun ihrerseits alles tun, um dieses Potential zu nutzen und Projektlaufbahnen durch entsprechende Rahmenbedingungen und geeignete Personalsysteme auch attraktiv zu machen. Der Handlungsbedarf dort ist groß (vgl. ausführlich: Freimuth, 1992a).

Wir haben in den beiden vorstehenden Abschnitten Projektmanagement betrachtet aus der Perspektive beruflicher Laufbahnen und der Gestaltung individueller Lernprozesse. In den nächsten Abschnitten wenden wir uns nun den Prozessen der kollektiven Wissensproduktion und -diffusion in Projekten zu.

Die zentrale Rolle katalysatorischer Führungsrollen für Wissensproduktion und -diffusion in Projekten

Kollektive Wissensprozesse setzen unter den beteiligten Akteuren die Wahrnehmung von interindividuellen Koordinationsproblemen voraus und bringen einen dialogischen Prozeß mit dem Ziel in Gang, gemeinsame Lösungen zu entwickeln. Es ist gleichsam der Versuch, etwas noch nicht kollektiv Geltendes unter Rückgriff auf bereits kollektiv Geltendes in neue kollektive Geltungen zu überführen (Miller, 1986). Gerade in der Projektarbeit wird nun sehr häufig deutlich, wie irrelevant in gewisser Weise das Wissen von Individuen für Organisationen ist. Natürlich sind sie auch die Basis kollektiven Lernens, aber wenn es nicht gelingt, die Sprachspiele der Spezialisten in einen gemeinsamen Code zu übersetzen oder Attitüden zu überwinden, die individuelles Wissen nach wie vor als Machtbasis betrachten, werden diese kollektiven Erkenntnisprozesse nur schwerfällig vorankommen (Güldenberg & Eschenbach, 1996, S. 7 f.). Der schrittweise Ausbau von kollektiver Sachkundigkeit in eine terra incognita hinein, die bisher nur aus der begrenzten Perspektive von Experten gesehen wurde, muß als das erste Kernziel projektmäßiger Wissensproduktion gesehen werden.

Die kollektive Identifikation einer strittigen Frage und der Versuch, gemeinsame Erkenntnisse und Lösungen zu entwickeln, ist in den von Expertenparadigmen, funktionalen Partialinteressen und hierarchischen Konflikten durchdrungenen Projektkulturen jedoch keineswegs selbstverständlich. Um so wichtiger wird die Rolle sog. katalysatorischer Rollen im Wissensprozeß, die auf der Metaebene der Diskurse strittige Fragen identifizieren und den Prozeß ihrer Lösung betreiben, ohne sich in den fachlichen Details zu verstricken. Die Ausbildung dieser Kompetenz ist der zweite wichtige Kern kollektiver Wissensprozesse in Projekten, in der sich eine Kultur des kollektiven Argumentierens, Abwägens und Entscheidens konstituiert, hinter der im allgemeinen dann niemand mehr im kollektiven Diskurs zurückgehen kann.

Bei derartigen Dialogen, so bemerkt Senge (1996, S. 294), „werden die Beteiligten zu Beobachtern ihres eigenen Denkens". Damit diese Zweidimensionalität möglich wird, müssen folgende Bedingungen erfüllt sein (S. 295 f.):

– Die Teilnehmer müssen ihre Hypothesen sichtbar und disponierbar machen,
– sie müssen einander als gleichberechtigte Gesprächspartner akzeptieren und – das interessiert uns hier vorrangig –,
– es bedarf eines „helfenden Begleiters", der den Dialog „zusammenhält".

In FuE-Projekten, in denen der größte Teil der Arbeitszeit dem Dialog mit Fachkollegen gewidmet ist, bilden sich solche helfenden Rollen häufig spontan heraus. Auf diese Selbststeuerungskompetenz verweisen auch immer wieder Lullies Bollinger und Weltz (1993) in ihrem anregungsreichen Text über Wissenslogistik in Projekten. Darauf kann man sich aber in den meisten Projekten, die häufig auch zeitkritisch sind und mit Zielkonflikten auskommen müssen, nicht verlassen. Die Aufgabe der Personalentwicklung besteht daher darin, systematisch Vorkehrungen zu treffen, damit derartige Kompetenzen entwickelt werden und in die Schlüsselpositionen von Projekten hineingelangen, um dort ihre fermentierende Wirkung zu entfalten. Sie müssen der Selbststeuerung gleichsam „auf die Sprünge helfen".

Eines der Schlüsselprobleme in diesem Zusammenhang ist die Auswahl und Entwicklung von Projektleitern. Wie für die meisten Beförderungsentscheidungen in unseren Unternehmenskulturen steht hier sehr häufig die fachliche Kompetenz im Vordergrund. Solchermaßen selektierte und qualifizierte Projektleiter halten sich demzufolge häufig für die größten Experten und geraten unweigerlich in Konflikte mit den Experten der Fachfunktionen und mit den Mitgliedern ihrer Projektgruppe. Die paralysierende Wirkung solcher Attitüden liegt auf der Hand, es kommt zu Hahnenkämpfen mit gleichermaßen ambitionierten Gruppenmitgliedern, andere fühlen sich durch die Bevormundung eher zurückgedrängt, man verliert sich in unnötigen Details und der Zusammenhang des individuellen Tuns zum Projektziel gerät aus den Augen. Auch zu den Führungskräften der Linie spannen sich Konfliktfelder auf.

Gerade die Auswahl von Führungsfunktionen in Projekten sollte daraufhin überdacht werden, welche Auswirkungen diese Entscheidungen für die dortigen Lernprozesse, für die Entstehung und Weitergabe von Wissen und Erfahrungen haben, denn darauf beruhen Projekte. Das Entwicklungsziel und die personalpolitischen Anreizkonzepte für Projektleitungsfunktionen müssen so angelegt sein, daß es attraktiv ist, Wissen und Erfahrungen von Mitarbeitern in den Prozeß einzubeziehen, ihre Stärken zu erkennen und zu fördern und innerhalb der Projektgruppe eine kollektive Identität zu schaffen, die sich dem gemeinsamen Ziel unterordnet. Elemente von Seniorität, so wie es für japanisches Personalmanagement typisch ist, sind in diesem Zusammenhang durchaus hilfreich, wenn man darunter nicht Alter schlechthin versteht, sondern die Grundlagen von Beförderungsentscheidungen auch in Projekten an persönlichen Reifestufen orientiert (Esser & Nakajima, 1994, S. 148). Entscheidend dürfte aber sein, sich endlich vom Kriterium der Fachkompetenz für Beförderungen zu verabschieden und jene Mitarbeiter in steuernde und leitende Positionen zu bringen, die soziale und kognitive Gruppenprozesse wahrnehmen und zu gestalten verstehen.

Der Ehrgeiz des Projektleiters darf sich nicht darauf beziehen, unmittelbar mit den verschiedenen Experten und Repräsentanten der Fachabteilungen um die Entstehung neuer Erkenntnisse oder Problemlösungen zu streiten. Seine Interventionen in das Projektgeschehen beruhen auf seinem Wissen über die Entstehung, Synthese und Diffusion von Wissen in interdisziplinären Gruppen. Die Emergenz von kollektiven Erkenntnissen und Erfahrungen wird befördert, indem einzelne Gruppenmitglieder ermutigt werden, divergente Ansichten und Erfahrungen zu äußern, die im Lichte des kollektiv Geltenden betrachtet, verworfen oder aufgenommen werden. Der einzelne mag mit seinen Widersprüchen und offenen Fragen leben, aber innerhalb einer Expertengruppe erfährt er den Impuls, diese zu Klärungen zu bringen und damit ein Feld von allgemeinen Geltungen zu konstituieren (Miller, 1986, S. 29). Es ist jedoch ein äußerst mühseliges Verfahren in einer im kollektiven Argumentieren unerfahrenen und zudem noch ehrgeizigen Gruppe, wenn dieser Prozeß nur ungesteuert und gleichsam naturwüchsig verläuft.

Die dialogische Metaebene der Wissensentwicklung in Projekten muß daher bewußt und professionell wahrgenommen werden, damit unnötige Reibungsverluste im kollektiven Lernprozeß ausbleiben. Verstrickt der Projektleiter sich allerdings auf der Expertenebene, werden wertvolle Erkenntnisse einzelner Mitglieder blockiert und zurückgehalten. Begreift er sich hingegen als der Spiegel des Gruppenlernprozesses, kann sich die lernende Gruppe auch als solche konstituieren:

> Nur wenn das Bild von der Gestalt des Projektes geteilt wird, bewegt sich das Projektteam auf gemeinsamen Kurs und nur dann kann jeder mit seinen Spezialkenntnissen und -fähigkeiten größtmögliche Effizienz entfalten. Durch syste-

matisches regelmäßiges Bewußtmachen der neu gesammelten Erkenntnisse und durch die Gegenüberstellung mit der Formulierung der ursprünglichen Ziele, Maßnahmen und Pläne kann die evolutionäre Eigendynamik des Projektes „gezähmt", zumindest nachvollzogen werden. (Mees, Oefner-Py & Sünnemann, 1995, S. 107)

Voraussetzung dafür ist das Wissen des Projektleiters um die Rollenkonflikte in Projekten, die Selbsterkenntnis, in welche „Beziehungsfallen" er selber bevorzugt hineingerät, und die Fähigkeit, im Prozeß die Rollen auseinanderzuhalten, sie angemessen zu spielen und seine jeweilige Rolle auch der Gruppe transparent zu machen. Das ist ein langsamer Prozeß der Professionalisierung, in denen die Projektleiter für sich eine neuartige Wahrnehmungs- und Handlungsebene erschließen und für die Steuerung des Wissensentstehungs- und Diffusionsprozesses in der Projektgruppe gezielt ins Spiel bringen. Die systematische Beförderung solcher dezentralen Lernprozesse ist ein neues Aufgabenfeld der Personalentwicklung.

Die Steuerung kollektiver Wissensprozesse – Beispiele aus einem Projekt

Zur Veranschaulichung der so wichtigen katalysatorischen Funktion für die Emergenz kollektiven Wissens soll ein Ausschnitt aus einem entsprechenden Personal- und Teamentwicklungsprojekt in einer Forschungsabteilung dargestellt werden (Freimuth, 1992b). Eines der Ziele dieses Vorhabens bestand darin, die Leiter der Projektteams für diese Rolle zu sensibilisieren und zu professionalisieren. Im Rahmen von teilnehmenden Beobachtungen in Teamsitzungen wurden alle jene Sequenzen aufgezeichnet, wo es den Teamleitern gelang, auf der Metaebene dem Prozeß der Wissensentwicklung und -kollektivierung in der Gruppe Impulse zu geben. Ebenso wurde natürlich der Versuch gemacht, auch auf die individuellen Beziehungsfallen aufmerksam zu machen, in die sie bevorzugt hineinliefen. Die Ergebnisse wurden ihnen im Anschluß zurückgekoppelt, um das geforderte Verhalten zu verstärken. Auch die Gruppe wurde durch einen Fragebogen an der Definition der Rolle des Projektleiters beteiligt und mit in die Verantwortung genommen.

Im folgenden werden exemplarisch solche authentischen Formulierungen einer Projektleiterin wiedergegeben, um zu veranschaulichen, wie sie fast absichtslos, aber mit einer um so nachhaltigeren prozeßintensivierenden Wirkung in Expertendialoge steuernd eingriff.

Steuerung der Gesprächsdramaturgie

Orientierung zum Einstieg

„Wir kommen jetzt zum Stand der Arbeiten in der Galenik. Ich möchte zunächst einmal zusammenfassen, wie der Stand der Dinge ist."

Vertiefung der Diskussion

„Gibt es andere Sichten zu der Problematik?"
„Heißt Ihr Schweigen Zustimmung?"
„Wie ist es aus der Sicht der Humanmedizin?"

Konsens verdeutlichen

„Heißt das jetzt, daß wir den Rattenversuch doch noch retten können?"
„Sie sind also alle der Ansicht, daß der Versuch mit der Schlundsonde nicht nötig ist?"

Kompromisse anregen

„Können wir so vorgehen, daß wir Dr. K. noch keine Zeitrestriktion vorgeben, wenn er noch Luft braucht?"

Ergebnissicherung und Handlungsorientierung

„Herr Dr. K., kümmern Sie sich jetzt darum, daß wir im 3. Quartal 30 kg von der Substanz zur Verfügung haben?" . . . „Gut, das nehme ich jetzt ins Protokoll auf."

Gruppenkultur entwickeln

Gruppenkohäsion fördern

„So können wir den Termin mit Unterstützung von allen Seiten noch retten."

Loben und coachen

„Ich glaube, dieser Hinweis hat uns sehr geholfen."

Sich selbst zurücknehmen und die Gruppe ins Spiel bringen

„Das kann ich jetzt überhaupt nicht übersehen, wie beurteilen das die Experten?"

Vernetzung und Verantwortung in der Organisation

Networking

„Ich kenne da einen Mitarbeiter in der Toxikologie, der könnte uns vielleicht weiterhelfen."

Linking Pin

„Ich werde versuchen, Sie kurz zu informieren, was die Ergebnisse des Arbeitskreises waren."

Mikropolitik

„Wenn wir das nicht schaffen, können wir den geplanten Termin für den Beschluß D nicht halten."
„Welche von den gesamten Aktivitäten wird jetzt zeitkritisch?"

Die vorherrschende Form der Gesprächssteuerung ist, wie die Beispiele belegen, das Formulieren von Fragen, Vermutungen und Hypothesen. Natürlich geht Fachkenntnis ein und natürlich müssen auch die Ziele der Organisation gegenüber der Gruppe vertreten werden, aber in einem sprachlichen Design, das anschlußfähig bleibt, ja geradezu dazu auffordert, sich einzubringen. Die tastenden, vorsichtig erkundenden und reflektorischen Interventionen des Projektleiters spiegeln den inkrementalen Charakter des gemeinsamen Erkenntnisprozesses. Zugleich machen sie immer wieder die gewonnenen Ergebnisse transparent, ermutigen zu neuen Fragen und konfrontieren auch mit ungeliebten Realitäten. Es ist ein äußerst komplexer Prozeß, für den man im allgemeinen wenig Verständnis aufbringt, vielleicht auch, weil man in dieser Rolle nicht unbedingt glänzen kann. Das Ziel ist ja auch primär, die anderen zum Glänzen zu bringen. Zur wirklichen Würdigung und Förderung dieser so wichtigen Rolle fehlen uns vielleicht auch noch die Kategorien.

Projektkultur und Unternehmenskultur

Auf die Rückwirkungen der Projektkultur auf die Unternehmenskultur (vgl. Scholz, 1991) wurde im Text schon verschiedentlich verwiesen. Die Einführung von Projektmanagement ist für eine etablierte Organisation ein kollektiver Lernprozeß. Projektkultur bildet zu den etablierten Perspektiven der hierarchisch, funktional und disziplinär ausgerichteten Organisation ein fruchtbares Spannungsfeld. In diesem Spannungsfeld wird die Relativität dieser Diskurse erlebbar und es werden Lernprozesse eingeübt, über ihre Grenzen weg gemeinsame Problemlösungen zu entwickeln und Kooperationserfahrungen zu sammeln. Projektmanagement ist eine Werkstatt des Wandels für Organisationen, die in ihren Strukturen zu erstarren drohen (ausführlich: Heintel & Krainz, 1988). Dieses Verständnis läßt sich auch in einem veränderten Konzept von Projektmanagement selber konstatieren, das sich von der „Netzplanlastigkeit" fort, sich hin zu prozeßorientierten, informellen Konzepten der Selbststeuerung bewegt (Balck, 1989; ausführlich: Lullies et al., 1993).

Fazit

Wir haben in diesen Ausführungen verschiedene Ebenen und Formen von Wissensprozessen unterschieden, das individuelle Expertenlernen und die Emergenz kollektiven Wissens, sodann den Prozeß des sachbezogenen Wissensfortschritts und auf der Metaebene die Entwicklung von dialogischer Kompetenz. Faßt man diese Dimensionen in einer Tabelle zusammen, dann ergibt sich als Fazit folgendes Bild (vgl. Abb. 1):

Projektmanagement ist eine „Kaderschmiede für Führungsnachwuchs" (Scholz, 1991, S. 146) und bildet auf der individuellen Ebene Managementfähigkeiten unter Feldbedingungen aus. Es ist zugleich ein Prozeß der Synthetisierung der individuellen Expertisen der im Projekt vertretenen Spezialisten, die für die Lösung des defi-

	Sachebene	Metaebene
individueller Lernprozeß	Expertenkompetenz	Managementkompetenz
kollektiver Lernprozeß	komplexe generalistische Kompetenz	Pluralität und Kooperationskompetenz

Abbildung 1
Wissensprozesse in Projekten

nierten Problems im Projekt repräsentiert sind. Zugleich entsteht die kollektive Erfahrung von gemeinsamen Kooperationserfolgen und die Aufhebung ihrer Spielregeln im institutionellen Gedächtnis. Das sind zumindestens die Chancen, die Projektmanagement für Personalentwicklung und die organisatorische Wissensproduktion eröffnet. Wir sollten sie nutzen.

Literatur

Balck, H. (1989). Neuorientierung im Projektmanagement. Abkehr von mechanischer Steuerung und Kontrolle. In H. Reschke, H. Schelle & R. Schnopp, (Hrsg.), *Handbuch Projektmanagement* (Bd. 2, S. 1033-1056). Köln: TÜV Rheinland. – **de Geus, A.** (1996). Unternehmen haben mehrere Zukünfte. Vom Leben und Sterben von Organisationen. In T. Sattelberger (Hrsg.), *Human Resource Management im Umbruch* (S. 263-287). Wiesbaden: Gabler. – **Esser, M. & Nakajima, F.** (1994). Prinzipien japanischen Personalmanagements. In M. Esser & K. Kobayashi (Hrsg.), *Kaishain. Personalmanagement in Japan* (S. 139-158). Göttingen: Hogrefe Verlag für Angewandte Psychologie. – **Freimuth, J.** (1991). Karriereplateaus und der interne Arbeitsmarkt. *Zeitschrift Führung + Organisation, 60* (1), 29-34. – **Freimuth, J.** (1992a). Die personalpolitische Absicherung von Projektmanagement. *Zeitschrift Führung + Organisation, 61* (4), 220-225. – **Freimuth, J.** (1992b). Zur Entfaltung sozialer Kompetenz in der industriellen Forschung und Entwicklung. *Personal, 44* (2), 58-62. – **Freimuth, J.** (1994). Sinn und Unsinn von Pilotprojekten. *Organisationsentwicklung, 13* (3), 52-63. – **Griepenkerl, H.** (1990). Was uns japanische Personalführung lehrt. *Harvardmanager, 12* (1), 14-20. – **Güldenberg, S. & Eschenbach, R.** (1996). Organisatorisches Wissen und Lernen – erste Ergebnisse einer qualitativ-empirischen Erhebung. *Zeitschrift Führung + Organisation, 65* (1), 4-9. – **Heintel, P. & Krainz, E.** (1988). *Projektmanagement. Eine Antwort auf die Hierarchiekrise?* Wiesbaden: Gabler. – **Lullies, V., Bollinger, H. & Weltz, F.** (Hrsg.). (1993). *Wissenslogistik. Über den betrieblichen Umgang mit Wissen bei Entwicklungsvorhaben.* Frankfurt/M.: Campus. – **Mees, J., Oefner-Py, S. & Sünnemann, K.O.** (1995). *Projektmanagement in neuen Dimensionen.* Wiesbaden: Gabler. – **Miller, M.** (1986). *Kollektive Lernprozesse. Studien zur Grundlegung einer soziologischen Lerntheorie.* Frankfurt/M.: Suhrkamp. – **Scholz, C.** (1991). Projektkultur: Der Beitrag der Organisationskultur zum Projektmanagement. *Zeitschrift Führung + Organisation, 60* (3), 143-150. – **Senge, P.M.** (1996). *Die fünfte Disziplin.* Stuttgart: Klett-Cotta. – **Speck, P.** (1990). Risk-Management im Personalwesen. In *Jahrbuch für Betriebswirte* (S. 187-192). Stuttgart: Taylorix. – **Trebesch, K.** (1996). Moderation: Arbeiten im intermediären Raum. In J. Freimuth & F. Straub (Hrsg.), *Demokratisierung von Organisationen* (S. 97-107). Wiesbaden: Gabler.

Volker Hedderich

Der Fernunterricht – eine unterschätzte Methode betrieblicher Personalentwicklung für das mittlere Management

Die Entwicklung des Fernunterrichts in Deutschland

Derzeitige Situation

Der Bildungsbedarf in den Unternehmen hat besonders in den letzten zwei Dekaden sehr stark zugenommen. Es ist anzunehmen, daß diese Entwicklung sich weiter fortsetzen wird.

In der Vergangenheit reichte die einmal erworbene Qualifikation für die gesamte Zeit der Berufstätigkeit aus, um den beruflichen Anforderungen zu genügen. Das berufliche Fachwissen halbiert sich heute in einem Zeitraum von vier bis fünf Jahren. Auf speziellen Gebieten der Informatik sogar innerhalb eines Jahres. Wenn die Anpassung der Lerngeschwindigkeit einer Spezies an die Änderungsgeschwindigkeit der Umwelt(bedingungen) nicht gelingt, ist sein Überleben gefährdet. Dieser Erkenntnis liegt das „ökologische Gesetz des Lernens" zugrunde (Nagel, 1991, S. 31).

Dieser Zusammenhang kann auch auf das Unternehmen und besonders für die Bildung im Unternehmen übertragen werden. Die Bildungsverantwortlichen in den Unternehmen stehen vor dem Problem, mit den knappen Ressourcen den ständig steigenden Bildungsbedarf zu decken. In dem Bemühen, dieses Ziel zu erreichen, haben sich in den letzten 20 Jahren die Fragestellungen geändert, die typischen Aktionsfelder und die Rollen der Verantwortlichen, der Trainer, der Teilnehmer und der Führungskräfte. Während die Führungskraft früher eine passive Rolle bei der Qualifizierung der Mitarbeiter einnahm, ist und soll sie heute Partner und Schlüsselfigur in einem arbeitenden System sein, das sie im richtigen Moment in ein lernendes System zu überführen weiß.

Der Teilnehmer, der früher überwiegend ein Konsument von Bildung war, nimmt heute zunehmend eine aktive Rolle ein, bis hin zum selbststeuernden Lerner und Partner, der interaktiv lehrend und lernend sich selbst qualifiziert (Heidack, 1991, S. 486). Alle Betriebe, ob groß oder klein, stehen vor dem gleichen Bildungsproblem, wenn es auch nicht für jeden im gleichen Maße zutrifft (Arnold, 1990, S. 26).

Angesichts des sich abzeichnenden Paradigmenwechsels in den Rollen der Beteiligten im Bildungsbereich der Unternehmen, besonders des Lerners, ist es naheliegend, eine Weiterbildungsform zu betrachten, bei der die Bedingungen für aktives Lernen, für Lernen in Eigenverantwortung und für autonomes Lernen vorausgesetzt werden, nämlich Fernunterricht (FU).

Der Fernunterricht in Deutschland führt bis heute ein Schattendasein. Er hat weniger als ein Prozent Marktanteil am Weiterbildungsmarkt: 1992 rd. 62 Mrd. DM Marktvolumen, davon 36,5 Mrd. für betriebliche Weiterbildung (Institut der deutschen Wirtschaft, 1993, S. 23 ff.). Die Vorteile dieser Lehrmethode werden in Deutschland bis heute nicht erkannt. In Frankreich, Großbritannien, in den skandinavischen Ländern, in Osteuropa, besonders aber in den USA, Kanada und Australien ist dagegen der Fernunterricht (distance education) ein voll akzeptierter Bestandteil des Bildungswesens. Daher verwundert es nicht, wenn auf europäischer Ebene unter dem Einfluß von Bildungspolitikern aus den europäischen Nachbarländern dem Fernunterricht eine so hohe Bedeutung eingeräumt wird, daß er ausdrücklich in Artikel 126 des Maastrichter Vertrages aufgenommen und seine Förderung festgeschrieben wurde.

Definition und Begriffsklärung

Zunächst ist es jedoch notwendig zu definieren, was unter Fernunterricht zu verstehen ist. Dies ist nicht besonders schwierig, da eine gesetzliche Definition nach dem Fernunterrichtsschutzgesetz (FernUSG) vorliegt:

> Fernunterricht im Sinne dieses Gesetzes ist die auf vertraglicher Grundlage erfolgende entgeltliche Vermittlung von Kenntnissen und Fähigkeiten, bei der
>
> – der Lehrende und der Lernende ausschließlich oder überwiegend räumlich getrennt sind und
>
> – der Lehrende oder sein Beauftragter den Lernerfolg überwachen. [FernUSG § 1 (1)]

Der Fernunterricht ist ein eigenständiges Lernsystem, das zur Wissensvermittlung schwerpunktmäßig Medien einsetzt, die in ihrem didaktischen Aufbau in der Regel speziell auf das Lernen Erwachsener zugeschnitten sind. Aus Motivationsgründen sind die Lehrmaterialien sehr praxisorientiert gestaltet (Schachtsiek, 1991, S. 17). Das bedeutendste Merkmal des Fernunterrichts besteht in einer durch Medien vermittelten Kommunikation zwischen den Fernunterrichtsteilnehmern und der helfenden Organisation (Fernlehrinstitut). Dabei handelt es sich um einen indirekten Kommunikationsvorgang. Indirekt ist er deswegen, weil der Lehrende nur sehr selten oder auch nie unmittelbar in Erscheinung tritt. Aus diesem Grund aber von einem „unpersönlichen" Unterricht zu sprechen wäre falsch, da es auch im Fernunterricht nicht ohne Lehrer geht. Wie im Direktunterricht erfordert der Fernunterricht eine didaktische Analyse und Planung der Lehrinhalte bis hin zu ihrer methodischen Gestaltung sowie die Kontrolle und Überprüfung des Gelernten (Lipsmeier, 1986, S. 7).

Neben dem Begriff Fernunterricht gibt es noch den Begriff Fernstudium. Er unterscheidet sich weniger durch seine Studien- oder Lernform vom Fernunterricht als vielmehr durch das Kriterium Studienabschluß. Fernstudium ist nach Holmberg

(1984) dem wissenschaftlichen oder universitären Bereich zugeordnet, während Fernunterricht den „nichtwissenschaftlichen" praxisorientierten Bereich der Bildung bzw. Weiterbildung abdeckt [Holmberg, 1984, Kurseinheit (KE) 1, Grundlagen des Fernstudiums, S. 19].

Hervorzuheben ist der Unterschied zwischen Fernunterricht und Selbststudium. Selbststudien kann ein Lerner mit Hilfe eines Buches oder auch einer Audio- oder Videokassette beispielsweise bei der Sprachausbildung betreiben. Der Einsatz dieser Medien kann durchaus zu guten Lernerfolgen führen, besonders wenn sie mit pädagogischen Elementen wie Fragen und dazugehörigen Musterantworten versehen sind. Der entscheidende Unterschied besteht aber darin, daß der Fernstudierende vom Fernlehrinstitut betreut wird und neben den Selbstlernerfolgskontrollen im Lehrmaterial, durch einen Fernlehrer hinsichtlich seines Lernfortschrittes begleitet wird und persönliche Rückmeldungen von ihm erhält. Dies geschieht im überwiegenden Fall durch Rücksendung der korrigierten und benoteten Einsendeaufgaben oder durch Beantwortung telefonischer oder schriftlicher Anfragen. Aus diesem Grund spricht Holmberg auch von der „Korrekturaufgabe als dem Rückgrat des Fernunterrichts" (Holmberg, 1984, KE 4, S. 6 ff.).

Durch die Weiterentwicklung der Informations- und Kommunikationstechniken ist es heute möglich, auch dv-gestützt den Fernunterricht durchzuführen und den Lernerfolg zu überwachen. Technische Voraussetzung ist auf der Tutor- und der Schülerseite ISDN-Technik, also die Möglichkeit der Integration von Sprache, Daten, Grafik und Text, um interaktiv über den Personalcomputer und Telefon direkt kommunizieren zu können. Während der Tutor mit dem Teilnehmer telefonisch das Lernproblem klärt, kann er am PC-Bildschirm, z.B. durch Maussteuerung, eine visuelle Unterstützung geben. Einige Fernlehrinstitute bieten als weitere Dienstleistung die Möglichkeit, telefonischen Kontakt mit dem Fernlehrer aufzunehmen. Hierbei kann der Fernstudierende aktuelle Lernprobleme in direkter Kommunikation erörtern und klären.

Historische Entwicklung

Die Anfänge des Fernunterrichts reichen weit zurück. Vor mehr als 250 Jahren (1728) erschien in der „Boston Gazette" eine Anzeige zum Erlernen der Kurzschrift (short hand). Sie bezieht sich auf selbstinstruierendes Material, das dem Studierenden geschickt wurde, und weist damit auf einen möglichen Korrespondenzunterricht hin. 1891 wurde ein Fernkurs zur Verhütung von Bergwerksunfällen in Ost-Pennsylvania angeboten. Wenig später (1895) gab in Deutschland Simon Müller Lehrbriefe zum methodischen Studium des Hochbaus heraus. Das Rustinsche Fernlehrinstitut in Berlin organisierte ab 1894 Fernunterricht, um auf das Abitur vorzubereiten. Ab 1940 beaufsichtigte der Staat den Fernunterricht. Es wurde eine große Zahl von Lehrbriefen entwickelt, um Soldaten die Gelegenheit zu geben, sich während ihrer Militärzeit beruflich auf dem laufenden zu halten (Zander & Schwalbe, 1990, S. 123).

Nach Ende des zweiten Weltkrieges entwickelte sich der Fernunterricht zügig und ohne ordnungspolitische Vorgaben. Es wurden zahlreiche Fernlehrinstitute gegründet, und die Zahl der Fernunterrichtsteilnehmer stieg stark an. Die privatwirtschaftlich organisierten Fernlehrinstitute orientierten sich in ihren Geschäftsprinzipien nach marktwirtschaftlichen Erfordernissen. Mit den praktizierten Vertriebsmethoden gerieten sie in Interessenkonflikt mit den Fernunterrichtsteilnehmern. Der Staat schritt Anfang der siebziger Jahre ein. Ein Staatsvertrag der Bundesländer über die Finanzierung und Errichtung der „Zentralstelle für Fernunterricht" (ZFU) wurde geschlossen. Die Aufgabe dieser Behörde bestand darin, Fernlehrgänge, die auf staatliche Prüfungen vorbereiteten, auf Antrag der Fernlehrinstitute zu überprüfen. Das zur gleichen Zeit in Berlin gegründete Bundesinstitut für Berufsbildungsforschung (BBF; heute BIBB – Bundesinstitut für Berufsbildung) erhielt im Rahmen seines gesetzlichen Auftrages die Aufgabe, alle berufsbildenden Fernlehrgänge auf freiwilliger Basis zu überprüfen. Weitere ordnungspolitische Maßnahmen des Staates folgten. 1977 wurde das Fernunterrichtsschutzgesetz erlassen, eines der strengsten Verbraucherschutzgesetze. Seitdem müssen Fernkurse staatlich zugelassen sein, mit Ausnahme von Fernkursen zur Freizeitgestaltung und Unterhaltung, die anzeigepflichtig sind.

Dies führte in Deutschland (und weltweit) zu der im Bildungsbereich einmaligen Situation, daß Fernkurse vor Zulassung daraufhin überprüft werden, ob sie geeignet sind, das angegebene Lehrgangsziel zu erreichen. Neben dieser inhaltlich-pädagogischen erfolgt noch eine juristische Kontrolle der Werbung und Information, sowie der Vertragsgestaltung von Fernlehrgängen. Im Abstand von drei Jahren wird der Fortbestand der Zulassungsvoraussetzungen bei allen zugelassenen Fernlehrgängen von der ZFU überprüft. Für die berufsbildenden Fernkurse übernimmt diese Aufgabe das BIBB in Berlin. Mit diesem Überprüfungsverfahren ist gewährleistet, daß alle zugelassenen Fernlehrgänge dem neuesten Stand der Fachwissenschaft entsprechen, praxisorientiert und didaktisch aufbereitet sind. Die pädagogische Betreuung und Lernerfolgskontrolle für den Teilnehmer müssen gewährleistet sein.

Rund 150 private, kirchliche und gewerkschaftliche Veranstalter sowie Berufsverbände bieten heute über 1200 Fernkurse an. Die Zahl der Fernunterrichtsteilnehmer ist seit Anfang der neunziger Jahre wieder stärker gewachsen und lag 1993 bei 180.000. Nachgefragt werden zu einem Drittel Kurse zur kaufmännischen Praxis und Wirtschaft. An zweiter und dritter Stelle stehen Technik und Naturwissenschaften sowie Fremdsprachen (Basis: Freiwillige Statistik des Deutschen Fernschulverbandes, 1993). Innerhalb von zehn Jahren hat sich der Anteil der Fernunterrichtsteilnehmer verdoppelt.

Seit Mitte der siebziger Jahre gibt es als staatliche Einrichtung die Fernuniversität Hagen. Sie hat heute mehr als 50.000 Studierende. Seit Anfang der neunziger Jahre haben einige staatliche Fachhochschulen damit begonnen, einzelne Fernstudiengänge anzubieten. Seit 1994 bietet die Technische Universität Dresden ein Fernstudium zum Diplom-Ingenieur mit genau den gleichen Inhalten und Anforderungen wie das Präsenzstudium an. Ein Wechsel vom Direkt- zum Fernstudium und umgekehrt ist damit möglich.

Im privaten Bildungsbereich hat sich Anfang der achtziger Jahre die Fachhochschule für Berufstätige in Rendsburg etabliert. Inzwischen gibt es Ableger in Lahr und Leipzig. Die Zahl der Fernstudierenden liegt bei 7.000 Teilnehmern. Eine Reihe von Rundfunkanstalten (BR/SWF/WDR) bieten seit Jahren in Zusammenarbeit mit den Kultusministerien der Länder das Telekolleg zur Erlangung der Fachhochschulreife an. Die Zahl der eingeschriebenen Teilnehmer schwankt zwischen zwölf- bis fünfzehntausend pro Jahr. Beachtlich ist die Zahl der Teilnehmer im Funkkolleg, die pro Jahr je nach Thema rund 18.000 beträgt.

Der Fernunterricht und sein Stellenwert in der betrieblichen Bildung

Parallel zu der Entwicklung des Fernunterrichts im Individualkundengeschäft in den fünfziger Jahren wurde Fernunterricht in den Betrieben eingesetzt, wenn auch nur in geringem Umfang. Die Bildungsexpansion Anfang der siebziger Jahre und die Einsicht der betrieblichen Entscheidungsträger in die zunehmende Bedeutung der Mitarbeiterqualifikation als Wettbewerbsfaktor führten zu verstärkten Weiterbildungsbemühungen in den Betrieben. Davon profitierte auch der Fernunterricht.

Nach Angaben des Deutschen Fernschulverbandes (DFV) qualifizierten sich im Jahr 1993 mehr als 40.000 Mitarbeiter in rund 2000 Betrieben mit der Methode Fernunterricht. Dabei greifen die Betriebe nicht nur auf die Angebote der Fernlehrinstitute und der Fernuniversität Hagen zurück, sondern entwickeln auch Fernkurse in eigener Regie. So setzt die Kaufhof AG seit 1983 Fernlehrmaterial im Weiterbildungsprogramm „Lernen in Eigenregie" für verschiedene Mitarbeitergruppen ein. In einer Studie über den Lernerfolg von Kursabsolventen wurde eine hohe Zufriedenheit beim Fernlernen festgestellt. Das Programm wurde daraufhin aufgestockt und weitere Mitarbeitergruppen einbezogen. Auf diese Weise werden jährlich bis zu 400 Mitarbeiter weitergebildet. Der Baukonzern Bilfinger und Berger in Mannheim bildet seine dezentralisiert eingesetzten kaufmännischen Mitarbeiter und Auszubildenden in Buchführungskenntnissen per Fernunterricht weiter. Auf diese Weise konnten sehr schnell auch Mitarbeitern aus den neuen Bundesländern die Grundkenntnisse der Buchführung und der EDV vermittelt werden.

Große Unternehmen z.B. in der Chemieindustrie (BASF, Bayer u.a.), der Bauwirtschaft, des Handels (Schlecker, Hertie, Kaufhof u.a.), der Automobilindustrie (BMW, Mercedes u.a.), der Metall- und Elektroindustrie (Siemens, ABB u.a.), sowie Banken und Versicherungen und viele andere Branchen setzen Fernunterricht ein (*Elf Gründe*, 1994, S. 18). Auch Wirtschaftsverbände und öffentlich-rechtliche Anstalten nutzen den Fernunterricht und entwickeln branchenspezifische Fernlehrmate-

rialien für eine flächendeckende, gezielte Qualifizierung einzelner Beschäftigtengruppen. Dazu gehören z.B. folgende Institutionen:
- RKW (Rationalisierungskuratorium der deutschen Wirtschaft) Bonn,
- Institut für Fernstudien des deutschen Sparkassen und Giroverbandes in Bonn,
- Deutsches Bauzentrum in Nürnberg,
- Zentralverband des deutschen Baugewerbes in Bonn,
- Exportakademie Baden-Württemberg in Reutlingen,
- Dachverband der Deutschen Rentenversicherungsträger DRV in Frankfurt.

Der Fernunterricht wird in den Betrieben nicht nur für die Aufstiegs- sondern auch für die Anpassungsfortbildung genutzt. Er wird quer durch alle Wirtschaftszweige und Funktionsbereiche von Unternehmen und in allen Betriebsgrößenklassen eingesetzt. Handelsbetriebe verwenden Fernunterricht häufig für Mitarbeiter in Filialbetrieben, die zu zentralen Bildungsveranstaltungen nicht reisen können. Einige Unternehmen nutzen den Fernunterricht zur Produktschulung ihrer Kunden.

Die Fernlehrgangsinhalte reichen von der Vermittlung von Fremdsprachenkenntnissen über allgemeinbildende Kurse bis hin zu kaufmännischen, technischen und Informatikkursen.

Wie eingangs schon erwähnt, nutzen jedoch bis heute nur ca. ein Prozent der Weiterbildungsteilnehmer Fernunterricht. Die Gründe für die mangelnde Bedeutung bzw. die Nutzungsbarrieren für den Fernunterricht liegen in Deutschland im wesentlichen in folgenden Aspekten:
- der gewachsenen Tradition, daß Weiterbildung als eine auf personalem Kontakt beruhende Bildungsform angesehen wird – Deutschland ist ein Trainerland;
- der Angst der betrieblichen Weiterbildner, Aufgabengebiete an externe Fernunterrichtsanbieter abzugeben;
- Informationsdefizite bei vielen Betrieben, z.T. Skepsis und Vorbehalte gegenüber dieser Weiterbildungsform;
- der nicht angemessenen Berücksichtigung im Rahmen von Weiterbildungsberatung,
- der Zurückhaltung der Fernlehrinstitute, mit Betrieben zusammenzuarbeiten; die Fernlehrinstitute nutzen ihre Möglichkeiten nicht aus;
- Fernlehrinstitute haben sich auf Angebote spezialisiert, die fernlehrgeeignet erscheinen und Absatz finden;
- dem relativ spärlichen Angebot spezifischer, weiterbildungsorientierter, praxisnaher Fernlehrgänge (Wenk, 1992, S. 3).

Diese Aussagen werden durch wissenschaftliche Erhebungen gestützt. In einem Forschungsprojekt des BIBB in Berlin Ende der siebziger Jahre wurde untersucht, aus welchen Gründen Betriebe Fernunterricht nutzen und welche Gründe sie von einer

Nutzung abhalten. Unabhängig von der Betriebsgröße greifen FU-Anwender stärker zu externen Bildungsangeboten als die Vergleichsgruppe. Unter den FU-Nutzern war ein hoher Anteil von Betrieben mit einer eigenen Weiterbildungsabteilung in der Betriebsgrößenklasse von 100 bis 500 Mitarbeitern. Bei dezentralisierten Unternehmen ging der Impuls für den Einsatz von Fernunterricht überwiegend von der Unternehmenszentrale aus (Storm, 1992, S. 145).

Die Untersuchung zeigt, daß zwischen Anwendern und Nichtanwendern ein erheblicher Unterschied im Hinblick auf Informationen über gesetzliche Regelungen, die Informationsquellen und die Einstellung zum Fernunterricht bestand. Betriebe mit den geringsten Kenntnissen über Fernunterricht hielten diese Lehrmethode für praxisfern und kritisierten die fehlende Rückkopplung zwischen Lehrendem und Lernenden. Daraus leiteten sie Motivationsprobleme für den Teilnehmer ab.

In einer weiteren Studie des BIBB Mitte der achtziger Jahre wurden sieben Anwenderbetriebe nach ihren Erfahrungen mit Fernunterricht befragt. Dabei stellte sich heraus, daß folgende Motive für die Wahl von Fernunterricht ausschlaggebend waren:
– die Einbeziehung bisher nicht berücksichtigter Mitarbeitergruppen mit Weiterbildungsangeboten für Schichtarbeiter, ins Ausland entsandte Mitarbeiter, Beschäftigte in kleinen Standorten;
– die aus den Vorteilen der Lehrmethode resultierenden Kosteneinsparungen durch geringere Freistellungen von der Arbeit, Wegfall von Übernachtungen und Reisen,
– die methodisch-didaktischen Vorteile wie flexible Lernorganisation, Schaffung homogener Lerngruppen für Seminare, Verlagerung der Vermittlung von kognitivem Wissen aus den Seminaren,
– fehlende betriebliche Kapazitäten und örtliche Angebote.

Die befragten Betriebe beurteilten die externen Fernlehrgänge grundsätzlich positiv in bezug auf die Lernerfolgskontrollen, Verständlichkeit der Lehrinhalte, die Aktualität des Lehrmaterials und die Betreuung der Teilnehmer (Albrecht-Kleiner & Jablonka, 1991, S. 37 ff.).

Didaktisch-methodischer Transfer in der betrieblichen Personalentwicklung

Anforderungen an das mittlere Management

Das Management hat sich in den letzten Jahren immer weiter in komplexe Situationen hineinbewegt. Ausgelöst wurde diese Entwicklung z.B. durch die Beschleunigung des technischen Fortschritts, die Internationalisierung und Globalisierung der Märkte und durch den Wertewandel in der Gesellschaft. Dies führte in den Industriebetrieben zur Abkehr von tayloristischen Produktionsstrukturen hin zur Gruppen-

und Teamarbeit. Die alte Arbeitsteilung bis in die Unternehmensführungsebene wird aufgehoben. Teams aus unterschiedlichen Bereichen des Betriebes übernehmen Aufgaben, für die früher ein Manager zuständig war. Der Mitarbeiter auf der ausführenden Ebene, der bisher nur einfache Handgriffe verrichten durfte, entscheidet mit den Kollegen seiner Arbeitsgruppe, wie die Produktion am besten abläuft.

Um wettbewerbsfähig zu bleiben, unterliegen die Unternehmen dem ständigen Zwang, die Personalproduktivität zu erhöhen. Die dabei eingesetzten Instrumente wie Gemeinkostenwertanalyse und Produktionskostenoptimierung, die in der Regel zu Personalfreistellungen führen, werden heute zunehmend ergänzt durch Organisationsentwicklungsmaßnahmen (OE-Maßnahmen). Damit wird beabsichtigt, „Betroffene zu Beteiligten" zu machen. Ziel ist die höhere Identifikation und Motivation mit der Arbeit und dem Unternehmen (Waltz, 1991, S. 509). Diese Maßnahmen werden von organisatorischer Seite auch zur Reduzierung der Hierachieebenen genutzt. Das Vordringen der informatikgestützten Informationssysteme unterstützt und verstärkt diesen Prozeß in der Weise, daß auf der ausführenden Ebene (Sachbearbeiter) immer mehr Informationen gebündelt werden, sichtbar gemacht durch den PC am Arbeitsplatz. Durch die Konzentration von Wissen und Macht auf den unteren Hierarchieebenen werden die darüberliegenden entbehrlich. Von daher erklärt sich auch die sogenannte Krise des mittleren Managements (Middle Management Crisis) (von Eiff, 1991, S. 154).

Die dadurch einsetzenden Veränderungen hin zur Dezentralisation über die Bildung teilautonomer Einheiten birgt die Gefahr eines Auseinanderdriftens von Teilen und Ganzheiten im Gesamtgefüge des Unternehmens. „Das zentrifugale Auseinanderlaufen unternehmenspolitischer und strategischer Bemühungen ist vorprogrammiert" (von Eiff, 1991, S. 154). Um so mehr Bedeutung gewinnt die mittlere Führungsschicht in ihrer Funktion als „Transmissionsriemen", als vermittelndes Medium zwischen der Unternehmensführung und der ausführenden Ebene. Die Personal- und Bildungsfachleute in den Unternehmen leiten aus dieser Entwicklung Hypothesen in Form personalpolitischer Maximen ab:

– weniger Anpassungsfortbildung und mehr „Aufstiegsfortbildung",
– nicht Höherqualifizierung, sondern Umqualifizierung.

Mit Aufstiegsfortbildung in diesem Sinn ist nicht die klassische Aufstiegsfortbildung gemeint, die zu höheren hierarchischen Positionen führen soll, sondern zur Potentialsteigerung des Mitarbeiters im Sinne des Erwerbs von mehr Wissen und Können aufgrund gestiegener Anforderungen am Arbeitsplatz.

Nach Wegfall bzw. Ausdünnung einer oder mehrerer Hierarchieebenen teilen sich die bisherigen Aufgabenträger nach oben und nach unten auf. Die Anforderungen an die untere Hierarchieebene nehmen durch erweiterte Handlungsspielräume, Kommunikation und Steuerungsvielfalt zu. Der dadurch eintretende Bildungsbedarf zur Deckung aktueller und potentieller Qualifikationsdefizite erfordert eine „Aufstiegsfortbildung" und drängt die bisher dominierende Anpassungsfortbildung zurück. Aufstiegsfortbildung als systematische, fähigkeitsorientierte auf die Person bezogene Personalentwicklung ist das geeignete Instrument, den Führungsnachwuchs aus den eigenen Reihen für die nach wie vor notwendige mittlere Führungsebene zu gewinnen.

Der Bedarf an Umqualifizierung ergibt sich zum ersten aus dem Mangel an Karrieremöglichkeiten durch Wegfall von Hierarchien. Motivierten und karriereorientierten Mitarbeitern sind im Rahmen von job rotation und OE-Maßnahmen neue Aufgaben zuzuweisen, um sie für das Unternehmen zu erhalten. Dafür müssen sie qualifiziert werden. Zweitens ergibt sich die Notwendigkeit für diejenigen Mitarbeiter im Rahmen von OE-Maßnahmen neue Aufgabeninhalte zu schaffen, deren Positionen durch die erwähnten Rationalisierungsmaßnahmen frei werden und deren Arbeitsplätze durch Vereinbarung mit dem Betriebsrat erhalten bleiben. Dafür müssen sie „umqualifiziert" werden.

Traditionelle Konzepte der Personalentwicklung im Betrieb

Wenn hier von traditionellen Konzepten der Personalentwicklung im Betrieb die Rede ist, dann wird der Tatsache Rechnung getragen, daß das Seminar, ob unternehmensintern oder -extern veranstaltet, nach wie vor eine Spitzenstellung unter den Weiterbildungsformen im Betrieb einnimmt. Der Anspruch, der eingangs geäußert wurde, nämlich die Tendenz zum selbstgesteuerten Lernen als eine alternative bzw. nicht traditionelle Form der Weiterbildung, verbreitet sich erst langsam und wird vorwiegend in den großen Firmen mit personell und sachlich gut ausgestatteten Bildungsabteilungen vollzogen. So setzt die Siemens AG inzwischen weltweit über 300 CBT-Programme (Computer Based Training) ein. Zum selbstgesteuerten Lernen bei Siemens gehört aber Fernlernen ebenso wie zukünftig interaktives Fernsehen (Oesterle, 1993).

Die Personalentwickler im Betrieb gehen davon aus, daß Weiterbildung in Seminarform den Vorteil bietet, neben der Vermittlung kognitiver Lernziele auch affektive Lernziele zu trainieren. Darüber hinaus sehen sie in der Kombination und im flexiblen Einsatz didaktisch-methodischer Elemente, z.B. von Rollenspielen, Planspielen, Moderationsmethoden, Gruppenarbeit, die Möglichkeit, die gesetzten Weiterbildungsziele in hohem Maß zu erreichen (Ertz, 1986, S. 129). Die Bildungsarbeit im Betrieb vollzieht sich idealtypisch nach folgendem Schema:
– Ermittlung der Anforderungsprofile, ausgehend z.B. im Industriebetrieb von den vorgegebenen Tätigkeitsanforderungen;
– die Tätigkeitsanforderungen werden abgeleitet aus
  1. der Technologie,
  2. der Arbeitsplatzstruktur,
  3. der Aufgabenzuordnung.

Die Tätigkeitsanforderungen stellen den Sollzustand dar. Die so ermittelten arbeitsplatzbezogenen Anforderungsprofile werden den vorhandenen personenbezogenen

Qualifikationen (Fähigkeitenprofil) pro Mitarbeiter gegenübergestellt. Bei einem Vergleich der beiden Profile können sich Qualifikationsdefizite ergeben, die abzubauen sind. Aufgrund dieser Ergebnisse werden Bildungsmaßnahmen konzipiert und ausgewählt, Ressourcen bereitgestellt und die Bildungsmaßnahmen durchgeführt. Über die Qualitäts- und Transfersicherung schließt sich der Kreis der Wertschöpfungskette im Bildungsbereich.

Bezieht sich die Weiterbildung auf die Vermittlung von Fachkenntnissen, ist sie dem funktionsbezogenen Bereich zuzuordnen. Stehen kommunikative Inhalte oder das Training sozialer Fähigkeiten im Vordergrund der Bildungsmaßnahme, so werden sie dem verhaltensbezogenen Bereich zugerechnet. In beiden Fällen handelt es sich um Anpassungsfortbildung, die bis heute den überwiegenden Teil der betrieblichen Bildungsmaßnahmen darstellt. Wie bereits ausgeführt, vollzieht sich aufgrund veränderter Rahmenbedingungen ein Wandel hin zur Aufstiegsfortbildung, die der Potentialerweiterung und -ausschöpfung dient (Zwang zu einer Horizonterweiterung in benachbarte Anwendungsfelder, „Blick über den Tellerrand" des eigenen Faches).

Im folgenden wird aufgezeigt, wie mit Hilfe des Fernunterrichts Personalentwicklung betrieben werden kann, gerade auch für die mittlere Qualifikationsebene.

Fernunterricht zur Qualifizierung der Mitarbeiter

Lernen im Fernunterricht

Nachdem sich der Interessent für einen Fernkurs entschieden hat, erhält er vom Fernlehrinstitut in der Regel für drei Monate im voraus die Lehrmaterialien zugeschickt. In dieser Erstsendung sind Anleitungen für das Lernen im Fernstudium beigefügt, die spezielle Hinweise zum erfolgreichen Lernen mit dieser Lehrmethode enthalten. Desweiteren erhält der Fernstudierende Materialien, die ihm einen Überblick über die Struktur des Kurses und den aus pädagogischer Sicht gewünschten Ablauf geben, bzw. die Reihenfolge der Bearbeitung der einzelnen Lerneinheiten. Dennoch liegt es in der Freiheit des Lerners, entsprechend seiner inhaltlichen und zeitlichen Präferenzen die Lehrmaterialien zu bearbeiten. Mit dem Durcharbeiten der Lehrbriefe findet der Lernprozeß statt.

Der Lehrbrief ist dabei das wichtigste Medium im Fernstudium. Er unterscheidet sich wesentlich von anderen schriftlichen Materialien, wie z.B. dem Lehrbuch. Im Inhaltsverzeichnis wird dem Fernstudierenden ein Überblick über den Lehrstoff des Lehrbriefes gegeben. In der Regel umfaßt ein Lehrbrief vier Lektionen, mit einem Umfang von jeweils 15 bis 20 Seiten, die ein in sich logisch geschlossenes Stoffgebiet beinhalten. Der Gesamtumfang eines Lehrbriefes beträgt also insgesamt 60 bis 80 Seiten. Empirisch überprüft und festgestellt ist, daß ein durchschnittlicher Lerner hierfür ca. 20 bis 23 Lernstunden benötigt, wenn er alle pädagogischen Elemente beachtet, die ein Lehrbrief enthält.

Mit der Entwicklung eines Lehrbriefes hat der Autor die Aufgabe, Unterricht zu gestalten. Das bedeutet, daß der Text sprachlich so aufbereitet sein muß, daß er dialogisch wirkt, den Lerner persönlich anspricht und ihn zu einem inneren Dialog anregt. Holmberg (1984) spricht in diesem Zusammenhang „von dem gelenkten didaktischen Gespräch". Das „kühle Medium" Lehrbrief erhält auf diese Weise eine emotionale Komponente, welche eine pädagogische Situation entstehen läßt, die den Teilnehmer in der isolierten Situation zum Lernen auffordert und motiviert.

Der Lehrbrief beginnt mit einer Einleitung, die ihn auf das zu bearbeitende Thema einstimmen, vorbereiten und motivieren soll. Jeder Lektion ist eine Lernzielformulierung vorangestellt, mit der Funktion eines „roten Fadens" bzw. einer Vorstrukturierung für den nachfolgenden Text. Zur Anregung und visuellen Unterstützung des Lernprozesses wird der Lehrtext an geeigneter Stelle durch Abbildungen und Grafiken ergänzt. Durch eingestreute Aufgaben in den Text, wird der Lerner bewußt zum Einhalten des Leseflusses aufgefordert. Diese Lernaufgaben mit repetitivem Charakter haben das Ziel, das soeben durchgearbeitete Pensum noch einmal zu rekapitulieren und so zu einer ersten Stoffestigung beizutragen. Am Ende der Lektion findet durch Wiederholungs- und Übungsaufgaben eine Selbstlernkontrolle für den Studierenden sowohl auf der repetitiven als auch auf der Transferebene statt. Die Lösungen zu diesen Aufgaben befinden sich am Ende des Lehrbriefes.

Hat der Lerner den gesamten Lehrbrief durchgearbeitet, sind die Einsende- oder Korrekturaufgaben anzufertigen und an das Fernlehrinstitut einzusenden. Die Korrekturaufgaben spiegeln die Komplexität und den Schwierigkeitsgrad eines Lehrbriefs wieder. Über den Fernlehrer erhält der Lerner seinen korrigierten, kommentierten und benoteten Korrekturaufgabensatz innerhalb eines Zeitraums von rund acht bis zehn Tagen zurück. Auf diese Weise erhält der Fernlerner eine qualifizierte, persönliche, von einem Experten fremdkontrollierte Rückmeldung über seinen Lernerfolg, wie sie in der Erwachsenenbildung und speziell auch in der beruflichen Weiterbildung selten ist.

Hat der Fernstudierende bei der Bearbeitung eines Lehrbriefes Lernprobleme, besteht für ihn die Möglichkeit durch schriftliche und telefonische Anfragen in der Beratungs- und Betreuungsabteilung des Instituts oder über den Fernlehrer direkt Hilfe in Anspruch zu nehmen.

Neben dem Lehrbrief als klassischem Medium kommen als Ergänzung in verschiedenen Lehrgängen auch noch Ton- oder Videokassetten oder Softwareprogramme zum Einsatz. Im Fernunterricht werden darüber hinaus auch Sozialphasen in Form von begleitenden Seminaren angeboten. Sie können je nach Bedarf organisiert werden, an Wochenenden oder in bestimmten Zeitabständen. Sie unterscheiden sich von den klassischen Seminaren dadurch, daß nicht mehr die Wissensvermittlung, sondern die Aufarbeitung von Lernproblemen, Übungen, inhaltliche Problematisierungen, Falldiskussionen, Rollenspiele, Laborübungen und Anwesenheitsprüfungen im Vordergrund stehen.

Kooperationsmodelle und Organisationsformen

Die Durchführung und Nutzung des Fernunterrichts in den Betrieben vollzieht sich nach den bisherigen Erfahrungen in vielfältigen Formen und Modellen. Herauskristallisiert haben sich folgende Kooperationsformen zwischen Fernunterrichtsanbietern und Betrieben:

1. Der Betrieb unterstützt den Mitarbeiter in seiner Fernunterrichtsteilnahme. Die Initiative zur Weiterbildung geht vom Mitarbeiter aus. Er wählt aus den Angeboten der Fernlehrinstitute den ihn interessierenden Fernkurs. Von betrieblicher Seite erfolgt eine Unterstützung, entweder in finanzieller und/oder zeitlicher Hinsicht, z.B. durch Freistellung für den Besuch von Begleitseminaren. Eine weitere Aufgabe des Betriebes besteht in der Information über diese Weiterbildungsmethode sowie das Aushandeln von Sonderkonditionen mit dem Fernlehrinstitut für die Mitarbeiter. Die Lernerfolgskontrolle und die Betreuung des Mitarbeiters liegt ganz in den Händen der Fernschule.

2. Der Betrieb bietet Fernlehrgänge an, indem er komplette Fernkurse oder Module kauft, d.h. Teile von fertigen Fernlehrgängen. Die Betreuung und der begleitende Unterricht können sowohl vom Betrieb als auch vom Anbieter organisiert werden. Durch den Rückgriff auf bereits entwickeltes und zugelassenes Fernlehrmaterial kann dieses Modell sehr kostengünstig gestaltet werden.

3. Ein Fernunterrichtsanbieter entwickelt Fernkurse im Auftrag eines Betriebes. Auf den spezifischen Bildungsbedarf des Auftraggebers bezogen werden „maßgeschneiderte" Fernlehrgänge entwickelt. Die Betreuung der Teilnehmer und die begleitenden Seminare können dabei durch den externen Anbieter und/oder durch den Betrieb selbst organisiert werden.

4. Der Betrieb entwickelt Fernkurse in eigener Regie. Die Entwicklung der Fernlehrmaterialien, die Betreuung, die Begleitseminare und die Lernerfolgskontrolle liegen in den Händen des Betriebes.

5. Weiterhin gibt es das Modell der Entwicklung branchenspezifischer Fernlehrgänge. Branchenverbände entwickeln Fernlehrgänge selbst oder lassen sie entwickeln. Diese werden dann den Mitarbeitern der Branchenbetriebe angeboten. Kooperationen von Branchenbetrieben mit Fernunterrichtsanbietern auf regionaler Ebene sind denkbar (Bundesinstitut für Berufsbildung, 1991, S. 6).

Möglichkeiten und Grenzen des Fernunterrichts bei der Qualifizierung des mittleren Managements am Beispiel der Studiengemeinschaft Darmstadt

Die Studiengemeinschaft Darmstadt als eines der größten deutschen Fernlehrinstitute hat seit vielen Jahren einen Managementlehrgang im Angebot. Dieser Fernkurs wird sowohl von Einzelpersonen als auch von Firmen zur Qualifizierung der Mitarbeiter nachgefragt. Die Managementlehre hat sich in den letzten Jahren aufgrund von aktuellen Anforderungen, wie dargestellt, erheblich verändert. Das Management komplexer Systeme, integratives Management, ganzheitliches Management usw. sind in der Managementlehre begriffliche Kennzeichen für diesen Wandel.

Die Studiengemeinschaft Darmstadt hat diese Entwicklung aufgegriffen und einen neuen Fernkurs zum ganzheitlichen Management entwickelt. Der Manager steht als Individuum mit seiner individuellen Kompetenz zur Steuerung und Strukturierung von komplexen Situationen im Zentrum. Ausgehend von dieser Kompetenz wird der in der Managementlehre üblichen Aufteilung in Sach- und Führungsaufgabe gefolgt und der Manager in seiner Führungsrolle und seiner Aufgabenrolle dargestellt. Die Führungsrolle wahrnehmen heißt die Fähigkeit erwerben, Mitarbeiter zu führen und dem sozialen Umfeld des Managerhandelns gerecht zu werden. Die Aufgabenrolle bezieht sich auf die instrumentelle Seite des Managerhandelns, wie etwa dem Agieren auf dem Markt im Rahmen strategischer Konzepte oder der Entwicklung anpassungsfähiger organisatorischer Strukturen (Freimuth, 1993, S. 63).

Als Standardprogramm umfaßt dieser Fernkurs 18 Lehrbriefe mit einer Lehrgangsdauer von 15 Monaten und drei fakultativen Begleitseminaren nach jeweils fünf Monaten Kursdauer.

Die ersten beiden Seminare dauern jeweils zwei Tage, das letzte Seminar als Abschlußworkshop drei Tage. Die Begleitseminare haben das Ziel, die während der vorausgegangen Monate im Selbststudium (Phase des individuellen Lernens) im kognitiven Bereich erworbenen Kenntnisse zu vertiefen, anzuwenden, zu üben und sich im Kontakt mit den anderen Seminarteilnehmern auch die sozialen, affektiven und damit handlungsorientierten Elemente der Ausbildung anzueignen (Phase des sozialen Lernens).

Dem Anspruch eines ganzheitlichen Managements kann man nur gerecht werden, wenn man beispielsweise dem in der modernen Betriebspädagogik entwickelten Paradigma der Ganzheitlichkeit folgt, nämlich neben der Fach- auch die Methoden-, Sozial- und Persönlichkeitskompetenz zu entwickeln. Diese vier Kompetenzen zusammen ergeben die gewünschte Handlungskompetenz (Hülshoff, 1991, S. 12 ff). Als Manager handlungskompetent zu sein, bedeutet zu wissen, welche und wie die jeweils anstehenden Anforderungen und Probleme zu lösen sind und in welcher Weise mit welcher Überzeugung es gelingt. Dieses Konzept oder Modell aus der Betriebspädagogik stellt die didaktisierte Seite der Ganzheitlichkeit dar, wie sie im ganzheitlichen Management heute gefordert wird.

Der Fernkurs „Ganzheitliches Management" ist nach diesem Modell aufgebaut. Im Schwerpunkt eins „Moderne Formen der Unternehmensführung" steht die Entwicklung der Fachkompetenz und zum Teil auch der Methodenkompetenz im Vordergrund. „Persönliche Kompetenz und Führungsverantwortung" als zweiter Schwerpunkt vermittelt Kenntnisse und Fähigkeiten im Bereich Sozial- und Persönlichkeitskompetenz. „Arbeitsmethodik und Entscheidungshilfen" als letzter Schwerpunkt bildet überwiegend die Methoden- aber auch die Sozial- und Persönlichkeitskompetenz aus.

Exkurs:
Kompetenzmodell der ganzheitlich orientierten Betriebspädagogik

Fachkompetenz bedeutet, fachliches Wissen zu besitzen, fachliches Wissen situationsgerecht umsetzen können und zum fachlichen Engagement bereit zu sein. Methodenkompetenz bedeutet, zu wissen, welcher Weg einzuschlagen ist, diesen Weg auch gehen zu können und auch bereit zu sein, diesen Weg zu gehen. Fachkompetenz (Kenntnisse) und Methodenkompetenz (Fertigkeiten) zu besitzen ist wichtig für die Gestaltung, Steuerung, Untersuchung und Absicherung von Vorgängen, Prozessen und Abläufen im Unternehmen. Sozialkompetenz bedeutet, Gedanken, Gefühle wahrnehmen können, situations- und personenbezogen sich verständigen können und zur Verständigung bereit zu sein. Persönlichkeitskompetenz bedeutet, ein realistisches Selbstbild zu haben, der eigenen Überzeugung gemäß handeln zu können und zur sozialen Verantwortung bereit zu sein. Sozialkompetenz (Fähigkeiten) und Persönlichkeitskompetenz (Einstellungen, Wertorientierungen) sind für die Menschenführung, Kommunikation, Entwicklung von Gemeinschaften und die Persönlichkeitsentwicklung in Vorgängen, Prozessen und Abläufen im Unternehmen erforderlich. (Hülshoff, 1991, S. 12 ff.)

Vorteile

Der Fernunterricht unterscheidet sich von anderen Lernformen durch folgende allgemeine Vorzüge:

– Lernortunabhängiges Lernen: Der Unterricht kann von Mitarbeitern sowohl in zentralen als auch in dezentralen Betriebseinheiten, Filialen, Zweigwerken, Außenstellen im In- und Ausland wahrgenommen werden.

– Lernzeitflexibles Lernen: Der Unterricht richtet sich nach den individuellen Lerngewohnheiten des einzelnen. Es paßt sich dem persönlichen Lernrhythmus an.

– Fernunterricht ist mit seinem herkömmlichen schriftlichen Lehrmaterial kombinierbar mit auditiven, audiovisuellen, computergestützten Lehrmitteln. Er läßt sich unproblematisch in andere Weiterbildungsprogramme integrieren, in Ergänzung oder Vorbereitung.

Diese Vorzüge gelten sowohl für individuelle Bildungsmaßnahmen einzelner Teilnehmer als auch für Bildungsveranstaltungen von Mitarbeitergruppen im Betrieb.

Aus der Sicht des Lerners bietet der Fernunterricht folgende Vorteile:

– eigene Festlegung der Lernziele,

– eigene Festlegung des Umfanges und des Beginns der Lernzeit,

– Möglichkeit der Nutzung ergänzender Bildungsmaßnahmen, wie Begleitseminare, vertiefende Literatur,

– Anonymität der Bildungsmaßnahme und -inhalte,

– Berücksichtigung von Vorkenntnissen durch Einstieg in höhere Lehrgangsstufen,

- überschaubares und einheitlich standardisiertes Lehrmaterial,
- Langzeitwirkung durch schriftliches Erarbeiten (im Rahmen von Selbstkontroll- und Fremdkontrollaufgaben),
- Wechsel von einer Fern- zu einer Direktunterrichtsmaßnahme.

Für den Betrieb bieten sich durch den Einsatz von Fernunterricht folgende Vorteile:
- Lernzeiten in die arbeitsfreie Zeit und in die Wohnung des Mitarbeiters zu verlagern;
- Nutzung von Lernmöglichkeiten für Mitarbeiter, die sonst nicht an Bildungsveranstaltungen teilnehmen können, weil sie in Wechselschicht, als Reisende, in Zweigstellen, im Ausland arbeiten oder bei denen längere Freistellungen nur schwer möglich sind;
- die Unabhängigkeit der fernunterrichtlichen Bildungsmaßnahme von der Anzahl der Teilnehmer (Förderung einzelner Teilnehmer, kleiner oder größerer Gruppen bis hin zur gesamten Belegschaft);
- Kosteneinsparungen durch Wegfall von Reise- und Lohnausfallkosten (bei Verlagerung der Bildungsmaßnahme außerhalb der Arbeitszeit) bis zu 60% (z.B. bei Siemens; Oesterle, 1993); Reduzierung des Fixkostenanteils an den Gesamtkosten des Fernunterrichts, wenn das Fernlehrinstitut die Betreuung übernimmt. Ohne zusätzliche Kosten wird hierbei kontrolliertes Lernen gewährleistet.

Nachteile

- Der Fernunterricht ist weniger geeignet, wenn es um die Erreichung handwerklicher Fertigkeiten geht, die vorwiegend durch Übungen erworben werden. Schwierig ist auch der Erwerb berufsübergreifender Qualifikationen wie soziale oder personale Kompetenz.
- Dem Fernunterricht fehlt das pädagogisch gestaltete Lernumfeld (unmittelbarer Kontakt zu anderen Lernenden oder direkt ansprechbare Tutoren).
- Der Fernunterricht verlangt eine hohe Motivation und Arbeitsdisziplin, die nicht jedem gegeben ist, die andererseits aber gerade durch diese Anforderung gefördert werden kann und so zu einem Vorteil wird.
- Probleme können bei Teilnehmern entstehen, die nach jahrelanger Lernpause wieder in organisierte Bildungsmaßnahmen zurückkehren.
- Individuelle Lernerfahrungen können durch das fremdentwickelte wenig flexible Lehrmaterial nur sehr wenig berücksichtigt werden.

Trotz dieser Nachteile kann Fernunterricht erfolgreich in die betriebliche Bildungsarbeit integriert werden. Hierzu ist folgendes für eine fernunterrichtliche Bildungsmaßnahme notwendig:
- die Vorbildung und die Lernfähigkeit der Mitarbeiter erfassen und berücksichtigen,

- zusätzliche, das Standard-Lehrmaterial ergänzende betriebsbezogene Lehrmaterialien einsetzen,
- durch Einsatz von Lehrgangsbegleitheften Bezüge zu dem Betrieb oder der Arbeitssituation des Lerners herstellen,
- Austausch der Selbst- und Fremdkontrollaufgaben durch spezifische, den Betrieb betreffende Aufgabenstellungen und deren besondere individuelle Betreuung durch vorgeschulte betriebliche Fernlehrer;
- das Fernlehrinstitut entwickelt im Auftrag des Betriebes betriebsbezogene Lehrmaterialien zu den bestehenden Standard-Lehrmaterialien und
- führt im Auftrag des Betriebes Begleitseminare durch, deren Inhalte vorher abgestimmt sind, oder der Betrieb führt nach Abstimmung mit dem Institut entsprechende Präsenzveranstaltungen durch.

Beispiele für den Einsatz des Managementlehrgangs

Der von der Studiengemeinschaft Darmstadt konzipierte Fernlehrgang richtet sich an Mitarbeiter, die Führungsverantwortung übernehmen sollen oder ihre Managementkenntnisse auffrischen wollen. Es sind qualifizierte Mitarbeiter mit einigen Jahren Berufserfahrung, die sich in fachlicher Hinsicht bewährt und nun die Möglichkeit zur Übernahme einer Führungsaufgabe haben. Dies können sowohl Mitarbeiter aus dem kaufmännischen als auch aus dem gewerblich-technisch-naturwissenschaftlichen Bereich sein, z.B. Kaufleute, die etwa nach entsprechendem Schulabschluß, kaufmännischer Berufsausbildung und mehrjähriger Berufstätigkeit für eine Gruppenleiter- oder Abteilungsleiterfunktion vorgesehen sind. Gleiches gilt für technische Angestellte, wie Techniker oder Meister, die nun mit fundierten Managementkenntnissen ausgestattet werden sollen. Aber auch für Akademiker, wie Betriebswirte, Ingenieure, Naturwissenschaftler ist dieser Fernlehrgang geeignet, denn er vermittelt Wissen und Kenntnisse, die weder an einer Fachhochschule noch an einer Universität angeboten werden. Neben der dort vorherrschenden fachsystematischen Ausbildung wird allenfalls in funktionalen Lernprozessen, nicht aber in intentionalen Lernprozessen Methoden-, Sozial- oder Persönlichkeitskompetenz vermittelt.

In Klein- und Mittelbetrieben, in denen nur wenige Führungspositionen zu besetzen sind, ist es in der Regel aus zeitlichen Gründen nicht möglich, angehende Führungskräfte auf qualifizierte mehrtägige oder sogar mehrwöchige außerbetriebliche Führungskräfteseminare zu schicken. Hier bietet der Fernunterricht die Voraussetzungen, die angehenden Führungskräfte berufsbegleitend zu qualifizieren. Der Kursteilnehmer hat die Möglichkeit, die erworbenen Kenntnisse studienbegleitend in der Praxis anzuwenden und umzusetzen. Er kann sich bei erfahrenen Führungskräften des Betriebes ebenso wie bei seinem Fernlehrer bei Problemen der Umsetzung der Kenntnisse Rat einholen. Aufgrund der langen Zeitdauer von 15 Monaten kann sich das erworbene Wissen setzen. Es findet eine enge Verzahnung von Erkenntnissen aus dem Lernfeld (Fernunterricht) mit dem Arbeitsfeld statt. Die in der Regel bei Direktseminaren dieser Art auftretende Problematik des Transfers, d.h. der Schwierigkeit der Übertragung der erworbenen Kenntnisse von der Seminarsituation in die Arbeitssituation, wird im Fernunterricht abgefedert.

Die Unternehmenskultur und die im Betrieb vorherrschenden Führungsstile verhindern allzu oft eine Anwendung der erworbenen Kenntnisse und erweisen sich als eine nicht oder nur schwer zu überwindende Hürde. Im Fernunterricht hat der Teilnehmer aufgrund der längeren Dauer des Lehrgangs Zeit, sein neues Wissen an die Führungsgewohnheiten des Betriebes anzupassen. Die zusätzlich auf freiwilliger Basis angebotenen Kompaktseminare mit zwei- bis maximal dreitägiger Dauer am Wochenende dienen dem Erwerb und Training der handlungsorientierten Elemente des Managementlehrgangs. In Übungen, Rollenspielen, Gruppen- und Partnerarbeit werden die Methoden-, Sozial- und Persönlichkeitskompetenz trainiert. Es sind diejenigen Lernzielbereiche, die durch reinen Fernunterricht nur sehr schwer oder gar nicht erreicht werden können.

Auch für große Unternehmen bieten sich verschiedene Möglichkeiten, diesen Managementfernkurs in die betriebliche Bildungsarbeit zu integrieren. Nach einer Untersuchung des Instituts der deutschen Wirtschaft im Jahr 1992 wurden in den befragten Großbetrieben pro Mitarbeiter 1534 DM für Weiterbildung ausgegeben. Davon waren fast die Hälfte, nämlich 652 DM, indirekte Kosten (Lohnausfallkosten etc.) angefallen (Weiß, 1994, S. 178). Unter Berücksichtigung solch knapper finanzieller Mittel könnte bei verstärktem Einsatz von Fernkursen dieser indirekte Kostenanteil zugunsten einer Qualifizierung größerer Mitarbeitergruppen eingesetzt werden. Qualifizierte Fachkräfte auf den unteren Hierarchieebenen, die bisher nicht an Weiterbildungsmaßnahmen teilnehmen konnten, hätten somit die Möglichkeit, die heute so notwendig gewordenen methodischen, sozialen und persönlichen Kompetenzen zu erwerben.

Dieser Fernkurs kann aufgrund seines modularen Aufbaus für unterschiedliche Zielgruppen im Betrieb eingesetzt werden. Für qualifizierte Fachkräfte, die keine Führungsaufgaben wahrnehmen sollen, könnte das zweite Modul „persönliche Kompetenz und Führungsverantwortung" herausgenommen werden. Mitarbeiter, bei denen Defizite in ihrer Arbeitsmethodik festgestellt wurden, können den dritten Block „Arbeitsmethodik" belegen. Mitarbeiter, die zukünftig zum Einsatz in Projektteams vorgesehen sind, könnten vorab den Lehrbrief „Projektmanagement" bearbeiten. Sie hätten damit das allgemeine Know-how über die optimale Durchführung von Projekten sich berufsbegleitend angeeignet. Mitarbeitergruppen, die zukünftig als Moderatoren in Qualitätszirkeln oder im Rahmen von Organisationsentwicklungsprojekten Arbeitsteams zu moderieren haben, könnten durch Bearbeitung der Lehrbriefe zur Moderation, Präsentation und optischen Rhetorik und auch zur motivierende Gesprächsführung sich die entsprechenden Kenntnisse im Fernstudium aneignen und in anschließenden kompakten Kurzworkshops die notwendigen handlungsorientierten Elemente dazulernen.

Aus dem Kurs könnten einzelne Lehrbriefeinheiten individuell, nach persönlichem Bildungsbedarf je Mitarbeiter zusammengestellt werden. Begleitseminare könnten von den firmeneigenen Bildungsfachleuten in enger Abstimmung mit dem Fernkursanbieter konzipiert und durch firmeneigene Trainer und Dozenten durchgeführt werden. Somit könnten betriebliche Bezüge sehr gut hergestellt werden.

Die Aufzählung der Nutzanwendungen des Fernunterrichts ließe sich weiter fortsetzen. Aber allein schon durch diese wenigen Beispiele wird deutlich, wie flexibel Fernunterricht in die betriebliche Bildungsarbeit ohne großen Aufwand und zu geringeren Kosten einsetzbar ist. Allein das fehlende Wissen der Entscheidungsträger und der Bildungsverantwortlichen über diese Vorzüge des Fernunterrichts macht ihn in weiten Kreisen zu einer unterschätzen Methode der betrieblichen Bildungsarbeit.

Erfolgskontrolle

Bei der Erfolgskontrolle im Bildungsbereich geht es in der Regel darum, die Effektivität („die richtigen Inhalte lernen") und Effizienz („die Inhalte richtig lernen") von Bildungsmaßnahmen zu untersuchen und sie gegebenenfalls zu optimieren, zu legitimieren und über die Fortführung und Verwertung der Ergebnisse zu entscheiden. Gerade im Fernunterricht hat es sich als vorteilhaft herausgestellt, aus analytischen Gründen eine Aufteilung der Erfolgskontrolle der Bildungsmaßnahme in einen Maßnahmenerfolg und einen Lernerfolg vorzunehmen. Dies erlaubt eine differenziertere Betrachtung und Berücksichtigung bzw. Trennung einzelner Kriterien, um deren Einfluß auf den Erfolg der Bildungsmaßnahme zu untersuchen.

Die Überprüfung des Maßnahmeerfolges geschieht durch eine breiter gefaßte Untersuchung als bei der Überprüfung des Lernerfolges. Neben den Einschätzungen und Bewertungen durch die Teilnehmer, Dozenten, Fernlehrinstitute und Betriebe werden folgende Aspekte herangezogen:
- Akzeptanz und Bewertung des Lehrgangs,
- Einschätzung der beruflichen Verwertbarkeit des Gelernten,
- Einsendung der Fremdkontrollaufgaben,
- Teilnahme an den Begleitseminaren,
- Akzeptanz der schriftlichen und telefonischen Betreuung,
- Teilnahme an den Abschlußprüfungen,
- Zahl der Kündigungen zur Erfolgsbeurteilung.

Die Kriterien zur Überprüfung des Lernerfolges beziehen sich neben der Einschätzung des Lernerfolges durch die Teilnehmer und Dozenten auf die individuellen Leistungen des Teilnehmers selbst. Als Merkmale werden die Benotung der Fremdkontrollaufgaben ebenso wie die erfolgreiche Prüfungsteilnahme und die Noten bei der Prüfung selbst benutzt (Ross, 1992, S. 184 ff.).

Ordnet man diese Merkmale in beiden Überprüfungsverfahren nach „Aussagekraft" und „Härte der Daten", ist eine Zunahme der „Härte der Daten" vom ersten zum letzten Merkmal festzustellen. Diese Abstufung muß bei der Interpretation der Ergebnisse der Erfolgskontrolle berücksichtigt werden.

Den Bildungsverantwortlichen in den Unternehmen geht es bei der Beurteilung des Erfolges von Fernunterricht, wie bei anderen Lehrmethoden auch, um den betrieblichen bzw. betriebswirtschaftlichen Nutzeffekt. Um ihn zu ermitteln und zu beurteilen, bedienen sie sich in erster Linie des Kriteriums der betrieblichen Verwertbarkeit und Einsatzmöglichkeit. In der schon zitierten Untersuchung des BIBB zum Einsatz des Fernunterrichts in sieben Anwenderbetrieben ergab sich bei der Frage nach der unmittelbaren Verwertbarkeit, daß fast die Hälfte der befragten Fernunterrichtsteilnehmer (FU) ihre erworbenen Kenntnisse nach dem Kriterium „hilfreich bei der Arbeit" positiv einschätzen. Von den befragten Direktunterrichtsteilnehmern (DU) gaben bei diesem Kriterium zwei Drittel eine positive Antwort. In den nachfolgenden vier weiteren Items schnitten die FU-Teilnehmer besser ab:

- bessere Bewältigung einzelner Aufgaben (FU: 25%, DU: 24%),
- Anpassung an gestiegene Arbeitsanforderungen (FU: 21%, DU: 3%),
- Arbeit ohne Hilfe von Kollegen (FU: 19%, DU: 13%),
- bessere Beherrschung von Arbeitsmitteln (FU: 15%, DU: 8%).

Die auszugsweise verwendeten Kriterien zeigen, von welcher Bedeutung die Weiterbildung aus der Sicht der befragten Teilnehmer bei der Bewältigung von Qualifikationsdefiziten am Arbeitsplatz ist (Albrecht-Kleiner & Jablonka, 1991, S. 64 ff.). Die Teilnehmer am Fernunterricht bestätigten mit Mehrheit, daß ihre Weiterbildung von Nutzen für ihre berufliche Situation ist.

Zusammenfassung und Ergebnis

Fernunterricht ist eine Lehrmethode mit langer Tradition. Sie findet in Deutschland bis heute wenig Beachtung, im Unterschied zu den europäischen Nachbarländern im Norden und Westen und vor allem in den USA, Kanada und Australien. Ende der fünfziger Jahre begannen Unternehmen vereinzelt damit, Fernunterricht in ihre Bildungsarbeit zu integrieren. Erst seit Anfang der achtziger Jahre ist ein nennenswerter Anstieg des Fernunterrichts in den Betrieben zu verzeichnen.

Die gute Bildungsinfrastruktur in Deutschland mit stark ausgeprägter personal vermittelter Bildung dominiert bis heute auch das Bildungsgeschehen in den Betrieben. Die Fernunterrichtsanbieter sind an der geringen Bedeutung des betrieblich eingesetzten Fernunterrichts nicht ganz unschuldig. Sie haben bis heute zu wenig aktives Bildungsmarketing betrieben und ihr Bildungsangebot nicht in der von den Betrieben erwarteten Weise entwickelt.

Wie die Untersuchung des BIBB in Berlin zur Nutzung des Fernunterrichts in den Betrieben zeigt, halten diejenigen Betriebe mit den geringsten Informationen über Fernunterricht diese Lehrmethode für praxisfern und leiten Motivationsprobleme für die Fernunterrichtsteilnehmer ab. Andererseits beurteilen die Anwenderbetriebe von Fernunterricht den Einsatz von externen Fernlehrgängen im Hinblick auf Lernerfolgskontrolle, Verständlichkeit und Aktualität des Lehrmaterials und Betreuung der Teilnehmer positiv. Hier besteht ein krasser Widerspruch, der auf fehlenden Informationen auf der Nachfrageseite und fehlender Überzeugungsarbeit auf der Angebotsseite beruht.

Die aus der BIBB-Studie zitierten Beispiele und die konstruierten Anwendungsmöglichkeiten anhand des neuen Managementlehrgangs der Studiengemeinschaft Darmstadt weisen auf eine Vielzahl von Einsatzmöglichkeiten des Fernunterrichts im Betrieb hin. Diese sind ein Ersatz von traditionellen Kursen, in Kombination mit bestehenden Kursen, oder eine Ergänzung zu vorhandenen Seminaren.

Es konnte aufgezeigt werden, daß mit dem Fernunterricht eine Lehrmethode existiert, die im hohen Maße geeignet ist, betriebliche Bildungsziele zu erreichen, und zu der auch die Entwicklung von Führungsnachwuchskräften für die mittlere Ebene gehört. Sie wird nicht genutzt, trotz des zunehmenden Drucks zur ständigen Weiterbildung der Mitarbeiter bei knappen Ressourcen, weil sie zu wenig bekannt ist. Damit wird sie auch unterschätzt. Dabei ist es keine Frage des Geldes, sondern des Geistes im Sinne des Verlassens von eingetretenen Pfaden und der Suche nach adäquaten alternativen Lehrmethoden wie dem Fernunterricht, um die betriebliche Bildungsarbeit zu optimieren.

Die Fernlehrinstitute müssen andererseits im Werben und in der Überzeugungsarbeit für ihre Lehrmethode aktiver werden. Dann besteht die Chance, den Fernunterricht im Betrieb in seinem Umfang und seiner Bedeutung anzuheben.

Literatur

Albrecht-Kleiner, H. & Jablonka, P. (1991). *Berufsbildender Fernunterricht: Erfahrungen und Ausblick* (Informationen zum beruflichen Fernunterricht, Heft 19). Berlin: BIBB – **Arnold, R. (1990).** *Betriebspädagogik* (Bd. 31). Berlin: Schmidt. – **Bundesinstitut für Berufsbildung (1991).** *Fernunterricht und betriebliche Weiterbildung.* Berlin: BIBB. – Elf Gründe **(1994).** Elf Gründe für die Nutzung des Fernunterrichts. In Deutscher Fernschulverband (Hrsg.), *Broschüre Fernunterricht in der betrieblichen Bildung.* Pfungstadt.– **Ertz, Ch. (1986).** *Fernunterricht in der betrieblichen Weiterbildung* (Hochschulschriften zum Personalwesen, Bd. 4). München: Hampp. – **Freimuth, J. (1994).** Ganzheitliches Management. In Studiengemeinschaft Darmstadt (Hrsg.), *Fernlehrgang Ganzheitliches Management* (Lehrbrief 1). Darmstadt. – **Heidack, C. (1991).** Qualität der Personalarbeit und Qualifikation der Zukunft. In N. Harlander, C. Heidack, F. Köpfler & K.-D. Müller (Hrsg.), *Praktisches Lehrbuch Personalwirtschaft* (S. 468-489). Landsberg/Lech: Moderne Industrie. – **Holmberg, B. (1984).** *Grundlagen des Fernstudiums.* Vier Kurseinheiten der Fernuniversität Hagen (ZIFF). Erscheinungsort: Hagen: Fernuniversität Hagen. – **Hülshoff, Th. (1991).** *Methoden der Lernplanung in* *didaktischen Modellen.* Landau: Akademie Führungspädagogik (AFP). – **Institut der deutschen Wirtschaft (1993).** – **Lipsmeier, A. (1986).** *Wie konzipiert man Fernunterricht in der beruflichen Bildung?* Mannheim: Deutsche Stiftung für internationale Entwicklung (DSE). – **Nagel, K. (1991).** *Weiterbildung als strategischer Erfolgsfaktor.* Landsberg/Lech: Moderne Industrie. – **Oesterle, H. (1993).** *Neue Technologien in der betrieblichen Bildung.* Manuskript eines Vortrags auf der Learn Tec 1993 in Karlsruhe. – **Ross, E. (1992).** *Perspektiven zur Weiterentwicklung des Fernunterrichts* (Berichte zur beruflichen Bildung, Heft 147). Berlin: BIBB. – **Schachtsiek, B. (1991).** *Fernunterricht als Methode in der betrieblichen Weiterbildung.* Vortragsmanuskript, Didacta Düsseldorf. – **Storm, U. (1992).** Fernunterricht in der betrieblichen Weiterbildung in Bundesinstitut für Berufsbildung (Hrsg.), *Multimediales Lernen in neuen Qualifizierungsstrategien – Entwicklungstendenzen und Lösungswege.* Nürnberg: BW Bildung und Wissen.– **von Eiff, W. (1991).** *Organisation – Erfolgsfaktor der Unternehmensführung.* Landsberg/Lech: Moderne Industrie. – **Waltz, D. (1991).** Personalpolitik ist Unternehmenspolitik. In E.W. Feix (Hrsg.), *Personal 2000* (S. 507-516). Frankfurt & Wiesbaden: FAZ & Gabler. – **Wenk, O.G. (1992).** *Information Weiterbildung in NRW.* Ohne Erscheinungsort und Verlag. – **Weiß, R. (1994).** Betriebliche Weiterbildung 1992 – Investitionen der Wirtschaft. *Grundlagen der Weiterbildung,* 5 (4), 177-179. – **Zander, E. & Schwalbe, H. (1990).** *Fördern durch Fordern – Management-Training und Mitarbeiterschulung heute und morgen.* Köln: Bachem.

Joachim Freimuth und Anna Meyer

Evaluation und Personalentwicklungscontrolling – ein Eiertanz zwischen Legitimation, Wissenschaftlichkeit und Pragmatismus[1]

Die Überschrift unseres Beitrages soll einen doppelten Konflikt thematisieren, in dem sich die Erfolgssteuerung von Personalentwicklungskonzepten befindet:

Die elaborierten Konzepte der Evaluation und darauf basierend des Controlling haben einen sehr hohen wissenschaftlichen Anspruch, der in praxi so gut wie nie eingelöst werden kann. Natürlich hat jeder Personalentwickler ein professionelles Interesse an der Erfolgskontrolle, aber in der betrieblichen Wirklichkeit ist im allgemeinen eine pragmatische Hemdsärmeligkeit hinreichend.

Der zweite Konflikt ergibt sich daraus, daß heute in Zeiten des Rotstifts auch Personalentwicklung in einen Legitimationszwang kommt, und hier können die formalen Möglichkeiten der Erfolgsmessung gleichsam einen argumentationspragmatischen Ansatz liefern, um ex post gewünschte Wirksamkeitsbeweise zu liefern.

Das ist gewissermaßen das Drama-Dreieck des Personalentwicklungscontrolling, ein Eiertanz zwischen pragmatischen Lösungen, Wissenschaftsanspruch und mikropolitischem Legitimationsbedürfnis.

Es erhebt sich die Frage, wie sich dieses Dilemma produktiv auflösen läßt.

Evaluation und Personalentwicklungscontrolling

Unter Evaluation versteht man ganz allgemein die zielbezogene Erhebung von Daten mit Hilfe geeigneter Meßinstrumente und die Bewertung von Maßnahmen, Programmen, Projekten u.ä. etwa im Rahmen betrieblicher Personalprogramme, beispielsweise der Personalentwicklung. Es geht im Prinzip im wesentlichen darum festzustellen, ob die eingesetzten Mittel und Strategien wirkungsvoll im Hinblick auf die beabsichtigten Verhaltensveränderungen waren, welche einzelnen Faktoren dabei Einfluß genommen haben, und letztlich natürlich um Entscheidungsgrundlagen für veränderte Interventionen, wenn die gewünschten Ergebnisse nicht eingetreten sind. Evaluation liefert damit möglichst verläßliches Datenmaterial zur Bewertung von

---

[1] Dieser Beitrag ist eine überarbeitete Fassung des Beitrages „Evaluationsforschung" der Autoren, der erstmals erschien in S. Greif & H.J. Kurtz (Hrsg.). (1996). Handbuch selbstorganisiertes Lernen. Göttingen: Hogrefe.

Handlungsalternativen, wobei dieses nicht nach rein subjektiven Eindrücken, sondern aufgrund systematischer Beobachtung gewonnen werden muß (prägnant hierzu: Wottawa, 1986). Das Ziel der Evaluation bleibt trotz dieses Anspruchs jedoch vordringlich die Verbesserung praktischen Handelns, nicht Erkenntnis an sich. Daher ist ihre alleinige Orientierung an wissenschaftlichen Maßstäben nicht vorrangig, es wird immer ein pragmatisches Handlungsinteresse im Vordergrund stehen. Das kann sogar dazu führen, daß wissenschaftlich „aufgewertete" Einzelberichte dem Interesse von organisatorischen Promotoren oder Sponsoren eine willkommene argumentationspragmatische Form für ihre mikropolitischen Interessen liefern, wie gelegentlich mit Recht beklagt wird (vgl. Bungard & Wiendieck, 1986, S. 286 f.).

Zunächst einmal leitet sich aber das Erkenntnisinteresse der Evaluationsforschung aus i.w.S. organisationspsychologischen bzw. betriebspädagogischen Intentionen ab, also z.B. der Rekonstruktion der vermuteten Zusammenhänge zwischen Medieneinsatz und einer verbesserten Stoffaufnahme und -verarbeitung bei der Klientel, der Beurteilung der Effizienz von Assessment-Centern oder ähnlichen Fragestellungen. Man muß unterstellen, daß es ein professionelles Interesse der für die Personalentwicklung verantwortlichen Mitarbeiter gibt, sich über die Wirksamkeit ihrer Methoden Klarheit zu verschaffen und diese zu verbessern.

Betriebliche Personalentwicklung hat sich aber auch im Unternehmen zu legitimieren und hier kommen zusätzliche ökonomische Perspektiven ins Spiel. Personalentwicklung wird dort als Investition begriffen und in Wertgrößen, Kosten und Erträgen betrachtet. Das ist die Sichtweise des Bildungs- bzw. Personalentwicklungscontrolling (vgl. z.B.: Baldin, 1991; Gerpott & Siemer, 1995; Keßler, 1991; Papmehl & Baldin, 1989; Wilkening, 1986; Wunderer & Schlagenhaufer, 1995). Diese beiden Perspektiven sind nicht widerspruchsfrei, im Gegenteil, häufig kommt es hier gerade heute oftmals zu Zielkonflikten.

> Weil der Erfolgsnachweis meist nicht oder nur schwer, vielleicht auch nur langfristig gelingt, ist die Gefahr massiver Sparmaßnahmen ständig akut. (Bronner & Schröder, 1983, S. 11)

Damit entsteht ein Legitimationsdruck und so kommen betriebliche Evaluationsforscher und Bildungscontroller leicht in die Situation, Dinge darzustellen, die das Managementbedürfnis nach Zahlen befriedigen aber kaum Aussagekraft haben, und Probleme, in denen für alle Beteiligten durch gemeinsam gesuchte Lösungsansätze Lernchancen lägen, hinter einem Objektivitätsschleier unsichtbar zu machen. Wenn Controlling den Charakter von Kontrolle bekommt, entstehen defensive Verhaltensmuster, mikropolitische Strategien und damit das Gegenteil der beabsichtigten Wirkungen, nicht Erfolgssteuerung, sondern Wahrheitsbewirtschaftung (s.a. Freimuth, 1987; Graudenz, 1995). Beispielhaft:

> Die Erhebung der Daten löst meistens eine hektische Betriebsamkeit aus, die durch eine Vielzahl von Manipulationen gekennzeichnet ist: Mitarbeitern wird von ihren Meistern „eingebleut", welche Aussagen sie machen sollen, Fragebogen werden heimlich kopiert, um sich mit Kollegen bezüglich der Beant-

wortung abzusprechen, vornehmlich bei dem mittleren Management sind plötzlich bestimmte statistische Unterlagen über einzelne Unternehmensbereiche nicht mehr vorhanden usw. (Bungard & Wiendieck, 1986, S. 299)

Die Verbreitung solcher Strategien vor allem im Umfeld von Ansätzen, selbstgesteuerte Lernprozesse und eine Erweiterung der organisatorischen Wissensbasis zu beeinflussen, wäre der Anfang ihres Erfolges. Man muß sich im Gegenteil vielmehr fragen, ob man nicht auch methodisch der Tatsache Rechnung tragen sollte, daß wir es gerade im Bereich von Verhaltensveränderungen immer mit unterschiedlichen Interessen und Wirklichkeitskonstruktionen bei allen Betroffenen und Beteiligten zu tun haben. Es ist daher auch überhaupt nicht ausgemacht, was man unter Erfolg und Mißerfolg einer Personalentwicklungskonzeption verstehen kann. Ist es die durch die Klientel wahrgenommene erweiterte eigene Handlungsfähigkeit, haben etwa die Evaluationsforscher die Definitionsmacht für Erfolg, wenn sie eine Aufweichung festgefügter Attitüden konstatieren, oder vielleicht Betriebsstatistiker, die sich an Indexreihen für Fehlzeiten orientieren?

Wir kommen auf diese Aspekte nach der Darstellung einiger prinzipieller und kategorischer Überlegungen zurück.

Ein idealtypisches Modell von Evaluation und Personalentwicklungscontrolling

Wir interessieren uns hier primär für praxisbezogene Konzepte, wo methodisch sicher immer einige Abstriche zu machen sind. Das idealtypische Modell soll dennoch einen gewissen Orientierungsrahmen bieten. Die Kritik und Probleme, die in den späteren Abschnitten formuliert sind, dienen primär dazu, zur Vorsicht zu mahnen, was die Aussagekraft der erhobenen Daten angeht.

Die grundlegenden Anforderungen, die an jede Art der Erfolgsmessungen für betriebspädagogisches Handeln gestellt werden müssen, sind idealtypisch folgende (Thierau, Stangel-Meseke & Wottawa, 1992, S. 230):

– Es muß klar sein, welche Ziele für welche Beteiligten erreicht werden sollten.
– Dazu gehört auch der Zeitpunkt, an dem dieses Ziel erreicht sein soll.
– Es ist zu klären, woran man die Erreichung des Zieles erkennen kann, d.h. welche Indikatoren anzuziehen sind.
– Es ist festzuhalten, welche Alternativen es im Hinblick auf die Maßnahmen bzw. auch die Zielerreichung gibt.
– Schließlich bedarf es Überlegungen zu der Frage, welche Kosten den erreichten Nutzen gegenübergestellt werden können.

Systematische Erfolgssteuerung auf dieser Grundlage soll wichtige Antworten auf eine Reihe von konkreten Fragen geben:
- Sind die richtigen Trainer eingesetzt worden, d.h. gelang es ihnen, die gewünschten Inhalte den Teilnehmern verständlich zu machen?
- Ist das dem Vorhaben ursprünglich vorausgegangene betriebliche Problem erledigt, d.h. sind die Betroffenen wieder handlungsfähig oder muß eine weitere Intervention in Betracht gezogen werden?
- Gelang es darüber hinaus, den Teilnehmern zum eigenen Lernprozeß motivierende Impulse zu geben?
- Standen die aufgewendeten Ressourcen in einem angemessenem Verhältnis zum Erfolg des Projektes? Etc. (vgl. Bronner & Schröder, 1983, S. 45 ff.).

Das sind Fragestellungen, deren Bedeutung für eine zielorientierte Personal- und Bildungsarbeit kaum zu bestreiten sind. Sie führen auch die verantwortlichen Personalentwickler immer wieder auf die Tatsache zurück, daß sie Dienstleister innerhalb eines Unternehmens mit zwei spezifischen Zielsetzungen sind, an deren Realisierung sie mitzuwirken haben.

Wie kann nun konkret ein Erfolgssteuerungsansatz entwickelt werden, der praktischen Bedürfnissen entspricht? Wir schlagen dafür ein Phasenmodell vor:

- 1. Zunächst stellt sich die Frage nach den Zielen, also was überhaupt evaluiert und gesteuert werden soll. Das kann beispielsweise konkretes Verhalten sein, etwa die Kompetenz eines Trainers oder die Verhaltensveränderungen in einem Team. Beurteilt werden können Techniken oder verschiedene Lehrmethoden, das Interesse kann sich auf die Erreichung bestimmter Zielvorgaben richten, etwa die Verbesserung der Fertigkeiten von Trainingsteilnehmern, schließlich lassen sich auch Programme evaluieren, beispielsweise bestimmte Seminarkonzepte, aber auch Kampagnen zur Reduktion von Fehlzeiten u.ä.
- 2. Den zweiten Schritt könnte man als Kontextanalyse bezeichnen. Hier geht es vor allem um die Würdigung der situativen Einflüsse, unter denen die Intervention stattfinden soll und die möglicherweise auf die Ergebnisse Einfluß nehmen. Wichtig ist es zu würdigen, um welche Unternehmung es sich handelt und vor allem auch, was ihre relevanten Kulturmerkmale sind, schließlich um welches Projekt es sich konkret handelt und wie es im spezifischen kulturellen Kontext gesehen wird. So bestehen über die Bedeutung von Qualitätszirkeln z.B. ganz unterschiedliche Auffassungen. Diese müssen keinesfalls immer identisch sein mit der Sicht der Evaluationsforscher.
- 3. Die folgende Phase widmet sich der Operationalisierung von Ziel- bzw. Bewertungskriterien, d.h. der Frage, woran man den Erfolg oder Mißerfolg einer Intervention letztlich ersehen kann. Diese Frage ist auch insofern fundamental, weil mit jeder Kriterienwahl naturgemäß eine Einengung der zu betrachtenden komplexen Realität verbunden ist, die möglicherweise genau an den relevanten Fakten vorbeigehen kann. Um dieser Problematik zu begegnen, aber auch weil Evaluation und Controlling ja immer zugleich an der Verbesserung von praktischem Handeln interessiert sind, wird häufig vorgeschlagen, den Konsens über die ein-

zelnen Bewertungskriterien mit den Betroffenen zu suchen. Gemeinsam mit den Methodenexperten wird dann dialogisch herausgearbeitet, worin der Nutzen einzelner Facetten des Personalentwicklungsvorhabens bestehen kann. Damit besteht auch die Chance, mögliche Konfliktfelder im Zusammenhang mit der Datenerhebung im Vorfeld transparent zu machen und im konkreten Befragungskonzept zu berücksichtigen.

- 4. Der folgende Schritt umfaßt die Gestaltung des Erhebungsinstrumentariums, also etwa die Konstruktion eines Erhebungsbogens oder eines Beobachtungsrasters für eine teilnehmende Beobachtung. Generell unterscheidet man quantitative und qualitative Formen der Erfassung. Quantitative Daten beziehen sich auf klar definierbare Inhalte, qualitative Erhebungen reflektieren stärker Beziehungen und komplexe Sachverhalte, verlangen daher ein stärkeres Einlassen des Forschers auf das tatsächliche Geschehen, um es zunächst zu verstehen. Ein quantitativer Ansatz bestünde beispielsweise darin, den Erfolg eines neuen interaktiven Methodenansatzes an der Anzahl der Teilnehmerwortmeldungen und ihrer Verteilung zu messen. Natürlich sagt das noch nichts über die möglicherweise gesteigerte Qualität der Beiträge aus. Um hier zu Aussagen zu kommen, bedarf es qualitativer Aussagen, etwa wenn die Teilnehmer im Rahmen eines entsprechenden Fragebogens nach Beispielen gefragt werden, in denen es ihnen gelang, eigene Erfahrungen in den Lernzusammenhang einzubringen. Gleiches gilt für die Frage nach der praktischen Verwendbarkeit erworbenen Wissens für das Arbeitsfeld. Qualitative Ansätze bringen mehr Tiefgang, quantitative Erfassungsmethoden erlauben in der Regel einen breiteren Angang, da der Aufwand hier geringer ausfällt. Der größte Erkenntnisgewinn entsteht aus unserer Erfahrung durch die Kombination von Methoden und Plausibilitätsvergleichen der jeweils erhobenen Resultate.

Zum 4. Schritt gehört darüber hinaus die Planung des konkreten Untersuchungsdesigns. Dabei muß vor allem sichergestellt sein, daß möglichst die äußeren Störfaktoren ausgeschaltet werden, da experimentelle Bedingungen (z.B. Kontrollgruppen o.ä.) in der Praxis kaum möglich sind (vgl. hierzu umfassend: Weinert, 1987; Wottawa & Thierau, 1990). Damit zusammen hängt unmittelbar die Frage, wo die Datenerfassung stattfinden soll. Naheliegend ist zunächst sicher der Ort, wo z.B. ein Seminar stattfindet. Evaluation kann aber auch am Arbeitsplatz durchgeführt werden, um etwa den Transfer des Gelernten besser beurteilen zu können. Eine primär an Ergebnissen und Transfer interessierte Evaluation – das betrifft die Frage des Zeitpunktes der Erhebung – wird primär im Anschluß des konkreten Projektes liegen, während eine mehr an Prozessen orientierte Ausrichtung die Analyse schon zwischenzeitlich einsetzen würde, ggf. auch schon vor Beginn der Maßnahme, um zu Vergleichsgrößen zu kommen. Sog. Longitudinalstudien erheben die relevanten Variablen mit den gleichen Probanden über den Zeitraum eines kompletten Prozeßverlaufes mehrfach, um durch den Zeitreihenvergleich Befunde zu erhalten. Insbesondere bei größeren Evaluationsvorhaben ist schließlich festzulegen, wie groß die Stichprobe sein soll, wenn aus ökonomischen Gründen eine Auswahl innerhalb der möglichen Zielgruppe vorgenommen werden muß.

- 5. Nachdem nun das Datenmaterial vorliegt, besteht der folgende Schritt in der Auswertung, Interpretation und optischen Aufbereitung der gewonnenen Erkenntnisse bzw. Vermutungen. Das ist kaum vermeidbar hypothesengeleitet, aber man sollte sich doch bemühen, zunächst die Fakten darzustellen und zur Kenntnis zu nehmen, um sie anschließend zu interpretieren. Dazu gehört auch im Rahmen der mittlerweile vorliegenden Möglichkeiten der Wirtschaftlichkeitsbetrachtung von Personalprogrammen, Kosten und Nutzen gegenüberzustellen (vgl. hierzu zusammenfassend: Gerpott & Siemer, 1995). Es ist zu empfehlen, Auswertungen und Vorschläge zu Maßnahmen mit einer gewissen Vorläufigkeit zu formulieren, um Raum für anschließende Dialoge zu lassen, einmal um auch anschließend Lernprozesse noch möglich zu machen, aber auch eingedenk der methodischen Probleme, die mit praktischer Evaluation immer einhergehen.

- 6. Schließlich werden die Ergebnisse in einem Feedback-Verfahren an die Beteiligten zurückgemeldet, diskutiert und die notwendigen verändernden Maßnahmen beschlossen und eingeleitet. Die Wahl des Zeitpunktes für die Rückmeldung ist nicht unerheblich. Je ferner er der ursprünglichen Veranstaltung liegt, um so weniger wird man Betroffenheit und Handlungsbereitschaft erwarten dürfen.

- 7. Teil des Prozesses sollte abschließend immer auch die gemeinsame Reflexion über die Erhebungsform sein, also gleichsam so etwas wie Metaevaluation, wo man sich noch einmal mit allen Beteiligten die Frage vorlegt, ob das Verfahren vor allem hilfreich war und wie künftig ggf. anders vorgegangen werden könnte.

Soweit der idealtypische Ablauf eines Evaluations- und Controllingprozesses. Die größte Schwierigkeit liegt natürlich darin, mit Hilfe der gewählten Kriterien jene Transparenz innerhalb einer komplexen sozialen Realität zu schaffen, die den Blick auf die interessierenden Wirkzusammenhänge erlaubt. Diese sind immer vermittelt mit dem jeweils subjektiven Erleben der Teilnehmer und werden wiederum wahrgenommen durch die ebenfalls nicht interesselose Brille der Forscher und Projektverantwortlichen. Vor diesem Hintergrund können die Zahlen oder Fakten, die durch das Erhebungsinstrument und die Bewertung der Ergebnisse abgebildet werden, wie angedeutet, kaum anders gefaßt werden als Hypothesen, die im anschließenden Rückkopplungsverfahren gleichsam noch einem Rütteltest unterzogen werden müssen, um ihre Plausibilität zu erhöhen. Soziale Lernprozesse brauchen immer mehrere Schleifen, das gilt auch hier. Insbesondere eine Face-to-Face-Evaluation, die Rückkopplung der Erhebungsresultate an die Zielgruppe und der Versuch, an deren konkretes Erleben anzuknüpfen, bringt oftmals erst die interessanten Ergebnisse. Die zunächst von außen ermittelten Daten bekommen den Charakter einer Initialzündung, die dann für alle Beteiligten den Blick über die bloße Phänomenologie hinaus auf wirklich aufschlußreiche Tiefenstrukturen des Geschehens eröffnet.

Schließlich ist zu bemerken, daß der lineare Ablauf des idealtypischen Evaluationsmodells kaum nahtlos auf die Realität übertragen werden kann. Er liefert lediglich einen orientierenden Rahmen, tatsächlich sind auch hier in der Realität kreisende Bewegungen zu erwarten.

Messen, was meßbar ist – meßbar machen, was nicht meßbar ist?

Die praktischen Probleme, die sich mit einem solchermaßen definierten Anspruchsniveau an Evaluation und Controlling stellen, liegen unmittelbar auf der Hand. Betriebliche Bildungsprojekte und erst recht Ansätze im Kontext von geplantem organisatorischen Wandel wirken immer auf mehreren Ebenen gleichzeitig, manchmal erreicht man etwa Ziele, die vorher nicht intendiert waren, während definierte Absichten sich als nicht erreicht oder im Nachhinein sich gar als bedeutungslos erweisen. Die konkrete Auswirkung von derartigen Interventionen kann zudem sehr zeitverzögert liegen und verwoben sein mit anderen Einflüssen. Schließlich: Wie soll man Hawthorne-Effekte bewerten (vgl. Neubauer, 1987), d.h. die stärkende und ermutigende Wirkung von Maßnahmen bei Mitarbeitern, die sich damit vor allem auch wahrgenommen und wertgeschätzt fühlen? Solche methodischen Probleme potenzieren sich, wenn man in komplexere organisatorische Prozesse mit Elementen der Selbststeuerung hineingerät, denn hier sind die Wirkungszusammenhänge noch verwobener, wirken auf sich zurück, sind zirkulär und prognostisch demzufolge kaum zu fassen. Bungard und Wiendieck (1986, S. 182 f.) sprechen daher von einem „Paradoxon der organisatorischen Erfolgsmessung": Bei kleineren und operativen Maßnahmen wird oft geradezu pedantisch über deren Effizienz gewacht, während bei tiefgreifenden Wandlungsprozessen exakte Analysen häufig vergebliche Liebesmüh sind. Zwischen Meßbarkeit und Bedeutsamkeit besteht so eine gegenläufige Beziehung (vgl. auch Färber, 1995, S. 849).

Aus theoretischer Perspektive sind es folgende Aspekte, die der Entwicklung von Erfolgssteuerungsverfahren immer wieder Schwierigkeiten bereiten: Zunächst einmal ist fraglich, was überhaupt als Erfolg angesehen werden kann. Die Frage stellt sich spätestens dann, wenn man an die Operationalisierung der Kriterien herangeht. Ein zweiter Problembereich (vgl. zum folgenden wiederum: Bungard & Wiendieck, 1986, S. 290 ff.) liegt in der Spezifikation der kausalen Zusammenhänge zwischen Interventionen – etwa in sozialen Systemen – und ihren Effekten. Hier ist man weitgehend auf Plausibilitätsannahmen angewiesen, die aber mit der Komplexität der zu betrachtenden Problematik zuweilen auch ihren Grund unter den Füßen verlieren. Ein weiteres Problem ergibt sich aus der Tatsache, daß beobachtete Effekte ganz verschieden und im Untersuchungsdesign nicht vorgesehene Ursachen haben können. Damit würde man sich etwa ganz unzulässigerweise mit einem möglichen Erfolg schmücken, der aber aus anderen Quellen rührt. Eine letzte und fundamentale Problematik ergibt sich aus der Überlegung, ob man in diesen Zusammenhängen überhaupt von Messungen sprechen kann, denn man operiert hier ja nicht etwa mit einem Thermometer in lebloser Materie, sondern mit Erhebungsverfahren, die von Menschen konstruiert sind, die vorgängig von Hypothesen und Interessen geleitet sind, und ist auf die Urteilsfähigkeit der Zielgruppe angewiesen, die sich gleichfalls nicht aus dem Mikrokosmos ihrer Wahrnehmungshorizonte in die Keimfreiheit objektiver Erkenntnis hineinkatapultieren kann. Darüber hinaus stellt jede Evaluation selber einen Eingriff in ein existierendes Sozialgefüge dar, das verstärkende, kontrainduzierende oder überlagernde Einflüsse auf das Ausgangsprojekt nehmen kann. Evaluation bildet also nicht (nur) Fakten ab, sondern produziert zugleich auch Fakten und nimmt damit wieder Einfluß auf das Bezugssystem durch den Erhebungsprozeß selber, natürlich auch durch die Resultate und ihre Darbietung.

Zusammengefaßt läßt sich kritisch sagen: Der zentrale Einwand vor allem gegen quantitative, standardisierte und eher rationalistische Ansätze der betriebspädagogischen Erfolgssteuerung zielt darauf ab, daß das soziale Feld in seiner Vielfalt und Eigenheit nur sehr eingeschränkt, ausschnittsweise, vereinfacht und reduziert dargestellt wird (Lamnek, 1988, S. 4). Vielleicht sollte man ergänzend sagen: Sie bleiben häufig auch an der entscheidenden Stelle stehen, nämlich wenn es in die zweite Schleife des Diskurses gehen müßte, in der die akribisch erhobenen Resultate im Face-to-Face-Arrangement mit den Betroffenen im Hinblick auf ihre Tragfähigkeit zu untersuchen wären. Wir plädieren also für eine Methodenvielfalt. Keinesfalls sollte ein Dogma, quantitative und standardisierte Verfahren, durch ein neues Dogma, qualitative Verfahren, ersetzt werden.

Qualitative Ansätze

Die Entwicklung alternativer Modelle der betriebspädagogischen Erfolgssteuerung, die stärker auf die Besonderheiten sozialer Realitäten und praktischen Interessen des Managements von Verhaltensveränderungen Rücksicht zu nehmen vorgeben, nahm seinen Ausgang vom Unbehagen an den eher quantitativen oder besser gesagt rationalistischen Verfahren. Sie entstanden parallel zu den praktischen Konzepten organisatorischen Wandels und waren sich einig in der Beurteilung, daß ein quasi-experimentelles Forschungsdesign grundsätzlich Probleme hat, soziale Realitäten adäquat wiederzugeben (Kraus, 1991). Führt man diese Kritik in unserer Perspektive weiter, resultiert ein großer Teil der mangelhaften Handhabbarkeit rationalistischer Ansätze aus der – philosophisch formuliert – Subjekt-Objekt-Trennung, die in ihnen angelegt ist:

> Der gedachte Zielpunkt ist häufig immer noch die Wissensakkumulation [der Forscher] und nicht der aktive organisatorische Wandlungsprozeß. (Kraus, 1991, S. 415)

Im Grunde haben wir auf der einen Seite einen sozialen Prozeß bzw. ein System mit einer spezifischen Dynamik und spezifischen Orientierungsrahmen. Ein Verständnis seines Codes und dann der Reaktion auf Interventionen, deren Effizienz begutachtet werden soll, muß zunächst einmal Anschlußfähigkeit an den ausgebildeten Diskurs herstellen. Auf der anderen Seite haben wir gleichfalls ein soziales System bzw. seine Repräsentanten, denen es im Rahmen ihres Auftrages und ihrer professionellen Identität darum geht, Antworten auf ihre spezifischen Fragen zu bekommen. Der zu evaluierende und zu steuernde Entwicklungsprozeß kann aber schon an einer ganz anderen Stelle sein. Sehr deutlich wird das wieder an der Beantwortung der Frage, was denn überhaupt als effizient oder hilfreich für die Betroffenen bezeichnet werden kann. Z.B. ist ein Trainer oder Instruktor mit einem eher belehrenden Stil aus der Perspektive der Entwicklung von Selbststeuerungspotentialen eher ineffizient. Es ist aber gut möglich, daß Gruppen gerade einen solchen Widerpart benötigen, um sich an seinem Stil abzuarbeiten und sich zu emanzipieren. Übrigens auch für den Trainer, der Teil, nicht Opfer solcher Lernprozesse ist, kann das ein sehr hilfreiches

Feedback sein. Betriebspädagogische Erfolgssteuerung wäre dann sinnvoll und hilfreich, wenn sie das Unbehagen in einer derartigen Gruppe transparent und annehmbar für beide Seiten machen könnte. Das heißt aber vor allem, daß sie sich auf den Prozeß der Gruppe einlassen muß und nicht wie ein Neutrum hinter einem Fragebogen verschanzt bleiben darf. Das Beispiel verdeutlicht auch einen weiteren Problembereich: Ein Realitätsausschnitt, wie etwa Trainerverhalten, kann kaum an sich und losgelöst vom Kontext evaluiert und bewertet werden, denn es wird immer auch von der Gruppe bedingt. Wir haben es immer mit sich reproduzierenden Sozialsystemen zu tun, in denen die Systembestandteile aufeinander Bezug nehmen und gleichsam einen Organismus sui generis bilden, dessen inneres Band man zunächst erfassen muß, bevor man Einzelheiten thematisiert.

Damit ergeben sich für die Evaluation und das Controlling von Personalentwicklung, die sich im Kontext von selbstgesteuerten und wissensbasierten Organisationen bewegen, diese Forderungen:

Evaluation und Personalentwicklungscontrolling als Teil von Selbststeuerungsprozessen in wissensbasierten Organisationen

Zunächst einmal muß im Vordergrund von Evaluation und Controlling die Nutzerorientierung stehen, d.h. als Teil eines Selbststeuerungsprozesses fällt ihnen die Aufgabe zu, Hindernisse transparent zu machen und zur Diskussion zu stellen, sowie Potentiale aufzuweisen, die dem Entwicklungsprozeß neue Impulse zu geben vermögen. Der Primat der Nutzerorientierung steht im Kontrast zu dem Postulat der methodischen Sauberkeit, diese entstammt zunächst einem Bezugssystem, der scientific community, das mit dem Anliegen der Betroffenen nicht a priori übereinstimmen muß. Natürlich ist dieses kein Plädoyer für methodische Nachlässigkeit, sondern für einen methodischen Pragmatismus, der nicht Perfektion, sondern robuste Schritte anstrebt. In diesem Sinne müssen die Resultate der Erhebung immer auch als vorläufige Hypothesen begriffen und auch der Gruppe kommuniziert werden. Das Feedback erscheint dann nicht als wissenschaftliches Diktum, sondern eher als Einladung zur Auseinandersetzung über die Ergebnisse. Die Metabotschaft, die mit diesem Ansatz verbunden ist, ließe sich vielleicht folgendermaßen formulieren:

„Wir haben den Prozeß so erlebt, wir haben folgende Vermutungen und Annahmen, ... Hat das aus Ihrer Sicht Plausibilität, finden Sie sich in den Darstellung und Interpretationen wieder, wo könnten wir falsch liegen, was haben wir möglicherweise übersehen?"

Damit wird Evaluation sofort Teil des Gruppenprozesses und kann anschließend dialogisch Quantensprünge im Erkenntnis- und Selbstreflexionsprozeß der Gruppe initiieren. Was Erkenntnis und was Fortschritt ist, obliegt dann nicht mehr dem Urteil der Forscher, aber auch nicht allein dem der Gruppe, sondern ist, soweit wie es möglich gemacht werden kann, gemeinsame Übereinkunft. In diesem Zusammenhang versteht sich auch der sog. Stakeholder-Ansatz (Bryk, 1983). Hier wird gefordert, die Betroffenen nicht als Objekte eines ihnen äußerlich bleibenden Diagnoseverfahrens zu sehen, sondern einmal als emanzipierte Partner in einem wechselseitigen Erkenntnisprozeß. In diesem Sinne könnte man unseren Ansatz von Evaluation und Controlling als Praxistheorie bezeichnen. Sie wird fortgeschrieben durch eine Vielzahl von Austauschprozessen zwischen Forscher und Bezugsgruppe. Zum anderen geht es ihr darum, die Handlungskompetenz der Gruppe unmittelbar zu verbessern. Insofern ist sie Handlungsforschung. Das erfordert auch eine große methodische Flexibilität der hier tätigen Professionellen.

Insgesamt ist der Tatsache Rechnung zu tragen – und das wäre ein weiteres Kriterium –, daß die Gruppe selber und auch einzelne Mitglieder der Gruppe, ebenso die für den Prozeß Verantwortlichen und die Forscher, über je eigene und spezifische Bezugssysteme verfügen, denen durch Evaluation lediglich ein Spiegel vorgehalten wird. Daraus resultieren dann Aushandlungsprozesse (Negotiation) zwischen den Beteiligten, in denen diese Realitätskonstruktionen transparent und im Hinblick auf ihre Tauglichkeit und Anschlußfähigkeit für den Gruppenprozeß diskutiert werden können (Guba & Lincoln, 1987). Damit leisten solche Konzepte einen erheblichen Beitrag zur Entfaltung latenter Selbststeuerungspotentiale in Gruppen, indem sie ihnen Wissen über sich selbst liefern. Sie spiegeln nicht eine an sich seiende Realität vor, die methodisch irgendwie meßbar ist, sondern formulieren grobe und vorläufige Annahmen, machen Unvereinbarkeiten transparent, weisen Alternativen auf und werfen die Gruppen damit auf sich selbst zurück. Das sind die Lernprozesse, auf die es heute ankommt.

Parallel zum Fortschritt in der konkreten thematisierten Problematik entsteht – gleichsam hinter dem Rücken der Betroffenen – immer auch ein Lernprozeß auf der Metaebene, der die Konflikt-, Dialog- und Handlungsfähigkeit der Gruppe selber einen Schritt voranbringt und sie unabhängig macht von fremden Zulieferungen. Das wäre vielleicht – als Teil einer lernenden Organisation – die Vision einer sich selbst evaluierenden Organisation, die ihre eigene Wissensbasis selbst stetig erweitert. Das einzusehen, zuzulassen oder sogar zu fördern, ist auch ein Lernprozeß, den professionelle Personalentwickler vor sich haben. In gewisser Weise müssen sie sich immer wieder überflüssig machen. Man darf sich fragen, ob nicht auch hier ein guter Teil möglicher Widerstände liegt, die das klassische Verständnis von Evaluation und Controlling von Personalentwicklung noch so lebendig erhalten. Wir vermuten, daß sich dann auch das eingangs skizzierte doch sehr unwürdige und leidige mikropolitische Gesundbeten von Projekten von selbst erledigt, wenn die professionelle Rolle von Personalentwicklung sich im Dienste einer lernenden Organisation verändert.

Literatur

Baldin, K.M. (1991). Bildungscontrolling in der Weiterbildung. In A. Papmehl & I. Walsh (Hrsg.), *Personalentwicklung im Wandel* (S. 161-172). Wiesbaden: Gabler. – **Bronner, R. & Schröder, W. (1983).** *Weiterbildungserfolg. Modelle und Beispiele systematischer Erfolgssteuerung.* München:

Hanser. – **Bryk, A. (1983)**. *Stakeholder – base evaluation*. San Francisco: Jossey Bass. – **Bungard, W. & Wiendieck, G. (1986)**. Zur Effizienz von Qualitätszirkeln. In W. Bungard & G. Wiendieck (Hrsg.), *Qualitätszirkel als Instrument zeitgemäßer Betriebsführung* (S. 281-306). Landsberg/Lech: Moderne Industrie. – **Färber, B. (1995)**. Probleme der Evaluation. In W. Sarges (Hrsg.), *Management-Diagnostik* (2., vollst. überarb. u. erweit. Aufl.; S. 847-852). Göttingen: Hogrefe. – **Freimuth, J. (1987)**. Controlling und Unternehmenskultur. *Organisationsentwicklung, 6* (3), 15-29. – **Gerpott, T.J. & Siemer, S.H. (Hrsg.). (1995)**. *Controlling von Personalprogrammen*. Göttingen: Hogrefe. – **Graudenz, H. (1995)**. Sozialpsychologische Implikationen der Evaluation. In W. Sarges (Hrsg.), *Management-Diagnostik* (2., vollst. überarb. u. erweit. Aufl.; S. 862-868). Göttingen: Hogrefe. – **Guba, E.G. & Lincoln, Y.S. (1987)**. The countenances of fourth-generation evaluation. Description, judgement, and negotiation. In D. Palumbo (Ed.), *The politics of program* (pp. 202-234). Beverly Hills: Sage. – **Keßler, H. (1991)**. Bildungserfolg transparent machen. In A. Papmehl & I. Walsh (Hrsg.), *Personalentwicklung im Wandel* (S. 143-149). Wiesbaden: Gabler. – **Kraus, W. (1991)**. Qualitative Evaluationsforschung. In U. Flick, E.v. Kardorff, H. Keupp, L.v. Rosenstiel & S. Wolff (Hrsg.), *Handbuch Qualitative Sozialforschung* (S.412-415). München: PVU. – **Lamnek, S. (1988)**. *Qualitative Sozialforschung* (Bände 1 u. 2). München: PVU. – **Neubauer, W.F. (1987)**. Hawthorne-Untersuchungen. In W. Arnold, H.J. Eysenck & R. Meili (Hrsg.), *Lexikon der Psychologie* (3. Aufl.; Bd. 2, Sp. 857-858). Freiburg i.B.: Herder. – **Papmehl, A. & Baldin, K. (1989)**. Bildungscontrolling. *Personalführung, 22* (8), 573-578, 22 (9), 671-675. – **Thierau, H., Stangel-Meseke, M. & Wottawa, H. (1992)**. Evaluation von Personalentwicklungsmaßnahmen. In K. Sonntag (Hrsg.), P. B. Weidenmann & A. Krapp (Hrsg.), *Pädagogische Psychologie* (S. 703-734). München: PVU. – **Wottawa, H. & Thierau, H. (1990)**. *Lehrbuch Evaluation*. Bern: Huber. – **Wunderer, R. & Schlagenhaufer, P. (Hrsg.). (1995)**. *Controlling von Personalprogrammen*. Stuttgart: Schäffer Poeschel.

Joachim Freimuth

Querdenker und Querschnittsqualifikationen „Ich denke, also spinn' ich!"

> Geschöpfe einer unordentlichen
> Einbildungskraft, die kein Muster
> in der Natur haben.
> Gottsched über *Die Lustigen Personen*

Das Risiko der Phantasie

Die Geschichte der europäischen Clowns kennt den klassischen Konflikt zwischen dem sogenannten Sprechstallmeister, dem schwarzen Clown, der schon aufgrund seines Äußeren als Repräsentant von Ordnung und Hierarchie erkennbar ist, und dem roten Clown, dem nur scheinbar dummen August, der sein Pendant, den schwarzen Clown, permanent mißversteht und entgegen dessen Anweisungen handelt. Der rote Clown ist der Archetypus des Querdenkers, der mit seinen Phantasien und Ideen, seiner Lust und List, in beängstigender Weise der Ordnung ihre Grenze weist. Er provoziert daher ihre identitätsbewahrende Abwehr. Zugleich wäre die Einsicht in die eigene Begrenzung aber ein wichtiger Lernprozeß, den sich die Ordnung in ihrer Konzentration auf die Abwehr aber nicht gestattet.

Beiden Kontrahenten fehlt jedoch zur Auflösung ihres Konflikts die verständigungsstiftende Metaebene. In vielen großen Clowns-Szenen tritt nun der weiße Clown auf, der vermittelnd Ordnung und Unordnung, Vernunft und Unvernunft wieder ins Gespräch und zum Ausgleich bringen will. Solche Dialoge sind Grenzgänge, weil sie Organisationen und Personen an ihre Grenze bringen, diese in Frage stellen, sie damit aber auch wieder sicher (im Sinne von Selbstgewißheit) machen. In diesem Sinne könnte man auch von Grenzgängen und Grenzerfahrungen sprechen, in denen neues Wissen und neue Erfahrungen für soziale Systeme möglich werden können.

Organisation – die Reproduktion des Normalen

Organisationen im klassischen Sinne verstanden, Strukturen, formalisierte Prozesse, Rollenbeschreibungen etc. sind gleichsam geronnene Innovationen. Sie verwalten erfolgreiche Geschäfte, Machtpositionen, Qualifikationen und sichere Arbeitsplätze. Sie können von daher zunächst nicht an Veränderung interessiert sein. Aus der systemischen Diskussion ist auch theoretisch bekannt, daß solche sozialen Systeme immer mehr dazu tendieren, Informationen so zu verarbeiten und Entscheidungen so zu treffen, daß der Bestand dieses Systems besonders in seinen zentralen Machtstrukturen nicht gefährdet wird. Das Interesse von Zentralen – so eine Formulierung von Tucholsky – verlagert sich immer mehr darauf, zunächst Zentrale zu bleiben.

Eine dieser status-quo-Orientierung, bzw. in negativer Formulierung: Innovationsfeindlichkeit, äquivalente Struktur sind viele Elemente der aktuellen Managementkultur:

- Manager sind nicht Eigentümer des Unternehmens und von daher nicht jene schöpferischen Erfinder-Unternehmer, die vielleicht Schumpeter noch vor Augen hatte, als er das Konzept der „schöpferischen Zerstörung" als Voraussetzung „neuer Kombinationen" formulierte. Dieses impliziert nämlich auch das von Vision getragene Infragestellen und Abbrechen von Pfaden, die mit der Zeit immer ausgetrampelter werden, und die Suche nach neuen Wegen, mit allen auch persönlichen Risiken.

- Auch die unterschiedlichen Zeitperspektiven spielen hier eine Rolle, Unternehmer haben eher ein Interesse an der langfristigen Sicherung der Unternehmensbasis. Ein treibendes Motiv des angestellten Managers ist seine individuelle berufliche Entwicklung, verbunden mit Karriere, Macht, Einkommen etc., kurz: Selbstoptimierung. Das ist an sich nicht problematisch, so lange sich diese Impulse mit den Zielen der Organisation verbinden lassen, aber wenn etwa Beförderungen an kurzfristig meßbare Erfolge gekoppelt werden, entstehen hier Konflikte, die weit verbreitet und charakteristisch sind.

- Schließlich ist nach wie vor das entscheidende Kriterium für die Beförderung von Managern in unseren westlichen Kulturen ihre Fachkompetenz. Sie geraten von daher immer wieder in Konflikte mit Mitarbeitern, die ihrerseits ausgeprägte Fähigkeiten mitbringen und auch verwirklichen wollen. Das ist insbesondere in der FuE ein wichtiger Unterschied etwa zu japanischen Unternehmenskulturen, wo Beförderungen eher Vorgesetzte in die Verantwortung bringen, die Kompetenzen in der Entwicklung innovativer Gruppendynamik haben und von daher kaum in Wettbewerb zu fachlich kompetenten Mitarbeitern geraten, im Gegenteil (Kolatek, 1990).

Mit einem Wort: in etablierten Organisationen existiert ein immanenter Konflikt zwischen innovativen Individuen und dem organisatorischen status quo, seinen etablierten Managern, ihrer Kultur und nicht zuletzt auch der Sicherheit ihrer Positionen.

Individuen als Motoren des Wandels?

Im Gefolge dieses Konfliktes, der sich vor dem Hintergrund der Wettbewerbserfolge insbesondere der fernöstlichen Industrie konturierte, wurde das Innovationsmanagement zu einem zentralen Thema. Eine Reihe der vielen hier entwickelten Ansätze versucht, das Phänomen erfolgreicher Innovationen – vielleicht auch geprägt vom westlichen Individualismus – auf die spezifische Rolle von Individuen in Organisationen zurückzuführen. Pinchot (1988), einer der Autoren, der mit seinem Plädoyer für das organisationsinterne Unternehmertum (Intrapreneuring) hier einen wichtigen Beitrag geleistet hat, bemerkt in diesem Zusammenhang:

Unsere Kindheitsphantasien beschäftigen sich noch immer mehr damit, bis an die Grenzen des Möglichen vorzustoßen und uns von der Herrschaft zu befreien, als stetig auf der Karriereleiter großer Unternehmen aufzusteigen. Im Gegensatz zu den Japanern oder den meisten europäischen Ländern fehlt uns eine homogene Kultur und die Bereitschaft, sich einer Autorität zu unterwerfen. (Pinchot, 1988, S. 25)

Innovative Organisationsmitglieder wirken aus dieser Sicht in unermüdlicher Fleiß- und manchmal Wühlarbeit, subversiv, aufklärerisch, von Visionen beseelt oder im Tandem mit einem mächtigen Promotor, als Katalysatoren oder listenreiche Mikropolitiker, immer auf neue bürokratische Fallstricke gefaßt, bis sich das Management endlich geneigt zeigt, dem innovativen Diskurs seine Aufmerksamkeit und auch offiziell Freiräume und Ressourcen zu gewähren (ähnlich auch neuerdings: Blohowiak, 1995).

Was an diesem Konzept etwas kurz greift, sind aus unserer Perspektive folgende Aspekte:

- Zunächst ist damit ein etwas promethischer Gestus verbunden, der einerseits überhöhte und zuweilen idealisierte Anforderungen an die Innovatoren stellt, andererseits auch die innovationshemmenden Wirkungen etablierter Organisationen unterschätzt.
- Zweitens wird ausgeblendet, daß sich Veränderungen in Organisationen in einem Netzwerkgeflecht von innovativen und innovationsfördernden Rollen entfalten, die stützend und fördernd ineinander greifen.
- Drittens existieren ganz unterschiedliche Formen innovativer Rollen, nicht nur der Entrepreneur oder Intrapreneur, der sich weitgehend am Leitbild von Schumpeters „schöpferischen Zerstörer" orientiert.
- Schließlich darf der Begriff Innovation nicht – wie es hier aber leicht geschieht – ausschließlich auf den „großen Wurf" reduziert werden, weil man dann Gefahr läuft, bescheidener zugeschnittene Veränderungsprozesse, die ihrerseits wieder große Durchbrüche ermöglichen, geringzuschätzen.

Auf der anderen Seite möchten wir hier aber auch ein Plädoyer für die Bedeutung von Individualität abgeben, auch als Kontrapunkt für den vielleicht etwas überhandnehmenden „Kollektivismus" im Zusammenhang mit der modernen Organisationsdiskussion. Wir sehen die individuelle innovative Rolle jedoch immer im Kontext des organisatorischen Beziehungsgefüges, in dem sie ihre spezifische Gestalt entfaltet.

Originäre und komplementäre Rollen im Innovationsprozeß

Das Studium von populären Management-Klassikern oder auch von Stellenanzeigen in den einschlägigen Wochenendausgaben läßt den Eindruck entstehen, daß hinter den ambitionierten Anforderungsprofilen bei der Suche nach Führungsnachwuchskräften (nach dem Motto „schneller, höher, weiter") eine etwas naive Ideologie steckt, in der ein einfacher kausaler Zusammenhang zwischen Innovationsfähigkeit, individuellen Kompetenzen, beruflicher Karriere und Unternehmenserfolg wird. „Nicht glatte und smarte Einheitstypen, Querdenker braucht die Wirtschaft" so eine typische Formulierung (Die Welt, Nr. 47, 1988). Damit verbunden ist auch der Gedanke, daß unsere etablierten Organisationen und ihre Verantwortungsträger „müde" oder „betriebsblind" geworden sind und durch „frisches Blut" von außen gleichsam „wieder auf Touren" gebracht sollen. So stellt man sich landläufig die Funktion von Querdenkern und ähnlichen „Spezies" vor (z.B. Lemmer, 1992).

Neben diesen eigenschaftstheoretischen Implikaten geht das klassische Querdenker-Konzept mehr oder weniger auch von einem Gegenmacht-Ansatz aus. Querdenker – daher auch der Name – sind stets auch Quertreiber, ausgestattet mit der entsprechenden psychischen Robustheit und einem zivilisierten Maß an krimineller Energie, um mit etablierten Regeln brechen zu können.

Gleichwohl werden sie in praxi immer noch sehr leicht von den wohletablierten Organisationsstrukturen und -kulturen gewissermaßen „geräuschlos absorbiert". Einige konzeptionelle Ansätze empfehlen daher auch, den Querdenkern hierarchisch höher stehende Mentoren oder Paten zur Seite zu stellen, die ihnen im „organisatorischen Dschungel" etwas den Rücken freihalten. Veränderungen in Organisationen – darauf weist diese Ergänzung schon hin – werden also selten gleichsam „im Freistil" durchgesetzt, sondern im Verbund mit anderen organisatorischen Rollen.

Damit deutet sich offenbar eine wichtige Differenzierung an, nämlich die zwischen der eigentlichen originären innovativen Rolle im Veränderungsprozeß einerseits und komplementären Rollen andererseits. Diese stehen häufig jedoch „nicht so sehr im Lichte, sondern im Schatten", machen aber dennoch Veränderungen erst möglich: „Wenn ich weiter gesehen habe (als andere), so deshalb weil ich auf den Schultern von Riesen stehe", so ein Ausspruch, der im allgemeinen Newton zugeschrieben wird (Merton, 1983).

Die originäre innovative Rolle im Veränderungsprozeß kann selber wiederum ganz unterschiedlich ausfallen. Wir haben unsere Ausführungen zu dem klassischen Querdenker-Konzept hier insofern auch etwas erweitert durch die Untersuchung von Organisationsmitgliedern mit informellen Querschnittsfunktionen in Innovationsprozessen. Das sind Mitarbeiter, die in zahllosen innerorganisatorischen Netzwerken aktiv sind und dort etwa an entscheidenden Stellen wegweisende innovative Impulse geben oder Weichenstellungen vornehmen. Diese wirken nicht immer gleich spektakulär und werden entsprechend lautstark „verkauft". Sie arbeiten oft auch mit den „Energien" der Organisation, obwohl sie diese verändern.

Ebenso lassen sich im komplementären Bereich unterschiedliche Rollengestalten unterscheiden, die der Innovation in helfender, stützender oder schützender Weise erst ihren mühsamen Weg bahnen.

Wir gehen also insgesamt davon aus, daß sich in innovativen organisatorischen Prozessen ein ganzes Ensemble unterschiedlichster individueller Rollen entfaltet, die von Organisationsmitgliedern mit entsprechenden Affinitäten aufgegriffen und ausgefüllt werden. Das sind einmal die eigentlichen innovativen Rollen selber, zum anderen sind es komplementäre Rollen, die die innovativen Rollen erst ermöglichen. Oftmals sind sich die Beteiligten über ihre Bedeutung in diesen Veränderungsprozessen gar nicht im klaren, weil sich solche Rollen gleichsam naturwüchsig entfalten und die Kenntnis darüber zum impliziten Wissen der Organisationsmitglieder gehört.

Varianten originärer innovativer Rollen – von Brainworkern, Gatekeepern und Intrapreneuren

Welche unterschiedlichen innovativen Rollen können nun im Detail unterschieden werden? Hierzu existiert eine verstreute Forschung und Literatur, die wir exemplarisch darstellen möchten:

1986 präsentierte das Batelle-Institut (Batelle, 1986) eine Untersuchung, in der die impulsgebende, weichenstellende und synthetisierende Rolle sog. Brainworker vor allem bei der langfristigen Konzipierung komplexer Systeme insbesondere im Bereich der Informationstechnologie untersucht wurde. Da hier die Erkenntnisse vieler Disziplinen zusammenkommen, deren Zusammenwirken einzelne Spezialisten kaum noch überschauen, andererseits aber bereits frühzeitig auf noch eher intuitiver Basis in den langfristigen Forschungsprojekten Weichenstellungen vorgenommen werden müssen, deren Richtigkeit sich erst sehr viel später zeigt, kristallisieren sich in derartigen Vorhaben visionäre Multitalente heraus, die solche wegweisenden Entscheidungspunkte frühzeitig erkennen und richtungsweisend beeinflussen können. Im Vordergrund ihrer Kompetenz steht ihre intellektuelle Fähigkeit, fächerübergreifend, systemintegrierend und zukunftsorientiert denken zu können.

Ihre Fähigkeiten erweisen sich daneben auch in einem ausgeprägten kommunikativen und taktischen Geschick, diese aufgrund ihrer schwachen Argumentationsbasis schwer zu vertretenden erforderlichen Entscheidungen in modernen Organisationen durchsetzen zu können. Dies ist insofern eine besondere Schwierigkeit, weil das Investitionsvolumen solcher Vorhaben und auch ihre Risiken beträchtlich sind. Andererseits hängt von der erfolgreichen Abwicklung dieser unsicheren Vorhaben die Zukunft der Unternehmen insbesondere in den lebenswichtigen Grundlagen- und Schlüsseltechnologien ab.

Aufgrund ihres ausgeprägten Profils (vgl. Abb. 1) machen Brainworker weniger als ein Prozent der gesamten Belegschaft aus. Kennzeichnend ist auch, daß sie aufgrund ihres hohen Engagements zu einem raschen Verschleiß ihrer Kräfte neigen. Sie erinnern so ein wenig an Kometen, die zunächst hell erstrahlen und dann gleichsam in der Atmosphäre langsam verglühen.

- Grundausbildung in Informatik, Ingenieurwissenschaften oder einer anderen komplexen Naturwissenschaft (z.B. Biochemie)
- Mehrfachqualifikation, etwa zwei oder mehr Abschlüsse z.B. in Elektrotechnik oder Physik
- Interdisziplinäres Interesse und Systemorientierung
- Fähigkeit zur Integration und Koordination von disziplinären Schnittstellen
- Ausgesprochen intuitive Urteilsfähigkeit in technologischen Schlüsselfragen und Innovationskompetenz
- Affinität auch zu wirtschafts- und sozialwissenschaftlichem Denken
- Kommunikative Fähigkeit und Überzeugungskraft

Abbildung 1
Profil Brainworker

Eine den Brainworkern vergleichbare Gruppe sind im Bereich der internationalen Finanzdienstleistungen die Trader. Das sind in der Regel sehr junge ausgesprochene Finanzexperten, die versuchen, die außerordentlich komplexen Zusammenhänge und Entwicklungen auf den sensiblen internationalen Finanzmärkten mit ausgeklügelten selbstentwickelten Computerprogrammen zu simulieren und Trends zu prognostizieren. Auf dieser Grundlage treffen sie – gemischt mit einer entsprechenden Portion Intuition und Wagemut – weitgehend selbständige und manchmal sehr schnelle Entscheidungen außerhalb der hierarchischen Abstimmungswege, die Gewinne im mehrstelligen Millionenbereich abwerfen können. Es gibt nur sehr wenige Trader, die in diesem Spitzenbereich anzusiedeln sind, entsprechend ist ihr Einkommen und auch die Versuche der Banken, sich diese Spezialisten abzuwerben. Ähnlich wie bei den Brainworkern ist aber die Zeit, in der sie diese Kompetenzen nutzen können, nur sehr kurz, da auch hier die individuellen Belastungen außerordentlich sind.

Gatekeeper sind Schlüsselpersonen in innovativen Prozessen, die wie Brainworker insbesondere in der industriellen Forschung und Entwicklung wirken. Ihre Rolle ist aber weniger in der vernetzenden und integrativen Funktion bei grundlegenden technologischen Weichenstellungen anzusiedeln (vgl. die zusammenfassende Darstellung von Domsch, Gerpott & Gerpott, 1989). Sie liegt vielmehr einmal in ihren ausgeprägten Kontakten zum organisatorischen Umfeld und den dortigen wesentlichen innovativen Entwicklungen und Diskussionsprozessen, deren Gehalt sie andererseits durch ihre intensive interne Vernetzung im Unternehmen an vielen Stellen weitergeben. Damit werden sie zu entscheidenden und gesuchten Gesprächspartnern, internen Beratern und Katalysatoren, die den innovativen Fluß ständig in Bewegung halten. Diese Rolle gewinnt insofern an Bedeutung, als die gleichen Untersuchungen zeigten, daß der größte Teil auch der FuE-Mitarbeiter kaum die relevante Fachliteratur verfolgt oder andere Kontakte systematisch und im großen Umfang unterhält. Gatekeeper sind damit die relevante organisatorische Quelle für Veränderungsimpulse, die Neuerungen in einer „verdaulichen Form" für die übrigen Mitarbeiter aufbereiten. Ihre Legitimität und Glaubwürdigkeit bekommen sie aber auch als „high technical performer", sie verfügen über eine Anzahl von Patenten und sind daher auch durch ihre innovative Kompetenz ausgewiesen.

Von ihrer Profilierung her liegt – im Unterschied zu den Brainworkern – der Fokus bei Gatekeepern mehr auf ihren ausgeprägten außerorganisatorischen Kontakten und ihren vermittelnden und kommunikativen Kompetenzen innerhalb der Organisation (vgl. Abb. 2).

- Vielzahl von Kontakten zu professionellen Bezugsgruppen außerhalb der Organisation
- Einbindung in innerorganisatorische Netzwerke und hohe Bedeutung als impulsgebender Gesprächspartner bei Kollegen
- Damit hängt häufig eine längere Unternehmenszugehörigkeit und erste Aufstiege in untere Hierarchieränge zusammen
- Innovative Kompetenz

Abbildung 2
Profil Gatekeeper

So wie sog. Produkt-Champions, die innovative Ideen aufgreifen und in zum Teil organisatorischer „Untergrundarbeit" (bootlegging) letztlich bis zum Markterfolg durchsetzen (vgl. hierzu klassisch schon bei Peters & Waterman, 1982, S. 237 ff.), wird die Rolle von Intrapreneuren eher in der Umsetzung einer visionären Idee angesiedelt. Erfinder, Ideenträger und Planer – so Pinchot (1988) – gibt es hinreichend, letztlich scheitern diese aber regelmäßig an der Gegenmacht, die Veränderungen in Organisationen entgegenstehen. Die Bedeutung und die Kompetenz von Intrapreneuren liegt damit im wesentlichen in der Nutzung von Freiräumen und slacks in der Organisation, der Aktivierung von Ressourcen und der Rekrutierung von Team-Mitgliedern, um der innovativen Idee gegen alle technischen, wirtschaftlichen und politischen Widerstände ihre konkrete Gestalt zu geben. Die Kraft dazu, regelmäßig im Gegenwind zu agieren, gibt ihnen die visionäre Überzeugung von der Richtigkeit der Idee, letztlich aber auch die Unterstützung durch einen erfahrenen und hierarchisch hoch angesiedelten Mentor, der ihnen in entscheidenden Momenten den Rücken freihält.

Der Intrapreneur wirkt also am deutlichsten gegen die Beschränkungen, die das organisatorische Umfeld aufbaut: „Manager müssen bereit sein, eine Menge zu tolerieren, damit erfolgreiche Intrapreneure ihre Arbeit tun können." (Pinchot, 1988, S. 70; vgl. auch Kets de Vries, 1986). Er entspricht also noch am ehesten dem klassischen

Profil des Querdenkers, der ein Geschäft gegen alle Widerstände gebiert und zum wirtschaftlichen Erfolg führt (vgl. Abb. 3).

- Visionäre Überzeugung, Überzeugungskraft und außerordentliches Engagement
- Organisationsfähigkeit und soziale Kompetenz
- Durchsetzungsfähigkeit, Stehvermögen und politisches Geschick
- Mut zu unkonventionellen Vorgehensweisen und Mut, eigene Wege zu gehen
- Unerschütterlicher Optimismus und Risikobereitschaft
- Unternehmerisches Denken und Loyalität, auch wenn sie zuweilen Vorgesetztenmeinungen ignorieren
- Kundenorientierung

Abbildung 3
Profil Intrapreneur

Betrachtet man diese Resultate zusammenfassend, dann steht auf der einen Seite bei jedem der skizzierten originären Innovatorenrollen neben vielen anderen Merkmalen letztlich immer ein herausragendes Charakteristikum im Vordergrund:
- bei den Brainworkern die intellektuellen Fähigkeit, fächerübergreifend und systemintegrierend zu denken,
- bei den Gatekeepern Kontakte und kommunikative Kompetenz, und schließlich
- bei den Intrapreneuren visionäre Überzeugungs- und Durchsetzungskraft sowie Unkonventionalität.

Dieses Resultat stützt letztlich die eingangs formulierte Vermutung, daß wir es hinsichtlich der originären Innovatorenrollen nicht nur mit einer „Spezies" zu tun haben, sondern mit einer Vielzahl von Varianten individuellen Verhaltens in innovativen Prozessen, die sich kontextabhängig entfalten. Dabei spielt offenbar die Besonderheit der Wissensbasis, also etwa die Technologien, ebenso eine Rolle wie der organisatorische Zusammenhang, in dem die Innovationen sich entfalten.

Es spricht auch einiges dafür, daß sich die beschriebenen Rollen in unterschiedlichen Phasen des Innovationsprozesses entfalten, die Rolle des Gatekeepers eher in der frühen kreativen Phase, die der Brainworker in der Entscheidungsphase, in der die Komplexität wieder zu reduzieren ist, schließlich die Rolle des Intrapreneurs in der Phase der Durchsetzung (s.a. Gussmann, 1988, S. 89 ff.). Es ist kaum anzunehmen, daß ein einzelner all diese Fähigkeiten in sich vereinigt.

Als gemeinsame Merkmale innovativer Individuen lassen sich auf der anderen Seite möglicherweise zwei Gesichtspunkte festhalten: Auf der intellektuellen oder kognitiven Ebene zeichnen sie sich durch die Fähigkeit aus, Quantensprünge zu initiieren, die das bisherige Paradigma verlassen und neue Horizonte eröffnen.

Innovatives Verhalten ist zudem auch abweichendes Verhalten, das sich gegen die vorherrschenden Traditionen stellt. Daher brauchen Innovatoren immer auch Mut und Risikobereitschaft, Merkmale die eher im Bereich der emotionalen Dispositionen anzusiedeln sind.

In diesen beiden Hinsichten sind sie Pathfinder, sie haben eine Affinität zu neuartigen Gedanken und sie verfügen zugleich über den Tatendrang, sie mit Leben zu erfüllen (Hastings, 1993, S. 34).

Varianten komplementärer Rollen im Innovationsprozeß: Warum brauchte selbst Sherlock Holmes einen Dr. Watson?

Wie auch immer die konkrete Rolle innovativer Einzelkämpfer in Organisationen beschrieben wird, es wird im allgemeinen regelmäßig darauf hingewiesen, daß sie um sich herum eine Mikroorganisation entwickeln, in dem ihr Geschäft seine Gestalt erst entfalten kann. Wir bezeichnen diese Mikroorganisation als komplementäre Rollen und unterscheiden dort stützende, helfende und schützende Funktionen.

Wesentliches Element dieser innovativen Mikrosysteme sind zunächst stützende Rollen, die Arthur Conan Doyle selbst für seinen genialen Detektiv Sherlock Holmes vorgesehen hatte, wie folgende Äußerung belegt:

> Zumindest habe ich die wesentlichen Tatsachen des Falles im Griff. Ich werde sie Ihnen aufzählen, denn nichts erhellt einen Fall so sehr, als wenn man ihm jemand anderem darlegt, und ich kann kaum mit ihrer Mitarbeit rechnen, wenn ich Ihnen nicht aufzeige, von welcher Sachlage wir ausgehen. (aus: Sir Arthur Conan Doyle, *Die Memoiren des Sherlock Holmes,* Zürich 1985).

Die Bedeutsamkeit solcher stützenden Rollen entfalten sich hundertfach in zahllosen informellen Gesprächen und Kontakten, in denen anregende Impulse gegeben, Mut gemacht, Zweifel zerstreut und unklare Gedankengänge konturiert und konkretisiert werden. Innovatoren sitzen wie Spinnen mitten in solchen Wissensnetzwerken und finden immer Partner, „denen sie ihren Fall darlegen können", etwa um sich Klarheit zu verschaffen. Es existiert in Organisationen ein implizites Wissen darüber, an welche Mitglieder man sich in solchen Fällen wenden kann, wenn in einer Sackgasse der Bedarf nach einem hilfreichen Gesprächspartner entsteht. Diese werden zielbewußt angesteuert, um sich aus einer „mentalen oder sonstigen Klemme" herausmanövrieren zu lassen.

Zugleich sind Innovatoren immer auch auf helfende Rollen im Innovationsprozeß angewiesen. Diese Mitarbeiter übernehmen bereitwillig Aufgabenstellungen etwa im Rahmen von Erprobungen oder Testläufen oder stellen Ressourcen, z.B. Laborkapazitäten oder Versuchsarrangements zur Verfügung, auch wenn sie qua ihrer Aufgabenstellung oder Position dazu nicht verpflichtet wären. Eine helfende Rolle geht über die bloße Gesprächsunterstützung hinaus und übernimmt aktiv Aufgabenstellungen, diese jedoch außerhalb der eigentlichen Arbeitsrolle, um eine neuen Idee zur Entfaltung kommen zu lassen.

Die Bedeutung schützender Rollen ist häufig im Rahmen der sog. Tandem-Konzepte betont worden. Hier wird dem Innovator ein Machtpromotor an die Seite gestellt, der über formelle und informelle organisatorische Macht verfügt und bei entsprechenden Anlässen diese auch gegen Widerstände einsetzen kann, damit sich der innovative Prozeß weiter entfaltet. Mentoren bzw. Paten (Riekhof, 1986) oder auch Sponsoren sind andere Bezeichnungen für eine vergleichbare Rolle im Innovationsprozeß:

> Sponsoren können Intrapreneure nicht nur vor eine Kündigung schützen, sondern tragen auch in anderer Hinsicht dazu bei, sie in Großunternehmen zu halten. Sie bewahren Intrapreneure vor dem Gefühl der Machtlosigkeit, das durch ihre Situation in einer großen Organisation entstehen kann, und sorgen dafür, daß sie über die notwendigen Ressourcen verfügen können, die sie brauchen, um ihre Visionen in die Tat umzusetzen. (Pinchot, 1988, S. 180).

Im Gegensatz zu diesen eher „nährenden" Zeitgenossen ist auch die Rolle von kritischen Gegenparts oder Defender zu betonen, die ihr Augenmerk etwa auf technische Probleme oder die wirtschaftliche Verwendbarkeit legen. Sie verkörpern gleichsam das Realitätsprinzip und zwingen die Innovatoren immer wieder dazu, die Tragfähigkeit ihres Vorhaben zu überprüfen und zu sichern. Visionäre sind in dieser Hinsicht zuweilen sehr leichtgläubig oder ungeduldig, so daß kritische Korrektive durchaus konstruktiv sein können. Es ist nur wichtig, daß sie nicht an Stellen ins Spiel kommen, wo die Innovation aufgrund ihrer noch schwachen Argumentationsbasis keine Chance hätte, schon viele Projekte sind schlicht zu Tode gerechnet worden.

Die Übernahme von komplementären Rollen im Innovationsprozeß kann insbesondere in wissenerzeugenden Unternehmen auch eine wichtige Führungsrolle sein (Nonaka, 1994). Sie läßt sich aber nur realisieren, wenn die Wahrnehmung einer solchen Funktion für Vorgesetzte auch attraktiv ist und sie die Förderung innovativer Mitarbeiter nicht als Bedrohung ihrer eigenen Machtposition erleben müssen. Das ist, wie wir aus vielen Erfahrungen wissen, in unseren eher auf der individuellen Wissensnutzung ausgelegten Kultur ein großes Hemmnis.

Das Umfeld

Die Entstehung einer innovativen Mikrokultur, getragen von den unterschiedlichen skizzierten Rollen, ist weitgehend ein selbstgesteuerter Prozeß. Die Frage, ob man hier durch ein geeignetes Umfeld entsprechende Wachstumsbedingungen schaffen kann, bleibt ambivalent (Gaitanides, 1992):

Einerseits tendieren restriktive Bedingungen, z.B. ausdifferenzierte Kontrollsysteme oder ausgeprägte Unternehmenskulturen dazu, innovative Impulse zu unterbinden. Andererseits wachsen innovative Impulse gerade im Widerspruch zu einem stagnierenden status quo und konturieren sich auch an den entstehenden Widerständen.

Vorschläge, die immer wieder unterbreitet werden, um innovatives Handeln zu ermöglichen bzw. zu ermutigen, wären etwa:

- Strukturelle Ansätze, z.B. der Vorschlag der Entwicklung kleiner und autonomer Unternehmenseinheiten etwa mit projektartigen Organisationsformen, oder
- Anreizkonzepte, deren Grundgedanke darin besteht, innovatives Verhalten zu belohnen durch Prämien, Karrieremöglichkeiten, Anerkennung etc.

Derartige Überlegungen legen jedoch allzu leicht monokausale oder rezeptartige Verkürzungen im Management innovativer Prozesse nahe. Von großer Bedeutung wird vor allem sein, wie die verantwortlichen Führungskräfte mit der Ambivalenz zurechtkommen, in die sie durch Querdenker hineingeraten. Führungskräfte sind ja auch und gerade für Innovatoren die Repräsentanten des organisatorischen status quo. Es gibt für sie in diesen Konflikten aber keine eindeutigen Verhaltensempfehlungen, nur immer wieder Grenzgänge, auf denen sie auch an die eigenen Grenzen erinnert werden. Diese Grenzen bilden gleichsam die Wahrnehmungsoberfläche und damit letztlich auch die Lern- und Wissensproduktionsgrenze einer Organisation. Grenzgänge hier machen es möglich, diese Begrenzungen zu hinterfragen und sich auf neue Erfahrungen einzulassen, die den unternehmerischen Erfolg langfristig sicherstellen. Die auf Grenzgängen aufgeworfenen Fragen zielen nicht nur auf die Reflexion der organisatorischen Werte- und Wissensbasis, sondern auch auf die Neuverteilung von Ressourcen und Macht zur Entwicklung neuer Kompetenzfelder, um im Wettbewerb auf die Dauer überleben zu können. Das Erkennen der eigenen und auch organisatorischen Grenze ist so gesehen keine Schwäche, sondern eigentlich die Stärke. Für alle Beteiligten liegt hier eine Lern- und Entwicklungsnotwendigkeit, die jedoch nur realisierbar ist, wenn man sich auf der Metaebene eine neue Verständigungsbasis schafft und gemeinsam schaut, ob eine Einigung möglich ist.

Dafür benötigen wir eine Diskurskultur, in der so etwas wie „herrschaftsfreie Kommunikation" ermöglicht wird. Verbunden damit ist auch die Notwendigkeit von Moderator- oder Facilitatorfunktionen, die solche Dialoge in der Regel erst ermöglichen, weil die Beteiligten in unseren Kulturen häufig ihre Verständigungsbasis schon verloren haben. Die Fähigkeit zu Grenzgängen ist eine Managementkompetenz, die erst entwickelt werden muß. Aber auch die vorhandenen Personal- und Führungssysteme, insbesondere die Anreizsysteme und Karrierekonzepte, müssen in dieser Hinsicht überdacht werden, damit das Management nicht in double-bind-Situationen hineingerät.

Grenzgänge

Was ist eigentlich gemeint, wenn wir Grenzgänge sagen? Hierzu ein abschließendes Beispiel. Grenzgänge sind Entscheidungssituationen an der organisatorischen Peripherie, die auf Fortbestand oder Veränderung von internen Strukturen Einfluß nehmen. Organisationen verfügen für solche Entscheidungen daher immer über sog. Grenzfunktionen, die hier spezifische Selektionsleistungen vornehmen. Derartige Entscheidungen führen so letztlich dazu, daß verschiedene Systeme sich abgrenzen, für einander unbestimmt bleiben und neue Systeme zur Gestaltung derartiger Dialogsituationen entstehen (vgl. Luhmann, 1988, S. 52 f.)

Grenzfunktionen in Unternehmen sind etwa Personalabteilungen, Grenzgänge sind z.B. Prozesse der Personalauswahl, weil hier die etablierte Organisation und ihr Management mit der „Möglichkeit des Andersseins" konfrontiert wird, etwa wenn in der Tat Querdenker an die Türe klopfen.

Man kann an die vorherrschende Gestaltung solcher Prozesse zunächst mit einer immanenten Kritik herangehen. Da ist etwa die Frage aufzuwerfen, ob man von diskriminierenden Eigenschaftsmerkmalen innovativer Mitarbeiter sprechen kann, die im einzelnen auch meßbar sind. Sodann müßte eine Prognose abgegeben werden, ob sich diese Merkmale in der Organisation zu einem innovativen Nukleus entwickeln und überdauern können.

Ein grundsätzlicherer Kritikpunkt beruht aber auf der Einsicht, daß Personalauswahl im allgemeinen nicht als ein Grenzgang mit entsprechenden kommunikativen Arrangements und Kompetenzen begriffen wird, sondern in jeder Hinsicht als ein Prozeß der „Passung" bzw. „Anpassung", von Tätigkeitsbeschreibungen über faktische und implizite Anforderungsprofile bis hin zu Gehaltsstrukturen: Tatsächlich kann man auch zeigen, daß z.B. Assessment Center insbesondere klassischen Zuschnitts eher dazu tendieren, unbequeme Querdenker auszugrenzen. Sie produzieren etwa auf Seiten der Bewerber Phantasien im Hinblick auf erwünschtes Verhalten und damit Anpassungsprozesse an den strukturellen und kulturellen status quo. Auf seiten der für die Auswahlentscheidungen zuständigen Manager führen z.B. implizite Vorstellungen über Eignung zu vorgängigen Selektionen, abgesehen einmal davon, daß sich vermutlich kaum jemand seinen Nachfolger ins Unternehmen holen dürfte (vgl. ausführlich: Freimuth & Elfers, 1994).

Man könnte sich aber auch Assessment Center denken als Begegnung alternativer Formen und Bewertungen von Realitäten, von denen die etablierte Unternehmenskultur lediglich eine, die der Bewerber eine andere wäre. Die Selektionsentscheidung wäre dann ein Verhandlungsprozeß darüber, inwieweit man von den Unterschieden wechselseitig profitieren könnte und ob die Gemeinsamkeiten so tragfähig sind, daß eine Kooperation möglich bleibt, ohne jeweils Identitäten aufzugeben. Es gäbe dann etwa am Ende nicht nur eine Beobachterkonferenz, sondern auch eine Kandidatenkonferenz, die dem Unternehmen gleichfalls Feedback hinsichtlich seiner Offenheit und Lernfähigkeit gäbe.

Derartige Auswahlprozesse böten für die Repräsentanten der Organisation die Chance, sich hinterfragen zu lassen und die Begrenztheit der eigenen Realitätskonstruktionen und Wertehorizonte zu erleben. Auf der anderen Seite haben souveräne Manager in der Konfrontation mit der „Möglichkeit des Andersseins" die Autonomie zu sagen: „Das ist unsere Identität und sie entspricht in hinreichender Weise den Bedingungen, in denen wir uns bewegen." Solche Einsichten führen zu Selbstgewißheit, nicht zu Identitätslosigkeit, aber auch nicht zu rigider Abgeschlossenheit.

Dieses „Einerseits-Andrerseits" ist eine Struktur von Grenzgängen, wie sie auch für innovative Prozesse typisch ist. In ihrem souveränen Management liegt ein Teil des Rätsels Lösung, wie eine innovationsfähige Innovationskultur entstehen kann. „This ability to perceive the limitations of one's own culture and to develop the culture adaptively is the essence and ultimate challenge of leadership" (Schein, 1992, S. 2). Innovationsfähige Organisationen benötigen dafür weniger neue, elaborierte Instrumente oder Systeme, sondern primär Führungskräfte, die fähig sind, solche unsicheren Wege zu gehen, die sich dabei nicht verhärten und sich auch nicht aufgeben. Querdenker und Querschnittsqualifikationen in ihren Netzwerken reflektieren reale Komplexität und Konflikte und vermögen sie in die Organisation hineinzuspiegeln. In diesem Sinne könnte man eher von Ver- oder Ent-Führungs-Kompetenz sprechen, in dem Sinne, daß es so gelingen kann, sich in neue Erfahrungsräume entführen zu lassen. Verführerisch?

Literatur

Batelle Institut (1986). The Brainworkers: Typology, Training Background and Worksituation. Final Report. *Fast. Occasional Papers,* No. 123. – **Blohowiak, D.W. (1995).** *Querdenker an der langen Leine.* Landsberg/Lech: Moderne Industrie. – **Domsch, M., Gerpott, H. & Gerpott, T.J. (1989).** *Technologische Gatekeeper in der industriellen F&E.* Stuttgart: Poeschel. – **Freimuth, J. & Elfers, C. (1994).** Assessment Center in systemischer Perspektive. Die Beobachtung der Beobachtung. *Zeitschrift Führung + Organisation, 63* (4), 232-238. – **Gaitanides, M. (1992).** Führung und Querdenken. *Zeitschrift für Personalforschung, 6* (3), 260-271. – **Gussmann, B. (1988).** *Innovationsfördernde Unternehmenskultur.* Berlin: Schmidt. – **Hastings, C. (1993).** *The new organisation. Growing the culture of organizational networking.* Maidenhead: McGraw-Hill. – **Kets de Vries, M.F.R. (1986).** Die Schattenseiten des Entrepreneurs. *Harvardmanager,* Heft 2, 7-10. – **Kolatek, C. (1990).** Das Management von Forschungs- und Entwicklungsaktivitäten in japanischen Unternehmen. In H. Albach (Hrsg.), *Innovationsmanagement. Theorie und Praxis im Kulturvergleich* (S. 177-212). Wiesbaden: Gabler. – **Lemmer, R. (1992).** Frischer Wind. *Manager Magazin,* Heft 6, 246-250. – **Luhmann, N. (1988).** *Soziale Systeme.* Frankfurt/M.: Suhrkamp. – **Merton, R.K. (1983).** *Auf den Schultern von Riesen.* Frankfurt/M.: Suhrkamp. – **Nonaka, I. (1994).** Innovationsmanagement als ein Prozeß der Wissensschöpfung. Ein neues Modell für das wissenerzeugende Unternehmen. In M. Esser & K. Kobayashi (Hrsg.), *Kaishain. Personalmanagement in Japan* (S. 248-277). Göttingen: Hogrefe Verlag für Angewandte Psychologie. – **Peters, T.J. & Waterman, R.H. (1982).** *Auf der Suche nach Spitzenleistungen.* Landsberg/Lech: Moderne Industrie. – **Pinchot, G. (1988).** *Intrapreneuring. Mitarbeiter als Unternehmer.* Wiesbaden: Gabler. – **Riekhof, H.-C. (1986).** Kreative Köpfe, Mentoren und Innovationsmanager. *Harvardmanager,* Heft 2, 10-14. – **Schein, E.H. (1992).** *Organizational culture and leadership* (2nd ed.). San Francisco, CA: Jossey-Bass.

Joachim Freimuth und Michael Thiel

Babel und kein Ende? – Multikulturelle Kompetenz als Leitbild von internationaler Personal- und Organisationsentwicklung

Babylonische Sprachverwirrungen

Die Bibelfesten unter den Lesern kennen den alten Mythos vom Turmbau zu Babel, wo ein komplexes internationales Projekt letztlich daran scheiterte, daß die Verständigungsbasis der Projektbeteiligten nicht mehr ausreichte, um die Projektkomplexität kommunikativ abzubilden, und ihrerseits eine Konfliktkomplexität induzierte, die letztlich zum Projektabbruch führte. Komplexe internationale Kooperationen erfordern auch ihnen gemäße Formen der Verständigung.

Sie erzeugen aber auch immer wieder Ängste, sich ihren Konflikten zu stellen. Durch die gesamte Geschichte der Menschheit, so zeigt Umberto Eco in seiner Monographie über die Suche nach der vollkommenen Sprache (Eco, 1994), zieht sich daher das Bemühen, durch die Konstruktion und Einigung auf eine universale Sprache den Konflikten in schwierigen internationalen Verständigungsprozessen zu entgehen. Zamenhof, der Erfinder des Esperanto, wuchs etwa in einem Gewirr von Völkern und Sprachen in Litauen auf, erlebte nationalistische Verblendung, antisemitische Ausschreitungen, Intellektuellenverfolgungen und Unterdrückung durch den Zarismus. Aus seinen Erfahrungen heraus wollte er durch die Konstruktion einer vereinfachten Universalsprache einen Beitrag zur Vermeidung internationaler Konflikte leisten.

Kaum einer der Konstrukteure derartiger Entwürfe hat sich dem Problem gestellt, daß ihre Konzepte immer mehr oder weniger deutlich die kulturelle Herkunft ihrer Erfinder spiegelten und folglich auch alternative Entwürfe nicht angemessen repräsentierten. Das Esperanto bleibt etwa dem indogermanischen Sprachmodell verhaftet (Eco, 1994, S. 335). Sprachen, so Eco weiter, organisieren Inhalte auf unterschiedliche und nicht kompatible Weisen. Sie sind als „Sprachspiele" mit ganz spezifischen Lebenskontexten verbunden (Wittgenstein, 1969). Idealistische Konstruktionen ignorieren diesen Zusammenhang und versuchen Ordnungen zu bilden, wo niemals vollendete Struktur sein kann. Fällt die ideale Sprache „in die Hände der versammelten Proselyten", so wird sie dort folglich unweigerlich auch wieder „babelisiert" (Eco, 1994, S. 324).

Wir müssen demzufolge anerkennen, daß verschiedene Sprachspiele auf unterschiedlichen kollektiven Geltungen beruhen, die im kollektiven Gedächtnis ihrer Repräsentanten aufbewahrt sind. Wir können daher auch unsere kollektiven Geltungen nicht verallgemeinern und müssen gewärtig sein, besonders in multikulturellen Kontexten auf alternative Be-Deutungen zu stoßen. Es bleibt daher nur die Möglichkeit, in einem gemeinsamen Prozeß auch gemeinsame kollektive Geltungen zu vereinbaren. Die Plastizität der Sprache oder ihre Unordnung bietet die Chance, eine neue Ordnung für ein vorübergehendes Sprachspiel mit begrenzter oder lokaler Geltung zu generieren. Um diese Gebärfähigkeit für Sprachspiele zu entwickeln und zu erhalten, benötigen wir jedoch besondere Sprachspiele, die solche Prozesse ermöglichen. Das ist für uns der Schlüssel für die Entwicklung multikultureller Kompetenz.

Wir möchten vor unserem Problemhintergrund nun im wesentlichen den beiden folgenden Fragen nachgehen:
- Wie läßt es sich begründen, daß Menschen sich der Komplexität multikultureller Dialoge nur widerwillig stellen und statt dessen nur allzu gerne auf Rezepte zurückgreifen?
- Wo liegt der Ansatz, um in Organisationen und für Organisationsmitglieder Lernprozesse zu gestalten, die ihnen den Umgang mit dieser dialogischen Komplexität ermöglichen?

Wir versuchen, die Antwort unter Rückgriff auf wirklichkeitskonstruktive Perspektiven zu formulieren. Das heißt einmal, die Sprachspiele der Beteiligten als mögliche und gleichberechtigte Zugänge zur Wirklichkeit zu sehen. Die Konfrontation mit diesen alternativen Entwürfen läßt aber die Relativität der je eigenen Entwürfe erahnen, die als die nicht hinterfragbaren Grundlagen der jeweiligen Existenz gelten. Wir bewegen uns damit gleichsam am Rande des Chaos und versuchen, dieser Bedrohung im ersten Impuls zu entfliehen. Stereotypenbildung ist ein solcher Impuls.

Aus der systemischen Sicht bleibt aber keine andere Möglichkeit, als das mühselige Ausloten einer gemeinsamen Verständigungsbasis. Wir begeben uns damit auf die Ebene der Verständigung über unsere Verständigung mit dem Ziel, gemeinsame Sprachspiele zu generieren, die der Komplexität der zu lösenden Aufgabe angemessen sind. Kooperationen in multikulturellen Kontexten bewegen sich daher immer auf zwei Ebenen, mit Netz und doppeltem Boden. Wie die Artisten am Trapez verfehlt man sich gelegentlich, wird dann im eingezogenen Netz aufgefangen, von dem aus ein neuer Versuch, bereichert um eine Erfahrung, gestartet werden kann. Nach und nach entsteht auch die notwendige Vertrauensbasis in der betroffenen Gruppe dafür. Ausgangspunkt solcher kollektiven Lernprozesse ist das individuelle Erleben von nicht anschlußfähiger Kommunikation, der Versuch, dieses Erlebnis mitzuteilen und damit einen gemeinsamen Lösungsversuch zu initiieren.

Die Relativierung der logischen, ethischen und ästhetischen Grundlagen von Wirklichkeitskonstruktionen in multikulturellen Konflikten

Wir wenden uns nun der ersten der beiden oben formulierten Fragestellungen zu. Dazu zunächst ein kleiner Ausflug in die Geschichte der Philosophie:
Die griechischen Philosophen der Sophistik, allen voran Protagoras und Georgias,

nahmen für sich in Anspruch, durch den kunstvollen Gebrauch des Wortes beliebige Standpunkte, auch gegensätzliche, mit unwiderstehlicher Überzeugungskraft vertreten zu können. Protagoras verlegt sich ganz systematisch darauf, „die schwächere Rede zur stärkeren zu machen". Gegenüber der in der Sophistik postulierten Beliebigkeit von Geltungen versuchte Platon, der sich in vielen seiner klassischen Dialoge mit den Sophisten auseinandersetzte, die Möglichkeit für generelle Erkenntnisse zu begründen, am bekanntesten ist vermutlich sein Höhlengleichnis. Ganz ähnlich war es das Bestreben Kants, u.a. in der Auseinandersetzung mit dem Atheisten und Skeptiker Hume, die Geltungen von Kategorien a priori darzulegen. Kants drei berühmte Leitfragen nach den Bedingungen der Möglichkeit der Erkenntnis des Wahren, des Guten und des Schönen haben uns auch zu unserer Systematik für das Begreifen interkultureller Konflikte angeregt.

Das Verständnis für Konflikte in multikulturellen Dialogen kann aus unserer Perspektive erhöht werden, wenn wir sie als Außerkraftsetzung elementarster Ordungsprinzipien und Normen begreifen, die in den Tiefenstrukturen der jeweiligen Kulturen aufbewahrt sind und für ihre Repräsentanten de facto den Charakter von Kategorien a priori bekommen. Über die Begründungen der Philosophie oder der Religion gelangen sie in die Grundorientierungen der Ausbildungsinstitutionen und werden über die Sozialisation elementarer Teil des kollektiven Gedächtnisses (viele Beispiele hierzu bei Dülfer, 1991). Es sind elementare Kategorien unserer jeweiligen Konstruktion von Realität, die uns gleichsam zur zweiten Natur geworden sind und daher nicht mehr hinterfragt werden. Wir unterscheiden hier, wie angedeutet, in solche der Logik, der Ethik und der Ästhetik.

Logik

Wir verstehen Logik hier im wesentlichen als elementare Denkprinzipien, denen wir in Erkenntnisprozessen folgen. Für den europäischen Kulturraum sind hier zunächst die grundlegenden Annahmen der aristotelischen Logik zu nennen, in denen der Versuch unternommen wird, die Welt und ihre denkerische Rekonstruktion von einigen wenigen „archimedischen Punkten" aus zu begreifen. Einer dieser Grundannahmen ist der Satz vom ausgeschlossenen Widerspruch, der sich in unserem Denken und Handeln in Entweder-Oder-Schaltungen wiederfindet. Die Suche nach einer eindeutigen Wahrheit oder nach einem eindeutigen Standpunkt entspricht beispielsweise aber nicht asiatischen Denkgewohnheiten:

> Liegt ein Widerspruch vor, dann muß ich als Europäer feststellen, wer von den beiden Seiten recht und wer unrecht hat. Asiaten kennen dieses Axiom der Logik nicht, im Gegenteil, ... Die Wahrheit besteht darin, daß man zu einem bestimmten Aspekt immer gleichzeitig auch den gegenteiligen dazunimmt. Kennt man nur eine Seite einer Sache, hat man nie die ganze Wahrheit. (Schwarz, 1988, S. 118)

In multikulturellen Dialogen, im Wirtschaftsleben etwa in Verhandlungen oder Konferenzen, stehen sich diese elementaren Prinzipien, sich jeweils in der Welt zu begreifen, sehr deutlich gegenüber. Europäer drängen darauf, Widersprüche aufzulösen und herauszubekommen, wer recht hat, Asiaten können den Widerspruch stehen lassen und umgekehrt. Mehrdeutigkeit oder Nicht-Eindeutigkeit darf aus der europäischen Perspektive aber nicht bewertet werden im Sinne von „sich nicht ausrechnen lassen". Wir erinnern uns hier an eine Seminarsituation, in der eine Japanerin aus der Gruppe ein – wie es bei uns mittlerweile üblich ist – offenes Feedback bekam und auf eben eine Zweideutigkeit hingewiesen wurde. Sie hatte diese Rückmeldung überhaupt nicht begriffen. Darüber hinaus war die offene Konfrontation mit ihrem Verhalten in der Gruppe derartig beleidigend, daß sie nur mit Mühe dazu zu bewegen war, weiter teilzunehmen (weitere Beispiele bei Schuchardt, 1994). Ähnlich schreibt auch Schwarz:

> Asiaten haben ein völlig anderes Verhältnis zum Widerspruch. Für sie ist es so, daß dieser Widerspruch nicht eliminiert werden muß, sondern geradezu die Bestätigung ihres Verhaltens darstellt. Werden sie also in einem solchen Experiment „gelegt", dann haben sie in ihrem Denken einen grundlegenden Fehler gemacht und damit „das Gesicht verloren". Sie haben den Trick nicht durchschaut, und sich auf eine einseitige Auffassung festlegen lassen. Der Ärger über den Verlust des Gesichtes erzeugt Widerstand und behindert den Lernprozeß. (Schwarz, 1988, S. 119)

Die Destabilisierung von ungefragt geltenden Tiefenstrukturen unserer Selbst- und Weltdefinition führt gelegentlich sogar zu existentiellen Verunsicherungen. Multikulturelle Dialoge sind aus dieser Perspektive Grenzgänge für alle Beteiligten.

Eng zusammenhängend mit den logischen Strukturen der Konstruktion von Realität sind die spezifischen Konzepte von Kausalität und Zeit. Für unser Denken ist eher ein striktes und eindeutiges Zuordnen von Ursache und Wirkung, sowie ein lineares Zeitverständnis repräsentativ. Dieses Bedürfnis nach Ordnung und Struktur findet sich in Formulierungen wie „klare Zuständigkeiten", „eindeutige Schnittstellen" oder auch in der Logik von Netzplänen, die komplexe Projekte abbilden sollen.

Auch hier stoßen wir in asiatischen Kontexten auf ein mehr zirkuläres und prozeßhaftes Verständnis. Zur Problemlösung läßt man sich Zeit, es ist ein langes Kreisen und in der Schwebe halten, das „einen an den Rand des Wahnsinns treiben kann", weil man es nicht durchschaut, wie ein deutscher Geschäftsmann beschrieb. Solche (Selbst-) Erfahrungen sind offenbar repräsentativ:

> „Alles dauert länger in China, in China ist die kleinste Zeiteinheit ein Tag" (ein Manager).... Zu den alltäglichen kleinen und größeren Frustrationen des Alltags gesellt sich ein schwer zu definierendes Gefühl latenter Unsicherheit. ... Die selten präzise, sondern meist ambivalente Reaktion der Mitarbeiter und das Bild des „lächelnden Gesichts des Chinesen" intensivieren die sich ausbreitende Desorientierung. Der oft zirkuläre, ein Thema umkreisende anstatt beschreibende Diskurs der Chinesen kann nur schwer durch lineare westliche Logik aufgehoben werden. (Trommsdorf & Wilpert, 1991, S. 180)

Worauf es uns bei dieser Analyse ankommt, ist nicht die Reproduktion neuer Stereotypen über unsere oder fremde Kulturkreise. Das in diesen Formulierungen zum Ausdruck gebrachte Gefühl der diffusen Verunsicherung ist unser Ansatzpunkt, denn es macht die existentielle Selbsterfahrung recht anschaulich, die mit der Suspendierung elementarer Ordnungsprinzipien einhergehen. Wir plädieren daher für Ansätze, die in der Vorbereitung auf Auslandsprojekte eher diesen Aspekt der Grenz- und Selbsterfahrung thematisieren. Wir kommen darauf noch zurück.

Ethik

Wir fassen Ethik hier als wertende Annahmen in Kulturen, die Verhalten als akzeptabel, wahrhaftig oder eben auch nicht beurteilen. Auch ihre grundlegenden Prinzipien sind in den Tiefenstrukturen von Kulturen aufgehoben, führen zu Einstellungen und zeigen sich in entsprechenden Verhaltensmustern (vgl. Abb. 1).

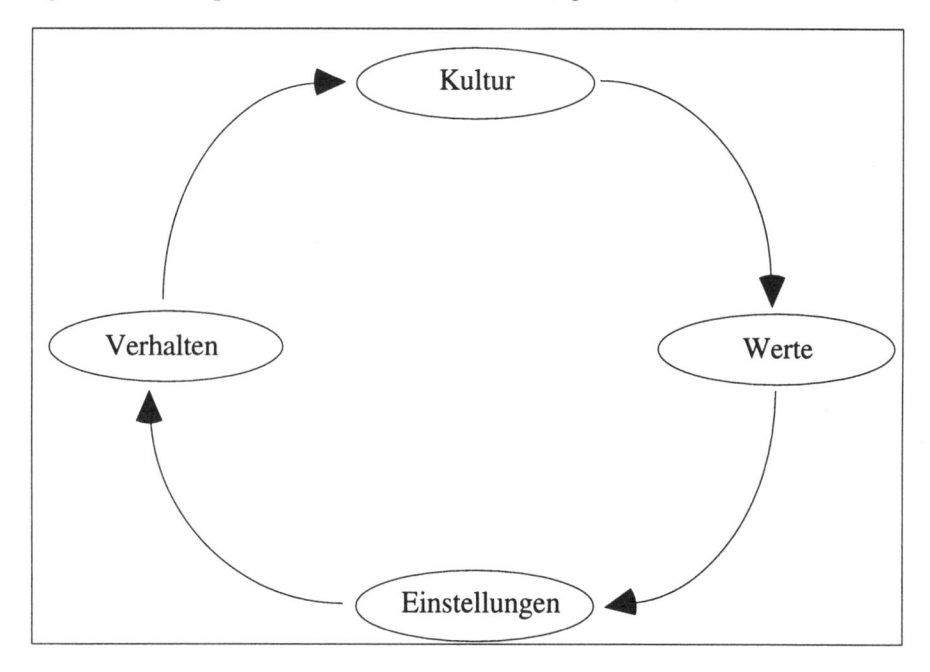

Abbildung 1
Kreislauf von Werten, Einstellungen, Verhalten und Kultur
(Quelle: Adler, 1986, S. 9, etwas verändert entnommen)

Die Beispiele für Konfliktfelder in diesem Kontext sind Legion. Für uns ist die unterschiedliche Bewertung des Tatbestandes der Bestechung ein wunderbares Beispiel. So gibt es beispielsweise in unseren Einkaufsabteilungen häufig einen sogar schriftlichen Kodex, was „man" noch annehmen darf und was als Bestechung durch Lieferanten gilt. Und es ist „eine Frage der Ehre", sich zumindest dem Schein nach entsprechend dieser Kodifizierung zu verhalten. In orientalischen Kulturen sind derartige Verhaltensmuster nicht stigmatisiert, im Gegenteil, sie sind essentieller Bestandteil sozialer Austauschbeziehungen und werden sogar sportiv gesehen.

Das Beispiel berührt das generelle Problem ganz unterschiedlicher Formen von Rechtsbewußtsein. Unserer Mentalität entspricht es eher, der kodifizierten Regelung zu vertrauen, in vielen asiatischen Kulturen sind die persönlichen Bindungen, die etwa mit einem Vertrag entstanden sind, die entscheidende Komponente:

> Diese Unterschiedlichkeit im Rechtsbewußtsein wirkt sich im geschäftlichen Leben vor allem hinsichtlich der Vertragstreue aus. Die Auffassungen über den Grad vertraglicher Bindungen ist insbesondere zwischen europäisch-nordamerikanischen Industrieländern und asiatischen Industrie- und Schwellenländern sehr unterschiedlich. Während in den USA der Verhandlungsprozeß durch die Vertragsunterschrift als beendet angesehen wird und der Vertrag als unverletzlich gilt, wird in asiatischen Ländern dem „persönlichen Wort" größere Bedeutung als dem Vertragstext zugemessen.... Die eigentliche Verpflichtung besteht zwischen den beteiligten Personen vom Inhalt ihrer Zusagen her und unter flexibler Berücksichtigung von Situationsveränderungen. (Dülfer, 1991, S. 333 f.)

Die Beispiele in diesem Kontext ließen sich ohne Schwierigkeiten vermehren, etwa in bezug auf die Arbeitsethik und die unterschiedlichen Verständnisse der hierarchischen Beziehungen in den Organisationen. Tief verwurzelte Werte implizieren immer als selbstverständlich gesetzte Verhaltenserwartungen, werden diese enttäuscht, ist man in der Regel geradezu fassungslos. Wenn wir dem standhalten lernen, liegt dort vielleicht der Ansatz für eine neue gemeinsame Fassung.

Ästhetik

Die unterschiedlichen Logiken und Ethiken als Quelle vieler Probleme im multikulturellen Dialog findet man in der Literatur hier und da auch schon genannt. Ästhetik als in diesem Zusammenhang gleichermaßen bedeutsame Kategorie ist eher selten. Gleichwohl glauben wir, daß divergente Anschauungen darüber, was als schön bzw. als abstoßend angesehen wird, auch ganz erhebliche Konflikte in multikultureller Kommunikation und Kooperation auslösen kann. Der Begriff von Schönheit bezieht sich vor allen auf die Form und Gestalt. Wir denken hier aus unserer Erfahrung, daß eine ausgeprägte Vorliebe für und Hingabe an Formen ganz typisch ist für asiatische Kulturen (vgl. Juníichiro, 1987). Vordergründig zeigen sich diese Unterschiede in unterschiedlichen Sichten darüber, was als angemessene Kleidung, angemessene Ausdrucksweise oder adäquate Eßgewohnheiten begriffen wird (vgl. Trommsdorf & Wilpert, 1991, S. 180). Wichtiger sind aber die Wirkungen ästhetischer Tiefenstrukturen, die möglicherweise einen Teil des Perfektionismus in den Arbeitseinstellungen erklären kann, der uns in Europa von den Japanern abhebt:

> So klein die Aufgabe auch sein mag, es beruhigt und stärkt, sie gut zu verrichten, und letztlich wird das ganze Dasein zu einer Reihe perfekt ausgeführter

Gesten. Hier setzt auch eine Ästhetik an, die in der Tee-Zeremonie den höchsten Grad zwanghaften Handelns erreicht: zehn bis fünfzehn Jahre eifrigen Übens, bis man es endlich versteht, eine Schale so edel und vollkommen wie nur irgend möglich zu halten. (Pinguet, 1991, S. 58)

Analoge Muster finden sich immer wieder in der Einstellung zur Arbeit, wo mit ähnlicher Hin- oder fast Selbstaufgabe an inkrementalen Verbesserungen der betrieblichen Abläufe und der Perfektionierung der Produktqualität gearbeitet wird. Die perfekte Ausübung dieser Rolle wird auf das engste an die persönliche Identität gekoppelt:

... der entscheidende Faktor ist die hohe Qualität der japanischen Arbeit, welche wiederum auf dem Gefühl der Verantwortlichkeit beruht, dessen psychosoziale Motivation es zu begreifen gilt. Diese Identifikation des Subjektes mit seiner Aufgabe schützt es ebenso, wie sie es schutzlos aussetzt: Die Feststellung, ungeeignet für den Beruf zu sein, wird als die schwerste narzißtische Kränkung erfahren, zerstört sie doch die Vorstellung, die sich das Ich von sich selbst machen wollte. (Pinguet, 1991, S. 59)

Vergleichbar Muster kehren wieder in den für uns sehr stilisierten und förmlichen Umgangsformen asiatischer Gesprächspartner, die ein hohes Maß an Konsens, Gleichförmigkeit und Kontinuität aufweisen. Brüche und Konflikte sind ihnen eher fremd, der Schein oder die Form muß immer gewahrt bleiben.

Zusammenhänge

Wir haben die drei wahrnehmungskonstitutiven Einflußbereiche Logik, Ethik und Ästhetik zunächst voneinander unabhängig betrachtet. Das ist jedoch nicht der Fall, sie sind miteinander verbunden und verstärken sich in ihren Wirkungen. Die mehrwertige Logik asiatischer Kulturen ist etwa im Zusammenhang zu sehen zur eher situativen Auslegung vertraglicher Vereinbarungen, umgekehrt findet unsere Vorliebe für Eindeutigkeit sich wieder im Insistieren auf kodifizierte Formen der wechselseitigen Bindung.

Der Puritanismus hat etwa in der westlichen Ethik die klassischen Tugenden wie Ordnungsliebe, Sparsamkeit, Gehorsam oder Fleiß geprägt, aber auch eine bescheiden-nüchterne Form der Ästhetik. Zugleich ging sie eine enge Verbindung mit dem logisch-rationalen Denken ein, verließ sich auf den „rechnenden Verstand und wandte ihn konsequent auf die Arbeitswelt an" (Nefiodow, 1990, S. 200).

Diese wechselseitige Bedingtheit verstärkt naturgemäß auch ihre subjektive Bedeutung im jeweiligen kulturellen Kontext. Abweichungen erscheinen damit um so unverzeihlicher und bedrohlicher. Es ist ein vielfach verwobenes Ensemble von Annahmen und Bewertungen über die Realität, die uns Verhaltenssicherheit geben, aber in internationalen Begegnungen plötzlich als nur eine der möglichen Formen erscheinen: „Die sicheren und vertrauten Leuchtfeuer des Heimatlandes fehlen. Es gibt völlig neue Zeichen, andere Laute, Geräusche, Gesichtseindrücke und Gerüche. Das kann sehr verunsichern" (Kets de Vries, 1996, S. 91).

Konzeptioneller Rahmen für Lernprozesse in multikulturellen Kontexten

Wir möchten noch einmal betonen, daß wir mit unserem Versuch, die Ursachen von Verständnisproblemen in multikulturellen Dialogen zu systematisieren und die dort entstehenden Verunsicherungen zu begreifen, keine neue Phänomenologie asiatischer, westeuropäischer oder sonstiger Kulturen liefern wollten, die gleichsam in Verhandlungsblockaden o.ä. Deutungs- oder Übersetzungshilfen vermitteln, auf die man einfach als eine Art Esperanto zurückgreifen kann. Wir wollten zeigen, daß wir als Individuen aus spezifischen Kontexten mit einem für uns jeweils kohärenten Bündel an kollektiven Deutungen kommen, die auf elementaren logischen, ethischen und ästhetischen Grundannahmen gegründet sind. Wenn wir Verhalten als völlig unlogisch, als verwerflich oder als abstoßend oder gar alles gleichzeitig erleben, entsteht in jedem Fall zunächst auf den individuellen Ebenen der Beteiligten ein Bruch, nach dem man nicht mehr einfach zur Tagesordnung übergehen kann. Manager in multikulturellen Kontexten leben gleichsam in der Schwebe, „auf der Grenze zwischen zwei Kulturen", als „marginale Persönlichkeit" (Dülfer, 1991, S. 386). Auf der Ebene des individuellen Erlebens liegt für uns daher auch der erste Ansatzpunkt, von dem wir ausgehen (vgl. Abb. 2).

Den äußeren Rahmen bildet natürlich der konkrete Arbeitsauftrag und die Ziele des Vorhabens, was den Kommunikationsbedarf nachhaltig beeinflußt. Im Zentrum unseres Modells stehen die jeweiligen Repräsentanten der Unternehmen, die ihre Schlüsselerfahrungen im Verlaufe ihrer primären Sozialisation gemacht haben und die für ihre kommunikativen Gewohnheiten konstitutiv sind (vgl. die Beiträge in Trommsdorf, 1989). Die auch für eine Gruppe oder Organisation erfolgreiche Bewältigung der Konflikte in multikulturellen Dialogen hängt zuerst von den subjektiven Fähigkeiten ab, eine derartige Komplexität annehmen zu können und in ihr Souveränität und Handlungsfähigkeit zu bewahren. Der Rekurs auf den scheinbaren Rettungsanker irgendwelcher Stereotypen über nationale Besonderheiten führt tendenziell eher zu einer vorgängigen Kodierung der Wahrnehmung und zu situationsunangemessenen (Vor-) Urteilen. Er verhindert aus dieser Perspektive die Begegnung mit sich selber und dem Verhandlungspartner. Konsequenterweise führt dieses Konzept auch zu einer Kritik an der „Verlandkartung" von nationalen Kulturen, am bekanntesten ist der Ansatz von Hofstede (erstmals 1980).

Es kommt eher darauf an, wie wir individuell mit interkultureller Kommunikation umgehen, zu diesem Resultat gelangt auch eine Untersuchung der kommunikativen Probleme zwischen dänischen und deutschen Geschäftspartnern. Resümierend heißt es dort:

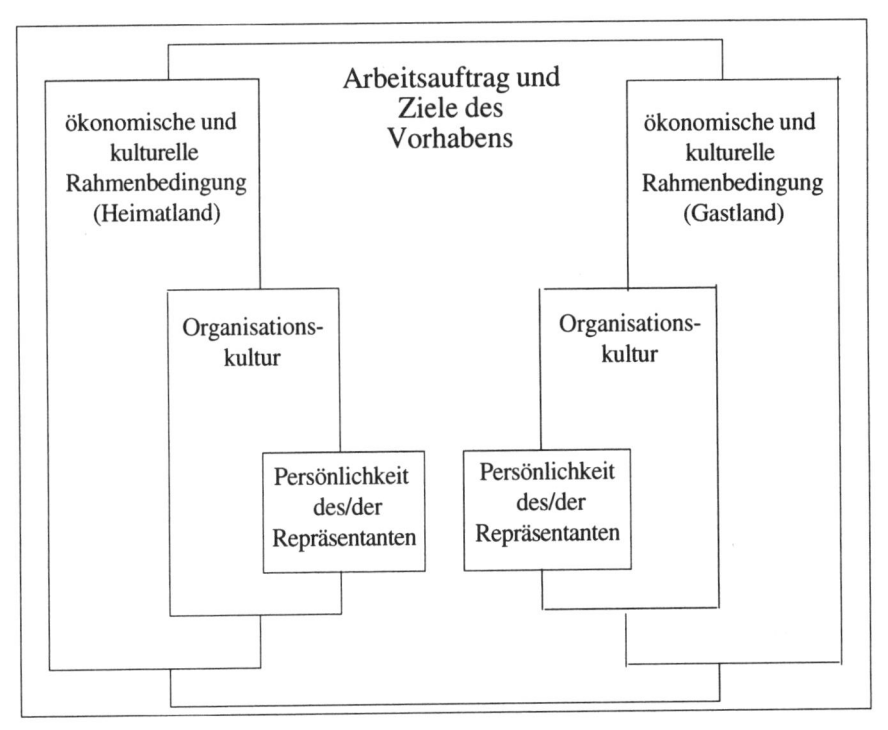

```
┌─────────────────────────────────────────────────────────────────────┐
│          ┌──────────────┬──────────────────┬──────────────┐         │
│          │              │ Arbeitsauftrag und│              │         │
│          │ ökonomische und│    Ziele des    │ökonomische und│         │
│          │   kulturelle  │    Vorhabens    │  kulturelle  │         │
│          │ Rahmenbedingung│                 │Rahmenbedingung│         │
│          │  (Heimatland) │                 │  (Gastland)  │         │
│          │              │                  │              │         │
│          │   ┌──────────┴──┬──────────────┐             │         │
│          │   │Organisations-│Organisations-│             │         │
│          │   │   kultur    │   kultur    │             │         │
│          │   │             │              │             │         │
│          │   │  ┌──────────┼──────────┐  │             │         │
│          │   │  │Persönlichkeit│Persönlichkeit│             │         │
│          │   │  │  des/der   │  des/der   │             │         │
│          │   │  │Repräsentanten│Repräsentanten│             │         │
└─────────────────────────────────────────────────────────────────────┘
```

Abbildung 2
Wechselwirkungen im interkulturellen Konfliktfeld

In Trainingsverläufen, in denen gelehrt wird, wie Angehörige anderer Kulturen sind, wie man sich richtig verhält, wird die Rolle von Stereotypen in der interkulturellen Kommunikation als statisch verstanden....
Uns erscheinen Trainingsformen angemessener, bei denen der Prozeß der Rezeption, d.h. das erkennende Subjekt, im Zentrum steht. Es geht dabei nicht darum zu erfahren, „wie" die fremde Kultur ist, sondern wie ich als Angehöriger einer anderen Kultur darauf reagiere. Eine Bearbeitung dieser Aspekte hat Konsequenzen für die Art des Trainings, das wesentliche Züge von Selbsterfahrung bis hin zu einem therapeutischen Ansatz haben muß. Auf dem Hintergrund der Kollektivität von Stereotypen und ihrer historischen Genese muß ein solches Training aber auch die historisch gesellschaftlichen Zusammenhänge einbeziehen, in denen Stereotypen vorkommen. (List & Wagner, 1992, S. 224 f., o. Hv.)

Der Fokussierung unseres Ansatzes auf den jeweils individuellen Ebenen der Beteiligten als Ausgangspunkt für einen kollektiven Lernprozeß resultiert aus der Erfahrung, daß aus der Verunsicherung durch das Erleben von Bedeutungsrelativierungen auch Freiräume und Impulse entstehen, in speziellen Sprachspielen neue Bedeutungen und Einigungen zu generieren. Wir müssen nur lernen, nicht weg- sondern hinzuschauen. Der Kern multikultureller Kompetenz besteht aus unserer Perspektive darin, auf unterschiedlichen kommunikativen Ebenen zu agieren, der Dialogebene im Zusammenhang mit der konkreten Aufgabenstellung und der Metaebene, die einen Dialog über den Dialog initiiert, um Deutungsdifferenzen zu veranschaulichen und einen tragfähigen gemeinsamen Deutungskontext herzustellen (vgl. Abb. 3). Dieser hat lediglich eine lokale und begrenzte Dauer, aber im Verlaufe der Dauer der Kooperation etwa einer internationalen Projektgruppe können die Agierenden zunehmend auf einen gemeinsamen Kontext kollektiver Geltungen zurückgreifen.

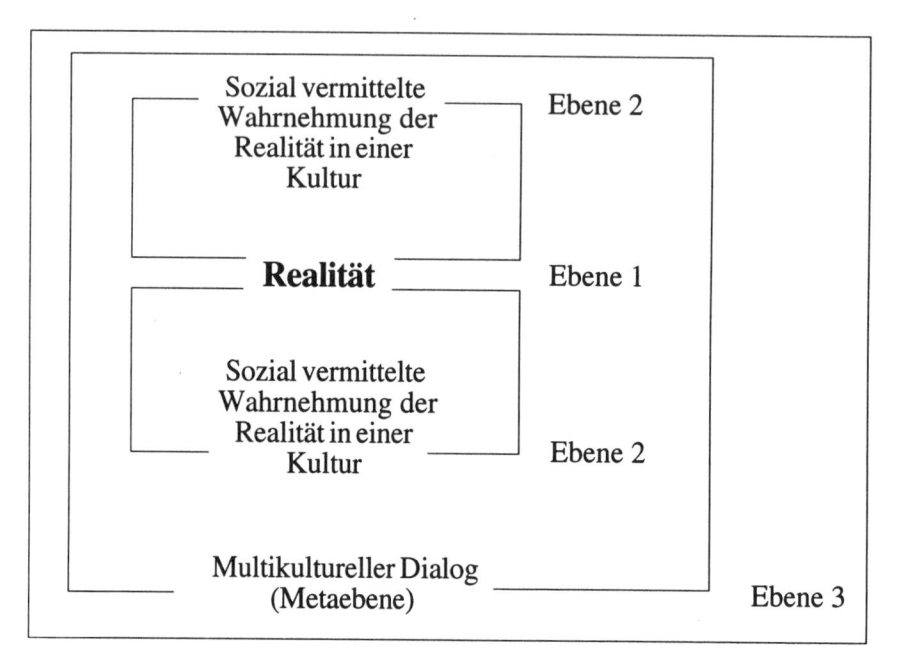

```
┌─────────────────────────────────────────────────┐
│  ┌──────────────────────┐                       │
│  │ Sozial vermittelte   │                       │
│  │ Wahrnehmung der      │──── Ebene 2           │
│  │ Realität in einer    │                       │
│  │ Kultur               │                       │
│  └──────────────────────┘                       │
│                                                 │
│         Realität          ──── Ebene 1          │
│                                                 │
│  ┌──────────────────────┐                       │
│  │ Sozial vermittelte   │                       │
│  │ Wahrnehmung der      │                       │
│  │ Realität in einer    │──── Ebene 2           │
│  │ Kultur               │                       │
│  └──────────────────────┘                       │
│                                                 │
│      Multikultureller Dialog                    │
│          (Metaebene)       ──────────── Ebene 3 │
└─────────────────────────────────────────────────┘
```

Abbildung 3
Ebenen des multikulturellen Dialogs

Vom Grundgedanken korrespondiert unser Vorschlag tendenziell mit Konzepten der internationalen Personalentwicklung, die an den Ausgangspunkt individuenzentrierte Phasen wie „awareness" oder „acceptance" setzen (vgl. Scherm, 1995, S. 245). „Kulturelle Anpassung" oder „Enkulturation" (Reineke, 1989, S. 51 ff.) ist der gesamte Prozeß des Aushandelns einer neuen Verständigungsbasis, der mit „awareness" beginnt, aber auch sein Ergebnis, das man als Sprachspiel mit lokaler Geltung bezeichnen könnte. Es basiert auf Selbsterfahrungsprozessen innerhalb der Gruppe und kristallisiert sich in einen gemeinsamen Kontext von Beziehungswissen, der die Grundlage für den sachlichen Projektfortschritt bildet.

Es stellt sich dann die Frage, welche Rolle nun die jeweiligen Unternehmenskulturen für den Erfolg multikultureller Dialoge haben. Natürlich sind die handelnden Subjekte auch Repräsentanten ihrer Unternehmen und geprägt durch die Grundwerte der Kommunikationskultur und der Leitbilder, die implizit oder explizit das Verhältnis zu ausländischen Partnern prägen. Hier schließen wir uns dem Trend der Diskussion an, die inzwischen davon ausgeht, daß eine tragfähige internationale Kooperation nur im Geiste wechselseitiger Akzeptanz entstehen kann. Darüber hinaus wird es zunehmend wichtig, den souveränen Umgang mit der Mehrdeutigkeit von komplexen Entscheidungssituationen, so wie sie sich etwa in multikulturellen Kontexten findet, zu einem zentralen Entwicklungsziel der Managementwicklung zu machen. Babel hat aus dieser Sicht kein Ende, wir werden es immer wieder erleben, müssen lokale Konzepte generieren und können nicht auf endgültige, erlösende Konzepte im platonischen Himmel hoffen.

Wir versuchen im folgenden, diesen Bezugsrahmen etwas differenzierter zu betrachten.

„Fremd ist der Fremde nur in der Fremde" (Karl Valentin). Oder: Entwicklung internationaler Unternehmenskulturen und multikultureller Kompetenz

Die Entwicklung von multikultureller Kompetenz in der Gesamtorganisation steht im Kontext eines umfassenden Systems der Unternehmenssteuerung mit den Elementen Struktur, Kultur und Strategie (Bleicher, 1991b). Dabei hat die Bedeutung der Unternehmens- bzw. Organisationskultur gewonnen, weil in ihrem unscharfen Bezugsrahmen zeitlich und lokal spezifizierte Adaptionen möglich bleiben. Im Zentrum dieses Modells stehen souveräne und verantwortungsvoll handelnde Individuen.

Die Unternehmenskultur ergänzend zu Strukturen und Strategien als zentrales Steuerungsinstrument zu entwickeln scheint vor allem dort erforderlich, wo komplexe, unübersichtliche und schwer formalisierbare Bedingungen herrschen. Diese Situation nennt Rieckmann (1991) das Nebelviereck:

– Ein eindeutiges Problem ist nicht erkennbar.
– Wo das Ziel zu suchen ist, ist nicht klar.
– Folglich gibt es auch keinen bekannten Weg dorthin.
– Und selbst wenn, die Neben-, Rück- und Fernwirkungen des Handelns (siehe oben) sind undeutlich oder nicht verstehbar.

Hinzu kommt in multikulturellen Kontexten als fünfter Faktor:
– Die Handlungsmuster und Umgangsweisen der internationalen Partner in diesem Zusammenspiel sind unbekannt, unvertraut und rufen Abwehr hervor, weil sie auf anderen Weltanschauungen und Werten beruhen. Mit anderen Worten: Was man überhaupt ein Problem nennt, wie man es suchen könnte oder wann eine Situation als unübersichtlich gilt, wird von den Partnern und Kollegen kulturell unterschiedlich definiert werden.

Die Unternehmenskultur gibt für das individuelle Handeln rahmenartige Bezüge, indem sie Normen und Regeln setzt, Sinn und Orientierung schafft und Identität begründet (Scholz & Hofbauer, 1990, S. 15). Dieser Rahmen kann dann von einzelnen, Teams und Abteilungen situationsspezifisch in ihren Organisations- und Professionsrollen interpretiert und ausgestaltet werden. Die Unternehmenskultur liefert so einmal einen Bezugsrahmen, zugleich reproduziert sie sich auch durch die situativen Interpretationen im individuellen Handeln.

Die Entwicklung multikultureller Kompetenz umfaßt also in wechselseitiger Abhängigkeit Formen der Personen- und der Systemqualifikation:

– Entwicklung einer international orientierten Unternehmenskultur mit entsprechenden Lernfeldern und der

– Bestimmung und Ausformung von spezifischen Organisations- und Professionsrollen im internationalen Bereich inklusive der dafür erforderlichen kommunikativen Fähigkeiten.

Entwicklung internationaler Unternehmenskulturen – das Prinzip Dualität

Die Ausgestaltung eines Kulturkonzeptes läßt sich an drei idealtypischen Modellen orientieren (u.a. Schreyögg, 1991): polyzentrische, ethnozentrische und geozentrische Unternehmenskultur.

- Unter einer polyzentrischen Unternehmenskultur versteht man einen Ansatz, der sich weitgehend den landeskulturellen Einflüssen öffnet, so daß sich faktisch in jeder Auslandsniederlassung eine spezifische Subkultur konstituieren kann. Das Problem dieses Konzeptes liegt offenkundig in der zentralen Koordination, um Teiloptimierungen vorzubeugen, in den ungenutzten Synergiepotentialen.

- In einer ethnozentrischen Kultur werden die Kulturen der Auslandsgesellschaften als integraler Teil einer Gesamtkultur verstanden, wobei hier die Gefahren darin liegen, daß Kreativitäts- und Flexibilitätspotentiale vor Ort nicht optimal genutzt werden.

Beide Ansätze beschreiben Extreme. Der Trend geht hin zu einer Verbindung beider Formen, die die jeweiligen Nachteile weitgehend vermeidet.

- In einer geozentrischen oder nach Bartlett und Ghoshal (1991, S. 57 ff.) „transnationalen" Kultur erscheinen Zentrale und Filiale als gleichberechtigte Partner, wobei jeder seine spezifische Rolle innehat und ein wechselseitiges Interesse für Kooperation vorherrscht (Freimuth & Elfers, 1992).

Ein transnationales oder geozentrisches Kulturkonzept für Management, Personal und Organisation des Unternehmens muß entlang grundsätzlicher Fragen wie den folgenden entwickelt werden (in Anlehnung an Laurent, 1993, S. 183):

- Wieviel Konsistenz und Ähnlichkeit in Unternehmenspolitik, Strukturen und Verfahren soll bestehen?
- Wieviel Varietät und Differenzierung und wieviel Anpassung soll gefördert werden?
- Welche geschäftspolitischen Vorgaben sollten als universal gelten? Welche sollten lokal (national) ausgerichtet sein?
- Welche Praktiken und Policies der Personalentwicklung sollten von der Zentrale, welche in den Filialen, welche durch internationale Teams gestaltet werden?
- Welche Verfahren können eingeführt werden, um Einverständnis über Ziele zu erreichen und genügend Freiraum für deren Erreichung zu belassen?
- Welche Nationalitäten sollten wichtige Führungspersonen in der Zentrale und den Filialen haben?
- Wieviel und welche Art von Auslandsaufenthalten von Mitarbeitern ist wünschenswert? Wie soll der Auslandsaufenthalt für das Unternehmen und die betroffenen Mitarbeiter effizient gemacht werden?
- Wie kann das Managementpotential angemessen eingeschätzt werden, wenn die Beurteilungskriterien von Land zu Land variieren?

Zur Beantwortung dieser Fragen werden kulturelle Kontexte benötigt, die Bedingungen schaffen, in denen kulturelle Unterschiede gerade wirksam werden und sich in ihrer Vielfalt zeigen können. Frühere Konzepte von Organisation und Management betonten besonders die Notwendigkeit, Stimmigkeit (Fit) von Strategie, Struktur und Humanressourcen herzustellen (Galbraith, 1977, S. 5 ff.). Erweitert wurden solche Ansätze später mit dem Ziel von Stimmigkeit zwischen der jeweiligen Landes- und Unternehmenskultur (z.B. Scholz & Hofbauer, 1990, S. 85 ff.). Diesen Ansätzen kommt weiterhin insofern Bedeutung zu, als zu starke Spannungen durch Unterschiede in den Kulturen ungünstige Startbedingungen für joint-ventures oder Firmenkooperationen bedeuten können.

Im Gefolge der wachsenden Anforderungen an Unternehmen und Personal, sich mit schnellen Veränderungen, Lernen und hoher Komplexität auseinandersetzen zu müssen, ist das Streben nach durchgängiger Stimmigkeit jedoch nur noch begrenzt tragfähig: Was heute stimmig ist, kann morgen bereits Reibungsverluste erzeugen. Eine zu enge Konsistenz von Strategie, Kultur und Struktur als Führungsleitbild befördert eher Rigidität anstelle der benötigten Lernfähigkeit. Zusätzlich kommen mit der Internationalisierung automatisch Unterschiedlichkeiten kulturell bedingter Denk- und Handlungsweisen in Management und Organisation in das Unternehmen. Eine Strategie der Organisations- und darauf abgestellter Humanressourcenentwicklung, die allein auf Stimmigkeit setzt, würde solche Lernpotentiale durch kulturelle Unterschiede ausschließen und Konflikten um die Gültigkeit nationaler „Sprachspiele" Vorschub leisten. Bartlett und Ghoshal (1991, S. 97 f.) argumentieren daher, daß ein Streben nach weitgehender Stimmigkeit zwischen Kultur, Strukturen, Strategien und Prozessen das Management eher zu Übervereinfachungen zwingt und unnötige Spannungen aufbaut, anstatt situativ flexible Feinabstimmungen zu ermöglichen.

Aus Praxiserfahrungen von Unternehmen, die andere Wege gingen, kann der Schluß gezogen werden, daß die Aufrechterhaltung bzw. Pflege von Vielschichtigkeit in internationalen Unternehmen Innovationsfähigkeit, Kreativität und unternehmerisches Denken fördern (Bartlett & Ghoshal, 1991, S. 154). Sie fördern eine Mentalität, die mit einer Vielzahl von lokalen und zeitlich begrenzten Geltungskontexten leben und neue aushandeln kann.

Evans und Doz (1992, S. 85 f.) schlagen daher vor, mit Dualitäten als Leitprinzip statt mit Stimmigkeit zu arbeiten. Die Ermöglichung von Dualitäten oder Spannungsfeldern in der Unternehmenskultur, d.h. die bewußte Förderung unterschiedlicher Fähigkeiten und Praktiken, erzeugt in der Unternehmung produktive Widersprüche, Lerngelegenheiten, Dynamik und Erneuerung. Natürlich geht das nicht mit einem Schlag, häufig stößt man dabei auf Widerstände. Dualitäten zu etablieren ist ein Vorgang des behutsamen „Schichtens", „Einwebens" oder „Einziehens" von Spannungen, an denen die Organisationsmitglieder schrittweise wachsen.

Nach den Gesetzmäßigkeiten lebender Systeme gilt: „Nur Komplexität kann Komplexität reduzieren. Das kann im Außenverhältnis [also in Beziehung mit Kunden, Lieferanten usw.] als auch im Innenverhältnis des Systems der Fall sein" (Luhmann, 1984, S. 49). Spannungsfelder durch dualistische Elemente erhöhen die Souveränität im Umgang mit Komplexität, so wie sie zunehmend in multikulturellen Kontexten angetroffen wird. Um auf unser einführendes historisches Beispiel zurückzukommen: Babylonische Sprachenvielfalt ist gerade die Bedingung für Anpassungsfähigkeit, der Versuch, hier Flurbereinigung durchzusetzen wäre keine Reduktion, sondern eine Simplifizierung von realer Komplexität.

Zur Veranschaulichung zwei Beispiele für die Entwicklung von Dualität:

Globale Integration und lokale Diversifizierung

Evans und Doz (1992, S. 97 f.) bezeichnen etwa das Ausbalancieren einerseits von internationaler Integration und andererseits lokaler Anpassung des Unternehmens als eine „und/und-Anforderung". Manager sind durch ihre Verantwortung für einen bestimmten Geschäftsbereich in einer nationalen Filiale oder für einen nationalen Markt gezwungen, eine lokale Perspektive einzunehmen. Die mit der Karriereentwicklung verbundene Stellenmobilität erfordert aber gleichzeitig von ihnen, eine globale Unternehmensperspektive zu behalten. Sie bewegen sich ständig im Spannungsfeld zwischen diesen Perspektiven und sind gezwungen, situativ und kreativ Lösungen zu generieren.

Netzwerke vs. Strukturen

Ein Balancieren von Hierarchie und Struktur einerseits und Netzwerken und Flexibilität andererseits ist eine weitere wichtige Anforderung an international operierende Unternehmen. Es handelt sich dabei nicht um alternative, sondern komplementäre

Formen der Führung, die miteinander verwoben oder ineinander geschichtet werden können: Die Hierarchie bleibt bestehen und sorgt für Stabilität und Richtungsgebung, hinzukommende Netzwerke schaffen Flexibilität und Innovation.

Evans und Doz (1992, S. 101) nennen hier beispielhaft amerikanische Unternehmen, die eher formalisiert und hierarchisch geführt werden, ihre Entwicklungsabteilungen aber nach Italien verlegten, weil dort eine Vorliebe für „chaotische" Formen der Selbstorganisation mit ihrer hohen Affinität zu Kreativität und Innovation existiert.

Multikulturelle Kompetenz: eine systemische Perspektive

Die Ausgestaltung der an internationalen Belangen orientierten Unternehmenskultur bildet gleichsam den Kontext, in den Konzepte der individuellen Qualifizierung hineinragen müssen.

Einer Vielzahl heute hier noch gebräuchlicher Ansätze in der internationalen Personalentwicklung unterliegen mehr oder weniger offenkundig noch Denkmodelle der kolonialen, ethnozentrischen Phase internationaler Institutionen und Organisationen: Mit Informationen und Lernen über die andere Kultur soll die Fähigkeit erworben werden, sich gegenüber der anderen Kultur richtig zu verhalten. Das reicht von einfacher Wissensvermittlung über Sitten und Gebräuche (Geschäftsknigge) bis hin zur Vermittlung von kulturellen „Landkarten" wie sie z.B. von Hofstede (1991) und Trompenaars (1993) entwickelt wurden. Letztere erheben den Anspruch, länderspezifisch ausweisen zu können, welche kulturellen Muster bestehen und wo sich Konfliktpotentiale aufgrund extremer Unterschiede der kulturellen Standards ergeben können. Kulturelle Kompetenz soll dadurch entstehen, daß man diese Unterschiedlichkeit versteht und entsprechend mit Empathie, respektvoll und flexibel auf vorhersagbare Andersartigkeit reagiert. Der internationale Kompetenzerwerb ist hier im Kern nicht interkulturell, sondern liegt im wesentlichen beim Individuum (einer Gruppe oder ganzen Organisation), das über ein anderes Individuum (Gruppe, Organisation) lernt, sich gleichsam für den interkulturellen Kontakt „rüstet". Statische Auffassungen von Kulturen und Kulturkontakt können leicht dazu führen, vorhandene Stereotypen und ein rein instrumentelles Umgehen mit dem jeweiligen Gegenüber zu fördern (vgl. Hughes-Weiner, 1986, S. 110). Die Gefahr dieser und ähnlicher Modelle liegt also in ihrem Versuch, Vorhersehbarkeit durch erklärende Aussagen über Kulturen herzustellen. Sie beruht auf den unserer Meinung nach kaum realistischen Voraussetzungen, daß

- die relevanten Situationen, die es zu bewältigen gilt, hinreichend bekannt sind,
- die Verhaltensweisen der an diesen Situationen beteiligten Kulturen vorhersehbar sind und ermittelt werden können und
- diese Informationen insgesamt praxisrelevant vermittelt und dann angewendet werden können.

Wie in den vielen historischen Versuchen, vorab eine ideale Sprache zu konstruieren, um allen Konflikten aus dem Weg zu gehen, wird auch hier die Illusion genährt, man könne sich für eine Kultur wappnen und sich dann dort problemfrei bewegen. Wir plädieren dafür, unsere babylonische Welt nicht als planlose Katastrophe zu begreifen, sondern sie zu akzeptieren und sie sogar zu nutzen.

Die erforderliche Schlüsselkompetenz ist die Fähigkeit zum kulturübergreifenden, multikulturellen Dialog. Sie beruht im Zentrum zunächst auf der individuellen Fähigkeit, Situationen, Anforderungen, Probleme und Konflikte auf der Metaebene zu reflektieren, Alternativen zu entwickeln und diese Betrachtungsebene in den Gruppendiskurs einzubringen.

Die Systemtheorie (vgl. im folgenden Schmid, 1992, S.121) stellt sich diese gelingende Interaktion als ein wechselseitiges Ankoppeln vor. Die Systeme (Personen, Gruppen, Organisationen) entwickeln jeweils Anreize, sich aufeinander zu beziehen. Die Bedeutung füreinander hat in diesem Zusammenhang mehr damit zu tun, welche Veränderungen in der Selbstorganisation im jeweiligen System vorgehen, wenn es sich auf das andere System bezieht. Wenn das Ankoppeln zu sinnvoller und erfolgreicher Interaktion führt, heißt das nicht, daß die beteiligten Systeme sich gegenseitig „richtig" wahrgenommen und verstanden haben, wie es die kulturverstehenden Ansätze wie z.B. von Hofstede nahelegen. Es bedeutet lediglich, daß die jeweiligen Beteiligten es als möglich und effektiv erachten sich anzukoppeln, weil dadurch eine für sie wünschenswerte Veränderung ihrer Selbstorganisation entsteht. Eine verstehende Aufnahme und Eintreten in ein anderes System (Kultur) ist aus Sicht der Systemtheorie gar nicht möglich und auch nicht notwendig. Die Ankopplung von Kulturen in einem Dialog konzentriert sich zunächst auf die eigenen Wirklichkeitskonstruktionen, Annahmen und Reaktionen auf das andere System (Kultur), die von jedem Beteiligten in die Situation eingebracht werden: Was ist der Zweck dieses Teams? Wie führt man ein gutes Team? Was ist der Stellenwert einer strategischen Planung? Worin besteht wirksame Kommunikation? usw. Ein wesentliches Element des Dialogs ist es, nicht als Individuum durch erworbenes Kulturwissen oder einfühlsames Verstehen (vermeintlich) handlungsfähig zu werden, sondern als kulturell verschiedene Gruppe einen Satz gemeinsam getragener Wirklichkeit zu entwickeln. In diesen Dialog bringen die Beteiligten die ihnen eigenen kulturellen, professionellen und organisationsbezogenen Wirklichkeiten ein. Diese Wirklichkeiten und daraus resultierende Beziehungen werden zunächst wie ein Raum vorgefunden und betreten. Durch die Begegnung im Dialog wird diese vorgefundene Wirklichkeit gestaltet. Die dabei entstehenden Erfahrungen „sedimentieren" sich in die Beziehung ein und erweitern die Handlungsmöglichkeiten der Beteiligten (Längle, o.J.). Im Dialog teilen alle Beteiligten einen offenen, gemeinsamen Lernprozeß bei der Entwicklung einer „dritten" Kultur (vgl. Schein, 1991, S. 43 f.).

In einer systemischen Perspektive als Konzept für die internationale Personalentwicklung liegen damit eine Reihe entscheidender Vorteile:

- Sie wird der Tatsache gerecht, daß international tätige Personen häufig mit wechselnden Partnern aus verschiedensten Kulturen kooperieren müssen, und schafft dafür durch die Konzepte der „Metakommunikation" und „Ankopplung" Handlungsorientierung.
- Sie reduziert damit auch den Bedarf an rezeptivem Lernen und dafür notwendigem Training und verlagert die Ebene des Lernens direkt in die Praxis. Mit anderen Worten, die Beteiligten lernen nicht übereinander, sondern miteinander in praxisrelevanten Dialogen.
- Sie befähigt zum Lernen-lernen. Die Beteiligten erwerben die Fähigkeit, die eigene Konzeptionalisierung und Schaffung von Wirklichkeit zu erleben, zu reflektieren und durch Alternativen zu steuern.

Die Aufgaben von Personal- und Organisationsentwicklung für internationale Qualifizierung liegen demnach zusammengefaßt

– in der Mitgestaltung der Bedingungen für die Schaffung eines auf geozentrischen Leitbildern und Dialog beruhenden Rahmenkultur sowie
– in der Bereitstellung von individuellen Lernmöglichkeiten auf systemischer Grundlage.

Lern- und Beratungskonzepte für internationale Kompetenz

Für das konkrete Design von wirksamen Trainings- und Beratungsmaßnahmen müssen besonders folgende Fragen beantwortet werden:

– Wie verlaufen multikulturelle Lernprozesse im einzelnen?
– Wann können die Beteiligten wirkungsvoll mit Training und Beratung erreicht werden?
– Welche Trainings- und Beratungsformen sind in welchen Stadien des Erwerbs internationaler Kompetenz geeignet?

Phasen des Anpassungsprozesses an eine andere Kultur

Die als Kulturschock oder Kulturmüdigkeit erlebte Auflösung von Selbstverständlichkeiten logischer, ethischer und ästhetischer Kategorien im interkulturellen Kontext ist vielfach beschrieben und in ihren negativen Auswirkungen auf internationale Projekte und Kooperationen bekannt.

Der Prozeß der Anpassung verläuft phasenweise, wie es in dem nachfolgenden Modell dargestellt wird (in Anlehnung an Grove & Torbiörn, 1993, S. 73 ff.). Als Anpassung wird hier nicht allein die Anpassung in einer fremden Kultur verstanden. Gegenseitige Anpassungsprozesse erfolgen ebenso bei der oben beschriebenen Herstellung gemeinsamer Wirklichkeiten in einem dialogischen Prozeß zwischen mehreren Kulturen.

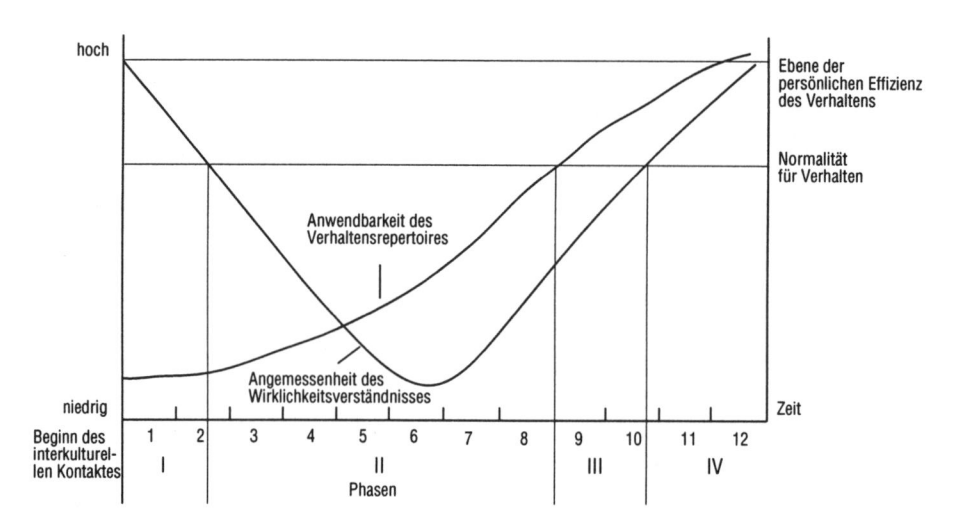

Abbildung 4
Kulturelle Anpassungsprozesse (ohne Training/Beratung)
(verändert entnommen aus: Grove & Torbiörn, 1993, S. 85 ff.)

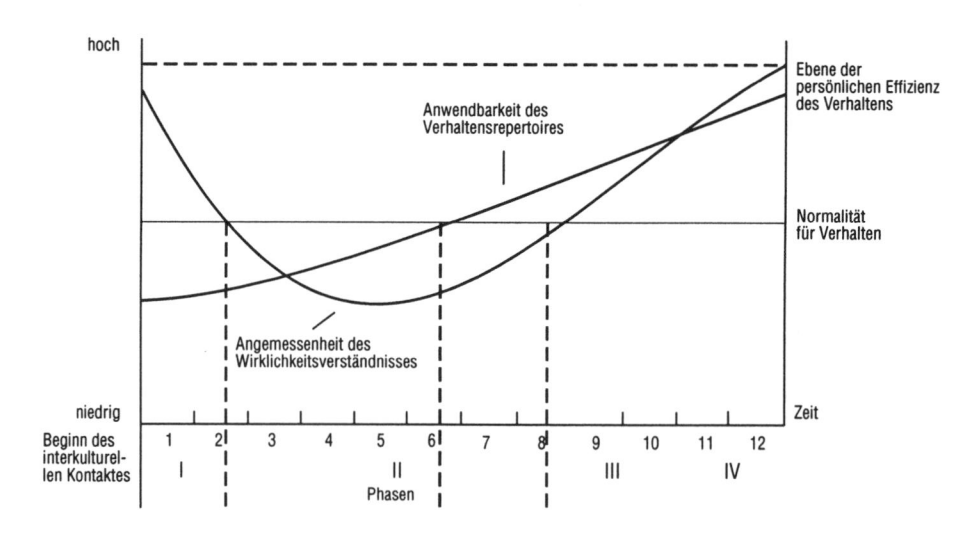

Abbildung 5
Interkulturelle Anpassungsprozesse (mit interkulturellem Training/Beratung)
(verändert entnommen aus: Grove & Torbiörn, 1993, S. 85 ff.)

Das Modell des kulturellen Anpassungsprozesses (vgl. Abb. 4) geht davon aus, daß jedes Individuum oder jede Gruppe ein minimales Niveau persönlicher Effizienz erleben muß, um eine Situation als befriedigend zu empfinden: Diese Ebene wird im Modell als „Normalitätslinie" benannt. Weiter wird davon ausgegangen, daß die meisten Personen anstreben, ihre Situation und ihr Verhalten an einem Niveau oberhalb dieser gerade noch akzeptablen Normalitätslinie zu erleben: Diese Ebene wird als „persönliche Effizienz des Verhaltens" bezeichnet. Ferner unterscheidet das Modell in bezug auf den kulturellen Anpassungsprozeß zwischen der „Angemessenheit des Wirklichkeitsverständnis", d.h. der Wirksamkeit des Bezugsrahmens von Denken und Fühlen für die Konzeptionalisierung von Erfahrungen und der „Anwendbarkeit des Verhaltensrepertoires", d.h. der Wirksamkeit des Handelns der Person.

In bezug auf diese Ebenen lassen sich vier Phasen des Anpassungsprozesses beschreiben.

Phase I: Anwendbarkeit des Verhaltensrepertoires weniger als angemessen, Angemessenheit des Wirklichkeitsverständnisses mehr als normal.

Phase II: Anwendbarkeit des Verhaltensrepertoires weniger als angemessen, Angemessenheit des Wirklichkeitsverständnisses weniger als normal.

Phase III: Anwendbarkeit des Verhaltens mehr als angemessen, Angemessenheit des Wirklichkeitsverständnisses weniger als normal.

Phase IV: Anwendbarkeit des Verhaltens mehr als angemessen, Angemessenheit des Wirklichkeitsverständnisses mehr als normal.

Phase I ist charakterisiert von Euphorie und Faszination durch Andersartigkeit, Beibehaltung des Glaubens an die Universalität des eigenen Wirklichkeitsverständnisses bei gleichzeitiger Unangemessenheit des Verhaltens, was jedoch zunächst nicht bemerkt wird. Das Stadium ist durch Verneinung interkultureller Unterschiede gekennzeichnet (vgl. Bennett, 1993, S. 5 ff.).

In Phase II tritt Kulturschock oder Kulturmüdigkeit auf; der Unangemessenheit des eigenen Wirklichkeitsverständnisses und Verhaltensrepertoires kann nicht mehr ausgewichen werden, sie werden deutlich erlebt, wenn auch noch nicht angemessen konzeptionalisiert. In diesem Stadium ist häufig eine Abwehr und Minimierung interkultureller Unterschiede feststellbar (vgl. Bennett, 1993, S. 5 ff.).

Phase III stellt die Rückkehr zur Handlungsfähigkeit und Erholung von Kulturschock oder -müdigkeit dar. Ein angemessenes Verhaltensrepertoire entwickelt sich dabei schneller als das Wirklichkeitsverständnis, also das Verständnis für das Warum der größeren Angemessenheit. In diesem Stadium der Akzeptanz (vgl. Bennett, 1993, S. 5 ff.) werden besonders Verhaltensunterschiede respektiert.

Phase IV stellt den Abschluß des Anpassungsprozesses dar, in dem das Individuum mit erweitertem Wirklichkeitsverständnis wieder voll handlungsfähig ist. In diesem Stadium vollzieht sich die Anpassung und Integration (vgl. Bennett, 1993, S. 5 ff.) in eine neue Kultur.

Lernansätze für internationale Personalentwicklung

Die kulturellen Anpassungsprozesse mit ihren Reibungsverlusten sollten naturgemäß möglichst kurz sein. Einen entsprechenden Prozeßverlauf des Anpassungsprozesses mit Training und Beratung stellt Abbildung 4 (Interkulturelle Anpassungsprozesse) dar. Die Erfahrung hat gezeigt, daß Mitarbeiter in interkulturellen Kontakten vor der konkreten Erfahrung der Situation nur begrenzt aufnahmefähig sind für andersartige Denk- und Handlungsmuster. Dem müssen Trainings- und Beratungsansätze Rechnung tragen, um wirkungsvoll zu sein.

In Tabelle 1a und 1b (Lernansätze für internationale Personalentwicklung) sind wesentliche Ansätze in der internationalen Personalentwicklung dargestellt. Es handelt sich dabei um eine idealtypische Beschreibung, in der Praxis sind Mischformen davon anzutreffen.

Orientierungshilfe für die Auswahl geeigneter Ansätze gibt das oben dargestellte Modell des kulturellen Anpassungsprozesses. Die dargestellten Ansätze sind:

1 Kulturinformation

2 Selbsterfahrung/Kulturbewußtseinstraining

3 Interkulturelles Bewußtseinstraining

4 Interkulturelles Verhaltenstraining

5 Internationales Managementtraining

6 Lerngruppen/Supervision

Die Ansätze 1 bis 3 haben besonders Bedeutung für die Vorbereitung auf internationale Kontakte oder als Ergänzung zu den Ansätzen 4 bis 6. Sie berücksichtigen, daß am Beginn des internationalen Kompetenzerwerbs an wirklich relevante Unterschiede allmählich herangeführt werden muß, um Abwehr der Information zu vermeiden. Als alleinige Ansätze erscheinen sie unter Effizienzgesichtspunkten ungeeignet, weil sie keine praxis- und aufgabenbezogene Auseinandersetzung mit Mitgliedern anderer Kulturen beinhalten.

Den Ansätzen 4-6 unterliegen im Unterschied zu den eher traditionellen Ansätzen 1-3 die Konzepte von Metakommunikation und Dialog, indem die Beteiligten gemeinsame Kulturen zumindest ansatzweise stiften müssen, um handlungsfähig zu werden.

Ansatz 4 kennzeichnet sich dadurch, daß hier Mitglieder verschiedener Kulturen zusammenkommen, die miteinander arbeiten oder zumindest Arbeitskontexte teilen (z.B. Projektarbeit, Führungsfunktionen). An Fällen aus der eigenen Erfahrung werden kulturell bedingte Schwierigkeiten thematisiert und Verhaltensalternativen entwickelt.

Tabelle 1a
Lernansätze für interkulturelle Personalentwicklung (in Anlehnung an: Bennett, 1986; Institut für Interkulturelles Management, 1992; Tichy, 1993)

Ansatz	Kulturinformation	Selbsterfahrung/Kulturbewußtseinstraining	Interkulturelles Bewußtseinstraining
Ziel	Intellektuelles Verstehen und Wissen über andere Kultur vermitteln, um Verständnis zu fördern	Eigenes Verhaltensmuster (Einstellungen, Gefühle, Verhalten) und -werte, kulturelle Prägung von Standards bewußt werden lassen	Verstehen kultureller Standards und ihres Einflusses auf (Management-) Verhalten und Organisation, Anpassung des eigenen Verhaltens an Fremdkultur
Inhalte	Geschichte, Politik, Religion, Sitten und Gebräuche, Soziologie usw.	– Persönlichkeitsmodelle (z. B. C.G.-Jung-Typologie, Transaktionsanalyse) – Kulturstandards z. B. in bezug auf Kommunikationsmuster, Motivationsstruktur etc.	– Wertedimensionen (z. B. 4 Dimensionen von Hofstede) und ihr Einfluß auf Führungsstile, Motivationsstrukturen, Führungsinstrumente, Organisationsmodelle – Interaktions-, Kommunikationsmuster – Verhandeln, verkaufen etc.
Methoden	Kognitiv: – Vortrag (Simulationen) – Kulturassimilator – Filme	Kognitiv und affektiv: – Rollenspiel, Gruppendynamik – Feedback, Metakommunikation – Simulationen typischer Kulturmuster – Filme	Vortrag, Übungen, Fallstudien
Geographischer Geltungsbereich	Land oder Region	Kein geographischer Bezug	Weltweit oder regional-spezifisch
Akzeptanzgrad	Hoch (vor Kontakt), sowohl in Kulturen mit stark intellektueller Orientierung als auch in Kulturen mit starker Gesichtswahrung, weil geringer Verunsicherungsgrad	Gering, da Wissensbedarf über andere Kultur nicht befriedigt wird	Relativ hoch (vor Kontakt), da geringer Verunsicherungs-grad und Vielfalt an praxisbezogener Information

Tabelle 1a (Fortsetzung)

Ansatz	Kulturinformation	Selbsterfahrung/Kulturbewußtseinstraining	Interkulturelles Bewußtseinstraining
Stärken	– Wirksam zur Vermittlung von Inhaltswissen – Befriedigt „Bedürfnis", mehr zu wissen – Hohe Teilnehmerzahlen – Kurze Kurse – Kostengünstig	– Bewußtmachen eigener, erlernter Verhaltensmuster – Verstehen sozialpsychologischer Prozesse in kulturellen Begegnungen – Gewisse Hilfe zum „Lernen-lernen"	– Weltweiter Bezug – Bietet Modelle als Orientierungsmuster (z.B.: Hofstedes 4D-Modell, E. T. Halls „Polychrom - Monochrom"-Modell)
Schwächen	– Keine verhaltensrelevante Einübung/Anwendung des Wissens, daher fehlende Handlungsorientierung – Keine Hilfe, das „Lernen zu lernen" in anderen Kulturen – Kein Bezug zu realen Aufgaben und Projekten	– Keine konzeptionelle Orientierung zur Analyse zukünftiger Situationen (Lernen) in anderer Kultur – Kein direkter Kulturbezug – Kein Bezug zu realen Aufgaben und Projekten	– Hoher Bedarf an Aufnahme von Information – Einseitig intellektuelle Orientierung – Keine Unterstützung bei „Lernen-lernen" – Gefahr der Verengung der Wahrnehmung – Kein Bezug zu realen Aufgaben und Projekten
Anwendungsbereich	– Zur Einführung in Thematik interkultureller Unterschiede – Für Personen mit seltenen internationalen Kontakten – Als Ergänzung zu anderen Ansätzen (2-5)	– Für Personen mit seltenen Auslandskontakten – Zur Einführung in die Thematik interkultureller Unterschiede – Als Ergänzung zu anderen Ansätzen (3, 4, 5)	– Für Personen mit seltenen Auslandskontakten – Zur Einführung in die Thematik interkultureller Unterschiede – Für Vorbereitung und Begleitung von Auslandsaufenthalten – Für existierende interkulturelle Teams – Teilnehmer mit Vorkenntnissen (oder Vorbereitungstraining)

Tabelle 1b
Lernansätze für interkulturelle Personalentwicklung (in Anlehnung an: Bennett, 1986; Institut für Interkulturelles Management, 1992; Tichy, 1993)

Ansatz	Interkulturelles (Management-) Verhaltenstraining	Internationales Managementtraining	Lerngruppen/Supervision
Ziel	Verstehen von Kulturstandards, die Management und Organisation bestimmen und Entwicklung von Dialogfähigkeit/ Handlungsfähigkeit	– Bewußtsein und Verhaltenserweiterung bezüglich internationaler Geschäftsprobleme, interkultureller Managementbeziehungen – Erlernen neuer Problemlösetechniken – Entwicklung von Problemlöseteams, Organisationskultur, Führungskultur usw. – Erstellung eines implementierbaren „Produkts"/Projekts	Reflexion von internationalen Erfahrungen (harte und weiche Faktoren) und Entwicklung von Alternativen, Ergänzung des Handlungsrepertoires
Inhalte	Führungsstile, Motivationsstrukturen, Führungsinstrumente, Organisationsmodelle, Kommunikations- und Interaktionsmuster, Konfliktbewältigung	– Bearbeitung realer Projekte unter gleichzeitiger Thematisierung von Unterschieden in Führungsstil, Teamverhalten, Motivationsstruktur, Kommunikationsmuster, Organisationsmodellen (implizite) – Ökonomische, politische, soziale Bedingungen der Projekte/Aufgaben, die bearbeitet werden.	– Aktuelle Aufgaben und Projekte der Mitarbeiter – Management- und Organisationsstandards beteiligter Kulturen (Führung, Motivation, Kommunikation usw.)
Methoden	– Fallstudien, Rollenspiel, Fälle als Vorlage für Analyse darin enthaltener Kulturstandards – Entwicklung von Verhaltensalternativen aus der Seminar-/Erfahrungssituation (– Einsatz eines Trainers aus der relevanten Kultur)	– Erfahrungslernen an realen Projekten (Action Learning) – Fälle und Vorträge – Verbindung von Organisationsentwicklung und Managementtraining	Einzel- und Gruppensupervision nach didaktischem Leitfaden, zunächst angeleitet durch Lehrtrainer, später unabhängig, Lehrvorträge, Rollenspiel zu interkulturellen Themen/Modellen
Geographischer Geltungsbereich	Land oder Region	Land oder Region	Land, Region

Tabelle 1b (Fortsetzung)

Ansatz	Interkulturelles (Management-) Verhaltenstraining	Internationales Managementtraining	Lerngruppen/Supervision
Akzeptanzgrad	– Hoch, da sehr praxisorientiert – Teilweise Ablehnung, weil Befürchtung, daß nicht „alles" über andere Kultur gelernt wird	– Hoch, da Verbindung von „harten" (Geschäft) und „weichen" (PE/OE) Faktoren	Hoch, da unmittelbar praxisbezogen
Stärken	– (Im Einsatzland) sehr teilnehmerorientiert, Förderung selbstverantwortlichen Lernenlernens – Problemlösefähigkeit/Handlungsorientierung im Vordergrund, nicht Informationsaufnahme – Fördert „Lernen-lernen"	– Hohe Praxisorientierung, keine Transferproblematik – Lernen-lernen	– Verwendet Fallmaterial der Teilnehmer – Fallorientierte Einbringung von Theorien und Modellen
Schwächen	– Wenn im Einsatzland sehr aufwendig und möglicherweise zu spät – Gefahr, die falschen Verhaltensweisen zu lernen (Trainermodell, hohe Trainerabhängigkeit) – Wenig Bezug zu realen Aufgaben und Projekten	– Hoher Bedarf an multikulturellem Trainingspersonal (– Sehr komplexes Lernen) – Gefahr der Überforderung	– Befriedigt nicht Bedarf nach Information vor dem Auslandskontakt
Anwendungsbereich	– Vorbereitung und Begleitung von Auslandsaufenthalten – Für existierende Teams, Abteilungen usw.	– Integrierte Vorbereitung und „Echtzeit"-Umsetzung interkultureller Zusammenarbeit z. B. bei ständigen Arbeitsgruppen, joint ventures, Firmenzusammenschlüssen	– Für Teilnehmer mit Auslandskontakten und gewissen Vorkenntnissen interkultureller Theorien/Modelle und Informationen

Ansatz 5 ist besonders durch die Verknüpfung von Lernen in bezug auf unterschiedliche Kulturen, Organisations- und Professionsrollen abgehoben. Bei der Bearbeitung konkreter internationaler Praxisvorhaben lernen die Beteiligten gleichzeitig die Sichtweisen und Vorgehensweisen anderer Kulturen und Rollenbezüge kennen. Dabei wird die oben geforderte „dritte" Kultur als gemeinsames Wirklichkeitsverständnis entwickelt und bildet Kristallisationspunkte für die Ausgestaltung einer übergreifenden Dialogkultur und Akzeptanz von Dualität im Unternehmen. Auch der Forderung nach sich selbst tragenden und damit ressourcensparenden Ansätzen des Lernen-lernens wird hiermit entsprochen.

Ansatz 6 setzt internationale Erfahrungen und Praxis in internationalen Funktionen voraus und bietet Gelegenheit, arbeitsplatznah und praxisrelevant daran zu lernen. Durch die allmähliche Etablierung einer Didaktik kollegialer Praxisberatung werden die Beteiligten in die Lage versetzt, selbständig internationale Fragestellungen zu bearbeiten. Bei der Arbeit in Lerngruppen kann die notwendige interkulturelle Information und Bewußtheit (siehe Ansätze 1 bis 3) fallbezogen vermittelt bzw. angeeignet werden. Probleme des Praxistransfers werden dadurch deutlich gemindert. Inhaltlicher Fokus können organisationsbezogene Fragestellungen sein (das Handeln als Mitarbeiter, Führungskraft, Projektmanagerin usw. in bezug auf einen rollenmäßig definierten Arbeitskontext) oder professionelle Fragestellungen, also das Handeln als Professionelle in bezug auf fachliche Fragestellungen (vgl. Schmid & Fauser, o. J.). Dieser Ansatz stellt eine Mischung aus Personen- und Systemqualifikation dar und markiert durch den Bezug zur aktuellen Arbeitspraxis auch den Übergang zu den nachfolgend behandelten Beratungsansätzen.

Prozeßberatung für internationale Personal- und Organisationsentwicklung

Die veränderten Bedingungen internationaler Unternehmenstätigkeit erfordern neben neuen Trainingsansätzen spezifische Prozesse zur Herstellung effizienter Zusammenarbeit. Fach- und Führungskräfte müssen in der Lage sein, in unterschiedlichen, häufig wechselnden Unternehmensereignissen (Besprechungen, Projektteams, Strategieworkshops usw.) miteinander effizient zu kommunizieren und zu kooperieren. Der kulturelle Anpassungsprozeß muß möglichst zügig und effektiv verlaufen (vgl. Abb. 4). Interkulturelle Trainings allein sind nicht ausreichend. Dafür sind verschiedene Gründe maßgeblich:

- Trainings fehlt zum einen der direkte Praxisbezug, die Auseinandersetzung mit den internationalen Fragestellungen ist losgelöst und ohne Bezug zu den konkreten Ereignissen, die die Beteiligten beschäftigen. Sie führen deshalb zu Transferproblemen und werden oft als zusätzliche Belastung empfunden und gemieden.
- Der Verzögerungseffekt bis zur Erreichung aller wesentlichen Beteiligten ist zu hoch, um akzeptabel sein zu können.

- Im Unternehmen vorhandenes Wissen für internationale Problemstellungen wird eher verdrängt als genutzt.
- Das Wesentliche bei der Stiftung einer internationalen Unternehmenskultur ist die Aktivität der Protagonisten selbst in diesem Prozeß; Kulturen können nicht verkündet werden, sie werden in der interkulturellen Begegnung entwickelt. Dies erfordert einen Prozeß, bei dem Wissen über Handlungs- und Ergebnisbeziehungen in einem spezifischen Umfeld entwickelt wird und gemeinsame Wirklichkeiten durch das Verhandeln kognitiver Landkarten entstehen (vgl. Argyris & Schön, 1978; Duncan & Weiss, 1978).

Bei der Gestaltung konkreter internationaler Unternehmensereignisse und -prozesse erleben die Beteiligten die Potentiale von Dialog und Metakommunikation unmittelbar und aufgabenbezogen. Ein Modell für das Vorgehen bei der Schaffung gemeinsamer Wirklichkeiten wird im folgenden vorgestellt (vgl. Schein, 1991, S. 44 f.). Es kann bei verschiedensten Unternehmensereignissen (Besprechungen, Projektteamsitzungen, Workshops usw.) angewendet werden. Der vorgestellte Ablauf sollte zu Beginn solcher Ereignisse stehen.

Herstellung des Kontexts und gemeinsamer Erfahrungen

Das jeweilige Ereignis sollte zunächst in seinen Bezügen zu einem größeren Kontext des Unternehmens deutlich werden (Marktentwicklungen, Kundenanforderungen, Unternehmensstrategie usw.). Damit entsteht ein Rahmen für die Notwendigkeit der Stiftung gemeinsamer Wirklichkeiten.

Gespräch über erfolgreiche Erfahrungen

Die Beteiligten teilen einander mit, welche kulturellen, professionellen und organisationsbezogenen Vorerfahrungen sie in die Situation mitbringen: Was waren Erfahrungen guter Kommunikation, Teamarbeit, Projektarbeit usw. und wodurch waren sie produktiv? Der Kern ist hier, daß die Beteiligten dadurch sehr konkrete eigene Erfahrungen, die als positiv erlebt wurden, mit dem Konzept „Dialog" verbinden können.

Dialog

Die Beteiligten reflektieren daraufhin die Erfahrungssammlung: Was sind meine Reaktionen und Interpretationen der Erfahrungen der anderen? Es geht hier nicht um Feedback (persönliche Rückmeldungen der Wirkung der anderen Person), sondern um das Mitteilen, was die Erfahrungen und Einstellungen anderer beim Gegenüber selbst auslösen. Es handelt sich also um eine Selbstreflexion, bei der das eigene Wirklichkeitsverständnis erkannt wird, während es entsteht: Man hört sich quasi selbst „ticken". In diesem Prozeß beginnen die Mitglieder zu begreifen, wie besonders sie selbst und die anderen denken und fühlen und wie dadurch Wirklichkeiten und ggf. Konfliktpotentiale geschaffen werden. Perspektiven der Betrachtung, die der Ordnung der Aussagen dienen, können die jeweiligen kulturellen Wirklichkeitsverständnisse, das Rollen- und Professionsverständnis sein. Es entsteht daraus eine für die Kulturbildung erforderliche gemeinsame Erfahrung und Vertrauen. Das Wissen um die Denkmuster der anderen bildet eine Basis für das Verständnis von Verhalten, das in Bezug auf die Sachaufgaben auftritt. Gleichzeitig entstehen Ankopplungspunkte für die Stiftung gemeinsamer Wirklichkeiten im nachfolgenden Schritt.

Wesentlich bei diesem Schritt ist, zunächst bewertenden Reaktionen auszusetzen, die unmittelbar in Diskussion und Wettbewerb um richtig oder falsch münden würden.

Metakommunikation und Kontrakt

Die vorhergehenden Schritte ermöglichen den Beteiligten nun, über Ziele, Vorgehensweisen und Erfolgsindikatoren für die sachbezogene Aufgabenstellung zu sprechen: Wie können Arbeitsschritte gestaltet werden? Welche Instrumente sind geeignet? Welche Rollen werden benötigt und wie sollen sie ausgefüllt werden? Die Vereinbarung einer gemeinsamen Wirklichkeit gleicht einem Kontrakt zwischen den Beteiligten, der auf gegenseitiges Wirklichkeitsverständnis und Vertrauen aufbaut.

Prozeßberatern kommt in diesem Ablauf die Rolle zu, geeignete Rahmenbedingungen für den Austausch herzustellen, die konzeptionellen Hintergründe des Vorgehens zu erläutern und die Didaktik des Dialogprozesses umzusetzen. Im Prozeß kann das Einsteuern von Konzepten zur kulturellen Wahrnehmung und Kommunikation hilfreich in der Förderung des Dialogs sein.

Schlußbemerkungen

Angesichts der starken Weltmarktorientierung deutscher Unternehmen und der zunehmenden Globalisierung von Produktion und Dienstleistungen ist die noch geringe Beachtung multikultureller Kompetenz durch Linien und PE/OE-Verantwortliche erstaunlich (Bonarius, 1995). Mögliche Erklärungen sind:

- Auf internationalen Märkten verkaufte sich bis vor kurzem „made in Germany" meist ohne Beachtung kultureller Unterschiede.
- Erst allmählich wird deutlich, daß besonders der Faktor Humanressourcen und die damit verbundenen kulturellen Unterschiede hinsichtlich logischer, ethischer und ästhetischer Kategorien entscheidend für die Entwicklung einzigartiger, unternehmensspezifischer Kulturen sein können.

- Die häufig anzutreffende „Verlandkartung" und Stereotypisierung von kulturellen Phänomenen entspricht nicht der Erfahrung und dem Handlungsbedarf der gedachten Nutzer.

- Eine Anzahl bestehender Trainings- und Beratungsansätze für multikulturellen Kompetenzerwerb entsprechen nicht ausreichend dem Bedarf der Unternehmen, weil sie sich zu wenig in die Unternehmensvollzüge integrieren lassen und stattdessen ein weiteres Energie und Zeit beanspruchendes Thema draufsatteln.

Theorie und Praxis internationaler OE und PE sind weltweit und besonders in Deutschland noch in den Anfängen. Es scheint, daß sowohl in der Theoriebildung, als auch in der Praxis zunächst nochmals die Eierschalen abgeworfen werden müssen, die in bezug auf nationale Themen der PE/OE schon weitgehend gefallen sind: Weg von vereinfachenden, explikativen, Wissen verabreichenden hin zu generativen, Wissen erzeugenden und prozeßhaften Modellen und Verfahren der Qualifizierung von Personen und Systemen.

Literatur

Adler, N. (1986). *International dimensions of organizational behavior.* Boston, MA: Kent. – **Argyris, C. & Schön, D. (1978).** *Organizational learning.* Reading, MA: Addison-Wesley. – **Bartlett, C.A. & Ghoshal, S. (1991).** *Managing across borders: The transnational solution.* Boston, MA: Harvard Business School Press. – **Bartlett, C.A. & Ghoshal, S. (1992).** What is a global manager? *Harvard Business Review, 70* (9/10), 124-132. – **Bennett, J.M. (1986).** Modes of cross-cultural training: Conceptualizing cross-cultural training as education. *International Journal of Intercultural Relations, 10* (2), 117-134. – **Bennett, J.M. (1993).** Towards ethnorelativism: A developmental model of intercultural sensitivity. In M. Paige (Ed.), *Education for the intercultural experience* (pp. 21-72). Yarmouth, ME: Intercultural Press. – **Bleicher, K. (1991a).** *Organisation: Strategien – Strukturen – Kulturen* (2. Aufl.). Wiesbaden: Gabler. – **Bleicher, K. (1991b).** Unternehmenskultur: Erkennen der Machbarkeitsgrenzen durch die Führung. In W. von Eiff (Hrsg.), *Organisation. Erfolgsfaktor der Unternehmensführung.* Landsberg/Lech: Moderne Industie. – **Bonarius, S. (1995).** Mit Scheuklappen zum Kulturschock. *Management & Seminar,* Heft 9/95, S. 36-39. – **Buono, A.F. & Bowditch, J.L. (1989).** *The human side of mergers and acquisitions.* San Francisco, CA: Jossey-Bass. – **Dannemiller, K.D. & Jacobs, R.W. (1992).** Changing the way organizations change: A revolution of common sense. *Journal of Applied Behavioral Science, 28* (4), 480-497. – **Dülfer, E. (1991).** *Internationales Management in unterschiedlichen Kulturbereichen.* München: Oldenbourg. – **Duncan, R.B. & Weiss, A. (1978).** Organizational learning: Implications for organizational design. In B. Staw (Ed.), *Research in organizational behavior.* Greenwich, CT. – **Eco, U. (1994).** *Die Suche nach der vollkommenen Sprache.* München: Beck. – **Evans, P.A.L. & Doz, Y. (1993).** Dualities: A paradigm for human resource and organizational development in complex multinationals. In V. Pucik (Ed.), *Globalizing management* (pp. 85-106). New York: Wiley. – **Freimuth, J. & Elfers, C. (1992).** Warum sollte man zusammenarbeiten?. *Organisationsentwicklung, 11* (2), 34-43. – **Galbraith, J.R. (1977).** *Organization design.* Reading, MA: Addison-Wesley. – **Grove, T. & Torbiörn, I. (1993).** A new conceptualization of intercultural adjustment and the goals of training. In M. Paige (Ed.), *Education for the intercultural experience* (pp. 73-108). Yarmouth, ME: Intercultural Press. – **Hall, E.T. & Hall, M.R. (1983).** *Verborgene Signale.* Hamburg. – **Hofstede, G. (1980).** *Culture's consequences. International differences in work related values.* Beverly Hills, CA: Sage. – **Hofstede, G. (1991).** *Cultures and organizations.* Beverly Hills, CA: Sage. – **Hughes-Weiner, G. (1986).** „The learning how to learn" approach to *cross-cultural orientation.* Paper presented at the seminar Cross-Cultural Orientation, Minneapolis, MN. – **Institut für Interkulturelles Management (1992).** *Aspekte interkulturellen Managements* (Bd. 1, S. 122). Bad Honnef: Institut für Interkulturelles Management. – **Juniichiro, T. (1987).** *Lob des Schattens. Entwurf einer japanischen Ästhetik.* Zürich: Manesse. – **Kets de Vries, M. (1996).** *Leben und Sterben im Business.* Düsseldorf: Econ. – **Kim, D.H. (1993).** The link between individual and organizational learning. *Sloan Management Review,* Heft Herbst 1993, S. 37-50. – **Längle, A. (o. J.).** *Existenzanalyse der therapeutischen Beziehung und Logotherapie in der Begegnung.* (o. O.): Autor. – **Laurent, A. (1993).** The cross-cultural puzzle of global human resource management. In V. Pucik (Ed.), *Globalizing management* (pp. 174-186). New York: Wiley. – **List, P. & Wagner, J. (1992).** Nationale Stereotype im internationalen beruflichen Alltag: Überlegungen anhand eines Fallbeispiels. In A. Grindstedt & J. Wagner (Hrsg.), *Fachsprachliche Kommunikation.* Tübingen: Narr. – **Luhmann, N. (1984).** *Soziale Systeme.* Frankfurt/M.: Suhrkamp. – **Martin, N.J. (1986).** Training issues in cross-cultural orientation. *International Journal of Intercultural Relations, 10* (2), 103-116. – **Mintzberg, H. (1992).** *Die Mintzberg-Struktur.* Landsberg/Lech: Moderne Industrie. – **Nefiodow, L.A. (1990).** *Der fünfte Kontratreff. Strategien zum Strukturwandel in Wirtschaft und Gesellschaft.* Wiesbaden: Gabler. – **Pinguet, M. (1991).** *Der Freitod in Japan. Ein Kulturvergleich.* Berlin: Gatza. – **Prahalad, C.K. (1993).** Globalization: The intellectual and managerial challenges. In V. Pucik (Ed.), *Globalizing management* (pp. 340-352). New York: Wiley. – **Reineke, R.D. (1989).** *Akkulturation von Auslandsakquisitionen.* Wiesbaden: Gabler. – **Rieckmann, H. (1991).** *Dynaxibility – oder wie systemisches Management in der Praxis funktionieren kann.* Unveröffentli. Manuskript, o. O. – **Schein, E.H. (1991).** *Organizational culture and leadership.* San Francisco, CA: Jossey-Bass. – **Scherm, E. (1995).** *Internationales Personalmanagement.* München: Oldenbourg. – **Schmid, B. (1992).** Wirklichkeitsverständnisse und die Steuerung professionellen Handelns in der Organisationsentwicklung. In C. Schmitz, P.-W. Gester & B Heitger (Hrsg.), *Managerie – systemisches Denken und Handeln im Management* (1. Jahrbuch, S. 116-128). Heidelberg: Auer. – **Schmid, B. & Fauser, P. (o. J.).** *Systemlösungen im Bereich Humanressourcen.* Wiesloch: Institut für systemische Beratung. – **Scholz, C. & Hofbauer, W. (1990).** *Organisationskultur: Die vier Erfolgsprinzipien.* Wiesbaden: Gabler. – **Schreyögg, G. (1991).** Die Internationale Unternehmung im Spannungsfeld von Landeskultur und Unternehmenskultur. In R. Marr (Hrsg.), *Euro-strategisches Personalmanagement* (Bd. 1). München: Mering. – **Schuchardt, C. (1994).** *Deutsch-chinesische Joint-ventures.* München: Oldenbourg. – **Schwarz, G. (1988).** Interkulturelles Management. In P. Meyer-John, E. Tuchtfeld & E. Wesner (Hrsg.), *Der Mensch im Unternehmen.* Bern: Haupt. – **Tichy, N.M. (1993).** Global development. In V. Pucik (Ed.), *Globalizing management* (pp. 206-224). New York: Wiley. – **Trommsdorff, G. (Hrsg.). (1989).** *Sozialisation im Kulturvergleich.* Stuttgart: Enke. – **Trommsdorf, V. & Wilpert, B. (1991).** *Deutsch-chinesische Joint-Ventures. Wirtschaft – Recht – Kultur.* Wiesbaden: Gabler. – **Trompenaars, F. (1993).** *Riding the waves of culture.* London: Brealey. – **Wittgenstein, L. (1969).** *Philosophische Untersuchungen* (Werkausgabe Bd. 1). Frankfurt/M.: Suhrkamp.

Helmut Dreesmann

Innovationskompetenz – konzeptioneller Rahmen und praktische Erfahrungen

Einleitung: Drei Beispiele aus der Unternehmensrealität

Ein Computerkonzern nimmt als neue strategische Ausrichtung den Verkauf von Dienstleistungen in sein Angebotsspektrum auf, um damit dem Margenverfall im Hard- und Softwarebereich zu begegnen. Ergänzend zum bisherigen Produktspektrum sollen Systemintegrationen und Lösungskonzepte für Probleme der Informationsverarbeitung ihren Kunden finden. Dabei wird deutlich, daß sich nicht nur die Vertriebsmannschaft in Einstellung und Verhalten ändern muß. Vielmehr muß sich das gesamte Unternehmen hin zu einer Dienstleistungskultur bewegen; sie muß durch alle Ebenen von der Spitze bis zur Basis gelebt werden. Nicht mehr kurzfristige Verkaufserfolge sind die Devise, sondern langfristige vertrauensvolle Partnerschaft des Unternehmens zum Kunden zum beiderseitigen Vorteil.

Ein Automobilzulieferer steht vor dem Problem zunehmenden Kostendrucks bei gleichzeitig erhöhten Qualitätsanforderungen an die Produkte. Statt Personal zu reduzieren, setzt der neue Werksleiter auf einen Kaizen-Prozess. Alle Mitarbeiter sollen sich in das neu aufgesetzte Betriebliche Vorschlagswesen einbringen, in Kaizen-Arbeitskreisen und in Qualitätszirkeln an Verbesserungen arbeiten. Die neue Ausrichtung „beständige Verbesserung" stößt auf Skepsis und Widerstand, insbesondere in den mittleren Führungsebenen. Zu oft hat man etwas Neues probiert und keinen Erfolg gesehen. Auch Kaizen wird als Marotte betrachtet. Durch Beharrlichkeit bringt der Werksleiter nacheinander die Führungsebenen hinter sein Konzept – die Basis hat den Bemühungen von vornherein abwartend aber positiv gegenübergestanden. Nach drei Jahren ist die Einführung des Kaizen in voller Breite gelungen und das Werk ist zum Vorbild im gesamten Konzern aufgestiegen. Die Weiterentwicklung der Werksorganisation hin zu dezentralisierten „kleinen Fabriken" geht reibungslos voran.

Eine gemeinnützige Hilfsorganisation, bestehend aus haupt- und ehrenamtlichen Mitgliedern, sieht sich einem wachsenden Konkurrenzdruck und inneren Konflikten gegenüber. Kommerzielle und professioneller arbeitende Unternehmen decken das eigene Angebot zunehmend ab, was zu Orientierungs- und Ratlosigkeit im Innern der Organisation führt. Haupt- und nebenamtliche Mitarbeiter konkurrieren um Einfluß auf Ausrichtung und Strategie der Organisation. Ein Prozeß der Organisationsentwicklung soll helfen. Unter Anleitung externer Berater werden Visionen und Zielorientierungen erarbeitet. Im Kaskadenprinzip werden die regionalen Gliederungen in den Prozeß einbezogen. Mit zunehmender Klarheit der Perspektive wächst die Motivation, und es werden mit einer neuen und erweiterten Palette an Dienstleistungen wieder Erfolge errungen.

Obwohl Inhalt und Gegenstand der drei Beispiele völlig unterschiedlich sind, haben sie Merkmale gemeinsam:
- Es handelt sich um Problemsituationen, bei denen in der Ausgangslage der IST-Zustand nicht dem SOLL Zustand entspricht.
- Es handelt sich um Neuerungen, mit denen die Beteiligten vorher keine Erfahrungen hatten.
- Die Veränderungen spielen sich in einem Rahmen von personalen, organisatorischen, sozialen und zum Teil technischen Bedingungen ab.
- Die Bedingungsfaktoren sind unberechenbare Größen, die keinem Kalkül folgen.
- Der Veränderungsprozeß ist komplex, d.h. er ist von einer unbestimmten Anzahl von Faktoren und von deren nicht vorhersehbaren Interaktionen bestimmt.

Diese Charakterisierungen entsprechen den Kriterien *unstrukturierter Problemsituationen*.

Stellt man jetzt die Frage nach der Bewältigung solcher Problemsituationen, führen uns die Forschungen zum Thema Innovation zu einem Geflecht von miteinander interagierenden Komponenten. Sie beinhalten eine Systematik, die ein intensiveres Verständnis von Innovationsprozessen erlauben:

Grundsätzlich sind bei Innovationen zwei Bedingungsdimensionen zu berücksichtigen:

A. Der einzelne Mensch, der von der Innovation direkt oder indirekt betroffen ist.

Im Betrieb sind dies der einzelne Mitarbeiter und der einzelne Vorgesetze. Veränderungen werden durch Menschen in Gang gebracht, umgesetzt und zum Erfolg oder Mißerfolg geführt. Sie sind die Träger eines jeden Veränderungsprozesses und können diesen konstruktiv fördern oder mit destruktivem Widerstand behindern.

B. Bedingungen, die das Verhalten des einzelnen gegenüber der Innovation begleiten und potentiell Einfluß darauf nehmen. Dies sind:
- das soziale Umfeld der Innovation mit seinen Merkmalen, also die Abteilung, die Arbeitsgruppe oder das Team,
- die organisatorischen Regelungen und Vorschriften in der Organisation bzw. in den betroffenen Einheiten,
- das innovative System oder die Neuerung selbst mit ihren Inhalten und Merkmalen.

Von der Kreativität zur Innovationskompetenz – personale Bedingungen erfolgreicher Veränderungsprozesse

Da es in unstrukturierten Problemsituationen keine „handfesten" Parameter für eine gute Lösung und für das richtige Verhalten gibt, ist es für den einzelnen die Frage, ob er in der Lage ist, für sich einen vorläufigen Handlungsplan zu definieren, der ihm eine Orientierung gibt. Je besser ihm dies gelingt, desto konstruktiver wird er sich verhalten. Gelingt ihm diese vorläufige Orientierung nicht, wird er planlos reagieren, Frustrationen erleben und Widerstand leisten.

Nach den wissenschaftlichen Erkenntnissen über Innovationsprozesse hängt das vorläufige Aufstellen eines Handlungsplans von sechs Kompetenzfeldern ab. Sie sind im folgenden mit Hilfe von Fragen dargestellt, die man sich in einer solchen Innovationssituation bewußt oder unbewußt stellen mag:

1. *Fachkompetenz:* Habe ich genügend Fachwissen, um mich mit dem Problem angemessen auseinanderzusetzen? Habe ich genügend Erfahrung mit ähnlichen Herausforderungen? Verfüge ich über die grundlegenden Qualifikationen?
2. *Persönliche Kompetenz:* Kann ich mit der Ungewißheit in der Situation umgehen? Werden meine Bemühungen erfolgreich sein und mir Vorteile bringen? Wie werde ich mit Mißerfolgen und Frustrationen fertig? Kann ich mich mit dem Innovationsprojekt identifizieren?
3. *Konstruktive Kompetenz:* Verfüge ich über ausreichende Kreativität, d.h. kann ich mir Lösungen und Wege vorstellen? Wie verarbeite ich die Komplexität der Bedingungen und ihre Wechselwirkungen? Welche Erfahrungen kann ich mir zunutze machen?
4. *Soziale Kompetenz:* Kann ich Unterstützung und Hilfe von anderen bekommen? Sind die Vorgesetzten und Kollegen offen für meine Vorschläge? Läßt das Arbeitsklima einen offenen Austausch bei Problemen zu?
5. *Methodenkompetenz:* Verfüge ich über methodische Hilfsmittel und Instrumente? Kenne ich Vorgehensweisen und Methoden, um zu analysieren, zu gewichten etc.? Wie beschaffe ich notwendige Informationen?
6. *Partizipative Kompetenz:* Kann ich aktiv mitwirken und mitentscheiden? Habe ich einen Handlungsspielraum? Sehe ich Möglichkeiten, die Neuerung praktisch umzusetzen?

Je positiver der einzelne diese Fragen für sich bilanzieren kann, desto „sicherer" wird er sich in der Veränderungssituation bewegen können. Positive Antworten auf die Fragen befähigen ihn, zumindest vorläufige Ziele und Pläne für das Handeln zu entwickeln und konstruktiv der Situation zu begegnen. Negative Antworten münden in Lähmung, Unsicherheit und Hilflosigkeit. Die zu den Kompetenzfeldern aufgeführten Fragen wird sich in dieser Form und Systematik vermutlich niemand stellen und dennoch werden sie nach den Erkenntnissen der kognitiven Psychologie (insbesondere nach den handlungstheoretischen Ansätzen; vgl. Volpert, 1983) *implizit* mitgedacht und beantwortet.

Es ist darauf hinzuweisen, daß die Kompetenzbereiche rein kategorialen Charakter haben und keinen (kognitiven) Prozeßverlauf abbilden sollen, da in dem Modell weder Prozeßveränderungen noch interaktive Wirkungen zwischen den Komponenten berücksichtigt sind. Vor dem dargestellten Hintergrund läßt sich jetzt die *Innovationskompetenz* als ein Konstrukt einführen, das auf einer übergeordneten Ebene aus

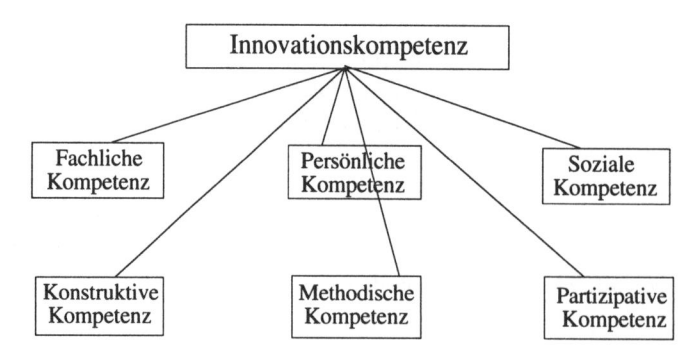

```
                    ┌─────────────────────┐
                    │ Innovationskompetenz │
                    └─────────────────────┘
           ┌───────────────┼───────────────┐
 ┌──────────────┐  ┌──────────────┐  ┌──────────────┐
 │   Fachliche  │  │  Persönliche │  │    Soziale   │
 │   Kompetenz  │  │   Kompetenz  │  │   Kompetenz  │
 └──────────────┘  └──────────────┘  └──────────────┘

 ┌──────────────┐  ┌──────────────┐  ┌──────────────┐
 │  Konstruktive│  │  Methodische │  │ Partizipative│
 │   Kompetenz  │  │   Kompetenz  │  │   Kompetenz  │
 └──────────────┘  └──────────────┘  └──────────────┘
```

Abbildung 1
Innovationskompetenz

den sechs Kompetenzen abstrahiert ist (vgl. Abb. 1). Ohne hier auf die Problematik von Konstrukten einzugehen (vgl. Herrmann, 1973), mag man diese Innovationskompetenz begreifen als die Fähigkeit, mit Veränderungs- und Neuerungssituationen konstruktiv umzugehen und sie zu bewältigen. Man mag in diesem Sinn von Menschen sprechen, die über mehr oder weniger Innovationskompetenz verfügen. Erstere sind eher in der Lage in Neuerungs- und Veränderungssituationen konstruktiv mitzuwirken, während letztere eher hilflos und gelähmt sind und dies in Passivität oder destruktives Verhalten umsetzen.

Von der Personalisierung zur systemischen Betrachtung – die Rahmenbedingungen der Innovationskompetenz

Nun ist es gängige Erkenntnis, daß das Verhalten von Menschen zum großen Teil von der Situation bzw. dem jeweiligen Umfeld bestimmt ist (vgl. Lantermann, 1980). Das gilt auch für Innovationssituationen. Der einzelne wird sich in ihnen letztlich nur dann konstruktiv verhalten können, wenn die Umfeldbedingungen ihn dabei unterstützen. Für das innovationskompetente Handeln haben sich drei Bedingungskomplexe als besonders relevant herausgestellt:

- Die soziale Umgebung, also die Abteilungen, Gruppen oder Teams, in die der einzelne eingebunden ist.

  Dadurch daß Menschen in einem Verbund zusammenarbeiten, entsteht eine Dynamik mit gruppenspezifischen Normen und impliziten Verhaltensregeln. Bildet sich z.B. in einer Abteilung eine Antistimmung gegenüber einer Innovation, wird ein einzelner mit einer konstruktiven Einstellung kaum eine Chance haben, diese umzusetzen – es sei denn, er geht das Risiko ein, von der Gruppe ausgegrenzt zu werden.

- Die organisatorischen Bedingungen in der Organisation und in den von der Innovation betroffenen Bereichen und Abteilungen.

  Dabei handelt es sich um die geschriebenen oder ungeschriebenen Regeln, Dienstanweisungen und andere Verhaltensorientierungen. Sie eröffnen Handlungsspielräume oder engen sie ein; sie definieren damit weitgehend die Bahnen, in de-

nen sich das Verhalten von einzelnen oder von Gruppen in einem Veränderungsprozeß abspielen kann.
- Die Innovation selbst mit ihren verhaltensbestimmenden Merkmalen stellt die dritte Bedingungsebene dar.
Neuheit und Komplexität sind u.a. zwei Merkmale, die je nach Ausprägung auf seiten der Betroffenen gespannte Neugier oder angstvolle Unsicherheit auslösen können. Die Neuerung birgt immer die Frage in sich „Werde ich damit fertig?" und verlangt nach einem Abgleich zwischen der innovativen Herausforderung und den eigenen Kompetenzen.

In dem Modell der Innovationskompetenz geht es jetzt darum, diese drei Bedingungsebenen mit den handlungsrelevanten Kompetenzfeldern zu verbinden. Dabei leiten die individuumsbezogenen Kompetenzbereiche die Auswahl der Faktoren auf den Bedingungsebenen. Diese Konstellation läßt sich als Matrix darstellen, in der die sechs personalen Kompetenzbereiche horizontal und die drei Bedingungsbereiche vertikal strukturieren (vgl. Abb. 2).

Mit der zweidimensionalen Matrix realisiert sich eine ganzheitliche und systemische Betrachtung der Innovationskompetenz. Während sie sich auf der individuellen Ebene als personale Qualität definiert, wird sie gleichzeitig eingebettet in den relevanten Bedingungskontext. Dieser relativiert die individuelle Innovationskompetenz, denn zu einem erheblichen Grad entscheiden die Bedingungen darüber, ob der einzelne in einer Innovationssituation konstruktiv handelt oder nicht. Sind die Bedingungen ne-

	Kompetenzbereiche Individuum					
	Fach-kompetenz	Persönliche Kompetenz	Konstruktive Kom.	Soziale Kompetenz	Methoden-kompetenz	Partizipative Kompetenz
	Qualifikation Wissen Erfahrung	Reife emot. Stabil. Ambiguitätstoleranz	Intelligenz Kreativität Flexibilität	Offenheit kommunikat. Kooperationsbereitschaft	Methoden Instrumente Verfahren	Verantwortung Entscheidungswille Mitwirkung
Bedingungsebenen						
Soziales Umfeld	Qualifikationsniveau	Gruppenident. m.Innovation	Erfahrungsaustausch	Unterstützung	Funktionaler Arbeitsstil	Aktivitätsorientierung
Organisatorischer Rahmen	Qualifikat.-anforderung	Innovationskultur	Informationsmanagement	Partizipativer Führungsstil	Projektmanagement	Entscheidungsfreiraum
Innovationssystem	Komplexität	Nutzen	Gestaltbarkeit	Soziale Wirkung	Systematik	Beherrschbarkeit

Abbildung 2
Das Modell der individuellen Innovationskompetenz mit drei Bedingungsebenen

gativ ausgeprägt, wird ein einzelner auch bei bestem Willen kaum einen Veränderungsprozeß förderlich begleiten und seine Innovationskompetenz beweisen können. Zumindest wird sie äußerlich wirkungslos bleiben und darin besteht letztlich das Kriterium: Im Gegensatz etwa zur Kreativität ist die Innovationskompetenz eine Qualität, die sich in der äußeren Wirksamkeit beweisen muß. Während Kreativität auch im Verborgenen schlummern kann, geht es bei der Innovationskompetenz auch um die äußere Wirksamkeit und die Realisierung von Veränderungsvorhaben. Die Umsetzung einer Innovation ist aber immer mit dem Umfeld verknüpft. Aus diesem Grund ist es zwingend erforderlich, die Innovationskompetenz integrativ mit dem relevanten Bedingungskontext zu betrachten.

Die zweidimensionale Matrix mit ihren 24 Feldern liefert als theoriegeleitete Checkliste ein Raster von Faktoren, die bei einem Innovationsprozeß berücksichtigt werden müssen. Das Schema eignet sich in diesem Sinne auch zur Diagnose der Erfolgswahrscheinlichkeit eines Veränderungsvorhabens, bevor dieses überhaupt begonnen hat. Da das Modell sowohl auf den Erkenntnissen der Innovationsforschung als auch auf praktischen Erfahrungen basiert, kann davon ausgegangen werden, daß es mit einer relativen Vollständigkeit das Spektrum von Bedingungen darstellt, das bei Innovationsprozessen in Betracht zu ziehen ist.

Um personale Innovationskompetenz zu diagnostizieren und gleichzeitig zu Kennwerten für die relevanten Bedingungen auf den drei Ebenen zu kommen, hat der Autor die Innovations-Potential-Analyse (IPA) entwickelt (Dreesmann, 1994). Sie basiert auf dem dargestellten zweidimensionalen Modell und übersetzt die 24 Felder jeweils in Frageitems, die aufgrund von subjektiven Einschätzungen zu beantworten sind. In systematisierter Form ergeben sich dann Punktsummenwerte, die Folgerungen über das Innovationspotential der beteiligten Personen als auch der Bedingungen erlauben.

Praktische Erfahrungen zu den Fallbeispielen

Die im folgenden besprochenen Fallbeispiele knüpfen an die Schilderungen eingangs dieses Kapitels an. Jeweils wurde die Innovations-Potential-Analyse durchgeführt, die Aufschluß über die Innovationskompetenz und über mögliche Probleme in dem Veränderungsprozeß geben sollte.

Von Hard- und Software zur Dienstleistung

Die Krise der EDV-Branche Ende der 80er Jahre hat die Konzerne dieser Branche mit der Notwendigkeit konfrontiert, ihre Produktpalette neu zu überdenken. In dem beschriebenen Fall nahm ein Computerkonzern eine komplette Reformulierung seiner Geschäftsstrategie vor. Ziel war es, die bisherigen Produkte – Hard- und Software – durch das Dienstleistungsgeschäft zu ergänzen: Lösungen für Probleme der

Informationsverarbeitung als Dienstleistungsangebot. Diese strategische Neuausrichtung konnte nur im Rahmen eines breit angelegten Veränderungsprozesses angegangen werden. Mehr als im traditionellen Produktverkauf würde der Erfolg des Dienstleistungsgeschäfts abhängen von einer einheitlichen und stimmigen Unternehmenskultur und einem auf den Kunden ausgerichteten Wertesystem.

Ziel war es, die Dienstleistungsorientierung und den unbedingten Kundenbezug im gesamten Unternehmen durchzusetzen. Das bedeutete nicht nur einen markanten Bewußtseinswandel von der Spitze bis zur Basis, sondern auch eine Veränderung von Gewohnheiten und Verhaltensweisen. Da bei Dienstleistungen das Vertrauen des Kunden in den Verkäufer und sein Unternehmen letztlich der einzige Garant dafür ist, daß er eine optimale Qualität erhält, muß das Marketing von Dienstleistungen von folgenden Einstellungen getragen werden:
– Der Kunde ist mehr als ein Käufer: Er ist Partner!
– Es geht um langfristige Partnerschaft statt um kurzfristige Verkaufserfolge.
– Im Mittelpunkt steht immer das Problem des Kunden. Statt Anpreisung des eigenen Produktes geht es um seine Unterstützung.
– Statt ausschließlich den eigenen Vorteil im Auge zu haben, gilt eine beiderseitige Gewinnpartnerschaft (win-win-Einstellung).
– Es geht um eine problembezogene Prozeßorientierung statt um kurzfristiger (Verkaufs-) Ereignisfokussierungen.

Auf der sozialen und organisatorischen Ebene galt es, die Kooperation aller Mitarbeiter und die bereichsübergreifende Kooperation zu fördern, um die Potentiale zum Nutzen des Kunden besser bündeln zu können. War man vorher stark bereichsbezogen, sollte jetzt die bereichsübergreifende Kooperation Devise sein. Wurde bisher das individualisierte Erfolgs- und Karrierestreben unterstützt, war jetzt Teamarbeit das Ziel. Herrschte bisher ein ausgeprägtes Hierarchiedenken, galt es jetzt, die überkommene Aufbaustruktur in eine Projektorganisation zu überführen, in der aufgabendefinierte Teams die Struktur bildeten. Aus diesem Grunde wurde ein Account Management eingeführt, d.h. daß ein Kunde (account) von einem eng zusammenarbeitenden Team betreut werden sollte.

Innovationskompetenz war gefragt! Da letztlich jedes Mitglied des Unternehmens von diesem Wandel betroffen war, lautete die Frage, ob man in der vollen Breite der Belegschaft diesen Prozeß würde konstruktiv tragen können. Um mögliche Probleme für den Veränderungsprozeß einschätzen und die Strategie entsprechend planen zu können, wurden Innovations-Potential-Analysen durchgeführt. In Abbildung 3 sind die kritischen Bereiche dargestellt, die sich für die Vertriebsmannschaft ergaben.

Die Analyse führte zunächst zu der Erkenntnis, daß die Innovationskompetenz der Beteiligten insgesamt kritisch war. Außer einer guten konstruktiven Kompetenz gaben alle anderen Kompetenzbereiche Anlaß zu Bedenken, ob der Prozeß zu schaffen sein würde. Weder war ein ausreichendes Wissen über die inhaltliche Ausfüllung des

	Kompetenzbereiche Individuum					
	Fach-kompetenz	**Persönliche Kompetenz**	**Konstruk-tive Kom.**	**Soziale Kompetenz**	**Methoden-kompetenz**	**Partizipative Kompetenz**
	Qualifikation Wissen Erfahrung	Reife emot. Stabil. Ambiguitäts-toleranz	Intelligenz Kreativität Flexibilität	Offenheit kommunikat. Kooperations-bereitschaft	Methoden Instrumente Verfahren	Verantwortung Entscheidungs-wille Mitwirkung
Beding-ungs-ebenen						
Soziales Umfeld	Qualifika-tionsniveau	Gruppenident. m.Innovation	Erfahrungs-austausch	Unter-stützung	Funktionaler Arbeitsstil	Aktivitäts-orientierung
Organisa-torischer Rahmen	Qualifikat.-anforderung	Innovations-kultur	Informations-management	Partizipativer Führungsstil	Projektma-nagement	Entscheidungs-freiraum
Innovati-onssystem	Komplexität	Nutzen	Gestalt-barkeit	Soziale Wirkung	Systematik	Beherrsch-barkeit

Abbildung 3
Kritische Bereiche aus der Innovations-Potential-Analyse zur Einführung eines Dienstleistungsmarketings in einem Computerkonzern

neuen Ansatzes vorhanden, noch war das Selbstverständnis offen für neue Handlungsmuster. Zu sehr war man im traditionellen Verkaufsdenken verhaftet und zu unvertraut war der beratende Ansatz des Dienstleistungsgeschäfts. Gleichfalls war die kommunikative Bereitschaft, sich über den neuen Ansatz auszutauschen, nur bedingt gegeben. Methodisch war bei den meisten Betroffenen eine relative Ungeübtheit zu verzeichnen. Schließlich war festzustellen, daß die persönliche Verantwortungsnahme der Beteiligten für die konstruktive Förderung des Veränderungsprozesses recht gering war. In fast logischer Weise waren mit diesen individuellen Defiziten eine Anzahl von kritischen Bedingungskomponenten auf der sozialen wie auf der organisatorischen Ebene verbunden.

Die soziale Ebene wies verständlicherweise Defizite in der gegenseitigen Unterstützung und Qualifizierung für den neuen Ansatz auf. Dies wurde auch nicht durch einen Erfahrungsaustausch neutralisiert – eine bei den relativ individualisiert arbeitenden Vertriebsrepräsentanten fast natürliche Erscheinung. Abträglich für den Entwicklungsprozeß waren auch Defizite im methodischen Vorgehen.

Auf der organisatorischen Ebene waren die Stellenbeschreibungen und Anforderungsprofile für das Dienstleistungsgeschäft zu intransparent und gaben keine klar erkennbare Qualifikationslinie. Weiterhin war die Innovationskultur durch Veränderungen der vorangegangenen Jahre sehr strapaziert, so daß eher ein allgemeines

Bedürfnis nach Erhaltung des status quo vorhanden war: „ ... nicht schon wieder was Neues" lautete ein oft gehörter Seufzer. Darüber hinaus war das Informationsmanagement dadurch beeinträchtigt, daß zu viele Informationen verteilt wurden und diejenigen, die den Neuansatz betrafen, in der allgemeinen Flut an Papier und an E-Mails untergingen.

Die Entwicklung eines partizipativen Führungsstils steckte noch in den Kinderschuhen, so daß ein Übermaß an Abstimmungen und Meetings durchgeführt wurde und keine orientierenden Entscheidungen zustande kamen.

Aufgrund dieser Erkenntnisse sah die Spitze des Unternehmens, daß sie mit der angestrebten strategischen Neuausrichtung ein großes Risiko des Scheiterns einging. Als Konsequenz wurde ein umfassendes Entwicklungsprogramm aufgestellt, das schwerpunktmäßig die dargestellten kritischen Bereiche fokussierte und personalbezogene Maßnahmen mit Elementen der Teamentwicklung und Organisationsrestrukturierung integrativ verband.

Um die personale Innovationskompetenz bei der gesamten Belegschaft zu steigern, wurde ein unternehmensweites Workshop-Programm konzipiert. Alle Mitarbeiter des Unternehmens sollten mit der strategischen Neuausrichtung und mit den Prinzipien der Teamarbeit theoretisch und praktisch vertraut gemacht werden. Bei diesen Großveranstaltungen fungierten die Manager als Moderatoren, so daß der Top-down-Prozeß für alle sichtbar wurde. Ergänzend zu dieser übergreifenden Qualifizierungsoffensive wurden für Teams und Gruppen Seminare zu spezifischen Themen durchgeführt. Diese Workshops und Seminare sollten vor allem die individuelle Innovationskompetenz fördern und die Bedingungen auf der sozialen Ebene verbessern.

Als begleitende organisatorische Maßnahmen wurden Teams gegründet, die in Eigenverantwortung Verbesserungsvorschläge erarbeiteten und umsetzten. Damit wurden nicht nur Schritte zur Optimierung der Ablaufprozesse gemacht, sondern die Arbeitsweise in Teams wurde merklich gefördert.

Die Ebene des Innovationssystems wurde insofern berücksichtigt, als die inhaltliche Ausgestaltung der Workshops und Seminare sich immer wieder um die Darstellung und Klärung des neuen Ansatzes bemühte.

Die Anstrengungen lohnten sich. In einer Evaluationsstudie und aus Erfahrungsberichten konnte schon nach 18 Monaten bilanziert werden, daß die gröbste Strecke des Weges hin zu einem Dienstleistungsunternehmen geschafft war. Die Innovationskompetenz der Beteiligten war markant gestiegen und durch den integrativen Ansatz wurde gleichzeitig das Bedingungsumfeld für den weiteren Innovationsprozeß förderlich gestaltet.

Mit Kaizen ein ganzes Werk verändern

Die Krise der deutschen Automobilindustrie Anfang der neunziger Jahre machte es notwendig, Kosten zu sparen und die Effizienz der Arbeit zu steigern. Die MIT-Studie (Womack, Jones & Roos, 1992) hatte gezeigt, daß die Japaner gegenüber den Europäern und Amerikanern ihre Autos nicht nur schneller zusammenbauten, sondern auch kostengünstiger und mit einer besseren Qualität. Im Vorfeld der sich abzeichnenden kritischen Entwicklung wollte der Werksleiter eines Automobilzulieferers den drohenden Gefahren konstruktiv entgegenwirken und leitete einen Kaizen-Prozeß ein.

Inspiriert durch seine Erfahrungen in Japan und Amerika entwickelte er zusammen mit einem Beratungsunternehmen ein umfassendes Programm. Unter der globalen Zielsetzung, Kosten zu sparen und die Potentiale optimaler zu nutzen, sollte das gesamte Werk mit 1700 Beschäftigten aktiv in einen Prozeß der *kontinuierlichen Verbesserung (= Kaizen)* einbezogen werden. Das Programm umfaßte folgende Elemente:

– Aktivierung des darniederliegenden Betrieblichen Vorschlagswesens (BVW),
– Arbeitszirkel auf der Ebene des oberen und mittleren Managements zur Lösung von strategischen Problemen und Schwachstellen (Kaizen-Arbeitskreise),
– Basiszirkel, um Probleme im Umfeld des eigenen Arbeitsplatzes zu lösen und die Lösungen umzusetzen (Kaizen-Gruppen).

Ein Steuerkreis sollte die Kaizen-Aktivitäten koordinieren. Mit dieser Konzeption sollten folgende Punkte erreicht werden:
– Reduktion von Ausschuß und Fehlteilen,
– Abbau von Maschinenstörungen und Erhöhung der Laufzeiten,
– Reduktion von Lagerbeständen,
– Reduktion des Flächenbedarfs,
– Entwicklung von mehr Selbstverantwortung und Eigeninitiative,
– Entwicklung eines partizipativen Führungsstils bei allen Vorgesetzten,
– Entwicklung der Problemlösekompetenz bei Vorgesetzten und in der Mannschaft,
– Anhebung des allgemeinen Qualifikationsniveaus,
– Verbesserung der Kommunikation und der bereichsübergreifenden Kooperation,
– Entwicklung von Teamfähigkeit.

Die Innovations-Potential-Analyse wurde als Hilfsmittel eingesetzt, um die Chancen und Probleme des Kaizen-Prozesses abzuschätzen.

Es stellte sich dabei heraus, daß die invidividuelle Innovationskompetenz der Betroffenen in den Bereichen Fachkompetenz, soziale Kompetenz, Methodenkompetenz und partizipative Kompetenz defizitär war. Beim Fachwissen handelte es sich weniger um Wissenslücken im Hinblick auf die unmittelbare eigene Tätigkeit, sondern vielmehr um das Wissen über deren Zusammenhänge und übergreifende Einordnung. Diese „Fachidiotie" behinderte auch den Austausch mit den Kollegen und insbesondere mit den anderen Abteilungen und Bereichen. Die Kommunikation und Kooperationsbereitschaft der einzelnen war aufgrund eines ruppigen Führungsstils der Vorgesetzen eher abwehrend und aggressiv. Das methodische Repertoire, etwa um Probleme systematisch anzupacken und einer Lösung zuzuführen, war außerordentlich eng begrenzt. und eine partizipative Mitwirkung an Entwicklungsprozessen war kaum vorhanden – eher war eine resignative „Ist mir egal"-Haltung festzustellen. Damit war die individuelle Innovationskompetenz eine stark kritische Größe für den Kaizen-Prozeß. Auf der sozialen Ebene waren fast alle Bedingungsbereiche kritisch und ebenso waren die Komponenten auf der organisatorischen Ebene überwiegend defizitär.

Das Innovationssystem selbst, also das „Kaizen", konnte aufgrund von äußeren Einschätzungen als prinzipiell handhabbar eingeschätzt werden.

Die deprimierenden Befunde aus der IPA entmutigten nicht, sondern wurden umgesetzt in ein Paket von sich gegenseitig ergänzenden Maßnahmen zum Abbau der Schwachstellen. Zunächst standen Schulungen zur Teamentwicklung und methodischen Arbeit im Mittelpunkt (individuelle und soziale Bedingungsebene). Begleitend wurden Informationsecken mit Stelltafeln eingerichtet, auf denen die neuesten Kaizen-Nachrichten eingesehen werden konnten. Ein visuelles Management sah Plakatwände mit aktuellen Kennzahlen zu Ausbringung, Fehlteilen, Nacharbeit usw. vor.

Bedingungs-ebenen	Kompetenzbereiche Individuum					
	Fach-kompetenz	Persönliche Kompetenz	Konstruktive Kom.	Soziale Kompetenz	Methoden-kompetenz	Partizipative Kompetenz
	Qualifikation Wissen Erfahrung	Reife emot. Stabil. Ambiguitätstoleranz	Intelligenz Kreativität Flexibilität	Offenheit kommunikat. Kooperationsbereitschaft	Methoden Instrumente Verfahren	Verantwortung Entscheidungswille Mitwirkung
Soziales Umfeld	Qualifikationsniveau	Gruppenident. m. Innovation	Erfahrungsaustausch	Unterstützung	Funktionaler Arbeitsstil	Aktivitätsorientierung
Organisatorischer Rahmen	Qualifikat.-anforderung	Innovationskultur	Informationsmanagement	Partizipativer Führungsstil	Projektmanagement	Entscheidungsfreiraum
Innovationssystem	Komplexität	Nutzen	Gestaltbarkeit	Soziale Wirkung	Systematik	Beherrschbarkeit

Abbildung 4
Kritische Bereiche aus der Innovations-Potential-Analyse zur Einführung von KAIZEN bei einem Automobilzulieferer

In einer Kaizen-Zeitung wurde über den Prozeß im eigenen Werk und in anderen Betrieben berichtet. Betriebsversammlungen mit der Vorstellung von erarbeiteten Verbesserungen und Lösungen stimulierten die allgemeine Kaizen-Motivation (organisatorische Ebene).

Die Hauptschwierigkeit des Prozesses lag in der Veränderung des Führungsstils der oberen und mittleren Ebene. Führungsworkshops konnten manches bewirken, aber letztlich war es das unbedingte Engagement des Werksleiters, das jedem klarmachte, daß er sich auf den Kaizen-Prozeß einzulassen habe. Er gab Sicherheit und Vertrauen, daß dieser Ansatz Erfolge bringen würde, und er half über manche zwischenzeitliche Frustration ebenso wie über manche Widerstände und Konflikte auf den oberen Führungsebenen hinweg.

In einer Bilanz nach 2 Jahren konnte festgestellt werden, daß sich das Werk von Grund auf verändert hatte. Kaizen war werksweit eingeführt. Die angestrebten Ziele in der Kosteneinsparung und Effizienzsteigerung waren erreicht worden: weniger Ausschuß, kürzere Durchlaufzeiten, weniger Störungen, höhere Ausbringung etc. Die Verbesserungsraten beliefen sich teilweise auf 30% und mehr. Das Betriebliche Vorschlagswesen wies jetzt eine Quote von 4 Vorschlägen pro Mitarbeiter und Jahr auf, während es zuvor 0,4 gewesen waren.

Die Kommunikation und das bereichsübergreifende Zusammenarbeiten hatten sich ebenso verändert wie die Tonlage der Vorgesetzten. In beeindruckender Weise hatten auch die Mitarbeiter ihren Anteil an Selbstverantwortung übernommen. Das Werk war zu einem Mekka für andere Unternehmen geworden, um zu sehen, wie ein Kaizen-Prozeß erfolgreich verlaufen kann. Die erarbeiteten Erfolge waren zum Stimulans für das weitere verstärkte Engagement für Kaizen geworden.

Die Innovationskompetenz aller Beteiligten hatte sich so sehr entwickelt, daß der nächste Schritt der Werksentwicklung, die „fraktale Fabrik" mit großen Erfolgschancen geplant und angegangen werden konnte.

Eine Hilfsorganisation erweitert ihr Leistungsspektrum

Die Hilfsorganisation im Bereich der Sozial- und Gesundheitspflege konnte auf eine lange Tradition zurückblicken. Im Zusammenspiel zwischen haupt- und ehrenamtlichen Mitarbeitern hatte man einen festen Platz im Gesundheitswesen erobert, insbesondere im Sanitäts-, Notfall- und Rettungsdienst. Gegliedert in überregionale, regionale und lokale Einheiten hatte die Organisation einen hohen Durchdringungsgrad in der Bundesrepublik erreicht. Veränderungen des Umfeldes hatten die Organisation in eine schwierige Lage gebracht. Die Einnahmen für die sozialen Dienste und die Spenden waren geringer geworden und hielten mit den gewachsenen Ausgaben nicht mehr Schritt. Gravierender noch war aber die Identitätskrise der Organisation. Das traditionelle Angebotsspektrum war zunehmend unter den Konkurrenzdruck anderer Anbieter von sozialen Diensten geraten. Die hauptamtlichen Mitarbeiter wollten dem durch eine Professionalisierung und Effizienzsteigerung begegnen, gerieten dabei aber in Konflikt mit den ehrenamtlichen Mitarbeitern. Diese fühlten sich an den Rand gedrängt und ihnen ging das ideelle Element und das Wertesystem der Organisation verloren.

In dieser Situation suchte man nach neuen Orientierungen, in deren Mittelpunkt eine Reformierung des organisatorischen Selbstbildes und der Angebotspalette stehen sollte. Dabei war die Frage, ob die Organisationsmitglieder diesen Innovationsprozeß tragen würden. Die Innovations-Potential-Analyse, die bei den ehrenamtlichen Mitarbeitern durchgeführt wurde, brachte die folgenden Befunde:

- Die durchschnittliche individuelle Innovationskompetenz war in drei Feldern problematisch. Die fachliche Kompetenz war für die Aufnahme neuer Dienstleistungen nicht ausreichend. Bei der persönlichen Kompetenz ließ eine mangelnde Toleranz für Situationen der Ungewißheit auf Schwierigkeiten für den Veränderungsprozeß schließen, d.h. die Befragten waren hochgradig verunsichert und wünschten eine Beibehaltung des status quo. In der methodischen Kompetenz waren die markantesten Defizite zu verzeichnen. Das war auch deshalb verständlich, weil die hauptamtlichen Mitarbeiter zunehmend die veranwortungsvollen Schaltstellen besetzt hatten und die ehrenamtlichen mehr und mehr in die Verwaltung der Belanglosigkeiten zurückgedrängt worden waren. Auf diese Weise hatte schleichend auch eine methodische Dequalifizierung stattgefunden.

- Auf der sozialen Ebene waren beinahe alle Bedingungen defizitär. Allein die gegenseitige Unterstützung funktionierte so, wie es ein Innovationsprozeß als Umfeldbedingung erfordern würde.

- In noch stärkerer Weise erwies sich die organisatorische Ebene als kritisch; alle Bedingungsfelder waren nicht so ausgeprägt, daß sie als förderlich für einen Veränderungsprozeß angesehen werden konnten.

- Auch das innovative System, also die Ausweitung der Angebotspalette und die stärkere Professionalisierung, mußte aufgrund der Analyse zum Teil als kritisch angesehen werden. Zu sehr wurde die Gefahr gesehen, daß die Organisation durch den innovativen Wandel ihren traditionellen Charakter verlieren würde.

Zusammenfassend brachte die IPA die Erkenntnis, daß der Veränderungsprozeß nur äußerst behutsam vorangebracht werden sollte. Zu gering war die individuelle Innovationskompetenz der Betroffenen und zu ungünstig waren die Bedingungen auf den drei relevanten Ebenen.

Vor diesem Hintergrund entschied sich die Leitung für einen schrittweisen und langsamen Entwicklungsprozeß mit einem hohen Maß an Partizipation aller Betroffenen: Betroffene sollten zu Beteiligten gemacht werden. So wurden regionale Workshops durchgeführt, um eine von einer breiten Mehrheit getragene Vision zu entwickeln und um das Problembewußtsein zu fördern. Die nächsten Stufen sahen eine Unterstützung der hauptamtlichen Führungsebenen vor, um auf diese Weise Multiplikatoren und Moderatoren für den Prozeß zu gewinnen und um bei ihnen gleichzeitig partizipative Kompetenz zu fördern.

	Kompetenzbereiche Individuum					
	Fach-kompetenz	Persönliche Kompetenz	Konstruk-tive Kom.	Soziale Kompetenz	Methoden-kompetenz	Partizipative Kompetenz
Beding-ungs-ebenen	Qualifikation Wissen Erfahrung	Reife emot. Stabil. Ambiguitäts-toleranz	Intelligenz Kreativität Flexibilität	Offenheit kommunikat. Kooperations-bereitschaft	Methoden Instrumente Verfahren	Verantwortung Entscheidungs-wille Mitwirkung
Soziales Umfeld	Qualifika-tionsniveau	Gruppenident. m. Innovation	Erfahrungs-austausch	Unter-stützung	Funktionaler Arbeitsstil	Aktivitäts-orientierung
Organisa-torischer Rahmen	Qualifikat.-anforderung	Innovations-kultur	Informations-management	Partizipativer Führungsstil	Projekt-management	Entscheidungs-freiraum
Innovati-onssystem	Komplexität	Nutzen	Gestalt-barkeit	Soziale Wirkung	Systematik	Beherrsch-barkeit

Abbildung 5
Kritische Bereiche aus der Innovations-Potential-Analyse vor der Einführung einer neuen Angebotspalette bei einer gemeinnützigen Hilfsorganisation

Nach etwa einem Jahr konnten gute Erfolge erreicht werden. Die Phase der aggressiven Sprachlosigkeit war überwunden und man kommunizierte konstruktiv über Möglichkeiten, für die Organisation die Zukunft zu gewinnen.

Innovationskompetenz und Personalentwicklung

Begreift man *Personalentwicklung* als Gestaltungselement einer Organisation, um Entwicklungen des Unternehmens auf der personalen Seite umzusetzen, so ist es eine ihrer zentralen Aufgaben, Veränderungsprozesse und Innovationen vorzubereiten und zu begleiten. Aus dem dargestellten Modell und aus den Fallbeispielen leiten sich in diesem Sinne eine Reihe von Folgerungen für die *Personalentwicklung* ab:

1. Zunächst ist es wichtig festzustellen, wie die Innovationskompetenz der Beteiligten und Betroffenen einzuschätzen ist und wie die entsprechenden Bedingungen ausgeprägt sind (Diagnose). Dazu kann das vorgestellte Modell mit seinen 24 Zellen als Checkliste dienlich sein. Das Ergebnis der Analyse kann dann mit den Beteiligten und Betroffenen besprochen werden. Damit wird ein Bewußtsein für die Notwendigkeiten erzeugt, Elemente der Innovationskompetenz und ihrer Bedingungen zu verbessern.
2. Da letztlich immer der einzelne Träger eines Innovationsprozesses ist, gilt es die direkt und indirekt davon Betroffenen mit einer ausreichenden Innovationskom-

petenz auszustatten (Qualifikation). Insbesondere gilt das für die in vorderster Front der Veränderung stehenden Promotoren. Das bedeutet, daß sie in den 6 Bereichen Innovationskompetenz erwerben, so daß sie die Probleme der Veränderung handhaben können. In diesem Qualifizierungsprozeß sollten u.a. folgende Inhalte vermittelt werden:

- Zusammenhänge von Akzeptanz und Widerstand bei Veränderungen und Umgang mit unsicheren Situationen (Persönliche Kompetenz),
- Techniken der Ideenfindung vom Brainstorming bis zum Morphologischen Kasten (Konstruktive Kompetenz),
- Grundlagen und Übungen zur Gruppendynamik und zur Kommunikation und Kooperation – dies stellt sich in der Regel als eine bereichsübergreifende Aufgabe (Soziale Kompetenz),
- Übungen in Projektmanagement und in Methoden und Instrumenten der Problemlösung, z.B. Kepner-Tregoe sowie das gesamte Methodenrepertoire des Total Quality Managements (Methodenkompetenz),
- Übungen zum Umgang mit Macht und Einfluß und zu Prozessen konstruktiver Diskussion und Entscheidungsfindung (Partizipative Kompetenz).

3. Da der einzelne letztlich nur so handelt, wie es seine Umfeldbedingungen ermöglichen bzw. zulassen, ist es gleichfalls Aufgabe der Personalentwicklung, sich dieser Faktoren anzunehmen und zu ihrer innovationsförderlichen Ausgestaltung beizutragen (Lernumfeldgestaltung).

Auf der Ebene der sozialen Bedingungen sind Prozesse einzuleiten, die eine flüssige und konfliktfreie Kommunikation und Kooperation zum Ziel haben. Dabei gilt es Bereichs- und Abteilungsbarrieren und abgeschottetes Denken zu überwinden.

Auf der Ebene der organisatorischen Bedingungen sind u.a. Entlohnungs-, Beförderungs- und Prämiensysteme so umzugestalten, daß sie Teamarbeit und bereichsübergreifende Kooperation belohnen. Weiterhin geht es um die innovationsförderliche Entwicklung einer Vielzahl von unterschiedlichen Bedingungen: Abbau von blockierender Bürokratie, Aufbau eines flüssigen Informationsmanagements, Dezentralisierung der Verantwortung, Partizipation im Führungsstil u.ä. Man mag die Personalentwicklung in dieser Rolle als überstrapaziert ansehen. Andererseits gibt es kaum eine Alternative. In der Regel verfügen Unternehmen über keinen Mechanismus und keine Instanz, die Bewegung in diese innovationshemmenden Bedingungen bringt. Personalentwicklung befindet sich hier in der Tat an der Schnittstelle zur Organisationsentwicklung – eine Trennung, die ohnehin nur in akademischen Lehrbüchern stattfindet.

Als dritte Bedingungsebene innovativer Prozesse hat sich die Personalentwicklung mit den Merkmalen der Innovation selbst zu befassen (Change Management). Ist die Schere zwischen den sich mit ihr verbindenden Herausforderungen und den Kompetenzpotentialen der betroffenen Vorgesetzten und Mitarbeiter zu groß, hat die Personalentwicklung möglicherweise für kleinere oder langsamere Innovationsschritte zu plädieren. Imai (1990) stellt zu Recht den westlichen Glauben an die großen Innovationsschritte in Frage, da sie zu viel Akzeptanzprobleme und Reibungsverluste, Anpassungsschwierigkeiten und Kompetenzdefizite mit sich bringen. Ihnen stellt er das Prinzip der kleinen Schritte entgegen, das zwar nicht so spektakulär, aber bei gleichem Tempo letztlich effizienter ist. Die Innovation ist also einer „Verträglichkeitsprüfung" im Hinblick auf das betroffene Personal zu unterziehen.

Nimmt sich die Personalentwicklung in diesem Sinne der Innovationskompetenz als personalem Merkmal und ihrer durch das Modell aufgezeigten Bedingungen an, so beschreitet sie damit den Weg hin zu einem lernenden und dynamischen Unternehmen. Der ganz normale Alltag wird zu einem Übungsfeld für Veränderung und Wandel.

Literatur

Bert, R. (1990). *Visionäres Management.* Düsseldorf: Econ. – **Dreesmann, H. (1994).** Innovationsprozesse – Systematik des Erfolges. In H. Dreesmann & S. Kraemer-Fieger (Hrsg.), *Moving* (S. 55-86). Wiesbaden: Gabler. – **Herrmann, Th. (1973).** *Persönlichkeitsmerkmale. Bestimmung und Verwendung in der psychologischen Wissenschaft.* Stuttgart: Kohlhammer. – **Imai, M. (1992).** *Kaizen. Der Schlüssel zum Erfolg der Japaner im Wettbewerb.* München: Langen Müller Herbig. – **Lantermann, E. (1980).** *Interaktionen.* München: Urban & Schwarzenberg. – **Leavitt, H.J. (1986).** *The corporate pathfinders.* Homewood, IL. – **Volpert, W. (1983).** Das Modell der hierarchisch–sequentiellen Handlungsorganisation. In W. Hacker, W. Volpert & M. von Cranach (Hrsg.), *Kognitive und motivationale Aspekte der Handlung* (S. 38–58). Berlin: Deutscher Verlag der Wissenschaften. – **Womack, J.P., Jones, D. T. & Roos, D. (1992).** *Die zweite Revolution in der Autoindustrie.* Frankfurt: Campus.

Peter Krüssel

Ökologieorientierte Personalentwicklung?! Möglichkeiten und Grenzen der Sensibilisierung für ökologische Fragestellungen durch Personalentwicklungsmaßnahmen[1]

Problemstellung und Vorgehensweise

Ökologische Themen haben in den letzten Jahren verstärkt Eingang in die betriebswirtschaftliche Theorie und Praxis gefunden. Unternehmen sind von ökologischen Krisenerscheinungen in zunehmendem Maße betroffen. Problemfelder resultieren u.a. aus den Forderungen externer und interner Anspruchsgruppen, die die Unternehmen als Hauptverursacher der gravierenden Umweltschäden identifizieren und die Legitimität und Legalität unternehmerischen Handelns in Frage stellen. Weiterhin ergeben sich Probleme aus einer steigenden umweltgesetzlichen Regelungsdichte, aus der Verknappung oder Qualitätsminderung natürlicher Ressourcen sowie aus wettbewerbsstrategischen Erfordernissen, die z.B. durch die Veränderungen des Konsumentenverhaltens und die Intensivierung des ökologischen Substitutionswettbewerbs induziert werden (vgl. Meffert & Kirchgeorg, 1993, S. 11 ff.).

Die Unternehmen sind aufgerufen, diesen Herausforderungen offensiv entgegenzutreten, um ökologischen Risiken, wie z.B. einem fortschreitenden Autonomieverlust bzw. einem eingeengten Handlungsspielraum vorzubeugen und um mögliche Chancen zu ergreifen (vgl. Steger, 1990, S. 50 ff.). Die systematische Berücksichtigung ökologischer Belange durch die Unternehmensführung, welche über die Erfüllung gesetzlicher Auflagen und zwingender Forderungen gesellschaftlicher Interessengruppen hinausgeht, stellt einen langfristigen Prozeß des geplanten Wandels dar, der alle Funktionsbereiche, Hierarchien und Handlungsebenen (normativ, strategisch, operativ) der Organisation erfaßt (vgl. Bartscher & Fleischer, 1991, S. 440 ff.). Hierbei ist es notwendig, den Umweltschutz im Leitbild und im Zielsystem der Unternehmung zu verankern und Umweltschutz als originäre Führungsaufgabe zu definieren.

Als Gestaltungskonzept ist einerseits eine funktional-additive, eher zentralistische Organisation von Umweltschutzaufgaben denkbar, bei der der Umweltschutz als eigene Funktion organisiert wird. Die Aufgaben werden dann weitgehend parallel bzw. isoliert zu den anderen betrieblichen Aufgaben bewältigt. Andererseits – und dies ist die Ausgangsposition der folgenden Überlegungen – ist eine integrative Organisation des Umweltschutzes vorstellbar. In diesem Fall orientiert man sich am Subsidiaritätsprinzip. Alle vorhandenen Entscheidungs- und Aufgabenbereiche wer-

---

[1] Für Anregungen und Kritik bedanke ich mich bei Herrn Thomas Bartscher, Universität Lüneburg

den um ökologische Kriterien erweitert und dort berücksichtigt, wo ökologische Probleme anfallen (vgl. Antes, 1992, S. 500 ff.; vgl. auch Seidel, 1990a, S. 216 ff.) Eine solche Art der integrativen Einbindung des Umweltschutzes in den Betrieb betrifft grundsätzlich alle Mitarbeiter. Die Handlungsspielräume und Anforderungen für Aufgaben auf allen Hierarchiestufen erfahren dadurch eine Modifikation. Die Ökologisierung des Wirtschaftens stellt somit nicht nur eine technische, sondern auch eine tiefgreifend soziale Innovation dar. Hierbei gilt es, die Beharrungstendenzen etablierter Strukturen und Kulturen zu überwinden. Es geht sowohl um das „Entlernen" tradierter Verhaltensweisen und alltäglicher Routinen als auch um das Erlernen neuer Wahrnehmungs- und Handlungsmuster.

Betrachtet man Organisationen aus einer funktional-analytischen Perspektive, so lassen sich vier Grundprobleme sozialer Systeme ableiten, die als funktionale Bindungskräfte angesehen werden können. Die Kulturerhaltungsfunktion bezieht sich hierbei auf die Herausbildung von allgemeinen Verhaltensnormen, Einstellungen, Werten und auf die Sicherung der Leistungs- und Kooperationsbereitschaft. Bei der Anpassungsfunktion geht es um die Abstimmung mit der Umwelt. Die Zielerreichungsfunktion stellt auf die Aktivitäten ab, die um angestrebte Ziele und Zwecke kreisen. Die Integrationsfunktion thematisiert das Bedürfnis nach interner Abstimmung der Handlungen der einzelnen Subsysteme untereinander (vgl. Parsons, 1976).

Das Personalwesen kann nun jedem dieser Grundprobleme des organisationalen Geschehens in vielfältiger Weise gerecht werden. Es kann einerseits durch die Personalselektion, die Sozialisation, die Gestaltung der Anreizsysteme und Kontrollmechanismen direkt am Verhalten der Individuen ansetzen. Andererseits wird durch die Ausgestaltung der Arbeitsprozesse und -verträge der eher strukturelle Verhaltensrahmen abgesteckt (vgl. Martin, 1992, S. 14 ff.). Die Personalentwicklung, als Teilbereich der Sozialisation, dient z.B. über die Vermittlung notwendiger Qualifikationen der Anpassungs- und Zielerreichungsfunktion (vgl. Bartscher, 1993, S. 312 f.).

Vor dem Hintergrund der Umsetzung einer integrativen ökologisch orientierten Unternehmensführung stellt sich die Frage, welchen Beitrag die Personalentwicklung leisten kann, um einen entsprechend geplanten Wandel zu unterstützen. Welche Ansatzpunkte ergeben sich auf der individuellen Verhaltens- und der strukturellen Ebene? D.h., wie sind die Mitarbeiter unter Berücksichtigung ihrer Bedürfnisse an die neuen ökologischen Aufgabenprofile heranzuführen, wie sind sie zu ökologisch verträglichem Entscheiden und Handeln zu befähigen und zu motivieren, diese Kompetenzen auch umzusetzen? (vgl. Remer & Sandholzer, 1992, S. 523).

Im Mittelpunkt des Artikels stehen zunächst die Analyse des Umweltbewußtseins und die Erörterung der Bedingungen ökologischen Verhaltens. Darauf aufbauend wird ein Anforderungskatalog für die ökologisch ausgerichtete Konzipierung von Instrumenten der Personalentwicklung aufgestellt. Anschließend wird, ausgehend von den formulierten Anforderungen, beispielhaft eine adäquate Gestaltung der betrieblichen Bildung und des Qualitätszirkels besprochen. Die Instrumente sind dabei so zu gestalten, daß sie zur Ausbildung und/oder Verstärkung des Umweltbewußtseins beitragen und manifestes ökologisches Verhalten der Mitarbeiter fördern. Ferner wird auf die Wirkungsvermutungen zwischen den Anforderungsdimensionen und den Gestaltungsparametern eingegangen.

Umweltbewußtsein und Umweltverhalten

Zur Analyse der Determinanten des Umweltbewußtseins und umweltorientierter Verhaltensweisen bietet die „Feldtheorie des Handelns" von Lewin entsprechende Ansatzpunkte (vgl. Lewin, 1963, S. 69). Verhalten wird hier als das Resultat einer wechselseitigen Interaktion von Variablen der Person und Bedingungen der Situation bzw. Umwelt betrachtet.

Auf der situativen Ebene wird ökologisches Verhalten z.B. durch die Existenz von ökologisch ausgerichteten symbolischen (z.B. sozialen Erwartungen, gesellschaftlichen Normen) und organisationellen Strukturen (z.B. Verhaltensangebote) einer Gesellschaft und/oder Organisation beeinflußt (vgl. Urban, 1986, S.366).

Auf der personellen Ebene wird umweltbezogenes Handeln gemeinhin von der Stärke des Umweltbewußtseins abhängig gemacht. Umweltbewußtsein wurde in der Vergangenheit häufig mit Einstellung oder Wertorientierung gleichgesetzt und man nahm direkte Einflußbeziehungen zwischen ökologischen Einstellungen und tatsächlichem umweltbewußten Verhalten an. Neuere empirische Untersuchungen zeigen dagegen, daß direkte Zusammenhänge zwischen diesen Variablen oder lineare Beziehungen zwischen Wissen, Bewußtsein, Einstellung und Handlung nicht unterstellt werden können. Das individuelle Umweltbewußtsein als theoretisches Konstrukt setzt sich vielmehr aus verschiedenen kognitiven Dimensionen zusammen, die sich gegenseitig bedingen und unmittelbar und/oder mittelbar auf das Verhalten wirken. Nur durch die Betrachtung des Zusammenspiels dieser Variablen und der situativen Bedingungen läßt sich Umweltverhalten erklären (vgl. Döbler, 1993, S. 27 ff.; Krüssel, 1996, S. 300 ff.; Spada, 1990, S. 623; Urban, 1986, S. 365).

Die folgenden Kognitionen bilden die Dimensionen des Umweltbewußtseins:

- *Umweltrelevante Wertvorstellungen.* Werte gelten als Orientierungsmaßstäbe des Handelns, als allgemeine und abstrakte, nicht gegenstandsbezogene Kriterien des Individuums zur Auswahl anzustrebender Zustände und Ziele sowie der einzusetzenden Mittel. Die Internalisierung postmaterialistischer Werte (Inglehart, 1980, S. 413 f.) und verantwortungsethischer Maximen (Jonas, 1987, S. 35 ff.) weist z.B. auf eine Sensibilisierung auch für ökologische Fragestellungen hin und impliziert eine potentielle Verhaltensrelevanz.
- *Ökologische Einstellungen.* Einstellungen sind gegenstandsspezifischer, zeitlich weniger stabil und handlungsnäher als Werte. Sie steuern die Wahrnehmung und Beurteilung von Objekten oder Sachverhalten. Von ihnen kann eine starke verhaltensregulierende Kraft ausgehen.

- *Umweltwissen.* Ökologisches Verhalten hängt vom persönlichen Wissen über Umweltfaktoren, deren Struktur und Interdependenz ab. Zusätzlich sind Kenntnisse über mögliche Handlungsstrategien notwendig, damit umweltbezogene Werte und Einstellungen in konkrete Ziele überführt werden können (Handlungswissen).

- *Umwelterleben und -betroffenheit.* Die objektive Betroffenheit muß sich in ein subjektives Betroffenheitsbewußtsein verwandeln. Der einzelne muß die Umweltkrise, die Bedrohung seiner Gesundheit und Lebensbedingungen am eigenen Leib erfahren, damit ökologische Werte und Einstellungen einen hohen Grad an affektiver Signifikanz erlangen. Je stärker im Individuum emotionale Prozesse durch das direkte „Fühlen" ökologischer Probleme aktiviert werden, desto eher sind entsprechende Werte und Einstellungen handlungsleitend (Lantermann & Döring-Seipel, 1990, S. 633; vgl. auch Hillmann, 1990, S. 60). Dadurch ist es z.B. möglich, unreflektierte Gewohnheiten und Routinen in Frage zu stellen, bei denen eventuelle umweltschädigende Konsequenzen überhaupt nicht wahrgenommen werden.

- *Umweltbewußte Verhaltensintentionen.* Es muß eine ökologische Handlungsbereitschaft gegeben sein, die ihrerseits wiederum abhängig ist von einer Vielzahl von Persönlichkeitsfaktoren, z.B. vom ökologischen Wissensstand und allgemeinen Bildungsniveau, vom individuellen Selbstvertrauen in die eigene Wirkungsfähigkeit, von umweltbezogenen Einstellungen und Werten sowie von der Stärke der individuellen Selbstzuschreibung von Verantwortlichkeiten. Die Kognition der Handlungsbereitschaft vermittelt zwischen ökologischen Einstellungen und entsprechenden Handlungen und trägt somit zur Erklärung der häufig festzustellenden Diskrepanz zwischen gemessener Einstellung und beobachtetem Verhalten bei (vgl. Dierkes & Fietkau, 1988, S. 81; Döbler, 1993, S. 34; Kley & Fietkau, 1979, S. 17; Urban, 1986, S. 372; Spada, 1990, S. 625).

Neben diesen Faktoren des individuellen Umweltbewußtseins entfalten auch situative Bedingungen ihre Wirkung. Diese können die einzelnen Komponenten des Umweltbewußtseins sowohl verstärken als auch abschwächen. Dierkes und Fietkau (1988, S. 163 ff.) identifizieren die folgenden sozialen Bedingungen ökologischen Verhaltens:

- *Infrastrukturelle Verhaltensangebote.* Umweltrelevantes Verhalten wird durch das Angebot entsprechender Verhaltensmöglichkeiten erleichtert. Im betrieblichen Alltag ist in diesem Zusammenhang, z.B. im Rahmen eines Cafeteria-Systems, an das Angebot ökologisch orientierter Sozialleistungen zu denken (z.B. Bezuschussung von Netzkarten für den öffentlichen Nahverkehr; EDV-gestützte, zentrale Organisation von Fahrgemeinschaften) oder an die Einrichtung eines Umweltvorschlagswesens, um den Mitarbeitern Gelegenheit zu geben, aktiv am betrieblichen Umweltschutz mitzuwirken.

- *Positive Handlungsanreize.* Ökologisches Verhalten wird durch positive Handlungsanreize gefördert. Der Umweltbereich ist jedoch weitgehend – sieht man von einer inneren Befriedigung und einer sozialen Verstärkung durch Gleichgesinnte ab – durch die Abwesenheit von positiven Anreizen gekennzeichnet. Individuelles ökologisches Verhalten ist vielmehr häufig mit negativen Handlungsanreizen (z.B. finanzieller und zeitlicher Aufwand, Image als unliebsamer ökologischer Störenfried) verbunden. Im Unternehmen bietet sich somit die ökologische

Ausrichtung der Bewertungs- und Anreizsysteme an (z.B. Sonderprämien für neue umweltorientierte Einkaufsalternativen). Ziel muß es hier sein, zumindest extrinsisch motiviertes ökologisches Verhalten zu bewirken, indem Negativ-Sanktionen auf ein solches Verhalten abgebaut und materielle oder immaterielle Anreize gesetzt werden.

- *Rückkopplungen der Handlungsfolgen.* Dem ökologisch Handelnden müssen die Konsequenzen seines Tuns vermittelt werden. Es muß erfahrbar werden, daß man durch sein individuelles Verhalten die Qualität der Umwelt mitbestimmt. In der Realität sieht sich kaum jemand als Umweltverschmutzer. Die Verantwortung für die Umweltbelastungen werden i.d.R. höheren Instanzen wie Industrie und Politik zugeordnet. Wird die individuelle Verantwortung erkannt, so resigniert der einzelne häufig vor der wahrgenommenen eigenen Einflußlosigkeit. Die konkrete Erfahrung der Wirksamkeit des eigenen Handelns könnte einer wechselseitigen Verantwortungszuschiebung entgegenwirken und zu einem individuell umweltverantwortlichen Verhalten motivieren. Im betrieblichen Kontext käme z.B. die laufende Veröffentlichung ökologischer Initiativen und deren Wirkungen in Werkszeitschriften und Anschlagstellen in Frage.

Sind diese Voraussetzungen gegeben, wird das Individuum von Rechtfertigungszwängen für sein Tun befreit, es bewegt sich innerhalb sozial akzeptierter Verhaltensnormen und erfährt sogar Unterstützung. Ökologisches Verhalten kann dadurch zu einem festen Bestandteil kultureller Sozialisationsprozesse und somit langfristig zu einem gewohnheitsmäßigen Verhalten werden.

Betrieblichen Maßnahmen, die auf eine Sensibilisierung des Personals für ökologische Fragestellungen und auf die Förderung umweltbewußten Verhaltens abzielen, bieten sich somit zwei Ansatzpunkte. Auf der einen Seite geht es um die Ausbildung des individuellen Umweltbewußtseins und seiner Komponenten. Auf der anderen Seite kann der Verhaltensrahmen durch die Gestaltung der strukturellen und kulturellen Bedingungen beeinflußt werden. Beide Ansatzpunkte müssen parallel verfolgt werden. Nur dadurch werden hinreichende Bedingungen für ein verantwortliches Verhalten im Unternehmen geschaffen. Werden z.B. die situativen Voraussetzungen vernachlässigt, so besteht die Gefahr, daß eine eventuell vorhandene ökologische Handlungsbereitschaft nicht nur obsolet wird, sondern auch zu dysfunktionalen Konfliktlagen zwischen Individuum und Organisation führt. Diese Überlegungen machen deutlich, daß es sich um eine langfristige, tiefgreifende und aufeinander abgestimmte Entwicklung von Organisation und Personal handelt. Es kommt darauf an, das individuelle Umweltbewußtsein und -handeln auf normativer (Unternehmensphilosophie und -leitbild), strategischer (Zielsystem) und operativer Handlungsebene (betriebliche Funktionsbereiche, Stellen-, Abteilungsbildung) des Unternehmens zu unterstützen (vgl. Antes, 1992, S. 494 ff.).

Um der hier postulierten integrativen, ökologisch orientierten Unternehmensführung den Boden zu bereiten, ist zunächst an eine schrittweise, additive Ergänzung ablauf- und aufbauorganisatorischer Strukturen zu denken (Bartscher & Krüssel, 1993, S. 218). Die etablierten Strukturen, Instrumente und Ziele bleiben vorerst unberührt, erfahren jedoch eine zusätzliche ökologische Randbedingung. Darauf sollten weitergehende Umgestaltungen aufbauen. So wäre z.B. an eine Veränderung der Machtrelationen, Zuständigkeitsbereiche oder Entscheidungskompetenzen zu denken. Das Personalmanagement könnte hier aufgrund seiner Querschnittsfunktion die Rolle eines Prozeßpromotors übernehmen (vgl. Hauschildt & Chakrabarti, 1988, S.384), der Macht- (z.B. Unternehmensleitung) und Fachpromotoren (z.B. Umweltschutzbeauftragte) zusammenbringt und die sozialen Prozesse lenkt, die mit der integrativen Umsetzung von ökologisch geprägten Innovationen zusammenhängen (vgl. Bartscher & Krüssel, 1993, S.220 f.).

Anforderungen an die Personalentwicklung aus ökologieorientierter Perspektive

Es stellt sich nun die Frage, wie die Personalentwicklung den skizzierten Prozeß unterstützen kann. Es darf nicht darum gehen, „ökologische Revolutionäre" hervorzubringen, die ein destruktives Konfliktpotential in der Unternehmung entwickeln könnten. PE-Maßnahmen sollten sich eher am Leitbild des „kreativen Individualisten" (Schein, 1978, S. 41 ff.) orientieren, der sich mit dem Unternehmen identifiziert, aber gleichzeitig seine konstruktive Kritikfähigkeit bewahrt. Die ökologisch ausgerichtete Personalentwicklung hat somit in enger Verknüpfung und abgestimmter Schrittfolge mit anderen personalwirtschaftlichen Maßnahmen und der Organisationsentwicklung zu erfolgen. Damit kann verhindert werden, daß es zu übergroßen Diskrepanzen zwischen dem individuellen Umweltbewußtsein und den strukturellen und kulturellen Rahmenbedingungen des Verhaltens kommt.

Aus den oben genannten Dimensionen des Umweltbewußtseins und den situativen Voraussetzungen ökologischen Verhaltens läßt sich nun, unter Berücksichtigung betrieblicher Erfordernisse und Besonderheiten, ein Anforderungskatalog für die adäquate Gestaltung von ökologisch ausgerichteten Personalentwicklungsmaßnahmen ableiten. Werte, Einstellungen, Wissen, Betroffenheit und Verhaltensbereitschaft sind auf individueller Ebene als zentrale Bestimmungsfaktoren eines ökologischen Verhaltens identifiziert worden. Auf sozialer Ebene kommen entsprechende Verhaltensangebote, positive Handlungsanreize und Feedback hinzu. An diese Determinanten setzen die Anforderungsdimensionen der Personalentwicklung an. Die Maßnahmen einer ökologischen Personalentwicklung müssen so gestaltet werden, daß sie den verschiedenen Komponenten des Umweltbewußtseins in individueller und sozialer Hinsicht Rechnung tragen, sie vermitteln und stärken. Die Ableitung der Anforderungen und der weitergehende Argumentationsweg werden durch Abbildung 1 dargestellt.

Individuenbezogene Anforderungen an eine ökologieorientierte Personalentwicklung

Die Forderung nach der ökologisch orientierten Wissens- und Informationsvermittlung im Rahmen der betrieblichen Aus- und Weiterbildung hat mittlerweile in den einschlägigen Veröffentlichungen allgemeine Akzeptanz erlangt. Ziel ist es hierbei, die notwendigen Fach- und Detailkenntnisse zu vermitteln, die zur Erfüllung der um ökologische Kriterien erweiterten Aufgabenbereiche erforderlich sind. Als relevante Wissensgebiete und Disziplinen kommen in Abhängigkeit vom Anforderungsprofil der Stellen z.B. naturwissenschaftliche, technische, betriebswirtschaftliche, umweltrechtliche und philosophische Komponenten eines naturschutzbezogenen Fachwissens in Frage (vgl. Schreiner, 1989, S. 306).

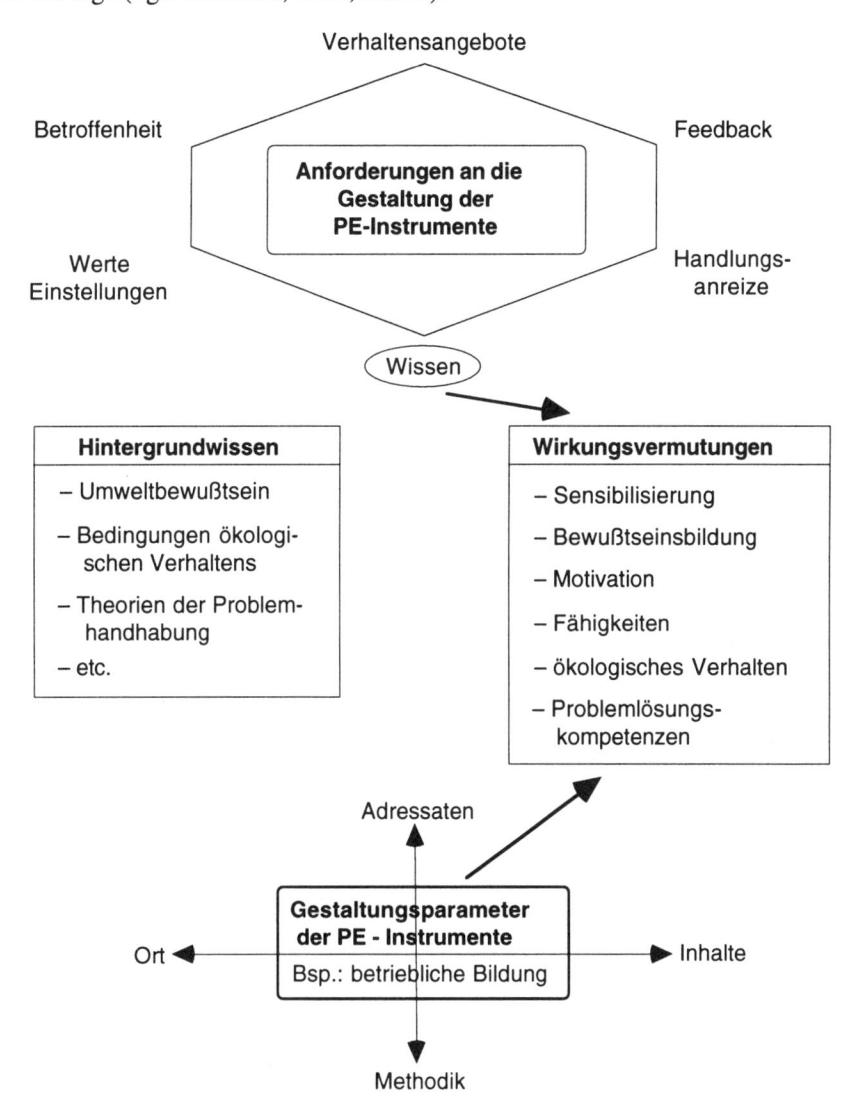

Abbildung 1
Ökologische Anforderungen an die Gestaltung von Instrumenten der Personalentwicklung am Beispiel der betrieblichen Bildung (in Anlehnung an Martin, 1993)

Eine solche Anreicherung der betrieblichen Bildung, die auf eine rein fachliche Befähigung der Mitarbeiter abzielt und die offensichtlich die heutige betriebliche Realität widerspiegelt (vgl. Antes, Steger & Tiebler, 1992, S. 390 ff.), stellt jedoch lediglich ein begrenzt wirksames Maßnahmenbündel dar. Es kann aufgrund der weitreichenden Implikationen eines ökologisch orientierten Wandels des unternehmerischen Handelns und aufgrund der besonderen Charakteristika ökologischer Problemstellungen wie Neuartigkeit, Komplexität, zeitliche Reichweite und Konfliktgehalt (Krüssel, 1996, S. 27 ff.), nicht nur um die Wissensvermittlung in bezug auf die ökologischen Zusammenhänge, die technischen Erfordernisse oder die gesetzlichen Regelungen gehen. Der einzelne muß auch Kenntnisse über die im Unternehmen möglichen Handlungsstrategien und Methoden zur Durchsetzung ökologischer Belange besitzen. Weiterhin müssen Fähigkeiten vorhanden sein, dieses Handlungswissen in individuellen und organisationellen Kontroversen einzusetzen (vgl. Döbler, 1993, S. 34). Die schrittweise, zunächst additive und dann integrative Umsetzung einer ökologischen Unternehmensführung wirkt sich daher z.b. über die mögliche Erweiterung der Aufgabenmerkmale auf allen Hierarchieebenen und aufgrund zu erwartender Widerstände auch auf die Bedeutung sogenannter Schlüsselqualifikationen, sozialer Techniken und Kompetenzen aus.

So kann es zu einer Erhöhung der Aufgabenkomplexität kommen, da durch die Einbeziehung von Umweltaspekten ein neues, zusätzliches Kriterium die Entscheidungsfindung und den Handlungsspielraum determiniert. Weiterhin kommt es aufgrund des raschen ökologischen Wissensfortschritts (z.B. Toxikologie) zu einer Erhöhung der Variabilität und zeitlichen Veränderlichkeit des für die Aufgabenerledigung erforderlichen Wissens. Dies bedeutet, daß Arbeitsabläufe, betriebliche Aufgabenstellungen und Aufgabenträger ständig zumindest latenten Anpassungs- und Innovationserfordernissen genügen müssen. Schließlich weisen ökologische Aufgabenstellungen zwischen Betrieben und auch zwischen den betrieblichen Hauptfunktionen eine z.T. äußerst geringe Ähnlichkeit auf. Die Lösung ökologischer Probleme stellt somit sehr spezifische Anforderungen, die sich kaum über Betriebe und Funktionen hinweg generalisieren lassen. Es gibt deshalb nur beschränkt allgemeingültige Problemlösungsraster (vgl. Antes, 1992, S. 501 f.; Seidel, 1990b, S. 337). Hinzu kommt, daß durch die „potentielle Allgegenwärtigkeit" ökologischer Probleme funktions- und unternehmensübergreifende Anpassungsmaßnahmen erforderlich werden können. Umweltschutz muß also als Querschnittfunktion im Unternehmen begriffen werden. Dies verlangt nach einer interdisziplinären Zusammenarbeit zwischen Funktionen und Betrieben (vgl. Meffert & Kirchgeorg, 1993, S. 17 f.).

Die Umsetzung einer integrativen umweltorientierten Unternehmensführung erzwingt somit in der Konsequenz eine Auflockerung des durch das kartesianische Weltbild geförderten mechanistischen und reduktionistischen Denkens. Komplexe, miteinander nicht-linear verknüpfte und dynamische Phänomene erfordern ein ganzheitliches, systemisches Denken (vgl. Capra, 1983, S. 322). Empirische Untersuchungen zum menschlichen Umgang mit komplexen Problemen weisen auf erhebliche individuelle und kollektive Defizite bei der Problemhandhabung hin (z.B. lineares, reduktionistisches Denken; Vernachlässigung mittelbarer, nicht-intendierter Nebenwirkungen; Generalisierungstendenz; Wunschdenken etc.; vgl. Dörner, 1989, S. 288 ff.; Martin & Bartscher, 1993, S.94 ff.). Aus diesen Gründen gewinnen Schlüsselqualifikationen insbesondere auch im ökologischen Kontext zunehmend an Bedeutung. Hierunter fallen Fähigkeiten wie z.B. Konfliktfähigkeit, Umgang mit komplexen Problemen, vernetztes Denken, Lernbereitschaft, Kreativität, Fähigkeit zu konstruktiver Kritik, Einarbeitungsfähigkeit in neue Probleme, Kommunikations- und Teamfähigkeit.

Eine weitere Bedingung individuellen ökologischen Verhaltens ist in der Existenz entsprechender Werte und Einstellungen zu sehen. Glaubt man den zahlreichen Untersuchungen zum Wertewandel und zur Bedeutung ökologischer Werte und Einstellungen in der Bevölkerung, so könnte man optimistisch sein. Die meisten Umfragen weisen auf eine deutliche Sensibilisierung der Bevölkerung hin (vgl. z.B. Gruner & Jahr AG, 1990, S. 18 ff.; 1995, S. 24 f.). Insbesondere junge Menschen und damit auch potentielle Führungsnachwuchskräfte scheinen in diesem Bereich eine Vorreiterrolle zu übernehmen (vgl. Apitz Image + Strategie GmbH, 1989, Bd. 1, S. 11 ff.; Bartscher & Krüssel, 1993, S. 201 ff.; Nerdinger, 1994, S. 33 ff.). Ökologische Wertedefizite sind dagegen eher bei älteren Führungskräften und beim Führungsnachwuchs mit einer karriereorientierten Berufsorientierung feststellbar (vgl. v. Rosenstiel, 1992, S. 89 ff.). Generell wird der Handlungsbedarf in Sachen Umweltschutz von Managern jedoch als hoch eingeschätzt (vgl. Oberholz, 1989, S. 60).

Die Umsetzung der offensichtlich vorhandenen ökologischen Werte und Einstellungen in manifestes Verhalten hängt jedoch, neben anderen personalen und situativen Faktoren, nicht nur von der Existenz dieser Werte, sondern auch von deren Gewichtung bzw. Position in der individuellen Wertepräferenzstruktur ab. Ältere Manager weisen beispielsweise eher materialistische Wertorientierungen auf (vgl. v. Rosenstiel & Stengel, 1987, S. 97 ff.) und handeln zum größten Teil nach ökonomistischen und konventionalistischen ethischen Denkmustern (vgl. Thielemann, 1992, S. 7 ff.; Ulrich & Thielemann, 1992, S. 6 ff.). Der überwiegende Teil der Manager nimmt keinen grundsätzlichen Konflikt zwischen wirtschaftlichem Erfolgsstreben und ethischen Gesichtspunkten wahr. Sie entwickeln vielmehr ein für sie tragfähiges und rechtfertigendes ethisches Arrangement, bzw. ein besonderes Berufsethos. Der Markt repräsentiert die moralische Vernunft und entlastet den einzelnen von individuellen Verantwortlichkeiten. Die Verhaltensrelevanz durchaus vorhandener ökologischer Werte und Einstellungen wird also zumindest bei etablierten, älteren Managern u.a auch durch konkurrierende und dominierende gesinnungsethische Wertmuster blockiert. Es stellt sich dementsprechend die Aufgabe, die relative Wichtigkeit ökologischer Werte und Einstellungen zu erhöhen und verwandte Wertorientierungen, z.B. verantwortungsethische Denkmuster, zu stärken.

Hiermit sind in erster Linie Aspekte des normativen Managements bzw. der Unternehmenskultur angesprochen. Seidel spricht vor dem Hintergrund der ökologischen Herausforderungen von einem „bitter nötigen Werte-, Einstellungs- und Bewußtseinswandel als zwingende Kulturinnovation" (Seidel, 1989, S. 266). Eine ökologisch ausgerichtete Unternehmenskultur manifestiert sich in Artefakten (z.B. baubiologische Architektur, Belohnungsrituale, Aufstellung von Recyclingbehältern für die Mitarbeiter, neue Formen des Dialogs mit Anspruchsgruppen etc.), in der Einbeziehung des Umweltschutzes in die Unternehmensphilosophie, -grundsätze und -leitlinien sowie in z.B. verantwortungsethischen Grundannahmen (vgl. Meffert & Kirchgeorg, 1993, S. 308; Schein, 1985, S. 9 ff.) Dadurch wird die allgemeine Wertbasis unternehmerischen Entscheidens und Handelns nach innen und außen dokumentiert. Die verhaltensprägende Wirkung hängt schließlich vom Internalisierungsgrad der unternehmensbezogenen Werte in die individuellen Normen- und Wertgefüge ab (vgl. Heinen, 1987, S. 26 ff.). Die ökologisch ausgerichtete Veränderung der gelebten Unternehmenskultur kann man nur als evolutionären, langfristigen Lernprozeß sehen.

Die Personalentwicklung kann unterstützend bei der bewußten Anpassung der Unternehmenskultur wirksam werden. Hierzu kann sie z.B. zunächst versuchen, durch betriebliche Bildungsmaßnahmen, „Schwarze Bretter", Öko-Tage, Werkszeitschriften oder „Ökotheken" den Informationsstand über Lage und Prognose der natürlichen Umwelt, über Wirkungszusammenhänge und Schadensfaktoren zu erhöhen (vgl. Sander, 1994, S. 5 ff.; Winter, 1993, S. 143 ff.).

Die Wissenserweiterung stellt einen ersten Schritt zur Sensibilisierung des Personals dar. Einen weiteren Ansatzpunkt zur Infragestellung geronnener Wertstrukturen bietet die Schaffung von persönlichen Betroffenheitssituationen. Es geht darum, die affektive Signifikanz ökologischer Werte zu steigern, indem der einzelne direkt mit den umweltschädigenden Folgen unternehmerischen und individuellen Handelns konfrontiert wird. Durch die damit erreichbare subjektive, gefühlsmäßige Beteiligung ist man am ehesten in der Lage, Einstellungsänderungen zu bewirken und unreflektierte Gewohnheiten zu durchbrechen. Auch die Bereitschaft, Eigenverantwortlichkeiten wahrzunehmen, kann gesteigert werden (vgl. Meyer-Abich, 1989, S. 8). Umweltrelevante Wertorientierungen müssen somit zu einer ständig erlebten Auseinandersetzung am Arbeitsplatz werden. In diesem Zusammenhang ist z.B. an die Ausdehnung der Themenbereiche von Qualitätszirkeln und Wertanalyse-Teams, an die Durchführung ökologieorientierter Arbeitsplatzunterweisungen oder an die Veranstaltung von Exkursionen und Bildungsausflügen zur Stärkung der gefühlsmäßigen Bindung an die Natur zu denken.

Strukturelle Anforderungen an eine ökologieorientierte Personalentwicklung

Wie oben erwähnt, hängt die Realisierung ökologischen Verhaltens von personalen und situativen Faktoren ab. Die beiden Determinanten bedingen sich gegenseitig. Eine Abstimmung zwischen ihnen hat zu erfolgen, um hinreichende Bedingungen für ökologisches Verhalten zu schaffen und um zu intensive inter- und intrapersonale

Konflikte bzw. kognitive Dissonanzen zu verhindern. Im folgenden wird nun der Frage nachgegangen, welche Ansatzpunkte sich einer ökologieorientierten Personalentwicklung bieten, um auf der situativen bzw. sozialen Ebene ökologisches Verhalten zu fördern. Es wird an die oben identifizierten sozialen Voraussetzungen umweltverantwortlichen Verhaltens angeknüpft: Verhaltensangebote, Handlungsanreize und Feedback.

Der erste Punkt der sozialen Verankerung des Umweltbewußtseins betrifft die ökologiebezogenen infrastrukturellen Angebote innerhalb einer Organisation. Die häufig festzustellenden Differenzen zwischen verbal geäußerten ökologischen Einstellungen und offenem Verhalten können u.a. auf fehlende Verhaltensmöglichkeiten zurückgeführt werden. Sind strukturelle Verhaltensangebote vorhanden, so reduziert sich für den einzelnen der Aufwand, der mit einem entsprechenden Handeln verbunden ist. Die vielen Menschen eigene Bequemlichkeit bezüglich bewußter Verhaltensänderungen kann dadurch durchbrochen werden.

Dies verlangt von der Personalentwicklung die Einrichtung von entsprechenden Informations- und Bildungsmöglichkeiten bezüglich der Erweiterung der ökologischen Wissensbasis, des Erwerbs notwendiger Schlüsselqualifikationen und der Vermittlung von Methoden bzw. Handlungsstrategien. Weiterhin ist an die Bereitstellung konkreter ökologischer Verhaltensangebote zu denken. Einerseits können die bestehenden Instrumente der Personalentwicklung eine additive ökologische Ausrichtung erfahren. Vorstellbar ist hier z.B. die explizite Behandlung ökologischer Themen in Seminaren. Andererseits ist eine Variation der Instrumente erwägenswert. Beispielsweise kann neben die traditionelle Laufbahnplanung eine parallele ökologisch orientierte Fach- oder Projektlaufbahn treten. Diese würde die Karriere- und Nachfolgeplanung in ständigen Expertenteams, ökologischen Problemlösungsgruppen bzw. Ecology Centern regeln. Darüber hinaus ist aufgrund der strukturellen und kulturellen Implikationen insbesondere die Organisationsentwicklung gefordert.

Desweiteren wird die Bedeutung der Existenz von positiven Handlungsanreizen für umweltrelevantes Verhalten in der Literatur betont. Berücksichtigt man die Resistenz gewohnter Verhaltensweisen, so wird deutlich, daß erwünschtes ökologisches Verhalten nur durch massive Handlungsanreize gefördert werden kann und unerwünschtes Verhalten durch negative Sanktionen gehemmt werden sollte. Die Realität sieht leider oft so aus, daß individuelles ökologisches Verhalten im Unternehmen mit hohen persönlichen Kosten verbunden ist (z.B. Geringschätzung als ökologischer Spinner, Reduzierung der Karrierechancen, Mobbing, zeitlicher Aufwand, Rechtfertigungszwänge etc.).

Ein erster Schritt besteht also in der Vermeidung von negativen Sanktionen auf umweltverantwortliches Verhalten im Betrieb. Im nächsten Schritt muß es zur Anpassung betrieblicher Anreiz- und Beurteilungssysteme kommen. Ökologisches Verhalten muß sich für den einzelnen lohnen, da wahrscheinlich für die überwiegende Mehrheit des Personals eine ausreichende innere Befriedigung durch umweltrelevantes Handeln nicht erreicht wird. Es sind somit immaterielle und materielle betriebliche Anreize (z.B. Prämienzahlungen bei Erreichung ökologischer Zielvorgaben wie Energieeinsparungen, Umweltpreise, betriebliches Vorschlagswesen, Image, Anerkennung durch Vorgesetzte etc.) zu schaffen, um intrinsisch motiviertes ökologisches Verhalten noch zusätzlich abzustützen (vgl. Seidel, 1990, S. 339). Gleichzeitig ist die Einführung negativer Sanktionen auf umweltschädliches Verhalten z.B. in Form von betrieblichen Haftungs- und Versicherungsregelungen sowie Disziplinarmaßnahmen erwägenswert.

Der Personalentwicklung bieten sich hier z.b. Optionen im Bereich der Laufbahnplanung. Eine Möglichkeit, Handlungsanreize zu setzen, besteht im Einbezug ökologischer Kriterien bei der Beförderungs- oder Versetzungspraxis. Denkbar ist, den horizontalen oder vertikalen Aufstieg an die obligatorische Teilnahme an umweltbezogene Bildungsveranstaltungen zu knüpfen. Stellenanforderungen an Führungspositionen müßten somit um ökologische Qualifikationen erweitert werden. Ferner könnten ökologische Handlungskompetenzen der Mitarbeiter als Kriterium bei der Potentialbeurteilung und Personalentwicklungskontrolle herangezogen werden. Schließlich sei darauf verwiesen, daß den Führungskräften aufgrund ihrer Vorbild- und Multiplikatorfunktion sowie aufgrund ihrer Sanktionsmacht (Belohnung und Bestrafung) eine Schlüsselrolle bei der Verstärkung ökologischen Verhaltens zukommt. In diesem Zusammenhang sind auch die Instrumente Coaching, Mentoring oder Patenschaft zu nennen. Diese Personen könnten z.B. im Rahmen des Eingliederungs- und Sozialisierungsprozesses junge Führungsnachwuchskräfte (FNK) betreuen, die über ein hohes Umweltbewußtsein verfügen. Die ökologiebewußten FNK könnten bewußt als ökologische Promotoren eingesetzt werden und „innovationsstimulierende Rollen" einnehmen. Die Betreuer hätten hierbei die Aufgabe, über die betriebsspezifischen Handlungsmuster zu informieren; ebenso sollten sie Orientierungshilfen, Aufmunterungen zu ökologischem Verhalten und Feedback geben. Gleichzeitig wären jedoch auch die Grenzen des momentan Machbaren aufzuzeigen. Coach, Mentor oder Pate könnten die Funktion eines möglichen Identifikationsobjektes für die neuen Mitarbeiter übernehmen und somit den Prozeß der inneren Einbindung der FNK im Betrieb erleichtern. Dadurch könnte verhindert werden, daß zu erwartende Frustrationserlebnisse zu destruktiven Konflikten eskalieren (vgl. Bartscher & Krüssel, 1993, S. 220).

Als letzter Punkt der sozialen bzw. situativen Bedingungen des Umweltverhaltens ist die Vermittlung von Rückkopplungen für umweltschonendes Verhalten herauszustellen. Für den einzelnen hat ein solches Verhalten i.d.R. kaum sichtbare Effekte. Insbesondere in stark arbeitsteiligen Organisationen geht der Blick für die indirekt positiven wie auch negativen Auswirkungen individuellen Handelns verloren. Individuen lernen u.a. durch eigene oder stellvertretende Erfahrungen in bezug auf Erfolgs- und Mißerfolgsmuster auf ein gezeigtes Verhalten. Die Konsequenzen individuellen ökologischen Verhaltens am Arbeitsplatz müssen demnach für den einzelnen aufgezeigt werden. Das Individuum könnte dadurch die Wirksamkeit des eigenen umweltbezogenen Verhaltens erkennen. Dies wiederum leistet der Wahrnehmung der Eigenverantwortung für den Zustand der natürlichen Umwelt Vorschub. Desweiteren ist daran zu denken, ökologische Handlungsfolgen zumindest in der näheren Arbeitsumgebung bzw. innerhalb der Arbeitsgruppe öffentlich zu machen. Dadurch erfolgt eine soziale Kontrolle des Verhaltens, und es werden eventuell bei erfolgreichem Verhalten Nachahmungseffekte erzielt (vgl. Spada, 1990, S. 629). In diesem Zusammenhang sind z.B. ökologieorientierte Arbeitsplatzunterweisungen, Informationen zum umweltfreundlichen Materialeinsatz oder Veröffentlichungen in Werkzeitungen über erfolgreiches ökologisches Verhalten im Betrieb in Betracht zu ziehen.

Instrumentelle Gestaltungsparameter einer ökologieorientierten Personalentwicklung und ihre Wirkungsvermutungen

Es stellt sich nun die Frage, wie die oben dargelegten ökologischen Anforderungen bei der Planung konkreter Personalentwicklungsmaßnahmen berücksichtigt werden können. Am Beispiel der betrieblichen Bildung und des Qualitätszirkels soll untersucht werden, wie die Parameter der einzelnen Instrumente (siehe Abb. 1 für das Beispiel der betrieblichen Bildung) gestaltet werden können, um die Mitarbeiter für ökologische Fragestellungen zu sensibilisieren und ökologisches Verhalten im Unternehmen zu fördern. Weiterhin werden Wirkungsvermutungen einer anforderungsgerechten ökologieorientierten Gestaltung der Instrumente geäußert.

Betriebliche Bildung

Die außerbetriebliche wie auch innerbetriebliche Aus- und Weiterbildung spielt unzweifelhaft eine große Rolle bei der Bewußtseinsbildung und Vermittlung ökologisch relevanten Wissens. Es geht hierbei nicht ausschließlich um Fachwissen über ökologische Systemzusammenhänge, rechtliche Regelungen etc. Es müssen aus den o.g. Gründen zusätzlich Schlüsselqualifikationen, Wissen über den Einsatz ökologischer Handlungsstrategien im Betrieb und Methodenkenntnisse vermittelt werden. Es stellt sich bei der Planung der Bildungsmaßnahmen die Frage, wie die Mitarbeitergruppen bezüglich der jeweils notwendigen Bildungsinhalte voneinander abzugrenzen sind. Es ist nicht einsichtig, daß die gesamte Belegschaft in gleichem Maße hinsichtlich ökologischer Aspekte qualifizierungsbedürftig ist. Eine Differenzierung könnte z.B. in bezug auf Berufssparten, Hierarchien und Funktionsbereiche vorgenommen werden. Im folgenden wird die unterschiedliche Konzipierung der Bildungsmaßnahmen für Auszubildende, Führungskräfte und Umweltschutzbeauftragte bzw. -spezialisten skizziert.

Bei Auszubildenden ist die Integration des Umweltschutzes in den Lehrplan und die Ausbildungsordnungen vorzunehmen. Man kann sich hierbei an den bestehenden Berufsstrukturen orientieren, da Umweltschutz als Querschnittsfunktion begriffen werden muß und es kaum Berufe gibt, bei denen der Umweltschutz keine Rolle spielt. Nur in Fällen, in denen die vorhandenen Ausildungsberufe die Aufgabengebiete des Umweltschutzes nicht abdecken können, ist an die Schaffung gänzlich neuer Berufsbilder wie z.B. „Ver- und Entsorger" zu denken (vgl. Stooß, 1993, S. 2; Wandel, 1992, S. 1028). Umweltbewußtsein und umweltrelevante Kenntnisse müssen im Rahmen der Ausbildung zur Grundqualifikation gehören. Es geht dabei nicht unbedingt um die Kenntnisse abstrakter ökosystemischer Zusammenhänge, sondern vielmehr um die Herausbildung eines Bewußtseins für ökologische Problemstellungen in Unternehmen und Gesellschaft. Weiterhin sollten je nach Ausbildungsgang berufsspezifische ökologische Kenntnisse im Vordergrund einer Erweiterung der Lehrinhalte stehen. Ökologisches Fachwissen muß zu einem festen Handlungsbestandteil der verschiedenen Berufe werden (vgl. Hoffmann & Schmidt, 1993, S. 11). Das duale System der Berufsausbildung bietet gute Voraussetzungen, um einerseits tätigkeitsorientiertes ökologisches Wissen zu vermitteln und um andererseits die Relevanz in der Arbeitswelt zu erleben. Es ist dabei notwendig, die konkreten Zusammenhänge zwischen Berufsausübung und möglichen Folgen für die Umwelt aufzuzeigen. Die gängige Frontalmethode des Unterrichts, bei der es in erster Linie um Wissenserweiterung geht, müßte – um eine gefühlsmäßige Betroffenheit zu erreichen – durch direkte Naturerfahrungen ergänzt werden (z.B. Bildungsausflug der Jugendlichen zu Rohstofflieferanten oder einer Mülldeponie; vgl. zu weiteren Beispielen z.B. Winter, 1993, S. 153 ff.; vgl. auch Sander, 1994, S. 7). Darauf aufbauend sollten konkrete Anwendungsbereiche der erworbenen Kenntnisse am Arbeitsplatz erlebt werden (z.B. Auswirkungen verschiedener Arbeitsverfahren und Materialien auf die Umwelt, Relevanz der ökologischen Buchhaltung). Dadurch kann den Auszubildenden vor Augen geführt werden, daß mit eigenem Handeln ökologische Folgewirkungen verbunden sind. Durch die Kombination von fachbezogenem Wissen, Schaffung einer emotionalen Beteiligung und Kenntnis der Handlungsmöglichkeiten am Arbeitsplatz und deren Konsequenzen ist es am ehesten möglich, bei den Auszubildenden den notwendigen Einstellungswandel und die Bereitschaft zu individueller Verantwortungsübernahme und ökologischem Handeln auszubilden.

Eine weitere Zielgruppe für ökologieorientierte Bildungsmaßnahmen stellen die Führungskräfte dar. Ihnen kommt aufgrund ihrer Vorbild- und Multiplikatorfunktion eine große Bedeutung bei der Umsetzung einer ökologieorientierten Unternehmensführung zu. Durch ihr Verhalten bestimmen sie die Glaubwürdigkeit des intendierten umweltverantwortlichen unternehmerischen Handelns nach innen und außen. In erster Linie sind es sie, die eine ökologisch ausgerichtete Unternehmenskultur und die damit verbundenen Werte, Grundannahmen und Artefakte mit Leben zu erfüllen haben. Auch sollten sie Impulse für eine Neuorientierung geben. Umweltschutz ist somit eine originäre Führungsaufgabe (vgl. Antes, 1992, S. 494 ff.; Wandel, 1992, S. 1021 ff.). Auf die Führungskräfte eines Unternehmens kommen durch den geplanten ökologischen Wandel neue Herausforderungen zu. Einerseits erhöht sich aufgrund der Modifikation der Handlungsspielräume und der besonderen Charakteristika ökologischer Probleme im Betrieb die Aufgabenkomplexität. Andererseits ist wegen der Veränderungen, die sich im Spannungsfeld zwischen ökologischen und ökonomischen Erfordernissen abspielen, mit Widerständen und intrapersonalen Konflikten zu rechnen (vgl. Krüssel, 1996, S. 36 ff.).

Daraus leiten sich zwei Aufgabenfelder für die Personalentwicklung ab. Zum einen wird die Relevanz von Schlüsselqualifikationen deutlich. Neben die rein fachlich orientierte Wissensvermittlung, die insbesondere bei den stoffnahen Bereichen wie Produktion, F&E und Beschaffung eine große Rolle spielt, treten erforderliche Fähigkeiten wie vernetztes Denken, Kommunikations-, Kooperations- und Konfliktfähigkeit. Zum anderen wird die Bedeutung der Personalentwicklung bei der Abstützung und Diffusion der Werte unterstrichen, die durch eine ökologische Unternehmenskultur getragen werden. Die zur Anwendung kommenden Methoden der betrieblichen Bildung haben den Anforderungen nach Wertorientierung, Handlungsorientierung, Gefühlsaktivierung und Interdisziplinarität Rechnung zu tragen. Insofern sind insbesondere aktive, partizipative Verfahren am und außerhalb des Arbeitsplatzes sowie Gruppenbildung relevant. Neben traditionellen, eher passiven Vorlesungsmethoden, bei denen es um die fachlich ökologische Qualifikation geht, kommen z.B. Konferenzmethoden (Problemlösungskonferenz, Debatten), kreativitätsfördernde dialogische Methoden, aktualisierte Fallmethoden, Rollenspiele (Durchspielen von besonderen Entscheidungs- und Dilemmasituationen), Planspiele, Projekte, sensitivity training und action learning in Betracht (vgl. Berthel, 1991, S. 253 ff.; Grothe-Senf & Weihrauch, 1993, S. 7). Bei diesen Verfahren sind die Teilnehmer zu aktiver Partizipation und Auseinandersetzung mit den behandelten Problemen, Mitteilnehmern und eigenen Positionen aufgefordert. Diese Verfahren zielen darauf ab, die Anwendung von Problemlösungstechniken zu trainieren, bestehende Werte, Einstellungen und Verhaltensweisen zu verändern, sich in andere Standpunkte hineinzudenken und eigene in Frage zu stellen. Sie sollten, um eine affektive Signifikanz der ökologischen Werte und Einstellungen zu gewährleisten, auf konkrete betriebliche Umweltprobleme Bezug nehmen. Ein solches Umwelterleben sollte eine wirkliche „Betroffenheit" induzieren, die unerläßlich ist, um die ökologische Verhaltensbereitschaft in konkreten Konfliktsituationen zu erhöhen.

Umweltschutzbeauftragte und -experten bilden eine weitere potentielle Adressatengruppe der betrieblichen Bildung. Im Rahmen ihrer Überwachungs- und Beratungsfunktion steht zunächst die Vermittlung umfangreicher fachlicher Kenntnisse im Mittelpunkt der Ausbildung. Aufgrund des raschen ökologischen Wissensfortschritts und der hohen Innovationsrate im Bereich der Umwelttechnologien ist hier eine langfristig orientierte, laufend aktualisierte Fortbildung unerläßlich. Externe Berater und Referenten können hier nützliche Dienste leisten. In Abhängigkeit vom jeweils definierten Katalog der Betätigungsfelder von Umweltschutzbeauftragten und seiner Stellung im Unternehmen spielen ebenfalls soziale Kompetenzen eine Rolle. Beschränkt man sich auf die gesetzlich festgelegten Aufgabenfelder (Gewässerschutz, Abfall, Immissionsschutz), so fungiert der Beauftragte nur als Fachpromotor, der primär technische Kontrollfunktionen wahrnimmt (vgl. Meffert & Kirchgeorg, 1993, S. 292). Die Beauftragten oder Experten haben in der Regel keine Weisungsbefugnis gegenüber der operativen Linie, sondern lediglich eine Beratungskompetenz und ein Vortragsrecht beim Vorstand. Neben der fachlichen Kompetenz müssen sie deshalb in hohem Maße den Anforderungen nach Überzeugungskraft, Teamfähigkeit, interdisziplinärem Arbeiten und Konsensfindung gerecht werden (vgl. Hopfenbeck,

1992, S. 997 ff.; Kroppmann, 1993, S. 9; Krüssel, 1996, S. 271). Darüber hinaus wird im Rahmen eines offensiven Umweltmanagements eine Ausdehnung des Aktionsfeldes gefordert. Beauftragte sollten Umweltschutz als innovative Querschnittsaufgabe sehen, die es bereichsübergreifend zu koordinieren und zu unterstützen gilt. Dem Umweltschutzbeauftragten würde dadurch die zusätzliche Rolle eines Prozeßpromotors zuwachsen. Neben unabdingbaren fachlichen Kompetenzen müssen also auch bei dieser Gruppe Schlüsselqualifikationen vorhanden sein.

Qualitätszirkel

Als weiteres Instrument der Personalentwicklung im ökologischen Kontext bieten sich Qualitätszirkel und deren zahlreiche konzeptionelle Varianten an (z.b. ökologische Problemlösungsgruppe, Lernstatt, Werkstattzirkel, Innovationszirkel). Unter Qualitätszirkeln versteht man i.d.R. moderatorengeleitete, regelmäßig stattfindende Gesprächsrunden in kleinen Gruppen. Die Teilnehmer gehören meistens der gleichen Hierarchiestufe an. Sie besprechen Probleme des Arbeitsbereichs, des Arbeitsumfeldes aber auch Konfliktpunkte in der Zusammenarbeit. Hierbei soll versucht werden, gemeinsame Lösungen zu finden (vgl. Hentze, 1991, S. 327). Die Gruppen bestehen meist aus drei bis zehn Mitgliedern, wobei die Struktur durch drei Elemente bestimmt wird: die QZ-Gruppe mit Zirkelleiter, die Koordinatoren und das Steuerungskomitee. Der Zirkelleiter (Moderator) leitet die Gruppe als „Primus inter pares" (Erster unter Gleichen) an und vermittelt die benötigten Arbeitstechniken. Die Koordinatoren betreuen unterschiedliche Qualitätszirkel, versorgen sie mit Informationen und organisieren den Erfahrungsaustausch. Die Steuerungsgruppe schließlich setzt sich häufig aus Mitgliedern der Unternehmensführung und des Betriebsrates zusammen. Sie repräsentiert den unternehmerischen Willen zur Durchsetzung des Konzeptes.

Waren Qualitätszirkel ursprünglich als Instrument zur Lösung motivationaler Probleme und zur Steigerung der Produktivität und Qualität konzipiert, so zeichnen sich in jüngster Zeit neue Perspektiven für den Einsatz des Konzeptes ab. Diskutiert wird es u.a. als Möglichkeit der „kooperativen Selbstqualifikation" (Wunderer, 1993, S. 239) bzw. der langfristigen Mitarbeiterqualifikation, insbesondere im Hinblick auf neue Anforderungen wie soziale Kompetenzen und extrafunktionale Kenntnisse sowie als partizipative Veränderungsstrategie im Sinne einer geplanten Personal- und Organisationsentwicklung. Weiterhin wird die Eignung des Qualitätszirkels zur Überwindung von Akzeptanzproblemen bei der Implementierung und Gestaltung neuer Techniken thematisiert (vgl. Bungard, 1993, S. 559 ff.).

Das Instrument bietet neben potentiellen Risiken – z.B. Denunziation abweichender Mitglieder, gegenseitige Kontrolle, Verschärfung der Konkurrenzbeziehungen, Entfremdung zwischen Belegschaft und Betriebsrat – die Chance, Teamfähigkeiten, soziale Kompetenzen, zusätzliche fachliche Qualifikationen und die Anwendung von Problemlösungstechniken zu trainieren (vgl. Breisig, 1990, S. 448 ff.). Diese Chancen oder Lernziele werden durch die Einbettung des Lernprozesses in die Gruppe erreicht, d.h. durch die aktive Auseinandersetzung mit eigenen und benachbarten Problemsichtweisen, durch die gemeinsame Suche nach Lösungen und den Austausch von Hintergrundinformationen, die dem einzelnen vorher nicht zur Verfügung standen.

Diese Chancen können auch für ökologische Belange im Unternehmen nutzbar gemacht werden. Der QZ eignet sich zur Förderung umweltbezogenen Verhaltens, wenn durch eine entsprechende Gestaltung den vorher abgeleiteten personalen und situativen Bedingungen ökologischen Verhaltens Rechnung getragen wird. Der Forderung nach Handlungsorientierung und Gefühlsaktivierung ökologischen Lernens kann z.B. durch die Arbeitsplatznähe der Lernprozesse entsprochen werden. Weiterhin ist es möglich, innerhalb der Gruppe die Konsequenzen ökologischen Verhaltens sichtbar zu machen. Dadurch werden Verhaltensanreize geschaffen und der einzelne erfährt ein Feedback für sein Verhalten.

Ferner weisen viele Erfahrungen darauf hin, daß Qualitätszirkel zu einer Aufweichung autoritärer Strukturen und der Durchsetzung kooperativer Führungsstile führen (vgl. Breisig, 1990, S. 451). Dies kann einen positiven Einfluß auf die Kreativität haben und verkrustete Strukturen sowie alte Gewohnheiten und unreflektierte Routinen aufbrechen. Hierbei gilt es, den arbeitsplatznahen Sachverstand der Mitarbeiter auszunutzen. Ökologische Probleme und adäquate Lösungen können am ehesten dort identifiziert werden, wo sie anfallen. Schließlich kann auch die Forderung nach interdisziplinärem Vorgehen bei der Lösung der „allgegenwärtigen" ökologischen Probleme durch eine entsprechende Koordination und Zusammensetzung der unterschiedlichen Zirkel Berücksichtigung finden.

Um das Potential des Qualitätszirkels für ökologische Veränderungen zu nutzen, ist bei konkreten Gestaltungsdimensionen anzusetzen. Grundvoraussetzung ist hier die nötige Aufgeschlossenheit und Sensibilisierung aller Beteiligten für ökologische Probleme im Unternehmen und am Arbeitsplatz. Dies könnte z.B. durch Maßnahmen der betrieblichen Bildung und durch die Schaffung von Betroffenheitssituationen im Rahmen einer ökologischen Arbeitsplatzunterweisung gewährleistet werden. Denkbar ist auch die Durchführung eines Qualitätszirkels, bei dem ökologische Themen vorgegeben werden und das Arbeiten an diesen Problemen – eventuell unter Einbezug externer Umweltexperten – vorab trainiert wird.

Einen weiteren wichtigen Aspekt stellt die ökologisch orientierte Schulung der Moderatoren und Koordinatoren dar. Im Vordergrund sollte hier, neben der Schaffung eines Problembewußtseins, die Vermittlung von Wissen über Handlungsstrategien im Unternehmen und Methodenkenntnisse stehen. Der Moderator hat zwar keine Weisungsbefugnis, kann aber durch eine vorher festgelegte „Dramaturgie" Diskussionsinhalte und -verlauf steuern und/oder beeinflussen (vgl. Breisig, 1990, S. 462). Insofern käme ihm eine wichtige Funktion bei der Bearbeitung ökologischer Themen zu.

Tabelle 1
Instrumente, Gestaltungsanforderungen und Wirkungsvermutungen einer ökologieorientierten Personalentwicklung

Komponenten des Umweltbewußtseins, Bedingungen ökologischen Verhaltens	Anforderungen an die Personalentwicklung	Adäquate Instrumente der Personalentwicklung	Gestaltungsparameter der Instrumente	Wirkungsvermutungen
Werte, Einstellungen	– ökol. Werte – Verantwortungs-ethik – Selbstzuschreibung v. Verantwortlichkeiten	– betriebliche Bildung – Coach, Mentor, Pate	z.B. aktive, partizipative Methoden betrieblicher Bildung: sensitivity training, Fallstudien, Rollenspiele, Ethikseminare	– Sensibilisierung – Bewußtseinsbildung – intrinsische Motivation, „Wollen"
Wissen	– Wissen über ök. Zusammenhänge – ök. Fachwissen – Schlüsselqualifikation – Handlungsstrategien/ Methodenkenntnisse	– betriebliche Bildung – „Ökothek" – Qualitätszirkel	Beisp.: betriebliche Bildung – Zielgruppendifferenzierung – Methodik – Ort – Inhalte	– Sensibilisierung – Informiertheit – Handlungsfähigkeit, „Können"
Umwelterleben	Schaffung einer persönlichen Betroffenheit	– betriebliche Bildung – Qualitätszirkel – ökologische Arbeitsplatzunterweisung	Bsp.: Qualitätszirkel – Moderatorenschulung – Besetzung der Koordinatoren- und Steuerungsgruppe – Themenwahl – Zusammensetzung des QZ	– Sensibilisierung – Wahrnehmung der individuellen Verantwortung – Infragestell. unreflektierter Gewohnheiten
Verhaltensbereitschaft	– persönliche Betroffenheit – ökol. Werte und Einstellungen – Wissensvermittlung – Anreizbildung	– betrieb. Bildung – Qualitätszirkel – Laufbahnplanung – Mentor, Coach, Pate – Anreiz- und Kontrollsysteme	Alle aufgeführten Determinanten des Umweltbewußtseins und der strukturellen Rahmenbedingungen wirken auf die Verh.bereitsch.	ökologisches Verhalten

Tabelle 1 (Fortsetzung)

Komponenten des Umweltbewußtseins, Bedingungen ökologischen Verhaltens	Anforderungen an die Personalentwicklung	Adäquate Instrumente der Personalentwicklung	Gestaltungsparameter der Instrumente	Wirkungs-vermutungen
Verhaltensangebote	Schaffung infrastruktureller Verhaltensangebote – Laufbahnplanung – Stellenbeschrbg.	– betrieb. Bildung – Qualitätszirkel – ökol. Vorschlagswesen	– ökol. Bildungsangebote – ökol. Expertenlaufbahn	Überwindung von Bequemlichkeit
Verhaltensanreize	– Setzung materieller und immaterieller Anreize – Sanktion unerwünschten Verhaltens	– Laufbahnplanung – Qualitätszirkel – Anreiz- und Kontroll-systeme	Bsp.: Laufbahnplanung – ökol. Kriterien bei Personalbeurteilung – ökol. Fachlaufbahn – ökol. Handlungskompetenz als Aufstiegsbeding	extrinsische Motivation zu ökologischem Verhalten
Verhaltensfeedback	Sichtbarmachung der Verhaltenskonsequenzen	– Mentor, Coach, Pate – Qualitätszirkel – Anreiz- und Kontrollsysteme	– Berichtspflichten des QZ – Anleitung der Paten – ‚Schwarzes Brett' – Werkszeitschrift	– Wahrnehmung der Wirksamkeit des eigenen Handelns und der individuellen Verantwortung – Vermittlung von Erfolgserlebnissen – Umweltlernen

Dem Koordinator bzw. der Koordinatorengruppe fiele die Aufgabe zu, die Lösungssuche der häufig bereichsübergreifenden ökologischen Probleme zwischen den verschiedenen Gruppen zu koordinieren, die Zirkel mit Informationen zu versorgen und die notwendigen Ressourcen zur Verfügung zu stellen. Dieser Position wird eine enorme informale Macht in bezug auf das Qualitätszirkelprojekt zugesprochen (vgl. Breisig, 1990, S. 463; Hopfenbeck, 1992, S. 259). Es wäre demnach dafür Sorge zu tragen, daß diese Stelle durch Personen besetzt wird, die ein entsprechendes Umweltbewußtsein und eine ökologische Handlungsbereitschaft mitbringen. In diesem Zusammenhang ist z.B. an den kombinierten Einsatz von Umweltschutzbeauftragten und externen Umweltexperten zu denken, die dadurch in „innovationsstimulierende Rollen" hineinwachsen und mittelfristig ihre Wirkung entfalten könnten (vgl. Krüssel, 1996, S. 272). Externe Umweltexperten bewegen sich außerhalb des alltäglichen „Machtgerangels" und der etablierten hierarchischen Strukturen. Sie sind deshalb eher in der Lage, sich den vorherrschenden Wahrnehmungsmustern zu entziehen und Impulse für Neuorientierungen zu geben.

Die Steuerungsgruppe könnte als Machtpromotor für innovative ökologische Vorschläge auftreten. Sie hätte für eine entsprechende Unterstützung und organisatorische Absicherung bei der Umsetzung ökologischer Verbesserungen zu sorgen. Hier besteht die Möglichkeit der Berufung von Mitgliedern des Topmanagements in das Komitee mit dem Ziel, die Umsetzungsentscheidungen zu forcieren.

Desweiteren sollte eine Vergütung von realisierten ökologischen Gruppenvorschlägen in Betracht gezogen werden. Der Qualitätszirkel darf, gerade wenn es um ökologische Vorschläge geht, nicht als „billiges" Pendant zum betrieblichen Vorschlagswesen gesehen werden.

Schließlich ist auch an die Auswahl der Teilnehmer der QZ-Gruppe zu denken. Eine bereichsübergreifende Zusammensetzung der Zirkel und regelmäßige Konsultationen von Experten würden den besonderen Dimensionen ökologischer Probleme, z.B. Komplexität und Querschnittscharakter, eher gerecht als eine Begrenzung der Teilnehmerzahl auf kleine, isolierte Arbeitsbereiche.

Tabelle 1 verdeutlicht zusammenfassend den Argumentationsweg. Aufbauend auf den Komponenten des Umweltbewußtseins und den situativen Bedingungen ökologischen Verhaltens, wurden zunächst umweltrelevante Anforderungen an die Personalentwicklung formuliert. Im Anschluß daran wurde gefragt, welche Instrumente sich zur Förderung der Dimensionen des Umweltbewußtseins eignen und wie durch Personalentwicklungsmaßnahmen der situative Rahmen für umweltverantwortliches Verhalten im Betrieb verbessert werden kann. Danach wurde erörtert, wie die einzelnen Parameter der in Frage kommenden Instrumente anforderungsgerecht gestaltet werden können, um Mitarbeiter für ökologische Probleme zu sensibilisieren und um ein entsprechendes Verhalten zu fördern. Dies wurde beispielhaft an dem Instrument des Qualitätszirkels und der betrieblichen Bildung illustriert. Schließlich wurden mögliche Wirkungen der Gestaltungsempfehlungen thematisiert.

Schlußbetrachtung

Eine ökologisch ausgerichtete Personalentwicklung hat besonderen Anforderungen nachzukommen. Diese lassen sich aus den personalen Komponenten des individuellen Umweltbewußtseins, den sozialen Bedingungen umweltrelevanten Verhaltens und den besonderen Charakteristika ökologischer Probleme im Betrieb ableiten. Ansatzpunkte bei der Gestaltung der Instrumente der Personalentwicklung zur Förderung ökologischen Handelns bieten sich somit auf der Ebene individuellen Verhaltens (individuelle Werte, Einstellungen, Wissen, Betroffenheit, Verhaltensbereitschaft) und auf der Ebene der strukturellen Rahmenbedingungen des Verhaltens (Verhaltensangebote, -anreize, Feedback). Nur durch die Konsistenz beider Faktoren werden hinreichende Bedingungen für ein umweltverantwortliches Verhalten im Unternehmen geschaffen. Bestehen zu große Diskrepanzen zwischen diesen Faktoren oder eilt die Personalentwicklung gegenüber anderen Instrumenten bezüglich einer ökologischen Umorientierung voraus, so steigt die Gefahr des Entstehens dysfunktionaler intra- und interindividueller Konflikte. Der Prozeß der Umsetzung einer ökologieorientierten Unternehmensführung verlangt somit nach einer engen Abstimmung zwischen Personal- und Organisationsentwicklung.

Hierbei kann eine zunächst additive Vorgehensweise, bei der alle Funktionen und Instrumente auf eine Ergänzung um ökologische Kriterien überprüft werden, sinnvoll sein. Etablierte ablauf- und aufbauorganisatorische Strukturen bleiben vorerst unberührt. Erst im nächsten Schritt kommt es zu tiefgreifenderen Veränderungen, indem z.B. durch strukturelle Veränderungen ökologieorientierte Akteure mit wirkungsvolleren Machtbasen ausgestattet werden (vgl. Krüssel, 1996, S. 267 ff.).

Die Analyse der Möglichkeiten der Personalentwicklung auf der Instrumentenebene zeigt, daß es im Rahmen einer additiven Umsetzung nicht so sehr um die Neukonzipierung von Instrumenten geht, sondern um deren Ergänzung. Die angestrebten Ziele der Sensibilisierung der Mitarbeiter für ökologische Belange im Unternehmen und der Förderung umweltverantwortlichen Verhaltens lassen sich somit zunächst auch im Rahmen der bestehenden Strukturen und Instrumente erreichen. Nur in Ausnahmefällen (z.B. neue Berufsbilder, alternative Laufbahnstrukturen) ist an gänzlich neue Maßnahmen zu denken.

Literatur

Antes, R. (1992). Die Organisation des betrieblichen Umweltschutzes. In U. Steger & G. Prätorius (Hrsg.), *Handbuch des Umweltmanagements* (S. 488-507). München: Beck. – **Antes, R., Steger, U. & Tiebler, P. (1992).** Umweltorientiertes Unternehmensverhalten. Ergebnisse aus einem Forschungsprojekt. In U. Steger & G. Prätorius (Hrsg.), *Handbuch des Umweltmanagements* (S. 376-392). München: Beck. – **Apitz Image + Strategie GmbH (1989).** *Umweltbewußtsein von deutschen Nachwuchsmanagern '89. Repräsentativ-Studie bei BWL-Studenten* (Bd. 1). Düsseldorf: Selbstverlag. – **Bartscher, Th. (1993).** Ökologie und Personalwesen. *Personal, 45* (7), 311-313. – **Bartscher, Th. & Fleischer, H. (1991).** Perspektiven einer ökologisch orientierten Unternehmensführung. Ansatzpunkte für eine adäquate Personalpolitik. *Zeitschrift Führung + Organisation, 60* (6), 440-445. – **Bartscher, Th. & Krüssel, P. (1993)**. Ökologische Werthaltungen bei Führungsnachwuchskräften. Auswirkungen auf die Identifikationsbereitschaft und personalwirtschaftliche Konsequenzen. *Zeitschrift für Personalforschung, 7* (2), 195-227. – **Berthel, J. (1991)**. *Personal-Management: Grundzüge für Konzeptionen betrieblicher Personalarbeit.* Stuttgart: Schäffer-Poeschel. – **Breisig, Th. (1990)**. *Betriebliche Sozialtechniken. Handbuch für Betriebsrat und Personalwesen.* Neuwied: Luchterhand. – **Bungard, W. (1993)**. Qualitäts-Zirkel und neue Technologien. In L. v. Rosenstiel, E. Regnet & M. Domsch (Hrsg.), *Führung von Mitarbeitern. Handbuch für erfolgreiches Personalmanagement* (S. 553-567). Stuttgart: Schäffer-Poeschel. – **Capra, F. (1983)**. *Wendezeit: Bausteine für ein neues Weltbild.* Bern: Knaur. – **Dierkes, M. & Fietkau, H.-J. (1988)**. *Umweltbewußtsein – Umweltverhalten.* Berlin: Selbstverlag. – **Döbler, M. (1993)**. Verhaltensänderung durch berufliche Umweltbildung? In A. Fischer & G. Hartmann (Hrsg.), *Umweltlernen in der beruflichen Bildung. Grundlagen, Perspektiven und Modelle für den kaufmännischen Bereich* (Hattinger Materialien zur beruflichen Umweltbildung, IZBU, Sonderheft 4, S. 27-40). Hattingen: IZBU. – **Dörner, D. (1981)**. Über die Schwierigkeiten menschlichen Umgangs mit Komplexität. *Psychologische Rundschau, 21,* 163-179. – **Dörner, D. (1989)**. *Die Logik des Mißlingens.* Reinbek: Rowohlt. – **Domsch, M. (1993)**. Personalplanung und -entwicklung für Fach- und Führungskräfte. In L. v. Rosenstiel, E. Regnet & M. Domsch (Hrsg.), *Führung von Mitarbeitern. Handbuch für erfolgreiches Personalmanagement* (S. 403-417). Stuttgart: Schäffer-Poeschel. – **Fietkau, H.-J. (1981)**. Umweltpsychologie und Umweltkrise. In H.-J. Fietkau & D. Görlitz (Hrsg.), *Umwelt und Alltag in der Psychologie* (S. 113-137). Weinheim: Beltz. – **Grothe-Senf, A. & Weihrauch, Ch. (1993)**. Umweltschutz-Weiterbildung der Schering AG. *GBU Informationen zur beruflichen Umweltbildung, 3* (2), 6-7. – **Gruner & Jahr AG (1990)**. *Dialoge 3: Codeplan. Orientierungen in Gesellschaft, Konsum, Werbung und Lifestyle* (Dokumentation des Originalfragebogens und der Gesamtergebnisse). Hamburg: Gruner & Jahr. – **Gruner & Jahr AG (1995)**. *Dialoge 4: Gesellschaft – Wirtschaft – Konsumenten. Zukunftsgerichtete Unternehmensführung durch werteorientiertes Marketing.* Hamburg: Gruner & Jahr Sternbibliothek. – **Hauschildt, J. & Chakrabarti, A.K. (1988)**. Arbeitsteilung im Innovationsmanagement. *Zeitschrift Führung + Organisation, 57,* 378-388. – **Hentze, J. (1991)**. *Personalwirtschaftslehre 1.* Bern: Haupt. – **Hillmann, K. (1990)**. Möglichkeiten und Probleme der Herausbildung eines umweltgerechten Verhaltens. In P.-L. Weinacht (Hrsg.), *Umwelterziehung und politische Bildung* (S. 55-68). Würzburg: Ergon Verlag Dietrich. – **Hoffmann, I.-E. & Schmidt, H.-D. (1993)**. Umweltschutz als integrierter Teil der Ausbildung bei der HEW. *GBU Informationen zur beruflichen Umweltbildung, 3* (2), S. 11. – **Hopfenbeck, W. (1992)**. *Allgemeine Betriebswirtschafts- und Managementlehre: Das Unternehmen im Spannungsfeld zwischen ökonomischen, sozialen und ökologischen Interessen.* Landsberg/Lech: Moderne Industrie. – **Inglehart, R. (1980)**. Sozioökonomische Werthaltungen. In C. Graf Hoyos, W. Kroeber-Riel, L. v.Rosenstiel & B. Strümpel (Hrsg.), *Grundbegriffe der Wirtschaftspsychologie* (S. 409-419). München: Kösel. – **Jonas, H. (1987)**. *Das Prinzip Verantwortung.* Frankfurt/M.: Insel. – **Kley, J. & Fietkau, H.-J. (1979)**. Verhaltenswirksame Variablen des Umweltbewußtseins. *Psychologie und Praxis, 23,* 13-23. – **Kroppmann, A. (1993)**. Neues Bildungskonzept für Umweltschutzbeauftragte. *GBU Informationen zur beruflichen Umweltbildung, 3* (2), 9-10. – **Krüssel, P. (1996)**. *Ökologieorientierte Entscheidungsfindung in Unternehmen als politischer Prozeß. Interessengegensätze und ihre Bedeutung für den Ablauf von Entscheidungsprozessen.* München: Hampp. – **Lantermann, E.D. & Döring-Seipel, E. (1990)**. Umwelt und Werte. In L. Kruse, C.F. Graumann & E.D. Lantermann (Hrsg.), *Ökologische Psychologie. Ein Handbuch in Schlüsselbegriffen* (S. 632-640). München: Psychologie Verlags Union. – **Lewin, K. (1963)**. *Feldtheorie in den Sozialwissenschaften.* Bern: Huber. – **Martin, A. (1992)**. *Personalwirtschaftliche Funktionen und Instrumente.* Diskussionspapier, Universität Lüneburg. – **Martin, A. (1993)**. *Arbeitspapier zur Vorlesung/Übung „Personalentwicklung".* Universität Lüneburg. – **Martin, A. & Bartscher, S. (1993)**. Ergebnisse der deskriptiven Entscheidungsforschung. In S. Bartscher & P. Bohmke (Hrsg.), *Einführung in die Unternehmenspolitik* (S. 93-143). Stuttgart: Schäffer-Poeschel. – **Meffert, H. & Kirchgeorg, M. (1993)**. *Marktorientieres Umweltma-*

nagement. Stuttgart: Schäffer-Poeschel. – **Meyer-Abich, K.M. (1989).** *Umweltbewußtsein. Voraussetzungen einer besseren Umweltpolitik.* Berlin: Wissenschaftszentrum Berlin. – **Nerdinger, F.W. (1994).** Die Identifikationsbereitschaft von Führungsnachwuchskräften in umweltorientierten Betrieben. *Umwelt Wirtschafts Forum,* 2 (6), 33-37. – **Oberholz, A. (1989).** Wunsch und Realität. *Wirtschaftswoche, 17,* 60-66. – **Parsons, T. (1976).** *Zur Theorie sozialer Systeme.* Opladen: Westdeutscher Verlag. – **Remer, A. & Sandholzer, U. (1992).** Ökologisches Management und Personalarbeit. In U. Steger & G. Prätorius (Hrsg.), *Handbuch des Umweltmanagements* (S. 512-533). München: Beck. – **Rosenstiel, L. v. (1992).** Der Führungsnachwuchs und die Umwelt. In U. Steger & G. Prätorius (Hrsg.), *Handbuch des Umweltmanagements* (S. 84-104). München: Beck. – **Rosenstiel, L. v. & Stengel, M. (1987).** *Identifikationskrise? Zum Engagement in betrieblichen Führungspositionen.* Bern: Huber. – **Sander, K. (1994).** Ökologischer Wandel bei Wilkhahn: Tisch und Stuhl, Design und Natur. *GBU Informationen zur beruflichen Umweltbildung,* 4 (7), 5-8. – **Schein, E.H. (1978).** *Career dynamics: Matching individuals and organizational needs.* Reading, MA: Addison-Wesley. – **Schein, E.H. (1985).** *Organizational culture and leadership.* San Francisco, CA: Jossey-Bass. – **Schreiner, M. (1988).** *Umweltmanagement in 22 Lektionen. Ein ökonomischer Weg in eine ökologische Wirtschaft.* Wiesbaden. Gabler. – **Seidel, E. (1989).** Ökologisch orientierte Unternehmensführung als betriebliche Kultur- und Strukturinnovation. In E. Seidel & D. Wagner (Hrsg.), *Organisation: Evolutionäre Interdependenzen von Kultur und Struktur der Unternehmung* (S. 261-279). Wiesbaden: Gabler. – **Seidel, E. (1990a).** Implementierung des betrieblichen Umweltschutzes, die Organisation als Schlüsselfrage. In J. Freimann (Hrsg.), *Ökologische Herausforderung der Betriebswirtschaftslehre* (S. 215-231). Wiesbaden: Gabler. – **Seidel, E. (1990b).** Zur Organisation des betrieblichen Umweltschutzes. *Zeitschrift Führung + Organisation,* 59 (5), 334-342. – **Stäudel, T. (1990).** Ökologisches Denken und Problemlösen. In L. Kruse, C.F. Graumann & E.D. Lantermann (Hrsg.), *Ökologische Psychologie. Ein Handbuch in Schlüsselbegriffen* (S. 288-293). München: Psychologie Verlags Union. – **Steger, U. (1990).** Unternehmensführung und ökologische Herausforderung. In G.R. Wagner (Hrsg.), *Unternehmung und ökologische Umwelt* (S. 48-58). München: Vahlen. – **Stooß, F. (1993).** Umweltqualifizierung in der Weiterbildung. *GBU Informationen zur beruflichen Umweltbildung,* 3 (2), 1-3. – **Spada, H. (1990).** Umweltbewußtsein: Einstellung und Verhalten. In L. Kruse, C.F. Graumann & E.D. Lantermann (Hrsg.), *Ökologische Psychologie. Ein Handbuch in Schlüsselbegriffen* (S. 623-632). München: Psychologie Verlags Union. – **Thielemann, U. (1990).** *Schwierigkeiten bei der Umsetzung ökologischer Einsichten in ökologisches Handeln – ein wirtschaftsethischer Orientierungsversuch* (IWE Beiträge und Berichte Nr.51). St. Gallen: Institut für Wirtschaftsethik. – **Ulrich, P. & Thielemann, U. (1992).** *Wie denken Manager über Markt und Moral? Empirische Untersuchungen unternehmensethischer Denkmuster im Vergleich* (IWE Beiträge und Berichte Nr.50). St. Gallen: Institut für Wirtschaftsethik. – **Urban, D. (1986).** Was ist Umweltbewußtsein? *Zeitschrift für Soziologie,* 15 (5), 363-377. – **Wandel, P. (1992).** Umweltbewußtes Management – Personalpolitische Aspekte. In D. Wagner, E. Zander & C. Hauke (Hrsg.), *Handbuch der Personalleitung: Funktionen und Konzeptionen der Personalarbeit im Unternehmen* (S. 1018-1035). München: Beck. – **Winter, G. (1993).** *Das umweltbewußte Unternehmen: Handbuch der Betriebsökologie mit 28 Check-Listen für die Praxis.* München: Beck. – **Wunderer, R. (1993).** *Führung und Zusammenarbeit: Beiträge zu einer Führungslehre.* Stuttgart: Schäffer-Poeschel.

Helmut Volkmann

Die Stadt des Wissens als Stätte der Begegnung: die Inszenierung von Wissen und Auswirkungen auf die moderne Organisation

Einstimmung

Personalentwicklung als Herausforderung und Aufgabe hat viele Facetten. Eine Facette betrifft die Förderung und Weiterentwicklung der richtigen und wichtigen, positiven und vernünftigen Einstellungen der Mitglieder einer Organisation zur Zukunft. Jedes Lehrbuch benennt maßgebliche Faktoren. Viele Tests sind geeignet, das Potential und auch schlummernde Potentiale des einzelnen, einer Gruppe oder auch einer großen Organisation festzustellen. Trainings in vielfältigen Formen versuchen zu helfen, vorhandene Potentiale zu vervollkommnen und schlummernde Potentiale zu wecken und weiterzuentwickeln.

Dennoch sind bei all diesen schätzenswerten Bemühungen einige Probleme zu verzeichnen. Dazu gehören beispielsweise:

– Die Reentry-Problematik nach Abschluß eines erfolgreichen Trainings, wenn die Teilnehmer mit den besten Vorsätzen wieder in den geschäftlichen Alltag zurückkehren und von der Last und Komplexität ihrer Aufgaben und auch den Einstellungen in ihrer Umgebung wieder bedrängt werden.

– Die Problematik der immer knappen Ressourcen an Zeit und Geld, die – auch bei prinzipiellem Verständnis der Umgebung – nicht genügend Spielraum lassen, um das Gelernte zu pflegen und in der Anwendung zu intensivieren.

– Die hektische Dominanz des geschäftlichen Alltags mit der Notwendigkeit der effizienten Erledigung der Aufgaben im globalen Wettbewerb mit dem daraus resultierenden Widerspruch zwischen den verlangten, eingeübten Fähigkeiten einerseits und der in Anspruch genommenen und entfaltbaren Potentiale andererseits.

Kaum jemand verschließt sich in der vernünftigen Auseinandersetzung der Argumentation, daß die Unternehmen und Organisationen für ihre weitere Zukunftsgestaltung im globalen Wettbewerb gerade diese Barrieren überwinden müssen. Aber nur in wenigen Ausnahmefällen gelingt es, die Innovativität gleichberechtigt zur Produktivität zur Entfaltung zu bringen (Champy, 1995). Und die Fortschritte, die gelingen, sind gerade aus Sicht der Personalentwicklung oft unter großen Opfern der Mitglieder der Organisation erkauft.

Schlimm wird es, wenn unter der Flagge des Reengineering und Benchmarking eine Personal- oder weitergehend eine Organisationsentwicklung des Als-Ob betrieben wird, d.h. eine Entwicklung mit partizipativen Ansätzen zur Förderung von Motivation und Teamgeist und zur Erweiterung der Delegation von Verantwortung, an deren Ende einige das Boot verlassen müssen und eine Atmosphäre der Schuldzuweisungen entsteht. Wie gesagt, Ausnahmen bestätigen die Regel, müssen in ihrer langfristigen Wirkung aber auch noch kritisch hinterfragt werden (Piper, 1995).

Auf der anderen Seite muß nicht nur eingestanden, sondern ausdrücklich gefordert und zugestimmt werden, daß die reichen und entwickelten Industriegesellschaften und damit die Unternehmen sich etwas einfallen lassen müssen, wenn diese im globalen Wettbewerb bestehen, d.h. ihre Position sichern und ausbauen wollen. In dieser Richtung fehlt es nicht an Hinweisen, gar an Mahnungen, es mangelt auch nicht an Anregungen und Ideen. Schwächen liegen – auch das ist vielfach betont worden – in der Umsetzung, in der Verschwendung von Zeit und Ressourcen auf dem Wege zum Markt.

Sensibilisierung

Die Verantwortlichen in großen Unternehmen und Organisationen wissen sehr wohl um diese Problematik. Aus der Analyse großer (technischer) Projekte – leider als Projektpathologie nicht konsequent genug betrieben (Zeit- und Ressourcenmangel?) – ist bekannt, worauf es ankommt.

Es ist bei großen (technischen) Projekten eine gesicherte Erfahrung, daß sich frühzeitige und auch systematische Anstrengungen in der Phase der Aufgabenklärung, in die vor allem auch das Management einbezogen wird, positiv auf den weiteren Projektverlauf auswirken:

– Die Projektlaufzeit läßt sich verkürzen.
– Es wird Time to Market gewonnen.
– Die Zahl aufwendiger Änderungsforderungen (change request) wird verringert und es werden dadurch Kosten reduziert.
– Die Qualität der Ergebnisse wird gesteigert und muß nicht über mühsame Nachbesserungen abgesichert werden.
– Gleichzeitig wird das Engagement der Beteiligten intensiviert und trägt so durch Freude an der Arbeit entscheidend zum Erfolg der Innovation bei.

Die wirkungsvolle Freisetzung von Humanpotential ist in der Wirkung sogar ein Vielfaches größer als die notwendige und systematische Nutzung von Methoden und Tools und die Befolgung von Regelungen und Vorschriften. Die Kombination der Entfaltung des Humanpotentials und der Nutzung einer angemessenen, komplexen Systematik ist damit der beste Garant für Erfolg.

Diese Erfahrungen werden trotzdem nicht in ausreichendem Maße beherzigt. Was wäre deshalb die Konsequenz? Die Analyse muß ausgedehnt werden: Nach der

Durchforstung der Wertschöpfungsbereiche Produktion und Verwaltung, im letzten Jahrzehnt in die Entwicklung und Projektierung übergreifend, sind als nächstes Forschung und die Führung selbst auch auf den Prüfstand zu stellen.

Hier treffen die Bestrebungen in verschiedener Weise einen Nerv der Organisationen aus mehreren Gründen:

- Wird die industrielle Forschung – so wie jetzt zu beobachten – in verstärktem Umfange in die Effizienz gedrängt, so sind zwar kurzfristig Erfolge durch Kostenersparnisse zu buchen, langfristig verliert die Forschung jedoch ihren Charakter der Vorsorge als Impulsgeber für die notwendigen Innovationen.
- Wird auf der Führungsebene einseitig – ebenfalls aus Kostengründen – ein streamlining betrieben, das die Zahl der Verantwortungsträger minimiert – wobei nichts gegen die Minimierung der Führungsebenen einzuwenden ist – so wird die Kontrollspanne für die einzelnen Verantwortlichen größer mit der Folge, daß im Hinblick auf die Beschäftigung mit den innovativen Aufgaben noch weniger Zeit und Führungsengagement zur Verfügung stehen.

Die bittere Konsequenz – wenn auch ungern eingestanden – ist, daß die Innovativität der Unternehmen gefährdet wird. Die verhängnisvolle Wirkung verstärkt sich noch, wenn – aus welchen Gründen auch immer – die Aufmerksamkeit der Führung für die Forschung und damit die Innovation verringert wird oder beeinträchtigt ist. Da hilft auch kein „Coaching", da muß das gesamte System auf den Prüfstand. Es ist ein Vorhaben „Verantwortung für die Zukunft" zu initiieren.

Allerdings werden die Beteiligten – bei noch so gutem Wollen – kaum reüssieren, wenn sie sich nicht für das Vorhaben, das sich erst in Umrissen abzeichnet, aber teilweise schon bewußt wird, adäquater Methoden bedienen.

Analyse

Vielleicht geht es bei dem Vorhaben gar nicht um ein Auditing oder Reengineering im bisher praktizierten Sinne: Es muß also nicht das „System" und nicht das Verhalten einzelner auf den Prüfstand, sondern das System muß nur (!) im Kontext „Zukunftsgestaltung" besser und anders als bisher lernen, Erfordernisse zu erkennen und vorhandene Potentiale zu nutzen. Die Analyse wäre möglicherweise gar nicht der Frage zu widmen, wie man in einen „Sumpf" hineingeraten ist, sondern der Aufgabe, wie man mit einem Münchhausen-Trick aus dem Sumpf wieder herauskommt. Der Weg in die Zukunft führt möglicherweise durch einen Sumpf, anders ausgedrückt durch gefährliche Gestade, deren Durchquerung Mut erfordert, weil sie sich nicht umgehen lassen. Auf diesem Wege lernen die Beteiligten zwangsläufig, welche Fähigkeiten und Potentiale sie brauchen, um ans Ziel zu kommen, allerdings auch nur, wenn sie es in einer sich gegenseitig helfenden Gemeinschaft praktizieren. Statt über die Schwierigkeiten an dem einen Ufer des Sumpfes zu lamentieren, ist es besser, wenn die Beteiligten über die Chancen am anderen Ufer „vor- und querdenken", das schließt eine offene Analyse der Beteiligten zum bestehenden, unbefriedigenden Zustand nicht aus, verleiht ihr aber einen anderen Charakter und führt zu anderen Schlußfolgerungen.

Im Rahmen einer solchen Bewertung erhalten beispielsweise große Probleme wie „Arbeitslosigkeit und wettbewerbsfähiger Standort" einen ganz anderen Kontext: Nicht arbeiten müssen ist Zeit zum Lernen. Am anderen Ufer sind die durch höhere Produktivität frei werdenden Mitarbeiter Potentiale der Zukunftsgestaltung.

„Die Botschaft hört ich wohl, allein mir fehlt der Glaube!" „Ist gar nicht der Wunsch der Vater des Gedankens?" Ja! Denn Wünsche heute können Fakten für morgen schaffen. Probleme heute sind – so sarkastisch das klingen mag – Geschäfte für morgen: Problemlösungsgeschäfte!

Die Verantwortlichen müssen wieder durchaus mit der gewissen Naivität von Kindern wünschen lernen, die einen Wunschzettel für den Weihnachtsmann ausfüllen, wohl wissend, daß er nicht alle Wünsche erfüllt. Die scheinbar aufgeklärten Erwachsenen brechen die Auflistung von Wünschen jedoch ab, wenn sie an deren Erfüllung zweifeln.

Im geschäftlichen Alltag sind wir alle – der Verfasser eingeschlossen – Weltmeister im Erfinden, warum etwas nicht geht. Die durchaus bewährte Argumentation „These – Antithese – Synthese" greift aber nicht, wenn nach einem ersten Vorschlag in der Gruppe von der Mehrzahl der Gruppenmitglieder begründet wird, warum etwas nicht geht. Der daraus resultierende Deadlock ist um so größer, desto komplexer die Problem- und Aufgabenstellungen sind. Außerdem führt die Gepflogenheit, eine derart unbefriedigende Konstellation durch Reduktion von Komplexität von Aufgabenstellungen zu bewältigen, meist auch nicht zu einem befriedigenden Erfolg. Die Lösungen erweisen sich nicht als ausreichend stabil, sind kaum konsensfähig und/oder begegnen Akzeptanzvorbehalten. Es gilt das Prinzip der Entsprechung zu beachten:

- Komplexe Problem- und Aufgabenstellungen sind durch Lösungssysteme angemessener Komplexität zu bearbeiten.

Der Weg zu Lösungen ist also nicht unbedingt, die Komplexität der Aufgabenstellung durch Zerlegung zu reduzieren. Bei hoch komplexen Aufgabenstellungen besteht der Lösungsweg darin, die Komplexität des Lösungssystems zu erhöhen. Praktisch gesprochen: Wenn einzelne Probleme als nicht lösbar erscheinen (das erste Ufer), dann bündelt man diese (Sumpf) und wähle zu deren Bearbeitung ein entsprechend komplexes Lösungssystem (das andere Ufer!).

Man stelle daher die Frage nach der Lösung nicht auf der Seite, von der man kommt, sondern erst auf der Seite, zu der man hinwill. Insofern gilt die alte asiatische Weisheit: Das Ziel ist der Weg!

Ein derartiger Lösungsansatz begegnet natürlich Einwänden, die beliebig lange diesseits des Sumpfes diskutiert werden können, sich aber nur jenseits des Sumpfes entkräften lassen oder gar als gegenstandslos erweisen. Gesucht wird daher der wagemutige Unternehmer, der sich auf die Durchquerung des gefährlichen Geländes einläßt, um von der anderen Seite aus neue Perspektiven zu gewinnen.

Die potentiellen Interessenten sollen ja nicht leichtsinnig vorgehen. Im Gegenteil: Sie sollen bestmöglich auf ihrem Wege gesichert und geleitet werden. So wie man mit Turnschuhen nicht auf eine Expedition ins Gebirge geht, sondern sich ausrüstet und sich einen Führer nimmt, so müssen sich potentielle Interessenten für eine gedankliche Zukunftsexpedition ausrüsten, sich Pfadfindern anvertrauen und den Ballast des Tagesgeschäftes hinter sich lassen. Die Pfadfinder werden die potentiellen Interessenten in eine völlig andere Welt führen, zu der und aus der sich einige erste Momentaufnahmen liefern lassen, über die die Wagemutigen mit den am diesseitigen Ufer Gebliebenen dann diskutieren können.

Transzendenz (Grenzüberschreitung)

Es ist alles andere als Altruismus, wenn sich die reichen und entwickelten Industriegesellschaften mit den großen Problemen der Welt beschäftigen. Ihre komparativen Vorteile werden in weniger als einem Jahrzehnt dahinschwinden, weil immer mehr Schwellenländer in die Lage kommen, das bestehende Produkt- und Leistungsspektrum der Industriegesellschaften selbst abzudecken. Ohne Innovationen zur Informationsgesellschaft werden die reichen und entwickelten Gesellschaften ihre Zukunft daher nicht absichern können. Es geht, wie sich aus einer Analyse der Kondratieff-Zyklen ableiten läßt, um fundamentale Innovationen.

Fundamentale Innovationen sind im Vergleich zu den inkrementalen Innovationen des Kleiner, Besser, Schneller, Billiger dadurch charakterisiert, daß zu Beginn des Zyklus die Vorstellungen zu möglichen Applikationen noch vage sind, ein Markt erst erschlossen werden muß und auch technisch neue Kombinationen – weitgehend jedoch auf bekannten Erfindungen basierend – erprobt werden müssen. Gebraucht wird daher ein Lösungssystem, das in der Lage ist, in den Unternehmen und Organisationen zu helfen, fundamentale Innovationen hervorzubringen. Es muß aller Wahrscheinlichkeit nach anders beschaffen sein als ein Lösungssystem für inkrementelle Innovationen.

Gesucht werden die wagemutigen „Erfinder-Unternehmer", die jeweils zum Aufschwung eines Kondratieff-Zyklus fundamentale Innovationen hervorbringen. Gefragt ist der Unternehmer, der bahnbrechende Erfindungen aufspürt und für große Applikationen zu nutzen und umzusetzen versteht. Diese Persönlichkeiten zeichnen sich durch einige besondere Eigenschaften aus:

Der Erfinderunternehmer hat seine Vorstellungen zur Erfindung und deren Nutzbarkeit als Leitbild klar vor Augen, sein unternehmerisches Programm im Kopf, seine

Strategien für sich innerlich formuliert, und er kann im thematischen Dialog zur Sache sich und andere vom Nutzen der Erfindungen und von ihrer Umsetzung überzeugen. Der Erfinderunternehmer arbeitet mit hoher Selbstdisziplin. Er organisiert sich selbst. Sein Wille ist entscheidend. Er braucht Freiraum für Gedanken. Dennoch bedient er sich auch für die Arbeiten im visionären Vorfeld in Gedanken einer systematischen Innovationsmethodik.

Angesichts der Komplexität der Problem- und Aufgabenstellungen ist kaum zu erwarten, daß in Zukunft einzelne Personen die Aufgaben allein bewältigen können, sondern es müssen Teams gestaltet werden, die fähig sind, wie ein Erfinderunternehmer zu handeln. Sie müssen agieren, als ob ein Kopf denkt und handelt, und sie müssen das, was der Erfinderunternehmer in seinem Kopf parat hatte, durch eine geeignete Dokumentation innerhalb der Gruppe und auch nach außen transferieren. Den dazu notwendigen Prozeß gilt es zu organisieren.

Was für Gedanken könnten einen Erfinderunternehmer und sein Team bewegen, etwas Neues zu wagen und ein Leitbild zu erschließen, das an Dritte weitergegeben werden kann? Würden potentielle Interessenten ihn verstehen oder müssen sie zum anderen Ufer aufbrechen, sich in eine andere kontextuelle Position begeben, um über Zukunft nachdenken, vielleicht besser vor- und querdenken zu können?

Ein weiches Signal

Die Frage ist, wie potentielle Interessenten ans andere Ufer gelangen können und was sie dazu motivieren könnte? Vielleicht ein Bericht von einem, der schon mal drüben gewesen ist, der einen „Aufbruch zum Kontinent der Lösungen" gewagt hatte?

„Ich erinnere mich", sagte ein Teilnehmer später zu einem anderen, der nicht mehr dabei sein konnte – vielleicht mußte er dringend abreisen oder er wollte sich noch die Stadt ansehen – „ich erinnere mich", wiederholte der Teilnehmer, „an eine fiktive Meldung (Volkmann, 1991):

Auf den Tag genau wie geplant ist rechtzeitig zum Jahrtausendwechsel am 31. Dezember 1999, 9.00 Uhr, die unter Führung des Alpha-Konsortiums mit einem Kapital von rund 550 Mill. Dollar erstellte Knowledge City in einem Vergnügungsareal im Pazifischen Raum nach nur dreijähriger Bauzeit ans Netz der Breitbandkommunikation gegangen. Die Betreiber sind optimistisch, in schon weiteren drei Jahren eine vollständige Refinanzierung zu erlangen."

„Knowledge City? Eine Wissensstadt, das ist doch eine Utopie, wenn nicht gar Unsinn", meinte der andere. „Wartet es ab", erwiderte der erste. „Es ist ein weiches Signal; man muß es nur zu deuten wissen. Möglicherweise würdet Ihr anders urteilen, wenn Ihr die Illustration *Aufbruch zum Kontinent der Lösungen* gesehen hättet. Eine Illustration wie aus einem Kinderbuch", fügte er noch hinzu.

„Wie aus einem Kinderbuch?" fragte der andere eher ungläubig. „Ja", erwiderte der erste schlicht, „wie aus einem Kinderbuch." „Aber warum denn so eine Kinderei!" rief der andere. „Tja", meinte der erste, „Ihr hättet den Anfang miterleben müssen." Am liebsten hätte er geschwiegen, aber wie sollte er sich ohne Bild mit Schweigen verständlich machen? Etwas schien der andere angesichts der zögernden Antwort aber doch begriffen zu haben, denn er fragte: „Was war denn auf der Illustration zu sehen?"

Begegnung mit einer fremden Welt

Der erste setzte etwa mit folgendem Kommentar ein: „Die Illustration *Aufbruch zum Kontinent der Lösungen* erzählt dem aufmerksamen Betrachter eine Geschichte. Die Geschichte von der aktiven Zukunftsgestaltung und was die Verantwortlichen tun können, um den Kontinent der Lösungen zu erreichen. Wer die Illustration gesehen hat, wird sie nicht vergessen. Eindrücke sind kaum in Worte zu fassen und Dritten schwer zu vermitteln. Einige Hinweise laden vielleicht aber doch ein, den Aufbruch schon zu wagen, zumindest einen Besuch ...". Der andere unterbrach ihn: „Nun erzählt schon", drängte er, „was ist denn auf dem Bild dargestellt?"

Und der erste fuhr fort: „Im Meer der Wissensexpansion mit seinen riffartigen Bedrohungen und gewaltigen Informationsfluten steuern die Kapitäne mit den Schiffen der Problemlösungen einen falschen Kurs. Bei den unausweichlichen Havarien retten sich einige mit dem Rettungsboot ‚lean' und kehren nach Babylon zurück. Und Babylon produziert Probleme in allen Richtungen, und die Problemwolken reagieren mit zunehmendem Blitz und Donner, Unwettern, Erdrutschen und vielfältigen anderen Bedrohungen. Ein tückischer Kreislauf, der unterbrochen werden muß. Warnend schwebt der Ballon mit der Botschaft ‚ein Volk ohne Visionen geht zugrunde' über dem Geschehen. Merkur ruft den einen Vernünftigen.

Spätestens nach der nächsten Havarie – am besten schon vorher – sollten die Beteiligten auch das Rettungsboot ‚keen' nutzen, um zu den in der Zukunft gelegenen Inseln der Hoffnungen und Bedürfnisse gelangen zu können. Dort werden sie weitere Rettungshilfen finden: den Aufklärer, den Satelliten zum Empfang weicher Signale, alles Hilfen, um den Kontinent der Lösungen zu entdecken. Er liegt verborgen hinter der Inselkette der wahren Bedürfnisse. Wenigstens einer muß bis dorthin gelangen, um von dort Orientierungssignale aussenden und die neuesten Erkenntnisse aus der Zukunft in die Gegenwart transponieren zu können (Volkmann, 1994b). Es muß Orientierung gewonnen werden, um den richtigen Kurs zu steuern.

Die aus der Zukunft erlangbaren ‚über den Wolken' produzierten und transferierten Lösungsansätze können in die Wissensstadt gelangen, zu Lösungen aufbereitet und vermittelt werden. Diese Städte des Wissens müssen die Schiffe der Problemlösungen anlaufen, um eine zukunftsorientierte Ladung zu löschen und, mit neuartigen Orientierungen versehen, einen sicheren Kurs zu steuern. Es sind viele weiche Signale zu beachten!"

Interpretationen und Konsequenzen

„Hm", murmelte der andere vielsagend, als der erste geendet hatte. „Verwegen, so eine Darstellung, aber interessant. Die Zustände der Gesellschaft und die Wege, etwas völlig Neues zu wagen, durch eine Darstellung wie in einem Kinderbuch zu veranschaulichen." Der erste nickte zustimmend und wollte noch hinzufügen, daß Merkur, der Götterbote, versucht hat, im Auftrage der Götter den einen Vernünftigen zu finden, um die Botschaft der Götter für das Leitbild *Städte des Wissens als Stätten der Begegnung* zu überbringen. Aber er kam nicht mehr dazu.

„Ungewohnt, sehr ungewohnt", setzte nämlich der andere wieder an, nachdem er es nochmals überdacht hatte, „auf die Botschaft werden Menschen sehr verschieden reagieren. Es kommt ein bißchen auf deren persönliche Veranlagung an." „Ihr habt recht", erwiderte der erste, „es ist ja vor allem auch eine sehr unbequeme Wahrheit, die jeden einzelnen und die Verantwortlichen tangiert!" „Wie meint Ihr das?" fragte der andere.

Und der erste fuhr fort: „Möglicherweise sind Kinder die ersten Gründer der Wissensstädte, weil sie die Erwachsenen, die ihr Wissen anhäufen und in sinnentleerten Zusammenhängen artikulieren, nicht mehr verstehen. Kinder bauen sich ihre eigene Welt. Sie besitzen noch die Phantasie dazu, die den Erwachsenen mit Ausnahme der Künstler mehr und mehr abgeht. Kinder werden ganze Wissenslandschaften mit vielen Städten entwerfen, in denen die Visionen zur Zukunft wachsen und gedeihen können.

Zwar rufen Wirtschaft und Politik nach Visionen, aber die Verantwortlichen sind im harten Tagesgeschäft und im Alltag der Politik nicht in der Lage, nehmen sich zumindest nicht die Zeit, Visionen zu erkennen und zu erleben und auszugestalten, geschweige denn eigene zu entwickeln. Das muß sich ändern (Volkmann, 1993b) und das wird sich mit Hilfe der Wissensstädte auch ändern lassen (Volkmann, 1995b).

Denn jeder Mensch ist kreativ bis ins hohe Alter hinein. Die kreativen Kräfte müssen nur geweckt werden (Beuys). Es werden, bedingt durch die großen globalen Herausforderungen der Welt, Wissensstädte entstehen müssen, um die Information zur Bewältigung von Komplexität überhaupt noch beherrschen zu können. Die Gesellschaft braucht Visionen, keine Ideologien (Volkmann, 1993a). Und die notwendige Phantasie läßt sich durchaus mit Systematik mobilisieren.

Kinder sind große Entdecker der Realität. Sie sehen auf einer Zeichnung eines komplexen Sachverhaltes Einzelheiten und Zusammenhänge, die ein Erwachsener zunächst gar nicht wahrnimmt. Erst die Fragen des Kindes lassen ihn gewahr werden, was man auf einer ‚kindlichen Zeichnung' oder einer Zeichnung für Kinder alles sehen und im Geiste erleben kann.

Mit Hilfe einer solchen Bilderbuchillustration soll der Besucher in die Wissenslandschaften mit den Wissensstädten geführt – wenn es sein muß, vielleicht sogar entführt werden!" Und er setzte noch hinzu: „Kinder werden nicht zögern zu fragen, was sich hinter den Nummern auf der Illustration vom Kontinent der Lösungen verbirgt, sich möglicherweise erkundigen, ob es sich um einen Adventskalender handelt." „Und was steckt dahinter?" fragte der andere. „Ein Hypersystem", erwiderte der erste, „mit einer Reihe weiterer Analysen zum Verständnis des Leitbildes *Städte des Wissens als Stätten der Begegnung,* „und", fügte er noch hinzu, „eine Einladung, die erste Wissensstadt zu besuchen. Sie heißt übrigens XENIA, wie ich dem Prospekt entnehmen konnte (Volkmann, 1994a). XENIA, Wissensstadt am Wege zur Informationsgesellschaft."

„XENIA, die Gastliche?" wurde der andere jetzt lebendiger, „auch die Gastgeschenke, aber im Wortstamm auch das Fremde beinhaltend?" Und kommentierend fügte er hinzu, „ein Symbol für die Gratwanderung zwischen dem Fremden und der Erwartung des Gastlichen beim Aufbruch zum Kontinent der Lösungen? Von XENIA würde ich gern mehr erfahren!" (Volkmann, 1996). Soweit eine kleine Begegnung zweier Teilnehmer eines Kongresses, die Unterschiedliches erlebt hatten.

Was wäre mit einer solchen Illustration denn nun ganz konkret gewonnen? Antwort: Nichts, zumindest keine unmittelbaren Lösungen. Es wäre lediglich ein Kontext problematisiert, in dem die reichen und entwickelten Informationsgesellschaften in Zukunft agieren könnten, und es werden Deutungen geboten, die sich für die ersten Pfadfinder zu einem Leitbild verdichtet haben. Es lautet:

> Die Wiederbelebung der Polis
> mit den Städten des Wissens
> als Stätten der Begegnung.

Es ist ein Leitbild, das sich aus einem Prozeß heraus, nämlich der Durchquerung der Sümpfe oder dem Aufbruch zum Kontinent der Lösungen ergeben hat. Interpretationsbedürftig, aber auch ausgestaltbar. Es wird eingeladen, das Potential auszuloten.

Occasionen ...

Dazu dient das Atelier für Innovatoren. Der, der zuerst skeptisch war, ist der Einladung gefolgt. Als potentieller Interessent hat er später anderen Impressionen zum Aufbau und zur Arbeitsweise eines Ateliers für Innovatoren in XENIA, der Wissensstadt am Wege zur Informationsgesellschaft, vermittelt.

„Wir haben uns in einer großen Halle von etwa 1.000 qm versammelt. Es waren nahezu 100 Beteiligte aus allen Schichten der Gesellschaft. Irgendwie hat es ein wagemutiger Erfinderunternehmer geschafft, Wissenschaftler und Führungskräfte, Politiker und Verwaltungsbeamte, Künstler und Philosophen, einige Spinner und Querdenker, auch Laien und Betroffene von Problemen für eine Zukunftsexpedition zusammenzubringen.

Es muß eine alte Fabrikhalle gewesen sein, die er für die Zwecke der Gedankenexpedition hat ausgestalten lassen. Unter der Hallendecke war noch der alte Kran zu sehen, sogar betriebsfertig, wie sich später herausstellte. Die alten Maschineninstallationen, die sich über mehrere Ebenen erstreckten, waren zu Arbeitsplattformen für Gruppenarbeiten bis zu 20 Personen hergerichtet worden. Aber der alte Verwendungszweck der Halle war nicht unmittelbar erkennbar.

Der erste Eindruck, als wir die Halle betraten, war ein ganz anderer. Das Erscheinungsbild war andeutungsweise und in Miniaturen wie eine Stadt hergerichtet. Die Arbeitsplattformen repräsentierten die Stadtviertel, acht an der Zahl. Auf der Basisebene befand sich das Forum, wo sich das Plenum während des folgenden Prozesses immer wieder versammelte.

Der Unternehmer, der eingeladen hatte, gab nur eine kurze Einführung. Er hieß uns willkommen in XENIA, der Wissensstadt am Wege zur Informationsgesellschaft. Das Atelier für Innovatoren, sagte er, befände sich im Stadtviertel der Inszenierung am Platz der Zukunft. Wenn wir die Computer benutzen würden, dann würden wir nicht nur XENIA, sondern ein ganzes Netzwerk von Wissensstädten besuchen können. Wofür die Besuche dienlich wären, ergäbe sich aus unserer Arbeit, die wir selbst zu organisieren hätten. Die baulichen Ensembles der Wissensstadt XENIA seien auf den Arbeitsplattformen als abstrakte Wissensarchitekturen repräsentiert. Wir würden schon sehen, was wir dort an Wissenswertem finden würden und gebrauchen könnten. Im übrigen könnten wir die in den Stadtplänen der Stadtviertel angegebenen Gebäude über die Computersimulationen auch betreten. Wir würden dort auch Informationen zu den Themenschwerpunkten finden, für die in jedem Stadtviertel eine Redaktion verantwortlich sei und wo wir unser Wissen einbringen könnten.

Das Vor-Bild der Stadt habe er für die Ausgestaltung des Ateliers – im übrigen in einer ästhetisch gelungenen Komposition, fast einem Gesamtkunstwerk vergleichbar, flocht der, der dabeigewesen war und alles erlebt hatte, ein – gewählt, weil die Stadt für jeden eine vertraute Umgebung repräsentiert: Man wisse, wo man was erledigen und besorgen könne.

XENIA umfasse acht Stadtviertel. Jeder von uns könne sich für die Mitwirkung in einem Stadtviertel entscheiden, ganz nach persönlicher Präferenz. Später könne man in Abstimmung mit anderen auch umziehen. Jedes Stadtviertel sei für die Erarbeitung eines Hauptdokumentes verantwortlich, die gebraucht werden, um fundamentale Innovationen zu erschließen, zu erarbeiten und zu vermitteln. Nähere Informationen würden wir in den Stadtvierteln finden. Außerdem erhielte jeder von uns ein Arbeits- und Methodenhandbuch.

XENIA, die Wissensstadt am Wege zur Informationsgesellschaft, läge übrigens in einer reizvollen Umgebung. Abstecher und Ausflüge in die nähere und weitere Umgebung seien zu empfehlen. Wir würden schon sehen, wann und warum es lohnt.

Damit seien wir mit dem Raum fürs erste vertraut, sagte der Unternehmer. Was die Zeit anbelange, so würde ein achtfach getakteter Prozeß ablaufen. Jedes Stadtviertel hätte für ein sogenanntes Makro-Prozeß-Stadium die Federführung zu übernehmen. Wir würden daher nicht gleich mit der Arbeit an den Hauptdokumenten beginnen und auch nicht jede Gruppe für sich arbeiten, sondern alle als Groß-Gruppe miteinander arbeiten und lernen. Innerhalb jedes Stadiums würden wir uns auch im Forum zum Plenum versammeln. Er forderte uns auf, mit der Arbeit zu beginnen, und meinte nur, in einer guten Woche müßte die Zukunftsexpedition durchführbar sein. Wir sollten selbst das Tempo bestimmen. Handeln müßten wir jetzt!"

... und Optionen

„Und Ihr seid ohne Fragen und Widerspruch an die Arbeit gegangen?" fragte ein Gesprächspartner den, der dabeigewesen war und alles erlebt hatte, ungläubig. „Da hätte doch erst das ganze System erklärt werden müssen und die Ziele der Arbeit hätten vorgegeben werden müssen und ..."

„Wir sind gleich an die Arbeit gegangen", unterbrach der, der dabeigewesen war und es erlebt hatte. „Wir waren ja alle irgendwie schon am anderen Ufer und neugierig, was uns erwarten würde. Wir wollten das XENIA-System einfach ausprobieren." „Und was hat das mit den Makro-Prozeß-Stadien auf sich?", wollte ein anderer wissen. „Damit haben wir uns in jeder Gruppe zuerst auseinandergesetzt", antwortete der, der dabeigewesen war und es erlebt hatte. „Es war im Grunde genommen ganz einfach. Jedes Prozeßstadium wurde am Anfang durch eine ganz einfache Frage repräsentiert. Zur Bearbeitung und Beantwortung der Frage standen vielfältige Hilfsmittel zur Verfügung."

Der, der dabeigewesen war und es erlebt hatte, versicherte sich der Aufmerksamkeit seiner Zuhörer und fuhr dann in seinen Erklärungen fort: „Zunächst waren wir mit zwei Fragen konfrontiert: Was ist los (Makro-Prozeß-Stadium *Sensibilisierung*)? und warum ist/warum wird was geschehen (Makro-Prozeß-Stadium *Analyse*)? Wir waren uns in der Beantwortung und Aufbereitung dieser Fragen relativ schnell einig und wollten uns schon, wie gewohnt, der Frage des Soll-Zustandes widmen, sahen uns dann aber konfrontiert mit der Frage: Was wollen wir überhaupt (Makro-Prozeß-Stadium *Transzendenz*)? Wir merkten schnell, daß die Beantwortung dieser Frage uns nützte, in die Umgebung von XENIA aufzubrechen. Anhand der Landkarte konnten wir uns gut orientieren. Es gab unendlich viel Neues zu erkunden, von dem nicht immer gleich klar war, wieso es nützlich sein könnte. Aber die gute Stimmung trieb die Gruppe weiter und immer weiter.

Im nächsten Makro-Prozeß-Stadium *Okkasionen und Optionen* mit der Frage: ‚Was können wir wagen?' wurde klar, daß wir das, was wir in der Umgebung in Erfahrung gebracht hatten, auf Brauchbarkeit ohne Rücksicht auf Machbarkeit durchzuarbeiten hatten. Wichtig war, das Wünschenswerte und Erstrebenswerte zu erkennen. Dieses war zu dokumentieren.

Bei dieser Arbeit waren wir aber auf die Kooperation mit den benachbarten Stadtvierteln angewiesen. Einerseits konnten wir dort Fragen und Wünsche positionieren, andererseits mußten wir den anderen Antworten und Vorschläge liefern. Diese Arbeit setzte sich bis ins nächste Stadium *Resultierende* fort."

„Ein eigenartiger Name", warf einer ein. „Nicht, wenn man ihn im Kontext der Folge der Stadien betrachtet", erklärte der, der dabeigewesen war und alles erlebt hatte. „Das nächste Stadium heißt nämlich *Innovationen*.

Wir merkten – und bekamen auch zu der Vorgehensweise ausreichend methodische Erklärungen seitens der uns begleitenden Moderatoren – daß nach einer Ausweitung der Komplexität bis zum Stadium *Transzendenz* die Komplexität jetzt wieder schrittweise eingeengt wurde. Es wurde mit jedem weiteren Stadium konkreter und immer konkreter. Das Arbeits- und Methodenhandbuch enthielt viele brauchbare Hinweise zu Teildokumenten und Meilensteinetappen.

In immer stärkerem Maße waren die Vorgaben aus dem Viertel der Führung zu beachten. Im Prozeßstadium *Transfer-Vorbereitung* erfolgte der Abgleich mit den Ressourcen unter besonderer Berücksichtigung des Humanpotentials. Schließlich im achten Prozeßstadium *Entrepreneur*, das der Evaluation und Integration unter Federführung des Viertels der Führung gewidmet war, formten sich die Erkenntnisse und Ergebnisse zu einem Ganzen. Es folgte der Abschluß im Plenum."

Resultierende Innovationen

„Und was ist jetzt dabei herausgekommen und was waren überhaupt die Ziele der Arbeit?" insistierte einer, der sich auch schon vorher kritisch zu Wort gemeldet hatte. „Wir haben parallel drei Zielsetzungen verfolgt", antwortete der, der dabeigewesen war und es erlebt hatte, „die uns in ihrer Kopplung und in ihren wechselweisen Befruchtungen auch erst im Laufe des Prozesses klar geworden sind." Er hielt kurz inne, um die Aufmerksamkeit nochmals zu konzentrieren, und fuhr dann fort:

„Zum besseren Verständnis möchte ich noch einmal die Probleme in Erinnerung rufen, die sich in komplexen Innovationsprozessen zu Hindernissen auftürmen: Komplexität und Zielunsicherheit, Widerstände gegen Wandel, Vorurteile und mangelnde Übereinstimmung im Kontext von Bewertungen, Dominanz von Expertise (not invented here) einerseits und mangelnde Kenntnis über vorhandenes Wissen – das Rad wird hier noch einmal erfunden – andererseits, Entscheidungsverschleppung und Zielschwund, mangelnde Berücksichtigung der wahren Bedürfnisse der Betroffenen, inkrementelles Streben nach Lösungen, die bei komplexen Aufgabenstellungen mit vielen Nachbesserungen verbunden sind oder den Kern eines Problems überhaupt nicht treffen, Schwierigkeiten bei der Durchsetzung, mangelnde Vorsorge für Akzeptanz, um schnell zu Erfolgen mit Breitenwirkung zu kommen."

Viele der Zuhörer signalisierten Bestätigung. „Und wie ist es Euch ergangen?", erkundigte sich ein Dritter. „Nun", antwortete der, der dabeigewesen war und es erlebt hatte, „wir haben zunächst gelernt, alle diese Probleme am praktischen Fall unserer Aufgabenstellung zu erkennen und mit ihnen umzugehen, ohne daß wir gleich kämpferische Positionen bezogen haben. Ein Teil der Probleme erledigte sich von selbst, weil die Entscheidungsträger, aber auch die Betroffenen von Anfang an dabei waren. Durch systematisches Arbeiten auf der unternehmerisch-strategischen Ebene haben wir viel Zeit gewonnen, wertvolle Zeit auf dem Wege zum Markt und der Anwendungen. Wir haben gleichzeitig unsere eigene Innovativität, unsere Fähigkeiten beim Umgang mit komplexen Innovationen, weiterentwickelt. Das ist ein wertvolles Investment für weitere Innovationen.

Für unseren praktischen Fall, und damit komme ich zu der zweiten Zielsetzung, haben wir einige höchst originelle Lösungen erreicht, auf die wir ohne diese Arbeitsmethodik wahrscheinlich nicht gestoßen wären." „Was war das für ein Fall?", erkundigte sich einer. „Es ging", erklärte der, der dabeigewesen war und alles erlebt hatte, „um ein generelles Konzept zu Sanierungsarbeiten in Großstädten. Wen weitere Einzelheiten interessieren, den möchte ich einladen, unseren Informationsmarkt zu besuchen." Einige schauten sich an und gaben allein schon so ihr Interesse zu erkennen.

„Tatsache ist", fuhr der fort, der dabeigewesen war und alles erlebt hatte, „daß Probleme, die isoliert nicht lösbar erschienen, im Verbund einen ganz anderen Lösungszugang erfahren haben. Eine Facette betreffend wurde auf dem Treffen sogar ein Simulationsmodell für Demonstrationszwecke erarbeitet. In der Richtung derartiger Konkretisierungen ist das Potential noch längst nicht ausgeschöpft.

Unser Anliegen war, den praktischen Fall so weit durchzuarbeiten, daß die weiteren politisch-unternehmerischen Anstrengungen in der Breite von Unternehmen und Kommunen unter Einbeziehung der Bürger weiter verfolgt werden können. Eine gute Basis für die weitere Arbeit ist die erarbeitete Dokumentation. Sie ist – auch dank informationstechnischer Unterstützung – während des Prozesses den methodischen Vorgaben entsprechend angefertigt worden. Sie enthält verbindliche Verabredungen der Beteiligten zur Fortführung der Arbeiten. Sie ist ein Satz von Dokumenten, der von allen potentiellen Interessenten für ihre Zukunftsgestaltung genutzt und in weiteren Durchgängen angereichert werden kann. Zu diesen sogenannten Hauptdokumenten gehören:
- ein von allen akzeptierter Aufgaben- und Problemaufriß (Stadtviertel der Annäherung),
- das Kontextszenario *Wissen und Information 2015,* bezogen auf das Jahr mit dem Höhepunkt im fünften Kondratieff-Zyklus (Stadtviertel der Kontexte),
- ein Szenario zu wünschenswerten Applikationen in ausgewählten Gestaltungsfeldern der Gesellschaft (Stadtviertel der Zukunft),
- das Leitbild *Die Wiederbelebung der Polis mit den Städten des Wissens als Stätten der Begegnung* (Stadtviertel der Inszenierung),

- das Handlungsszenario mit alternativen Betrachtungen zu wahrscheinlichen Entwicklungen und Gestaltungsspielräumen (Stadtviertel der Märkte und Kooperationen),
- ein Portfolio für Innovationen mit mehreren Realisierungsrichtungen (Stadtviertel der Wertschöpfung),
- Leitvorhaben zu den Gestaltungsfeldern, beispielhaft angerissen, Leitvorhaben für die Anlage und Gestaltung, die Organisation und den Betrieb, von Wissensstädten in virtueller Realität, Vorschläge zur Einrichtung und Gestaltung von Ateliers für Innovatoren,
- teilweise heruntergebrochen auf sogenannte robuste Objekte ganz konkreter Art wie Informationsanlagen und Wissensarchitekturen, innovative Dienste und Wissensbanken betreffend,
- die Planungen für den erfolgreichen Transfer (Stadtviertel der Potentiale und Methoden),
- ein unternehmerisches Programm, das jeder potentielle Interessent für seine Zwecke weiter ausdifferenzieren muß (Stadtviertel der Führung).
- Zu allen Aufgabenkomplexen, wie sie dokumentiert sind, gibt es klar umrissene Aktionspläne für die potentiellen Interessenten.

Gleichzeitig wurde eine dritte Zielsetzung verfolgt. Die Dokumente wurden nämlich in einer Form aufbereitet, daß sie als *immaterielle Waren* weiterverwendet werden können. Einerseits im Rahmen des Transfers der Ergebnisse für erweiterte Kreise von Beteiligten und Betroffenen, andererseits als Input in weiteren Innovationsprozessen. Wir sind noch einen Schritt weitergegangen. Wir haben unter Nutzung von brauchbarem Vorhandenen die Repräsentation der Erkenntnisse und Ergebnisse in Form einer Wissensstadt angelegt und gestaltet, die speziell dem eigenen praktischen Fall gewidmet ist. Ich kann nur noch einmal wiederholen: Alle potentiellen Interessenten sind eingeladen, den dort veranstalteten Informationsmarkt zu besuchen.

Diese Zielrichtung der immateriellen Waren eröffnet noch weitere Optionen. Die, die dabeigewesen sind, werden weitere Arbeiten an dem Innovationskomplex durchführen. Es werden detaillierte Konzepte, rechenhafte Modelle, Software und Animation für Applikationen und weitere Unterlagen für Training und Transfer entstehen. Diese Wissensobjekte werden in die Wissensstadt eingebracht. Gestaltung und Nutzung der Wissensstadt werden auf erwerbswirtschaftlicher Grundlage organisiert.

Last not least erfolgte eine Überprüfung und Bewährung des XENIA-Systems, so wie ich es Euch geschildert habe, und eine Verfeinerung der Kartenwerke für die Gedankenführungen, für die thematischen Schwerpunkte und den Prozeßverlauf.

Abschließend kann ich daher als Zielsetzungen für die Arbeit in einem Atelier für Innovatoren zur Erschließung, Aufbereitung und Vermittlung fundamentaler Innovationen zusammenfassen. Es sind drei Zielsetzungen zu verfolgen:

1. Erarbeitung einer Lösung zu einer Aufgabenstellung in einem Gestaltungsfeld unter Beteiligung vieler, möglichst zu einer fundamentalen Innovation für den Aufschwung im fünften Kondratieff-Zyklus.
2. Aufbereitung und Vermittlung von Wissen zu dieser Innovation, nach Möglichkeit in Form einer Wissensstadt, wobei Wert darauf gelegt wird, mehrfach weiter verwendbare Wissensbausteine zu generieren, sozusagen Halb- und Fertigfabrikate an Wissen über den Rohstoff Wissen hinaus, um somit bestmöglich brauchbares Vorhandenes zu verwerten.
3. Weiterentwicklung der Innovativität des Gelernten und der gemachten Erfahrungen, was zu neuen und weiterentwickelten methodisch-didaktischen Bausteinen führt, die in den Ateliers für Innovatoren eingesetzt werden, bis hin zur Anlage und Gestaltung weiterer Ateliers in anderen Wissensstädten.

Die gewonnenen Wissensbausteine und die Weiterentwicklung der Innovativität sind für die beteiligten Unternehmen und Organisationen große und auch rentable Investitionen in alle weitere Innovationsprozesse. Diese werden in der Originalität der Lösungen befruchtet (Effektivität) und in ihrer Abwicklung beschleunigt werden können (Effizienz)."

Transfer

„Welche Erfahrungen habt Ihr mit der Veranstaltung des Informationsmarktes gemacht und wie haben sich die eingangs geschilderten Schwierigkeiten überwinden lassen?", fragte einer, der dieses Dokument studiert und die Sensibilisierung und Analyse in Erinnerung hatte. „Ich fürchte, durch die Einbeziehung der Betroffenen in die Arbeit im Atelier für Innovatoren hat sich die Schnittstelle der Problematik doch nur verlagert."

„Das kommt darauf an", erklärte der, der dabeigewesen war und alles erlebt hatte, „wie der weitere Transfer gestaltet und organisiert wird. Vor allem wirkt sich das Erleben des Informationsprozesses in der Gemeinschaft nachhaltig positiv aus. Die Beteiligten haben neue Energien getankt, so daß Kraft für die Durchsetzung gewonnen wurde. Durch die Einbeziehung der Betroffenen erlangen wir Authentizität. Es teilt sich mit, daß in die Vorschläge und Vorhaben die Anliegen der Betroffenen eingegangen sind und Berücksichtigung gefunden haben. Dazu müssen die weiteren Intentionen und Initiativen im Informationsmarkt aber nicht nur von Experten, sondern auch von Repräsentanten der Betroffenen vertreten werden.

Aber die Hindernisse liegen ja nicht allein auf Seite der Betroffenen, sondern – wie wir analysiert haben – auch auf Seiten der Verantwortlichen. Die Reentry-Problematik verringert sich generell, weil alle – auch von Seiten der Auftraggeber – von Anfang an dabeigewesen sind und sich von der Spitze der Führung bis hin zu den Ausführenden verpflichtet haben, die anstehenden Aufgaben in ihrem Verantwortungsbereich zu verfolgen."

„Aber der Aufwand", gab einer zu bedenken, „und die zeitliche Beanspruchung."
„Es mag als eine gewagte Idee erscheinen", erwiderte der, der dabeigewesen war und alles erlebt hatte, „mit einer sehr großen Gruppe gleichzeitig, aber durchaus arbeitsteilig in Ort, Zeit und Handlung konzentriert an einer oder gar mehreren komplexen Innovationen zu arbeiten. Würde man große Innovationsprozesse aber einmal bezüglich ihrer zeitlichen und ressourcengemäßen Beanspruchung genauer analysieren, so ist der Aufwand für ein konzentriertes Vorgehen wahrscheinlich nicht einmal höher. Aber viel entscheidender als die Kostenfrage ist die Zeitfrage, die zu Gunsten einer schnelleren Umsetzung zu beantworten ist. Hinzukommt die Effektivität, daß die richtigen Dinge mit den richtigen Prioritäten in einem erweiterten und akzeptierten Kontext zu Lösungen gebracht werden."

Entrepreneur

„Was hat das mit den Themenschwerpunkten auf sich?" wollte einer wissen. „Jedes Stadtviertel war – so wie es der Unternehmer in seiner Einleitung erklärt hatte – einem Themenschwerpunkt gewidmet", erläuterte der, der dabeigewesen war und es erlebt hatte. „Ich habe im Viertel der Inszenierung mitgewirkt. Dort wurde der Themenschwerpunkt *Die Wiederbelebung der Polis* abgehandelt und durch unsere Mitwirkung auch weiter ausgebaut."

„Warum ist diese Rückbesinnung auf die Polis, gemeint ist ja wohl die antike Stadt", warf einer ein, „so furchtbar wichtig?" „Das ist mir auch erst im Laufe des Prozesses klar geworden", antwortete der, der dabeigewesen war und es erlebt hatte:

„1. Die überschaubare Polis der Antike, in der die Bürger auf der Agora ihre Probleme und Anliegen untereinander austauschen konnten, ist die Form der Organisation von Begegnungen, die uns heute fehlt, um die großen Problem- und Aufgabenstellungen unserer Zeit zu behandeln. Im Atelier für Innovatoren ist die Form gefunden, diese Art der Begegnung teilweise wiederzubeleben.

2. Mit der Anlage und Gestaltung eines Netzwerkes von Wissensstädten, wo existierende Kommunen eine Art Schirmherrschaft übernehmen könnten, läßt sich der Polisansatz für die Aufbereitung der Wissensbestände und die Wissensvermittlung nutzen.

3. Das Leitbild regt aber auch an, die großen und gravierenden Probleme der Metropolen der Welt in einem erweiterten Kontext der Betrachtung zu stellen. Man muß vor Ort handeln, dort, wo man sich die Finger schmutzig macht. Dort lassen sich die Probleme am besten studieren.

Wenn daher vor Ort in den Kommunen in *Ateliers für Innovatoren und Wissensstädte* investiert wird, so entfaltet sich ein Problemlösungsgeschäft, und es entstehen Arbeitsplätze."

„Eine sehr kühne Behauptung", gab einer zu bedenken. „Sicher", fiel ihm ein anderer ins Wort, „aber wenn wir keine kühnen Ideen wagen, dann können wir auch nicht

Zukunft gestalten. Wo kann ich mehr über XENIA, die Wissensstadt am Wege zur Informationsgesellschaft und das Atelier für Innovatoren erfahren?" Der, der dabeigewesen war und alles erlebt hatte, gab einige Hinweise zu verfügbaren Informationsmaterialien.

„Wenn ich den Makroprozeß richtig verfolgt habe", setzte der, der sich für XENIA schon interessiert hatte, noch einmal an, „ist das letzte Prozeßstadium der Integration und Evaluation des ganzen Anliegens, dem Unternehmerischen, gewidmet. Wie muß ich mir das vorstellen und wie ist dazu die aktuelle Entscheidungslage?"

„Die Stadtviertelgruppe Führung hat aufgrund der Beobachtung und Beteiligung am bisherigen Prozeßverlauf laufend Vorentscheidungen getroffen und diese an die anderen Stadtviertelgruppen rückgekoppelt. Dazu gehörte auch das *unternehmerische Programm*. Im letzten Stadium geht es um die Bereinigung noch etwaiger Inkonsistenzen und die noch offenen Entscheidungen zur Einleitung und Durchführung der einzelnen Projekte."

„Das heißt", warf einer ein, „in diesem Stadium ist nichts Dramatisches zu erwarten." „Richtig", bestätigte der, der dabeigewesen war und alles erlebt hatte, „die Zeit hat schon vorher für gute und überzeugende Entscheidungen gearbeitet. Und damit komme ich zum Ende meines Berichtes. Zum Abschluß traf sich die Groß-Gruppe zur Abschlußreflexion im Forum." So endete der Bericht von dem, der dabeigewesen war und alles erlebt hatte.

Abschluß

Dieser Bericht ist eine idealisierte Wiedergabe aus der Zukunft. Aber wenn es gelänge, ein derartiges Atelier für Innovatoren einzurichten, was könnten wir dann wagen?

Wir könnten wagen, Visionen zu den Gestaltungsfeldern der Gesellschaft in Form von Leitbildern zu konkretisieren, an denen Repräsentanten aus allen Schichten der Gesellschaft mitwirken und die Information und Orientierung bieten: die Wissensstadt für Information und Orientierung.

Wir könnten wagen, das notwendige lebenslange Lernen in einem innovativen Ambiente an konkreten Aufgabenstellungen zu praktizieren: die Wissensstadt für Lernen und Training.

Wir könnten wagen, Innovationen und Reformen in einem erweiterten Kontext anzugehen, mit originellen Lösungen zu experimentieren und eine Leitmaxime wie „volkswirtschaftlich richtig rechnen" zu verfolgen: die Wissensstadt für Innovationen und Reformen.

Wir könnten wagen, einen Handel mit mehrfach weiterverwendbaren Wissensbausteinen, sozusagen mit Halb- und Fertigfabrikaten der Informationsgesellschaft, in globalem Maße aufzumachen, die über die verfügbaren Angebote des Rohstoffs Wissen weit hinausgehen: die Wissensstadt für Handel und Wandel.

Die Arena, die sich für neuartige unternehmerische Engagements abzeichnet, geht weit über das hinaus, was zur Zeit diskutiert wird. Allerdings sind einige fundamentale Weichenstellungen erforderlich, die Aufklärung erfordern. Was auf die reichen und entwickelten Industriegesellschaften angesichts des Übergangs von der Industriegesellschaft zur Informationsgesellschaft, verbunden mit dem Wechsel vom vierten zum fünften Kondratieff-Zyklus, zukommt, ist alles andere als eine noch erweiterte Freizeitgesellschaft. Gebraucht wird eine mit Lust am Gestalten orientierte Problemlösungsgesellschaft, die die Probleme für die Mitwelt löst.

Diese Gesellschaft wird geprägt sein durch Information und Orientierung (Orientierungsallmende!), Lernen und Training für den Bürger, die Mitarbeiter und die Organisationen als Ganze selbst (Innovation und Reformen), was Verzicht im Konsum und sinnvollen Zeitgebrauch erfordert, um Investitionen in die Zukunft und für die Zukunft zu bewerkstelligen, um durch Handel mit veredeltem Wissen in Form von Problemlösungen den Wandel zu bewirken.

Dies alles ist zu leisten mit den Menschen, so wie sie sind, vor allem aber mit ihren schöpferischen Potentialen, über die jeder verfügt, und deren Nutzung in den Dienst der Gemeinschaft gestellt, auch Befriedigung verleiht. Wir brauchen nur den Mut, die Chancen der Gestaltung in neuen Formen auszuprobieren. Personalentwicklung, Organisationsentwicklung und Unternehmensentwicklung müssen im Verbund zu neuen Ufern aufbrechen.

Literatur

Champy, J. (1995). Unternehmer – Topmanager sind oft die Bremser. *Süddeutsche Zeitung* (Beilage Management International vom 9./10. Dezember 1995. – **Piper, N. (1995).** Die permanente Revolution. Wie können Unternehmen künftig im globalen Wettbewerb bestehen? ABB gilt vielen als Vorbild. *Die Zeit*, Nr. 51, 15. Dezember 1995. – **Volkmann, H. (1991).** Mehr als Informationsgesellschaft – Wagnis-Ideen für eine aktive Zukunftsgestaltung. *gdi-impuls*, Heft 2. – **Volkmann, H. (1992).** Vom Nutzen der Zukunftsforschung. Skizzen zum Leitbild einer Wissensstadt. *Zukünfte*, 2 (4), 25-29. – **Volkmann, H. (1993a).** Gefragt sind Visionen, keine Ideologien. *Süddeutsche Zeitung*, 9./10. Oktober 1993, S. 65. – **Volkmann, H. (1993b).** Die Zukunft unternehmen! Unternehmenspolitik: Visionäre Führung und radikale Innovationen. In D. Schuppert (Hrsg.), *Kompetenz und Führung. Was Führungspersönlichkeiten auszeichnet* (S. 25-45). Wiesbaden: Gabler. – **Volkmann, H. (1994a).** *Städte erleben und Wissen gewinnen. Skizzen zu einem Leitbild für die Informationsindustrie. Städte des Wissens als Stätten der Begegnung. Gedanken zur Eröffnung eines visionären Vorfeldes* (Prospekt Nr. 1, Februar 1994). München: o.V. – **Volkmann, H. (1994b).** Information market for solving world problems. In J.E. Liebig (Ed.), *Merchants for vision. People bringing new purpose and values to business* (pp. 57-60). San Francisco, CA: Berett Publisher. – **Volkmann, H. (1995a).** Wandel der Informationskultur mit der Stadt des Wissens als Stätten der Begegnung. *Gabler-Magazin,* Heft Nr. 3. Wiesbaden: Gabler. – **Volkmann, H. (1995b).** *Die Polis als Leitbild für den Wandel der Innovationskultur.* Deutscher Wirtschaftsingenieurtag, München 1995, Vortrag. – **Volkmann, H. (1996).** Cities of knowledge – Metropolises of the information society. In K. Kornwachs & K. Jacoby (Eds.), *Information. New questions to a multidisplinary concept* (pp. 317-330). Berlin: Akademie-Verlag. (Original erschienen 1996: Städte des Wissens. Metropolen der Informationsgesellschaft)

Thomas Hartge

Neue Medien in der Personalentwicklung – Bausteine für das lernende Unternehmen

Softwaresysteme im Personalmanagement befreien von administrativen Routinen, Diagnosewerkzeuge unterstützen die Personalauswahl und interaktive Medien behaupten sich im Training. Die Informations- und Kommunikationstechnik liefert zahlreiche Impulse für ein Reengineering des Personalmanagements.

„Revolution" im Personalmanagement durch Informations- und Kommunikationstechnik

Für viele klingt es fast schon wie eine vertraute Litanei: Die Globalisierung der Märkte, beschleunigte Innovationszyklen bei Produkten, Diensten und Technologien sowie ein verschärfter Kostendruck verlangen die Bereitschaft zum ständigen Wandel. Selbst wenn diese Trends mitunter gebetsmühlenhaft wiederholt werden, verlieren sie deshalb nichts von ihrer Dramatik. Flache Hierarchien erfordern andere Vergütungssysteme, Karrieremuster und Anforderungsprofile. Mehr als schon in der Vergangenheit verlangen Manager der Linie Antworten auf die Frage, wie sie Mitarbeiter für Fachlaufbahnen motivieren sollen, wenn nach wie vor erst die Übernahme von Personalverantwortung die erhoffte ideelle und monetäre Anerkennung verschaffe. Vor dem Hintergrund leistungsfähiger Softwarelösungen für die Personalarbeit müssen sich viele Personalmanager die Frage gefallen lassen, wie effizient sie ihre Prozesse im Griff haben. Nachdem die erste Welle des Reengineering mehr oder weniger erfolgreich verebbte, stehen weitere, systematische Anstrengungen auf der Agenda, die nun auch das Personalmanagement erfassen, als Akteure und zugleich als Betroffene.

„Nichts geringeres als eine Revolution" registriert denn auch die Unternehmensberatung Watson Wyatt im Bereich des Personalmanagements. Die Verantwortlichen der Human Resources in großen, internationalen Unternehmen, resümiert Watson Wyatt die Ergebnisse zahlreicher Interviews, Fallstudien und Analysen, stellen gewohnte Strukturen in Frage: „Sie prüfen ihren Auftrag, ihre Rolle und ihren Beitrag zum Unternehmenserfolg – ihre Existenzberechtigung." Diesem Urteil liegen zahlreiche Gespräche mit Entscheidungsträgern und Beschäftigten in Unternehmen wie Alcan, BP, Coca Cola, Compaq, Hewlett Packard oder Goodyear zugrunde. Die Gespräche drehten sich immer wieder um die Frage nach den Ursachen des Wandels im Personalmanagement und den Faktoren für dessen erfolgreiche Bewältigung. Herausgekommen ist, so die renommierte Unternehmensberatung ohne das sonst übliche Understatement, eine „Blaupause für ein strategisches Reengineering" des Personalmanagements an der Schwelle zum 21. Jahrhundert.

Automatisierung der Personalwirtschaft?!

Anstöße für Reengineering-Prozesse im Personalmanagement liefert in vielen Fällen die Informations- und Kommunikationstechnik. Sie stellt ein Potential zur Verfügung, mit dem sich das Personalmanagement weitgehend von administrativen Routineaufgaben befreien kann – das gilt gleichermaßen für große wie auch für kleinere Unternehmen. Viele Unternehmen gründen Service-Center, beobachten die Berater bei Watson Wyatt, in denen Informations- und Kommunikationsprozesse systemgestützt ablaufen. Das Potential dafür ist beachtlich: Intelligente Telefontechnologie, lokale Rechnernetze, PC-gestützte Informationsterminals („Kiosk"-Modelle) könnten nahezu 80 Prozent aller Anfragen und Vorgänge erledigen oder unterstützen. Die Informations- und Kommunikationstechnologie könne weit mehr sein als nur ein Produktivitätswerkzeug, betont zum Beispiel Klaus Tschira, Mitglied im Vorstand der Walldorfer Softwareschmiede SAP AG: „Sie verändert die Art und Weise, wie Dienste der Personalabteilung angeboten und genutzt werden." Mit Blick auf fortgeschrittene Anwendungsbeispiele in den Vereinigten Staaten skizziert Tschira die Vision einer schlanken, softwareunterstützten Personalwirtschaft:

> Über allgemein zugängliche Terminals oder von ihrem Arbeitsplatz aus, vielleicht auch bald über das Internet, pflegen Mitarbeiter ihre eigenen Personaldaten. Innerbetriebliche Stellenausschreibungen und Auskünfte, für die bislang die Mitarbeiter der Personalabteilung Ansprechpartner waren, stehen an allgemein zugänglichen Terminals nach dem „Kiosk"-Modell jedermann direkt zur Verfügung. (Tschira, 1996, S. 1)

Derartige Visionen beschwören das Bild einer softwaregestützten, weitgehend automatisierten Personalwirtschaft herauf, in deren letzter Konsequenz die Position des zentralen Personalverantwortlichen obsolet werden könnte. Es ist kein Geheimnis, daß sich erst wenige, meist international tätige Unternehmen in ihrem Personalmanagement mit Bedacht an derart ehrgeizige Lösungen heranwagen. Eine vernünftige Forderung aus der Praxis lautet, zunächst die neuen softwaretechnischen Potentiale abschätzen, prüfen und mit Blick auf die eigenen Erfordernisse beurteilen zu wollen. Um keiner technologiegetriebenen Entwicklung das Wort zu reden, lohnt der Seitenblick auf ein Beispiel aus der Praxis; es zeigt, daß der Erfolg weitgehender Umstrukturierungen im Personalbereich keineswegs ausschließlich von softwaretechnischen Lösungspotentialen abhängt. So verzichtet die Landert-Motoren AG im schweizerischen Bülach, ein mittelständischer Industriebetrieb mit 350 Mitarbeitern, seit 1987 auf die Funktion eines Personalchefs. Die administrativen Aufgaben erledigen zwei Mitarbeiterinnen im Lohnbüro, alles andere einschließlich Personalbeschaffung regeln die Fachabteilungen. Im letzten Jahr übernahmen erstmals einzelne Großteams die individuelle Lohneinstufung.

Rollenwandel im Personalmanagement

Wichtiger jedoch als die DV-technische Unterstützung für das Gelingen des Experiments sind Coaching und Beratung der Mitarbeiter und Teams. In gewisser Weise repräsentiert der freie Unternehmensberater Rolf Bärtschi, der Fachabteilungen und Teams bei ihrer dezentralen Personalarbeit unterstützt, einen neuen Typ von Personalmanager. Auf Wunsch klärt Bärtschi rechtliche Fragen von Arbeitsverhältnissen, moderiert bei Konflikten in Teams oder leistet Weiterbildungsberatung. Wer seine Beratung in Anspruch nehmen will, muß nur einen kleinen Schritt in sein Büro wagen, um sich dort die gewünschten Leistungen „abzuholen". Erfolge seiner bisherigen Arbeit führt der Berater gerade auf seine unabhängige, nicht weisungsgebundene Rolle zurück, die es ihm erlaube, alle Gesprächspartner als Klienten zu begreifen und auf Wunsch absolute Vertraulichkeit zu garantieren. „Manche Aufträge kommen durch zufällige Kontakte am Fotokopierer zustande", berichtet Bärtschi bescheiden. Zumindest dieses eidgenössische Kiosk-Modell profitiert von der leibhaftigen Person eines Beraters, nicht nur vom Einsatz einer maßgeschneiderten DV-Lösung.

Mit einer Studie über „Best Practices im Personalmanagement" erfragte die Düsseldorfer Niederlassung der internationalen Unternehmensberatung Watson Wyatt auch deutsche Personalmanager nach dem Einsatz von Softwaresystemen und ihren Erwartungen an softwaretechnische Lösungen. Die Studie läßt einen erheblichen Veränderungsdruck im Personalmanagement erkennen, denn von den 64 befragten Unternehmen halten lediglich zwei Drittel ihre Arbeit für „wettbewerbsfähig und modern", und nur die Hälfte erkennt eine „günstige Kosten-Nutzen-Relation" ihrer Arbeit. Handlungsbedarf identifiziert ein Viertel der Personalmanager aus mittleren und großen Unternehmen bei Mitarbeiterbefragungen, Maßnahmen zur Teamentwicklung und Kinderbetreuung und bei der Einführung von Personalinformationssystemen.

Entlastung von Routinetätigkeiten

Mit der Einführung neuer Softwarepakete verbinden die meisten Personalmanager die Hoffnung auf verbesserte administrative Abläufe. Viele erwarten, damit Personalakten effizienter führen und pflegen zu können. Tatsächlich liegt hier ein erhebliches Potential, um Routinevorgänge zu automatisieren und effizienter zu gestalten, weiß Ralf H. Kleb, Geschäftsführer der Düsseldorfer Unternehmensberatung Watson Wyatt: „Lediglich sieben Prozent der befragten Unternehmen verfügen bereits über elektronische Personalakten." Immerhin 35 Prozent der Personalmanager in großen deutschen Unternehmen, so das Urteil von Watson Wyatt, planen auf absehbare Zeit die Umstellung auf elektronische Personalakten. Rund 60 Prozent großer Unternehmen nutzen schon heute Informationssysteme für Personalplanung, -controlling und Bewerberadministration. Dagegen setzen nur knapp 40 Prozent dieser Unternehmen entsprechende Software zur Leistungsbeurteilung und Nachfolgeplanung ein. Nur jedes dritte Unternehmen nutzt vorhandene Software für Stellenbewertungen und -beschreibungen; nur jedes vierte Unternehmen informiert seine Mitarbeiter mit dezentralen Job-Börsen.

Auch wenn deutsche Personalmanager in Zukunft verstärkt auf Informationstechnik setzen wollen, so Kleb, dürften Kiosk-Systeme oder Info-Terminals nach amerikanischen Vorbild hierzulande „in den nächsten Jahren wohl noch Zukunftsmusik" bleiben. Die Gründe dafür sieht Kleb zum einen darin, daß die konzeptionelle Neuausrichtung der Personalarbeit vorläufig noch Vorrang genieße, zum anderen erweise sich die Zusammenarbeit mit Betriebsräten hier als „recht schwierig". Neben der Personalfreisetzung, so Kleb, sei die Einführung von Informationstechnologie in der Personalarbeit „das heikelste Thema" in der Zusammenarbeit mit Betriebsräten.

Den allgemeinen Trend in Richtung auf eine zunehmende DV-technische Unterstützung von Routineabläufen bestätigt auch Wolfgang Vogeser, Personaldirektor bei der Compaq Computer GmbH in München, warnt aber zugleich vor übertriebenen Erwartungen. Nicht die technische Darstellbarkeit von Abläufen und Prozessen sei das grundsätzliche Problem, sondern letztlich gehe es um das Rollenverständnis von Personal- und Linienmanagern: „Die entscheidende Frage lautet", so Vogeser, „welche Serviceleistungen der Personalabteilung die Linienmanager brauchen, um ihre Personalverantwortung voll wahrnehmen zu können." Überflüssig werde die zentrale Personalfunktion auch dann nicht, wenn Service und Support in Zukunft weitestgehend DV-gestützt ablaufen. Bei Compaq in Deutschland werden sich auch weiterhin die fünf Mitarbeiter der Personalabteilung um die Lohn- und Gehaltsfragen ihrer 220 Kollegen kümmern und Service- und Dienstleistungsfunktionen gegenüber den Linienmanagern wahrnehmen. Ein Manager müsse schließlich kein Assessment Center organisieren können, betont Vogeser, aber sehr wohl als Entscheidungsträger daran teilnehmen. Zu den Serviceaufgaben der Personalabteilung gehöre bei Compaq zum Beispiel auch, Fach- und Führungskräfte via internes Netzwerk über Trainingsangebote zu informieren.

Wo die DV-Technik von Standardprozessen befreie, investiere das Personalmanagement mehr Zeit und Energie in Beratungsprojekte zur Organisationsentwicklung oder arbeite daran, bestehende Strukturen und Abläufe einfacher zu gestalten und administrative Prozesse zu standardisieren. Dieses Selbstverständnis spiegele sich auch in Neueinstellungen im Personalbereich, betont Vogeser, der sich bei seiner letzten Neueinstellung im Personalwesen nicht zufällig für einen erfahrenen Trainer entschied. „Wir brauchen keine Administratoren, sondern Mitarbeiter, die Gruppenprozesse unterstützen können", definiert Vogeser seine Erwartungen an künftige Mitarbeiter.

Interaktive Medien in der Personalentwicklung und Weiterbildung

Einen festen Platz haben sich interaktive Medien inzwischen in der Personalentwicklung und Weiterbildung erkämpft. Ungewöhnliche Erfolge können seit gut zwei Jahren die Weiterbildner der Robert Bosch GmbH in Stuttgart vorweisen. Für administrative Aufgaben des Weiterbildungsmanagements entwickelte Bosch eine eigene Software, um Mitarbeiter aktuell mit einem elektronischen Katalog, der sogenannten „Gelben Diskette", über Weiterbildungsangebote und Medien (Seminare, computergestützte Lernsoftware und Video-Lernprogramme) informieren zu können. Mitarbeiter können zu jeder Veranstaltung die Inhalte, Ziele, Teilnehmer und Voraussetzungen abrufen und sich über Termine, Preise und Orte informieren. Die Daten der „Gelben Diskette" sind inzwischen auch im Bosch-internen Netzwerk, dem „Intranet", abrufbar.

Innerhalb von nur 20 Monaten seit Herbst 1994 verkaufte das Bildungswesen bei Bosch rund 12500 CBT-Programme zu Vorzugspreisen an Mitarbeiter, die diese überwiegend während ihrer Freizeit an einem privaten Lernplatz bearbeiteten. Nach der überraschend hohen Akzeptanz für das eigenverantwortliche Lernen mit interaktiven Medien wollen die Weiterbildner nun das Telelernen vorantreiben. Die Telekom soll als Service-Provider dafür sorgen, daß Bosch-Mitarbeiter online auf eine Bibliothek von Lernprogrammen zugreifen können. „Unsere CBT-Partnerunternehmen stellen ihre Software auf einem Server der Telekom ein, und unsere Mitarbeiter greifen via Modem oder ISDN auf diese Programme zu", erklärt Werner Mehrling, Leiter der zentralen Weiterbildung für Technik und Informationsverarbeitung bei Bosch in Stuttgart.

Auch in der Personalbeurteilung und Eignungsdiagnostik gewinnen computergestützte Werkzeuge und Verfahren an Bedeutung. Als Vorreiter ganz besonderer Art erweist sich hier die DV-Branche, die Online-Testverfahren zur Erfolgskontrolle in der Weiterbildung nutzt. Mit rund 1000 autorisierten Testzentren weltweit, davon 50 in Deutschland und 200 in Europa, etablierte sich der Service-Provider Drake Prometric erfolgreich als Outsourcing-Partner für DV-Unternehmen und Schulungsanbieter. Unternehmen wie IBM, Novell, Lotus oder Microsoft nutzen die Testing-Center, um Mitarbeiter oder Teilnehmer an Schulungen nach strengen, weltweit einheitlichen Kriterien prüfen zu lassen. Kandidaten müssen sich mit Lichtbild und Ausweis legitimieren und ihre Unterschrift im System hinterlegen, bevor sie einen Test aufrufen können. Sofort nach der letzten Eingabe informiert das System den Kandidaten, ob er bestanden hat oder nicht.

In Teilbereichen des DV-Arbeitsmarktes, etwa bei Netzwerkspezialisten, gelten herstellerspezifische Zertifikate (zum Beispiel der Certified Novell Engineer, kurz CNE genannt) längst als Voraussetzung für erfolgversprechende Bewerbungen. Seit Anfang des Jahres agiert Drake Prometric unter dem neuen Namen Sylvan Prometric. Mit monatlich 65.000 Tests weltweit, davon nach Angaben des Unternehmens allein 6500 Tests in Deutschland, können die Tester eine starke Marktposition vorweisen. Bislang liegen die Schwerpunkte der über 100 verschiedenen Tests noch eindeutig im fachlich-technischen Bereich, bestätigt Joachim M. Tuebcke, Salesmanager bei Sylvan Prometric in München: „Wir haben noch keinen Klienten, der ein Personalprofil abklopft."

Im Trainings- und Weiterbildungsbereich gewinnen interaktive, computergestützte Werkzeuge und Medien auch in Lernzielbereichen an Boden, die bis vor kurzem als unbestrittene Domäne leibhaftiger Trainer galten. So sind selbst das Kommunikations- und Verhaltenstraining, das Fremdsprachenlernen oder sogar die Themen Verhandlungsführung, interkulturelles Lernen oder Teamtraining für interaktive Medien kein Tabu mehr. Das Software-Werkzeug „Team-Coach" zum Beispiel hilft, bei der Auswahl von Teammitgliedern die notwendigen Qualifikationen und Stärken mit vorhandenen Potentialen zu vergleichen. Wenn ein Team viele Macher, aber keine Umsetzer, Helfer, Berater oder Beobachter vorweisen kann, sind Konflikte programmiert. Bei der Analyse der bevorzugten Arbeitsstile und individuellen Potentiale stützt sich die Software auf Selbst- und Fremdeinschätzungen, die sie in mehreren Schritten auf Konsistenz überprüft. Um den verschiedenen, jeweils rollenspezifischen Anforderungen an Teammitglieder gerecht zu werden, existiert für einzelne Teamrollen („Macher", „Berater", „Helfer" oder zum Beispiel „Forscher") ein differenziertes Bewertungsmuster. Eine Gesamtauswertung zeigt die vorhandenen persönlichen Rollenpräferenzen im Team auf einen Blick. „Im Kontext eines kooperativen Führungsansatzes kann das Werkzeug wertvolle Hinweise und Hilfestellungen bieten", sagt Autor Jürgen Bollwahn vom Meteor-Zentrum für studienbegleitende Schlüsselqualifizierung an der Fachhochschule Mannheim. In Teams, in denen Hierarchiedenken, Konkurrenz und Konflikte vorherrschten, könnten die Befunde mißbräuchlich instrumentalisiert werden.

Trotz vieler überzeugender Beispiele für den Medieneinsatz in der Personalentwicklung gibt es dennoch wenig Anlaß zur Euphorie. Mit gutem Grund halten es viele gestandene Personalentwickler für unangemessen, komplexe Lernziele wie zum Beispiel Führungsverhalten ausschließlich mit Hilfe von Lernmedien zu trainieren. Diese Skepsis ist berechtigt, denn eine veränderte Führungskultur kann zwar beschlossen, nicht aber durch die Distribution einer multimedialen CD-ROM eingeführt werden. Vielmehr entsteht sie im Rahmen von beharrlichen, maßgeschneiderten Schritten der Organisations- und Personalentwicklung. Aber gerade wer diese Grundsätze beachtet, könnte interaktive Medien mit Aussicht auf Erfolg als Bausteine einsetzen, sei es zur Informations- und Wissensvermittlung, zur Vor- oder Nachbereitung von Workshops oder zur Angleichung heterogener Kenntnisse im Vorfeld von Präsenzphasen. Gerade bei jungen Nachwuchsführungskräften erfreuen sich Multimedia-Kurse besonderer Akzeptanz, sofern sie eingebettet sind in begleitende Workshops, Seminare und gezieltes Coaching.

Das Lernprogramm „Teams erfolgreich führen" (NETG Applied Learning, Willich) stellt zum Beispiel dem Anwender eine Typologie von vier unterschiedlichen Führungsstilen vor und informiert ihn, wann welche Stile bei welchen Mitarbeitern und zu welchen Anlässen passen. Je mehr es in dem Tutorial um Feinheiten der Anleitung, Motivation, Kontrolle oder Konfliktlösung geht, desto mehr nähert sich das Programm einem allgemeinen Führungstraining, von dem nicht nur Teamleiter, sondern Nachwuchsführungskräfte generell profitieren. Die Formen der Interaktion erinnern gelegentlich an traditionelles Computer Based Training, immerhin erweitert um eine akustische Dimension, so daß sich die unangenehme Lektüre am Bildschirm auf ein geringes Maß reduziert. Regelmäßig zwingt das Programm den Anwender mit Kontrollfragen, bei der Sache zu bleiben und zu beweisen, daß er sich wirklich auf den Stoff einläßt.

Wer von derartigen Kursen nicht erwartet, daß sie ein dreitägiges Seminar ersetzen, sondern sie mit soliden Fachbüchern vergleicht und als ersten Einstieg begreift, wird viele Vorzüge entdecken. Für einen kritischen Umgang mit neuen Lernmedien spricht die ungenügende Qualität der breiten Masse von Lernsoftware. Nur eine Gattung von Programmen hebt sich erfreulich von schlicht gestrickten Belehrungen am

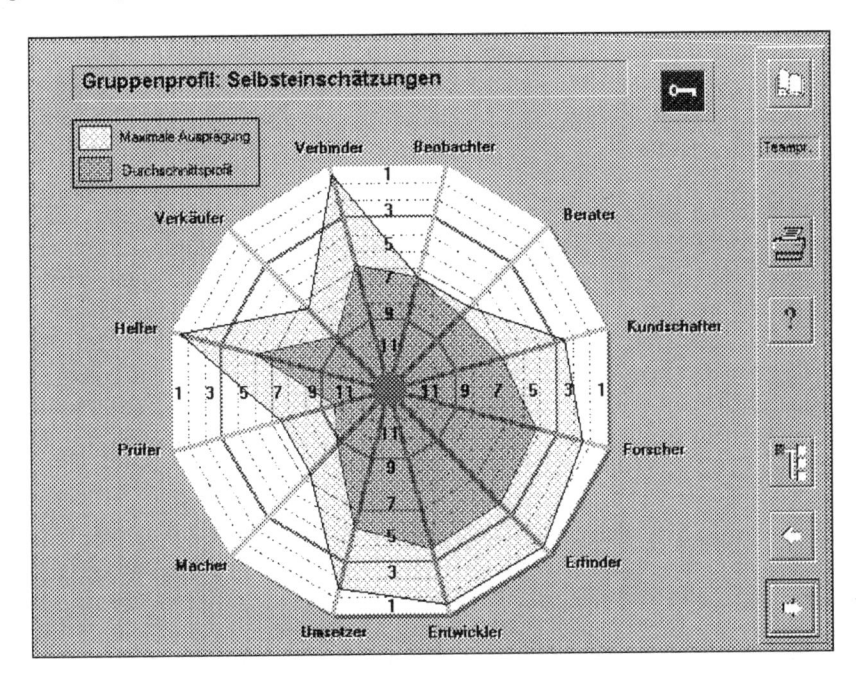

Abbildung 1
Die bevorzugten Arbeitsstile und Potentiale von Teammitgliedern analysiert das Softwarewerkzeug „Team-Coach" (Meteor-Zentrum für studienbegleitende Schlüsselqualifizierung an der Fachhochschule Mannheim)

PC ab: sogenannte Mikrowelten, computergestützte Szenarien oder interaktive Fallstudien, die komplexe Lernwelten zur Verfügung stellen. Weil Mikrowelten ähnlich wie Simulationen in hohem Maße selbständige und erfahrene Lerner voraussetzen, eignen sie sich jedoch nicht für alle Zielgruppen und Lernziele. Als strukturierte Einführung in ein neues Thema weisen dagegen tutorielle CBT-Kurse unbestritten Vorzüge auf. Leider reagieren die meisten Programme dieser Art nicht sehr flexibel auf individuelle Lernfortschritte, sondern begnügen sich mit Feedback auf standardisierte und idealtypische Verständnisschwierigkeiten.

Die Integration interaktiver Medien in die Personalentwicklung steht angesichts rigoroser Sparzwänge bei gleichzeitig wachsenden Aufgaben unter dem Erwartungsdruck, damit Kosten einsparen zu können. Diese Hoffnung kann sich vor allem dort erfüllen, wo Standard- und Grundlagenthemen mit solider Software vermittelt werden und die teilweise Reduzierung von Seminarbesuchen zu Einsparungen führt.

„Die Arbeitszeit wird immer kostbarer, der Bildungsbedarf immer größer", erklärt Rainer Pudlo, der das CBT-Projekt bei Bosch in Stuttgart als Bildungs- und Prozeßberater zusammen mit Werner Mehrling, dem Leiter der zentralen Weiterbildung für Technik und Informationsverarbeitung, initiierte. Die Vermittlung von Grundlagen oder deren Auffrischung innerhalb der Arbeitszeit werde in Zukunft „nicht mehr bezahlbar sein", warnte Pudlo im Mai auf dem 4. Deutschen Multimedia Kongreß in Leipzig. „Wenn die rund 12.500 CBT nicht verkauft worden wären", kalkuliert Werner Mehrling, hätte das Unternehmen für entsprechende Weiterbildungsaktivitäten „mindestens sechs Millionen Mark zusätzlich" für die Durchführung von Seminaren veranschlagen müssen.

Kostenvergleiche zwischen Seminaren als Präsenzveranstaltungen und CBT-Programmen für das isolierte, selbstgesteuerte Lernen sind deshalb so schwer zu beurteilen, weil die Ergebnisse beider Lernformen im Sinne eines qualitativen Bildungscontrollings kaum miteinander zu vergleichen sind. Die Lernchancen in der persönlichen Interaktion mit Fachleuten und Kollegen übersteigen im Idealfall die Lernangebote von interaktiven Medien, denen es oft an Tiefe, Ausführlichkeit und Reichhaltigkeit fehlt. Ausnahmen bilden dabei jene Lernanlässe, die auf traditionelle Weise nicht mehr anschaulich zu vermitteln sind, sei es im DV-Bereich, bei der Anlagen- oder Maschinensteuerung oder in der Qualitätssicherung.

Ungeachtet aller Schwächen, die viele Medien nach wie vor aufweisen, beweisen Weiterbildner in der Praxis, daß multimediale Lernsoftware völlig neue Lernchancen eröffnen kann. Die Volkswagen AG in Wolfsburg bestreitet inzwischen rund zehn Prozent ihrer Weiterbildung mit Hilfe interaktiver Medien, wobei die Selbstlernmedien nur zur Hälfte (fünf Prozent) traditionelle Seminare ersetzt haben, zur anderen Hälfte einen zusätzlichen Weiterbildungsbedarf befriedigen. Ein ermutigendes Beispiel für kleine Unternehmen liefern die 33 Autobahnraststätten, die sich in der Kooperation der deutschen Autobahn-Service-Stationen e.V. zusammengeschlossen haben und über ihre Mitgliedsbeiträge die Produktion einer Lernsoftware finanzierten. Mit einem reinen Seminarbetrieb könnten diese Unternehmen ihre Bildungsarbeit weder finanziell noch zeitlich bewältigen.

Als vielversprechend erweist sich insbesondere die Kombination von interaktiven Selbstlernmedien zur Vorbereitung auf Seminare. Das eigenverantwortliche Lernen verändere zugleich die Rahmenbedingungen für Seminare im positiven Sinn, bestätigen zum Beispiel die Bildungsmanager bei Bosch. „Mitarbeiter nehmen mit einem deutlich höheren Vorwissen an Seminaren teil, das gilt vor allem auch bei Präsenzveranstaltungen zu technischen Themen", beobachtet Mehrling. „Seminare nehmen jetzt viel öfter Workshop-Charakter an, wobei die Teilnehmer in kleinen Gruppen unter moderierender Mitwirkung des Trainers Problemlösungen erarbeiten", resümiert Mehrling seine Beobachtungen.

Neue Trends

Nicht alles, was technisch machbar ist, setzt sich so durch, wie es Lerntechnologen vorschlagen und in Pilotprojekten erproben. Das gilt insbesondere für das Telelernen, ein Bereich, in dem Personalentwickler und Trainer an vorderster Front technologischer Herausforderungen agieren. Beim Telelernen nutzen sie als Lern- und Kommunikationsmedium jene Technologien, deren kompetente Anwendung im Arbeitshandeln für das Überleben von international verzweigten und vernetzten Unternehmen von wachsender Bedeutung ist. Diese Einschätzung spiegelt sich in zahlreichen Pilotprojekten, die erklärtermaßen neben fachlichen und berufsspezifischen Inhalten meist auch das Ziel verfolgen, in beruflich relevante Formen der Telekooperation einzuüben.

Das Zentrum für Unternehmensführung mit Neuen Technologien (ZUT GmbH) in Berlin erprobt zum Beispiel mit Unternehmen aus der Region, wie sich computergestützte Planspiele, Telearbeit und Telekooperation sinnvoll kombinieren lassen. Die vernetzten Planspieler können, auch wenn sie sich nicht gegenübersitzen, dennoch in Bild und Ton miteinander kommunizieren, sich bei Fragen an einen Tutor wenden oder Daten übers Netz verschicken. Das Institut für Wirtschaftsberatung Berlin zum Beispiel bietet rund ein Dutzend ISDN-gestützte Weiterbildungskurse rund um das Thema Controlling als Telekurse an. Bei der Sprachschule Berlitz Online in Eschborn loggen sich Sprachschüler mehrmals pro Woche in einem virtuellen Klassenzimmer ein, liefern Hausaufgaben per electronic mail bei ihrem persönlichen Betreuer ab oder treffen sich zum Smalltalk im virtuellen Café (vgl. Abb. 2). „Im elektronischen Fernkurs erfolgt die Kommunikation zeitversetzt", sagt Alan Connor, Projektleiter für Telelernen bei Berlitz Online in Eschborn. Das bedeute, „daß Teilnehmer und Tutoren zu verschiedenen Zeiten ihre Beiträge, Antworten und Kommentare einsenden." Auf diese Weise sei ein Lernen ohne feste Termine möglich, bei dem die Teilnehmer trotzdem mit prompten Reaktionen rechnen könnten.

Ehrgeizige Projekte nutzen Videoübertragung für Face-to-face-Kommunikation in Verbindung mit einem Application Sharing, so daß der Tutor auf den Rechner seines Klienten zugreifen, Veränderungen an dessen Dokument vornehmen und Erklärungen so vorführen kann, als sitze er neben dem Trainee vor dem Bildschirm. Der heimliche Lehrplan dabei lautet, neue Informations- und Kommunikationstechnik im Dienste einer besseren Job-Performance anwenden zu können. Auch die Kommission der Europäischen Gemeinschaft propagiert diesen Ansatz und forciert derartige Projekte im Bildungsbereich mit einem umfassenden Förderkatalog. Die Bildungstechnologen bei Bosch in Stuttgart wollen in Zukunft das Telelernen unter dem Markenzeichen „Training-Warehouse" vorantreiben. Um ihre ehrgeizigen Pläne umsetzen zu können, hoffen die Weiterbildner auf einen Synergie-Effekt durch die Förderung von Tele-Heimarbeitsplätzen. In Telearbeitsplätzen, die für Videokommunikation und Application-Sharing ausgerüstet sind, sieht Werner Mehrling „eine interessante Lernplattform", die er für Tele-Teaching und -Tutoring nutzen

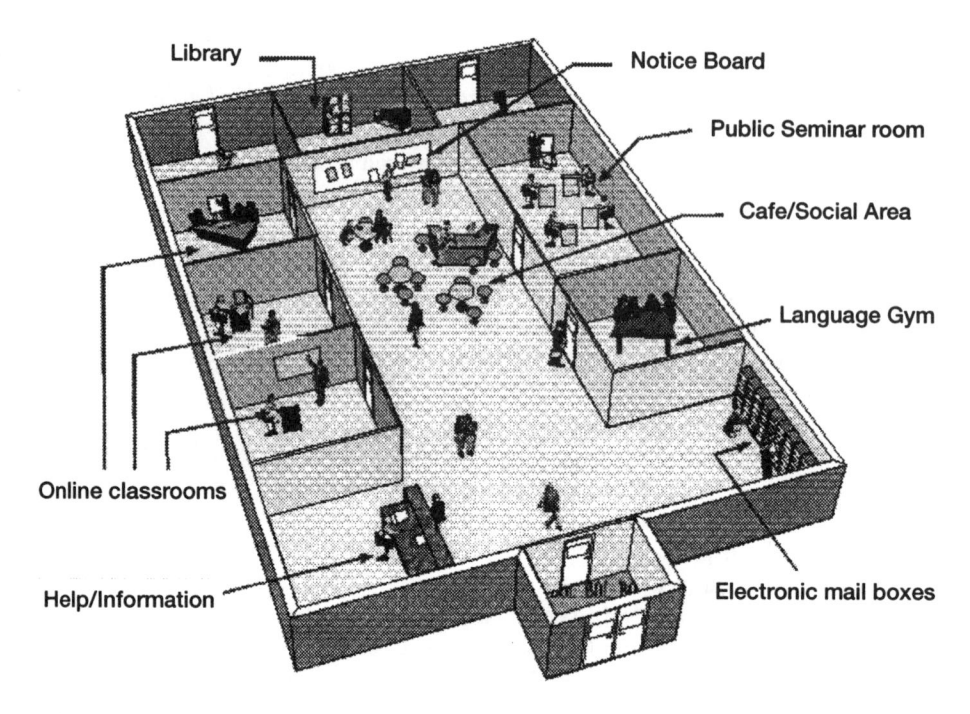

Abbildung 2
Bei Berlitz Online loggen sich Sprachschüler mehrmals pro Woche im virtuellen Klassenzimmer ein und konferieren per electronic mail

will. Vor allem Mitarbeiter im Erziehungsurlaub oder mit Teilzeitverträgen könnten von Tele-Heimarbeitsplätzen und interaktiven Lernangeboten gleichermaßen profitieren.

Das Veränderungspotential der Informations- und Kommunikationstechnik in den verschiedenen Bereichen des Personalmanagements löst verständlicherweise auch Ängste aus, liebgewonnene Sicherheiten zu verlieren. Auf der Suche nach seinem genuinen Beitrag zum Unternehmenserfolg entdeckt das Personalmanagement in dieser Situation seine strategische Beratungskompetenz, die es nur dann konsequent wahrnehmen kann, wenn administrative Routineaufgaben in hohem Maße systemgestützt ablaufen. Die Autoren der Watson-Wyatt-Studie folgern, daß die traditionelle, bislang vertraute Personalarbeit im Schwinden begriffen sei. Über die Richtung dieser Veränderungen besteht kein Zweifel: Die „Personalen" müssen ihre Beratungskompetenz verbessern, unternehmerisch denken und handeln und vor allem das Potential der neuen Medien nutzen, um schnellen Zugriff auf relevante Daten zu ermöglichen und so Prozesse der Entscheidungsfindung zu unterstützen.

An der Schwelle zum 21. Jahrhundert zwingt der Stellenwert von Information, Wissen und Kommunikation als Produktionsfaktoren das Personal- und Bildungsma-

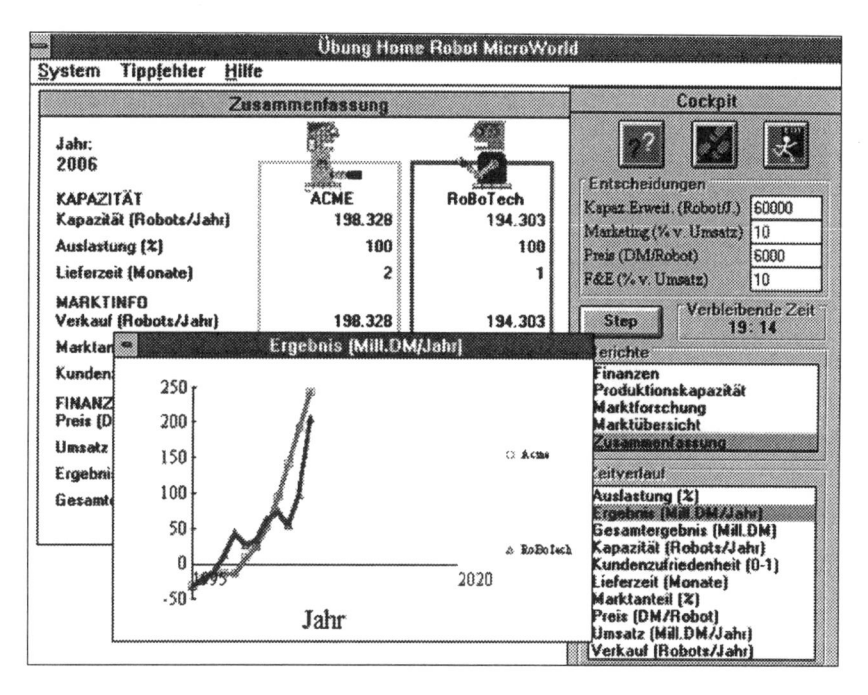

Abbildung 3
Die Unternehmenssimulation „Home Robot Microworld" (AsseT GmbH Assessment & Training Technologies, Friedrichshafen) versetzt den Anwender in die Steuerzentrale eines fiktiven High-tec-Unternehmens

nagement, mit Nachdruck an einer Infrastruktur und Kultur des berufsbegleitenden, arbeitsplatznahen Lernens zu arbeiten. Interaktive Medien können einen entscheidenden Beitrag zur lernenden Organisation leisten und Mitarbeiter befähigen, notwendige Anpassungs- und Wandlungsprozesse schneller zu vollziehen. Das Konzept der lernenden Organisation reicht allerdings weit über den reinen Medieneinsatz hinaus und schließt auch noch die Fähigkeit ein, medial vermittelte Informationen prüfen, auswählen und beurteilen zu können. Die hierfür notwendige Kompetenz kann nicht allein medial vermittelt werden, sondern verlangt argumentative Zugänge und Lernen in zwischenmenschlicher Interaktion.

Literatur

Tschira, K. (1996). Den Wandel gestalten. In Deutsche Gesellschaft für Personalführung (Hrsg.), *Medienpower im Personalmangement* (S. 1 f.). Düsseldorf.

Ina Fliegen und Steffen Wester-Ebbinghaus

SAP-Tools für das betriebliche Personalmanagement

Neue Anforderungen an das Personalmanagement

Der Managementbegriff sowie das dazugehörige Rollenverständnis in der Personalabteilung unterliegen aktuell einem deutlichen Wandel. Das Personalmanagement muß sich mit Themen wie Wertschöpfung, Lean Management, neue Formen der Arbeitsorganisation, Kundenorientierung und Softwareunterstützung auseinandersetzen und in die Personalarbeit integrieren. Beobachtbar ist sowohl ein sich änderndes Selbstverständnis der Personalfachleute (Mitwirkung an der Unternehmensentwicklung statt Elfenbeinturm), als auch zum Teil eine völlig neue Anforderungssituation, die von den Fachabteilungen an die Personalplanung und Personalentwicklung herangetragen wird (Kundenorientierung und Profitabilität) und so einen bisher unbekannten Selbstlegitimationsdruck auslösen kann.

Charakterisieren läßt sich die Situation der Personalmanager durch fünf Statements über aktuelle Anforderungen an das Personalwesen (vgl. Abb. 1).

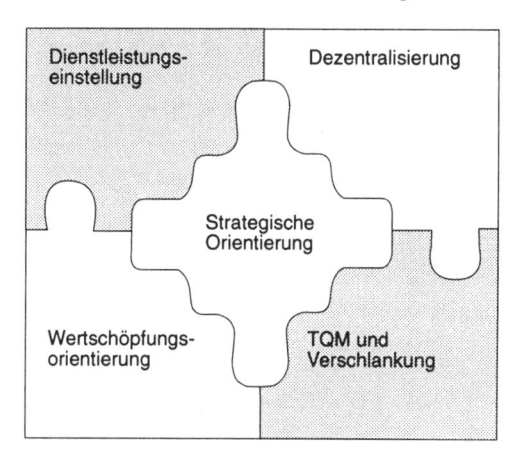

Abbildung 1
Aktuelle Anforderungen an das Personalwesen

Strategische Orientierung

Personalmanagement muß auf einem strategischen Personal(entwicklungs)-Konzept beruhen, abteilungsübergreifende Funktionen erfüllen und Schnittstellen zu den verschiedenen Fachabteilungen bilden, um als Gesprächspartner im Unternehmen akzeptiert zu werden. Strategische Personalarbeit – und damit auch Unternehmensentwicklung – bedeutet, sich an Unternehmenszielen und dem Unternehmensleitbild zu orientieren, um so integrative Personalstrategien und -maßnahmen, die die Position des Unternehmens stärken, kreativ mitzuentwickeln und umzusetzen.

Dienstleistungseinstellung

Personalarbeit ist Dienstleistung. Jede Dienstleistung benötigt einen Kunden, der außerhalb, aber auch innerhalb des Unternehmens zu finden sein kann. Existiert für eine bestimmte Leistung kein Kunde, so ist es wahrscheinlich, daß sie überflüssig oder nicht gewünscht ist, es sei denn, sie beruht auf Muß-Anforderungen, wie beispielsweise gesetzlichen Regelungen. Die zentrale Betrachtungsweise für das eigene Selbstverständnis muß die Sicht des Kunden sein: Der Kunde ist nicht alles, aber ohne den Kunden ist alles nichts. Folglich muß sich jede Leistung der Personalabteilung am Bedarf und Nutzen ihres jeweiligen Kunden messen lassen.

Wertschöpfungsorientierung

Personalmanagement ist ein Baustein des Wertschöpfungsprozesses im Unternehmen und muß seine Tätigkeiten und Prozesse wertschöpfend (aus Kundensicht) ausrichten, unter Kosten-Nutzen-Gesichtspunkten abwägen und dafür Sorge tragen, daß das Humankapital wirtschaftlich eingesetzt werden kann. In den meisten Unternehmen gehören die Investitionen im Personalbereich zu den gesamtunternehmerisch gesehen höchsten Kostenfaktoren. In zehn Jahren Betriebszugehörigkeit kann eine Führungskraft gut und gerne drei Millionen DM „gekostet" haben. Wertschöpfungs- und Kostenorientierung bedeuten für das Personalwesen, den Wertschöpfungsprozeß durch Leistungen und Beiträge aktiv zu gestalten, d.h. durch Fokussierung auf die tatsächlichen Kundenwünsche (Was braucht und will der Kunde?) statt durch bloße Optimierungs-, Rationalisierungs- und Kostensenkungsbemühungen.

Total Quality Management (TQM) und Verschlankung

Die Gedanken des Lean Management und des Total Quality Management haben in die Personalabteilung Einzug gehalten. Die Konzentration auf die eigentlichen Kernbereiche, absolute Kunden- und Qualitätsorientierung und der Abschied von längst überflüssigem bürokratischem Ballast und unproduktiven Doppelarbeiten fördern die Effizienz und Flexibilität und lassen – entgegen den Befürchtungen vieler Personalfachleute durchaus Raum für innovatives Herumspinnen und kreatives Ausprobieren. Neue Formen der Arbeitsorganisation (z.B. Gruppen- oder Projektarbeit, Service-Center oder flache Hierarchien) sowie permanente Verbesserungsbemühungen (z.B. Kaizen, Qualitätszirkel) sind wichtige Bestandteile einer sich ständig weiterentwickelnden „lernenden Personalabteilung" und tragen darüber hinaus durch höhere Selbstverantwortlichkeit des einzelnen Mitarbeiters entscheidend zur Motivation bei. Die Personalabteilung ist gefordert, die Konzeption solcher neuer Arbeitsformen mit der entsprechenden Fachabteilung gemeinsam zu entwickeln, die Umsetzung zu unterstützen und zu begleiten (z.B. durch Teamtraining oder die Schulung von TQM-Techniken).

Dezentralisierung der Personalentwicklung

Der Vorgesetzte in der Fachabteilung ist der eigentliche Personalentwickler. Die Personalentwicklung muß ihm als einem ihrer Hauptkunden valide Daten zur Entscheidungsfindung zur Verfügung stellen und ihn in die Lage versetzen, seine Führungsfunktion im besten Sinne auszufüllen und Verantwortung für den bestmöglichen „Fit" von unternehmerischen und mitarbeiterbezogenen Zielen zu übernehmen. John Naisbitt schildert in seinem Buch *Megatrends* die Verfügbarkeit von Informationen als einen bedeutenden Produktionsfaktor und als entscheidenden Wettbewerbsvorteil (Naisbitt, 1982, S. 24 ff.). In der Personalarbeit ist der Faktor Information für flexible Personalentwicklung mit der Zielsetzung, die aktuellen Kernkompetenzen und die zukünftigen Schlüsselkompetenzen der Mitarbeiter zu nutzen und zielgerichtet weiterzuentwickeln, unersetzlich. Rechnerunterstützt wird Personalarbeit in weiten Teilen ohne Informationsverluste an die Vorgesetzten der Fachabteilungen dezentralisierbar, da durch die Technik die relevanten Informationen und Daten verfügbar gemacht werden können.

Welchen Beitrag können Personalmanagementssysteme bei der Erfüllung dieser Anforderungen leisten?

Aufgabe eines Personalmanagementsystems ist es, sowohl die administrativen Prozesse, als auch die Gestaltungs-, Lenkungs- und Entwicklungsprozesse der Human Resources im Unternehmen zu unterstützen. Durch die Systemunterstützung können Administrationsaufgaben weitestgehend automatisiert bzw. flexibilisiert werden, für Gestaltungs-, Lenkungs- und Entwicklungsaufgaben steht mehr Zeit zur Verfügung.

Die wesentliche Voraussetzung für den effektiven und effizienten Einsatz von Standardsoftware stellt die Überarbeitung der Aufbau- und Ablauforganisation des Unternehmens (des betroffenen Bereiches) dar. Die Überarbeitungsmöglichkeiten liegen in der Vereinfachung von Abläufen, im Verzicht auf nicht wertschöpfende Tätigkeiten und ggf. in der Automatisierung.

Restrukturierung in Kombination mit dem Einsatz eines leistungsfähigen Personalmanagementsystems führt im Idealfall zu folgenden Effekten:
- Größere Wertschöpfung durch Effizienzverbesserung und Kostenreduzierung,
- Kundenorientierung und Dezentralisierung der Personalarbeit durch die Bereit-

stellung von entscheidungsrelevanten Informationen an die Vorgesetzten der Fachabteilungen,

- Konzentration auf das Kerngeschäft und Schaffung von Freiräumen durch Prozeßoptimierung (bei Massendatenverarbeitung, periodischen Verarbeitungsintervallen sowie bei standardisierbaren und/oder teilbaren Aufgaben),
- höhere Flexibilität und das Ermöglichen neuer Arbeitsformen (z.B. Gruppen- und Projektarbeit etc.) durch die Bereitstellung von Informationen und durch administrative Unterstützung,
- Schaffen strategischer Handlungsspielräume durch Schnittstellen, Vernetzung und Kommunikation mit anderen Stabs- und Fachbereichen (z.b. Finanzbuchhaltung, Controlling, Produktionsplanung etc.),
- Synergie- und Motivationseffekte durch Beteiligungs- und Konsensstrategie bei der Zusammenarbeit mit den Mitarbeitern und dem Betriebsrat in der Einführungs- und Umsetzungsphase,
- Qualitätsverbesserungen (z.B. valider und aktueller Datenstand) durch die Gewährleistung der Datenpflege, Terminierungsfunktionen und Selbstcontrolling-Früherkennungsroutinen,
- Transparenz und Datensicherheit durch eindeutige Zugriffsregelungen.

In der Praxis werden die Möglichkeiten der EDV-Unterstützung des Personalmanagements jedoch nur partiell genutzt. Nur 16,4 Prozent der Unternehmen setzen Systeme zu Planung des Bildungsbedarfs und lediglich 22,4 Prozent zur individuellen Personalförderung ein (vgl. Mülder, 1993, S. 20). Weiteren Untersuchungen zufolge nehmen Programme zur Personalverwaltung und zur Lohn- und Gehaltsabrechnung mit 74 Prozent bisher den größten Raum ein (vgl. Scholz, 1989, S. 56).

Aktuelle Erhebungen zeigen jedoch eine Trendwende an. Neben der Buchhaltung (weltweites Umsatzwachstum Client-Server basierter Software 1993: 148,2 %) ist erstaunlicherweise das Personalmanagement (weltweites Umsatzwachstum Client-Server basierter Software 1993: 110 %) die primäre Zielanwendung für Software auf Client-Server-Basis. Damit liegen diese Felder vor den Bereichen Fertigung, Konstruktion, Kundensupport, Vertrieb und Verkauf (vgl. „IDC: SAP führend ...", 1994).

Die Standard-Software R/3 der SAP AG

Die SAP AG (Systeme, Anwendungen und Programme in der Datenverarbeitung) ist auf dem Gebiet von Standardsoftware mit Client-Server Architektur Marktführer in Europa und liegt weltweit hinter Oracle an zweiter Stelle (vgl. „IDC: SAP führend ...", 1994).

Eigenschaften von SAP-R/3

Unter Standardsoftware versteht man Programmpakete, die eine eindeutig definierte betriebliche Anwendung übernehmen und universell, d.h. für verschiedene Branchen, Unternehmensgrößen, Rechnertypen und Betriebssysteme einsatzfähig sind (vgl. Stahlknecht, 1989, S. 288 ff.). Das Programmpaket bzw. die einzelnen Bausteine werden nach Horvath durch folgende Eigenschaften charakterisiert (vgl. Horvath, 1986, S. 6):

- Abbildung einer Problemlösung,
- Unabhängigkeit von der Organisationsstruktur,
- Unabhängigkeit von Hardwareherstellern,
- Anpassbarkeit über Parameter,
- eindeutige Festpreisformulierung und -garantie.

Dabei hat Standardsoftware gegenüber Individualsoftware

- Kostenvorteile (z.B. durch Verteilung der Entwicklungs-, Herstellungs- und Wartungskosten auf mehrere Abnehmer) und
- Zeitvorteile (z.B. Neuentwicklung ist zeitaufwendiger als die Anpassung der Standardsoftware).

Die Nachteile von Standardsoftware sind:

- Abhängigkeit von dem Systemlieferanten und Unsicherheit bezüglich des softwaretechnologischen Potentials und der Stabilität und Finanzlage des Anbieters;
- aufgrund der Standardisierung der Software ist teilweise keine 1 zu 1 Umsetzung der bestehenden Aufbau- und Ablauforganisation möglich;
- schlechtere Programmlauf- und Antwortzeiten als bei Individualsoftware, da der Umfang der Software durch nicht genutzte Programme und Daten größer ist (vgl. Horvath, 1986, S. 7).

Die Standardsoftware SAP R/3 wird durch die Eigenschaften Client-Server-System [d.h. Gliederung des Systems auf Teile, die einen Dienst erbringen (Server), und Teile, die diese Dienste als Klienten in Anspruch nehmen (Clients)], relationales Datenmodell (d.h. die Datensätze der Datenbank können flexibel miteinander verknüpft werden), integrierte Realtime-Verarbeitung (d.h. ein Geschäftsvorfall wird in Echtzeit verarbeitet, das Ergebnis wird in die anderen Anwendungen durchgebucht) und graphische Benutzeroberfläche (d.h. Verwendung von Symbolen statt Befehlen) charakterisiert. Die Einzelkomponenten Rechnungswesen, Logistik, Personalwirtschaft und Bürokommunikation besitzen eine flexible und modulare Struktur. Dadurch besteht die Möglichkeit einer stufenweisen Implementierung bzw. die isolierte Nutzung einzelner Komponenten.

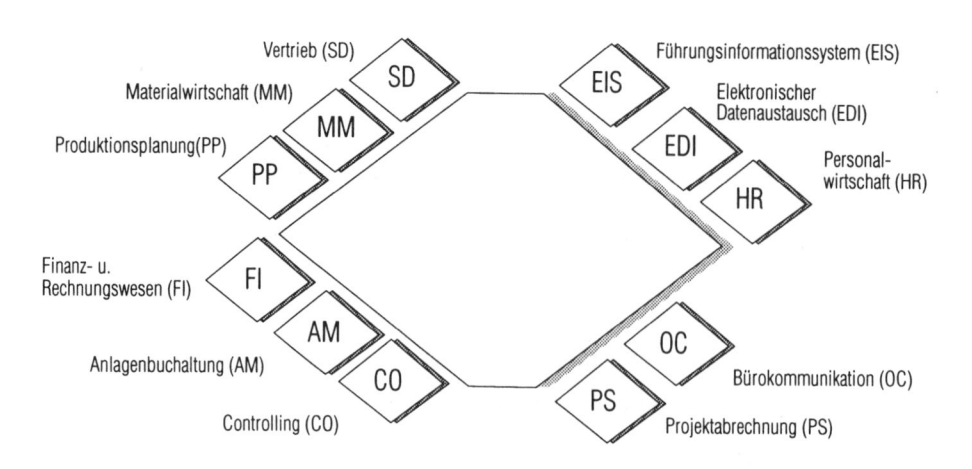

Abbildung 2
Ausschnitt aus dem Integrationsmodell SAP-R/3 (vgl. SAP AG, 1993, S. 1-3)

Die Aufgaben des Personalmanagements werden hauptsächlich den R/3-Modulen HR (Human Resources Management) und CO (Controlling) abgebildet.

Das SAP-R/3 Modul HR (Human Resource Management System)

Durch das SAP R/3 Modul HR werden folgende Funktionsbereiche unterstützt:
- Personalverwaltung (Personalstamm, Personalakte usw.),
- Zeitwirtschaft (Schichtplan, Zeitdaten, BDE/Zeiterfassung, Leistungslohn usw.),
- Personalabrechnung (Lohnsteuer, Sozialversicherung usw.),
- Personalplanung (Personalbedarfsplanung, Arbeitsplatz- und Stellenbeschreibungen, Qualifikationen und Anforderungen, Kostenplanung usw.),
- Personalbeschaffung (Bewerberverwaltung, Bewerbervorauswahl usw.),
- Reisekosten (Stammdaten, Bewertungstabellen, Reisefakten usw.). und
- Organisation (Organisationspläne, Organigramme usw.).

Die personalwirtschaftlichen Teilbereiche Unternehmensstruktur, Personalstruktur, Tarifstruktur, Lohnartenstruktur, Schichtplanung und Berechtigungen für die HR-Anwender können auf verschiedenen organisatorischen Ebenen flexibel geplant und eingerichtet werden. Mit einem flexiblen Berichts- und Analysesystem können Auswertungen (z.B. Entwicklung des Personalbestandes, Kostenstruktur, Seminarauswertungen etc.) erstellt werden. SAP R/3 bietet die Möglichkeit, sämtliche Funktionen der Personalwirtschaft an jedem Arbeitsplatz zu integrieren. Aufgaben der Personalabteilung (z.B. Stammdatenpflege) können dadurch in die Fachabteilungen verlagert werden.

Die zentralen Ordnungsbegriffe im SAP R/3 Modul HR sind die Objekttypen. Objekttypen sind Gegenstände, mit denen sich das Modul HR beschäftigt. Objekttypen werden durch eine Menge zugeordneter Attribute (Infotypen) beschrieben. Über Relationen (Verknüpfungen) lassen sie sich in Strukturen einbinden (vgl. SAP AG, 1992, S. 7 ff.; SAP AG, 1994).

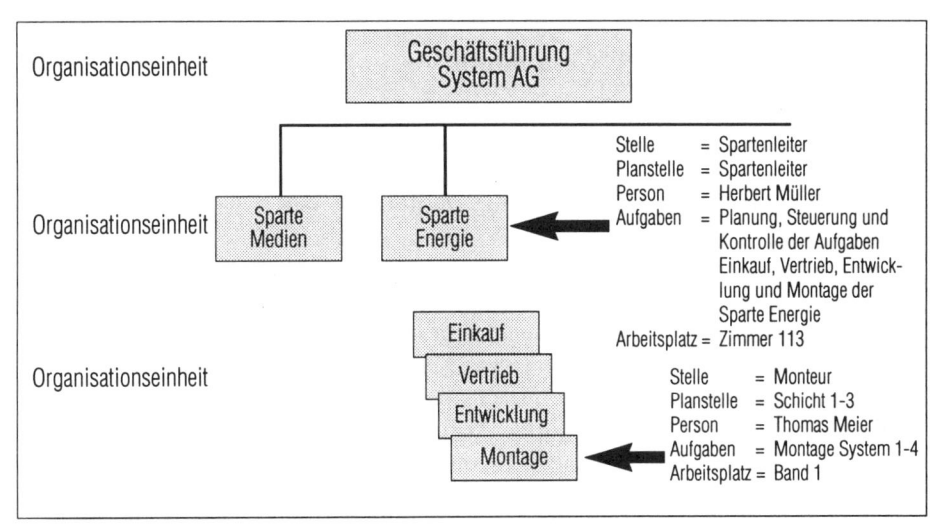

Abbildung 3
Objekttypen im SAP R/3 Modul HR

Definition der Objekttypen (vgl. SAP AG, 1992, S. 7 ff.; SAP AG, 1994):
- *Organisationseinheit:* Zur Darstellung der Organisationsstruktur verwendet SAP den Begriff Organisationseinheit. Der Begriff Organisationseinheit wird für organisatorische Gebilde wie zum Beispiel Team, Abteilung, Werk und Buchungskreis verwendet. Ihr Stellenwert ergibt sich aus der jeweiligen Position in der Unternehmenshierarchie. Eine Organisationseinheit (z.B. Produktion) umfaßt i.d.R. mehrere Planstellen (z.B. Schicht 1), Arbeitsplätze (z.B. Band 1), Personen (z.B. Hr. Mayer) und Kostenstellen (z.B. Band 1) unter einheitlicher Leitung.

- *Arbeitsplatz:* Arbeitsplätze haben einen konkreten Standort und können mit mehreren Planstellen besetzt werden. Jeder Planstelle ist mindestens ein Arbeitsplatz zugeordnet. Der Arbeitsplatz ist i.d.R. mit bestimmten Aufgaben verbunden und kann einer Kostenstelle zugewiesen werden.

- *Aufgabe:* Mit der Aufgabe werden Stellen und Planstellen beschrieben. Die Definition der Tätigkeit dient der Erstellung von aussagefähigen, maschinell pfleg- und auswertbaren Stellenbeschreibungen.

- *Planstelle:* Stellen sind die Basis für die Anzahl der erforderlichen Planstellen. Je mehr Arbeit pro Stelle, desto mehr Planstellen sind notwendig (mindestens eine Planstelle je Stelle). Den Planstellen werden Organisationseinheiten zugeordnet. Zur Abbildung von Berichtswegen werden die Planstellen untereinander in Beziehung gesetzt. Planstellen sind i.d.R. Arbeitsplätze, Personen und Kostenstellen beigegeben.

- *Person:* Unter dem Objekttyp Person versteht SAP eine natürliche Person.
- *Stelle:* Je Beruf oder Tätigkeitsbezeichnung entsteht eine Stelle, z.B. Vorstandsvorsitzender.

Das SAP-R/3 Modul CO (Controlling)

Das Modul CO soll die ertragsorientierte Steuerung der Aktivitäten des Unternehmens und damit der Personalabteilung unterstützten. SAP verwendet zur Beschreibung der betrieblichen Abläufe Ordnungsbegriffe, wie zum Beispiel (vgl. SAP AG, 1993, Glossar-1 ff.; SAP AG, 1994):

- *Kostenstelle:* Kostenstellen sind funktionale Orte der Leistungsentstehung. Die Kosten und Leistungen lassen sich entweder direkt erfassen oder über interne Verrechnungen verursachungsgerecht zuordnen. Hier werden die Kosten der Betriebsbereitschaft ausgewiesen.

- *Profitcenter:* Ein Profitcenter ist ein ergebnisverantwortlicher Teilbereich eines Unternehmens. Jeder ergebnisrelevante Geschäftsvorfall wird online auf ein Profitcenter abgebildet. Hier können Ergebnisse nach dem Gesamtkostenverfahren ermittelt werden. Da Bestandsveränderungen berücksichtigt werden, kann mit der Profitcenter-Rechnung die Leistungserstellung innerbetrieblicher Bereiche kontrolliert werden.

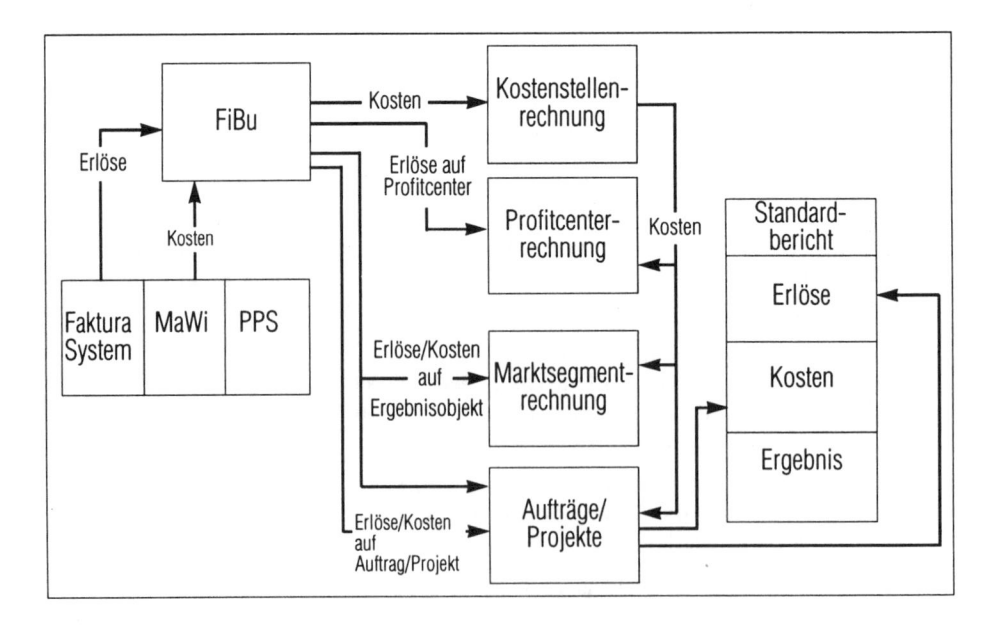

Abbildung 4
Ausschnitt der Funktionalzusammenhänge im SAP-System

– *Marktsegmente:* Marktsegmente werden aus den Kontierungsbegriffen (Kunde/Artikel, Vertriebsweg/Region/Artikel, Kunde/Auftragsart usw.) abgeleitet. Die Marktsegmentrechnung stellt ein flexibles Instrumentarium zur Auswertung von Datenbeständen dar. Ergebnisobjekte (z.B. Warengruppen) können im Hinblick auf ihren Ergebnisbeitrag analysiert werden (z.B. mit Deckungsbeitragsschemata).

– *Aufträge/Projekte:* Die Kosten können entweder direkt oder über die Kostenstellenrechnung auf CO-Aufträge/Projekte kontiert werden. Ziel ist die begleitende Kontrolle und Analyse der Ressourcenverbräuche von Aufträgen/Projekten in Form von Kostenplanungen, Belastungen und Abrechnungen.

Im SAP-System wird die Personalabteilung als Kostenstelle/Profit-Center abgebildet, das Dienstleistungen für andere Unternehmensbereiche erbringt. Die Dienstleistungen (z.B. Personalabrechnung, Bewerberauswahl) und Kosten können wertgemäß erfaßt und verursachungsgerecht weiterberechnet werden. Die durch Projektarbeit (z.B. Erarbeitung und Einführung von flexiblen Vergütungssystemen) verursachten Kosten und Leistungen können von den beteiligten Organisationseinheiten direkt auf den Auftrag/das Projekt kontiert werden. Damit wird die projektbegleitende Kontrolle und Analyse der Ressourcenverbräuche in Form von Kostenplanungen, Belastungen und Abrechnungen ermöglicht. Bei entsprechender Einstellung des Systems, kann das Projektcontrolling konzernweit genutzt werden. Die Personalkosten werden aus dem Modul HR in die Module FI und CO gebucht.

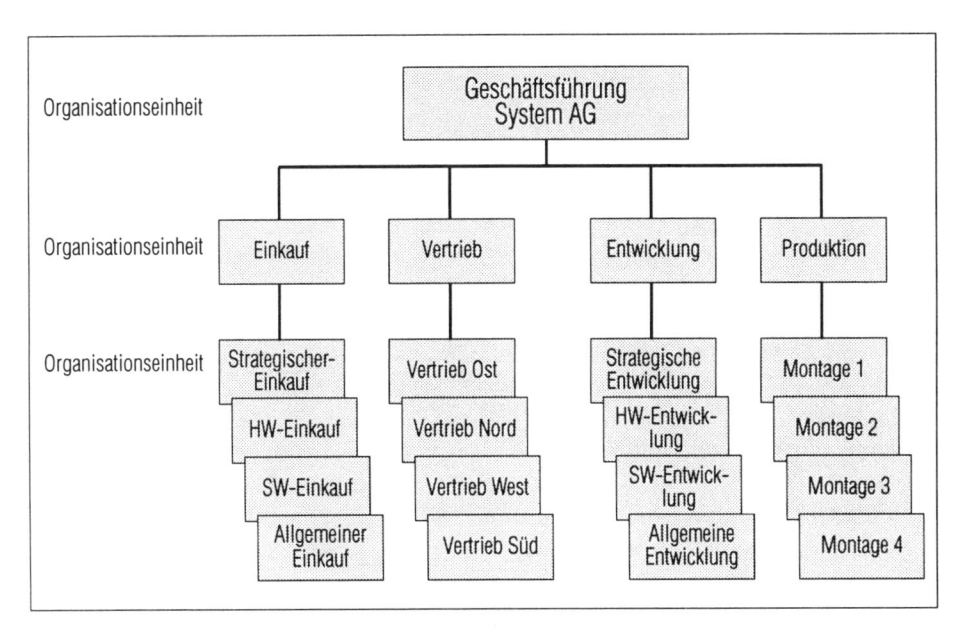

Abbildung 5
Unternehmensstruktur Status „aktiv"

Beispiel:
Restrukturierung der bestehenden Organisation der System AG

Welche konkreten Anwendungsmöglichkeiten gibt es für das SAP-System in der Personalabteilung? Wie unterstützt das SAP-System die Arbeit der Personalabteilung? Diese Fragen sollen anhand des Projektes „Restrukturierung der bestehenden Organisation der System AG" erläutert werden. Zu Beginn des Projektes wird ein entsprechender Auftrag im Modul CO eröffnet und freigegeben, das System vergibt eine Auftragsnummer. Alle Kosten und Leistungen des Projektes werden unter dieser Auftragsnummer erfaßt.

Die Entwicklung von einer funktionalen Organisationsstruktur hin zu einer divisionalen Struktur wird im Modul HR geplant und aktiviert. Ausgehend von der bestehenden Organisationsstruktur (Status „aktiv") werden unterschiedliche Planvarianten (Status „geplant") dargestellt und in ihren Auswirkungen analysiert.

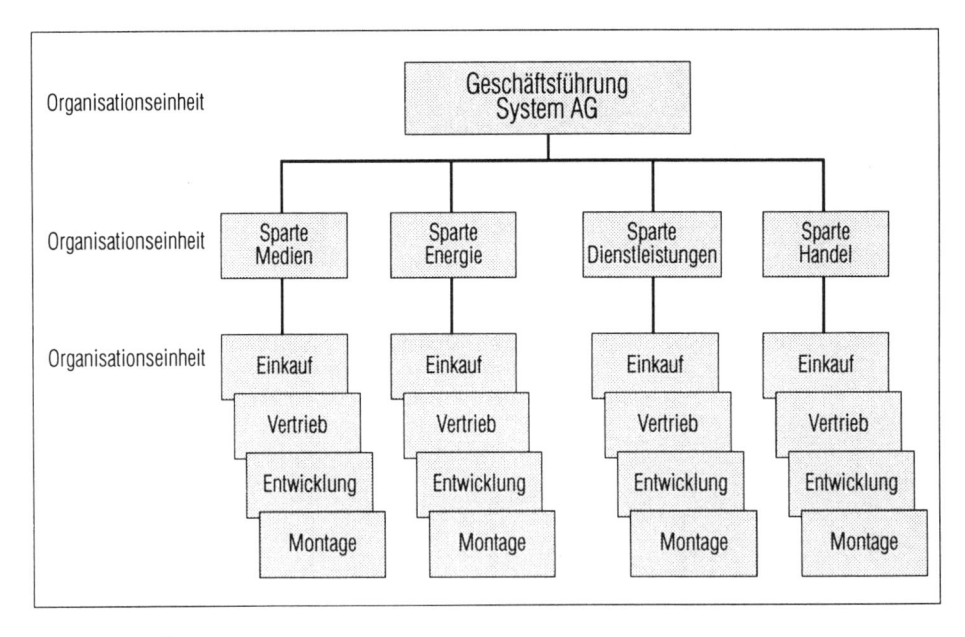

Abbildung 6
Unternehmensstruktur Status „geplant"

Die Strukturdaten können direkt in der Grafikkomponente (Strukturgrafik) bearbeitet werden. Den Organisationseinheiten lassen sich flexibel Planstellen, Arbeitsplätze, Aufgaben, Personen und Kostenstellen zuordnen. Auf dieser Grundlage können z. B. die Stellenbeschreibungen der Divisionsleiter der neuen Organisationsstruktur angepaßt werden.

Die Auswirkungen von Strukturveränderungen (z.B. verringerter Bedarf an Planstellen durch den Abbau von Koordinationsaufgaben, Qualifizierungsbedarf von Mitarbeitern, neue Führungsfunktionen und entsprechender Qualifizierungsbedarf für Vorgesetzte usw.) können zeitnah ermittelt, transparent dargestellt und in ihrem Realisierungsgrad verfolgt werden.

Die verabschiedete Planvariante (mit Planvarianten lassen sich zeitgleich unterschiedliche Pläne im System HR verwalten) wird im Modul HR aktiviert (vgl. SAP AG, 1992, S. 10). Die aktuellen Organigramme und Organisationspläne stehen den berechtigten Benutzern online zur Verfügung.

Vorgehensweise bei der Einführung von SAP-R/3

Den chronologischen Ablauf einer R/3-Implementation begleitend, sollte vor Projektbeginn bereits das Topmanagement mit strategischen Informationen versorgt werden, um Akzeptanz und persönliches Commitment der Führungscrew zu gewährleisten.

Mit einem Kick-Off-Workshop wird das Projekt gestartet. In einem ersten Schritt werden die Unternehmensanforderungen an ein Informationssystem mit der SAP-R/3-Funktionalität abgeglichen. Workshop-Ergebnisse sind:

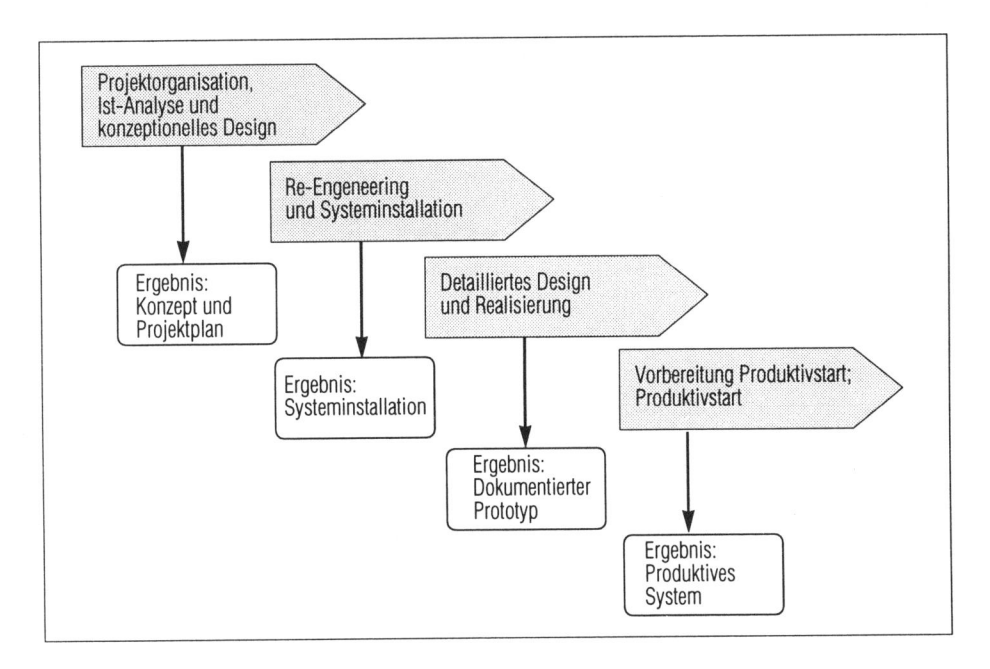

Abbildung 7
Die Projektphasen

- ein einheitlicher Wissensstand in bezug auf die SAP-R/3 Funktionalität bei den Entscheidungsträgern,
- Aussagen zu den SAP-R/3 Einsatzmöglichkeiten unter Berücksichtigung der spezifischen Unternehmenssituation,
- Aussagen zu Systemalternativen und
- ein Maßnahmenplan für die Systemeinführung mit Aktivitäten, Personen und Terminen.

Bei Einführungsprojekten hat sich die Gliederung in Phasen, Segmente und Aktivitäten bewährt. Umfang und Reihenfolge der Gliederung hängen von der jeweiligen Situation im Unternehmen/Projekt ab. Die Abbildungen 7 und 8 stellen einen Auszug der einzelnen Phasen und Segmente aus einem von Zuendel & Partner bearbeiteten SAP-R/3 Projekt dar.

Alle betroffenen Mitarbeiter (Fachabteilung und EDV-Abteilung) und der Betriebsrat sollten in allen Projektphasen weitestmöglich beteiligt werden, da mit der Akzeptanz

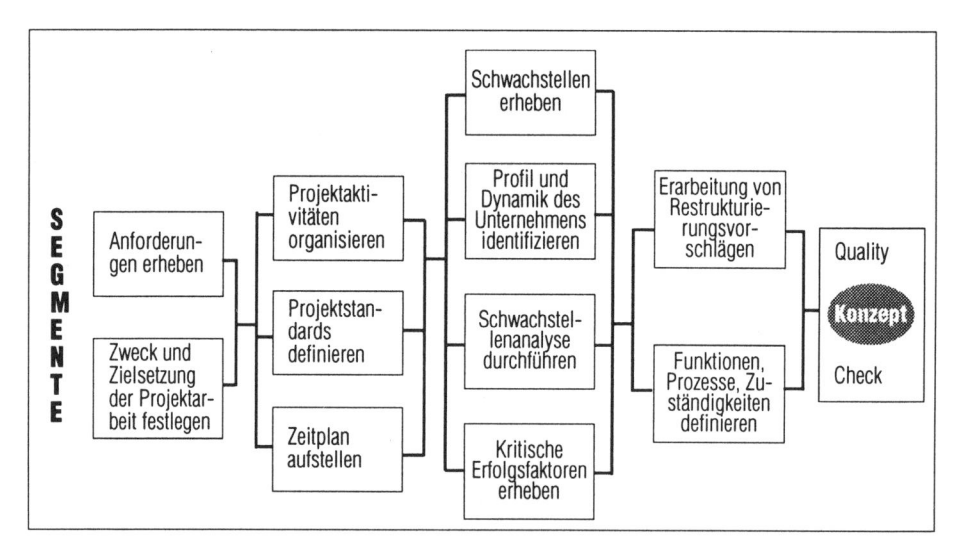

Abbildung 8
Phase 1:Projektorganisation, Ist-Analyse und konzeptionelles Design

dieser beiden Gruppen jede EDV-Einführung steht und fällt. Töpfer und Poersch betonen, daß in vielen Untersuchungen der Betriebsrat so wichtig genommen wird, daß eine über das Betriebsverfassungsgesetz hinausgehende Zusammenarbeit erfolgt und der Betriebsrat entscheidenden Einfluß auf die Gestaltung der Software nimmt (Töpfer & Poersch, 1989, S. 87 ff.). Statt der Erzeugung von Widerständen muß Ziel einer Einführungsstrategie die weitestgehende Transparenz und Nachvollziehbarkeit der Verarbeitungsform für alle Beteiligten sein. Gewährleisten läßt sich dies durch das hinlänglich bekannte OE-Prinzip „Betroffene zu Beteiligten machen".

Anwenderschulung der R/3-Software

Einer der wichtigsten Schritte zur bestmöglichen Nutzung der EDV ist die Bereitstellung eines kundigen Nutzerpotentials, d.h. von in Technik und Anwendung bestausgebildeten Mitarbeitern, die über ihre Multiplikatorenfunktion das User-Netz vervielfachen können. Hierarchieabhängig werden auf den verschiedenen betrieblichen Ebenen unterschiedliche Schwerpunkte bei der Vermittlung der Leistungsfähigkeit der SAP R/3-Software gesetzt.

Auf Topmanagement-Ebene bedeutet „Schulung" die Konzentration auf Themen wie strategische Nutzungsmöglichkeiten und operative Leistungsfähigkeit sowie den Einfluß des EDV-Einsatzes auf die Unternehmensentwicklung. Dem mittleren Management wird ein Überblick über das System und die einzelnen Applikationen vermittelt, welche dann letztendlich von den für die entsprechende Aufgabe verantwortlichen Mitarbeitern ihres Bereiches angewendet werden. Die Anwender werden während der Einführungsphase durch Schulungen „im klassischen Sinn" und Training on the job auf ihre zukünftige Aufgabe vorbereitet.

Lernen am Arbeitsplatz kann durch Team-Workshops während der Ausgestaltung und Anpassung der Software an die spezifischen Unternehmens- oder Abteilungsbedürfnisse (Customizing) geschehen, weiterhin durch Einzeltraining am Echtfall oder im Testsystem. Wichtig ist die ständige Abrufbereitschaft des Beraters, eines innerbetrieblichen Experten oder einer persönlichen bzw. telefonischen Hotline. Insgesamt ist feststellbar, daß Lernen – insbesondere im EDV-Bereich – sich immer weiter von den klassischen Schulungen weg entwickelt hin zu arbeitsplatznahen, realen und individuell ausgestalteten Trainingsformen. Besondere Bedeutung nimmt hier das Lernen am und im Projekt ein. Durch die Einbindung in die Projektarbeit stellt das Modellernen vom Berater oder vom (von der) innerbetrieblichen Software-Fachmann/Fachfrau einen wichtigen Anteil zur Aneignung des geforderten Know-hows dar.

Trotz allem läuft es ganz ohne die klassische Schulung doch noch nicht, da in den meisten Unternehmen insbesondere die Verfügbarkeit interaktiver Lernmedien, einer Hotline oder entsprechender Experten nicht gewährleistet werden kann. Spezielle Seminarbausteine zum Erlernen der einzelnen Funktionen der Module bieten SAP und die SAP-Beratungspartner (Beratungsunternehmen, die mit SAP kooperieren) für täglich ca. 2.000 Schulungsteilnehmer in den eigenen Schulungszentren oder beim Kunden vor Ort an.

Wie für Bildungsmaßnahmen generell gilt auch hier speziell die Grundregel, daß der Transfereffekt am größten ist, wenn das Gelernte im Anschluß an die Schulung unmittelbar angewendet werden kann und nicht in der Alltagsarbeit versandet. Dem lustvollen Ausprobieren und Experimentieren mit dem neuen System sei hierbei große Wichtigkeit eingeräumt – stellt es doch einen Schritt hin zu selbstorganisiertem Lernen dar – auch wenn das Probieren vielerorts noch als disziplinfeindliche „Spielerei" abgetan wird.

Sinnvoll ist darüber hinaus die Begleitung der DV-Schulung durch psychologisches Verhaltenstraining. So sind z.B. im Rahmen vieler DV-Vorhaben Interviewtechniken, Konfliktbewältigung, positive Kommunikation und Präsentationsmaßnahmen unverzichtbar, wenn man mit möglichst geringen Reibungsverlusten einen maximalen Projekterfolg erzielen will (Todt, 1993, S. 48 ff.).

Zusammenfassung und Empfehlungen zur Konzeption und Vorgehensweise bei der Einführung von SAP

Eine generelle SAP-Einsatzempfehlung kann erst nach einer Analyse der jeweiligen Unternehmenssituation und der spezifischen Anforderungen innerhalb der Personalabteilung gegeben werden. Folgende Punkte lassen sich dennoch zusammenfassen:

- Die Identifikation der kritischen Erfolgsfaktoren/Anforderungen des Unternehmens und eine detaillierte Analyse der Prozesse ist Voraussetzung für die Konzeption des Personalmanagementsystems. Danach sollte die geforderte Funktionalität der von SAP gebotenen Funktionalität gegenübergestellt werden.

- Für die einzelnen Verfahren und Funktionsbereiche des Personalmanagements bietet SAP ein ausgereiftes System mit flexiblen Einstellungsmöglichkeiten. Die Anforderungen internationaler Unternehmen lassen sich durch den vielschichtigen Aufbau (Segmente und Module) des SAP-Systems sehr gut abbilden.

- Aufgrund vielfältiger Einstellungsoptionen der Software und der Notwendigkeit, gewachsene Strukturen und Abläufe im Unternehmen zu hinterfragen, sollte ein externer Partner für die Konzeptions- und Einführungsphase gewählt werden, der sowohl den Bereich Einführung von Standardsoftware als auch das Gebiet der Organisationsberatung kompetent abdeckt.

- Art und Umfang der Einbindung interner Mitarbeiter aus den Fachabteilungen entscheidet über die Qualität der Konzeption und den Erfolg des Projektes. Neben einer Kostenreduzierung ergeben sich durch eine umfangreiche Beteiligung folgende Vorteile: Die internen Mitarbeiter werden durch die Projektarbeit schrittweise in der Software qualifiziert und können dieses Wissen an die späteren Anwender weitervermitteln. Das Know-how über die internen Abläufe und Strukturen wird in das Projekt eingebracht, die Projekterfahrungen und das EDV-Wissen verbleiben auch nach Projektende im Unternehmen.

Literatur

Bellgardt, P. (1990). Rechner- und Systemunterstützung im Personalwesen. In P. Bellgardt (Hrsg.), *EDV-Einsatz im Personalwesen* (S. 17-22). Heidelberg: Sauer. – **Hentschel, B., Gliss, H. & Wronka, G. (1987).** *Vorrangige Rechtsvorschriften bei. Personalinformations- und Abrechnungssystemen.* Köln: Datakontext. – **Horvath, P. (1986).** *Standardanwendungssoftware für das Rechnungswesen. Marktübersicht, Auswahlkriterien und Produkte für Finanzbuchhaltung und Kosten- und Leistungsrechnung.* München: Vahlen. – **Naisbitt, J. (1982).** *Megatrends.* München: Heyne. – IDC: SAP führend bei Buchhaltung und Personal **(1994).** *Computerwoche* (9), 4. März 1994, S. 30. – **Mülder, W. (1993).** Zettelwirtschaft. *Management & Seminar,* (9), S. 20-23. – **Papmehl, A. & Rasche, Th. (1990).** DV–gestützte Personalplanung mit einem PCS (Personal-Controlling-System). In P. Bellgardt

(Hrsg.), *EDV–Einsatz im Personalwesen* (S. 119-131). Heidelberg: Sauer. – **Riekert, J. & Risch, S.** **(1993)**. Brot und Spielchen. *Manager Magazin, 23* (11), 255-264. – **Scholz, C. (1989)**. *Personalmanagement.* München: Vahlen. – **Töpfer, A. & Poersch, M. (1989)**. *Aufgabenfelder des betrieblichen Personalwesens für die 90er Jahre.* Frankfurt/M.: Kommentator. – SAP AG (**Hrsg.**). (1992). *System RP, Funktionsbeschreibung RP–Plan.* Walldorf: SAP AG. – SAP AG (**Hrsg.**). (1993). *Controlling Grundlagen und Gemeinkostenrechnung.* Walldorf: SAP AG. – SAP AG (**Hrsg.**). (1994). *System R/3, Einführungsleitfaden Release 2. 0B.* Walldorf: SAP AG. – **Stahlknecht, P. (1989)**. *Einführung in die Wirtschaftsinformatik.* Berlin: Springer. – **Todt, U. (1993)**. Aus- und Weiterbildung ganzheitlich gestalten. *Personalwirtschaft,* (10), S. 48-50.

Joachim Freimuth, Eberhard Schnelle und Axel Winkler

Kommunikative Architektur, Wissensdiffusion und Selbststeuerungskompetenz

Einleitung – vom organisatorischen zum architektonischen Reengineering

Traditionellerweise wurde die Gestaltung von Gebäuden und Räumen im Arbeitsleben primär unter zwei Gesichtspunkten gesehen:

- Im Vordergrund stand zunächst die Funktionalität. Das räumliche Arrangement war strikt dem Diktat des ökonomischen bzw. technischen Prozesses untergeordnet. Das ist besonders sichtbar in der industriellen Fertigung, wo primär der optimale Auftrags- bzw. Materialfluß im Vordergrund steht, aber ebenso in typischen Büros, wo etwa die arbeitsteilige Angestelltentätigkeit sich materialisiert in den bekannten Einzelbürozellen.
- Der zweite Gesichtspunkt ist die Selbstinszenierung hierarchischer Macht, sei es in Gestalt von monumentalen Gebäuden, sei es in Form der bekannten Sujets oder Symbole, wie Bürogröße, Ausstattung, etc.

Beide Faktoren hängen zusammen. Ausgeprägte organisatorische und damit architektonische Zellteilung erfordert im gleichen Maße Koordinationsbedarf durch entsprechende Führungsinstanzen, die sich so ihrerseits wirkungsvoll räumlich in Szene setzen können.

Tatsache ist nun unbezweifelbar, daß in den letzten Jahren der Primat der zunächst an Materialfluß bzw. Einzelarbeitsplatz-Effizienz interessierten organisatorischen Gestaltung an Relevanz verlor, statt dessen gewinnt die Komponente des Informationsflusses und der Kommunikation an Bedeutung. Der Grund liegt bekanntermaßen darin, daß die Entwicklungen auf den Märkten und von neuen Technologien den Anpassungsbedarf in den Organisationen vervielfältigt hat. Dieser kann nur wahrgenommen werden, wenn alle Mitarbeiter zunehmend auf der Grundlage verbreiterten Wissens und Verständnisses für die organisatorischen Prozesse hier selber Verantwortung übernehmen. Das klassische Prinzip „Communication follows Material" wird nun ersetzt durch das Konzept „Material follows Communication" (Freimuth, 1989; Schnelle, 1990).

Die Entwicklung geht zur Selbststeuerung und Selbstorganisation, damit nimmt der Grad der Arbeitsteilung ab und im gleichen Umfang schwindet die Bedeutung klassischer hierarchischer Steuerung und Kontrolle. Sie müssen sich neu legitimieren, unverdrossene Ambitionen einer lediglich symbolhaften Selbstinszenierung erscheinen zunehmend als obsolet.

Das heißt für die beiden o.g. klassischen Einflußgrößen der Gebäude- und Raumgestaltung, daß ihre Relevanz sich verringert. Mit dem organisatorischen Reengineering muß daher auch ein Reengineering architektonischer Ideen verbunden werden. Und auch hier muß der Standard sich zunehmend an den Prozessen der Informations,- Wissens- und Erfahrungsdiffusion bei den Organisationsmitgliedern und in ihren Arbeits- bzw. Projektgruppen orientieren, die schließlich die Basis der lernenden Organisation ausmachen. Dieser Aspekt muß von der Zero-Base her, in einer allen organisatorischen Überlegungen vorgelagerten „Phase Null" von den Beteiligten überdacht werden. Das wurde bisher systematisch unterschätzt.

Das beredsame Schweigen von Räumen und Gebäuden

Was sind dafür die Ursachen? An der Schwelle jedes Gebäudes oder Raumes beginnt gleichsam ein neues Spiel, dessen Interaktionsstrukturen durch seine Bewohner oder Inhaber festgelegt sind (Freimuth, 1990). Diese berufen sich ihrerseits wiederum auf kulturelle Muster. Der Ursprung dieser Muster ist in ihren architektonischen Kristallisierungen jedoch ausgelöscht und gilt selbst-redend (!). Niemand wird auf die Idee kommen, sich im Konferenzraum auf den Stuhl des Leiters zu plazieren, niemand wird es wagen, das Vorzimmer zum Chef mit seinen spezifischen Verhaltensregeln für einen unverbindlichen small talk zu ignorieren, etc. Es sind versteinerte Chiffren der Beharrung, die uns überall subtil daran hindern, spontane Kommunikation zur selbstgesteuerten Problemlösung und Bildung neuer Erfahrungen in Gang zu setzen (Schnelle & Freimuth, 1987).

Kommunikative Settings

In der ökologischen Psychologie ist auf den Zusammenhang von architektonisch-räumlichen Bedingungen, Kommunikations- und Arbeitsfluß aufmerksam gemacht worden. Der hier zentrale Begriff des „kommunikativen Settings" verweist darauf, daß spezifische Formen der Kommunikation und damit der Arbeit und Problemlösung nur unter spezifischen räumlichen Bedingungen möglich sind. Settings sind letztlich räumlich materialisierte kulturelle Vereinbarungen, die die handelnden Akteure durch die räumlichen Arrangements in ein ganz spezifisches Verhaltensmuster zwingen und Alternativen ausschließen (Freimuth, 1992). Settings bilden sich auch spontan, wie etwa die berühmte Zufallskommunikation am Fotokopierer, oder werden bewußt gestaltet, wie z.B. Konferenzräume. Auch Layouts von Fertigungshallen oder Büros lassen sich als Settings interpretieren, die durch ihre Metrisierung eine entsprechend formbestimmte Dialogkultur erzwingen.

Die professionelle Gestaltung von kommunikativen Settings wird künftig eine zentrale Aufgabe in der Unternehmensentwicklung sein müssen, weil sie eminenten Einfluß hat auf die für die Arbeitsorganisation so fundamentalen Vorgänge der Kommunikation, der Erfahrungs- und Wissensdiffusion im Rahmen von kollektiven

Lernprozessen. Architektur kann dafür einen lebensnotwendigen Kontext schaffen, wenn man sich ihrer Möglichkeiten auch in der Unternehmensentwicklung professionell bedient.

Ästhetische Redundanz – ein Gestaltungsprinzip für Kommunikationsarchitektur?

Vereinfacht gesagt ist das Spiegelbild gleichförmiger Produktion auch eine flurbereinigte Funktionalarchitektur, lediglich unterbrochen von den Inszenierungsbemühungen hierarchischer Macht. Im Gefolge des Bedeutungsgewinns selbstgesteuerter Abstimmungsprozesse als neues Grundprinzip organisatorischer Gestaltungen müssen architektonische Prinzipien hinzutreten, die weitaus komplexere Abstimmungsprozesse erleichtern.

Da es in selbstgesteuerten Strukturen darauf ankommt, sich schnell und in unterschiedlichen Konstellationen immer wieder neu aufstellen zu können, müssen diese neuen architektonischen Arrangements folgende Möglichkeiten eröffnen:

– schnelles Erschließen von Handlungsbedarf, möglichst durch Blickkontakt,
– schnelle wechselseitige Erreichbarkeit der Akteure,
– Variabilität in der Bildung von Problemlösungszirkeln und Arbeitsgruppen, aber auch in der Ermöglichung von Einzelarbeit oder Großveranstaltungen,
– Simultaneität von Aktivitäten und
– Möglichkeiten für Spontan- und Zufallskommunikation.

Das Gestaltungsprinzip derartiger Settings könnte man in Anlehnung eines auf Kurd Alsleben aus dem Quickborner Team zurückgehenden Begriffs als *ästhetische Redundanz* bezeichnen. *Redundanz* steht hier für das bewußte Ermöglichen von nicht eindeutig zugeordneten Kommunikationsräumen, im zweifachen Wortsinne verstanden. Dieses systematische Ein-Räumen von Überschußkapazität ist ein Prinzip, das gegen ein sehr kurz gegriffenes Verständnis von Zweck-Mittel-Ökonomie geht und im Moment in der Lean-Management-Euphorie eine Wiedergeburt erlebt. Wir plädieren hingegen für eine gezielte *Ökonomie der Verschwendung*, in dem Sinne, wie auch die Natur verschwenderisch ist, aber niemals vergeudet (Staehle, 1991).

Ästhetik begreifen wir in drei miteinander verbundenen Weisen:
- Der Begriff bedeutet ursprünglich „Wahrnehmung". Das könnte man hier interpretieren als die wechselseitige Wahrnehmung der Akteure in einer tätigen Gruppe, als Selbst-Wahrnehmung jedes einzelnen in dieser Gruppe und als Wahrnehmung ihrer Aufgabe und Verantwortung für den gesamten Prozeß. Als das sind sie essentielle Bedingungen von Selbstorganisation.
- Ästhetik betrifft natürlich auch den künstlerischen Prozeß, der ein Prozeß des Werdens, Formens, Gestaltens und Hervorbringens ist. Ästhetik als Denkfigur der

Unternehmensentwicklung heißt, diese nicht in kristallisierten Strukturen, sondern in Kategorien des plastischen Materials zu thematisieren.

- Schließlich bezieht sich Ästhetik hier auch auf die bewußte Gestaltung von Farben und Formen des Arbeitskontextes, die je nach Bedarf anregende oder eher beruhigende Wirkungen ausüben sollte.

Kommunikative Architektur in Abhängigkeit des Reifegrades von Wissensprozessen

Diese Prinzipien konkretisieren sich in den organisatorischen Wissensprozessen verschiedenartig. Es lassen sich im Kontext unterschiedlicher Wissens-, bzw. Arbeits- und Problemlösungsprozesse idealtypisch differente Anforderungen an Kommunikation und kommunikative Architektur unterscheiden. Im Kern dreht sich diese Differenzierung darum, ob es sich in diesen Prozessen primär um das Erzeugen, das Kombinieren oder das Anwenden von Wissen handelt. Wie aus Abbildung 1 hervorgeht, unterscheiden wir grundsätzlich bei der Entstehung von Wissen in eine „Wolkungs-, Quallen-, Baustein- und Systemphase". In diesen Begriffen drückt sich der jeweils unterschiedliche Grad der Klarheit und Differenziertheit im Entstehungsprozeß von Wissen aus. Neue Ideen sind zunächst sehr wolkig, wenig griffig, konturieren sich dann aber in der Quallenphase. In der Bausteinphase bilden sich einzelne Problemaspekte deutlicher heraus. Ein endgültig geordnetes und stimmiges Bild, ein geordnetes Wissens- und Erfahrungsfeld, ist schließlich das Ergebnis der Systemphase, das Ziel dieses gesamten Evolutionsprozesses.

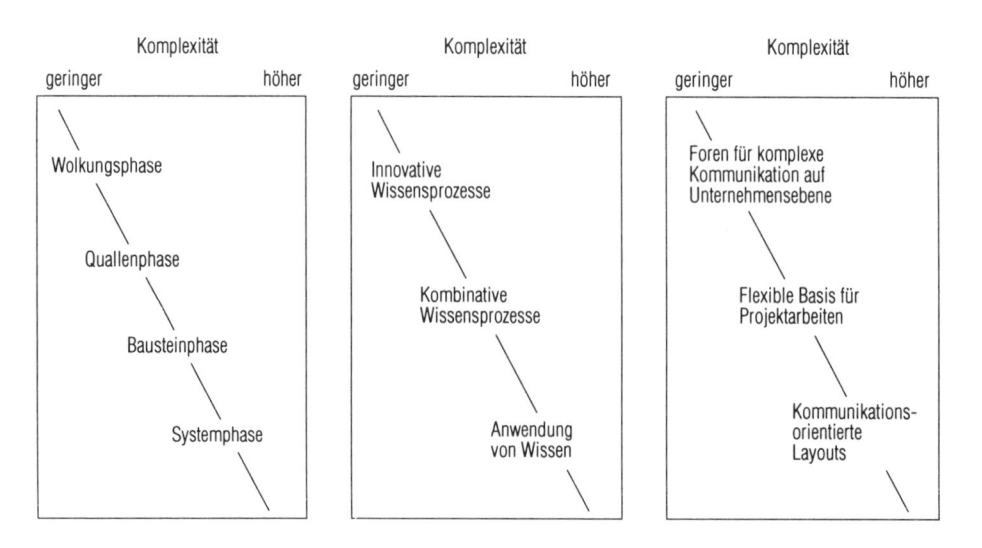

Abbildung 1
Die Evolution von Wissen und Anforderungen an die räumlichen Arrangements

Wir können in diesen Prozessen die Teilaspekte der Generierung neuen Wissens, der Kombination von Wissen zu neuen Erfahrungen und schließlich der Anwendung von vorhandenem Wissen unterscheiden. Von den formal zuordnungsbaren Varianten organisatorischer Produktionsprozesse könnte man analog differenzieren zwischen innovativen, projektartigen und routinierten Tätigkeiten. Und schließlich: Je unsicherer bzw. sicherer die den jeweiligen Arbeitsprozessen zugeordnete Wissensbasis ist, um so komplexer bzw. weniger komplex sind die kommunikativen Austauschprozesse zwischen den Beteiligten. Entsprechend different sind dann auch die Anforderungen an die architektonischen Layouts. D.h. die oben skizzierten Leitlinien der ästhetischen Redundanz kommen jeweils in abgestuften Graden zur Anwendung.

Beispiele für *innovative Wissensprozesse* finden sich eher in der Forschung und Entwicklung, sicher auch bei strategischen Lernprozessen. Das wesentliche Merkmal ist hier, daß die beteiligten Akteure auf wenig etabliertes Wissen zurückgreifen können. Das Ausmaß der Unsicherheit ist hoch, neue Erfahrungen entstehen schrittweise in experimentellen Designs und in vielfältig miteinander vernetzten Dialogen. Empirische Untersuchungen aus FuE-Prozessen weisen aus, daß es hier in der Tat ein spontanes Bedürfnis nach räumlicher Nähe gibt. Wenn Mitarbeiter an ähnlichen Fragestellungen arbeiten, findet zwei Drittel ihrer Kommunikation in einem Radius von ca. 30 Metern statt (Allen & Fustfeld, 1975).

Kombinative Wissensprozesse sind eher typisch für alle Arten von Projektarbeit. Hier sind zwar Wissensbasen vorhanden, aber in den Köpfen unterschiedlicher Experten. Es kommt eher darauf an, dieses Wissen zu vereinen und zu einem Prozeß oder Produkt zu kombinieren. Natürlich werden auch neuartige Erkenntnisse gewonnen, aber die größte Schwierigkeit besteht erfahrungsgemäß darin, die Begrenzungen der Expertenparadigmen aufzuweichen und die Spezialisten dazu zu bewegen, auch die Legitimität anderer Perspektiven anzuerkennen. Häufig sind derartige Prozesse in den klassischen Projektbüros zu beobachten, in denen sich zu bestimmten Zeiten und in bestimmten Settings Meetings oder kleine Treffen etablieren, wo mit der Zeit zentrale Prozesse der informellen Wissenslogistik und Wissensdiffusion stattfinden.

Typische Beispiele für die *Anwendung von Wissen* finden sich in der Fertigung. Aber auch hier kommt es immer wieder zu neuen Problemen und Lernmöglichkeiten, denen Raum (!) gegeben werden muß, etwa indem man Mitarbeiter in Gruppen zusammensetzt, an deren Schnittstellen immer wieder Probleme auftauchen. Sie können sich dann gleichsam „auf Zuruf" schnell verständigen und ohne große Abstimmungsschleifen die anstehenden Fragen vor Ort lösen. *Fertigungsinseln* oder *Kundenauftragszentren* (vgl. den Beitrag von Friedmann in diesem Band) funktionieren im wesentlichen nach diesen Prinzipien.

Die kollektive Aneignung von Wissen, ob es sich um einen innovativen Prozeß, um gemeinsame Projekterfahrungen oder die Bewältigung eines spezifischen Kundenauftrages handelt, hat immer informell gesteuerte Prozesse der Selbstorganisation zur Grundlage. Aus diesen Kooperationserfahrungen entsteht auch Beziehungswissen, vertrauensvolle Kontakte und Wertschätzung zwischen den Beteiligten. Sie begreifen darüber hinaus die prozessualen Zusammenhänge ihrer Teiltätigkeit und können ihre strategische Relevanz einordnen. Dieses undurchsichtige und vielfältig vernetzte Konglomerat läßt sich nicht durch formale Wissensorganisation oder Dokumentationen erfassen oder steuern. Es ist gespeichert im kollektiven Gedächtnis der Arbeits- und Projektgruppen.

Die äußere Bedingung für Selbstorganisation bildet zunächst ein Raum, in dem solche Austausch- und Verständigungsprozesse systematisch (oder unsystematisch?) möglich werden, wie zusammenfassend die folgende Projekterfahrung unterlegt:

> Alle Türen seien offen gestanden, jeder habe sich bei den KollegInnen laufend informieren können über den Stand der Arbeit. Häufig wurden ad-hoc Meetings einberufen, wo man sich auch mit den Beteiligten aus den anderen Bereichen abstimmen konnte und Wissen ausgetauscht wurde. „Da ging's zu in den drei Monaten wie im Taubenschlag." Durch diese große Offenheit nach allen Seiten gelang es, auch in dieser großen Gruppe den wechselseitigen Wissenstransfer befriedigend zu lösen. (Lullies, Bollinger & Weltz, 1993, S. 116)

Betrachten wir nun im Detail einige konkrete Beispiele auf der Grundlage der vorstehend entwickelten Systematik.

Kommunikative Layouts in der Fertigung

In der Industrie ist es ein übliches Vorgehen, den Materialfluß ständig zu optimieren, indem die Maschinen in bessere Abfolgen zueinander gestellt werden, um die Durchlaufzeiten zu verkürzen. Verbessert man so den physischen Materialfluß, ist das Ergebnis für jeden unmittelbar nachzuvollziehen. Die Steigerung dieser Effizienz ist jedoch begrenzt. Irgendwann ist die optimale Zuordnung der Maschinen weitgehend realisiert.

Je komplexer aber die Arbeitsprozesse sind, um so mehr Bedeutung gewinnt neben dem physischen der „geistige Materialfluß". Verbesserungen im physischen Materialfluß führen schnell zum sichtbaren Erfolg, sie sind meßbar. Der geistige Materialfluß ist gleichfalls real, aber oftmals unsichtbar. Hier liegen Potentiale, die bisher jedoch kaum genutzt wurden. Diesem Potential muß Platz gegeben werden und es muß sich zwangsläufig auch in der architektonischen Gestaltung widerspiegeln, ebenso wie der physische Materialfluß in den heutigen Industriehallen abzulesen ist. Es gilt die Kommunikationsprozesse in dem Produktionsablauf zu analysieren, zu bewerten und dieses in die Architektur einfließen zu lassen. Eine Optimierung der Kommunikation verbessert sowohl die Leistung als auch die Arbeitsqualität.

In der Möbelproduktion der traditionsreichen Deutschen Werkstätten Hellerau in Dresden geht es beispielsweise heute nicht mehr nur noch um die mechanische Addition der einzelnen, aufeinanderfolgenden Arbeitsschritte, sondern die Produkte stellen Systeme dar, die in ihrem Zusammenwirken und in ihrer Komplexität auch

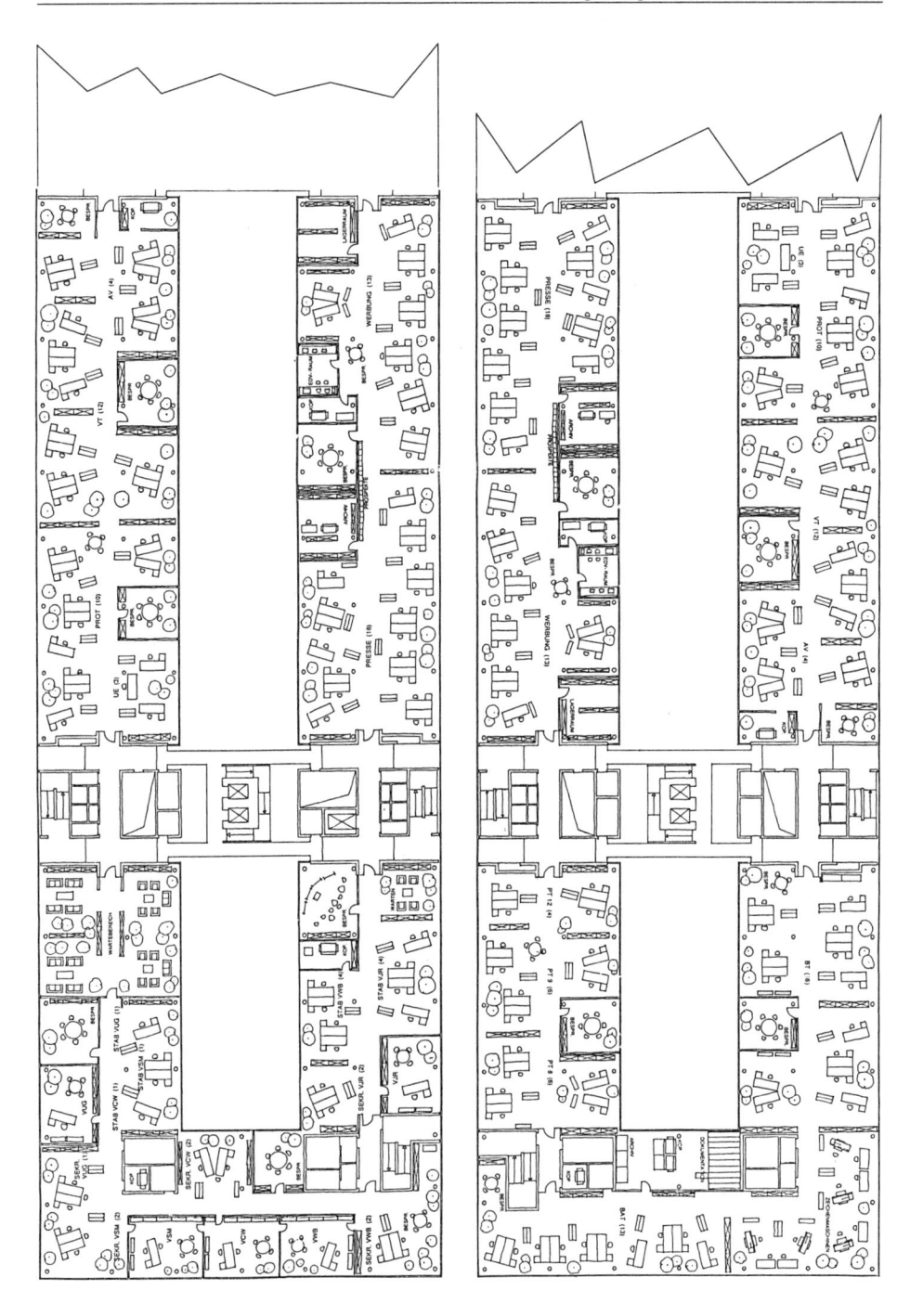

Kommunikative Architektur, Wissensdiffusion und Selbststeuerungskompetenz 329

Abbildung 2
Beispiel für Interaktionen

neue Ansprüche an die Kooperation stellen. Das führt zu höheren Anforderungen im Produktionsprozeß und insbesondere im Kommunikationsprozeß und damit zu neuen Gebäudestrukturen. Vor diesem Problemhintergrund wurde ein Architektenwettbewerb ausgelobt, mit dem Ziel, ein neues Produktionsgebäude zu realisieren, in dem, neben der Optimierung des Materialflusses, besonders viel Wert auf die Steigerung der Kommunikation im Produktionsprozeß gelegt wird. Das neue Gebäude besteht in unserer Vorstellung etwa nicht mehr aus Verwaltung, Entwicklung, Produktion und Lager in getrennten Funktionsgebäuden, sondern die einzelnen Bereiche werden unter dem Gesichtspunkt der Interaktion einander zugeordnet. In der neuen Fabrik sollen entlang der Produktion auch die Einkäufer, die Konstrukteure, der Projektmanager, die Controller, der Vertrieb usw. ihren Platz haben. Das Ziel ist es, eine Produktionshalle mit kurzen Kommunikationswegen zu realisieren. Der Entwurf in Abbildung 2 zeigt unsere Planungen.

Projektarbeit und Projekträume

Strukturen und Ausstattung heutiger Büros hinken seit Jahren ihren Notwendigkeiten und Möglichkeiten hinterher. Die Büros sind unbeweglich und unwirtschaftlich, so als ob sich die Arbeit in den Unternehmen nicht geändert hätte. Die Kennzeichen sind Abschottung, Anspruch auf Privatheit in Einzelzimmern, Ab-teilungen von Funktionen. Für Gespräche in Gruppen sind Konferenzzimmer vorgesehen, die durch Größe, Zuschnitt und technische Ausstattung eher eine Hierarchisierung des Kommunikationsprozesses begünstigen als eine offene dialogische Atmosphäre. Die bisherigen Gebäude sind auf eine Art von Arbeit zugeschnitten, die von einer funktions- und machtgeteilten Arbeit ausgeht. Sie gehen nicht auf den erhöhten Bedarf an Abstimmungsprozessen ein. Die Marktwirtschaft wäre wahrscheinlich schon in ihrer frühesten Form, dem Marktplatz gescheitert, wenn die unterschiedlichen Händler sich gleichermaßen in Zimmern entlang von Korridoren eingerichtet hätten.

Es gibt keinen Ersatz für das Gespräch in Gruppen. Projektteams müssen sich vernetzen können, um zu Entscheidungen mit breitem Konsens und Innovationen zu kommen. Das alles braucht Räume, die die Interaktion erleichtern und die Projektarbeit unterstützen. Auch hier wieder ein Projektbeispiel, um zu verdeutlichen, was wir meinen:

Kurz nach der deutschen Wiedervereinigung entschied man sich für einen Neubau der Leipziger Messe AG. Durch moderne Messekonzepte und eine ausgereifte Funktionalität im Messebetrieb sollte die Leipziger Messe konkurrenzfähig gegenüber den vorhandenen deutschen Messen gemacht werden.

Ein Gutachterverfahren mit 15 eingeladenen Architekten führte im April 1992 zu einer gestalterischen Konzeption. Der Büroteil dieses neuen Entwurfes folgt einem klassischen Ansatz. Über drei Geschosse werden um einen Innenhof die Einzelzimmer der Verwaltung plaziert. Flure von fast 200 Meter Länge dienen als Verbindung zu den einzelnen Büros.

Die Struktur der Leipziger Messe ist aber geprägt durch Projektteams. Jedes Team ist für die Planung und Ausführung von einer oder mehreren Messen verantwortlich. Weder die Flure noch die abgeschotteten Büroräume unterstützen jedoch, was auch für viele Unternehmen inzwischen wichtige Wettbewerbsfaktoren sind: Teamarbeit und Kommunikation. Die sprunghafte Zunahme von Komplexität der Messeplanungsprojekte brachte dieses Modell daher schnell an seine Grenzen.

Im Juli 1993 bildete sich eine Projektgruppe „Bürogestaltung Neue Messe", um unter der Maxime „Nicht die Hierarchie, sondern die Kommunikationsbeziehungen im Unternehmen definieren die Architektur und Raumaufteilung" noch Einfluß auf die laufende Planung nehmen zu können. Nach Kommunikationsanalysen wurden die einzelnen Abteilungen und Projektteams auf die drei Geschosse zugeordnet. Das Ziel war, jene Mitarbeiter und Gruppen in enge Kontakte zu bringen, die häufig und intensiv Projekte zusammen zu bewältigen hatten. Nicht der Arbeitsplatz in seiner ergonomischen Optimierung war das Ziel der Neugestaltung, sondern die geistige und räumliche Vernetzung der Arbeitsplätze.

In diesem Planungsstand wurde beispielhaft ein Projektteambereich durchgestaltet und als Prototyp im Maßstab 1:1 realisiert (vgl. Abb. 3).

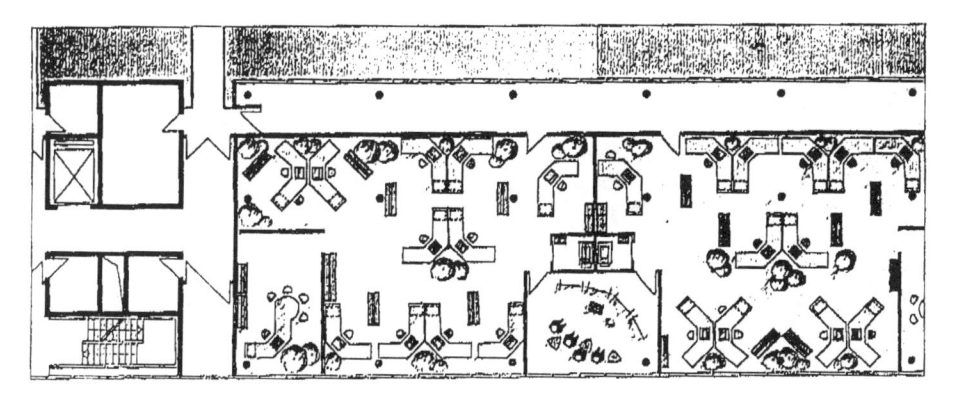

Abbildung 3
Beispiel Projektteambereich

Für die übergeordnete Unternehmenskommunikation, für Kommunikationsprozesse im Kontext der generellen Unternehmensentwicklung, wird darüber hinaus neben einigen kleineren Foren im Bürogebäude auch ein zentrales Forum auf dem Messegelände geplant.

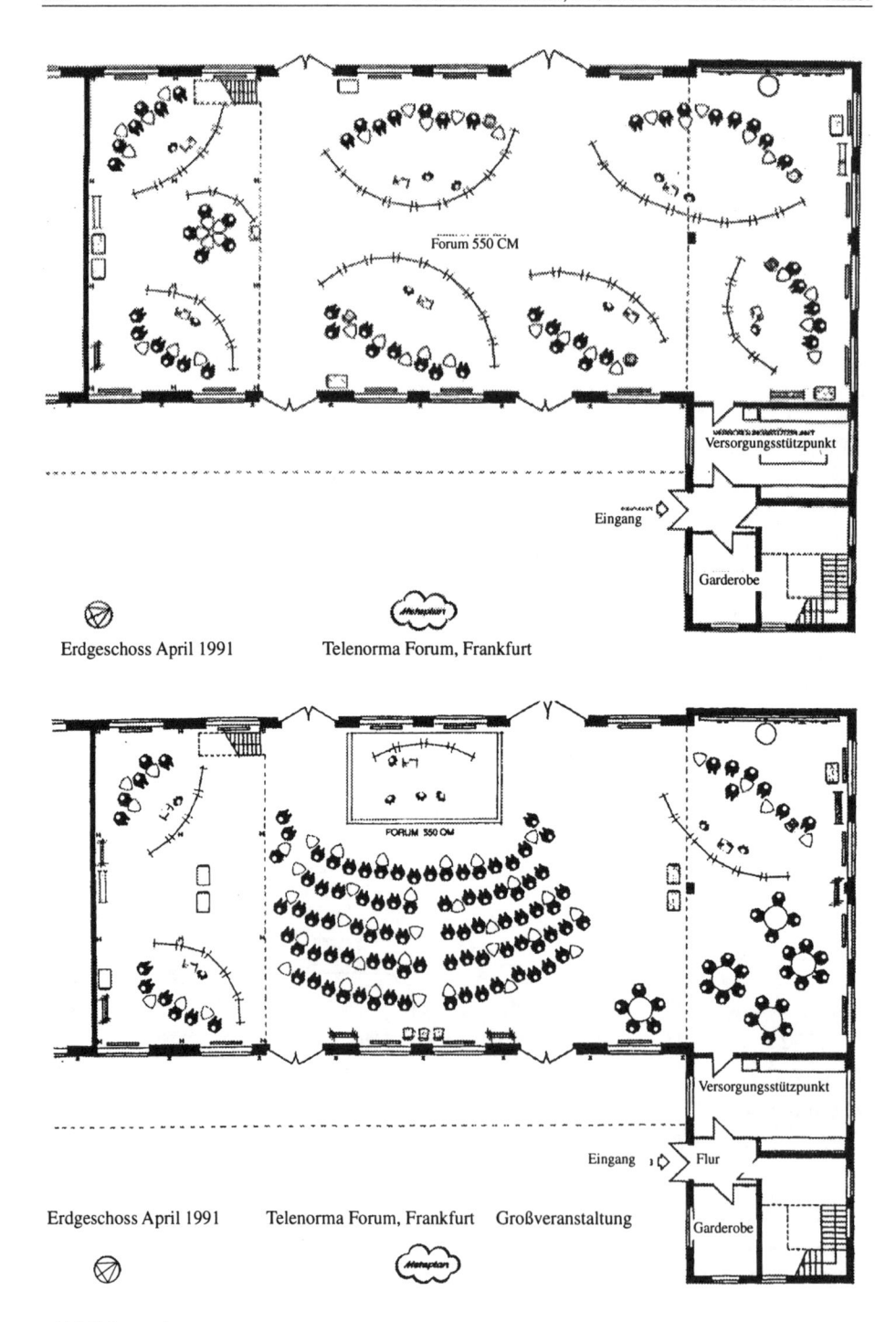

332 Joachim Freimuth, Eberhard Schnelle und Axel Winkler

Erdgeschoss April 1991   Telenorma Forum, Frankfurt

Erdgeschoss April 1991   Telenorma Forum, Frankfurt   Großveranstaltung

Abbildung 4
Beispiel Forum

Foren für Unternehmenskommunikation und -entwicklung

Die Architektur kann, wie die Beispiele zeigen, einen wesentlichen Beitrag dazu leisten, die Kommunikation im Unternehmen zu dynamisieren. Die Philosophie, die Beteiligten in den Willensbildungsprozeß in der offenen Phase der Entscheidungsfindung einzubeziehen, muß auch in der Architektur Ausdruck finden. Vernetztes Denken und Arbeiten verlangen darüber hinaus nach zentralen Denkwerkstätten, in der jeder Mitarbeiter gleichsam an der FuE, der Unternehmensentwicklung und der sie tragenden Wissensproduktion beteiligt wird.

Als Kernstück dieser neuen Architektur, einer Kommunikationsarchitektur, können Foren gelten, marktähnliche Gesprächsplätze, die überall im Haus verstreut zu finden sind. Erste Ansätze sind Umbauten und Ausbauten bestehender Gebäude und Räume, die speziell für Gruppenarbeit hergerichtet werden. Es sind offene Orte für alle Arten von Veranstaltungen. Spontaner Gedankenaustausch, kleine Kongresse, Informationsmärkte, wissenschaftliche Symposien, Vorträge und vieles andere mehr sind hier realisierbar.

Ideal ist es natürlich, wenn ein Kommunikationsforum völlig neu konzipiert werden kann, da hier auf alle Erfordernisse breiter Kommunikation Rücksicht genommen werden kann.

Das Forum ist die Lern- und Denkwerkstatt eines Unternehmens. Es sollte die Voraussetzungen für unterschiedlichste Formen der Gruppen- und Projektarbeit bieten. Ein Forum muß Arbeit in ständig wechselnden Gruppengrößen zulassen. Auch müssen sich mehrere Arbeits- oder Projektgruppen im gleichen Raum nebeneinander aufhalten können. Das bedingt viele Anforderungen an Flexibilität, Weite und Transparenz der Räume. Auch hier wieder ein abschließendes Beispiel (vgl. Abb. 4).

Literatur

Allen, T.J. & Fustfeld, A.R. (1975). Research laboratory architecture and the structuring of communication. *R&D-Management, 5* (2), 153-163. – **Freimuth, J. (1989).** Kommunikative Architektur im Unternehmen. *Harvard-Manager, 11* (2), 105-112. – **Freimuth, J. (1990).** Herzlich beklommen! Zur Psychologie des Betretens fremder Gebäude und Räume. *Organisationsentwicklung, 8* (1), 52-62. – **Freimuth, J. (1992).** Nur ein Augen-Blick? Die Bedeutung des Blickkontaktes in kommunikativen settings. *Gruppendynamik, 23* (3), 297-309. – **Lullies, V., Bollinger, H. & Weltz (1993).** – **Schnelle, E. (1990).** Architektur für das Zeitalter der Kommunikation. In A. Demuth (Hrsg.), *Unternehmenskultur* (S. 97-105). Düsseldorf: Econ. – **Schnelle, E. & Freimuth, J. (1987).** Metaplan-Methode als Führungsinstrument. In A. Kieser, G. Reber & R. Wunderer (Hrsg.), *Handwörterbuch der Führung* (S. 1442-1448). Stuttgart: Poeschel. – **Staehle, W. (1991).** Redundanz. Slack und lose Kopplung in Organisationen: Eine Verschwendung von Ressourcen? In W. Staehle & J. Sydow (Hrsg.), *Managementforschung Band 1* (S. 270-285). Berlin: de Gruyter.

Jürgen Glaser

Wissensmanagement in einem Fertigungsbetrieb – Gedanken zu einem Praxisversuch in der Falke Gruppe

Die Transformation von Informationen in Wissen ist bereits für das Individuum ein schwieriger Prozeß. Lernen als Organisation, als Gruppe von Menschen mit spezifischen Rahmenbedingungen ist ungleich schwieriger, damit ist aber das Ergebnis, das Organisationswissen, bei erfolgreichem Lernprozeß für in Konkurrenz stehende Einheiten auch schwer bzw. nicht kopierbar. Wissen wird somit zum Wettbewerbsvorteil, das Management der Generierung, Nutzung und Speicherung von Wissen in einem Unternehmen zu einer Grundherausforderung der Unternehmensführung. „Personal" als Teilfunktion dieser Führung kommt dabei zwei konkrete Aufgaben zu: Die Implementierung eines permanenten, institutionalisierten Lernprozesses und die kontinuierliche Anpassung der die berufliche Erlebniswelt des Individuums bestimmenden Rahmenbedingungen.

Die Falke Gruppe

Die international agierende Falke Gruppe ist ein in der vierten Generation familiengeführtes Unternehmen der Textil- und Bekleidungsindustrie. Ca. 3.000 Mitarbeiter fertigen in verschiedenen Produktionsstätten des In- und Auslandes exklusive Herrenoberbekleidung, Strick- und Feinstrümpfe, Sport- und Kinderstrümpfe, Fitwear, Garne, Vliese und Dämmstoffe. Dabei stehen Unternehmen, Unternehmer und die Marke Falke für Kreativität und Innovation sowie Funktion und Qualität ihrer Produkte.

„Personal" als unternehmensmitgestaltende Funktion auf Gruppenebene ist für die Entwicklung, Implementierung und Erfolgskontrolle wettbewerbsrelevanter „Personal-Konzepte" verantwortlich.

Wissensmanagement bei Falke

Im Bereich Personalentwicklung (PE) und Organisationsentwicklung (OE) – Schwerpunkt „Lernen" – agiert Falke nach einer dreistufigen Logik, deren vernetzte Ebenen die wesentlichen Elemente des Falke-Wissensmanagements darstellen. Diese werden im folgenden stichwortartig als Teilprozeßketten theoretisch skizziert und an Praxisbeispielen erläutert:

Stufe I: Wissensmanagement als Lernmanagement

Theoretischer Ansatz

- Wissensmanagement
  - Individuelles Lernen
  - Organisationales Lernen
- Institutionalisiertes Lernen
- Team
  - Aufbau/Ausbau von Kernkompetenzen und Generalistenfähigkeiten
  - Entwicklung von einer statischen zur Team- bzw. Projektorganisation

Lernmanagement beeinflußt zwei Lernfelder – das Individuum (der/die Mitarbeiter(in)) und die Organisation.

Die operationale Gestaltung der Lernprozesse ist jeweils Hauptbestandteil der Falke-Personal- bzw. der Organisationsentwicklung. Dabei erhöht der/die Mitarbeiter(in) bedarfsorientiert, geplant und methodisch gesteuert seine soziale, persönliche, Methoden-, Fach- und Unternehmenskompetenz (durchschnittlich ca. 10 formale Trainingstage je Mitarbeiter sowie ca. 3 Wochen on the job-crosstraining) und wird dadurch befähigt, in neuen, speziellen Zielsetzungen adäquaten temporären „Projektteams" (Quality-Circle, Planspiel-Team usw.) mitzuarbeiten.

Die Koordination von Einzel- und Gruppenentwicklung verändert sukzessive die informelle Kommunikationsstruktur und bereitet die Mitarbeiter(innen) auf veränderte Rollen in neuen Strukturen vor.

Praxis

Grundüberlegungen sind:
- Bedarfsgerechte PE erfordert systematische Bedarfsanalyse auf der Basis funktionaler Anforderungsprofile, die insbesondere die entsprechenden Kernkompetenzen reflektieren.
- Primäre Verantwortung für die individuelle Entwicklung trägt die jeweilige Führungskraft.
- Konzeption PE/OE, Bereitstellung von Unterstützungstools, Beratung, Koordination, Umsetzung und Erfolgskontrolle sind Aufgaben der „Personal"-Funktion.

Folgende realisierte Umsetzungselemente/Tools sind vorhanden:
- Gedankenprozeßorientierte Bildungsbedarfsanalyse zur Feststellung des „Basic-Bedarfs" für die Bildungsfelder,
  - Fachkompetenz (Technik- u. Produktausbildung),

- Methodenkompetenz,
- soziale Kompetenz,
- persönliche Kompetenz,
- Unternehmenskompetenz (Abläufe, Entscheidungs- und Kommunikationsstrukturen, Planungs- und Steuerungsinstrumente, Führungstools),
• Temporäre, zielorientierte Projektgruppen,
- Quality Circle,
- Vorbereitungsgruppe „Teamarbeit",
- Planspielgruppe „BWL",
- Change-Management-Führungsteam.

Stufe II: Wissensmanagement als Informationsmanagement

Theoretischer Ansatz

Der Prozeß „Informationstransformation zu Wissen" zerfällt in einem Unternehmen in die Prozeßstufen „Wissensgenerierung, Wissensspeicherung, Wissensnutzung"; dabei erzeugt Wissensgenerierung „Lern- und Erfahrungswissen", oder – in anderer Kategorisierung – explizites und implizites Wissen. (Wichtig ist insbesondere das reziproke Verhältnis von „Aufwand pro Zeit" und „Dauer" des Wissenserwerbs bei Lern- und Erfahrungswissen.)

Die Speicherung des Wissens, das durch Lernmanagement (und zusätzliche Aktivitäten wie z.B. Rekrutierung) bzw. durch langjährige Erfahrungen aufgebaut wird, muß methodisch gesteuert werden. Gezielter Informationsaustausch erhöht den Distributionsgrad des Wissens und mindert damit das Unternehmensrisiko Know-how-Verlust; die konzeptionelle Wissensspeicherung (und damit als Vorstufe die Charakterisierung des jeweiligen Wissenstyps) erlaubt strukturiertes Wissensmanagement. Dabei sind insbesondere die kausalen Zusammenhänge mit wissensspeicherrelevanten Faktoren wie Dienstalter, Einstellung, Motivation usw. zu klären und operational zu berücksichtigen.

Praxis

Grundüberlegungen sind:
• Vorstufe einer effizienten Wissensspeicherung ist ein Wissensprozeß bzw. eine Wissenstypenanalyse.
• Dies ist bisher bei Falke mangels theoretischer Kenntnisse nicht gelungen.
• Relevante Unternehmensdaten werden erzeugt und aufbereitet (Lebensalter- und

Dienstaltersstatistiken, Bildungsaktivitätenspiegel, funktionale Organigramme), nicht aber als wissensmanagement-bedeutende Daten genutzt.

Folgende realisierte Umsetzungselemente/Tools sind vorhanden:

- Aufbau und Implementierung einer Nachfolge- und Ausfallplanung für (vorher identifizierte) kritische Fach- und Führungsfunktionen. Dabei beruht die Identifikation dieser Funktionen/Positionen auf der Auswertung der funktionalen Anforderungsprofile gemäß Priorisierung der enthaltenen Unternehmenskernkompetenzen.
- Aufbau und Implementierung einer funktionalen internen Kommunikationsstruktur. (Noch nicht realisiert ist bisher ein spezifisches Anreizsystem zur eigendynamischen individuellen Weitergabe von Wissen – noch wird Kommunikation vielfach „zentral" gesteuert.)
- Einstellungsuntersuchung der Führungskräfte bzgl. (in der Unternehmensvision verankerter) „wichtiger" Unternehmenswerteobjekte (z.B. Qualität, Partnerschaftlichkeit, Umweltschutz),
- abgeleitete Schulungs-/ Informationsaktivitäten.

Stufe III: Wissensmanagement als Produktionsmanagement

Theoretischer Ansatz

Wissen ist ein entscheidender Produktionsfaktor. Viele Erfolgskriterien „normaler Produktionsfaktoren" wirken auch auf Wissen – Schnelligkeit, Qualität, Flexibilität usw. Damit beeinflußt Wissen direkt die Lernprozesse der Wertschöpfungskette und indirekt Organisationscharakteristika wie Ablauf- und Aufbaustruktur.

Praxis

Grundüberlegungen sind:

- Flexibilitätsdruck bei hoch schwankender, qualitativ unterschiedliche Kenntnisse fordernder Auslastung wird durch Teamarbeit entsprochen.
- Teamarbeit erfordert Veränderung bisheriger Rollen- (inkl. Hierachie-) Strukturen.
- Aufbau- und Ablaufstrukturen müssen gleichzeitig verändert werden.

Folgende realisierte Umsetzungselemente/Tools sind vorhanden:

- Einführung von Teamarbeit als Arbeitsstruktur für Fertigungsteilbereiche,
- Veränderung des Werte- und Aufgabenverständnisses bei allen Mitarbeitern,
- Eliminierung einer Hierachieebene (Obermeister – Gruppenleiter).

Rahmenbedingung Incentive-Konzept

Die Umsetzung der Stufen I bis III dieser Aktionslogik schafft „technische" Orientierung, etabliert eine Organisationsarchitektur, die eine lernende Organisation möglich macht – sie ist dafür notwendig, jedoch keinesfalls hinreichend. Erst im Zusammenspiel mit einem den/die einzelne(n) Mitarbeiter(in) ansprechenden Motivationsszenario vermittelt die so gestaltete Organisation einerseits Gemeinsamkeit und Sicherheit als Basis des permanenten Wandels, andererseits aber Ansporn und Neugier als Motor der stetigen Weiterentwicklung.

Das bei Falke hierbei angewendete Anreizkonzept ist facettenreich; es umfaßt materielle und immaterielle Komponenten und nutzt die durch Gesetz bzw. Tarifrecht möglichen Freiräume. Dabei ist – wie in der Falke-Unternehmensvision klar artikuliert – das Prinzip „Leistung lohnt sich" in seiner ganzen Bedeutungstragweite Grundlage. Falke konzentriert sich auf folgende Hauptkomponenten:

- Entgeltstruktur mit folgenden vier Elementen:
  - Grundlohn/-gehalt,
  - Qualifikationsprämie,
  - Einzelleistungsprämie (sie wird durch die Beurteilung der Führungskraft anhand von fünf (bzw. bei Führungspositionen sechs) Komponenten ermittelt: Arbeitseinsatz, Arbeitssorgfalt, Anwendung von Wissen/Erfahrung, Qualität der Arbeit, Zusammenarbeit, (Führung),
  - Teamleistungsprämie;
- gezielte Förderung (Wissens- und Positionsentwicklung),
- Kompetenzerweiterung durch neue, definierte Verantwortungsstruktur.

Indirekte Anreize ergeben sich durch Veränderungen von Rahmenbedingungen, die für den/die Mitarbeiter(in) erlebbare, positive Effekte haben (Arbeitszeitgestaltung, Urlaubsplanung, Förderung teamorientierter Freizeitaktivitäten usw.).

Die zur Umsetzung notwendige Modifikation alter, gewohnter Führungsinstrumente bzw. die Implementierung neuer Komponenten ist mit hohen Hindernissen verbunden. Unsicherheit, Mißtrauen bei Führungskräften und Geführten, politische oder gar ideologische Überzeugungsmuster bei manchen Beteiligten (in welcher Rolle auch immer) machen gerade diese Elemente des Unternehmenswandels zu zeitintensiven, oft mühsamen Teilschritten. So ist etwa die Frage der Definition der Einzelleistung eines Produktionsteammitglieds im Falle fehlender, eindeutig bestimmbarer Individualleistungsdaten höchst brisant – die letztendliche Einführung eines individuellen Beurteilungssystems eine zwar als notwendig anerkannte, keinesfalls jedoch geliebte Konsequenz.

Zusammenfassung

Insgesamt gelten für den Prozeß des Unternehmenswandels hin zur lernenden Organisation bei Falke folgende Charakterisierungsmerkmale:
- Wissen ist Kernkompetenz und Wettbewerbsfaktor.
- Wissensmanagement und Motivationsszenario sind Kernfaktoren eines umfassenden Change-Managements.
- Energie- und Zeitaufwand sind hoch; der Erfolg ist stark vom Reifegrad der Mitarbeiter(innen) abhängig.

Dennoch verliert das Unternehmen sein Ziel nicht aus den Augen. Falke will die Etablierung von in der Gruppe selbstgesteuerten kontinuierlichen Entwicklungsprozessen (insbesondere dauerhaften Qualifikationsprozessen); sie bilden zusammen das Kernelement des „Wissensselbstmanagements", der lernenden Falke-Organisation.

Horst Ramsenthaler

Personalentwicklung in einem Direktvertriebsunternehmen

Unbestritten ist, daß qualifizierte Mitarbeiter einen strategischen Vorteil für ein Unternehmen darstellen – und daß folglich auch Maßnahmen zur Entwicklung der Mitarbeiter wichtig und nötig sind. Aber zwischen dem, was in Büchern und Artikeln über angewandte PE zu lesen ist („Theorie") und dem, was Personalentwickler offenbar tun („Praxis"), klaffen Welten[1]: Wo schon genügt Personalentwicklung in der Praxis dem Anspruch, Unternehmensstrategie umzusetzen? Wo gelingt es, Vorgesetzte der zu Entwickelnden konsequent in die Maßnahmen einzubinden? Wieviele Personalentwickler haben tatsächlich Zugang zum Top-Management ihrer Firma? Anders gewendet: Wo hat Personalentwicklung echten Einfluß und die Möglichkeit, etwas zu bewirken?

Unter diesen Voraussetzungen erscheint es mir weniger zweckmäßig, neue „theoretische" Entwürfe zu versuchen und den vielen Konzepten, die bestenfalls zum Zwecke der Publikation die Schublade von Personalentwicklern verlassen, ein weiteres hinzuzufügen. Angemessener ist es wohl zu berichten, wie Personalentwicklung tatsächlich in einem Direktvertriebsunternehmen betrieben wird.

Zunächst sei das Unternehmen Bertelsmann LEXIKOTHEK (im folgenden mit BLB abgekürzt) vorgestellt und einige seiner Besonderheiten herausgearbeitet. Danach werde ich die Personalentwicklungskonzeption des BLB skizzieren. Im Anschluß daran gilt es darzulegen, wie es im BLB möglich wurde, diese Konzeption umzusetzen und die Führungsmannschaft dafür zu gewinnen. Es wird also ein Stück Entwicklungsgeschichte nachgezeichnet werden, um einen Eindruck davon zu vermitteln, unter welchen Bedingungen und mit welchen Anstrengungen Personalentwicklung im BLB praktisch relevant wurde. Schließlich werde ich anhand einiger Beispiele die operative Arbeit der Personalentwicklung im BLB skizzieren, um mit einem kleinen Ausblick auf die weitere Entwicklung der PE bei Bertelsmann LEXIKOTHEK zu schließen.

---

[1] Hierzu hat sich R. Th. Stiefel vielfach kritisch geäußert: Management-Trainer und Personalentwickler wurden von ihm als Entertainer bezeichnet und ihre Unwirksamkeit für die Unternehmensentwicklung gegeißelt. Sicherlich ist ihm zuzustimmen, daß in vielen deutschen Unternehmen Unsummen vergeudet werden, weil keine professionelle Personalentwicklungskonzeption existiert. Und es darf nicht wundern, daß in Krisenzeiten manche – wie er es ausdrückt – „vagabundierende Rhetoren" und Hochglanzbroschüren produzierende Selbstdarsteller dem Outplacement anheimfallen. Vgl. dazu die Zeitschrift *Management-Andragogik und Organisatonsentwicklung (MAO)*, herausgegeben von R. Th. Stiefel. Vgl. auch Heibutzki, 1992, S. 62 ff.; Stiefel, 1989/1990; Stiefel, 1991; Stiefel, 1992, S. 6 ff.; Stiefel, 1993, S. 58 ff.

Vorstellung des Unternehmens

Bertelsmann LEXIKOTHEK Verlag für Bildungssysteme GmbH ist eine 100%ige Bertelsmanntochter. Es handelt sich um ein Direktvertriebsunternehmen, das seinen Firmensitz in Gütersloh hat und derzeit im gesamten deutschsprachigen Europa agiert. Bertelsmann LEXIKOTHEK besteht aus einem Außendienst, der ca. 1.600 tätige Personen umfaßt. Die „Zentrale" ist relativ „schlank": ca. 100 MitarbeiterInnen unterstützen von Gütersloh aus diesen Außendienst und weitere ca. 50 Mitarbeiter sorgen für dezentrale Dienstleistung. Bertelsmann LEXIKOTHEK ist in verschiedene Vertriebsfirmen gegliedert, die unterschiedliche Marktsegmente bearbeiten und deren Organisation ähnlich, aber nicht völlig einheitlich gestaltet ist. Es existieren unterhalb der Geschäftsleitung zwei Führungsebenen. Die erste Führungsebene (Gebietsmanager bzw. Verkaufsleiter genannt) betreut und führt ca. 10 Verkäufer. Die zweite Führungsebene (Direktions- bzw. Regionalleiter) führt zwei bis sechs Führungskräfte.

Hinsichtlich einer Führungsebene (z.B. Gebietsmanager bzw. Verkaufsleiter) gelten in den verschiedenen Firmen bzw. Geschäftsbereichen des BLB unterschiedliche Bezeichnungen. Vom Ordnungsprinzip her gibt es jedoch keine Unterschiede. Bertelsmann LEXIKOTHEK gliedert sich in folgende Bereiche:

(a) Stammgeschäft: Bearbeitet das Segment der Buchclub-Kunden und der jungen Familien.
(b) Kundengeschäft: Ist zuständig für die Betreuung gewonnener Kunden.
(c) Segmentvertriebe: Alle Kundensegmente, die nicht durch (a) bzw. (b) abgedeckt sind (z.B. Geschäftskunden).
(d) BLB-Süd: Zuständig für Österreich und Schweiz; hier finden sich ebenfalls die Unterteilungen (a) bis (c).

Weitere Informationen zur Struktur des BLB finden sich in Tietz (1993, S. 383 ff.).

Die Tätigkeit des Verkäufers besteht darin, Interessenten bzw. Kunden aufzusuchen und die durch den BLB vertriebenen Werke zu präsentieren. Die Repräsentanten des BLB stellen hochwertige und auch hochpreisige Informations- und Bildungssysteme vor (zur Waren- und Dienstleistungspolitik des BLB vgl. Tietz, 1993, S. 156 ff., bes. S. 173-176). Sie sind Selbständige, also im Status eines freien Handelsvertreters (§ 84 ff. HGB), werden vom BLB ausgebildet und bei der Arbeitsvorbereitung (z.B. durch Adreßmaterial) unterstützt. Die Arbeitszeit der VerkäuferInnen liegt in den späten Nachmittags- und frühen Abendstunden, da in dieser Zeitspanne die Kunden am ehesten zu erreichen sind.

Die Aufgabe der Repräsentanten erfordert viel Fleiß, Selbstdisziplin und Organisationsgeschick. Darüber hinaus benötigen die Verkäufer kognitive Mechanismen, um die Frustrationen verarbeiten zu können, die daraus resultieren, nur in einem Bruchteil der Kundenkontakte zu einem Verkaufserfolg zu gelangen – also viele „Neins" hören zu müssen.

Die Führungskräfte der ersten Ebene sind ebenfalls verkäuferisch tätig. Ihnen obliegt es darüber hinaus, die Repräsentanten einzuarbeiten und zum Erfolg zu führen. Eine ihrer Hauptaufgaben besteht also darin, Repräsentanten einzustellen und auszubilden (für nähere Informationen vgl. Tietz, 1993, S. 337-340). Das liegt daran, daß im BLB – wie in praktisch allen Direktvertriebsunternehmen – eine eher hohe Fluktuation existiert. Die Einarbeitung von Repräsentanten ist folglich Tagesgeschäft, und viele Führungskräfte besitzen dadurch ein ausgeprägtes Verständnis für die Notwendigkeit von Personalentwicklungsmaßnahmen – was sich natürlich positiv auf unsere Arbeit auswirkt. Im großen und ganzen ist die Arbeit einer Führungskraft identisch – gleichgültig, in welcher BLB-Firma sie tätig ist. Das heißt, die Zielgruppen der Personalentwicklung im BLB lassen sich klar definieren, und die an diese gestellten Anforderungen sind ohne Schwierigkeiten benennbar. Das erleichtert die Arbeit der Personalentwicklung, da die Zielgruppen homogen sind.

Eine Personalentwicklung als eigenständige Einheit existiert im BLB erst seit wenigen Jahren. Bis 1990 wurde zwar viel Geld in Aus- und Weiterbildung investiert, jedoch geschah dies eher punktuell – man buchte mehr oder weniger hochkarätige Trainer, die das Management zwei bis drei Tage lang schulten und unterhielten, ohne daß es ein durchgängiges Konzept gab. Daneben richtete sich Personalentwicklung vor allem an die Verkäufer, die neu in die Firma gekommen waren. Es gab eine Reihe von Trainern, die erste Schulungen für Einsteiger durchführten. Von ca. 1988 an fanden diese Verkäuferschulungen flächendeckend statt und es existierten ca. 20 Verkaufstrainer, die hierfür abgestellt worden waren. In den Jahren von 1990 bis 1993 wurde die PE des BLB von einem auf insgesamt vier Personalentwickler aufgestockt.

Wie sieht die Personalentwicklungskonzeption im BLB aus?

Es gibt für den BLB fünf wichtige Grundsätze, mit deren Hilfe die Personalentwicklung erklärt werden kann.

Personalentwicklung dient der Umsetzung von Unternehmensstrategie

Personalentwicklung – so wie sie sich im BLB versteht – ist kein Selbstzweck. Personalentwicklung ist auch keine „sozialarbeiterisch" tätige Abteilung. Das Hauptziel von PE im BLB besteht darin, die Unternehmensstrategie zu flankieren und soweit wie möglich umzusetzen. Viele Entscheidungen der Unternehmensspitze, die größere Tragweite haben und längerfristig gedacht sind – eben strategische Entscheidungen –, bedürfen personalentwicklerischer Maßnahmen, um Wirklichkeit zu werden (z.B. langfristig angelegte Entwicklungsprogramme für Schlüsselpersonen). Deshalb wird auch das „Weiterbildungsprogramm" jedes Geschäftsjahr mit der Geschäftsführung diskutiert und vereinbart.

Die strategische Ausrichtung der Personalentwicklung im BLB ist auch daran erkennbar, daß praktisch alle Personalentwicklungsmaßnahmen zur Repräsentanten- und Führungskräfte-Entwicklung Pflichtveranstaltungen sind. Jeder muß bestimmte Seminare durchlaufen – sofern sie Teil des jeweils gültigen Ausbildungsplans sind. Das Weiterbildungsprogramm[2] ist also kein Katalog zu einem Selbstbedienungsladen.

Was sind die Voraussetzungen dafür, daß Personalentwicklung im BLB strategisch bedeutsam ist? Entscheidend hierfür ist auf jeden Fall eine enge Zusammenarbeit zwischen Geschäftsführung und den Personalentwicklern. Und diese ist in erster Linie ein Qualifikations- und Qualitätsmerkmal für die Geschäftsführung – und erst in zweiter Linie für die Personalentwicklung.

Personalentwicklung ist Chefsache

Personalentwicklung dient im BLB vor allem dazu, die Führungskräfte in die Lage zu versetzen, die Entwicklungsarbeit selbst auszuüben. Man könnte sagen, daß die Personalentwicklungsabteilung die Aufgabe habe, sich selbst überflüssig zu machen und den Linienmanagern zu helfen, professionelle Personalentwickler zu werden.

Personalentwicklung ohne Einbeziehung der Vorgesetzten ist eine höchst zweifelhafte Sache – und die Möglichkeiten, hierdurch etwas zu bewirken, halten sich naturgemäß in Grenzen (vgl. Sattelberger, 1989, S. 15-37; Stiefel, 1987). Bei Bertelsmann LEXIKOTHEK ist klar definiert, daß Personalentwicklung Chefsache ist. Und dafür gibt es drei wichtige Argumente:

- Das *Kapazitätsargument*. In einer Organisation, die 1.600 Außendienstler umfaßt, von denen ca. 150 in Führungsfunktionen sind, kann PE nicht durch einige wenige Spezialisten flächendeckend geleistet werden. Es müssen Multiplikatoren installiert werden, die die Entwicklungsaufgabe übernehmen. Und dafür eignen sich Linienmanager am besten.

- Das *Machtargument*. Der Linienvorgesetzte hat einerseits die Macht, bestimmte Vorgehensweisen zu etablieren, andererseits kann er durch symbolisches Handeln die Umsetzung von Neuerungen befördern. Das setzt allerdings voraus, daß sich die Linienvorgesetzten mit den Inhalten der Personalentwicklung identifizieren.

- Das *Kompetenzargument*. Ein „hauptamtlicher" Personalentwickler besitzt nicht alle Fähigkeiten, die eine Führungskraft im Außendienst benötigt. Dafür versteht ein Personalentwickler wesentlich mehr von der Methode, anderen etwas zu vermitteln. Gelingt es, dieses methodische Können an Führungskräfte zu vermitteln, werden diese ihr vertriebliches Wissen effektiver weitergeben können. (Im BLB legen wir großen Wert darauf, daß Personalentwickler den Vertrieb und die Organisation genau kennen und das Geschäft des Direktvertriebes verstehen. Jeder

---

[2] Ab dem kommenden Geschäftsjahr wird der BLB auf ein Weiterbildungsprogramm verzichten. Siehe dazu unten den Abschnitt über die Weiterentwicklung der PE des BLB.

Personalentwickler im BLB geht für eine gewisse Zeit in den Verkauf und ist immer wieder vor Ort in den einzelnen Niederlassungen. Es wird also stets auf die Erhaltung des Praxisbezugs geachtet.)

Die klare Verantwortung der Linienmanager für die Personalentwicklung hat im BLB auch Auswirkungen auf die Unternehmenskultur: Lernen, sich weiterzuentwickeln, wird dadurch etwas Normales. Und das steht einem Unternehmen, das Wissen und Bildung verkauft, gut an. Natürlich ist diese Art zu denken und sich selbst zu verstehen – wenn man so will auch das Ausmaß, in welchem der BLB zu Recht eine lernende Organisation genannt werden darf –, in unterschiedlichen Unternehmensteilen unterschiedlich ausgeprägt!

Personalentwicklung orientiert sich am Lebenszyklus eines Mitgliedes der Organisation[3]

Eine der wichtigsten Erfahrungen, die die Personalentwicklung im BLB machen konnte, war die, daß Personalentwicklungsmaßnahmen – je nach Zeitpunkt ihrer Durchführung – zu sehr unterschiedlichen Ergebnissen führten. Als weniger effektiv stellten sich alle jene Maßnahmen heraus, die designierte Nachwuchskräfte durchliefen, ohne bereits in einer Führungsfunktion zu sein. Offenbar ist die Konservierung von Führungswissen nur bedingt möglich. Zudem fehlen solchen potentiellen Nachwuchskräften wohl die Erfahrungen, die notwendig sind, um die Essenz eines Trainings überhaupt aufzunehmen.

Anders herum zeitigten Seminare bei Führungskräften, die ihre Funktion schon seit mehreren Jahren ausübten, ebenfalls geringeren Lernerfolg. Sie besitzen wohl bereits eine Reihe von (teilweise dysfunktionalen) Problemlösungsmustern, die sie erst verlernen müßten.

Erfolgreich waren Personalentwicklungsmaßnahmen vor allem dann, wenn sie innerhalb des ersten Jahres durchgeführt wurden, in der sich ein Mitglied der Organisation in neuer Funktion befand. Innerhalb dieses Zeitintervalls sind Menschen darauf aus, Strategien der Situationsbewältigung zu generieren. Bietet man ihnen solche Strategien an, so sind sie motiviert, diese umzusetzen. Das erhöht die Chance, daß Lerninhalte in ihr Handlungsrepertoire integriert werden.

Mit anderen Worten: Es gibt Phasen erhöhter und es gibt Phasen geringerer Bildsamkeit. Die Seminarangebote werden im BLB deshalb bevorzugt jenen angeboten, die sich in dieser Phase erhöhter Bildsamkeit – d.h. im ersten Jahr in der neuen Funktion befinden. Deshalb existiert auch ein klar geregelter Ausbildungsgang für Führungskräfte, der sich in Grund-, Aufbau- und Profistufe unterteilt. Jede Stufe soll dem Entwicklungsstand der darin befindlichen Personen gerecht werden. Ich komme darauf zurück (s. unten den Abschnitt über Ausbildungspläne für Nachwuchskräfte).

---

[3] Vgl. Sattelberger, 1989, S. 28 ff.

Nachwuchsführungskräfte, die auf eine Führungsaufgabe vorbereitet werden sollen, werden im BLB in keine Personalentwicklungsmaßnahmen im Rahmen der Führungskräfte-Entwicklung eingebunden. Erst wenn sie in der Funktion sind, beginnt das Training.

Daraus haben wir auch den Schluß gezogen, daß Seminare für Führungskräfte, die schon lange Zeit innerhalb einer Funktion sind, nicht die Methode der Wahl darstellen – es sei denn, man kann dieser Personengruppe im Seminar die Hilfestellungen anbieten, die ihnen gestatten, subjektiv als kritisch erlebte Situationen besser zu bewältigen. Da diese in der Regel aber von Führungskraft zu Führungskraft schwanken, empfiehlt es sich, mit diesem Kreis eher in Workshops zu arbeiten, in denen Probleme erhoben und dann bearbeitet werden. Man erreicht diese Zielgruppe am ehesten, wenn man ihr sehr kurzfristigen Nutzen bieten kann. Aus diesem Grunde entwickeln wir derzeit Vorgehensweisen, die problemorientiert sind (vgl. Stiefel, 1987, S. 12).

Personalentwicklung unterteilt sich in aufgaben- und personenorientierte Maßnahmen[4]

Auf der einen Seite verfolgt die Personalentwicklung im BLB das Ziel, Führungskräfte und Verkäufer für und in ihrer Funktion zu qualifizieren. Etwa 90% der Entwicklungsaufgaben, die durch die Personalentwicklung wahrgenommen werden, fallen in diesen Bereich. Es handelt sich dabei sowohl um die Aus- und Weiterbildung von Führungskräften, als auch um die problemorientierte Arbeit mit Führungskräften vor Ort.

Die restlichen ca. 10% der Kapazität von PE fließen dagegen in die personenorientierten Maßnahmen. Das sind Maßnahmen, in denen es vor allem um die Entwicklung des Potentials von Mitarbeitern geht. Es ist eine Art von Entwicklungsarbeit, die darauf zielt, Menschen auf höherwertige Aufgaben und Entscheiderpositionen in der Zukunft vorzubereiten, Aufgaben, deren konkrete Inhalte man zum gegenwärtigen Zeitpunkt noch gar nicht genau kennt.

Wenn sich ein Unternehmen nicht darauf beschränkt, Mitarbeiter mit hohem Potential von außen einzukaufen, sondern aus den eigenen Reihen entwickeln will, dann bedarf es völlig anderer Maßnahmen, als bei der oben genannten aufgabenbezogenen Entwicklungsarbeit.

Es gilt herauszufinden, welche Schlüsselqualifikationen Mitarbeiter des Unternehmens besitzen sollten und welche davon in der Zukunft besonders wichtig sind. Danach ist herauszuarbeiten, wie solche Schlüsselqualifikationen gefördert werden können. Schließlich ist ein Kreis besonders förderungswürdiger Mitarbeiter zu defi-

---

[4] Vgl. dazu Stiefel, 1987, S. 15 f

nieren. Im BLB wird dies vor allem in den Kreisen der Firmenjunioren und der Ausbildungsdirektoren versucht, sowie in dem Programm Assistent der Geschäftsleitung. Wir verstehen diese Aktivitäten als Schlüsselprogramme für Schlüsselpersonen (vgl. dazu Sattelberger, 1989, S. 26 ff.).

Die Personalentwicklung des BLB baut auf dem Führungsverständnis des Hauses Bertelsmann auf

Im BLB spielt der Rückgriff auf die Unternehmensverfassung, die Leitsätze der Führung und die Führungsinstrumente des Hauses Bertelsmann eine erhebliche Rolle: Eine hohe Identifikation mit der Konzernmutter macht es leichter, das Führungsverständnis der Bertelsmann AG Führungskräften nahe zu bringen und darüber viele Ansatzpunkte zu gewinnen, die konkrete Ausgestaltung von Personalentwicklung und Führung vor Ort zu diskutieren und zu durchleuchten. Das Führungsverständnis des Hauses Bertelsmann kann von der Personalentwicklung des BLB für die Arbeit intensiv genutzt werden.

Die „Geschichte" der Personalentwicklung bei Bertelsmann LEXIKOTHEK

Eine Personalentwicklung in einer Firma zu etablieren, ist nicht einfach eine fachliche Aufgabe. Es ist in hohem Maße eine Frage des Marketings für Personalentwicklung: Ohne eine intensive Marktbearbeitung, ohne die Gewinnung von Schlüsselpersonen innerhalb der Organisation und ohne die Möglichkeit einer breiten Ansprache der Zielgruppe ist eine Etablierung von PE kaum möglich. Die folgenden Ausführungen sind als Skizze der PE-seitigen Marktbearbeitung des BLB zu verstehen. Wie konnte eine Direktvertriebsorganisation für die „Dienstleistung" Personalentwicklung aufgeschlossen werden?

Wie bereits erwähnt, startete der BLB mit einer systematischen Personalentwicklung im Jahr 1990. In der Folgezeit kann man drei Phasen der Marktbearbeitung voneinander unterscheiden, die die Organisation vom Zustand unsystematischer Personalentwicklung bis zum Zustand, in dem Personalentwicklung eine anerkannte Größe für die Erreichung der unternehmerischen Ziele des Unternehmens darstellt, beschreiben.

Phase 1: Das richtige „Produkt" zum richtigen Zeitpunkt

Wie bereits ausgeführt (s.o. den Abschnitt über PE-Orientierung am Lebenszyklus), ist das „Timing" einer Personalentwicklungsmaßnahme von großer Bedeutung für ihren Erfolg. Bei Adressaten, die sich nicht in einer Phase erhöhter Bildsamkeit befinden, kommt es vor allem darauf an, durch die Personalentwicklungsmaßnahme für eine konkrete Problemsituation Hilfe zu geben. Dies glückte beim Aufbau der PE im BLB auf Anhieb, denn den Führungskräften konnte zunächst eine Seminarveranstaltung zum Thema „Das Bewerberinterview" angeboten werden. Gerade in diesem Bereich herrschte ein hoher „Leidensdruck". Die Führungskräfte im BLB sind nach wie vor zu einem nicht unerheblichen Teil ihrer Arbeitszeit damit beschäftigt, Menschen für das Unternehmen zu gewinnen. Gerade aber die Fragen: „Wer paßt ins Unternehmen?" „Wer hat Aussicht auf vertrieblichen Erfolg?", war für viele Führungskräfte alles andere als gelöst. Nicht selten fühlten sich Führungskräfte in Bewerberinterviews unsicher, verzichteten zum Teil auf tiefergehende Fragen und entschieden recht stark „aus dem Bauch" heraus. Für viele Führungskräfte war deshalb die Veranstaltung zum Thema Bewerberinterview eine große Hilfe. Innerhalb eines halben Jahres durchliefen alle Führungskräfte im BLB das Training. Die Resonanz war höchst positiv und der Grundstein für eine Akzeptanz von Personalentwicklung gelegt: Schließlich hatte eine Personalentwicklungsmaßnahme unmittelbaren Nutzen gestiftet. Das veranlaßte übrigens die Geschäftsführung des BLB, zwei weitere Personalentwickler einzustellen.

In dieser Phase wurde uns sehr schnell klar, daß eine bloße Durchführung von Seminarveranstaltungen eine zu geringe Durchschlagskraft hat. Wir erkannten, wie wichtig es ist, daß der Transfer des im Seminar Gelernten in die Praxis sichergestellt werden muß und daß dies erfolgversprechend nur durch die verantwortliche nächsthöhere Führungskraft möglich ist. Aus diesem Grunde entwickelten wir schnell ein „Home-Training", das Führungskräften, die das Seminar durchlaufen hatten, zugänglich gemacht wurde. Deren Vorgesetzte wurden aufgefordert, diese Trainings durchzuführen. Dieser erste Versuch, die Führungskräfte der zweiten Ebene in die Entwicklungsmaßnahmen für Ebene eins einzubinden (und damit der Forderung, daß Personalentwicklung Chefsache sei, Geltung zu verschaffen), schlug mehr oder weniger fehl. Die Home-Trainings wurden nur bedingt durchgeführt. Das zeigte uns, daß wir vor allem daran ansetzen mußte, die Verantwortlichkeit für die Entwicklung von Mitarbeitern und Führungskräften deutlicher zu kommunizieren und ein entsprechendes Bewußtsein zu schaffen.

Phase 2: Der Managementprozeß

Im Jahre 1991 begann ein Managementprozeß des BLB mit dem Ziel, die gesamte Firma unter die Lupe zu nehmen und eine Reihe von Weiterentwicklungen der Organisationsstrukturen einzuleiten. An diesem Managementprozeß waren alle Führungskräfte der zweiten Ebene und auch große Teile der ersten Ebene vertreten. Das gestattete es uns, den Personalentwicklungsgedanken weiter in die Führungsmannschaft zu tragen; diese von der Geschäftsführung vorgegebenen „Visionen" waren maßgeblich :

1 Bertelsmann LEXIKOTHEK ist der Markenbegriff für Nachschlagewerke.
2 Mitarbeiter, Führungskräfte und Unternehmen profitieren von zweistelligem Wachstum in alten und neuen Märkten.

3 Unternehmerisch handelnde Führungskräfte sind vorbildlich in Führung und Coaching.
4 Repräsentanten im BLB haben eine wirtschaftlich gesunde Existenz und berufliche Heimat.
5 Ausbildung und Betreuung ist ein Markenzeichen des BLB.
6 Wir haben eine dauerhafte, aktive Beziehung mit unseren Kunden.
7 Wir sind ein modern ausgestattetes Dienstleistungsunternehmen für unsere Kunden und Mitarbeiter.

Aus diesen von der Geschäftsführung vorgegebenen Visionen für diesen Prozeß, wurden eine Reihe von Fragestellungen abgeleitet, die verschiedene Projektteams bearbeiteten. Zwei Themen waren stark personalentwicklungszentriert:

- *Ausbildung und Betreuung ist ein Markenzeichen des BLB.* Fragestellung: Wie können wir unsere Repräsentanten ausbilden und betreuen?
- *Unternehmerische handelnde Führungskräfte sind vorbildlich in Führung und Coaching.* Fragestellung: Wie können wir unsere Führungskräfte professionell entwickeln?

Beide Projektteams waren hochkarätig besetzt. So nahmen vier Geschäftsleitungsmitglieder daran teil – daneben waren alle Führungsebenen und natürlich die Mitarbeiter der Personalentwicklung vertreten. In diesen Teams wurden die Grundlagen der Personalentwicklung des BLB erarbeitet. Dabei entstand ein Ausbildungs- und Betreuungskonzept für Verkäufer. Es wurden Anforderungsprofile und Ausbildungspläne für die operativen Führungsebenen entwickelt, das Bezahlungssystem weiter ausgestaltet (Integration von Personalentwicklungsmaßnahmen in die Karriere-Entwicklung) und die Etablierung eines Juniorenkreises beschlossen. Auf diversen Reviewboards stellten die Projektteams ihre Arbeitsergebnisse vor und präsentierten sie auf einer großen Konferenz, zu der alle Führungskräfte geladen waren.

Personalentwicklung wurde somit eine Sache, die mehr darstellt, als Durchführung von ein paar Trainings. Vielmehr wurde die Verantwortung von Führungskräften für die Personalentwicklung intensiv diskutiert und die Forderung „Personalentwicklung ist Chefsache" in der Firma zu einem gängigen Schlagwort. Die oben erwähnten Prinzipien der Personalentwicklung im BLB wurden auch in den Projektteams erarbeitet – also von Führungskräften aller Ebenen getragen. Dieser Managementprozeß gestatte es der Personalentwicklung, intensive „Marktbearbeitung" zu betreiben. Und es gelang in der Folgezeit, praktisch alle im Projektteam erarbeiteten Vorschläge umzusetzen.

Phase 3: Beweise für die Wirksamkeit von Personalentwicklungsarbeit

Es ist ein langer Weg, von der Verabschiedung eines Personalentwicklungskonzepts bis zu dessen Realisierung. Auch ein noch so schön formuliertes Konzept, das von der Top-Führungscrew getragen wird und an dessen Ausarbeitung Führungskräfte aller Ebenen beteiligt waren, reicht nicht aus, um Personalentwicklung lebendig werden zu lassen. Es ist ein permanenter Prozeß, Personalentwicklungsaufgaben von Führungskräften zu unterstreichen und deutlich werden zu lassen. Vor allem ist immer wieder Überzeugungsarbeit zu leisten. Dabei half uns extrem, daß wir eine Region vorweisen konnten, in der die Personalentwicklungskonzepte konsequent umgesetzt wurden und die damit große Erfolge aufweisen konnte (Planüberschreitungen um 50% und mehr!). In dieser Region erklärten die Führungskräfte ihren Erfolg auch und vor allem mit der konsequenten Umsetzung von Personalentwicklungsmaßnahmen. Was war geschehen?

Im Jahre 1992 wurde die Region Ost im Stammgeschäft des BLB gebildet, die zunächst nur aus einigen Stamm-Mitarbeitern und Führungskräften bestand. Innerhalb eines Jahres gewann der Regionalleiter eine Reihe von Führungskräften, die zunächst eine verkäuferische Ausbildung durchliefen. Als unser Führungskräfte-Ausbildungsprogramm für diese Region startete (wir arbeiteten konsequent mit kompletten Regionen, die in „Family-Groups" unterteilt wurden), befand sich ein Großteil der Führungskräfte in der Phase erhöhter Bildsamkeit. Die meisten der Teilnehmer hatten vor noch nicht allzu langer Zeit Führungsverantwortung übernommen und waren gerade dabei, ihre Rolle als Führungskraft zu finden.

So wirkte die Veranstaltung „Vorbildlich Führen und Coachen" wie eine Bombe. Die dort in fünf Trainingstagen (auf ca. vier Monate verteilt) vermittelten Führungskonzepte wurden konsequent umgesetzt und mit hoher Begeisterung praktiziert. Der Regionalleiter erkannte die Möglichkeiten, die hieraus erwuchsen und unterstützte die Umsetzung intensiv, indem er dafür Sorge trug, daß Mitarbeitergespräche von den Führungskräften immer wieder in Rollenspielen geübt und die „Mein-Fall-Methode" praktiziert wurde:

In einer kleine Gruppe (5-8 Teilnehmer) präsentiert der „Fallgeber" eine problematische Situation aus seiner beruflichen Praxis, die anderen hören zu und machen Notizen. Danach äußern die Zuhörer ihre Gedanken, Gefühle und Ideen zum vorgetragenen Fall. Der Fallgeber hört nun zu. Anschließend äußert der Fallgeber, was er tun will. Der Moderator wertet die Runde aus und ein neuer Teilnehmer wird zum Fallgeber. Der Vorteil der „Mein-Fall-Methode": Unfruchtbare Diskussionen werden vermieden, alle können lernen.

In der Folgezeit entwickelten Führungskräfte aus dieser Region die vermittelten Konzepte weiter, es fanden Workshops zwischen diesen Führungskräften und PE-Mitarbeitern statt, und innerhalb eines Jahres durchliefen die meisten Führungskräfte die wichtigsten Veranstaltungen und Workshops zur Führungskräfte-Entwicklung. Parallel dazu steigerten sich die Umsatzzahlen in oben genannter Weise. Mit dieser Region im Rücken kann Personalentwicklung im BLB ihre Wirksamkeit unter Beweis stellen und hat gute Argumente, in anderen Regionen ähnliche Maßnahmen zu etablieren. Ja, es entstand in der Zwischenzeit ein regelrechter Sog – die BLB Personalentwicklung kann gar nicht soviel anbieten, wie nachgefragt wird.

Beispiele konkreter Personalentwicklungsarbeit

Ausbildungspläne für Nachwuchskräfte

Im Zuge der oben erwähnten Projektteamarbeit entstanden Leitlinien für die Ausbildung und Qualifizierung verschiedener Zielgruppen, die von der BLB-Personalentwicklung ausgearbeitet wurden. Zu nennen sind hierbei die Zielgruppen Verkäufer (Dauer: 8 Monate; eine Übersicht der BLB-Verkäuferausbildung findet sich in Tietz, 1993, S. 353-356), Regionalausbildungsleiter[5] und Gebietsmanager bzw. Verkaufsleiter (Dauer jeweils: mindestens ein Jahr nach erfolgreich abgeschlossener verkäuferischer Ausbildung).

Vom Prinzip sind diese Ausbildungspläne identisch aufgebaut. Ihre Struktur und Funktion im BLB will ich am Beispiel des Plans für die Gebietsmanager bzw. Verkaufsleiter erläutern. Sie sind allesamt Umsetzung des Grundsatzes 1: „Personalentwicklung dient der Umsetzung der Unternehmensstrategie": Sie vermitteln, wie „bei uns" verkauft, ausgebildet und geführt wird – also eine „Soll-Unternehmenskultur".

Nach erfolgreicher Absolvierung der verkäuferischen Ausbildung[6] und in der Praxis erkennbar gewordenen Führungsqualitäten[7] durchläuft die Nachwuchsführungskraft ein eintägiges Assessment-Center, in dem ihr Führungspotential eingeschätzt wird. Eine Mitarbeiterin der BLB-Personalentwicklung moderiert das Assessment-Center, Beobachter sind Regionalleiter bzw. Geschäftsleitungsmitglieder. Dieses Assessment-Center hat zwei Funktionen: Zum einen wird dadurch eine eher unüberlegte Ernennung von Verkäufern zu Führungskräften vereitelt, zum anderen stellt das Assessment-Center mit anschießendem ausführlichen Feedback-Gespräch auf der Basis einer mehrseitigen Ausarbeitung („Gutachten"), das von der Moderatorin verfaßt wird, einen sehr deutlichen Startpunkt für die Führungslaufbahn dar: Nun ist man also Führungskraft.

Nach dem Potential-Assessment-Center tritt die Nachwuchsführungskraft in die Grundstufe der Ausbildung zur Führungskraft ein, erhält einen Ausbildungsplan, in welchem alle Maßnahmen der nächsten 12 Monate festgehalten sind, und beginnt, Verkäufer zu gewinnen, zu entwickeln und zu führen. Erst nach einigen Monaten nimmt sie am ersten Führungstraining der Firma teil, hat also bereits eine Reihe praktischer Erfahrungen mit dem Führen sammeln können. Dadurch ist mit hoher

---

5 Das sind unsere Trainer, die die Grundausbildung der gewonnen neuen Verkäufer übernehmen. Derzeit sind für den BLB 20 solcher Trainer tätig, deren fachliche Betreuung durch die BLB-Personalentwicklung geleistet wird.

6 Die zeitweise nicht so ernst genommen und durch viele Ausnahmeregelungen verkürzt wurde. Das hat sich gerächt, denn Führungskräfte, die selbst im Verkauf unsicher sind, können kaum Repräsentanten erfolgreich machen! Inzwischen messen wir den verkäuferischen Tugenden wieder mehr Bedeutung bei!

7 Hier haben wir ein einfaches Einschätzungsverfahren entwickelt, das aber von den Führungskräften noch nicht konsequent genug umgesetzt wird.

Wahrscheinlichkeit sichergestellt, daß unsere Nachwuchsführungskraft in der Phase erhöhter Bildsamkeit ist (s.o. Grundsatz 3).

Eine Nachwuchsführungskraft durchläuft innerhalb dieser ca. 12 Monate mindestens neun Trainingstage durch die BLB Personalentwicklung und eine Vielzahl von Trainingseinheiten durch ihre Führungskraft.8 Der Ausbildungsplan regelt auch, was die Vorgesetzten der Nachwuchsführungskräfte an Ausbildung zu leisten haben. Wir machen also den jeweiligen Vorgesetzten für einen Teil der Nachwuchsführungskräfte-Ausbildung verantwortlich – Personalentwicklung ist Chefsache (s.o. Grundsatz 2)! Dafür werden unsere Führungskräfte entsprechend qualifiziert (s.u. den Abschnitt über Multiplikatorenausbildung).

Hat die Nachwuchsführungskraft die Ausbildungsschritte durchlaufen und bestimmte harte Ziele erreicht, dann kann sie zu einem zweiten Assessment-Center gemeldet werden, das zwei Tage dauert und vor allem den Ausbildungsstand beleuchtet. In verschiedenen Übungen müssen die Kandidaten unter Beweis stellen, daß sie die Hauptaufgaben einer Führungskraft beherrschen (Verkäufer auswählen und schulen, die wichtigsten Mitarbeitergespräche beherrschen, mit der Vertriebssteuerung umgehen etc.). Im Anschluß daran findet ein ausführliches Feedback-Gespräch statt – in Gegenwart des jeweiligen Vorgesetzten. Im positiven Fall erfolgt dann die Ernennung zum Gebietsmanager: Nun tritt die frischgebackene Führungskraft in die Aufbaustufe des Ausbildungsprogramms ein. Im negativen Fall sind noch zusätzliche Qualifizierungsmaßnahmen zu durchlaufen. Der negative Fall ist auch für den Vorgesetzten der Nachwuchsführungskraft unerfreulich, da deren schlechtes Abschneiden vor allem auf ihn zurückfällt.

Intervalltrainings als bevorzugtes Design der Entwicklung von Führungskräften und Repräsentanten

Gute Erfahrungen haben wir damit gemacht, Seminarveranstaltungen in mehrere Blöcke aufzuteilen. In der Zeit zwischen den Trainingseinheiten haben die Teilnehmer Gelegenheit, das im Seminar Gelernte in die Praxis umzusetzen. Dazu erhalten sie Übungsaufgaben, über deren Umsetzung im nächsten Trainingsblock berichtet wird. Für die Umsetzung zeichnen die jeweiligen Vorgesetzten verantwortlich. Diese nehmen – soweit das möglich ist – an den Trainings teil oder werden brieflich über das Erarbeitete informiert. Darüber hinaus erhalten sie die Unterlagen für die Home-Trainings mit Übungsanleitung. Da alle Vorgesetzten diese Trainingseinheiten bereits durchlaufen haben, können sie diese Praxistrainings bewältigen.

Derzeit praktizieren wir diese Form der Trainings zu drei Themenschwerpunkten:

---

[8] In den nächsten Jahren werden wir immer mehr dieser Trainings in die Hände von speziell dafür ausgebildeten Linienmanagern legen.

- Ausbildung von Repräsentanten: Die Phasen des Verkaufsgesprächs (acht Trainingstage),
- Ausbildung von Nachwuchsführungskräften: „Vorbildlich führen und coachen" (die wichtigsten Mitarbeitergespräche; fünf Trainingstage),
- Aufbaustufe für Führungskräfte: „Differenziert führen" (vgl. Blanchard, Zigarmi & Zigarmi, 1986; drei Trainingstage).

Mit Hilfe dieses Designs können die Vorgesetzten intensiv in die Personalentwicklung eingebunden werden und dort eine tragende Rolle übernehmen (s.u. Grundsatz 2: Personalentwicklung ist Chefsache).

Multiplikatorenausbildung für Führungskräfte

Um Managern, die selbst Führungskräfte entwickeln und führen, bei ihrer Aufgabe zu helfen, werden diese derzeit zu Trainern ausgebildet. Ihnen werden folgende Module angeboten:

- Durchführung von Praxistrainings und Workshops zum Seminar „Vorbildlich führen und coachen", „Differenziert Führen". Dabei werden die Führungskräfte mit eigens für sie ausgearbeiteten Materialien vertraut gemacht, die es ihnen erlauben, Themen der o.g. Seminare zu vertiefen und auch weiterzuführen. Diese Unterlagen bestehen aus Trainingsleitfäden, Folien, Handouts, Flipchartvorlagen, Vorgaben für Übungsrollenspiele.
- Methodenseminar für Führungskräfte: Alle Führungskräfte der zweiten und dritten Ebene erhalten Gelegenheit, an einem Train-The-Trainer-Seminar teilzunehmen, in welchem ihnen systematisch Know-how für die Durchführung und Gestaltung von Workshops vermittelt wird.
- Coaching durch Betreuungstage: Dabei handelt es sich um einen Seminarbaustein, in dem Verkaufsleiter bzw. Gebietsmanager trainiert werden, Repräsentanten einzuarbeiten und auszubilden. Auf der Basis von Analysen sind dann Maßnahmen für Verkäufer zu planen und durchzuführen. Damit wird das erste Mal ein Training nicht direkt durch Personalentwickler vermittelt, sondern gleich durch die Linienmanager. Bei diesen Veranstaltungen unter der Regie der Linienmanager sind – soweit möglich – Mitarbeiter der Personalentwicklungsabteilung als Coach für die das Training durchführende Führungskraft zugegen.
- Im Lauf der nächsten Jahre werden wir die Führungskräfte der zweiten und dritten Ebene mit Materialien zu allen Bereichen ausstatten, die für die Ausbildung von Nachwuchsführungskräften und die Weiterbildung von gestandenen Führungskräften notwendig sind. Damit wird die Grundstufe der Führungskräfteausbildung Zug um Zug in die Hände der Linie gelegt.

Ziel dieses Bündels an Maßnahmen ist, immer mehr Personalentwicklungsaufgaben ganz offiziell an die Führungskräfte zu „delegieren" (Personalentwicklung ist Chefsache!), die PE-Abteilung schlank zu halten und auf externe Trainer möglichst verzichten zu können.

Potentialentwicklung von „innen" und „außen":
Förderkreise und Traineeprogramme

Stand bislang die aufgabenbezogene Qualifizierung im Mittelpunkt der Betrachtungen, gilt es nun einen Blick auf die Maßnahmen zur Entwicklung von Potential – also Schlüsselqualifikationen – zu werfen. Im BLB gibt es in diesem Zusammenhang drei Programme: Zwei für die Entwicklung von innen, eines für die von außen. An folgende „Schlüsselqualifikationen" ist hierbei vor allem gedacht: Strategisches Denken, Denken in Zusammenhängen, unternehmerisches Handeln, Eigeninitiative.

Für die Förderung von Führungskräften existiert zum einen der BLB-Juniorenförderkreis. Hierin sind junge Führungskräfte aus allen Unternehmensbereichen zusammengefaßt, deren Leistung im Vertrieb als gut bis sehr gut bewertet und deren Potential als hoch eingeschätzt wird. Diese Gruppe besteht ca. 18 Monate lang und „spielt" während dieser Zeit BLB-Geschäftsführung. Die Teilnehmer identifizieren strategisch wichtige Themen und bearbeiten diese. Sie haben regelmäßig Gelegenheit, sich mit der echten Geschäftsführung zu treffen und ihre Überlegungen zu diskutieren. Der Geschäftsführer des BLB ist bei jedem offiziellen Treffen des Juniorenkreises zugegen. Neben der inhaltlichen Arbeit werden auch der Gruppenprozeß und das Lernen im Juniorenkreis betrachtet. Zwischen den Juniorenkreistagungen trifft sich die Gruppe mehr oder minder regelmäßig. Die Häufigkeit und die Art und Weise der Treffen ist den Beteiligten freigestellt.

Ein zweites internes Förderprogramm ist das der Ausbilder. Diese – allesamt hochkarätige und hochqualifizierte Führungskräfte – treffen sich mehrmals im Jahr und arbeiten an Projekten, die mit dem Thema Verkäufer- und Führungskräfteausbildung zu tun haben. Auch hier findet Projektlernen statt.

Schließlich ist unser Programm „Assistent der GL" zu nennen, für welches Hochschulabsolventen vom Markt gewonnen werden. Diese durchlaufen zunächst eine achtmonatige verkäuferische Ausbildung und sind dann je drei Monate mit der relativ eigenständigen Durchführung von Personalentwicklungs- und Marketingprojekten betraut. Daneben erfahren sie eine Ausbildung zur Führungskraft im Vertrieb (i.d.R. bei einer Führungskraft aus dem Kreise der Ausbilder). Während der praktischen Arbeit im Vertrieb übernehmen sie ggf. zeitweise Projekte. Zudem treffen sie sich regelmäßig zu Workshops und Seminaren. Auch hier wird die Eigeninitiative sehr betont: Die Trainees lernen schnell, daß sie nicht auf Rosen gebettet werden, sondern sich um ihre Entwicklung auch selbst kümmern müssen. Wichtig ist zudem, daß sie die Unternehmenskultur des BLB kennenlernen und sozusagen „Stallgeruch" annehmen, also echte „BLBler" werden.

Führungskräfte-Informationssystem

Neben den bisher erwähnten Maßnahmen bietet die BLB-Personalentwicklung auch andere Dienstleistungen, die auf die Entwicklung der Organisation und ihrer Mitglieder zielen. Dazu zählen Mitarbeiterbefragungen, Fluktuationsanalysen, Erstellung von Arbeitsmitteln etc. Eine dieser Dienstleistungen ist unser Führungskräfte-Informationssystem. Unsere Überlegung ist, daß eine systematische Befragung der Repräsentanten, die den BLB verlassen, differenzierte Aufschlüsse über Stärken und Schwächen in der Führung der einzelnen Bereiche erlauben. Deshalb schreiben wir jeden Repräsentanten an, der den BLB verläßt und bitten ihn, einen eigens dafür entwickelten Fragebogen an uns zurückzusenden. Diesen werten wir aus und spielen das daraus entstehende Bild an die Führungskräfte zurück. In ausführlichen Gesprächen erläutern wir die Ergebnisse und leiten mit den zuständigen Führungskräften Maßnahmen für einzelne Regionen ab.

Die Profile der einzelnen Regionen des BLB unterscheiden sich deutlich. Ein entscheidender Erfolgsfaktor (und auch Fluktuationsgrund) ist die Führung. Insbesondere dort, wo aktive Führung betrieben wird, die Führungskräfte also nicht lange mit Maßnahmen warten, wenn ein Repräsentant Probleme hat, sind auch die Umsätze am besten.

Wichtig ist an diesem Führungskräfte-Informationssystem auch, daß es nicht als disziplinarische Kontrollmaßnahme begriffen wird, sondern als Frühwarnsystem für die Führungskräfte in den Regionen. Also als Service, der es ihnen erlauben soll, qualifizierter zu arbeiten und sich weiterzuentwickeln.

Führungskräfte-Brief „Der BLB-Coach"

Kurz sei noch eine Personalentwicklungsmaßnahme genannt, die die anderen Maßnahmen flankiert: Unser Führungskräfte-Brief „Der BLB-Coach". Mehrmals im Jahr erhalten die Führungskräfte des BLB einen Informationsbrief, in welchem vorwiegend die Themen Führung und Coaching beleuchtet werden. Führungskräfte sind eingeladen, Neuerungen zu publizieren, und machen davon auch Gebrauch. Selbstverständlich stellt „Der BLB-Coach" auch ein Organ für die Geschäftsführung dar, Informationen in die Führungsmannschaft zu tragen. Nach ca. einem Jahr Erfahrung mit diesem Medium sind wir der Auffassung, daß sich die Mühe lohnt.

Wie wird sich die Personalentwicklung des BLB weiterentwickeln?

In diesem Artikel wollte ich im wesentlichen die derzeitig geübte Personalentwicklungspraxis bei Bertelsmann LEXIKOTHEK skizzieren und den Leser mit Schubladenprojekten verschonen. Abschließend möchte ich ein paar Leitlinien aufzeigen, an denen wir uns in den nächsten Jahren orientieren werden.

Schon in den kommenden Monaten wird die Dezentralisierung der Personalentwicklung weitergetrieben. Noch mehr als bislang werden die Führungskräfte für die Entwicklung des eigenen Führungsnachwuchses in die Pflicht genommen. Dazu wird jeder Vertriebsfirma ein gewisses Zeitkontingent seitens PE (auf Beschluß der Geschäftsführung) zur Verfügung gestellt. Der einzelnen Vertriebsfirma steht dann offen, wie sie ihr PE-Budget einsetzt. Je mehr Eigenleistung sie erbringt, desto weniger ihres PE-Budgets verbraucht sie mit einer Maßnahme. Und genau das soll gefördert werden, die eigenständige Durchführung von Personalentwicklungsmaßnahmen.

Für die nächste Planungsperiode werden wir kein Weiterbildungsprogramm mehr zur Verfügung stellen. Abgesehen davon, daß diese Hefte ohnehin nur ein Friedhof für Termine darstellen, würde eine solche Publikation nicht zu einer dezentralisierten Personalentwicklung passen. Wir werden in den nächsten Monaten dafür eine Broschüre auflegen, die das gesamte Personalentwicklungsangebot des BLB darstellt – und damit den Führungskräften Ideen über Führung und Entwicklung vermittelt, die sie immer wieder nutzen können.

Damit geht ein neues Verständnis des Personalentwicklers bzw. der Personalentwicklerin einher: Wir werden uns noch mehr zu Beratern der Führungskräfte entwickeln. Damit sind auch Überlegungen – bezogen auf eine Entwicklung von PersonalentwicklerInnen – angesprochen, die uns beschäftigen.

Nach ersten, weniger erfolgreichen Versuchen mit Korridorthemen (vgl. z.B. Stiefel, 1990, S. 39 ff.), wollen wir im neuen Geschäftsjahr ernst machen. Derzeit finden dazu Gespräche mit der Geschäftsführung statt. Wir erhoffen uns, jedes Jahr ein neues Korridorthema angehen zu können.

Unsere Praxis bei Assessment-Centern werden wir etwas korrigieren – der Entwicklungs- und Lerncharakter dieser Veranstaltungen soll stärker betont und der Prüfungscharakter in den Hintergrund treten.

Schließlich haben wir uns auf die Fahnen geschrieben, auch in Zukunft „lean" zu bleiben – also mit geringen Mitteln gute Organisations- und Personalentwicklung zu betreiben.

Literatur

Blanchard, K., Zigarmi, P. & Zigarmi, D. (1986). Der Minutenmanager, Führungsstile. Reinbek: Rowohlt. – **Heibutzki, H. (1992).** Entertainer. *Forbes,* Heft 7, S. 62-66. – **Sattelberger, Th. (1989).** Personalentwicklung als strategischer Erfolgsfaktor. In Th. Sattelberger (Hrsg.), *Innovative Personalentwicklung* (S. 15-37). Wiesbaden: Gabler. – **Stiefel, R.Th. (1987).** *20 Jahre Management-Andragogik. Entwicklung und Konzipierung eines neuen Fachgebiets* (MAO-Workshop). St. Gallen: Autor. – **Stiefel, R.Th. (1989/1990).** *Die Mitarbeiter sind unser wertvollstes Kapital* (Teil 1 und Teil 2, MAO-

Workshop). St. Gallen: Autor. – **Stiefel, R.Th. (1991).** *Innovationsfördernde Personalentwicklung in Klein- und Mittelbetrieben.* Neuwied: Luchterhand. – **Stiefel, R.Th. (1992).** *Führung einer PE-Abteilung* (MAO-Workshop). St. Gallen: Autor. – **Stiefel, R.Th. (1993).** In der Rezession schlägt die Stunde der schwachen PE-Figuren! *Management-Andragogik und Organisatonsentwicklung,* Heft 2, S. 58-63. – **Tietz, B. (1993).** *Der Direktvertrieb an Konsumenten. Konzepte und Systeme.* Stuttgart: Schäffer-Poeschel.

Wilhelm Friedmann

Wandel im Handel – Kundenorientierung durch Personalentwicklung oder Personalentwicklung durch Kundenorientierung? Ein Praxisbericht

Die Ausgangssituation im Handel, speziell im Großhandel

Auch wenn der Handel selbst die Berufschancen in der Branche gerne rosarot darstellt – die Überschrift in der FAZ vom 12. März 94 trifft wohl eher die Wirklichkeit: „Die Arbeitsbedingungen schrecken den Nachwuchs vom Einzelhandel ab." Im wesentlichen sind es folgende Faktoren, die von jungen Leuten als Ursache dafür immer wieder genannt werden:

- als belastend empfundene Arbeitszeiten aufgrund der Geschäftszeiten,
- schlechte Bezahlung bei geringen Aufstiegs - und Entwicklungschancen,
- wenig attraktives Umfeld (Arbeitsbedingungen),
- kein zukunftsorientiertes Image.

Mit Ausnahme des erstgenannten Faktors trifft alles andere auch für den Groß- und Außenhandel zu. Erschwerend kommt dort jedoch hinzu, daß weder den Auszubildenden noch den Hochschulabsolventen, die den Berufseinstieg wagen wollen, die eigentliche Funktion des Großhandels klar ist. Das ist nicht weiter verwunderlich. Der Großhandel ist aufgrund seiner Mittlerrolle zwischen unzähligen großen und kleineren Produktionsbetrieben und dem Einzelhandel (=Konsumgütergroßhandel) oder als Zulieferer von Rohstoffen, Halbfertigerzeugnissen oder Einzelteilen (=Produktionsverbindungshandel) allzu stark in den Hintergrund verbannt. Seine Hauptfunktionen Beschaffung, Lagerhaltung von kompletten Sortimenten, Produktinformation und Distributionsdienstleistungen werden aus Unkenntnis immer wieder in Zweifel gezogen. Nur Insidern ist bekannt, daß der Groß- und Außenhandel in Deutschland über eine Million Mitarbeiter in ca. 100.000 Betrieben beschäftigt und 50% des deutschen Inlandsumsatzes über den Großhandel abgewickelt werden (BGA, Bundesverband Groß- und Außenhandel, 1995). Der Einzelhandel verfügt über mehr als 400.000 Betriebe mit insgesamt mehr als drei Millionen Beschäftigten.

Egal ob Großhändler, Einzelhändler, Verbände oder Gewerkschaften – alle sind sich einig, daß es in Zukunft noch schwieriger werden dürfte, qualifizierte Nachwuchskräfte zu finden. Daß es angesichts dieser Situation notwendig ist, den Mitarbeitern, die glücklicherweise in den Handel gefunden haben, neue und interessante Perspektiven zu bieten, versteht sich von selbst. An einem konkreten Beispiel aus dem mittelständischen Sanitär- und Heizungsgroßhandel soll gezeigt werden, welche neuen Möglichkeiten der Personalentwicklung sich aus einer strikten und ernst genommenen Kundenorientierung für die dort tätigen Mitarbeiter ergeben, bzw. umgekehrt: in welcher Weise der Kunde – und natürlich das Unternehmen selbst – von solchen Mitarbeitern profitieren.

Die besondere Vertriebssituation in der Branche Sanitär- und Heizungsgroßhandel

Die klassische Vertriebssituation des hier betrachteten Beispiels aus dem Sanitär- und Heizungsgroßhandel ist komplexer als in anderen Branchen (ähnlich noch im Elektrogroßhandel). Das hängt damit zusammen, daß der Großhändler zwei Arten von Kunden hat:

– Auf der einen Seite steht der Handwerker (Installateur, Klempner), der die gesamte Palette der Sanitärprodukte vom Kupfer- oder Kunststoffrohr bis zur Dachrinne, von der Badewanne über die Duschwanne, Armaturen, Waschbecken, Toilette bis zum Urinal von ihm bezieht und anschließend vor Ort einbaut bzw. verarbeitet, sowie den stärker technisch orientierten Heizungsbauer, der z.B. komplette Heizungssysteme auf hohem technisch-ökologischem Niveau konzipiert, einbaut, wartet und ggf. repariert.

– Auf der anderen Seite gibt es den Endverbraucher, der sich in der Fachausstellung Bad – über die 90% aller Großhändler in der Bundesrepublik verfügen und in der auf durchschnittlich 700 qm ca. 40-50 verschiedene Anwendungen in Originalgröße gezeigt werden – informieren und beraten lassen will. Dieser Endverbraucher ist wiederum direkter Kunde des Handwerkers (vgl. Abb. 1).

Entsprechend dieser besonderen Vertriebssituation – der Großhändler berät kostenlos die Kunden des Handwerkers (natürlich kalkuliert er diese Serviceleistungen, die keine geringen Kosten verursachen, in seine Preise ein!) – muß er auch über zwei grundlegend verschiedene Typen von Vertriebsmitarbeitern verfügen:

- Typ I: Verkäufer, die ausschließlich für die Handwerkerkunden zuständig sind; dazu gehören die Außendienstmitarbeiter (ADM), die Telefonverkäufer, sowie die Abholtresen-Verkäufer.
- Typ II: Verkäufer, die nur den Endverbraucher beraten und bedienen, d.h. die ausschließlich als Ausstellungsverkäufer arbeiten.

Die „klassischen" Anforderungen an die verschiedenen Typen von Vertriebsmitarbeitern

Einen guten Telefonverkäufer zeichnet aus, daß er sich in seinem Sortiment auskennt, über ein vielfältiges Produkt-Know-how verfügt, weiß, was als gängige Ware am Lager ist, wobei es sich nicht selten um 10- bis 15.000 verschiedene Artikel handelt, die in einer sog. Bildpreisliste erfaßt sind. Darüber hinaus muß der Telefonverkäufer vertraut sein mit den Katalogen der zahllosen Hersteller/Lieferanten und deren Produkten (insgesamt ca. 120.000 Artikel) und wissen, welchen Artikel des Sanitär- oder Heizungsbedarfs er auf dem Wege der Sonderbeschaffung wo besorgen kann. Überflüssig zu erwähnen, daß solche ausgereiften Sortimente ohne EDV nicht mehr handhabbar sind, er folglich außerdem ein geübter EDV-Anwender sein muß. Über den Bildschirm hat der Telefonverkäufer Zugriff zur Ware in Mengen und Preisen und natürlich zu einer Kundendatei, in der alle wesentlichen Kundeninformationen gespeichert sind, damit er entsprechend kalkulieren kann. Damit wird er zum idealen Gesprächspartner des Installateurs: Er ist praktisch jederzeit telefonisch erreichbar, um Aufträge entgegenzunehmen, kann fachlich kompetent beraten, weiß, ob die benötigten Teile vorrätig sind, kann ggf. Ausweichprodukte anderer Fabrikate benennen, Preise kalkulieren und eine just-in-time-Belieferung auslösen.

Produktebene

Industrie/Hersteller	Großhandel	Handwerker	Endverbraucher
• entwickelt • kreiert • produziert • liefert	• beschafft • lagert • liefert	• baut ein • installiert • wartet • erneuert • repariert	• fragt nach • gibt in Auftrag • reklamiert
• informiert • berät • schult • betreibt Media-Werbung • vermarktet	• informiert • berät/plant • konzipiert • kalkuliert	• berät • empfiehlt Ausstellung des Großhandels	• informiert sich

(Lager, Ausstellung)

Dienstleistungsebene

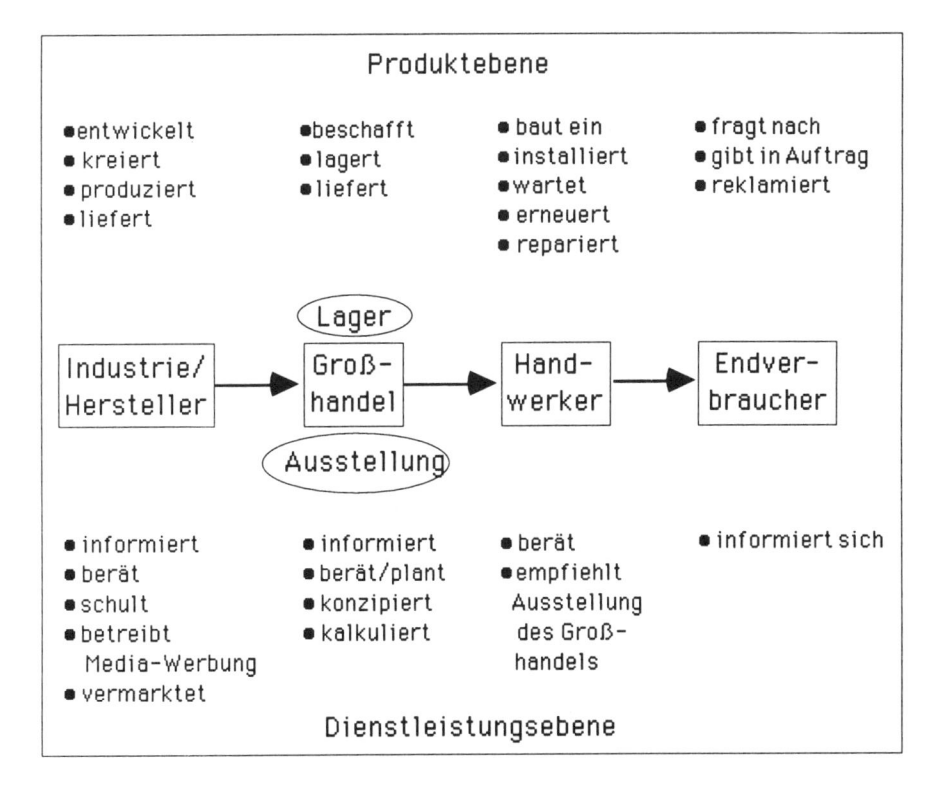

Abbildung 1
Der klassische 3-stufige Vertrieb in der Sanitär- und Heizungsbranche

Mit dem Außendienst-Mitarbeiter (ADM) bildet er in der Regel ein Tandem. Beide gemeinsam betreuen den Kunden. Der eine hält den persönlichen Kontakt – „hautnah" und „vor Ort" – mit dem Nachteil, daß er meist nicht greifbar ist, wenn er vom Handwerker gerade gebraucht wird! Der ADM sollte deshalb nicht mehr der Vertreter sein, der auf seinem Auftragsblock jede Woche einmal die Wünsche des Kunden entgegennimmt! Das kann der Telefonverkäufer besser, zeitnäher und kostengünstiger. Die Aufgabe des ADM ist es vielmehr, die Leistungsfähigkeit des Großhändlers zu repräsentieren, Informationen über neue Produkte zu geben, Beratung in der Abwicklung von Sonderprojekten wie z.B. Mehrfamilienhäusern zu leisten. Genau genommen ist er ein „strategischer Verkäufer" und sein Kunde, der Installateur, ist für ihn aufgrund der ihm vorliegenden EDV-Verkaufsunterlagen in seinen Produktpräferenzen nahezu transparent. Diese Tandemkonstruktion ist in der Branche weit verbreitet und zeigt, wie ernst der Dienstleistungsanspruch und die Kundenorientierung genommen werden.

Der Abholtresen-Verkäufer – im „Blaumann" hinter dem Tresen mit direktem Zugang zum Lager – ist der Praktiker. Zu ihm kommt der Installateur oder sein Geselle, wenn es auf der Baustelle oder im Rahmen einer Reparatur Sofortbedarf an Installationsmaterialien oder Ersatzteilen gibt. In der Regel handelt es sich dabei um Kleinteile wie Fittings, Dichtungen, Löt- oder Schweißmaterialien, Ersatzteile für Boiler oder Thermen, Absperrventile oder Werkzeug. Seltener wird über den Abholverkauf Keramik oder eine Badewanne herausgegeben, denn der Bedarf an solchen Produkten entsteht in der Regel nicht spontan im Rahmen einer Reparatur, sondern ist zumindest einige Tage im voraus planbar. Auch der Tresen-Verkäufer hat Zugriff zur EDV, prüft am Bildschirm, bevor er losgeht ins Lager, ob die Ware auch wirklich da ist. Die EDV sagt ihm den Lagerort und stellt für den Abhol-Kunden sofort den Lieferschein aus. Preisgespräche finden am Tresen nicht statt.

Eine neuere Entwicklung im Abholbereich sei kurz erwähnt. Einige Großhändler haben – insbesondere im Rahmen von Neubauten in Ostdeutschland – statt des Tresens einen Selbstbedienungs-Abholmarkt eingerichtet. Hier steht ausschließlich dem Handwerker ein begrenztes Sortiment an besonders häufig gebrauchten Artikeln im direkten Zugriff zu Verfügung. Die Rolle des Abholtresen-Verkäufers wandelt sich damit zum Fachberater.

Kommen wir nun zum zweiten Typus, dem Ausstellungsverkäufer. Rein äußerlich ist er aufgrund seines Kontaktes zum Endverbraucher modisch-adrett gekleidet, und signalisiert damit gewissermaßen den ästhetischen Bezug zu den vielfach hochwertigen Sanitärprodukten. Seine Aufgabe ist es, den Bedarf des Ausstellungsbesuchers zu erspüren und zu erfragen; herauszufinden, auf welche Geschmacksrichtung der Kunde anspricht; ihm das Gefühl zu geben, Zeit für dessen spezielle Anliegen zu haben. Denn die Einrichtung eines neuen Badezimmers oder die Renovierung eines vorhandenen alten bringt vielfältige Probleme mit sich:
– Technisch-funktional: Zuflüsse/Abflüsse, vorhandenes Rohrsystem tauglich oder erneuerungsbedürftig?
– Räumlich: Wie groß ist das Badezimmer und welche Objekte passen oder passen nicht hinein?
– Ökologisch: Wasser- und energiesparend, umweltverträgliche Materialien?

- Ästhetisch: Zu welchen Wand-/Bodenfliesen passen welche Keramikformen? Mit welchen Sanitärfarben kombinierbar? Mit welchen Armaturen?
- Pekuniär: Was darf eine Investition, die etwa 15-20 Jahre halten soll, kosten?

Daraus ergeben sich mannigfaltige Anforderungen an diesen Mitarbeiter-Typus, die sogar noch zu ergänzen wären um einen kommunikativen Part, der aus der Notwendigkeit des vermittelnden Gesprächs mit dem Bauherrn (Ehepaar!), dem Architekten und dem Klempner resultieren.

Als Hilfsmittel neben den konkreten Anschauungsobjekten, die in sogenannten Musterbädern aufgebaut sind, und dem einschlägigen Prospektmaterial steht dem Ausstellungsberater mittlerweile eine umfangreiche Software auf PC zur Verfügung, Badplan-3-D, mit der sich sowohl Grundrisse als auch Ansichten und Perspektiven des zu planenden Badezimmers herstellen lassen (anstelle der früher von Hand gefertigten perspektivischen, kolorierten Zeichnungen), die dem Kunden mit nach Hause gegeben werden. Welche umfassenden Qualifikationen bereits heute gefordert sind und welche sich in der Zukunft aufgrund der technischen Entwicklung ergeben werden, kann man sich unschwer vorstellen. Badezimmerplanung mit Cyberspace z.B. ist bereits in der Diskussion.

Noch ein abschließender Gedanke zu den verschiedenen Typen von Verkäufern: Der Außendienst in dieser Branche ist nach wie vor eine reine Männerdomäne. Wahrscheinlich gibt es in der ganzen Bundesrepublik nicht eine einzige Frau in diesem Beruf! Für den Abholverkauf am Tresen gilt gleiches – ausgenommen die eine oder andere weibliche Auszubildende! Im Telefonverkauf sind Frauen in der absoluten Minderheit, aber immerhin – einige wenige gibt es mittlerweile (vor allem auch in den neuen Bundesländern). Der Ausstellungsbereich hingegen ist bei vielen Großhändlern eine Frauendomäne. Einige der Großhändler haben es sogar zum Prinzip erhoben mit der Begründung: Die Hausfrau ist es, die letztlich die Entscheidung über die Ausstattung des Badezimmers trifft – eine Ausstellungsberaterin kann sich viel leichter in deren Situation hineinversetzen und deren Ton treffen als ein Mann.

Diese Verhältnisse sind bei den meisten Großhändlern zementiert, mit der Konsequenz, daß die weiblichen Azubis des Sanitär- und Heizungsgroßhandels nach der Prüfung in der Ausstellung oder in der Angebotsabteilung landen, wohingegen den männlichen Azubis prinzipiell alle Bereiche zugänglich sind: vom Außendienst über den Telefonverkauf, vom Abholtresen bis zur Ausstellung.

Welche Probleme zeichnen sich ab?

Man könnte es nun dabei bewenden lassen und die Praxis, daß es für jeden Kundentypus den entsprechenden Verkäufertypus gibt, als gegeben ansehen. Leider ist diese Praxis jedoch in verschiedenerlei Hinsicht recht unbefriedigend! Da sind z.B. auf-

grund der unterschiedlichen Tagesabläufe in den drei genannten Bereichen sehr unterschiedliche Auslastungen zu beobachten:
- im Abholladen: Spitzenzeit morgens von 6.00-9.00 Uhr und nachmittags ab ca. 15.00 Uhr;
- im Telefonverkauf: morgens von 7.00 Uhr bis nachmittags ca 15.00 Uhr nahezu gleichmäßige Auslastung, Spitzen kurz vor der Auslieferung;
- in der Ausstellung: morgens von 9.00 Uhr bis abends 18.00 Uhr, samstags 9.00-12.00 Uhr sonntags Schautag, Spitzen nachmittags und abends, sowie Samstag.

Die fachliche Spezialisierung und das Fixiertsein von Mitarbeitern auf den jeweiligen Bereich, die prinzipiell angelegte Undurchlässigkeit der Bereiche wird damit zum Engpaß. Nicht selten kommt es vor, daß im Abholbereich die Kunden Schlange stehen und ungeduldig darauf warten, bedient zu werden, während es im Telefonverkauf gerade ruhig ist und die Mitarbeiter beinahe „Däumchen drehen". Natürlich wird in den Spitzenzeiten, die ja nie genau kalkulierbar sind, immer zu wenig Personal im jeweiligen Bereich zur Verfügung stehen, bzw. die vorhandenen Mitarbeiter werden überlastet sein. Krankheit, Urlaub und sonstige Ausfallzeiten kommen hinzu – damit mußte der Großhandel bisher auch leben. Die Frage einer einigermaßen gleichmäßigen Arbeitsverteilung wird sich unter den gegebenen Umständen nie befriedigend regeln lassen.

Eine neue Betrachtungsweise

Wenn man jedoch – in strikter Verfolgung des Prinzips der Kundenorientierung mit dem gleichzeitigen Ziel gleichmäßigerer Kapazitätsauslastung – über einen optimierten Mitarbeitereinsatz nachdenkt, wenn man eine Verbesserung der Wertschöpfung erreichen will, müssen auch etablierte Strukturen radikal in Frage gestellt werden. Ausgangspunkt dafür sind die Anforderungen der Kunden an den Installateur mit seinen Kompetenzen und an den Großhändler im Hintergrund (vgl. Abb. 2).

Eine Veränderung der Perspektive führt zu folgenden Schlüssen:
1 Es gibt zwar verschiedene Kundentypen, also Handwerker oder Endkunden – das Wesentliche sind jedoch die unterschiedlichen Problemstellungen.
2 Diese Problemstellungen müssen von den Mitarbeitern in einer für den jeweiligen Kunden zufriedenstellenden Weise gelöst werden, d.h. fachlich kompetent, unmittelbar und ohne Wartezeit, zu fairen Preisen.
3 Dem Kunden ist es egal, ob er einen nur für ihn zuständigen Mitarbeiter (=Spezialisten) als Gegenüber hat oder ein Teammitglied, vorausgesetzt, das fachliche Niveau des Mitarbeiters ist auf einem entsprechenden Stand.

Worauf es ankommt ist, daß die Kunden-Problemstellung richtig zentriert wird. Das ist im Falle eines Endkunden, der die Ausstellung aufsucht, ein anderer Vorgang als bei einem Gesellen, der wegen eines Wasserrohrbruchs schnell einige Fittings oder Bogen oder Lötmaterialien braucht. Und es ist wiederum etwas anderes, wenn ein Installateur eine größere Menge Kupferrohr kaufen will und dafür einen besonderen Preis erwartet. Diese Zentrierung erfolgt beinahe automatisch richtig, wenn man den Kunden nicht an den Abholtresen oder in die Ausstellung oder in den Telefonverkauf leitet, also in die Spezialbereiche, sondern wenn man ihn in einem Kundenzentrum empfängt, in dem wie auf einer Drehscheibe alle Funktionen und Dienstleistungen präsent sind. Das soll anhand einer Strukturskizze (vgl. Abb. 3) illustriert werden.

Endkunde

Informationsbedarf
- Wünsche/Vorstellungen
  - ästhetisch
  - technisch-funktional
  - finanziell
  - ökologisch

Produktbedarf
- Renovierung
- Neubau
- Reparatur

Installateur

Kompetenzen
- Sanitär-/Heizungsfachwissen
- handwerkliches Know-how
- baut ein bzw. erneuert, repariert, wartet

Bedarf
- benötigt Ware, technische Information
- Zulieferservice
- Unterstützung bei der Kundenberatung
- Finanzierungsunterstützung

Großhändler

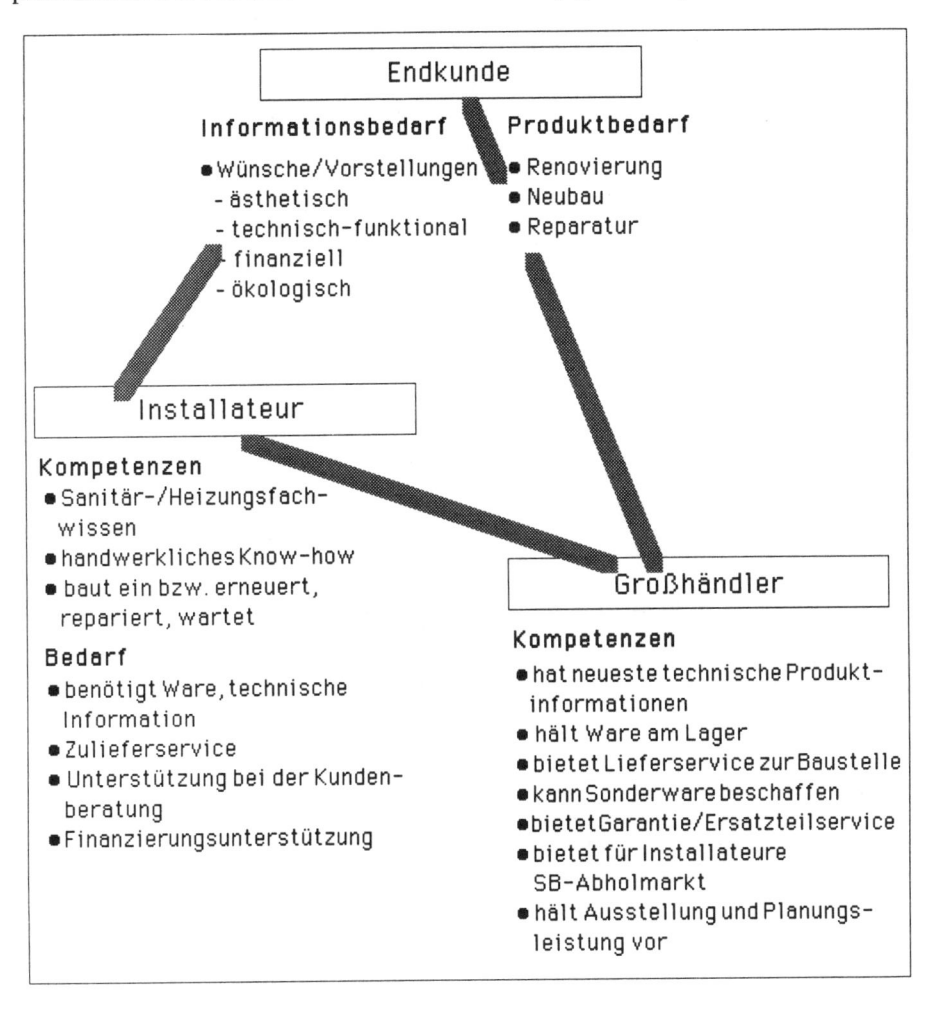

Kompetenzen
- hat neueste technische Produktinformationen
- hält Ware am Lager
- bietet Lieferservice zur Baustelle
- kann Sonderware beschaffen
- bietet Garantie/Ersatzteilservice
- bietet für Installateure SB-Abholmarkt
- hält Ausstellung und Planungsleistung vor

Abbildung 2
Kundenanforderungen

Jeder Kunde, der den Großhändler aufsucht – egal ob persönlich oder am Telefon, egal ob Handwerker oder Endverbraucher, „landet" in dieser räumlichen Anordnung automatisch beim richtigen Ansprechpartner. Die Verkaufsmannschaft ist im Kundenzentrum komplett präsent und in Spitzenbedarfszeiten der jeweils anderen Bereiche können die Mitarbeiter genau dort aushelfen, wo Not am Mann ist.

Der Praktiker wird einwenden, das könne nicht funktionieren, weil jemand, der jahrelang am Abholtresen gestanden habe, den Endverbraucher nicht ohne weiteres beraten könne. Das wird auch nicht sofort und nahtlos möglich sein – aber genau dieser Abholtresen-Verkäufer hat zumindest soviel Produktkenntnis, daß er z.B. in Spitzenzeiten im Telefonverkauf mit aushelfen kann! Vorausgesetzt natürlich, man hat ihn auf diese Aufgabe entsprechend vorbereitet, d.h. ihn trainiert und ihm beigebracht, was er am Telefon zusätzlich zu seinen Fachkenntnissen an EDV-Anwendungswissen braucht, und daß er weiß, welches kommunikative Verhalten der Kunde am Telefon erwartet. Umgekehrt ist es für einen Telefonverkäufer ein leichtes, einen Gesellen am Tresen zu bedienen – vorausgesetzt, er ist bereit, seinen „sauberen" Schreibtisch zu verlassen und den Schritt ins Lager zu tun, mit der großen Chance, in direkten Kontakt mit der Ware zu kommen und sich die Hände schmutzig zu machen.

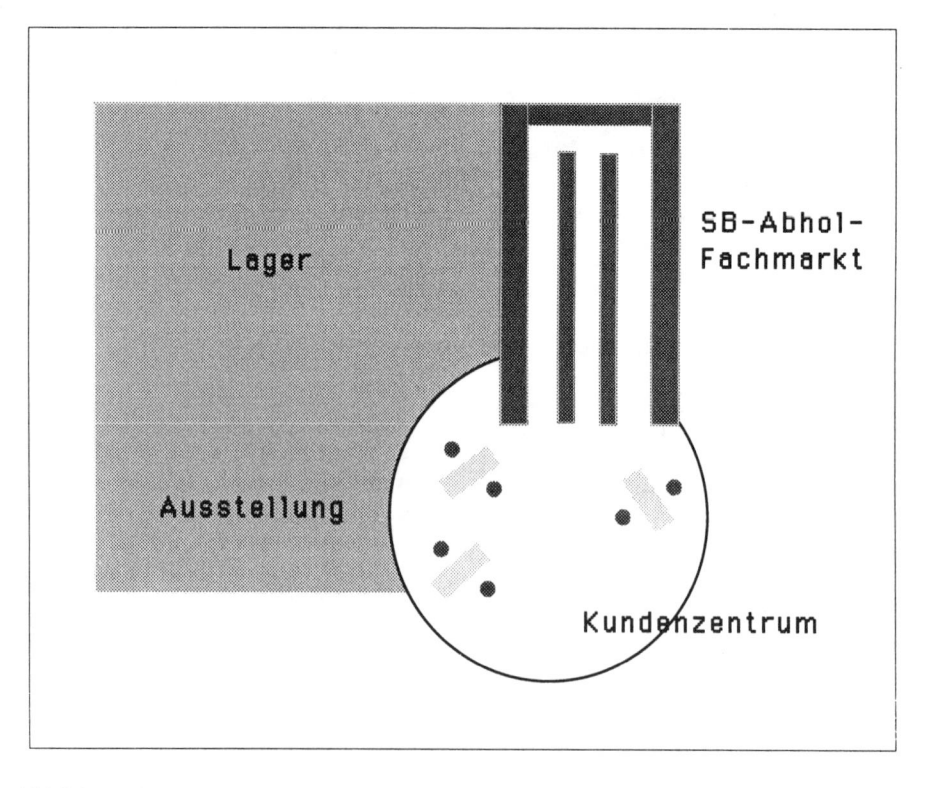

Abbildung 3
Das Prinzip Kundenzentrun (Strukturskizze)

Schwieriger ist es beim Ausstellungsberater: Die kommunikativen und persönlichen Anforderungen an ihn sind im Vergleich zu den beiden anderen sicherlich höher. Von ihm muß ein ähnliches Fingerspitzengefühl für die Endkunden verlangt werden wie von einem guten Einzelhandelsverkäufer. Da im Ausstellungsbereich die Mund-zu-Mund-Propaganda eine große Rolle spielt und auch die Chance einer „upgrading"-Beratung, d.h. hin zu höherwertigen Materialien, gegeben ist, wird man nicht unbedingt den langjährigen Tresenverkäufer, der mit den Gesellen auf Du-und-Du ist, auf den Endverbraucher „loslassen". Eine derartige Umstellung braucht Zeit, weil eingeschliffene Verhaltensweisen aufgebrochen und neue, komplexere Verhaltensweisen gelernt werden müssen!

Praktizierte Kundennähe und verbesserte Ressourcennutzung durch Teamentwicklung

Die praktische Verwirklichung des Konzeptes muß zum einen die Gruppenprozesse, zum anderen die Herausbildung neuer Führungsrollen beachten. Das Team besteht im Kern zunächst einmal aus den fachlich qualifizierten und verantwortlichen Mitarbeitern der ursprünglich getrennten Bereiche: dem Ausstellungsleiter, dem Leiter des Telefonverkaufs und dem Leiter des Abholverkaufs. Inwieweit es sich hierbei der Funktion nach um Abteilungsleiter handelt, hängt von der Größe des jeweiligen Betriebes ab. Filialeinheiten mit einer Größenordnung zwischen 10 und 20 Millionen DM Umsatz können so viele „Häuptlinge" nicht verkraften. In solchen Fällen wird man einen Primus inter pares im jeweiligen Bereich suchen. Im erweiterten Team wird man für die Ausstellung und den Abholbereich je einen weiteren Mitarbeiter vorsehen, für den Telefonverkauf werden es sicher zwei bis fünf weitere sein – zuzüglich Auszubildende. Das ganze Team ist zuständig und verantwortlich für die adäquate Betreuung der Kunden, die im Kundenzentrum ankommen – egal ob persönlich oder telefonisch, egal zu welcher Tageszeit. Wo immer jemand gebraucht wird, wird bedient, beraten und verkauft.

Was von den Mitarbeitern zu verlangen ist, ist vor allem mehr Flexibilität und das Vermögen, auf die unterschiedlichen Problemstellungen angemessen eingehen zu können – natürlich unter Berücksichtigung der kundentypischen Eigenheiten. Der große Einwand bezüglich der unterschiedlichen Anforderungsprofile, denen die Qualifikationsprofile nicht entsprechen, wird nicht lange aufrechtzuerhalten sein. Die normative Kraft der räumlichen Anordnung bewirkt, daß die verschiedenen „Sparten" schnell und viel voneinander lernen. Z.B., daß ein Endverbraucher in der Ausstellung eben anders bedient werden muß, als ein Handwerkergeselle im Abholverkauf. Der räumliche Kontext führt dazu, daß die Mitarbeiter beginnen, voneinander zu lernen – teilweise implizit (durch Abschauen), teilweise explizit (z.B. durch Eingehen auf Kollegenfragen). Es entsteht eine kollektive Wissensbasis, die die Flexibilität des Systems im Hinblick auf Kundenanforderungen ebenso erhöht wie die Verbesserung der vorhandenen Ressourcen.

Für die jüngeren Mitarbeiter wird es häufig einfacher sein, sich auf derartige Veränderungen einzustellen, weil sie darin ihre Chance einer vielseitigeren beruflichen Entwicklung und damit größere Möglichkeiten zur Selbstverwirklichung schnell erkennen werden. Langjährige Mitarbeiter, von denen man noch einmal Veränderungsbereitschaft fordern muß, werden sich mit den in geringerem Umfang notwendigen fachlichen Umstellungen leichter tun als mit den neuen verkäuferischen und sozialen Anforderungen.

Gute Dienstleistungen werden in der Praxis erfahrungsgemäß immer dort vollbracht, wo die Führungskräfte mit geduldiger Beharrlichkeit am „upgrading" der Teammitglieder arbeiten und beinahe jede Situation zu einem „Training-on-the-job" nützen. Die Herausforderungen an die Mitarbeiter bei diesem Modell „Kundenzentrum" sind hoch. Noch höher allerdings sind die Herausforderungen, die an die Führungskräfte gestellt werden. Sie sind es, die aus den Einzelkämpfern der Vergangenheit das Team für die Zukunft schmieden müssen. Das fängt bei der einzelnen Führungskraft selbst an. Zum einen muß die erforderliche Flexibilität Tag für Tag in der Praxis und quasi unter der öffentlichen Kontrolle der Kolleginnen und Kollegen vorgelebt werden. Parallel dazu müssen die jungen Teammitglieder unterstützt, gecoacht und manchmal sicher auch korrigiert werden. Von daher darf es nicht verwundern, wenn aus der Riege der Führungskräfte gegen ein solches Modell opponiert werden wird. Deren mentale Barrieren („Das kann doch gar nicht funktionieren!", „Das haben wir doch noch nie so gemacht!") sind das einzige ernstzunehmende Hindernis, das einer Veränderung im Wege stehen kann. Ein großer Teil der Wissensdiffusion im Kundenzentrum verläuft weitgehend selbstgesteuert, man darf aber vermuten, daß Führungskräfte, die sich bewußt um die Gestaltung des Übergangs von individuellen Erfahrungen in kollektive Erfahrungen bemühen, Effektivität und Effizienz solcher Systeme noch vervielfachen. Das Wissen um die Gestaltung solcher kollektiven Wissensprozesse ist wiederum ein eigenes Wissensfeld. Diese neue Führungsrolle auszufüllen, fällt vielen mittleren Führungskräften noch schwer.

Das sollte jedoch niemanden davon abhalten, einen als richtig erkannten Weg zu gehen. Aus mindestens zwei Gründen wird die Bilanz nach kurzer Zeit für alle Beteiligten positiv ausfallen:

- Das Kundenzentrum ist eine kleine lernende Organisation und zugleich eine sich selbst (in Abhängigkeit von der Nachfrage) steuernde Einheit. Die neue, wertegewandelte Mitarbeitergeneration wird sich in hohem Maße selbst einbringen und damit identifizieren können – etwas Besseres kann sich eine Firma gar nicht wünschen. Daß sie darüber hinaus Personal einsparen und das vorhandene Personal gleichmäßiger auslasten kann – bei gleichzeitig stärkerer Kundenorientierung – etwas Besseres kann einer Firma nicht passieren.

- Der anspruchsvoller und kritischer werdende Handwerker und der nach guter Beratung suchende Endverbraucher mit zunehmendem Interesse am Sanitärbereich – das sind Trends, die in der Branche unstrittig sind! Der Großhändler, der diesen Anforderungen mit der Einrichtung eines Kundenzentrums begegnet, wird im Vergleich zum Wettbewerb an Profil gewinnen, wenn nicht sogar ein Alleinstellungsmerkmal in der Dienstleistung, d.h. einen echten Wettbewerbsvorteil erreichen!

Vorteile für die Mitarbeiter – eine Erweiterung der beruflichen Perspektive

Wenn wir uns an dieser Stelle nochmals die Ausgangsüberlegungen ins Gedächtnis rufen, warum der „Job" im Handel so wenig begehrt ist, so treten die strukturellen Ursachen jetzt um so deutlicher hervor:

- Die vielversprechenden Anfänge (der Azubi durchläuft alle Stationen) enden in einer Einbahnstraße.
- Das Vorankommen auf dieser Einbahnstraße dauert viele Jahre: die Erfahrungen der im jeweils anderen Bereich tätigen Kollegen sind kaum aufzuholen.
- Der Wechsel in einen anderen Bereich – wenn er überhaupt ermöglicht wird – bedeutet nur, daß man wieder am Punkt Null anfangen muß.
- Einmal Telefonverkäufer – immer Telefonverkäufer; einmal hinter dem Abholtresen – immer dort; eine Chance als Ausstellungsverkäufer oder Ausstellungsverkäuferin zu bekommen, ist sowieso selten.

Wer nach Jahren gleicher Tätigkeit eine Veränderung anstrebt, dem bleibt nur, die Firma zu wechseln. (Hier ist anzumerken, daß es in dieser Branche, in der es an qualifiziertem Nachwuchs fehlt, gang und gäbe ist, sich gegenseitig die Leute abzuwerben. Jemand, der lange genug auf einer Einbahnstraße unterwegs war, ist natürlich auch wechselbereit – was für jede Firma einer verlorenen Investition in einen Mitarbeiter gleichkommt.)

In der neuen Form des Kundenzentrums kann eine Handelsfirma ihren Mitarbeitern hervorragende Perspektiven bieten:

- vielseitigere Einsatzmöglichkeiten – entsprechend der Ausbildung und den Lernerfahrungen,
- Arbeit in einem Team,
- Chancen zur flexiblen Arbeitszeitgestaltung,
- höhere Identifikationsmöglichkeiten mit der Arbeit,
- Chance zur früher Übernahme von Verantwortung.

Wie schnell sich das Modell in der Praxis durchsetzen wird, muß sich noch zeigen. Eines steht heute schon fest: Ein Kundenzentrum zu bauen – das läßt sich in einigen Monaten bewerkstelligen. Verhalten zu verändern, dauert etwas länger.

Renate Engel

Personalentwicklung in der öffentlichen Verwaltung – zwei Fliegen mit einer Klappe

Das Thema ist ein Dauerbrenner, jeden Tag können wir es in der Presse lesen: „Kreis stöhnt unter Schuldenlast". „Senat legt Giftliste vor – keiner bleibt ungeschoren". „Schlankheitskur für die öffentliche Verwaltung".

Die Kommunalen Haushalte, Bund und Länder müssen die Notbremse ziehen. Angesichts zunehmend knapperer Mittel bei gleichzeitigem Aufgabenzuwachs ist drastisches Sparen angesagt. Die Handlungsfähigkeit der öffentlichen Verwaltung ist bedroht. Der Veränderungsdruck ist enorm und mit früheren Situationen nicht vergleichbar. Einschnitte in allen Bereichen der Infrastruktur sind unumgänglich geworden; nach Möglichkeiten der Verlagerung, Ausgliederung, Privatisierung wird allenthalben gesucht nach dem Motto: Rückbau des Staates, Besinnung auf die Kernfunktionen.

Auf den ersten Blick scheint dies kein Klima für eine zukunftsorientierte Personalentwicklung zu sein. Aber zeitgleich zu den Szenarien von Sparwut und Aufgabenflut können wir andere Schlagzeilen lesen: „Auf die Mitarbeiter kommt es an: größere Flexibilität und Verantwortung." „Kompetenzen und Motivation als Alternative zum Stellenabbau in der Verwaltung." „Kommunale Verwaltungen läuten das postbürokratische Zeitalter ein – Beamte werden zu Managern."

Die Finanzsituation und der Gestaltungswille zwingen z.B. die Kommunen zu neuen Wegen. Gesucht werden Lösungen, die trotz begrenzter Ressourcen Handlungsspielräume sichern für eine qualitätsbewußte Dienstleistung gegenüber dem Bürger. Das bedeutet, die Negativspirale der Demotivation zu durchbrechen und gemeinsam mit den Mitarbeitern die *Verwaltung der Zukunft* zu gestalten. Hier soll ein Modell der Organisations- und Personalentwicklung vorgestellt werden, das die Berater des Metaplan Projekt-Forums entwickelt und in den letzten Jahren in Kommunalverwaltungen unterschiedlicher Größe erfolgreich umgesetzt haben.

Werkstatt des Wandels in der öffentlichen Verwaltung – zwei Fliegen mit einer Klappe

Die Titel der in den Verwaltungen durchgeführten Projekte klingen programmatisch, z.B.:
1. Mitarbeiter senken Kosten (Stadtverwaltung München).
2. Mitarbeiter gestalten ihre Verwaltung und senken Kosten (Stadtverwaltung Krefeld).

3 Werkstatt des Wandels in unserer Stadtverwaltung – Zukunft gemeinsam gestalten (Stadtverwaltung Erlangen).

Ziele des Projekts

Gemeinsames Ziel der hier vorzustellenden Projekte war: Optimierung der bestehenden Verwaltungsabläufe, Schaffung effizienter, schlanker Verwaltungsstrukturen und Führungsmodelle, die eine nachhaltige Kostensenkung ermöglichen. Gesucht wurden Ideen zur

- Beschleunigung von Entscheidungsprozessen,
- Minimierung von Schnittstellen
- Förderung von projektorientierter Zusammenarbeit in Teams,
- Optimierung des Ressourceneinsatzes,
- Förderung des Kostenbewußtseins,
- Stärkung der Motivation, Kompetenz und Eigenverantwortung der Mitarbeiter,
- Verbesserung der Serviceorientierung gegenüber dem Bürger.

Um diese Ziele zu erreichen, sollte die Mithilfe aller Mitarbeiter mobilisiert werden. Die Beteiligten und Betroffenen sollten von Anfang an in die Problemlösungsarbeit einbezogen werden. Dabei ging es um vier Aspekte:

1 Das Ideenpotential und das Know-how der Mitarbeiter für die Analyse und Soll-Modellierung zu nutzen.

2 Die Motivation der Mitarbeiter zu wecken, sich für die Realisierung der neuen Konzepte zu engagieren – → Abbau von Innovationsbarrieren.

3 Durch die intensive Beschäftigung mit dem Thema auf allen Ebenen der Verwaltung das Kosten-, Effizienz- und Qualitätsbewußtsein nachhaltig zu fördern.

4 Hilfe zur Selbsthilfe: Aufbau eines methodischen Know-hows, das die Verwaltung in die Lage versetzt, im Sinne einer *lernenden Organisation* zukünftig mit eigenen Ressourcen eine kontinuierliche Organisationsentwicklung zu gestalten.

Dies war eine Absage an klassische externe Gutachten, die trotz guter Lösungen häufig mangels Identifikation mit den Zielen scheitern. Es sollte eine „positive Spirale", eine Aufbruchstimmung für Ideen, Engagement und Leistung in Gang gesetzt werden.

Vorgehensweise

Konzeptionsphase

Die für die Verwaltung geeignete Vorgehensweise wird in der Startphase gemeinsam entwickelt. Im Rahmen der gemeinsamen Projektarbeit übertragen wir unser Know-how auf die im engeren Sinne Beteiligten, wie: Moderationsfähigkeit, Prozeßdesign, Projektmanagement einschließlich Ergebniskontrolle.

Für die Durchführung des Projektes war es erforderlich, verwaltungsintern
- einen Projektleiter („Kümmerer") zu benennen und eine Regiegruppe zu installieren (Steuerung und Koordination),
- eine Lenkungsgruppe zu etablieren (Entscheidung),
- Moderatoren zu trainieren (Moderation von „Suchzirkeln", Problemlösungsgruppen, Workshops).

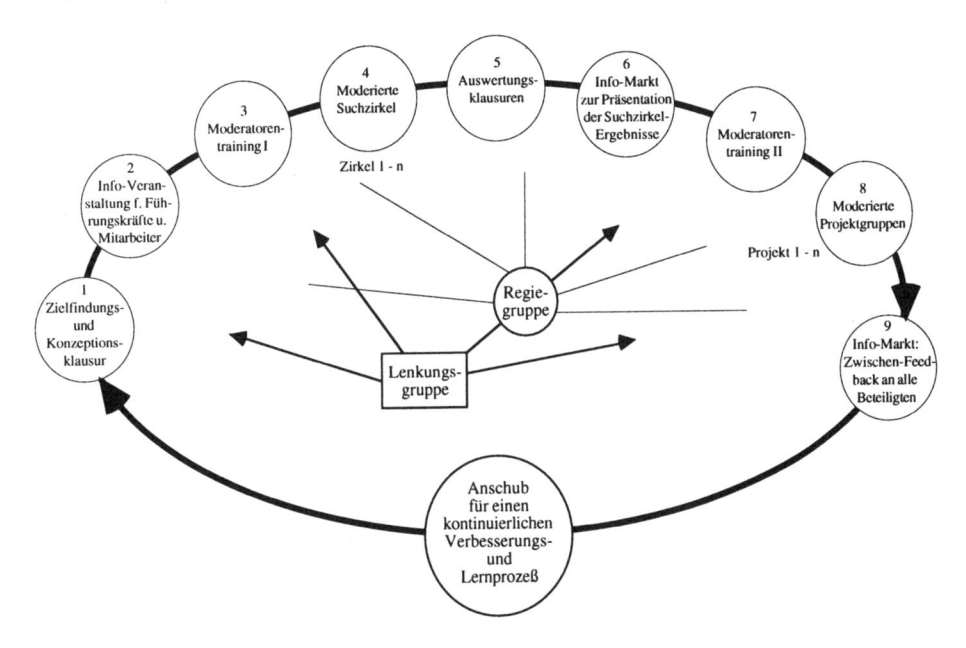

Abbildung 1
Prozeßdesign

Die Arbeit am Projekt wird von Anfang an von der Regiegruppe geplant, gesteuert und überwacht. Die Regiegruppe koordiniert, sorgt für die Information der Führungskräfte und Feedback an die Beteiligten und Betroffenen. Sie stellt „Weichen" und ebnet Wege bei Schwierigkeiten, sie koordiniert und kontrolliert die Realisierung der Lösungsvorschläge. Metaplan Projekt-Forum hat jeweils die Regie- und die Lenkungsgruppe beraten, führte Konzeptionsklausuren, Auswertungsklausuren und Informationsmärkte durch und trainierte die unternehmensinternen Moderatoren für ihre Aufgaben als Multiplikatoren.

In einer *Konzeptionsklausur* wurden gemeinsam mit der Regiegruppe und der Lenkungsgruppe die Projektziele erarbeitet, der Gesamtprozeß skizziert, die erforderlichen Beteiligungsschritte und der gewünschte Beteiligungsumfang geplant, Kriterien für die Gruppenzusammensetzung und die Auswahl der Moderatoren definiert sowie ein grober Zeitplan aufgestellt.

Vor dem Start der breiten Beteiligungsphase wurden die Ziele und Vorgehensweise vor allen Führungskräften und Mitarbeitern präsentiert (z.B. im Rahmen einer Personalversammlung), um Konsens über das Projektvorhaben und Akzeptanz über die Art der zu erwartenden Ergebnisse herbeizuführen. Diese Aufgabe wurde bereits zu einem wesentlichen Teil von Mitgliedern der Regiegruppe übernommen, um zu signalisieren: das sind unsere Akteure, die kümmern sich, die übernehmen auch die Verantwortung für die Steuerung der weiteren Prozeßschritte.

Suchphase – eine verwaltungsübergreifende Suchaktion

Es wird ein innovationsfreudiges Klima geschaffen, in dem Mitarbeiter die Chance haben, Ideen einzubringen, die zu einer umfassenden Verbesserung der Arbeitsabläufe und der Qualität der Arbeit führen. Die Ideen beziehen sich auf alle drei Ebenen des Verwaltungshandelns: Sachebene, Strukturebene, Kulturebene.

In *„Suchzirkeln"*, die abteilungsintern, aber auch schnittstellenübergreifend zusammengesetzt waren, wurden unter methodischer Anleitung der internen Moderatoren Ideen zusammengetragen:
- Wo gibt es Leerlauf, unnötige Arbeiten, Doppelarbeiten?
- Wo gibt es Reibungsverluste, Hemmnisse in der täglichen Arbeit (innerhalb des Amtes, zwischen den Ämtern, Zusammenarbeit Verwaltung, Politik usw.)?
- Welche Aufgaben, Kompetenzen, Verantwortung lassen sich auf die nächsten Ebenen delegieren?
- Wo können wir schnittstellenübergreifende Aufgaben zusammenfassen?
  - produktorientierte Ablaufstrukturen,
  - projektorientierte Teamarbeit.
- Wo können wir nachhaltig Kosten senken bzw. die Effizienz verbessern?
- Wie werden wir zu einem echten Dienstleister gegenüber dem Bürger?

Die konkreten Fragestellungen und Suchfelder sind abhängig von den Projektzielen und werden in der Konzeptionsklausur gemeinsam definiert. Aus den Antworten zu solchen Fragen wird von den Suchzirkel-Teilnehmern eine Problem-Landkarte entwickelt. In Gruppendiskussionen werden die „Provinzen der Landkarte" hinterfragt und kritisch bewertet. Am Ende des Suchzirkel-Gespräches steht eine konkrete Vorschlagsliste.

Spielregeln für ein innovationsfreudiges Klima in der Suchphase

Vor dem Start der Suchaktion wurden Spielregeln vereinbart, die den Umgang miteinander und mit den Ergebnissen erleichtern sollten.

- Es gibt keine Tabus, keine „heiligen Kühe".
- Kehren vor der eigenen Tür und nicht die Fehler bei anderen suchen.
- Alle Bereiche machen mit.
- Jeder Vorschlag wird geprüft und in angemessener Zeit beantwortet.
  - Schwachpunkte werden beseitigt.
  - Neues wird zügig gemeinsam umgesetzt.
- Jeder soll seine Spielräume nutzen. Gleichzeitig werden Regelungen mit dem Personalrat getroffen, die Vorbehalte gegen mögliche Rationalisierungsmaßnahmen abbauen.
- Keiner wird entlassen! Keine Rückgruppierungen! Umsetzungen innerhalb der Verwaltung sind möglich!

Moderatoren als Prozeßhelfer

Die verwaltungsinternen Moderatoren übernehmen eine wichtige Aufgabe in dem Gesamtprozeß. Sie moderieren Suchzirkel, Problemlösungsgruppen, Workshops und sorgen durch den Einsatz von Spielregeln für ein Klima, in dem sich Kreativität und Initiative der Gruppe entfalten können. Insbesondere in hierarchisch gemischten Gruppen benötigen sie „Standing" vor der Gruppe, aber auch Einfühlungsvermögen und Akzeptanz aller Beteiligten. Die Moderatoren sind Lotsen zwischen Linienhierarchie und Gruppe und bilden gemeinsam mit der Regie- und der Lenkungsgruppe die drei Säulen der Projektorganisation. Für die Durchführung der Suchzirkel werden die Moderatoren anhand eines konkreten Gesprächsfadens in einem speziellen Training vorbereitet. Dabei wird nicht nur das Moderationshandwerkzeug vermittelt. Das Training dient auch der gezielten Information und Auseinandersetzung mit den einzelnen Projektschritten.

Für den Moderatorenpool und die Regiegruppe werden die Mitarbeiter auch nach Kriterien der Personalentwicklung ausgewählt. Das erlernte Know-how soll der Verwaltung auch für zukünftige Projekt- und Teamarbeit zur Verfügung stehen.

So wird das Ganze in Gang gehalten:
Projektorganisation als „Bypass-Management"

Die Organisation erhält einen Bypass auf Zeit. Die *Lenkungsgruppe* ist das Entscheidungsgremium:
- regelmäßiger jour fix in der Problemlösungs- und Realisierungsphase als Informations- und Entscheidungssitzung zu verwaltungsübergreifenden und politischen Themen,
- Sondersitzungen zu komplexen Managementthemen mit Diskussionsbedarf.

Die *Regiegruppe* ist das Planungs- , Steuerungs- und Kontrollinstrument:

- Sie plant und steuert in allen Phasen des Projektes die notwendigen Beteiligungs- und Informationsprozesse;
- betreut und koordiniert die verwaltungseigenen Moderatoren;
- sorgt dafür, daß Vorschläge nicht in Vergessenheit geraten oder auf dem Entscheidungsweg verlorengehen, faßt nach, wenn Vorschläge ohne hinreichende Begründung abgelehnt werden;
- sorgt für die Einhaltung vereinbarter Termine, überwacht die Umsetzung der Ergebnisse;
- sorgt für Informationen über den Stand der Bearbeitung/Entscheidung;
- gemeinsames Controlling und Hilfestellung bei auftretenden Problemen.

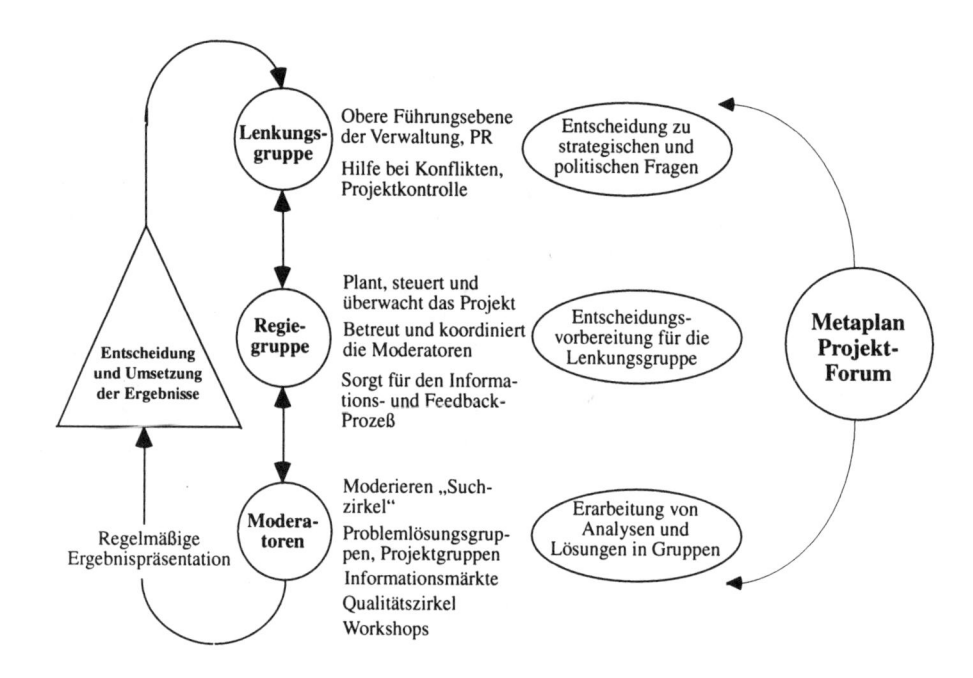

Abbildung 2
Projektorganisation als „Bypass-Management"

Der *Projektleiter/„Kümmerer"* leitet die Regiegruppenarbeit:
- Er agiert als interner Prozeßmanager/Change-Agent;
- ist „Info-Schleuse" und „Konfliktmanager";
- berät die Lenkungsgruppe, führt Entscheidungen herbei;
- sorgt für regelmäßige Prozeßreflexion und macht Vorgehensvorschläge für den Lenkungskreis, initiiert ggf. weitere Workshops zur Problemlösung;

- bedarf der Akzeptanz seitens der Beteiligten und der auftraggebenden Hierarchie.

Die *Moderatoren* moderieren die Suchzirkel und Problemlösungsgruppen:
- Sie sind neutrale Gesprächshelfer mit Methodenkompetenz, sie sind verantwortlich, daß die Gruppe zu plausiblen Ergebnissen kommt;
- sie kommen aus allen beteiligten Bereichen der Verwaltung.

Auswertungsphase – schnell erste Signale setzen

Die Ergebnisse aus den Suchzirkeln werden in Auswertungsklausuren durch die Regiegruppe, Moderatoren und Metaplan Projekt-Forum gemeinsam gesichtet, zu angemessenen Arbeitspaketen gebündelt und nach Adressaten und Bearbeitungsform geordnet.

Tabelle 1
Ergebniskategorien

Kategorie	Themen	Erarbeitungsebene
A	AL-Themen	Sofort-Entscheidungen auf Amtsleiterebene
B	Problemlösungs-gruppen-Themen	Offene Fragen, Probleme, zu denen eine Gruppe von Beteiligten, Betroffenen und Fachleuten gemeinsam eine Lösung erarbeiten muß. Diese Themen werden unter moderatorischer Betreuung einer Entscheidung zugeführt.
C	Management-themen	Verwaltungsübergreifende Themen mit strategischer bzw. politischer Bedeutung richten sich an die Verwaltungsleitung.

Vor der Weiterbearbeitung der Vorschläge werden alle Ergebnisse im Rahmen eines *Info-Marktes* vor Führungskräften und Mitarbeitern präsentiert. Bei dieser Gelegenheit werden auch wichtige Spielregeln und Vorgehensweisen für die Problemlösungsphase vereinbart. Dieser Info-Markt wird im wesentlichen von der Regiegruppe und den Moderatoren gestaltet.

Problemlösungsphase

Unmittelbar nach der Ergebnispräsentation werden die sachlich klaren Vorschläge von den Führungskräften realisiert, in deren Kompetenzbereich diese Aufgaben fallen: Realisierung von „Sofort-Entscheidungen". Gleichzeitig nehmen die Problemlösungsgruppen ihre Arbeit auf.

Die Problemlösungsgruppen arbeiten je nach Themenstellung amtsintern oder ämterübergreifend, nach Bedarf unter Hinzuziehung von Fachleuten aus den Querschnittsämtern und unter der Mitarbeit der zuständigen Führungskräfte. Mit moderatorischer Hilfe werden die Probleme hinterfragt, alternative Lösungen geprüft, mögliche Widerstände analysiert und die notwendigen Realisierungsschritte eingeleitet. Die Problemlösungsgruppen schließen ihre Arbeit mit einer Entscheidungsvorlage oder aber mit eigenverantwortlichen Maßnahmen zur Realisierung ab.

Die Regiegruppe handelt mit den beteiligten Entscheidern „Liefertermine" aus, zu denen ein standardisiertes Ergebnis-Szenario vorgelegt werden kann. Ebenso stimmt sie mit den Moderatoren der Problemlösungsgruppen einen abgestuften Prioritätsplan ab, nach dem die Ergebnisse abgearbeitet und als Entscheidungsvorlage ausgearbeitet werden. In vielen Fällen findet bereits durch die beteiligten Gruppenmitglieder eine Realisierung der Lösungsvorschläge in Eigenregie statt.

Für ihre Aufgabe in der Problemlösungsphase werden die Moderatoren ebenfalls trainiert (Moderatorentraining 2). Sie lernen, ihre Gruppen in einer Sequenz von aufeinander aufbauenden Gesprächen durch einen vollständigen Problemlösungsprozeß zu führen, einschließlich der Spielregeln für ein funktionierendes Umsetzungsmanagement (analog dem Qualitätszirkeltraining).

Spielregeln für die Problemlösungsphase

Der Umgang mit den Verbesserungsvorschlägen erfordert eine besondere Sensibilität in der Zusammenarbeit zwischen Führungskräften und Mitarbeitern, sobald es um Kultur- und Verhaltensfragen geht. Die Führungskräfte könnten die Vorschläge teilweise als Kritik an ihrem bisherigen Führungsstil auffassen, die Mitarbeiter könnten Ablehnungen zu Vorschlägen als „Killerargumente" abqualifizieren. Dies ist jedoch eine Chance für eine neue Qualität der hierarchieübergreifenden Kooperation. Es gilt, ein Klima zu schaffen, in dem Probleme gemeinsam erkannt und ohne Furcht vor negativen Auswirkungen artikuliert und abgestellt werden können. Es werden gemeinsam Spielregeln formuliert, die für gegenseitige Akzeptanz sorgen sollen:

- Bereitschaft zur Selbstkritik bei allen Beteiligten;
- jeden Vorschlag ernst nehmen und unvoreingenommen prüfen: Nichts „runterbügeln" bzw. wegdiskutieren;
- betroffene Mitarbeiter bei der Entscheidungsfindung zu den Themen einbeziehen;
- zügige Vorgehensweise bei der Umsetzung
  - zeigen: Es tut sich etwas! Auch Zwischeninformation geben;
- Ablehnung zu Vorschlägen nachvollziehbar begründen.

Ergebnisse

Ein besonderes Merkmal des vorgestellten Verfahrens ist, daß es die Mitarbeiter zu vielen Vorschlägen anregt und durch ein systematisches Ergebniscontrolling eine hohe Zahl von umgesetzten Vorschlägen hervorbringt.

Es gibt sowohl *quantitative Ergebnisse,* die sich in Einsparpotentialen oder Mehreinnahmen in DM p.a. messen lassen, aber auch einen großen Anteil *qualitativer Maßnahmen,* die auf eine Verbesserung der Arbeitsabläufe, Informationen, Kommunikation, Motivation zielen. Zu den rechenbaren Ergebnissen sei in diesem Zusammenhang nur folgendes erwähnt: Die erzielten Einsparungen haben die Kosten für die Personalentwicklungsmaßnahmen auch in kleinen Verwaltungen um ein Vielfaches übertroffen; das gilt sowohl für die externen Beratungs- und Trainingskosten als auch für die internen Kosten (Sachmittel, Hotel- und Reisekosten etc.)

Folgende Themenschwerpunkte kristallisierten sich immer wieder heraus:

- Beschleunigung, Vereinfachung und mehr Transparenz über die Verwaltungsverfahren,
- Delegation von Verantwortung: z.B. auf Sachbearbeiterebene erhöhte Zuständigkeitsgrenzen bei Vergaben, Nachbewilligungen etc. zur Beschleunigung von Entscheidungen, Budgetverwaltung für die Ämter etc.,
- Verbesserung der vertikalen und horizontalen Information und Kommunikation, z.B. schnellere Ansprechbarkeit der Führungskräfte für Anliegen der Mitarbeiter, kurze Dienstwege, schnelles Feedback, Reduzierung des „Verwaltungsunwesens",
- Verbesserung der technischen Ausstattung und Arbeitsmittel: Fax, Kopierer, PC, Software, Textbausteine, einschließlich Betreuung, Pflege, Anwenderschulung;
- gezielte Fortbildungsaktivitäten innerhalb der Ämter auf Basis echter Bedarfe, Vorschläge für Personalentwicklungsmaßnahmen sowie Personalplanung und Personaleinsatz.
- Professionalisierung der Besprechungen, Erfahrungsaustausch, Schulung und Unterweisung durch Vorgesetzte;
- mehr Vernetzung in der Aufgabenabwicklung, ämterübergreifende Zusammenarbeit in Projekten, Reduzierung von Doppelbearbeitung;
- grundsätzliche Strukturveränderung: Zusammenlegung von Organisationseinheiten (Ämter, Abteilungen).

Resümee und Eindrücke

Das Feedback seitens der Verwaltung (Verwaltungsleitung, Regiegruppe, Moderatoren): „Die Investition hat sich gelohnt.", deckt sich mit unseren Eindrücken. Investiert wurde in ein Konzept zur Unternehmensentwicklung und in die Fortbildung von 20 bis 30 Mitarbeitern zu Moderatoren, Projektmanagern (in der Stadtverwaltung München wurden ca. 100 Moderatoren ausgebildet). Die unmittelbar Beteiligten konnten ihre Kenntnisse direkt im Verlaufe des Projektes einsetzen und weiterentwickeln. Die Verwaltungen verfügen über einen *Moderatorenpool,* der bereits heute über das laufende Projekt hinaus für moderatorische Problemlösungsaufgaben herangezogen wird. So wurden z.B. in München als Follow-up-Aktivitäten regelmäßige Führungskräfteforen unter Beteiligung der Mitarbeiter etabliert und in einem

weiteren Schritt ein umfassendes Personalentwicklungsprogramm aufgestellt, ohne
weitere externe Beratung in Anspruch nehmen zu müssen.

Die indirekt Beteiligten (Mitarbeiter in Suchzirkeln, Problemlösungsgruppen) haben
durch das Erleben, Aufnehmen und Verstehen eines teamorientierten Arbeitsansatzes
die Möglichkeit erhalten, andere Problemlösungsverfahren zu entdecken und zu fordern:

- Die Möglichkeit, im Rahmen des Projekts aktiv und gestaltend über ihre Verwaltung nachzudenken, dabei gemeinsame Erfolge zu erleben und umzusetzen, hat alle Beteiligten zu einem Team zusammengeschweißt.
- Die durch das Projekt erreichte Kostentransparenz hat bei den Mitarbeitern einen wesentlichen Beitrag zu unternehmerischem Denken und Handeln geleistet.
- Die Methodik der Moderation von Arbeitsteams zur Problemdefinition und Problemlösung setzt sich in der Praxis allmählich durch und wird von den Führungskräften immer stärker als unterstützendes Element akzeptiert.
- Es war deutlich zu erkennen, daß die Mitarbeiter nicht nur bereit sind, mehr Verantwortung zu übernehmen, sondern daß sie diese auch fordern. Das hat einen unmittelbaren Einfluß auf die bestehenden Regeln und die geübte Praxis in dem wichtigen Bereich der Kompetenzen und Vollmachten.
- Die Bereitschaft der Mitarbeiter, Verantwortung zu übernehmen und soweit wie möglich eigenständig zu agieren, motiviert auch die Verwaltungsleitung zu neuen Wegen der Zusammenarbeit.

Beamte als Manager, Mitarbeiter als Change-Agents, projektorientierte Zusammenarbeit über Ämter- und Abteilungsgrenzen hinweg: Wandel in den Köpfen

1. Mit Hilfe des Projektes wurde eine Durchlässigkeit zwischen den Organisationseinheiten erreicht. Das System Verwaltungsapparat wurde „verflüssigt". Es wurde den Mitarbeitern ermöglicht, selbst Initiative zu ergreifen, über den Gartenzaun der Zuständigkeiten zu blicken und über funktionelle, organisatorische und hierarchische Schranken hinweg zusammenzuarbeiten. Gemeinsam wurden die Standards der täglichen Entscheidungen und Handlungsabläufe hinterfragt und über sinnvolle Veränderungen nachgedacht. Hierbei kamen Talente und Engagement zutage, von denen die Betroffenen selbst überrascht waren.

2. Die Anwendung einer neuen Methode , das Angehen einer Problemlösung mit einem neuen Ansatz, führt auch zum Aufbrechen verkrusteter Strukturen im Umgang miteinander. Mehr Transparenz bei der Entwicklung einer Lösung, mehr Offenheit in der Diskussion eines Vorschlages erfordern andere Qualitäten als die einsame Entscheidung am Schreibtisch. Der erfolgreiche Umgang mit dieser neuen Methode erfordert auch einen Führungsstil, der Transparenz, Offenheit und Kritikbereitschaft einschließt. Die Bereitschaft, über die vermeintlich vorgegebenen Grenzen des eigenen Aufgabengebiets hinaus zu denken, auch übergreifende

Lösungsansätze einzubeziehen und die Problemlösung statt des Zuständigkeitskonflikts in den Vordergrund zu rücken, sind wichtige Bausteine, um den inzwischen viel beschworenen Umbau von der Behördenverwaltung zum Dienstleistungsunternehmen gestalten zu können. Die Veränderung in den Köpfen ist überhaupt erst Voraussetzung, um grundsätzliche Umstrukturierungen, nicht nur in der organisatorischen Zuordnung einzelner Aufgabenbereiche, sondern in der Art und Weise der Themenbehandlung und -bewertung vornehmen zu können.

3. Viele Mitarbeiter wurden als „Umsetzungsmanager" tätig und sorgten als Moderatoren, Regiegruppenmitglieder oder Teilnehmer einer Problemlösungsgruppe dafür, daß gute Ideen wirklich angepackt werden und nicht versanden.

4. Es entstanden Lernchancen bei allen Beteiligten:
   - bei den *Vorgesetzten,* die einen Einblick bekamen, wo ihre Mitarbeiter der Schuh drückt, die aber auch erkennen mußten, welche Informations- und Wissensdefizite bei den Mitarbeitern vorhanden sind.
   - bei den *Mitarbeitern,* die einen Einblick in die Grenzen des Machbaren bekamen und Ablehnung von Ideen nicht als Ignoranz erlebten, sondern in nachvollziehbaren Argumenten vermittelt bekamen.
   - bei den *Akteuren,* die Erfahrungen in der Abwicklung von komplexen Projekten sammeln konnten – vom Contracting mit der Hierarchie über das Projektdesign bis hin zur Ergebniskontrolle.

Regiegruppenarbeit war eine Chance für die Organisation, Projektmanagement zu erlernen und zu trainieren.

Wichtige Voraussetzungen für den Erfolg

1. Der Anstoß kommt von oben.
   Am Anfang steht ein Auftrag der Verwaltungsleitung. Dringlichkeit, Ziele und Nutzen dieser Aktion müssen für Mitarbeiter und Führungskräfte deutlich werden. Das Management muß „Flagge zeigen" und selbst motivierende Signale setzen.

2. Unterstützung durch das mittlere Management.
   Die Führungskräfte auf der mittleren Ebene (Amtsleiter, Abteilungsleiter) haben für das Gesamtvorhaben eine Schlüsselrolle: Sie sind es, die durch ihren Umgang mit den Ergebnissen den Stil und die Stimmung prägen.

3. Die Regiegruppe muß kompetent und durchsetzungsfähig sein.
   Sie nimmt an den Moderatorentrainings teil und läßt sich in allen wichtigen Prozeßschritten von Metaplan beraten.

4. Die Mitarbeiter müssen zügig über die Ergebnisse/Entscheidungen informiert werden (durch die zuständigen Führungskräfte).

5. Ohne Personalrat läuft nichts.

   Eine solcherart beteiligungsintensive Aktion ist nur sinnvoll, wenn sie im Konsens mit der Personalvertretung geschieht. Der Personalrat nimmt in allen Phasen des Projektes aktiv teil. Der Gesamtpersonalrat übernimmt als Mitglied der Lenkungsgruppe eine aktive Rolle in der Entscheidungsfindung: Die unteren Gliederungen der Personalvertretung nehmen aktiv an der Arbeit von Suchzirkeln und Problemlösungsgruppen teil.

6. Den Spannungsbogen nicht abreißen lassen (vgl. Abb. 3).

   Auch zwischen den „spektakulären Ereignissen" Signale geben: Es tut sich etwas!

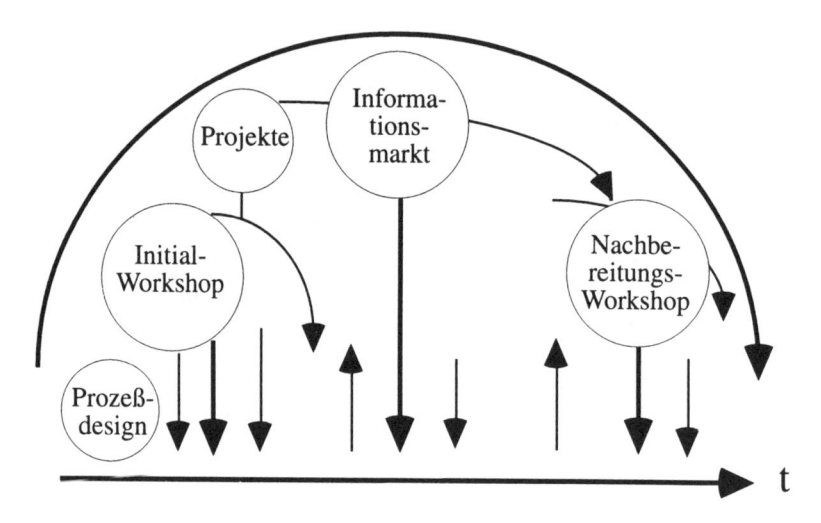

Abbildung 3
Spannungsbogen

Werkstatt des Wandels als ständige Einrichtung – Anschub für einen kontinuierlichen Verbesserungs- und Lernprozeß

Wie sieht es mit der Nachhaltigkeit des neuen Denkens aus? Wie erreichen wir eine ständige Verbesserung der Arbeit unter Einbeziehung aller Mitarbeiter: Verwaltungsleitung, mittlere Führungsebene, Sachbearbeiter, Mitarbeiter der Einrichtungen?

Die Veränderung der Rahmenbedingungen für die öffentliche Verwaltung macht auf längere Sicht auch eine Veränderung der Managementstrategien erforderlich. Gefragt ist zukünftig:

- Ein mitarbeiterorientiertes Management, das die prozeßorientierten Bemühungen der Mitarbeiter unterstützt und ihr funktionsübergreifendes Zusammenwirken anerkennt. Das hat auch Konsequenzen für die Leistungsbeurteilung. Das heißt, weg

von der Belohnung der sogenannten Sekundärtugenden, hin zu mehr Selbstorganisation und Belohnung von Teamleistung.
- Eine Unternehmenskultur, die das Vorhandensein von Problemen und deren Eingeständnis zuläßt und akzeptiert. Das hat auch Konsequenzen für den Umgang mit Vertrauen, Kritik und Macht. Das heißt, weg von zu viel Fremdkontrolle, hin zu mehr Eigeninitiative und Selbstkontrolle. Dieser Prozeß sollte begleitet werden durch Führungskräftetrainings in Richtung „kommunikative Führungskultur", in deren Verlauf gemeinsame Führungsleitlinien für die Verwaltung der Zukunft entwickelt werden.
- Eine institutionalisierte Projektorganisation (Regiegruppe, Lenkungsgruppe, Moderatoren), die über das Projekt „Mitarbeiter gestalten ihre Verwaltung und senken Kosten" hinaus etabliert wird und spontane Netzwerke herstellt. Mit wechselnden Mitgliedern nimmt sich diese „Change Agency" wichtiger Schnittstellenprobleme an und stellt deren fachkundige moderatorische und informatorische Bearbeitung sicher. Die zeitweise Mitarbeit in dieser „Werkstatt des Wandels" könnte sich als eine wichtige Säule für die zukünftige Personalentwicklung herausbilden, „Change Management" als neuer Schwerpunkt der Personalpolitik.
- Und noch etwas scheinbar Banales gehört zu einem Continuous Improvement Process: ein geeigneter Raum für Gruppenarbeit! Mit großem logistischen Aufwand und Improvisation ist es in den hier beschriebenen Projekten gelungen, die notwendigen Räume für Suchzirkel, Problemlösungsgruppen und Projektgruppen freizuschaufeln. Daß ein Holzfäller eine Säge, ein Klempner einen Lötkolben braucht, leuchtet uns unmittelbar ein. Könnte es sein, daß es sich auch auszahlt, wenn ein „Denk-Arbeiter" für sein Team eine „Denk-Werkstatt" zur Verfügung hat, die etwas mehr leisten muß, als es die bisherigen Konferenzzimmer tun?

Werkstatt des Wandels ist ein Ort der Begegnung, ein Jahrmarkt für Ideen und Informationen: Es muß ja nicht gleich ein strahlender Forumsbau sein. Das paßt vermutlich nicht in die politische Landschaft. Aber das so lebhaft unter Beweis gestellte Improvisationstalent der Mitarbeiter ließe uns ja vielleicht auch hier fündig werden: drei kleinere Besprechungszimmer oder Büros entkernen und zusammenlegen, eine leerstehende Halle ....

Bernd-Uwe Kiefer

Kosten-Nutzen-Kompaß für zukunftsorientierte Personalentwicklungsarbeit in mittelständischen Industrie- und Energieversorgungsunternehmen
Ergebnisse einer vergleichenden Untersuchung der CONSULECTRA-Unternehmensberatung

Untersuchungsziel und Untersuchungsgegenstand

Die CONSULECTRA Unternehmensberatung GmbH Hamburg hat Ende des Jahres 1993 eine Untersuchung bei mittelständischen Unternehmen in der gesamten Bundesrepublik Deutschland durchgeführt. Mit dieser Untersuchung waren insbesondere zwei Zielsetzungen verbunden:
- Wir wollten erstens wissen, ob und wie sich insbesondere mittelständische Unternehmen mit ihrer Personalentwicklungsarbeit auf die Zukunft ausrichten.
- Zum zweiten wollten wir wissen, ob sich die Energieversorgungsunternehmen (EVU) dabei von den industriellen mittelständischen Unternehmen unterscheiden oder nicht.

Schwerpunktmäßig sollen nachfolgend die Ergebnisse zu dieser Untersuchung dargestellt werden.

Die Untersuchung wurde mit Hilfe eines standardisierten Fragebogens durchgeführt, so daß die erzielten Ergebnisse direkt miteinander verglichen und ausgewertet werden konnten. Insgesamt haben wir 116 auswertbare Fragebogen von rund 1.800 nach dem Zufallsprinzip angeschriebenen Unternehmen zurückgesandt bekommen. Diese geringe Rücklaufquote von ca. 6,5% erklären wir uns mit der derzeitigen Überhäufung der Unternehmen durch solche Aktionen. Gerade in schwierigen Situationen sind die Unternehmen offenbar nicht bereit, übermäßig Energie in derartige Aktionen zu investieren, auch wenn sie selbst erheblichen Nutzen davon haben. Die Rücklaufquote war bei den Energieversorgungsunternehmen und den Unternehmen aus den neuen Bundesländern insgesamt etwas höher.

Die Größe der befragten Unternehmen lag zwischen knapp unter 100 Mitarbeitern bis zu deutlich über 1.000 Mitarbeitern. 70% der befragten Unternehmen lagen in der Größe zwischen 200 und 1.000 Mitarbeitern. Für unseren Vergleich zwischen EVU und anderen mittelständischen Industrieunternehmen standen auf der einen Seite 42 EVU sowie 74 mittelständische Industrieunternehmen zur Verfügung.

Die geringe Rücklaufquote schränkt im Hinblick auf die Repräsentativität die Ergebnisse naturgemäß etwas ein. Allerdings geben die Ergebnisse qualitativ wichtige

Hinweise auf die Unterschiede zwischen EVU und anderen mittelständischen Unternehmen. In dieser groben Klassifizierung gehen die Ergebnisse weit über erste Anhaltspunkte in diesem Untersuchungsfeld hinaus. Für differenziertere Auswertungen müssen jedoch sicher weitere Untersuchungen mit möglicherweise anderen Untersuchungsmethoden durchgeführt werden.

Aussagen über signifikante Unterschiede werden wir in Anbetracht der zum Teil erheblichen Standardabweichungen daher nur für die Grobklassifizierung EVU bzw. andere mittelständische Unternehmen treffen. Darüber hinausgehende Aussagen haben den Charakter von Anhaltspunkten und Trends.

Mit dieser genannten Einschränkung und in diesem Rahmen glauben wir jedoch allgemeinverbindliche Aussagen treffen zu können, die erstmals ein bisher kaum beleuchtetes Feld erhellen, nämlich das der mittelständischen Unternehmen und ihrer Personalarbeit.

Erste Ergebnisse im Überblick

Im Rahmen der Untersuchung haben wir insgesamt 11 Kernbereiche der Personalentwicklungsarbeit untersucht, die nachfolgend im einzelnen dargestellt und bewertet werden sollen.

Kernbereiche der Personalentwicklungsarbeit
  1 Personalplanung
  2 Personalmarketing/ Personalbeschaffung
  3 Einführung neuer Mitarbeiter
  4 Ausbildung und Umschulung
  5 Fortbildung
  6 Führung
  7 Budget
  8 Strategie
  9 Zusammenarbeit
  10 Perspektive Mitarbeiter
  11 Personalentwicklungsmaßnahmen

Ein Überblick über die in diesen 11 Kernbereichen untersuchten Detailfragen ist aus der Anlage ersichtlich. Dabei kristallisierten sich fünf Kernbereiche heraus, in denen die befragten Unternehmen am häufigsten einen hohen Optimierungsbedarf bzw. eine hohe Nutzenerwartung durch Optimierung signalisiert haben. Diese Bereiche sind:

- Führung,
- Fortbildung,
- Mitarbeiterperspektiven,
- Personalplanung,
- Strategie.

Diese Priorisierung zeigt, wie intensiv den Unternehmen bewußt ist, daß bei annähernd gleicher Produktqualität der Wettbewerb der Zukunft über das Ausschöpfen der Mitarbeiterressourcen zum Nutzen der Kunden gewonnen wird.

In bezug auf die einzelnen untersuchten Instrumente bzw. Maßnahmen der Personalarbeit ist ein hoher Verbesserungsbedarf bzw. eine hohe Nutzenerwartung durch Optimierung in nennenswertem Umfang in den folgenden Bereichen gegeben:

- Klarheit des Fortbildungsbedarfs 39%
- hoher Stellenwert der Personalentwicklung 34%
- abteilungsübergreifende Projektarbeit 33%
- Qualitäts- und Erfolgskontrollen der Fortbildung 30%
- EDV-Personalinformationssystem 29%
- Fortbildung durch Initiative der Mitarbeiter 28%
- Beurteilungssysteme mit Gehaltskonsequenzen 28%
- Zielvereinbarungssysteme 27%
- Ergebniskontrolle der Personalentwicklung 26%
- Abstimmung der Organisationsveränderungen mit der Personalentwicklung 26%
- Maßnahmen zur Bindung guter Mitarbeiter 26%
- Qualitative Personalplanung 25%
- Anforderungsprofile 25%
- Personalentwicklung als Teil der Unternehmensstrategie 25%

Die Unternehmen sehen also überwiegend bei den Steuerungsinstrumenten ihrer Personalentwicklungsarbeit Defizite und Verbesserungsbedarf.

Darüber hinaus glauben sie, daß auch der Stellenwert der Personalentwicklung bei ihnen erhöht werden müßte. Sie wissen aber, daß der Aufwand dafür sehr hoch sein wird, und befürchten, daß der Aufwand nicht oder nicht immer in einem angemessenen Verhältnis zum möglichen Nutzen steht. Die Möglichkeiten der Personalarbeit, insbesondere der Personalentwicklung, steigen mit zunehmender Betriebsgröße. Vor allem in den kleinen Betrieben mit weniger als 100 Mitarbeitern ist der Spielraum für die Personalarbeit besonders eng. Sie bleibt vielfach auf Basisfunktionen beschränkt. Die EVU erweisen sich in Hinsicht auf Verbesserungen und Innovationen im Personalbereich vergleichsweise schwerfällig. Sie haben insgesamt den Standard der Personalarbeit, wie er in den vergleichbaren mittelständischen Unternehmen existiert, noch nicht erreicht.

Eines der überraschendsten Ergebnisse ist auch, daß in den ostdeutschen Unternehmen die Instrumente der Personalarbeit im Planungsbereich, in der Strategie und in einigen wenigen, aber wichtigen Teilbereichen der Personalentwicklung etwas weiter verbreitet sind als in den westdeutschen Unternehmen. Die Ursachen liegen u.E. einerseits in den historischen Wurzeln der sozialistischen Planwirtschaft mit ihrem ausgeprägten Planungshintergrund, aber auch dem intensiven Kollektivgedanken sowie andererseits in den aktiven und intensiven Anstrengungen dieser Unternehmen, die wirtschaftliche Umstrukturierung nach der Wende so schnell wie möglich zu bewältigen.

Personalplanung

Zu den am weitesten verbreiteten Instrumenten der Personalplanung im Untersuchungsbereich gehören die quantitative Personalplanung, Stellenbeschreibungen und Stellenpläne. Bei diesen Instrumenten unterscheiden sich die EVU in keiner Weise von den mittelständischen Industrieunternehmen. Diese Instrumente werden auch weitgehend als zufriedenstellend beurteilt.

Die qualitative Personalplanung ist nicht ganz so weit verbreitet. Etwa 60% der Unternehmen planen ihr Personal auch qualitativ. Auch hierbei gibt es keinen Unterschied zwischen EVU und anderen Unternehmen.

Anders sieht es allerdings bei den übrigen Personalplanungsinstrumenten aus. Anforderungsprofile und EDV-gestützte Personalsysteme werden von den EVU signifikant weniger angewendet als von den übrigen Industrieunternehmen (vgl. Tab. 1). Während 60% der Industrieunternehmen Anforderungsprofile verwenden, tun dies nur 33% der EVU. Hinzukommt noch eine größere Unzufriedenheit der EVU mit diesem Instrument, die sich auch in einem höheren Einführungs- bzw. Verbesserungsbedarf ausdrückt.

Tabelle 1
Vergleich der Anforderungsprofile (Basis = 116 Unternehmen)

	Energieversorgungsunternehmen (36%)	Industrieunternehmen (64%)
Vorhanden	33%	60%
Nicht vorhanden	67%	40%

Bei den EDV-gestützten Personalinformationssystemen ist der Unterschied nicht ganz so groß (Industrie: 56%, EVU: 38%). Hier spielt auch die Unternehmensgröße eine Rolle. So haben wir festgestellt, daß die kleineren Unternehmen signifikant seltener über ein derartiges System verfügen. So gehören die EVU innerhalb der Gruppe der untersuchten Unternehmen im Vergleich zu den industriellen Unternehmen zu den kleineren. Interessant in diesem Zusammenhang ist auch die Erkenntnis, daß diejenigen Unternehmen, die solche Systeme einsetzen, daraus einerseits eine größere Nutzenerwartung ziehen und andererseits einen höheren Verbesserungsbedarf sehen als die anderen Unternehmen.

Im Unterschied zu anderen Bereichen der Personalentwicklungsarbeit wird das Instrument der Personalplanung in den Unternehmen der neuen Bundesländer generell häufiger genutzt als in den alten Bundesländern.

Personalmarketing – Personalbeschaffung

In allen Elementen dieses Befragungsabschnittes gibt es keine signifikanten Unterschiede zwischen EVU und den übrigen mittelständischen Unternehmen. In neun von zehn Unternehmen gibt es zufriedenstellende eingeführte Abläufe zur Mitarbeiterbeschaffung und einen ausreichenden Einfluß der Fachabteilungen auf die Einstellung neuer Mitarbeiter. Vier von fünf Unternehmen verfügen über geeignete Verfahren zur Rekrutierung von Auszubildenden. Dabei steigt der Anteil, je größer das Unternehmen ist, bzw. sinkt, je kleiner das Unternehmen ist. Immerhin drei Viertel der antwortenden Unternehmen sind mit der Qualifikation ihrer Ausbildungsbewerber zufrieden.

Das Unternehmensimage hat einen nicht unerheblichen Einfluß auf die Personalbeschaffung. Aber gerade in diesem Bereich hat gut jedes zweite Unternehmen Probleme und leidet offenbar unter einem weniger attraktiven Unternehmensimage. Dies gilt besonders für die kleineren Unternehmen und betrifft die EVU gleichermaßen.

Die ostdeutschen Unternehmen schneiden zu allen Aspekten deutlich schlechter ab.

Einführung neuer Mitarbeiter

In diesem Befragungsaspekt unterscheiden sich EVU und andere industrielle Mittelständler signifikant. Vereinfacht läßt sich sagen, daß die EVU im Gegensatz zu den anderen Unternehmen der Einführung neuer Mitarbeiter wenig Gewicht beimessen. So gibt es nur in 29% der EVU Informationsbroschüren für neue Mitarbeiter, aber in 60% der übrigen Unternehmen. In 29% der EVU gibt es Paten für neue Mitarbeiter, aber in 53% der übrigen Betriebe. Nur in 34% der EVU gibt es Einarbeitungspläne für neue Mitarbeiter, aber in 68% der übrigen Unternehmen (vgl. Tab. 2a-c). Lediglich bei Einführungsseminaren für neue Mitarbeiter schneiden beide Gruppen schlecht ab (EVU: 17%, Industrie: 37%).

Festzustellen war auch, daß die Defizite mit zunehmender Unternehmensgröße abnehmen und umgekehrt.

Tabelle 2
Vergleich der Einführung neuer Mitarbeiter (Basis = 116 Unternehmen)

Tabelle 2a in bezug auf Informationsbroschüren

	Energieversorgungsunternehmen (36%)	Industrieunternehmen (64%)
Vorhanden	29%	60%
Nicht vorhanden	71%	40%

Tabelle 2b in bezug auf den Einsatz von Paten

	Energieversorgungsunternehmen (36%)	Industrieunternehmen (64%)
Vorhanden	29%	53%
Nicht vorhanden	71%	47%

Tabelle 2c in bezug auf Einarbeitungspläne

	Energieversorgungsunternehmen (36%)	Industrieunternehmen (64%)
Vorhanden	34%	68%
Nicht vorhanden	66%	32%

Die Unzufriedenheit mit dem Bestehenden ist insgesamt bei allen Unternehmen relativ hoch. Allerdings hält sich der geäußerte Veränderungsbedarf eher in Grenzen. Offensichtlich ist den betroffenen Unternehmen der aus einer Veränderung zu erzielende Nutzen nicht klar genug.

Ausbildung – Umschulung

In bezug auf die berufliche Erstausbildung unterscheiden sich EVU und vergleichbare mittelständische Industrieunternehmen kaum. Knapp neun von zehn Unternehmen verfügen über qualifizierte Ausbilder und führen eine auf die betrieblichen Belange zugeschnittene und generell zufriedenstellende Erstausbildung durch. Dabei liegt der Anteil der ausbildenden Unternehmen in den neuen Bundesländern deutlich niedriger. Im Bereich der beruflichen Erstausbildung haben insbesondere die kleinen Betriebe einen Einführungs- und Verbesserungsbedarf.

Beurteilungssysteme für Auszubildende sind allerdings in EVU deutlich weniger vorhanden als bei den übrigen mittelständischen Unternehmen (EVU: 50%, Industrie: 76%). Ebenso sind in den EVU nicht so häufig Lehrwerkstätten vorhanden wie in den übrigen Unternehmen (EVU: 38%, Industrie: 69%). Dies erklärt sich teilweise daraus, daß die Unternehmensgröße der EVU bei den antwortenden Unternehmen insgesamt kleiner als die der industriellen Unternehmen ist. Kleinere Unternehmen haben es grundsätzlich schwerer, eine eigene Lehrwerkstatt einzurichten, da die Kosten dafür relativ hoch sind.

Nur wenige Betriebe übernehmen keinen ihrer Auszubildenden. In zwei von drei Betrieben wird mindestens die Hälfte der Auszubildenden übernommen. Erstaunlich war für uns jedoch, daß die Industrieunternehmen ihre Auszubildenden tendenziell häufiger übernehmen als die EVU.

Während bei der beruflichen Erstausbildung kaum Unterschiede bestehen, unterscheiden sich EVU und Industrieunternehmen in bezug auf die berufliche Umschulung deutlich (vgl. Tab. 3).

Tabelle 3
Vergleich der Durchführung von Umschulungsmaßnahmen
(Basis = 116 Unternehmen)

	Energieversorgungs- unternehmen (36%)	Industrieunternehmen (64%)
Vorhanden	27%	49%
Nicht vorhanden	73%	51%

So führen lediglich 27% der EVU, aber immerhin 49% der übrigen Unternehmen berufliche Umschulungsmaßnahmen durch. Dies zeigt, daß die industriellen Unternehmen offensichtlich viel schneller auf die Veränderungen des Arbeitsmarktes reagieren. Sie sind flexibler bereit, neue Wege zu gehen, wenn sie ihren Arbeitskräftebedarf mit den traditionellen Methoden quantitativ, aber vor allem qualitativ, nicht mehr ausreichend decken können. Es zeigt darüber hinaus, daß die EVU die Möglichkeiten des Arbeitsmarktes nicht ausschöpfen und damit im Kampf um die besten Fachkräfte einen Startnachteil gegenüber den Industrieunternehmen in Kauf nehmen.

Auch diese Untersuchung zeigt, daß die Aktivität der Unternehmen in den Bereichen Ausbildung und Umschulung insgesamt mit wachsender Unternehmensgröße zunimmt. Kleinere Unternehmen haben häufiger größere Probleme bei Ausbildung und Umschulung. Dies wird dadurch unterstrichen, daß vorhandene Beurteilungssysteme, bestehende Lehrwerkstätten und durchgeführte Umschulungsmaßnahmen von den kleineren Mittelstandsunternehmen auffallend häufig als unbrauchbar kritisiert werden.

Fortbildung

Im Bereich der Fortbildung unterscheiden sich EVU und andere mittelständische Industrieunternehmen mit Ausnahme des Elementes Qualitäts- und Erfolgskontrolle von Fortbildung kaum (vgl. Tab. 4). So gehört die Unterstützung der Mitarbeiterfortbildung durch Führungskräfte und Unternehmen zu den Selbstverständlichkeiten der Unternehmenskulturen. Nur eine Minderheit der Unternehmen in Ost und West sowie durch alle Unternehmensgrößen hindurch entzieht sich dieser Verantwortung.

Interessanterweise wird trotz dieses positiven Ergebnisses in jedem vierten Unternehmen ein hoher Nutzen durch Verbesserung bei der Unterstützung der Fortbildung durch die Vorgesetzten erwartet. Offenbar werden die diesbezüglichen Möglichkeiten von den Vorgesetzten noch nicht in vollem Maße ausgeschöpft. Diese indirekte Kritik nimmt mit zunehmender Unternehmensgröße zu.

In gut 90% der Unternehmen geht die eigene Fortbildung der Mitarbeiter auch auf deren Initiative zurück. Diese Eigeninitiative wird insbesondere in den kleineren Unternehmen auch erwartet.

Auf dem Gebiet der Analyse und Ermittlung des Fortbildungsbedarfs ist ein großes Informationsdefizit zu verzeichnen. Unabhängig von Größe, Standort und Branche herrscht bei mehr als einem Drittel der Unternehmen Unklarheit über den eigenen Fortbildungsbedarf. Diese Betriebe sehen hier auch einen starken Nachholbedarf und erwarten einen hohen Nutzen durch eine angemessene Problemlösung.

Der Einsatz der eigenen Führungskräfte als Referenten in der Fortbildung ist bei größeren Unternehmen stärker ausgeprägt als bei den kleinen. Allerdings sind hierbei die direkten Aktivitäten der Führungskräfte, während der Arbeit Lernimpulse auszulösen, nicht berücksichtigt. Daher vermuten wir, daß sich die obige Aussage bei Hinzunahme der informellen lernauslösenden Aktivitäten wieder relativiert.

Bildungsbroschüren als Medium zur Mitarbeiterfortbildung werden nur von 10% der Unternehmen eingesetzt, und zwar ausschließlich in den größeren Unternehmen. Der Nutzwert dieses Mediums ist auch sehr umstritten. Immerhin bewertet jedes zweite Unternehmen die vorhandenen Bildungsbroschüren als unbrauchbar.

Zu den Qualitäts- und Erfolgskontrollen der Fortbildungsarbeit unterscheiden sich EVU und Industrieunternehmen signifikant (vgl. Tab. 4). Während immerhin 49% der mittelständischen Industrieunternehmen den Erfolg ihrer Fortbildungsbemühungen überprüfen, tun dies nur 19% der EVU. Erstaunlich dabei ist, daß der Wunsch, diese Tatsache zu verändern, bei den EVU unterdurchschnittlich ausgeprägt ist. Dies ist um so erstaunlicher, als die EVU tendenziell mindestens genauso viel Geld pro Mitarbeiter für Personalentwicklung ausgeben wie die Industrieunternehmen.

Tabelle 4
Vergleich der Qualitäts- und Erfolgskontrollen in der Fortbildungsarbeit
(Basis = 116 Unternehmen)

	Energieversorgungs- unternehmen (36%)	Industrieunternehmen (64%)
Vorhanden	19%	49%
Nicht vorhanden	81%	51%

In der Konsequenz bedeutet dieser Sachverhalt, daß die Industrieunternehmen aus ihren Qualifizierungsbemühungen einen erheblich höheren Nutzen ziehen als die EVU. Dieses Verhalten der EVU ist nur aus ihrer derzeitigen (noch) besseren wirtschaftlichen Situation zu erklären. Es stellt aber trotzdem eine erhebliche Ressourcenverschwendung dar.

Mitarbeiterführung

Zum Thema Führung kann übergreifend ausgesagt werden, daß die statischen Instrumente in den untersuchten Unternehmen recht gut ausgeprägt sind, während die gestalterisch-steuernden Instrumente nur wenig vorhanden sind. Darüber hinaus läßt sich feststellen, daß die EVU gegenüber den industriellen Unternehmen immer noch ein wenig hinterherlaufen.

Im großen und ganzen werden die Mitarbeiter in nahezu allen Unternehmen qualifikationsgerecht eingesetzt. In der Regel sind den Vorgesetzten die arbeitsrelevanten (fachlichen?) Mitarbeiterfähigkeiten bekannt. Dennoch wird in jedem fünften Unternehmen ein hoher Verbesserungsbedarf signalisiert. Dies liegt u.E. darin begründet, daß die Unternehmen spüren, daß sie noch lange nicht alle Fähigkeiten ihrer Mitarbeiter entdeckt, geschweige denn entfaltet haben. Dies wird aber notwendig sein, um im Wettbewerb der Zukunft bestehen zu können.

Brauchbare Anforderungsprofile für Führungskräfte existieren in jedem zweiten Betrieb. Dabei liegt dieser Anteil bei den kleineren Unternehmen und bei den EVU tendenziell niedriger. Darüber hinausgehende Instrumente zur Potentialerkennung von Führungskräften sind in den untersuchten Unternehmen nahezu unbekannt (vgl. Tab. 5) und – falls doch vorhanden – überwiegend unbrauchbar. Alle Unternehmen signalisieren hier einen hohen Verbesserungs- bzw. Einführungsbedarf. Ebenso findet eine systematische Nachwuchsplanung für Führungskräfte nicht statt.

Beurteilungssysteme (mit oder ohne Gehaltskonsequenzen) sind nur bei 30- bis 40% der Unternehmen vorhanden. In den EVU sind sie weniger ausgeprägt als in der übrigen Industrie.

Tabelle 5
Vergleich der Instrumente zur Potentialerkennung von Führungskräften
(Basis = 116 Unternehmen)

	Energieversorgungs-unternehmen (36%)	Industrieunternehmen (64%)
Vorhanden	10%	22%
Nicht vorhanden	90%	78%

In bezug auf Zielvereinbarungssysteme unterscheiden sich die EVU und die übrigen untersuchten Unternehmen signifikant (vgl. Tab. 6). Während bei den industriellen Unternehmen immerhin 44% der Unternehmen über Zielvereinbarungssysteme verfügen und diese auch überwiegend als gut oder zufriedenstellend beurteilen, verfügen nur 12% der EVU über derartige Systeme. Davon betrachten auch noch 55% ihre Systeme als unbrauchbar.

Tabelle 6
Vergleich der Zielvereinbarungssysteme (Basis = 116 Unternehmen)

	Energieversorgungs-unternehmen (36%)	Industrieunternehmen (64%)
Vorhanden	12%	44%
Nicht vorhanden	88%	56%

Dies ist ein Indiz dafür, daß das Verständnis der Führungskräfte als „Unternehmer im Unternehmen" in den EVU noch wenig ausgeprägt ist. Dafür sind Statusfragen in den Führungspositionen in den EVU um so ausgeprägter. Dies zeigt z.B. die deutlich vorhandene Stellvertreterregelung in den EVU. Diese Frage spielt in den anderen Unternehmen kaum eine Rolle, obwohl diese tendenziell größer sind.

Budget für Personalentwicklungskosten

EVU und die mittelständischen industriellen Unternehmen unterscheiden sich zu Fragen des Personalentwicklungsbudgets nur tendenziell. In beiden Gruppen werden die Fachabteilungen in ca. 60% der Unternehmen mit den Personalentwicklungskosten belastet. Allerdings sind die Industrieunternehmen deutlich zufriedener mit dieser Regelung als die EVU. Wir vermuten, daß dies in einer größeren Passung zu den anderen betriebswirtschaftlichen Instrumenten im Unternehmen begründet ist.

Eine zentrale Planung des Budgets für die Personalentwicklung findet in 43% der EVU, aber in 62% der Industrieunternehmen statt. Verbunden mit den Ergebnissen zur Qualitäts- und Erfolgskontrolle der Personalentwicklung ist auch dies ein deutliches Indiz dafür, daß die EVU ihre Personalentwicklung nur unzureichend steuern.

Bei den Aufwendungen für Personalentwicklung liegen EVU und andere Unternehmen mit ca. 450,- DM pro Mitarbeiter und Jahr nahezu identisch.

Strategie der Personalentwicklung

Zu Fragen der Strategie der Personalentwicklung unterscheiden sich EVU und die anderen Mittelständler mit Ausnahme der Instrumente zur Personalreduzierung nicht.

Bei drei Viertel der untersuchten Unternehmen ist die Personalentwicklung ein Bestandteil der Unternehmensstrategie. Demzufolge wird ihr generell ein hoher Stellenwert beigemessen. Mit Ausnahme der kleinen Betriebe wird dennoch in jedem dritten Unternehmen gesagt, der Stellenwert der Personalentwicklung sei noch nicht hoch genug. Im Zusammenhang mit den vorherigen Ergebnissen ist dies ein deutlicher Hinweis dafür, daß die häufig fehlenden steuernden Elemente als Defizit empfunden werden.

In fast neun von zehn Unternehmen werden die Personalentwicklungsmaßnahmen innerhalb der Arbeitszeit durchgeführt, wobei auch in fast allen Fällen qualifizierte Mitarbeiter für die Personalentwicklung zur Verfügung stehen. Die Personalentwicklung wird fast überall auch in wirtschaftlich schlechten Zeiten durchgeführt.

Organisationsveränderungen erfolgen in gut 75% der Unternehmen in Abstimmung mit der Personalentwicklung.

Ein signifikanter Unterschied zwischen EVU und den anderen Unternehmen besteht bei den Instrumenten zur Personalreduzierung (vgl. Tab. 7). Diese sind in 73% der Industrieunternehmen, aber nur in 24% der EVU vorhanden.

Tabelle 7
Vergleich der Instrumente zur Personalreduzierung (Basis = 116 Unternehmen)

	Energieversorgungs-unternehmen (36%)	Industrieunternehmen (64%)
Vorhanden	10%	22%
Nicht vorhanden	90%	78%

Dies erklärt sich aus den unterschiedlichen Erfahrungen der Unternehmen mit Personalreduzierung aufgrund der wirtschaftlichen Situation. Selbst diese geringe Zahl bei den EVU verteilt sich noch überwiegend auf die ostdeutschen EVU. Hier werden insbesondere die westdeutschen EVU zukünftige Bedarfe entwickeln, wenn die Strukturkrise der Industrie aufgrund des zunehmenden wirtschaftlichen Drucks auch auf die EVU überspringt. Solche Zeitverzüge sind ja auch aus anderen Fragestellungen in der Vergangenheit bekannt, so daß eher nicht davon auszugehen ist, daß die EVU von der Notwendigkeit des Stellenabbaus verschont bleiben.

Interessant ist auch, daß sich zu allen Strategiebausteinen in den ostdeutschen Unternehmen ein teilweise deutlich höherer Verbreitungsgrad zeigt.

Zusammenarbeit mit dem Betriebsrat

Bei der Zusammenarbeit von Personalleitung sowie Unternehmensleitung mit dem Betriebsrat gibt es keine Unterschiede zwischen den EVU und den anderen Unternehmen. Insgesamt haben auch nur wenige Unternehmen ernsthafte Probleme auf diesem Gebiet.

Perspektive der Mitarbeiter innerhalb der Unternehmen

Industrielle mittelständische Unternehmen bieten ihren Mitarbeitern tendenziell bessere Entwicklungsperspektiven als EVU, ohne daß für diese Ergebnisse eine statistische Signifikanz nachzuweisen wäre.

In 80% aller Unternehmen (EVU: 71%, Industrie: 85%) werden abteilungsübergreifende Projektarbeiten durchgeführt, die den beteiligten Mitarbeitern vielfach Möglichkeiten zur firmeninternen Profilierung bieten. Insbesondere die größeren Unternehmen sehen einen hohen Verbesserungs- bzw. Einführungsbedarf und betonen den daraus erwachsenden hohen Nutzen für das Unternehmen.

Berufliche Veränderungsmöglichkeiten für den einzelnen Mitarbeiter sind grundsätzlich in 75% der Unternehmen (EVU: 70%, Industrie: 78%) gegeben. Der Anteil der Unternehmen mit Möglichkeiten zur beruflichen Veränderung nimmt dabei mit zunehmende Unternehmensgröße deutlich zu.

Immerhin 70% der Unternehmen (EVU: 57%, Industrie: 78%) führen spezielle Maßnahmen zur Mitarbeiterbindung durch.

Personalentwicklungsmaßnahmen im einzelnen

Die Verantwortlichkeiten für die Personalentwicklungsmaßnahmen sind in nahezu allen Unternehmen auf mehrere Schultern verteilt und variieren vermutlich sehr stark in bezug auf die Hierarchieebenen, in denen Personalentwicklungsmaßnahmen durchgeführt werden. Eine klar interpretierbare Zuordnung der Verantwortlichkeiten ist deshalb nicht möglich. In rund 80% der Unternehmen fühlt sich die Unternehmensleitung für die Personalentwicklung verantwortlich, gefolgt von der Personalabteilung (75%), den direkten Vorgesetzten (65%) und den Mitarbeitern selbst (35%).

Diese Ergebnisse sind insgesamt zufriedenstellend. Interessant ist jedoch, daß die Rolle der Personalabteilung zu dieser Frage zwischen den EVU und den übrigen Unternehmen signifikant differiert (vgl. Tab. 8). Während sich in der Industrie 91% der Personalabteilungen für die Personalentwicklung verantwortlich fühlen, sind es bei den EVU nur 43%. Dies erklärt die in den EVU nur mangelhaft ausgeprägte Rolle der Personalabteilungen als Personalentwicklungspromotor. Dies wird zukünftig noch zu einer zunehmenden Rollenunsicherheit führen.

Tabelle 8
Vergleich der Verantwortung für Personalentwicklung (Basis = 116 Unternehmen)

	Energieversorgungsunternehmen (36%)	Industrieunternehmen (64%)
Unternehmensleitung	86%	80%
direkter Vorgesetzter	71%	65%
Personalabteilung	43%	91%
Mitarbeiter selbst	33%	38%

Generell nimmt der Verantwortungsbereich der Unternehmensleitung für die Personalentwicklung mit zunehmender Betriebsgröße ab und wird dann an die direkten Vorgesetzten und/oder die Personalabteilung delegiert.

Zu den am weitesten verbreiteten Personalentwicklungsmaßnahmen der untersuchten mittelständischen Betriebe gehören Fachlehrgänge (90%) und Stellvertretungsregelungen (85%), also sehr traditionelle Maßnahmen. Die Qualität dieser Maßnahmen ist im großen und ganzen zufriedenstellend. Der Verbesserungs- und Einführungsbedarf ist nur schwach ausgeprägt.

Bei den Aufgabenerweiterungen und insbesondere beim Projektmanagement, das in 70% der Unternehmen praktiziert wird, ist ein spürbarer Bedarf nach Verbesserung bzw. Einführung erkennbar. Mit geringem Abstand folgen Vorträge und Praktika, die weitestgehend als problemlos eingestuft werden.

Unter den übrigen Personalentwicklungsmaßnahmen zeigt sich insbesondere bei den folgenden Instrumenten ein auffällig hoher Verbesserungs- bzw. Einführungsbedarf: Gruppenarbeit, Arbeitsanreicherung, Teamentwicklung, Qualitätszirkel und Verhaltenstraining.

Zu den am wenigsten verbreiteten Instrumenten gehören die Assessment-Center und die Übungsfirmen.

Insgesamt läßt sich zu den Instrumenten der Personalentwicklung feststellen, daß die traditionellen Instrumente deutlich häufiger vorhanden sind und überwiegend zufriedenstellend genutzt werden. Die moderneren Instrumente werden wesentlich weniger häufig genutzt, allerdings wird ein hoher Einführungsbedarf geäußert. Bei dieser Einführung sind die Industrieunternehmen signifikant weiter als die EVU. Die Differenz bei den Werten des Vorhandenseins beträgt im Durchschnitt 30% zuungunsten der EVU. Diese Tatsache könnte sich schnell zum Wettbewerbsnachteil bei der Suche nach qualifizierten Fachkräften erweisen.

Darüber hinaus läßt sich feststellen, daß die Personalentwicklung in den kleineren Unternehmen einen geringeren Stellenwert besitzt als bei den größeren.

Zusammenfassung, Ausblick und Konsequenzen

Zusammenfassend muß festgehalten werden, daß die EVU gegenüber den mittelständischen Industrieunternehmen deutliche Defizite im Hinblick auf eine entwicklungsorientierte Personalarbeit, personalwirtschaftliche Steuerungsinstrumente und moderne Personalentwicklungsinstrumente haben.

Beispielhaft seien hier noch einmal genannt:
- Anforderungsprofile,
- EDV-gestützte Personalsysteme,
- Einführung neuer Mitarbeiter,
- Übernahme von Auszubildenden,
- Durchführung von Umschulungsmaßnahmen,
- Qualitäts- und Erfolgskontrolle bei Fortbildungs- und Personalentwicklungsmaßnahmen,
- Potentialerkennung von Führungskräften,
- systematische Nachwuchsplanung von Führungskräften,
- Beurteilungssysteme,
- Zielvereinbarungssysteme,
- Instrumente zur Personalreduzierung,
- Entwicklungsperspektiven für Mitarbeiter,
- gestalterische Rolle der Personalabteilung,
- Gruppenarbeit,
- Arbeitsanreicherung,
- Teamentwicklung,
- Qualitätszirkel,
- Verhaltenstraining.

Diese Defizite sind um so erstaunlicher, als die EVU mindestens genauso viel pro Mitarbeiter für Personalentwicklung aufwenden wie die Industrieunternehmen. Der Output dieses Aufwandes ist aber offensichtlich wesentlich geringer. Wenn die EVU hier nicht gegensteuern, wird dieser Sachverhalt zukünftig zu zwei sehr problematischen Folgen führen:

- Der Wettbewerbsnachteil für die EVU auf dem Arbeitsmarkt vergrößert sich, d.h. die EVU werden zukünftig immer mehr Mühe haben, ausreichend gut qualifizierte Fachkräfte (und Führungskräfte) zu erhalten. Gleichzeitig werden sie dieses Defizit nicht mehr durch interne Personalarbeit ausgleichen können.
- Die Unternehmen der Energieversorgungsbranche haben nach allen derzeitigen Anzeichen ihre Strukturkrise erst noch vor sich. Dafür sind sie beim dem Stand ihrer jetzigen Personalarbeit ausgesprochen schlecht gerüstet.

Unsere Empfehlung an die EVU liegt in der ganzheitlichen Herangehensweise an die Personalarbeit mit ihren personalwirtschaftlichen Instrumenten. Die EVU können sich hier nicht mehr auf den eher statisch (aber gut) ausgeprägten Instrumenten ihrer Personalarbeit ausruhen, sondern müssen über die Entfaltung zukunftsgerichteter, gestaltender, steuernder und moderner Instrumente ihre Personalarbeit wieder ins Gleichgewicht bringen. Hierzu werden wir den Unternehmen umfassende Unterstützung anbieten.

Literatur

Meier, H. (1991). *Personalentwicklung.* Wiesbaden: Gabler. – **Olesch, G. (1992).** *Praxis der Personalentwicklung.* Heidelberg: Sauer. – **Pedler, M., Burgoyne, J. & Boydell, T. (1991).** *The learning company.* London: McGraw-Hill. – **Sattelberger, Th. (1991).** *Die lernende Organisation.* Wiesbaden: Gabler.

Anlage

Überblick über die untersuchten Detailfragen zu den 11 Kernbereichen

1 Personalplanung
   – Quantitative Personalplanung
   – Qualitative Personalplanung
   – Stellenplan
   – EDV-gestütztes Personalinformationssystem
   – Stellenbeschreibungen
   – Anforderungsprofile
2 Personalmarketing/-beschaffung
   – Attraktives Unternehmensimage
   – Eingeführte Abläufe zur Mitarbeiterbeschaffung
   – Einfluß der Fachabteilungen auf die Einstellung neuer Mitarbeiter

- Gute vorgebildete Bewerber für die Ausbildung
- Geeignete Verfahren zur Rekrutierung der Auszubildenden

3 Einführung neuer Mitarbeiter
- Informationsbroschüre
- Pate für neue Mitarbeiter
- Einführungsseminare
- Einarbeitungspläne

4 Ausbildung/Umschulung
- Durchführen von Erstausbildung
- Qualifizierte Ausbilder
- Beurteilungssystem für Auszubildende
- Lehrwerkstatt für Auszubildende
- Durchführung von Umschulungsmaßnahmen
- Übernahme von Auszubildenden/Umschülern

5 Fortbildung
- Klarheit über Fortbildungsbedarf
- Unterstützung der Fortbildung durch Führungskräfte
- Fortbildung durch Eigeninitiative der Mitarbeiter
- Unterstützung der Fortbildung der Mitarbeiter durch das Unternehmen
- Führungskräfte als Referenten
- Bildungsbroschüre
- Verhältnis von internen und externen Seminaren
- Qualitäts- und Erfolgskontrollen

6 Führung
- Beurteilungssystem mit Gehaltskonsequenzen
- Beurteilungssystem ohne Gehaltskonsequenzen
- Zielvereinbarungssystem
- Anteil von Stellvertreterregelungen bei Führungspositionen
- Bekanntheit der Mitarbeiterfähigkeiten bei den Vorgesetzten
- Anforderungsprofile für Führungskräfte
- Qualifikationsgerechter Einsatz der Mitarbeiter
- Instrumente zur Potentialerkennung von Führungskräften
- Systematische Nachwuchsplanung für Führungskräfte
- Ergebniskontrolle der Personalentwicklungsmaßnahmen

7 Budget
- Belastung der Abteilungen mit Personalentwicklungskosten
- Zentrales Budget für Personalentwicklung

8 Strategie
- Hoher Stellenwert der Personalentwicklung
- Personalentwicklungsmaßnahmen innerhalb der Arbeitszeit
- Personalentwicklung in wirtschaftlich schlechten Zeiten
- Instrumente zur Personalreduzierung
- Personalentwicklung ist Teil der Unternehmensstrategie

- Organisationsveränderungen in Abstimmung mit Personalentwicklung
- Qualifizierte Kräfte für Personalentwicklung

9 Zusammenarbeit
- Gute Zusammenarbeit zwischen Unternehmensleitung und Betriebsrat
- Gute Zusammenarbeit zwischen Personalleitung und Betriebsrat

10 Perspektive Mitarbeiter
- Maßnahmen zur Bindung guter Mitarbeiter
- Möglichkeit der beruflichen Veränderung
- Abteilungsübergreifende Projektarbeit

11 Personalentwicklungsmaßnahmen
- Arbeitsbereicherung
- Aufgabenerweiterung
- Arbeitsplatzwechsel
- Praktika
- Fachlehrgänge
- Gruppenarbeit
- Projektmanagement
- Laufbahn- und Nachfolgeplanung
- Mitarbeiterberatung
- Planspiele
- Qualitätszirkel
- Referate/Vorträge
- Sonderaufgaben
- Stellvertretungsregelungen
- Teamentwicklung
- Teilautonome Arbeitsgruppen
- Traineeprogramm
- Assessment-Center
- Übungsfirma
- Workshops
- Organisationsentwicklung
- Verhaltenstraining
- Verantwortliche für Personalentwicklungsmaßnahmen

Sonstige Unternehmensdaten
- Umsatz pro Jahr
- Anzahl der Mitarbeiter
- Lohn- und Gehaltssumme pro Jahr
- Anzahl Führungskräfte
- Anzahl der Hierarchieebenen
- Summe für Personalentwicklung pro Jahr

Michael Kossakowski und Karin Winkler

Erfahrungen mit Qualifizierungskonzepten in den neuen Bundesländern am Beispiel einer Ferienhotelkette

Die Ausgangssituation: FDGB-Ferienheime/-hotels in der DDR

Die FDGB[1]-Ferienheime und -hotels hatten in der DDR eine besondere Stellung. Sie wurden zum Teil speziell für den FDGB-Feriendienst errichtet und durch die Gewerkschaft betrieben. Für die über 9,5 Millionen Gewerkschaftsmitglieder (Stand: März 1989) bot der Feriendienst als eine Sozialleistung staatlich gestützte und sehr begehrte Ferienplätze im Inland an.

Aufgrund des geringen Preisniveaus und der z.T. gehobenen Ausstattung der Ferienobjekte war der Andrang in jedem Jahr sehr groß. Die Ferienobjekte waren daher oft zu 125- bis 150% ihrer Bettenkapazität ausgelastet (mit Aufbettungen). Bei einer solchen Situation konnte für die Leiter aber auch für die Mitarbeiter kein kundenorientiertes Arbeiten möglich werden. Die Sicherstellung eines erträglichen Niveaus an Unterbringung und Verpflegung der Feriengäste bedurfte bereits einer großen Kraftanstrengung. Gleich, wie gut der Service im einzelnen war, die Häuser waren stets ausgelastet bzw. überbucht, und die Leitung der Ferienhäuser war eher froh, wenn angemeldete Gäste nicht anreisten.

Anstrengungen, Gäste zu werben oder zum Wiederkommen zu bewegen, waren sogar ungern gesehen, da die Ferienplätze nur streng limitiert und zum Teil als Auszeichnung vergeben werden konnten. Die Folge war, daß eher das Personal dieser Häuser umworben war als die Gäste.

Die Führungskräfte der Hotels: Vom Ferienheimleiter zum Hoteldirektor

Nach der Wende und dem Zerfall bzw. der Auflösung des FDGB als Zentralverband der Gewerkschaften wurde auch für den Feriendienst des FDGB nach einer Alternative gesucht. Die neuen Bundesbürger entdeckten andere Reiseziele für sich. Die in Ausstattung und Service nicht mehr konkurrenzfähigen Hotels und Ferienheime standen leer. Für die Beschäftigten brachte das die leidvolle Erfahrung mit sich, plötzlich nicht mehr gebraucht zu werden. Die drastisch sinkende Belegung führte

---

[1] FDGB = Freier Deutscher Gewerkschaftsbund, Zentralverband der Einzelgewerkschaften der DDR und größte Massenorganisation in der DDR mit nahezu 100%iger Mitgliedschaft aller Beschäftigten.

zum Abbau von Arbeitsplätzen und zur Schließung von Objekten. Der FDGB-Feriendienst wurde aufgelöst, die Häuser einzeln privatisiert oder als Kette an unterschiedliche Investoren verkauft.

Unser Auftraggeber war einer dieser Investoren. Mehrere Ferienheime wurden zu einer Hotelkette zusammengefaßt. Die Hotelkette will Ferienhotellerie für Reise- und Busgruppen sowie für den Individualtourismus anbieten. Daneben setzt man auch auf Tagestourismus. Der Investor mußte neben Veränderungen in der Ausstattung auch Mittel für die Weiterbildung der Mitarbeiter aufbringen.

Wie war die Situation nach der Übernahme in den neuen Hotelverbund?

- Die im wesentlichen noch auf dem Ausstattungsstandard von 1989 befindlichen Hotels stehen im Wettbewerb zu Objekten anderer Anbieter, die nach der Wende errichtet und mit gehobener Ausstattung auch den Ansprüchen der Gäste aus den alten Bundesländern genügen.
- Auch die Gäste aus den neuen Bundesländern erwarten bei einer Preiskategorie von Dreisternehotels eine gute Ausstattung und einen angemessenen Service.
- Die Beschäftigten sind gefordert, die zur Zeit durch sie nicht beeinflußbaren Mängel in der Ausstattung durch besondere Aufmerksamkeit den Gästen gegenüber wettzumachen.
- Oft sind die Hotels die größten Arbeitgeber in den Kommunen. Die Führungskräfte der Hotels haben damit auch wichtige Aufgaben in der Kommunalstruktur.
- Besonders die Hoteldirektoren sind gefordert, eigenständig Ideen zu entwickeln, um ihre Häuser für Gäste attraktiv zu machen. Sie müssen sich als erste Verkäufer ihrer Hotels verstehen und nicht als Verwalter von Betten.
- Neben den Aktivitäten, die nach außen gerichtet sind, stehen auch nach innen, besonders auf dem Gebiet der Mitarbeiterführung neue Aufgaben an. Das betrifft die Frage der Motivierung der Beschäftigten in einer Zeit, in der noch immer Personalabbau betrieben werden muß. Aber auch die alltäglichen Dinge vom Begrüßen neuer Gäste bis zur Kleidung, von der Gestaltung von Drucksachen und Informationen für die Gäste bis zur Bereitstellung von Technik für Tagungen.
- Nicht zuletzt stehen neue betriebswirtschaftliche Anforderungen. Die großen Hotels verfügen über Schwimmhallen, Sportstätten, große Restaurants u.a., die auf die Versorgung bei voller Belegung zugeschnitten waren und darüber hinaus für die umliegenden Orte von Bedeutung sind. Die Finanzierung dieser Objekte ist ohne Beteiligung der Kommunen nicht möglich. So sind die Direktoren der Hotels auch in die Kommunalpolitik involviert. Sie müssen verhandeln, Kontakte pflegen und mit Behörden kommunizieren.

Die sicher unvollständige Schilderung neuer Anforderungen soll deutlich machen, daß die Führungskräfte in vielen Bereichen neues Wissen erwerben und neue Verhaltensweisen anwenden müssen. Nur durch intensives und schnelles Verändern von Sichtweisen, Wissen und Verhalten können sie mit der veränderten Marktlage Schritt halten.

Die Aufgabe: Entwickeln eines Weiterbildungskonzeptes

Das Management der Hotelkette hat die Verpflichtung übernommen, den Mitarbeitern Trainingsprogramme anzubieten mit dem Ziel, das Wissen, Können und Verhalten der Mitarbeiter auf die jetzigen und kommenden Hotelanforderungen hin zu optimieren. Die Gesamtverantwortung unterliegt der zentralen Personalabteilung. Hier laufen die Fäden hinsichtlich Konzipieren, Auswählen, Vor- und Nachbereiten der Trainingsprogramme zusammen. Somit war unsere direkte Ansprechpartnerin die Personalleiterin. Zwischen uns entwickelte sich eine offene und kooperative Zusammenarbeit.

Um die Mitarbeiterqualifikation an die neuen und erweiterten Führungsaufgaben in den Hotels anzupassen, schlugen wir vor, drei Zielbereiche konsequent zu verfolgen:
– Erweitern der Fachkompetenz (hotelspezifisches und kaufmännisches Wissen),
– Vergrößern der Methodenkompetenz (z.B. Zeitmanagement, Präsentationstechniken) und
– Ausweiten der Sozialkompetenz (kommunikative Fähigkeiten, Mitarbeiterführung, Verhandlungsgeschick u.a.).

Die Überschneidung dieser Kompetenzen bestimmt die jeweilige Handlungskompetenz einer Führungskraft (vgl. Abb. 1). Insbesondere in Dienstleistungsunternehmen ist hohes fachliches Wissen und Können eine notwendige, doch nicht hinreichende Bedingung, um kunden-/gästeorientiert zu handeln. Insbesondere für einen gästeorientierten Service (Sozialkompetenz) bestand bei den Hotelmitarbeitern und -führungskräften, wie eingangs dargestellt, akuter Handlungsbedarf.

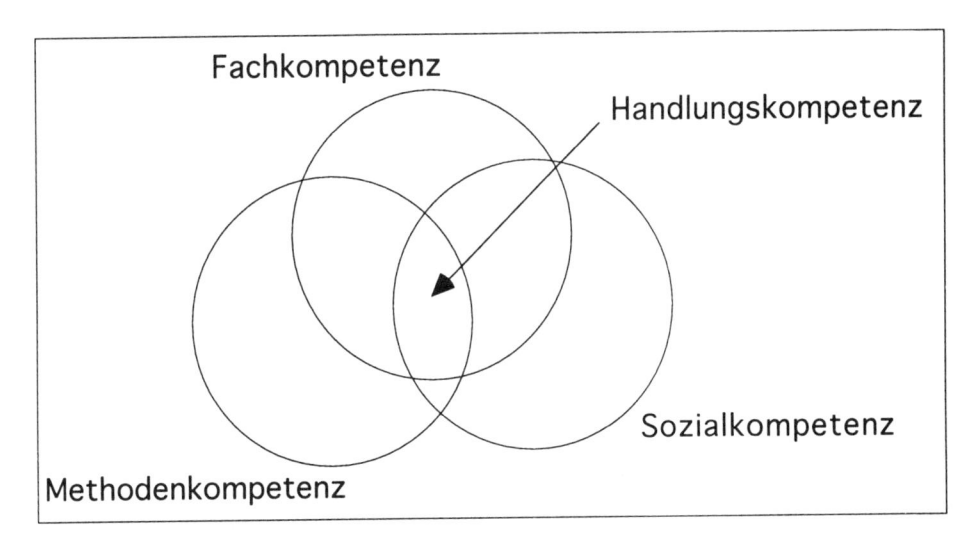

Abbildung 1
Handlungskompetenz als Ergebnis von Fach-, Sozial-, und Methodenkompetenz

Der berufliche Erfolg eines Mitarbeiters wird direkt von seiner Handlungskompetenz geprägt. Diese Sichtweise bildet den Rahmen für unser Gesamtkonzept. Unsere Aufgabe war es, ein Trainingsprogramm für die Ausweitung der sozialen Kompetenzen der Mitarbeiter der Hotelkette zu entwickeln. Für diesen Zielbereich bringen wir als Psychologen wichtiges Know-how und Erfahrungen aus unterschiedlichen Branchen mit. Die Weiterbildung sollte in homogenen Gruppen stattfinden, um das Zusammengehörigkeitsgefühl und den Erfahrungsaustausch zu fördern. Daher wurden die Trainings zunächst für die beiden Gruppen der Hoteldirektoren (1. Führungsebene) und der F&B Manager (2. Führungsebene) der Hotels konzipiert. Abbildung 2 zeigt unser Konzept.

```
┌─────────────────────────────────────────┐
│       Grundkurs: Kommunikation          │
└─────────────────────────────────────────┘

┌─────────────────────────────────────────┐
│              Aufbaukurse                │
│                                         │
│      Verkaufs- und Verhandlungstraining │
│      Motivation und Mitarbeiterführung  │
│      Selbsterfahrung/Persönlichkeitstraining │
└─────────────────────────────────────────┘

┌─────────────────────────────────────────┐
│           Train the Trainer             │
└─────────────────────────────────────────┘

┌─────────────────────────────────────────┐
│              Supervision                │
└─────────────────────────────────────────┘
```

Abbildung 2
Trainingskonzept (Übersicht)

Das Trainingsprogramm gestaltet sich als ein Prozeß, bei dem die Bestandteile vom Grundkurs bis zur Supervision systematisch aufeinander aufbauen. Der Trainingsprozeß soll zugleich einen Entwicklungsprozeß der Mitarbeiter und Führungskräfte beinhalten. Dieser Prozeß wird nicht mit einem einmaligen Seminar angeschoben, sondern er soll individuell verschieden und sensibel begleitet werden.

Kommunikation

Die Art und Weise der Kommunikation zwischen Gästen und Mitarbeitern und den Mitarbeitern untereinander bestimmen den Ruf, den Service und den Erfolg eines Hotels. Deshalb sollte für die Führungskräfte ein Grundkurs „Allgemeines Kommunikationstraining" durchgeführt werden. Ziel war die Vermittlung von Grundlagenwissen über den komplexen Vorgang der Kommunikation. Weiterhin sollten die Mitarbeiter und Führungskräfte für soziale/kommunikative Prozesse sensibilisiert und für weitere Trainings motiviert werden. Zugleich sollten sich die Trainingsgruppe und die Trainer kennenlernen, um ein Vertrauensverhältnis herzustellen.

Aufbauend auf dem Grundkurs folgen Trainings zu speziellen inhaltlichen Schwerpunkten. Die Ziele dieser Aufbaukurse definierten wir wie folgt:
- Trainieren praxisbezogener Fertigkeiten,
- Entwickeln der Souveränität der Führungskräfte,
- Reflexion und Rückmeldung über eigene Verhaltensweisen.

Verkaufs- und Verhandlungstraining

Wesentlicher Bestandteil in der täglichen Arbeit der Hoteldirektoren und der F&B Manager sind Verhandlungen mit unterschiedlichen Verhandlungspartnern wie Gästen, Mitarbeitern, Vertretern, Kommunen und Reiseveranstaltern. In diesem Zusammenhang sind besonders Aspekte der Flexibilität zu trainieren beim
- Einstellen auf unterschiedliche Gesprächspartner,
- Erfragen der Interessen und Wünsche der Gesprächspartner,
- Anwenden geeigneter Verhandlungsstrategien,
- Umgehen mit wechselnden Verhandlungszielen.

Motivation und Mitarbeiterführung

Motivierte und informierte Mitarbeiter sind die Leistungsreserven eines jeden Unternehmens. Die neuen Rahmenbedingungen erfordern ein Umlernen bei den Mitteln und Methoden der Mitarbeitermotivierung. Bei der Schaffung neuer Anreizsysteme spielen die sozialen Fähigkeiten der Führungskräfte eine besondere Rolle. Im Training wird es darum gehen, Prinzipien zu entwickeln, die es den Führungskräften ermöglichen,
- Leistungen im Inneren zu organisieren,
- positive Leistungen zu fördern,
- sich kritisch und ausgewogen mit unzureichenden Leistungen auseinanderzusetzen.

Selbsterfahrung/Persönlichkeitstraining

Die persönliche Ausstrahlung, das Auftreten unterstreicht nicht nur die Rolle der Führungskraft, sondern kann direkt als eine Motivationstechnik verstanden werden. Als Vorbild spielt die Führungskraft eine wichtige Rolle bei der Identifizierung der Mitarbeiter mit dem Unternehmen bzw. mit der Hotelkette. Schwerpunkte sind hier:

- Erfahren der eigenen Wirkung in der Interaktion
- Erkennen der Stärken und Schwächen
- Erlernen von Methoden zum gezielten Einbringen der Stärken und zum Umgehen mit Schwächen.

Train the Trainer

Zur Durchführung der Weiterbildungsprogramme in einer großen Hotelkette ist es sinnvoll, kompetente Mitarbeiter auszuwählen, die in der Lage sind, hotel- und fachspezifische Trainingsaufgaben zu übernehmen (Kopplung von Fachkompetenz und Sozialkompetenz). Dabei kann es sich nur um Personen handeln, die neben einem hohen fachlichen Wissen auch soziale/pädagogische Fähigkeiten besitzen und die von den anderen Mitarbeitern akzeptiert werden.

Geeigneten Mitarbeitern und Führungskräften sollte das erforderliche Wissen und Können zur selbständigen Durchführung interner Trainings vermittelt werden. Das Anforderungsbild eines hotelinternen Trainers wurde von der Personalleiterin wie folgt charakterisiert:

- solides Fachwissen und Können durch eine mindestens 5jährige Tätigkeit im Beruf,
- Engagement für die betrieblichen Unternehmensziele,
- Betriebsverbundenheit, die einen langjährigen Verbleib im Unternehmen erwarten läßt,
- physiologische Leistungsbereitschaft,
- Bereitschaft und Fähigkeit zur Teamarbeit,
- sprachliches Ausdrucksvermögen,
- angenehmes gepflegtes Erscheinungsbild,
- Befähigung im Umgang mit Menschen,
- persönliche Reife und Akzeptanz bei den Mitarbeitern,
- Einfühlungsvermögen,
- pädagogische Fähigkeiten,
- Bereitschaft zur Toleranz, Verständnis und Geduld,
- Ausstrahlung von Vertrauen,
- selbstbewußtes Auftreten,
- Takt, Freundlichkeit, Höflichkeit, Charakterfestigkeit und Kontaktfähigkeit.

Unsere Aufgabe besteht u.a. im
- Auswählen geeigneter Mitarbeiter und Führungskräfte,

- Vermitteln von Trainingsmethoden und -techniken,
- Geben von Rückmeldungen zur Angemessenheit sozialer und methodischer Komponenten für Programmteile, die die Mitarbeiter/Führungskräfte selbst entwickeln und im Training anwenden.

Supervision

Eine praxisbezogene Vervollkommnung der Trainerausbildung, d.h. Supervisionen, sollte diesen Prozeß abrunden. Im Mittelpunkt der individuellen Betreuung stehen dabei:

- das Optimieren der Trainingsprogramme (Methodik),
- die Arbeit mit motivierenden Rückmeldungen an die Teilnehmer,
- Fragen der technischen und organisatorischen Absicherung von Weiterbildungsveranstaltungen.

Die Umsetzung: Erste Erfahrungen mit den durchgeführten Trainings

Wir haben bislang mehrere Basistrainings durchgeführt, an denen vor allem die Führungskräfte (Hoteldirektoren, Mitarbeiter der 2. Führungsebene) teilnahmen. In unserer Konzeption haben wir großen Wert auf einen ständigen Wechsel von Informationsvermittlung und praktischer Umsetzung in Übungsabschnitten gelegt. Denn das Vermitteln von Theorie allein führt nicht zu Verhaltensänderungen. Dieses Prinzip ist vergleichbar mit dem Erlernen des Schwimmens. So wie ein Mensch durch die bloße Kenntnis von Auftrieb, Widerstand und Bewegungsfolgen nicht Schwimmen lernt, so wird auch beim Erlernen neuen Verhaltens in der Kommunikation nur durch intensives Üben und durch Rückmeldungen ein Lernfortschritt gesichert.

Als Einstiegsübung wählten wir eine alltägliche Anforderung: das Vorstellen der eigenen Person und des Hotels vor einem Besucher. Diese Übung wurde mit der Videokamera begleitet und war auf zwei Minuten Dauer fixiert. Dabei war den Teilnehmern freigestellt, wie sie die Vorstellung gestalten. Die Auswertung erfolgte in der Gruppe. Bei der Auswertung waren alle Teilnehmer gefordert, Rückmeldungen zur Vorstellung zu geben. Dabei wurde zugleich trainiert, Feedback so zu geben, daß es

- motivierend und nicht verletzend wirkt,
- direkt an die agierende Person gegeben wird (nicht an die Gruppe oder die Trainer),
- keinen Zwang zu Veränderung enthält, sondern eine Schilderung, wie der Vortrag erlebt wurde.

Was waren die Ergebnisse einer solchen Runde? Bei Trainings mit Teilnehmern aus den neuen Bundesländern, so auch hier, ist uns immer wieder aufgefallen, daß Leistungen und Entwicklungen in der eigenen Biographie stiefmütterlich behandelt werden. Das betrifft anerkannte Abschlüsse („ich bin nur Diplom-Ökonom", „ich habe nur an der Handelshochschule studiert") genauso wie Bewertungen von Führungsaufgaben der Vergangenheit („meine Aufgaben bestanden nur darin, ... "). Da der Begriff Karriere (und sein Inhalt) in der DDR verpönt war, wird beruflicher Aufstieg als ein Zufallsprodukt oder als ausschließlich von außen gesteuert dargestellt („ich wurde zum Heimleiter gemacht", „es ergab sich, daß ich die Leitung übernahm"). Wir haben gemeinsam mit den Teilnehmern eine Darstellung erarbeitet, die ihre tatsächlichen individuellen Leistungs- und Qualifikationsanteile am beruflichen Werdegang deutlich werden ließen. Für viele Teilnehmer war das ein echtes „Aha"-Erlebnis.

Das ist aus unserer Sicht wertvoll, weil den Teilnehmern ihre Leistungsvoraussetzungen für die anstehenden Aufgaben bewußt geworden sind. Mit dem veränderten Blick auf die eigenen Fähigkeiten sind die Möglichkeiten des Agierens in dem neuen Umfeld klarer geworden. Weitere Trainingsbestandteile waren Übungen zur

- Sensibilisierung der Teilnehmer für unterschiedliche Aspekte der Kommunikation (nach Schultz von Thun, 1992),
- Analyse von Gesprächssituationen mit Fragetechniken (M. Birkenbihl, 1990; V.F. Birkenbihl, 1991),
- Verhandlungsführung in Konfliktsituationen (Verhandlungsmodell von Fischer & Ury, 1991),
- Wahrnehmung nonverbaler Kommunikationsanteile (Fast, 1991) u.a.m.

Bei diesen Trainingsschritten hat es sich sehr bewährt, die Vermittlung von theoretischem Wissen mit Beispielen aus der Arbeitssituation der Teilnehmer zu ergänzen. Wir baten die Teilnehmer, sich an Situationen zu erinnern, in denen sie Gespräche, Auseinandersetzungen und Verhandlungen führen mußten und die sie gerne in der Gruppe diskutieren wollten. Unter unserer Anleitung wurden die „brennendsten" Fragestellungen in der Gruppe zu Rollenspielen verdichtet, gespielt und im Anschluß ausgewertet. Bei diesen Rollenspielen war es besonders hilfreich für die Teilnehmer, wenn derjenige, der die Konfliktsituation real erlebte, in der Rolle seines damaligen Partners agierte. Allein die Identifikation mit dem Gegenüber brachte oftmals originelle und effektive Lösungen.

Die Erörterung der Rollenspiele war zugleich ein intensiver Erfahrungsaustausch zu aktuellen Problemen. Beispielsweise wurde über Möglichkeiten des Abwendens eines Warnstreiks diskutiert, der in einem der Hotels von der Belegschaft angekündigt worden war. Darüber hinaus standen immer wieder Verhandlungssituationen mit Gästen, Mitarbeitern oder Lieferanten im Mittelpunkt des Interesses. Die Möglichkeit, in entspannter Atmosphäre Varianten für die Lösung durchaus sehr ernsthafter Probleme gemeinsam beraten zu können, hat sicherlich zu der abschließenden Einschätzung beigetragen, daß sich die Führungskräfte näher gekommen sind und sich bei der Ratsuche in schwierigen Situationen künftig konsultieren wollen.

Das Resultat: Die wesentlichen Effekte und Erfahrungen aus dem Basistraining

Folgende Ergebnisse lassen sich festhalten:

- Sensibilisierung der Teilnehmer für kommunikative Prozesse – es gibt nicht nur den sachlichen Informationsaustausch, sondern eine Reihe anderer Aspekte zu berücksichtigen, damit Kommunikation gut und effektiv funktioniert.

- Nachholbedarf ist besonders in Gesprächsphasen zu konstatieren, in denen es um die Erkundung der Wünsche und Bedürfnisse des Gesprächspartners gehen muß. Zu oft werden vorzeitig Lösungen angeboten, die den Gesprächspartner „überfahren", ohne seine Zielstellungen zu berücksichtigen. Wir konnten mit den Rollenspielen einen Eindruck vermitteln, an welchen Stellen die Kommunikationstechniken noch vervollkommnet werden müssen. Allgemein wird zu wenig gefragt und zuviel „vorgesetzt".

- Durch das Benutzen anderer Sichtweisen auf individuelle Leistungsvoraussetzungen und berufliche Erfahrungen wurde eine realistischere Selbsteinschätzung erreicht.

- Wir wurden immer wieder nach Rezepten für das Verhalten in bestimmten Situationen gefragt. Dabei hat sich ein eigentümlicher Widerspruch aufgetan. Obwohl alle Teilnehmer übereinstimmend das eintrainierte Verkäuferverhalten von Vertretern als unangenehm empfanden, wollten viele auch so „aalglatt" und erfolgreich agieren können. Wir haben immer wieder deutlich machen können, daß besonders in der Hotelbranche die gute persönliche Beziehung zum Gast entscheidend ist und nicht das „Überfahren" mit Verhandlungstricks. Und das wird in erster Linie durch das Einbringen der eigenen Persönlichkeit erreicht.

- Uns sind auch Grenzen einiger Teilnehmer bewußt geworden, die in der schematischen Anwendung von Wissen und Erfahrungen beruhen und zur Überforderung in neuen Situationen führen. Das wird insbesondere für zukünftige Fortbildungsveranstaltungen eine Rolle spielen, in denen wir nach unserem Konzept einige der Führungskräfte zu Trainern für die innerbetriebliche Weiterbildung entwickeln wollen.

- Nicht unerwähnt wollen wir die Tatsache lassen, daß alle Beteiligten, Trainer und Hotelmanager, viel Spaß an der Zusammenarbeit gefunden haben. Auf dieser Basis konnten wir einen Beitrag zur Motivierung der Teilnehmer leisten. Durch die Möglichkeit des Erfahrungsaustausches hat sich das Bewußtsein der Führungskräfte vertieft, nicht nur Einzelkämpfer in ihrem Haus zu sein, sondern in der Hotelkette Mitstreiter zu haben, die durchaus bereit sind, gemeinsam Fragen zu diskutieren, und dafür auch kurzfristig zur Verfügung stehen.

Mit dem Basiskurs „Kommunikation" ist das Fundament gelegt für spezifische weiterführende Themen wie

- Mitarbeitermotivation,
- Verhandlungsführung,
- Persönlichkeitsentwicklung.

Parallel dazu wird zukünftig die Ausbildung geeigneter Führungskräfte für hotelinterne Trainings als Form der Hilfe zur Selbsthilfe betrieben.

Literatur

Birkenbihl, M. (1991). *Train the Trainer.* Landsberg/Lech: Moderne Industrie. – **Birkenbihl, V.F. (1992).** *Fragetechnik schnell trainiert.* München: Moderne Verlagsgesellschaft. – **Fast, J. (1991).** *Körpersprache.* Reinbek: Rowohlt. – **Fischer, R. & Ury, W. (1991).** *Das Harvard-Konzept.* Frankfurt/M: Campus. – **Schultz von Thun, F. (1992).** *Miteinander reden 1, Störungen und Klärungen. Allgemeine Psychologie der Kommunikation.* Reinbek: Rowohlt.

Bernd-Uwe Kiefer

Noch einmal: Personalentwicklung – quo vadis?

Die Ausgangssituation für zukünftige Personalentwicklung

Wandel, Unsicherheit und Chaos sind die ständigen Begleiter unserer Unternehmen in das neue Jahrtausend. Wer erfolgreich an den Märkten agieren und diese sogar gestalten will, muß sich einem sich ständig verändernden und immer komplexer werdenden Umfeld stellen. Viele Beiträge in diesem Buch haben das aufgezeigt. Welche Funktion kann und soll Personalentwicklung nun zukünftig in den Unternehmen übernehmen, damit das erfolgreich bewerkstelligt werden kann? Das soll im folgenden noch einmal resümierend dargestellt werden.

Welche Identität wird Personalentwicklung zukünftig haben? Welche Zukunftsvisionen werden die mit dieser Funktion beauftragten Menschen leiten? In welchen Strukturen wird sich Personalentwicklung zukünftig abspielen? Nach, oder besser, in welchen Rollen und nach welchen Spielregeln wird Personalentwicklung zukünftig gespielt? Welche Prozesse werden zukünftig wichtig für Personalentwicklung sein? Welche Instrumente der Personalentwicklung werden zukünftig eingesetzt werden? Fragen über Fragen – aber noch sehr wenige Antworten.

Dieser Abschlußbeitrag will versuchen, ein erstes Bild, quasi eine kleine Vision, zu zeichnen und damit erste Strukturen für die Zukunft der Personalentwicklung im Chaos sichtbar zu machen. Zunächst läßt sich als erste Antwort bereits mit Sicherheit sagen, daß die heutigen aber auch die zukünftigen Veränderungsprozesse innerhalb und außerhalb der Unternehmen nur bewältigt werden können, wenn nicht nur die Individuen in den Unternehmen, sondern auch die sozialen Systeme in den Unternehmen, das Unternehmen als ganzes und gemeinsam mit seinem Umfeld sich diesen Veränderungen ständig und dauerhaft lernend anpaßt. „Lernende Organisation" heißt für uns, die Wissens- und Erfahrungspraxis in Organisationen ständig zu entwickeln und weiterzuentwickeln.

Diese Prozesse zur Entwicklung und dauerhaften Erhaltung einer „Lernenden Organisation" haben insbesondere die Personalentwicklung aber auch die Organisationsentwicklung dauerhaft zu unterstützen. Insofern ist Personalentwicklung immer auch Organisationsentwicklung und umgekehrt. Die Konsequenzen aus dieser Feststellung werden wir im folgenden aufzeigen. Zunächst wollen wir jedoch die Ausgangssituation und das Umfeld aus heutiger Sicht noch einmal genauer betrachten.

Rahmenbedingungen und Perspektiven

Doppler und Lauterburg (1994) beschreiben in ihrem Management-Bestseller *Change Management* drei neue Rahmenbedingungen, die in Zukunft über Erfolg und Mißerfolg wirtschaftlicher Unternehmungen entscheiden:

- 1   Verknappung der Ressource Zeit,
- 2   Verknappung der Ressource Geld,
- 3   dramatische Steigerung der Komplexität.

1   Mikroelektronik, Informatik und Telekommunikation haben bereits heute dafür gesorgt, daß jede Information an jedem Ort der Welt praktisch ohne Zeitverzug verfügbar ist. Eine Reaktion auf diese Information ist daher nicht nur unmittelbar möglich, sie wird in der Regel auch erwartet. Auch der physische Aktionsradius der einzelnen Menschen ist enorm gestiegen. Dies führt zu einer Vertiefung von persönlichen und geschäftlichen Beziehungen weltweit über Tausende von Kilometern hinweg. Dabei werden vielfältige kulturelle Barrieren übersprungen. Die Mobilität des einzelnen erhöht sich exponential. Da die technischen Entwicklungsmöglichkeiten noch lange nicht am Ende sind, werden sich beide Tendenzen einzeln und in ihrer Wechselwirkung zukünftig noch verstärken. Ein Unternehmen, das diese Chancen nutzen und in diesem „schnellen" Umfeld erfolgreich überleben will, muß rasch reagieren und sich kurzfristig den veränderten Bedingungen anpassen, z.B. mit rascher Produktinnovation und kürzeren Produktlebenszyklen – und das bei gleichbleibender oder besserer Qualität.

Personalentwicklung wird daher dafür sorgen müssen, daß diese Unternehmen und vor allen Dingen ihre Mitarbeiter über genügend Kondition aber auch genügend Flexibilität und Belastungsfähigkeit für diesen „Cross-country-Marathon" verfügen und nicht bereits nach mehreren hundert Metern erschöpft aufgeben.

2   Geld wird bereits heute, aber erst recht in den nächsten Jahren immer knapper. Wir haben Jahrzehnte über unsere Verhältnisse gelebt. Die unterschiedliche Verteilung der Ressource Geld wird für alle Menschen wahrnehmbar und damit gewaltsam oder friedlich ausgeglichen oder mindestens angenähert werden müssen. Innerhalb der industriellen Nationen des Westen verlieren wir immer mehr Arbeitsplätze, so daß die wahrnehmbaren Ungleichgewichte der Ressource Geld immer dramatischer werden. Alle Tendenzen gebündelt lassen nur einen Schluß zu: Geld wird nicht nur zukünftig knapp bleiben, sondern noch knapper werden. Aufzufangen ist das nur mit einem deutlichen Absinken unseres Lebensstandards. Leistungs- und Kostenoptimierung sind daher bereits heute zu einem bestimmenden Faktor unternehmerischen Denkens und Handelns geworden.

Personalentwicklung wird daher einerseits dafür zu sorgen haben, ressourcenschonendes unternehmerisches Denken zu fördern, andererseits aber auch Antworten für die Menschen bereit haben müssen, die einer bezahlten Arbeit nicht oder nicht mehr nachgehen können/dürfen.

3   Viele Dinge passieren heute gleichzeitig. Die Probleme, vor denen die Unternehmen stehen, bleiben nicht konstant, sondern verändern sich dynamisch, d.h. einerseits kann sich die Intensität der Wechselbeziehungen zwischen einzelnen Faktoren des Problems verändern, andererseits kommen aber auch dauernd neue Fakto-

ren hinzu oder alte fallen weg. Es bleibt also nie genug Zeit für eine „saubere" Analyse, weil sich deren Ergebnisse ständig verändern würden. Wir würden also beim Analysieren ständig hinterherlaufen und gar nicht zur Problemlösung kommen. Es muß also bei „unsicheren" Daten ständig entschieden werden. Doppler und Lauterburg (1994) beschreiben das so:

> Ob als Politiker, Manager oder Chefbeamter: Man überblickt nicht mehr alles, was gerade passiert. Man versteht nicht mehr bei allem, warum es passiert – dann, wenn es passiert. Man hat nicht mehr alles einfach „im Griff". Man kann nicht immer steuern, wenn man meint, es müßte gesteuert werden. Und oft genug ist man Entwicklungen ausgesetzt, deren Verlauf man überhaupt nicht zu prognostizieren vermag. Vor allem aber: Alles ist zunehmend mit allem „vernetzt". (Doppler & Lauterburg, 1994, S. 25)

Der gesellschaftliche Wandel ist bereits heute rasend schnell und wird im Tempo noch zunehmen. Für viele Menschen waren diese Veränderungen zu schnell. In der Wirtschaft sind die Manager und Führungskräfte z.T. völlig unerwartet mit ganz neuen Aufgaben konfrontiert worden, für die sie die nötigen Fähigkeiten (noch) nicht besaßen.

Herausforderungen, die in Zukunft den Berufsalltag im Management prägen:

Durchführen organisatorischer Veränderungen

Schaffen eines intakten sozialen Arbeitsumfeldes

Abbau hierarchischer Schranken

Leistung erzeugen durch Synergie

Flexibilisierung der Arbeitsformen und Arbeitszeiten

Organisieren von Lernen und Entwicklung

Frauen erobern Schlüsselpositionen

Management von Konflikt- und Krisensituationen

Entlassung von Mitarbeiterinnen und Mitarbeitern

Aushalten innerer Zielkonflikte und Widersprüche

Steuerung und Kontrolle durch Kommunikation

Zukunftsplanung aufgrund komplexer Szenarien

Integration durch Visionen und Leitbilder

Abbildung 1
Herausforderungen für das Management der Zukunft

Hier wird Personalentwicklung zukünftig unterstützen müssen, die Veränderungen emotional zu verarbeiten, Handlungsfähigkeit für zukünftige Veränderungen zu gestalten und die zukünftigen Herausforderungen insbesondere an das Management zu unterstützen (siehe Abb. 1). Und dies alles, obwohl die eigenen Veränderungsnotwendigkeiten noch nicht klar sind, geschweige denn bereits emotional verarbeitet. Gleichzeitig wird Personalentwicklung Sorge tragen müssen, daß unser vielfältig entwickeltes Wissen und unsere vielfältig entwickelten Fähigkeiten in den Unternehmen nicht verloren gehen, sondern daß die Kernkompetenzen der Organisationen herausgearbeitet und ständig weiterentwickelt werden. Diesen Zusammenhang bezeichnen wir als „Wissensmanagement".

Ganzheitliche Problemlösung

Diese komplexen Probleme erfordern eine ganzheitliche Problemlösung. Ganzheitlich meint hier die Integration der Sach- und der Verhaltensebene bei der Problemlösung, also eine Verbindung und Verknüpfung der „harten" und der „weichen" Unternehmensfaktoren. Entscheidend ist dabei das Denken in Prozessen (Gomez & Probst, 1995). Wir betrachten also das Unternehmen als verknüpftes Ganzes, bestehend aus Prozessen, nämlich Prozessen des vernetzten Denkens, Prozessen des unternehmerischen Handelns und Prozessen des persönlichen Überzeugens (vgl. Abb. 2).

Prozesse des vernetzten Denkens	Prozesse des unternehmerischen Handelns	Prozesse des persönlichen Überzeugens
Konzepte	Instrumente	Verhaltensweisen

Abbildung 2
Integrierte Prozeßsicht des Problemlösens

Die entscheidende Leistung einer erfolgreichen Personalentwicklung liegt nun darin, dem Unternehmen erfolgreiche methodische Schritte für eine solche ganzheitliche Problemlösung anzubieten. Gomez und Probst (1995) machen dafür folgende Vorschläge:

– Probleme entdecken und identifizieren,

– Zusammenhänge und Spannungsfelder der Problemsituation verstehen,

– mögliche Problemlösungen beurteilen,

– Problemlösungen umsetzen und verankern.

Das Zusammenwirken der Prozeßfelder und der methodischen Schritte ist in Abbildung 3 dargestellt. Die einzelnen Aspekte sollen an dieser Stelle nicht näher ausge-

Schritte der Methodik	Prozeßfelder		
	vernetzt denken	unternehmerisch handeln	persönlich überzeugen
Probleme entdecken und identifizieren	– unterschiedliche Standpunkte einnehmen – Zweckbestimmung und Systemabgrenzung vornehmen – Schlüsselfaktoren ableiten	– Anspruchsgruppen Teams bilden – Ziele festlegen – Kompetenzen aufbauen	– Verantwortung übernehmen – Visionen kommunizieren – Schwergewichte setzen
Zusammenhänge und Spannungsfelder der Problemsituation verstehen	– den zentralen Kreislauf identifizieren – das Netzwerk aufbauen – zeitliche Abhängigkeiten und Intensitäten ermitteln	– nach Prozessen statt Funktionen organisieren – die Geschäftslogik entwickeln – Zeitmanagement umsetzen	– Unternehmergeist fördern – Paradoxien/Dilemmata managen kommunizieren – Projekt- und Teamarbeit fördern
Gestaltungs- und Lenkungsmöglichkeiten erarbeiten	– Zukunftsbilder für nicht lenkbare Teile erstellen – Lenkbarkeiten erfassen – Indikatoren für die Zielerreichung festlegen – Stabilisierungs- und Selbstverstärkungsprozesse erfassen	– Szenarien aufbauen, durchspielen und analysieren – Stoßrichtungen und Lösungsfelder festhalten – Überwachungsgrößen spezifizieren – Strategien und Lösungen entwickeln	– zukunftsorientiert denken und handeln – Machbarkeiten und Grenzen aufzeigen – zielorientiert führen – Kreativität fördern und erhalten
mögliche Problemlösungen beurteilen	– die Einhaltung der systemischen Lenkungsregeln sicherstellen – Alternativen qualitativ beurteilen – mögliche Problemlösungen quantitativ bewerten	– die Eigengesetzlichkeiten des Unternehmens nutzen – Benchmarking praktizieren – Wertsteigerungen realisieren	– die Mitarbeiterinitiative fördern – den Risikodialog suchen – die Anspruchsgruppeninteressen sichern
Problemlösungen umsetzen und verankern	– stufengerecht operationalisieren – multidimensional Lösungen verankern – kritische Verstärkungsprozesse beachten und simulieren – Früherkennung und Fortschritte unter Kontrolle halten – Entwicklungsprozesse und -fähigkeiten entdecken	– informieren und kommunizieren – Durchführung planen und unterstützen – zielorientiert umsetzen und Anreize schaffen – Controlling sicherstellen – entwicklungs- und lernorientierte Voraussetzungen schaffen	– sensibilisieren und dialogfähig bleiben – vertrauensorientiert führen und vorleben – motivieren und coachen – reflektieren und Feedback geben – Lernen auslösen und unterstützen

Abbildung 3
Feinstruktur der ganzheitlichen Problemlösungsmethodik

führt werden. Hierzu sei auf das Buch von Gomez und Probst (1995) verwiesen. Allerdings möchten wir die dahinterstehende Philosophie nochmals deutlich machen, weil sie Hinweise auf die zukünftige Gestaltung von Personalentwicklung gibt.

Die Lösung komplexer Probleme ist Führungsaufgabe und kann nicht delegiert werden. Personalentwicklung hat also die Führungskräfte zu befähigen und zu unterstützen, diese Aufgabe auch wahrnehmen zu können. Dies ist nicht nur ein Problem von „Können", sondern auch von „Dürfen" und von „Wollen".

Komplexe Probleme können nur in Teamarbeit erfolgreich bewältigt werden. Eine Veränderung der organisatorischen Wissensbasis geht immer vom einzelnen aus, aber ihre Entwicklung läuft nur über die Kollektivierung von individuellem Wissen in Gruppenprozessen. Das ist der Nukleus der Innovation. Alle Wissensträger müssen daher mit ihren Fähigkeiten, aber auch mit ihren Interessen aktiv in den Problemlösungsprozeß eingebunden werden. Dies bedeutet mindestens einerseits veränderte informelle und formelle Strukturen (z.B. Projektorganisation, teilautonome Gruppen etc.) und andererseits veränderte Führungsrollen (z.B. Berater, Moderator, Coach etc.). Hierzu muß Personalentwicklung Unterstützung bei der Einführung, Gestaltung und dauerhaften Umsetzung anbieten können. Auch das Wissen zur Entwicklung von Wissen ist ein neues Lernfeld, das in diesen Kontext gehört.

Organisationelles Lernen ist also mehr als die Summe aller individuellen Lernprozesse. Wir begreifen ein „Wissensmanagement" (und „Fähigkeitenmanagement") als einen Prozeß, bei dem das gewonnene Wissen (und die gewonnenen Fähigkeiten) reflektiert, auf verschiedene Anwendungsbereiche und unterschiedliche Unternehmensgruppen übertragen, dauerhaft und personenunabhängig im Unternehmen verfügbar gemacht und gehalten sowie immer wieder nutzbar gemacht werden können. Personalentwicklung muß hierzu die Führungskräfte mit Instrumenten und Methoden unterstützen. Darüber hinaus ist auch gemeint, von anderen Unternehmen und Organisationen zu lernen (z.B. durch Imitieren und Verbessern). Für diesen Diffusionsprozeß müssen geeignete Kontexte für Begegnungen geschaffen werden, aber auch die professionelle Nutzung der Informationstechnik gehört hierher.

Ganzheitliches Systemkonzept der Personalentwicklung: Die sieben Wesenselemente

Neben die prozeßhafte Betrachtung des Unternehmens stellen wir eine weitere ganzheitliche Betrachtung, nämlich die der ganzheitlichen Gestalt – vergleichbar mit der Betrachtung des Menschen als eine Einheit von Geist, Seele und Körper. Glasl und Lievegoed (1993) sprechen in einer Analogie vom kulturellen, sozialen und technisch-instrumentellen Subsystem des Unternehmens mit insgesamt sieben konstituierenden Wesenselementen (vgl. Abb. 4).

Subsystem	Wesenselement
kulturelles Subsystem:	1 Identität 2 Policy, Strategie, Programme
soziales Subsystem:	3 Struktur (Aufbauorganisation) 4 Menschen, Gruppen, Klima, Führung 5 Einzelfunktionen, Organe
technisch-instrumentelles Subsystem:	6 Prozesse, Abläufe 7 physische Mittel

Abbildung 4
Die drei Subsysteme und die sieben Wesenselemente

Die in Abbildung 4 dargelegte Betrachtung wurde noch insofern erweitert, als die sieben Wesenselemente auch aus der Sicht innerhalb des Unternehmens und in ihrer Beziehung zum Umfeld betrachtet werden (Glasl & Lievegoed, 1993; vgl. Abb. 5).

Da wir weiterhin aus der systemischen Betrachtung von Organisationen wissen, daß die Teile einer Organisation immer schon das ganze in sich abbilden, wollen wir dieses Modell der sieben Wesenselemente zur Betrachtung der Personalentwicklung der Zukunft anwenden. Wir glauben, daß sich uns mit dieser ganzheitlichen Betrachtung der Personalentwicklung erste Spuren in die Zukunft erschließen, die uns Orientierung geben können.

Identität der Personalentwicklung

Der Wettbewerb der Unternehmen untereinander wird zukünftig nicht mehr nur allein über die Produkte entschieden, da diese sich in der Qualität kaum noch unterscheiden. Er wird über die kreativen und innovativen Leistungen um das Produkt herum ausgetragen. Ähnliches gilt für die Dienstleistungen. Die kreativen und innovativen Dienstleistungen werden sich am Markt durchsetzen. Dieser Wettbewerb ist daher von den Unternehmen nur mit Mitarbeitern zu gewinnen, die in hohem Maße fachlich, methodisch, sozial und persönlich kompetent und gewillt sind, ihre Ressourcen dem Unternehmen auch in vollem Umfang zur Verfügung zu stellen. Damit kommt der Funktion Personalentwicklung in den Unternehmen – verstanden als Funktion, die dafür Sorge trägt, die „richtigen" Ressourcen der Mitarbeiter für das Unternehmen zu finden, zu entfalten und zu entwickeln – eine herausragende Bedeutung zu.

Wer aber glaubt, das zöge eine Vielzahl neuer Stellen für „Personalentwickler" nach sich, den wollen wir an dieser Stelle bereits nachhaltig enttäuschen. Das Gegenteil wird der Fall sein. Die herausragende Bedeutung der Funktion Personalentwicklung wird sich in einer veränderten qualitativen – nicht aber quantitativen – Bewertung

Im Innensystem	Zum Umfeld
1 Identität	
Die gesellschaftliche Aufgabe der Organisation, Mission, Sinn und Zweck, Leitbild, Fernziel, Philosophie, Grundwerte, Image nach innen, historisches Selbstverständnis der Organisation	Image bei Kunden, Lieferanten, Banken, Politik, Gewerkschaft, etc.; Konkurrenzprofil, Position in Märkten und Gesellschaft; Selbständigkeit bzw. Abhängigkeit
2 Policy, Strategie, Programme	
Langfristige Programme der Organisation, Unternehmenspolitik, Leitsätze für Produkt-, Markt-,Finanz-, Preis-, Personalpolitik etc.	Leitsätze für den Umgang mit Lieferanten, Kunden etc., PR-Konzepte, Marktstrategien; Übereinstimmung mit Spielregeln der Branche
3 Struktur	
Statuten, Gesellschaftervertrag, Aufbauprinzipien der Organisation, Führungshierarchie, Linien- und Stabsstellen, zentrale und dezentrale Stellen, formales Layout	Strukturelle Beziehung zu externen Gruppierungen, Präsenz in Verbänden etc., strategische Allianzen
4 Menschen, Gruppen, Klima, Führung	
Wissen und Können der Mitarbeiterinnen und Mitarbeiter, Haltungen und Einstellungen, Beziehungen, Führungsstile, informelle Zusammenhänge und Gruppierungen, Rollen, Macht und Konflikte, Betriebsklima	Pflege der informellen Beziehungen zu externen Stellen, Beziehungsklima in der Branche, Stil des Umgangs mit Macht gegenüber dem Umfeld
5 Einzelfunktionen, Organe	
Aufgaben, Kompetenzen und Verantwortung, Aufgabeninhalte der einzelnen Funktionen, Gremien, Kommissionen, Projektgruppen, Spezialisten, Koordination	Verhältnis zum üblichen Branchenverständnis über Arbeitsteilung, Funktionen zur Pflege der externen Schnittstellen
6 Prozesse, Abläufe	
Primäre Arbeitsprozesse, sekundäre und tertiäre Prozesse, Informationsprozesse, Entscheidungsprozesse, interne Logistik, Planungs- und Steuerungsprozesse, Supportprozesse	Beschaffungsprozesse für Ressourcen, Lieferprozesse (just in time), Speditionslogistik, Aktivitäten zur Beschaffung externer Informationen
7 Physische Mittel	
Instrumente, Maschinen, Geräte, Material, Möbel, Transportmittel, Gebäude, Räume, finanzielle Mittel	Physisches Umfeld, Platz im Umfeld – Verkehrssystem, Verhältnis Eigenmittel – Fremdmittel

Abbildung 5
Ganzheitliches Systemkonzept des Unternehmens: die sieben Wesenselemente

dieser Funktion äußern, denn das Ziel besteht darin, so viel Kompetenz wie möglich dezentral vor Ort anzusiedeln.

Personalentwicklung war, ist und bleibt nicht delegierbare Führungsaufgabe. Während dies heute z.T. mehr auf dem Papier von Führungsleitlinien steht und weniger bereits Realität ist, wird sich dies zukünftig dramatisch verändern. Je mehr die Führungskräfte für die wirtschaftlichen Ergebnisse ihrer Führungsbereiche persönlich in die Verantwortung genommen werden, je eher wird ihnen bewußt, daß Mitarbeiter nicht nur ein Kostenfaktor sind, sondern ein positives wirtschaftliches Ergebnis nur mit hochkompetenten und hochmotivierten Mitarbeitern zu erzielen ist. Voraussetzung dafür ist aber auch, daß wir insbesondere den mittleren Führungskräften wieder Perspektiven weisen, sonst werden sie niemals die Mitarbeiter im Sinne des Wissensmanagements entwickeln.

Mit Zunahme dieses Bewußtseins werden die Mitarbeiter sich der Gestaltung personalentwicklerischer Fragen mehr und mehr selbst annehmen und sie zur „Chefsache" machen. Dies wird auch durch die veränderte Rolle von zukünftigen Führungskräften unterstützt. Durch neue Arbeitsformen (z.B. Gruppenarbeit), die mit der Zielsetzung verbunden sind, Verantwortung, Kompetenzen und Ressourcen immer mehr auf die Ausführungsebene der Arbeit zu verlagern, verändert sich die Rolle der Führungskräfte zum Koordinator, Moderator, Coach, Konfliktmanager, Strategen, Visionär etc. Entlastet vom operativen Geschäft des Planens, Entscheidens und Kontrollierens entstehen zeitliche Freiräume für die Wahrnehmung bisher vernachlässigter Führungsfunktionen wie eben die Personal- und Teamentwicklung.

Ein zweiter Aspekt in diesem Zusammenhang betrifft die Mitarbeiter im Unternehmen selbst. Neue Arbeitsformen und damit verbunden das direkte Erleben des hohen Wettbewerbsdrucks in der Wirtschaft führt jedem einzelnen Mitarbeiter die Notwendigkeit einer ständigen eigenen Weiterentwicklung der persönlichen Fähigkeiten vor Augen. Dies verbindet sich schnell mit der Erkenntnis, nur mit hoher und ständig aktualisierter fachlicher, methodischer, sozialer und persönlicher Kompetenz auf dem immer enger werdenden und dauerhaft eng bleibenden Arbeitsmarkt persönlich gute Chancen zu haben. Mit dieser Erkenntnis wird ein wesentlicher Teil der Funktion Personalentwicklung von den Mitarbeitern selbst übernommen.

Dennoch wird es auch in Zukunft in den mittleren und größeren Unternehmen zentral und/oder dezentral „eigenständige" Personalentwicklungsfunktionen geben, welche die Führungskräfte bei ihrer Führungsaufgabe und die Mitarbeiter bei ihrer Selbstentwicklungsaufgabe beraten und unterstützen. Diese Funktionen werden quantitativ kleiner sein und sich qualitativ zu Dienstleistern, Serviceunternehmen und Promotoren verändern. Sie werden immer dann, wenn Führungskräfte dies benötigen und es deshalb anfordern, diesen zu Fragen der Personalentwicklung (und z.T. darüber hinaus) Instrumente und Verfahren, Auswertungen und Prognosen, Schulungen und Beratungen, Organisation und Koordination etc. zur Verfügung stellen. Und natürlich werden sie auch als „gutes Gewissen" Marktbeobachtungen nach innen ins Unternehmen kommunizieren, Führungskräften und Mitarbeitern geeignete Angebote machen, und Führungskräfte zu Entwicklungen in deren Bereich ansprechen und dazu Vorschläge unterbreiten. Die Zeiten einer zentralen Steuerungsfunktion, wo die Personalentwicklung immer alles besser wußte und besser konnte, sind ein für allemal vorbei.

Die Identität der Personalentwicklungsfunktion der Zukunft stellt sich also durch die Wahrnehmung der Führungsaufgabe durch die Führungskräfte, durch die Wahrnehmung der Selbstentwicklungsaufgabe durch die Mitarbeiter und durch die Wahrnehmung von Service-, Beratungs- und Promotorenaufgaben durch „eigenständige" Personalentwicklungsfunktionen dar. „Eigenständig" bedeutet hier in enger Zusammenarbeit oder zusammen mit der Organisationsentwicklung.

Strategie der Personalentwicklung

Aus der herausragenden Bedeutung der Funktion Personalentwicklung für die Zukunft der Unternehmen lassen sich einige wichtige strategische Ziele für diese Funktion ableiten (vgl. Abb. 6).

> Förderung des Bewußtseinswandels im Unternehmen
>
> Gestaltung der Unternehmenskultur
>
> Gestaltung einer permanent lernenden Organisation
>
> Wissens- und Fähigkeitenmanagement

Abbildung 6
Strategische Ziele zukünftiger Personalentwicklung

Kundenorientierung, Total Quality Management (TQM) und Lean Enterprise (Schlankes Unternehmen) sind keine Managementtechniken sondern Werthaltungen, die sich vom Selbstverständnis eines Unternehmens bis hin zu seiner Mittelverwendung erstrecken. Dies schließt folgendes ein:
- vorausschauendes Durchdenken und Gestalten künftiger Handlungen,
- sensitives Wahrnehmen der eigenen Arbeitsumwelt und die Bereitschaft, darauf zu reagieren,
- die Wirkungen auf das Ganze jeweils mit zu bedenken,
- alle verfügbaren Ressourcen zu erschließen und zu nutzen,
- sparsam zu wirtschaften und jede Form der Verschwendung zu vermeiden (vgl. Biehal, 1994).

Ein Ziel der Personalentwicklung muß es daher sein, diesen *Bewußtseinswandel in den Unternehmen zu fördern* und zu unterstützen. Dies beginnt damit, Mitarbeitern und Führungskräften die Leitgedanken und Arbeitsprinzipien dieser neuen Unternehmensgestaltungen zu vermitteln, zu deren Verständnis und Akzeptanz im Unternehmen beizutragen. Dies geschieht zum einen durch eine Unterstützung von Prozessen und der Vermittlung von Methoden zur Gestaltung dieser Prozesse. Zum anderen geschieht dies durch Unterstützung der bereichsübergreifenden Kommunikation und durch Vermittlung von organisatorischen und betriebswirtschaftlichen Kenntnissen mit Hilfe von Workshops.

Ein weiteres Ziel der Personalentwicklung muß in der *Gestaltung der Unternehmenskultur* liegen. Doppler und Lauterburg (1994) beschreiben dazu fünf Erfolgsfaktoren: Kreative Unruhe, Konfliktfähigkeit, Zusammengehörigkeitsgefühl, Sinnvermittlung und Kommunikation.

Kreative Unruhe meint, bei den Mitarbeitern ein Gefühl dafür zu entwickeln und zu implementieren, daß Unruhe im Unternehmen nicht nur nichts Negatives ist, sondern in Zeiten schnellen Wandels absolut erforderlich für den Erfolg des Unternehmens ist. Zur kreativen Unruhe gehören auch Pioniergeist und Experimentierfreude. *Konfliktfähigkeit* meint die erfolgreiche Einführung und Gestaltung einer konstruktiven Streitkultur. Dies ist notwendig, da viel Althergebrachtes durch Neues, Ungewohntes ersetzt werden muß. Dabei prallen unterschiedliche Interessen aufeinander, die konstruktiv zum Ausgleich gebracht werden müssen. *Zusammengehörigkeitsgefühl* meint das Gefühl des Dazugehörens und des Beteiligtseins. Dazu gehören Offenheit, Vertrauen und gegenseitige Akzeptanz. *Sinnvermittlung* meint, allen Mitarbeitern die Philosophie und die Ziele des Unternehmens, den Sinn des Tuns im Dienste des Kunden und der Gesellschaft und den eigenen Stellenwert in diesem Rahmen verständlich zu machen. *Kommunikation* meint die ständige Auseinandersetzung aller Gruppen und Personen im Unternehmen miteinander. Dies geschieht insbesondere durch die konsequente Förderung und Nutzung der informellen Kommunikation.

Das Schlüsselziel der Personalentwicklung liegt in der *Gestaltung einer permanent lernenden Organisation*. Personalentwicklung hat sich zunächst hauptsächlich der Entwicklung und dem Lernen von Individuen gewidmet. Später kamen bei der Arbeit an der Problemlösungs- und Konfliktfähigkeit von Arbeitsteams Elemente des Gruppenlernens hinzu. Die Herausforderung der Zukunft wird darüber hinaus für die Personal- und Organisationsentwicklung der Zukunft das Team- und Organisationslernen sein. Dazu gehören die Fähigkeiten,

– über Gruppen, Abteilungen und Bereiche hinaus gemeinsame Wahrnehmungen und Einschätzungen der Innen- und Außenwelt des Unternehmens zu entwickeln,
– übergreifende Dialog- und Lernprozesse mit Kunden und Lieferanten zu organisieren und kontinuierlich in Gang zu halten,
– auftauchende Probleme, die in kleineren Einheiten nicht gelöst werden können, als gemeinsame zu betrachten und miteinander zu lösen,
– optimale Nutzung von Zeit, menschlichen und materiellen Ressourcen mit Blick auf die Gesamtheit und das Umfeld anzustreben,
– den Fluß von Informationen als ständigen Lern- und Verbesserungsprozeß zu organisieren (vgl. Biehal, 1994).

Ziel ist es dabei, die Notwendigkeit des ständigen Verbesserns und Dazulernens im Unternehmen zu verinnerlichen und damit Verantwortung für sich selbst und das Ganze zu übernehmen.

Eng damit zusammen hängt die vierte Zielsetzung der zukünftigen Personalentwicklung, das *Wissens- und Fähigkeitenmanagement*. Hierunter verstehen wir die Reflexion, die Übertragung, die Speicherung und die Nutzung des einmal gewonnen bzw. erworbenen Wissens und der Fähigkeiten innerhalb des Unternehmens auf der Grundlage der Kernkompetenzen (vgl. Gomez & Probst, 1995).

Unter der Reflexion von Wissen und Fähigkeiten verstehen wir ein Bewußtmachen und Kommunizieren des erworbenen Wissens und der erworbenen Fähigkeiten im Unternehmen. Dies hilft uns zum einen zu wissen, über welches Wissen und welche Fähigkeiten wir verfügen, zum anderen aber auch zu erkennen, wo unsere Defizite sind. Die Übertragung von Wissen und Fähigkeiten muß wie gesagt weit über den individuellen Charakter hinausgehen. Wissen und Fähigkeiten sollen über verschiedene Anwendungsbereiche und über unterschiedlichste Gruppen hinweg nutzbar gemacht werden. Das hilft uns, Probleme kreativer und origineller zu lösen sowie eingefahrene Denkmuster und Routinen zu überwinden und auf diese Weise die Kernkompetenzen zu entfalten und auszudifferenzieren. Die Speicherung von Wissen und Fähigkeiten meint deren Zugänglichkeit für jedermann im Unternehmen, die Kommunizierbarkeit (für jeden verständlich) und die Personenunabhängigkeit. Insbesondere der letzte Punkt bedeutet, daß das Wissen und die Fähigkeiten im Unternehmen erhalten bleiben müssen, auch wenn Know-how-Träger aus dem Unternehmen ausscheiden. Die Nutzung von Wissen und Fähigkeiten ist besonders davon abhängig, ob und wie gut es gelingt, entsprechende Barrieren abzubauen. Diese Barrieren können in den Strukturen, in den Personen, in der Unternehmenspolitik und -kultur liegen.

Personalentwicklung muß auf alle diese programmatischen Ziele Antworten in bezug auf die Strukturen, die Menschen im Unternehmen, die Funktionen, die Abläufe sowie die Instrumente und Mittel geben. Dies wollen wir im folgenden darstellen.

Struktur der Personalentwicklung

Die Struktur zukünftiger Personalentwicklung in den Unternehmen folgt den strategischen Überlegungen (s. Abb. 7). Personalentwicklung findet überall dezentral durch die Führungskräfte und Mitarbeiter in den Unternehmen statt. Eigenständige Stellen für Personalentwicklung wird es in den Unternehmen der Zukunft – wenn überhaupt – nur noch in einer ganz kleinen Anzahl, aber besetzt mit hochkompetenten und flexiblen Mitarbeitern geben.

Diese Stellen werden sich in kleinen, schlagkräftigen organisatorischen Struktureinheiten wiederfinden, in denen nicht nur die personalentwicklerische, sondern auch die organisationsentwicklerische Kompetenz enthalten ist. Dies trägt den Überlegun-

```
        Strategie
       /        \
      ↙          ↘
  Struktur ←——→ Kultur
```

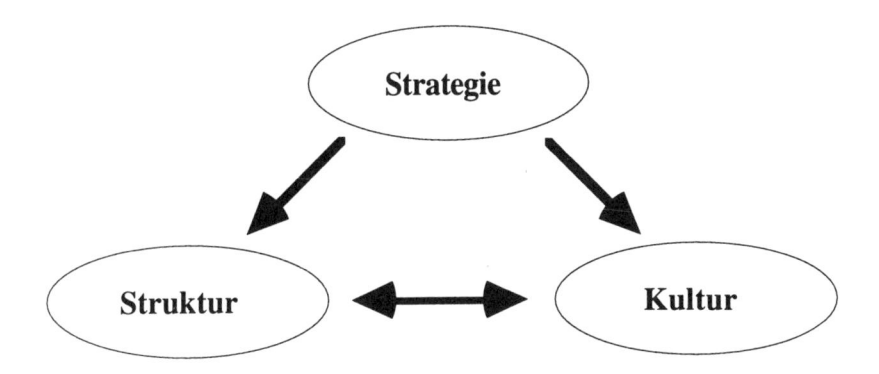

Abbildung 7
Interdependente Unternehmensdimensionen

gen Rechnung, daß Personalentwicklung in Zukunft auch immer Organisationsentwicklung ist und umgekehrt. Diese kleinen Struktureinheiten werden die kreativen und innovativen „Speerspitzen" zukünftiger Service-Center Personal und Organisation darstellen.

Ein wesentliches Kennzeichen dieser Struktureinheiten wird die räumliche Nähe zu den eigenen (internen) Kunden sein. Dies bedeutet eine überwiegend dezentrale Ansiedlung dieser Funktionen. Je kleiner das Unternehmen ist, um so mehr wird es auch zu einer Verbindung dieser Funktionen mit anderen Unternehmensaufgaben oder zu Teilzeitfunktionen führen. Dies erfordert einen hohen Koordinierungs- und Abstimmungsbedarf innerhalb des Unternehmens, der in Form eines internen Netzwerkes abgearbeitet wird.

Diese Netzwerke werden über die Unternehmensgrenzen hinaus ausgeweitet, um auch den externen Markt für die Personal- und Organisationsentwicklung im Unternehmen zu nutzen. Dadurch wird einerseits ein ständiger Austausch mit und ein dauerhaftes Lernen vom Markt sichergestellt. Andererseits werden damit auch die Kosten für die Personal- und Organisationsentwicklungsfunktion optimiert und in Relation zu den erbrachten Leistungen transparent gehalten. Die angeforderten Unterstützungsleistungen werden über die Kosten (Preise) aktuell, konkret und direkt verrechnet.

Menschen, Gruppen, Klima, Führung und Personalentwicklung

Eine zentrale Aufgabe der zukünftigen Personal- und Organisationsentwicklungsfunktion liegt in der Gestaltung der sozialen Beziehungen in den Unternehmen und darüber hinaus. Abbildung 8 faßt auf einen Blick zusammen, welche einzelnen Elemente wir dabei betrachtet wissen wollen.

> Orientierung der Personalentwicklung am Lebenszyklus der Mitarbeiter
>
> Stärkung der Teams im Primärprozeß
>
> Gestaltung einer neuen Vertrauenskultur
>
> Verlebendigung eines neuen Führungskonzeptes: Kundenorientiertes Führen

Abbildung 8
Gestaltung der sozialen Beziehungen in den Unternehmen durch zukünftige Personal-und Organisationsentwicklung

Personalentwicklung hat bisher sehr stark ihren Ausgangspunkt am Bedarf des Unternehmens festgemacht, also gefragt, welche Qualifikationen das Unternehmen heute und zukünftig benötigen wird. Das Instrument der Bedarfsanalyse steht dafür in vielen Unternehmen zur Verfügung. Gleichzeitig wurde versucht, den Mitarbeiter „dort abzuholen", wo er steht", also an seine Erfahrungen und Vorkenntnisse anzuknüpfen.

Zukünftig wird sich hier eine Veränderung des Schwerpunkts durchsetzen. Aufgrund der hohen Komplexität zukünftiger Unternehmensaufgaben mit ihrer großen Dynamik und der sich rasant wandelnden Unternehmensumwelten werden Bedarfsanalysen zukünftig nach ihrer Erstellung häufig schon wieder überholt sein. Wir kommen also mit unseren Bedarfsanalysen sozusagen immer einen Schritt zu spät. Der Ansatzpunkt für Personalentwicklung kann daher zukünftig nur bei den Mitarbeitern selbst liegen. Die Mitarbeiter sind nämlich die größte Konstante in den Unternehmen der Zukunft.

Personalentwicklung wird sich zukünftig vorrangig am *Lebenszyklus der Mitarbeiter* orientieren. Die persönliche und berufliche Biographie der einzelnen Mitarbeiter wird dabei im Vordergrund stehen. Wer also zukünftig erfolgreich Personalentwicklung betreiben will, muß sich mit Fragen auseinandersetzen wie: In welcher Lebensphase befindet sich der Mitarbeiter? Wie ist sein bisheriger beruflicher Werdegang? Welche beruflichen Ziele verbinden sich mit welchem Berufs-/Lebensabschnitt? Wie können diese Ziele fürs Unternehmen nutzbar gemacht werden? etc. Wenn wir dann noch beachten, daß Personalentwicklung immer auch Organisationsentwicklung ist, kommen noch Fragen hinzu wie: In welcher Entwicklungsphase befindet sich unser Unternehmen bzw. einzelne Teile des Unternehmens? Wie passen Entwicklungsphasen des Unternehmens und Lebensphasen der Mitarbeiter zueinander? In welcher Entwicklungsphase des Unternehmens kann sich welcher Mitarbeiter in welcher Lebensphase am erfolgreichsten entfalten? etc.

Neben dieser Betrachtung der einzelnen Mitarbeiter werden auch die neuen Arbeitsformen mit ihren Teams und Gruppen einen hohen Stellenwert in der Personalentwicklungsarbeit haben. Eine Aufgabe der Personal- und Organisationsentwicklung wird daher die *Stärkung der Teams* im Kernprozeß (und darüber hinaus) sein. Im direkten Prozeß der Wertschöpfung finden in den Teams Planung, Problemlösung, Ausführung und Kontrolle der Arbeit statt. Die Teams organisieren sich weitgehend selbst, gestalten ihr eigenes Arbeitssystem, verbessern ständig ihre Leistungsqualität und handeln in hoher Eigenverantwortung. Dafür benötigen Sie Information und Kompetenz. Sie müssen durch Personal- und Organisationsentwicklung qualifiziert und unterstützt werden.

Alle Teammitglieder müssen lernen, die Stärken und Schwächen des Teams zu analysieren sowie Sollkonzepte zur Verbesserung zu entwerfen und umzusetzen. Sie müssen Nahtstellen zu anderen Teams sowie zu internen und externen Kunden und Lieferanten mit klaren Übergabekriterien gestalten, verhandeln, vereinbaren und einhalten. Sie müssen ungenutzte Potentiale aufspüren können und diese nutzbar machen (wollen) und im Gesamtzusammenhang des Unternehmens (und darüber hinaus) denken. Dabei muß ein kooperierendes Teamwork in der Regel erst gelernt, erprobt, erfahren und ständig verbessert werden. Auch komplexes Fach- und Methodenwissen muß vom Team erworben werden: Standardisierung von Wiederholungsprozessen, Erarbeiten von Leistungszielen, Benchmarking, ständige Verbesserung, konsequente Fehleranalyse und -beseitigung und radikale Orientierung an der Wertschöpfung.

Ein besonderes Augenmerk der Personal- und Organisationsentwicklung in den Unternehmen der Zukunft gilt den Führungskräften. Hier gilt es, ein revolutionäres neues Führungskonzept zu gestalten, einzuführen und dauerhaft wirksam werden zu lassen: das *Konzept des kundenorientierten Führens*. Kundenorientiertes Führen meint, die Mitarbeiter seitens der Führungskräfte in bezug auf die im Unternehmen notwendige Führung als Kunden zu betrachten. Dies bedeutet, Führung als Unterstützung bei der Optimierung der Unternehmensprozesse (insbesondere des Kernprozesses) zu verstehen, die von den Mitarbeitern immer dann, wenn diese es für notwendig erachten, abgefordert werden kann. Es bedeutet auch, daß in den vielen „Normalfällen", in denen der Mitarbeiter die Prozesse, an denen er beteiligt ist, gemeinsam mit anderen Mitarbeitern selbst optimieren kann, kein Führungseingriff notwendig ist. Kundenorientiertes Führen setzt auch ein konkretes, geklärtes und abgestimmtes Angebot an Führungs- und Leitungsaufgaben im Unternehmen voraus, das durch ein kontinuierliches Mitarbeiter-Feedback ständig auf seine Notwendigkeit hin überprüft wird.

Dies wird zu einer fundamentalen Rollenveränderung bei den Führungskräften führen, die mit Biehal (1994) hier kurz angerissen werden sollen. Das Top-Management wird sich mit Visionen und Strategien befassen, also mit der Kursbestimmung des Unternehmens. Das mittlere Management wird sich mit der ständigen Innovation der Systeme und der Organisationsentwicklung der größeren Struktureinheiten befassen. Während diese Aufgaben bereits immer schon dazu gehört haben, nur zukünftig in einer anderen Qualität wahrgenommen werden, betreffen die größten Veränderungen diejenigen Führungskräfte, die dem Kernprozeß am nächsten sind. Ihr Blick muß sich auf die „Architektur" der Arbeitsprozesse richten. Sie müssen die Beziehungen innerhalb und zwischen den Teams wahrnehmen und ggf. koordinieren und moderieren.

Die zukünftige Rolle der Führungskräfte aller Ebenen läßt sich zusammenfassend als „Unternehmer im Unternehmen" beschreiben. Personal- und Organisationsentwicklung werden diese Rollenveränderung begleiten und unterstützen. Sie helfen bei der Veränderung der dahinter stehenden Werthaltung. Sie stellen notwendige Instrumente und Verfahren der Personal- und Organisationsentwicklung zur Verfügung.

Funktionen der Personalentwicklung

Wie bereits unter Identität der Personalentwicklung beschrieben, wird es auch zukünftig drei Träger der Personalentwicklungsfunktion im Unternehmen geben, die sich in Aufgaben, Kompetenzen und Verantwortung unterscheiden (vgl. Abb. 9).

```
            Mitarbeiter

           Führungskräfte

  Personal- und Organisationsentwickler
```

Abbildung 9
Zukünftige Träger von Personalentwicklungsfunktionen im Unternehmen

Die *Mitarbeiter* in ihren jeweiligen Lebensphasen, geprägt durch ihre persönliche und berufliche Biographie, werden Verantwortung für ihre eigene Personalentwicklung im Rahmen der von ihnen überschaubaren Arbeitsprozesse innerhalb des Unternehmens, der von ihnen überschaubaren Risiken und Chancen des Arbeitsmarktes, aber auch im Rahmen ihrer Erwartungen und Interessen der Weiterentwicklung ihrer persönlichen und beruflichen Biographie übernehmen. Dies ist auch richtig und soll zukünftig unterstützt werden durch die Kompetenz der Mitarbeiter, diese Verantwortung auch zu realisieren. Diese Kompetenz muß im Rahmen der unternehmerischen Wertschöpfung allerdings an einige Rahmenbedingungen gebunden werden:
- Über die Realisierung der Personalentwicklungsmaßnahmen werden Zielvereinbarungen abgeschlossen.
- Die Personalentwicklungsaufgaben werden in den Teams abgestimmt.
- Die Personalentwicklungsmaßnahmen werden in den Teams und den größeren organisatorischen Einheiten geplant, verhandelt, budgetiert und kontrolliert.

Personalarbeit ist nicht delegierbare Führungsaufgabe. Insoweit sind alle *Führungskräfte* dafür verantwortlich, daß sie in ihren Strukturbereichen über genügend und qualifizierte Mitarbeiter verfügen, um alle dort anfallenden Arbeitsaufgaben und -pro-zesse (auch zu den Nahtstellen des eigenen Verantwortungsbereiches) effizient auszuführen, zu gestalten und ständig zu verbessern. In diesem Rahmen sind Personalentwicklungsmaßnahmen und die dafür notwendigen Ausgaben zu planen, zu realisieren und auf ihre Wirkung zu prüfen. Erträge, die aus der Wahrnehmung dieser Verantwortung entstehen, sind der entsprechenden Führungskraft direkt zuzuordnen. Ebenso sind Kosten, die aus der Nichtwahrnehmung dieser Verantwortung entstehen (z.B. Nachschulungen, Transferkosten durch Versetzung oder Personalbeschaffungskosten) der entsprechenden Führungskraft direkt anzulasten.

Die *Personal- und Organisationsentwickler* in den Unternehmen (weniger als heute!!!) sind hochkarätige Berater, Dienstleister und Promotoren ihres Faches. Sie verfügen über ein hohes Maß an Fach-, Methoden- und Sozialkompetenz im Hinblick auf alle Fragen der Personal- und Organisationsentwicklung. Sie beraten und unterstützen die Führungskräfte ihres Unternehmens aktiv in allen Fragen der Personal- und Organisationsentwicklung, übernehmen jedoch nicht deren Führungsaufgaben. Diese Unterstützung kann von der strategischen Konzeption für bestimmte Bereiche oder das ganze Unternehmen bis hin zur Organisation einer konkreten einzelnen Entwicklungsmaßnahme reichen.

Die Spielregeln zwischen Führungskräften und Mitarbeitern einerseits und den Personal- und Organisationsentwicklern andererseits gestalten sich konsequent wie diejenigen zwischen Kunden und Dienstleistern/Lieferanten. Die Personal- und Organisationsentwickler bieten ihre Leistung den Führungskräften und Mitarbeitern an, um mit ihrer Kompetenz deren Probleme auf diesem Feld zu lösen und damit Nutzen zu stiften. Tätig werden sie nur, wenn ihr Angebot auch angenommen wird, d.h. sie einen Auftrag für ihre Arbeit erhalten haben. Die erbrachte Leistung ist nach vorher vereinbarten Kosten (Preis) zu verrechnen, so daß für alle im Unternehmen die Leistungen und die damit verbundenen Kosten transparent sind. Damit werden Personal- und Organisationsentwickler auch zu Marktbeobachtung und Lernen vom Markt gezwungen, da sie sich mit ihren „Preisen" letztlich an Marktpreisen orientieren müssen. (Sonst holen sich die internen Kunden andere Anbieter ins Haus.) Letztlich führt das dazu, daß interne Dienstleister nur noch solche Aktivitäten anbieten, die sie kompetenter und effizienter als Externe anbieten können.

Prozesse der Personalentwicklung

Die Kernprozesse der Personal- und Organisationsentwicklung bestehen in der Beratung der Mitarbeiter, der Führungskräfte und der Unternehmensführung, der Kommunikation mit diesen internen Kundengruppen, dem Training, der Organisation von Unterstützungsmaßnahmen und dem Vertrieb der eigenen Dienstleistung. Diese Prozesse fließen ein in alle wichtigen übergreifenden Unternehmensprozesse, die sich zwischen den Kernaufgaben, den Unterstützungsaufgaben und den Führungsaufgaben abspielen (vgl. Abb. 10). Daher wollen wir die Kernprozesse der Personal- und Organisationsentwicklung nicht isoliert, sondern an Hand der wichtigsten Unternehmensprozesse betrachten.

> Analyseprozesse
>
> Zielbildungsprozesse
>
> Entscheidungsprozesse
>
> Informationsprozesse
>
> Lernprozesse
>
> Psycho-soziale Prozesse
>
> Implementierungsprozesse

Abbildung 10
Die zentralen übergreifenden Unternehmensprozesse

Analyseprozesse sind für das Unternehmen lebensnotwendig, um immer wieder seinen eigenen derzeitigen Standort zu allen wichtigen unternehmerischen Fragen zu finden. Personal- und Organisationsentwicklung übernehmen hierbei zwei wichtige Aufgaben. Zum einen unterstützen sie alle Ebenen im Unternehmen (Mitarbeiter, Führungskräfte, Unternehmensführung) durch das Verfügbarmachen von Instrumenten, Techniken und Verfahren zur Selbst- und Fremddiagnose der wichtigen unternehmerischen Fragestellungen und üben diese mit ihren internen Kunden ein. Zum anderen liefern sie auf ihrem spezifischen Feld der menschlichen Ressourcen und der Organisation eigenständige Analysen (z.B. durch Unternehmensvergleiche, Wettbewerbsvergleiche etc.) als Entscheidungsgrundlage für die Unternehmensführung.

Prozesse der Zielbildung und der Sollkonzeption sind im Unternehmen notwendig, um den Weg und die Richtung des Unternehmens in die Zukunft zu klären und alle Mitglieder zur Bündelung aller Ressourcen darauf auszurichten. Auch hierbei übernimmt die Personal- und Organisationsentwicklung wiederum zwei wesentliche Aufgaben. Auch für diese Prozesse stellt sie Instrumente, Techniken und Verfahren im Unternehmen zur Verfügung und hilft allen Mitgliedern des Unternehmens bei deren Anwendung. Darüber hinaus entwickelt sie gemeinsam mit anderen Unternehmensbereichen (z.B. der Unternehmensplanung) eigene Visionen und Szenarien der Unternehmenszukunft und wird zum belebenden Faktor der Auseinandersetzung und der Gestaltung der eigenen Unternehmenszukunft.

Entscheidungsprozesse im Unternehmen unterstützt die Personal- und Organisationsentwicklung weitgehend durch das Verfügbarmachen geeigneter, nachvollziehbarer Instrumente und Verfahren der Entscheidungsfindung. Alle Mitglieder des Unternehmens werden in der Anwendung dieser Instrumente und Verfahren geschult. Auf diese Weise entsteht eine große Transparenz der Entscheidungsprozesse, die wesentlichen Einfluß auf die Akzeptanz der Entscheidungsergebnisse haben dürfte.

In Unternehmen der Zukunft kann man gar nicht zuviel informieren und kommunizieren, sondern höchstens falsch. Daher kommt es sehr darauf an, die *Informationsprozesse* richtig zu gestalten. Die Personal- und Organisationsentwicklung kann hier, quasi als „Gewissen" des Unternehmens, wesentliche Unterstützung liefern. Auf der konzeptionellen Ebene kann sie eine offene Informationspolitik beschreiben, in der prinzipiell jede Information im Unternehmen für jeden Mitarbeiter (und darüber hinaus) zugänglich ist. Auf der sozialen Ebene des Unternehmens unterstützt sie diese Informationspolitik durch die Auswahl von und die Entwicklung zu Mitarbeitern mit offenem Kommunikationsverhalten, durch Training und Coaching von Mitarbeitern und Führungskräften und durch die Entwicklung und Einführung von Belohnungssystemen für ein derartiges Verhalten. Auf der instrumentellen Ebene erfolgt die Unterstützung durch die Entwicklung und Einführung von entsprechenden (auch technisch unterstützten) Informationssystemen, die erstens für alle Mitarbeiter zugänglich sind und zweitens verständlich und einfach zu bedienen sind. Diese Offenheit ist eine wesentliche Voraussetzung zum Erreichen eines unternehmensweiten Vertrauensklimas.

Die *Lernprozesse* sind das zentrale „Spielfeld" der Personal- und Organisationsentwicklung. An dieser Stelle sei nochmals darauf hingewiesen, daß es sich hierbei um individuelle, gruppenspezifische und organisationelle Lernprozesse handelt. Die Arbeit der Personal- und Organisationsentwicklung ist bereits in dem entsprechenden Abschnitt dargestellt worden.

Bei den *psycho-sozialen Prozessen* handelt es sich um die Gestaltung effizienter und vertrauensvoller Beziehungen im Unternehmen. Auch hierbei handelt es sich um individuelle, gruppenspezifische und organisationsspezifische Beziehungen. Die Unterstützung der Personal- und Organisationsentwicklung liegt dabei auf mehreren Ebenen. Zum einen erarbeitet sie gemeinsam mit den Betroffenen Konzepte zur zweckmäßigen Gestaltung der Strukturorganisation (Makro- und Mikroebene) mit entsprechenden Spielregeln der Zusammenarbeit. Hierzu gehört insbesondere auch die Einrichtung von Nahtstellen (gemeinsamen Verantwortlichkeiten) an den organisatorischen Grenzbereichen und den Grenzbereichen zu den Lieferanten und Kunden. Bei der Gestaltung dieser gemeinsam entwickelten Bereiche erfolgt die Unterstützung durch Beratung, Gespräche, Moderation und Konfliktmanagement.

Dies leitet direkt zu den *Implementationsprozessen* über. Die Führungskräfte benötigen bei der Umsetzung neuer Konzepte und Ideen in der Regel Hilfestellung. Hier kann die Personal- und Organisationsentwicklung ebenfalls Unterstützung durch Beratung, Gespräche, Moderation und Konfliktmanagement unterstützen. Letzteres erfolgt insbesondere, wenn der Widerstand gegen Veränderungen sehr massiv ist. Die Unterstützung kann aber auch organisatorisch-strukturell erfolgen. Dies geschieht z.B. durch die Auswahl geeigneter Pilotbereiche, durch die Einführung von Projektmanagement oder durch die Einrichtung einer unterstützenden Steuerungsstruktur. Auf diese Weise unterstützt die Personal- und Organisationsentwicklung die notwendigen Veränderungsprozesse durch Erleichterungen, Hilfskonstruktionen und kleinere Schritte.

Mittel und Instrumente der Personalentwicklung

Da eine Darstellung aller zukünftigen (und der heutigen, die auch zukünftig gebraucht werden) Mittel und Instrumente der Personal- und Organisationsentwicklung den Rahmen dieses Artikels sprengen würde, kommen wir an dieser Stelle nochmals auf das Wissens- und Fähigkeitenmanagement mit seinen Prozessen „Reflexion, Übertragung, Speicherung und Nutzung von Wissen und Fähigkeiten" zurück und stellen anhand dieser Prozesse einige ausgewählte Mittel und Instrumente vor.

Zu den Instrumenten und Mitteln der Reflexion von Wissen und Fähigkeiten sind die Einrichtung von Reflexions- und Erfahrungsgruppen im Unternehmen zu zählen. Sie werden unterstützt durch die Einrichtung von standardisierten und offenen Fragebogensystemen auf Datenbanken sowie durch rechnergestützte Expertensysteme. Die Ermittlung solcher oder zusätzlicher Daten erfolgt durch Benchmarking und Kundenbefragungen. Ein eigenes Wissenslabor hilft den Mitarbeitern, sich fachlich und methodisch zu informieren.

Zu den Instrumenten und Mitteln der Übertragung von Wissen und Fähigkeiten gehören unterschiedliche Arten von Netzwerken, nämlich solche, über die Informationen übertragen werden, und solche, über die persönliche Beziehungen entwickelt und gepflegt werden. Weiterhin werden immer wieder Informationsmärkte und Workshops zum Transfer von Wissen und Fähigkeiten durchgeführt. Belohnungssysteme werden implementiert, die Mitarbeiter belohnen, die bereitwillig persönliches Wissen und persönliche Fähigkeiten an andere weitergeben. Ebenso werden Konzepte der „Offenen-Tür-Politik" und der Projektarbeit erarbeitet und eingeführt.

Zu den Instrumenten und Mitteln der Speicherung von Wissen und Fähigkeiten gehören elektronische Datenbanken, quasi als Unternehmensgedächtnis, Berichte, mind maps und „Wissens- und Fähigkeiten-Landkarten", aber auch ein intensiver Gebrauch von job-rotation im Unternehmen.

Zu den Instrumenten und Mitteln der Nutzung von Wissen und Fähigkeiten gehören neben einem umfassenden (elektronisch unterstützten) Informationssystem insbesondere effiziente Kommunikationsinstrumente. Sprachbarrieren insbesondere bei multikulturellen Unternehmen müssen reduziert und letztlich abgebaut werden. Kommunikation und unternehmerisches Denken müssen gefördert und trainiert werden. Unterschiede (Dissens) müssen sichtbar gemacht, gesteuert und kreativ zum Ausgleich gebracht werden. Konfliktmanagement ist dabei ein wichtiges Instrument.

Alle diese Instrumente sind in der Verantwortlichkeit der Personal- und Organisationsentwicklung zu konzipieren, zu gestalten, den Mitarbeitern und dem Management zur Verfügung zu stellen (z.B. durch Beratung, Training, Supervision, Coaching), zu pflegen, aber auch ständig anzupassen bzw. zu erneuern, soweit sie diesen internen Kunden helfen und ihnen nützlich sind bei der optimalen und effizienten Bearbeitung ihrer eigenen Aufgaben, insbesondere in den Kernprozessen des Unternehmens.

Der Notwendigkeit des effizienten Arbeitens erfordert dabei, vielfältig neue Wege zu gehen. Die Dezentralisierung verbunden mit geringer Quantität der eigenständigen Personal- und Organisationsentwicklungsfunktionen einerseits und einer großen räumlichen Entfernung dieser Funktionen andererseits kann z.B. zur Einführung einer „virtuellen" Personal- und Organisationsentwicklung führen. Dies bedeutet, daß die Mitarbeiter, welche diese Funktionen wahrnehmen, räumlich dezentral verteilt sind und die notwendigen Abstimmungs- und Koordinierungsaufgaben weitgehend nicht mehr persönlich, sondern in Form einer „elektronischen Kommunikation" wahrnehmen. Wenige persönliche Kontakte im Jahr dienen dann der Beziehungspflege.

Allerdings wollen wir hier nicht der Perversion dieser Entwicklung das Wort reden, etwa dann, wenn ein Mitarbeiter seinem Kollegen im Nebenzimmer eine elektronische Nachricht schickt, statt sie ihm persönlich mitzuteilen und dabei eben auch zur Gestaltung der Beziehung beizutragen. Unsere Meßlatte liegt in der Frage, inwieweit Instrumente und Mittel eher zur Förderung bzw. eher zur Behinderung der Beziehungsgestaltung beitragen. Zentrale Aufgabe der Personal- und Organisationsentwicklung ist und bleibt nämlich die Gestaltung der Beziehungen im Unternehmen (und darüber hinaus).

Zusammenfassung und Ausblick

Personalentwicklung wird zukünftig nur noch in enger Zusammenarbeit mit Organisationsentwicklung, wahrscheinlich sogar nur in Gemeinsamkeit mit ihr, erfolgreich, effizient und damit Nutzen stiftend im Unternehmen arbeiten können. Dies hat eine Aufhebung der organisatorischen Trennung dieser Funktionen im Unternehmen zur Folge. Beide Funktionen werden von uns als die steuernden Elemente ihrer Hauptfunktionen, also Personalarbeit und Organisationsarbeit, verstanden. Daher reden wir hiermit auch einer Zusammenlegung der Hauptfunktionen Personal und Organisation das Wort.

Träger der Personal- und Organisationsentwicklung im Unternehmen sind einerseits die Mitarbeiter selbst (persönliche Entwicklungsverantwortung) und die Führungskräfte (nicht delegierbare Führungsaufgabe) sowie – soweit notwendig – dezentrale (und z.T. auch noch zentrale) Personal- und Organisationsentwicklungsfunktionen. Diese haben eine strenge Dienstleistungsfunktion für die Mitarbeiter, die Führungskräfte und die Unternehmensführung (strategische Elemente der Personal- und Organisationsentwicklung). Diese besteht in der Beratung der Mitarbeiter, der Führungskräfte und der Unternehmensführung, der Kommunikation mit diesen internen Kundengruppen, dem Training, der Organisation von Unterstützungsmaßnahmen und dem Vertrieb der eigenen Dienstleistung. Die wichtigste Spielregel dabei ist, daß die Personal- und Organisationsentwicklung nur auf Auftrag der internen Kunden tätig wird. Damit ist sichergestellt, daß eine Unterstützung nur dort erfolgt, wo die eigentlichen Aufgabenträger (Mitarbeiter und Führungskräfte) ihre Aufgaben aus Ressourcen- und/oder Kompetenzmangel nicht eigenständig bewältigen können.

Die Personal- und Organisationsentwicklung ist zukünftig an allen wichtigen Unternehmensprozessen mit ihrer wichtigen Unterstützungsfunktion beteiligt. Besonders erwähnt seien an dieser Stelle nochmals die Informations-, Lern- und psycho-sozialen Prozesse. Mit diesen verbinden sich die Ziele besonders, für die Personal- und Organisationsentwicklung der Zukunft in den Unternehmen antritt: Förderung des Bewußtseinswandels im Unternehmen, Gestaltung der Unternehmenskultur, Gestaltung einer neuen Vertrauenskultur, Gestaltung einer permanent lernenden Organisation, Stärkung der Teams im Primärprozeß, Verlebendigung eines neuen Führungskonzeptes des kundenorientierten Führens, Orientierung am Lebenszyklus der Mitarbeiter und die Entwicklung des Wissens- und Fähigkeitenmanagements.

Trotz dieser wichtigen Funktionen und der damit verbundenen qualitativen Aufwertung der Personal- und Organisationsentwicklung in den Unternehmen der Zukunft wird die Anzahl der Mitarbeiter, die mit der eigenständigen Wahrnehmung dieser Funktionen beauftragt sind, tendenziell eher deutlich abnehmen. Dies hängt zum einen mit der Delegation von mehr Verantwortung, Ressourcen und Kompetenzen auf die Ausführungsebene der Mitarbeiter durch neue Arbeitsformen (z.B. Gruppenarbeit) und die intensivere Wahrnehmung der Personal- und Organisationsentwicklungsverantwortung der Führungskräfte zusammen. Zum anderen ist aber auch jeder Dienstleister im zukünftigen Unternehmen aufgefordert, den unternehmerischen Kernprozeß nur mit den unbedingt notwendigen Kosten für die eigene Arbeit und nach der Spielregel transparenter Kosten und Leistungen zu belasten. Dies führt zur Wahrnehmung der Funktionen in kleinen schlagkräftigen Einheiten, die sich selber durch flexible interne und externe Netzwerke bei ihrer Arbeit unterstützen lassen. Damit sind sie gleichzeitig Vorbild für alle innerbetrieblichen Dienstleistungen.

Dies hat auch strukturelle und materielle Konsequenzen. Strukturell können Personal- und Organisationsentwicklungsfunktionen auch als Teilaufgaben irgendwo im Unternehmen wahrgenommen werden. Je stärker dies im Unternehmen der Fall ist, um so notwendiger wird eine intensive Unterstützung dieser Funktionen durch moderne Technik bis hin zur „virtuellen" Personal- und Organisationsentwicklung. Auch hierin werden diese Funktionen Vorreiter und Vorbild für alle anderen internen Dienstleister sein müssen.

Wie müssen nun die Menschen „aussehen", die diese Funktionen in der Zukunft wahrnehmen sollen. Obwohl sie sehr stark nach innen wirken, müssen sie zunächst auch den Markt, den Wettbewerb und das Umfeld des Unternehmens verstehen. Sie müssen nach innen verstehen, wie und womit das Unternehmen Geld verdient und welches die dafür entscheidenden Kernprozesse des Unternehmens sind. Fachlich und methodisch verbinden sie die heutigen Fähigkeiten guter Personal- und Organisationsentwickler. Sie müssen alle Instrumente, Techniken und Verfahrensweisen zur Gestaltung der wichtigen Unternehmensprozesse selbst beherrschen und anderen in geeigneter Weise vermitteln können. Selbstverständlich beherrschen Sie auch die dafür nötigen Hilfsmittel (Hard- und Software). Sozial sind sie kommunikativ, kooperativ, an gemeinsamen Zielen orientiert, können moderieren und Konflikte managen. Führungs-, Berufs- und Lebenserfahrung sind notwendig; persönlich sind sie integer, vertrauensvoll, weitblickend, vernetzt denkend, neugierig und absolut authentisch.

Uns ist wohl bewußt, daß diese Anforderungen extrem hoch sind. Dies sind aber auch die Aufgaben der zukünftigen Personal- und Organisationsentwicklung. Nur diese hohe Qualität sichert letztlich den Erfolg unserer Unternehmen in der Zukunft. Hohe Ziele und hohe Ansprüche an uns selbst sichern diese Qualität in einem komplexen Umfeld. Also lassen Sie uns aufhören zu lamentieren. Ärmel aufkrempeln ist angesagt. Oder mit einem alten Werbespruch: „Es gibt viel zu tun! Packen wir es an!"

Literatur

Baumgartner, I., Häfele, W., Schwarz, M. & Sohm, K. (1995). *OE-Prozesse. Die Prinzipien systemischer Organisationsentwicklung.* Bern: Haupt. – **Biehal, F. (1994).** Die neue Rolle der Personalentwicklung. In F. Glasl & E. Brugger (Hrsg.), *Der Erfolgskurs Schlanker Unternehmen.* Wien: Manz. – **Doppler, K. & Lauterburg, Ch. (1994).** *Change Management.* Frankfurt: Campus. – **Freimuth, J. & Kiefer, B.-U. (Hrsg.). (1995).** *Geschäftsberichte von unten: Konzepte für Mitarbeiterbefragungen.* Göttingen: Hogrefe Verlag für Angewandte Psychologie. – **Glasl, F. & Brugger, E. (Hrsg.). (1994).** *Der Erfolgskurs Schlanker Unternehmen.* Wien: Manz. – **Glasl, F. & Lievegoed, B. (1993).** *Dynamische Unternehmensentwicklung.* Stuttgart: Freies Geistesleben. – **Gomez, P. & Probst, G. (1995).** *Die Praxis des Ganzheitlichen Problemlösens.* Bern: Haupt. – **Rieckhoff, H.-Ch. (Hrsg.). (1989).** *Strategien der Personalentwicklung.* Wiesbaden: Gabler.

Autoren

Jürgen Bock	Personalmanager beim Otto Versand in Hamburg
Dr. Helmut Dreesmann	Personalentwickler bei der Bull AG in Langen
Renate Engel	Beraterin beim Metaplan-Projektforum in Quickborn
Ina Fliegen	Bei Abfassung des Artikels Beraterin bei Zuendel & Partner in Nettetal
Dr. Joachim Freimuth	Professor für Personalmanagement und Organisationsentwicklung an der Hochschule Bremen und Berater
Dr. Wilhelm Friedmann	Firma Dr. Friedmann & Compagnie, Transformationsberatung; Lehrbeauftragter für Personalmanagement an der Hochschule Bremen
Dr. Artur Friedrich	Professor für Personalmanagement an der Hochschule für Technik und Wirtschaft in Dresden
Jürgen Glaser	Personalleiter bei der Falke Gruppe in Schmallenberg
Christiane E. Haase	Personalreferentin bei der Mercedes-Benz AG in Stuttgart
Dr. Jürgen Haritz	Personalmanager und Mitglied der Geschäftsleitung bei der Bertelsmann Buch AG in Gütersloh
Thomas Hartge	Freiberuflicher Fachjournalist in York
Volker Hedderich	Studiengemeinschaft Darmstadt
Bernd-Uwe Kiefer	Projektleiter und Berater bei der CONSULECTRA Unternehmensberatung in Hamburg
Dr. Michael Kossakowski	Freiberuflicher Berater in Berlin
Gottfried Kretschmer	Personalreferent bei der Beiersdorf AG in Hamburg
Dr. Peter Krüssel	Zur Zeit der Abfassung des Artikels Mitarbeiter der Eutelis Consult GmbH in Ratingen
Hans Jürgen Kurtz	Personalleiter bei der Gothaer Versicherung in Köln

Werner Leippold	Geschäftsführer der Arbeitsgemeinschaft Personalentwicklung in Taunusstein
Dr. Wolfgang Looss	Freiberuflicher Berater in Darmstadt
Anke Lutter	Personalreferentin bei der Beiersdorf AG in Hamburg
Anna Meyer	Leiterin der Führungskräfte-Akademie bei der DGfP in Düsseldorf
Christiane Mackeprang	Personalreferentin beim Otto Versand in Hamburg
Thorsten Meifert	Personalreferent bei der Beiersdorf AG in Hamburg
Horst Ramsenthaler	Bertelsmann AG in Gütersloh
Eberhard Schnelle	Geschäftsführer beim Metaplan Projektforum in Quickborn
Nicole Schweizer	Beraterin für Personalentwicklung bei der Arbeitsgemeinschaft für Personalentwicklung in Taunusstein
Sabine Stadelmann	Freiberufliche Beraterin in Darmstadt
Maria Stoltefaut	Freiberufliche Beraterin in Idstein/Ts.
Michael Thiel	Freiberuflicher Berater in Göttingen
Dr. Helmut Volkmann	Arbeitet in der Forschung und Entwicklung der Siemens AG in München
Steffen Wester-Ebbinghaus	Berater bei Zuendel & Partner in Nettetal
Fritz Westermann	Projektleiter und Berater bei der CONSULECTRA Unternehmensberatung in Hamburg
Axel Winkler	Architekturberater beim Metaplan Projektforum in Quickborn
Karin Winkler	Freiberufliche Beraterin in Berlin

Psychologie für das Personalmanagement — hrsg. von Prof. Dr. Werner Sarges

KAISHAIN - Personalmanagement in Japan
Sinn und Werte statt Systeme
Hrsg. von Martin Esser und Kaoru Kobayashi

Personalauswahl und Personalbeurteilung mit Arbeitszeugnisssen
Forschungsergebnisse und Praxisempfehlungen
Von Arnulf Weuster

Management Development und Führung
Konzepte, Instrumente und Praxis des strategischen und operativen Management Development
Von Arnulf D. Schircks

Innovative Weiterbildungskonzepte
Trends, Inhalte und Methoden der Personalentwicklung in Unternehmen
Hrsg. von Laila Maija Hofmann und Erika Regnet

Kommunikations- und Verhaltenstrainings
Hrsg. von Bärbel Voß

Praxis der Veränderung in Organisationen
Was Systemtheorie, Psychologie und Konstruktivismus zum Verstehen und Handeln in Organisationen beitragen können
Hrsg. von Rainer H. Wagner

Arbeitszeitmodelle
Flexibilisierung und Individualisierung
Hrsg. von Dieter Wagner

Geschäftsberichte von unten
Konzepte für Mitarbeiterbefragungen
Hrsg. von Joachim Freimuth und Bernd-Uwe Kiefer

Personalberatung intern
Philosophien, Methoden und Resultate führender Beratungsunternehmen
Hrsg. von Walter Jochmann

Gruppenarbeit in der Industrie
Praxiserfahrungen und Anforderungen an die Unternehmen
Hrsg. von Erich Behrendt und Gustav Giest

Weiterentwicklungen der Assessment Center-Methode
Hrsg. von Werner Sarges

Absentismus
Der schleichende Verlust an Wettbewerbspotential
Hrsg. von Rainer Marr

Management Audit
Anforderungen und Profile im Zeitalter der schlanken Führung
Hrsg. von Ian Walsh und Gero F. Weber

Verlag für Angewandte Psychologie
Rohnsweg 25, 37085 Göttingen • Tel. 0551/49609-0, Fax: -88 • http://www.hogrefe.de

Wirtschaftspsychologie

Werner Sarges (Hrsg.)
Management-Diagnostik
2., vollständig überarb. und erw. Aufl. 1995,
XII/980 S., geb. DM 198,–/sFr. 196,–/öS 1.445,–
ISBN 3-8017-0740-7

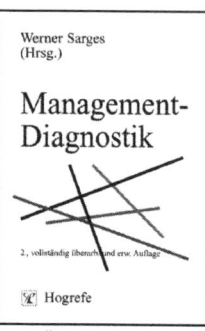

Die Rekrutierung und Entwicklung von Führungs- und Nachwuchsführungskräften wird in den nächsten Jahren immer dringlicher werden. Eine verbesserte Eignungsdiagnostik zur Potentialfeststellung, Auswahl und Plazierung von Führungskräften kann das Problem erheblich mildern. Die vorliegende Überarbeitung des erfolgreichen Handbuches liefert einen einzigartigen Überblick zur Management-Diagnostik und stellt ein sehr umfangreiches, so nirgends gebündeltes und hochaktuelles Expertenwissen dar.

Heinz Schuler
Psychologische Personalauswahl
Einführung in die Berufseignungsdiagnostik
(Wirtschaftspsychologie)
1996, 246 Seiten, DM 59,–/sFr. 56,–/öS 431,–
ISBN 3-8017-0865-9

Wie hängen menschliche Merkmale mit beruflichem Erfolg zusammen, und wie kann man beide messen? Welches sind die wichtigsten Methoden der Personalauswahl, wo können sie eingesetzt werden, wie funktionieren sie, wie weit ist Verlaß auf sie, ist ihr Einsatz verantwortbar, akzeptabel und Rechtens? Die Antworten auf diese Fragen sind für psychologisch interessierte wie für Personalverantwortliche von Gewicht, denn es werden diejenigen Verfahrensweisen und ihre Grundlagen dargestellt, die dem aktuellen wisschenschaftlichen Stand entsprechen und gleichzeitig von Nutzen sind, Personalentscheidungen in der Praxis zu verbessern.

Siegfried Greif / Hans-Jürgen Kurtz (Hrsg.)
Handbuch Selbstorganisiertes Lernen
(Psychologie und innovatives Management)
1996, 392 Seiten, geb., DM 88,–/sFr. 85,–
öS 642,– • ISBN 3-8017-0837-3

Wie können sich Menschen verändern, um erfolgreich selbstorganisiert zu arbeiten? Erforderlich sind neue Methoden und Techniken des selbstorganisierten Lernens, die die Selbständigkeit des Lernenden fördern. Dieses Handbuch bietet eine Zusammenstellung der Grundlagen zum selbstorganisierten Lernen, Besonderheiten, Probleme, konkrete Techniken und Werkzeuge sowie Anwendungsbeispiele. Das Buch richtet sich an Manager, Personalentwickler, Psychologen und alle, die an neuen Konzepten in der Aus- und Weiterbildung interessiert sind.

Rüdiger Hossiep
Berufseignungsdiagnostische Entscheidungen
Zur Bewährung eignungsdiagnostischer Ansätze
1995, X/420 Seiten, gebunden, DM 98,–/sFr. 97,–
öS 715,– • ISBN 3-8017-0815-2

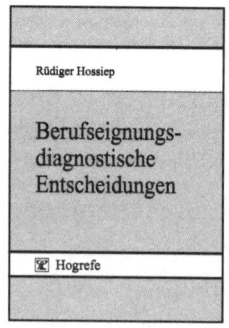

Das vorliegende Buch bietet einen aktuellen und fundierten Überblick über Theorien und Ergebnisse wirtschaftsbezogener Auswahlverfahren. Alle Haupt- und Randmethoden der Personalpraxis werden erläutert und mit empirischen Belegen in Form von Bewährungskontrollen in präziser und anschaulicher Form dargestellt. Art und Umfang der einbezogenen einschlägigen Literatur prädestinieren den Band als Nachschlagewerk für den Eignungsdiagnostiker wie für den Personalpraktiker.

Hogrefe - Verlag für Psychologie
Rohnsweg 25, 37085 Göttingen • Tel. 0551/49609-0 • http://www.hogrefe.de